KB069421

왕인박사

王仁博士

박광순 · 정성일 편저

주류성

영암 왕인박사유적지 전경

영암 왕인박사 전(傳) 탄생지 전경

영암 왕인박사유적지 왕인사당

영암 왕인박사유적지 왕인박사상

영암 왕인박사 춘향제

영암 왕인박사 춘향제(배향)

영암 왕인박사 춘향제(왕인노래 합창)

영암 상대포

영암 월출산 왕인상

우전팔번신사(隅田八幡神社)의 동성왕 인물화상경
(국사편찬위원회 한국사데이터베이스 사진유리필름자료)

일본 간자키 와니 신사

일본 간자키 영암 방문단

일본 간자키 와니 신사 왕인천만궁 비

일본 간자키 와니 신사 왕인천만궁 비(후면)

일본 간자키 왕인현창공원백제문 테이프컷팅(2018.8.5.)

일본 간자키 왕인현창공원백제문

일본 간자키 종요천자문탑 제막식(2018.8.5.)

일본 간자키 종요천자문탑

일본 히라카타 전왕인묘와 백제문

일본 히라카타 왕인묘전제

일본 히라카타 왕인묘전제 헌다(獻茶)

일본 히라카타 왕인묘전제 고향의봄 합창

일본 히라카타 왕인묘전제 영암 참배단(2022.11.3.)

일본 오사카 미유키모리 신사 나니와즈(難波津) 노래비

일본 도쿄 우에노공원 왕인박사 청동각화비 제막식(2016.10.12.)

왕인박사 영암 출생설을 다룬
창명 제5호(전남유도창명회, 1925년)

왕인박사 영암 출생설을 소개한
신민 제25호(1927년)

왕인박사

王仁博士

박광순 · 정성일 편저

간행사 _ 020

Ⅰ. 서장 | 정성일 | 024

Ⅱ. 왕인박사의 탄생지에 대한 고찰

제1장   조선시대 왕인박사에 대한 인식의 전개와 그 의미 | 하우봉 | 042

제2장   남용익의 통신사행을 통하여 본 왕인 | 구지현 | 086

제3장   조선 통신사와 왕인박사의 만남 | 大澤研一 | 110

제4장   근대 이전 왕인박사 영암 출생설의 배경 | 박남수 | 142

제5장   왕인王仁 박사 기록 데이터베이스 편찬의
       필요성과 그 방안 | 허경진 | 190

제6장   1925년 『창명』에 보이는 왕인박사 영암 출신설 | 김덕진 | 222

제7장   1927년 영암 답사기에 보이는 왕인박사 전승 | 정성일 | 244

Ⅲ. 왕인박사에 대한 교육의 현황과 개선 방향

제1장 한·일 양 국민의 상호인식과 호혜정신 | 박광순 | 306

제2장 한국의 역사서와 연구물에 그려진 왕인박사 | 박남수 | 338

제3장 일본의 역사서와 연구물에 그려진 왕인박사 | 나행주 | 372

제4장 한국의 교과서에 그려진 왕인박사 | 박해현 | 436

제5장 일본의 교과서에 그려진 왕인박사 | 김선희 | 478

Ⅳ. 왕인박사에 대한 추모와 상징의 역사

제1장 왕인박사 현창사업 성과와 과제 | 박광순 | 534

제2장 일본 민간단체의 왕인박사 현창사업의 현황과 과제 | 김선희 | 556

제3장 일본 지방자치단체의 왕인박사 유적지 조성사업
       현황과 과제 | 松本茂幸 | 600

저자소개 _ 640

간행사

　2012년 『왕인박사 연구(王仁博士研究)』 간행 후 10년이 지났다. 그리고 (사) 왕인박사현창협회가 내년에는 창립 50주년을 맞이한다(1973년 창립). 이를 기념하기 위하여 10년 만에 다시 『왕인박사(王仁博士)』를 펴내게 되었다.

　첫 번째 『왕인박사 연구』(2012년)는 왕인박사 탄생지로 알려진 성기동 (聖基洞) 일대의 지표조사와 한·일 양국의 문헌자료, 유적·유물 등을 바탕으로 하여 왕인박사에 대한 구비전승과 왕인박사의 업적 등을 다루었다. 두 번째 『왕인박사』(2022년)는 왕인박사의 탄생지(誕生地), 왕인박사에 대한 교육(敎育)의 역사, 왕인박사 현창(顯彰) 사업을 주제로 한국과 일본의 전문가 12명이 쓴 역사학 분야의 논문을 수록하였다.

　첫째, 하우봉 교수(「조선시대 왕인박사에 대한 인식의 전개와 그 의미」) 와 구지현 교수(「남용익의 통신사행을 통하여 본 왕인」), 오사와 겐이치[大沢研一] 관장(「조선 통신사와 왕인박사의 만남」), 박남수 교수(「근대 이전 왕인박사 영암 출생설의 배경」), 허경진 교수(「왕인(王仁) 박사 기록 데이터베이스 편찬의 필요성과 그 방안」), 김덕진 교수(「1925년 『창명』에 보이는 왕인박사 영암 출신설」), 그리고 정성일 교수(「1927년 영암 답사기에 보이는 왕인박사 전승」)는 왕인박사가 한반도 출신이며 영암 출생으로 알려지게 된 배경에 대하여 분석하였다.

둘째, 박광순 교수(「한·일 양 국민의 상호인식과 호혜정신」), 박남수 교수(「한국의 역사서와 연구물에 그려진 왕인박사」), 나행주 교수(「일본의 역사서와 연구물에 그려진 왕인박사」), 박해현 교수(「한국의 교과서에 그려진 왕인박사」), 김선희 교수(「일본의 교과서에 그려진 왕인박사」)는 왕인박사에 대한 한국과 일본의 인식과 교육을 분석하였다.

셋째, 박광순 교수(「왕인박사 현창사업의 성과와 과제」), 김선희 교수(「일본 민간단체의 왕인박사 현창사업의 현황과 과제」), 그리고 마쓰모토 시게유키[松本茂幸] 일본 사가현(佐賀県) 간자키시(神埼市) 시장은 한국과 일본(佐賀県 神埼市, 大阪府 枚方市)의 왕인박사 현창(추모) 사업에 대하여 분석하였다.

이를 통해서 왕인박사에 대한 이해가 깊어지고, 왕인박사의 출신에 대해서도 더욱 분명해졌다. 한·일 양국 역사서(교과서)의 왕인박사 서술이 시대 변천에 따라 달라졌음도 확인되었다. 왕인박사에 대한 현창(추모)이 양국에서 현재까지 어떻게 이루어지고 있는지도 더욱 명확해졌다. 그런데 이것으로 왕인박사에 대한 연구가 종결된 것은 아니다. 유물(遺物) 중심의 고고학 분야와 문헌(文獻) 중심의 역사학 분야 연구를 통해서 앞으로 더 보완해야 한다.

이 책은 영암군의 적극적인 지원, 지역민의 뜨거운 성원과 함께, 정성일 연구소장을 비롯한 집필자 여러분의 노고가 있었기에 세상의 빛을 볼 수 있었다. 깊이 사의를 표하는 바이다. 아무쪼록 이 책이 왕인박사 연구와 현창 사업에 작은 초석이 되기를 바라는 마음 간절하다.

2022년 12월

(사) 왕인박사현창협회 회장 전 석 홍

I. 서장

서 장
– 역사학 분야의 왕인박사 연구 현황과 과제

정성일 _ 광주여자대학교 교수

1. 머리말
2. 왕인박사의 탄생지에 대한 연구의 역사
3. 왕인박사에 대한 교육의 역사
4. 왕인박사에 대한 추모의 역사
5. 맺음말

1. 머리말

2012년 『왕인박사 연구(王仁博士硏究)』가 출간되었다. 이 책은 그 후속 작이다. 지난 10년 동안 왕인박사현창협회 왕인문화연구소가 중심이 되어 왕인박사에 관하여 연구해 온 성과물을 한데 수록하였다. 다만 고고학 분야의 연구 성과는 여기에 담지 못하고 후일의 과제로 남겨 놓았다.

2012년까지의 연구에서는 왕인박사의 일본 진출[渡日, 渡倭, 渡東, 東渡, 渡來]과 일본에서의 활동과 업적에 관한 것을 주로 다루었다.[1] 그것을 이어

1) 박광순, 「왕인박사 연구의 현대적 의의-현황과 과제-」, 『왕인박사 연구』, 주류성

받아 이번 연구에서는 문헌을 중심으로 역사학 관점에서 연구를 심화하였다.

첫째는 왕인박사의 탄생지(誕生地)에 관한 것이다. 왕인박사가 한반도에서 건너간 실존 인물인가에 대한 물음부터, 과연 그가 지금의 영암(靈巖) 출신인가에 대한 의문에 이르기까지, 왕인박사에 대해서는 여러 엇갈린 인식이 있었다. 그래서 그것에 대한 지금까지의 연구를 정리하고, 긴 역사 속에서 실증적으로 분석하였다.

둘째는 왕인박사에 대한 교육(教育)의 역사에 관한 것이다. 한국과 일본의 최근 역사 교과서는 물론이고 100년 전의 이른바 근대와 현대의 교과서까지 검토하였다. 그와 함께 양국의 역사서와 연구물에서 왕인박사가 어떻게 서술되어 왔는지에 대해서도 분석하였다.

셋째는 왕인박사에 대한 추모(追慕) 또는 현창(顯彰)의 역사에 관한 것이다. 한국과 일본에서는 왕인박사를 기리는 숭모와 추앙과 상징의 역사가 꽤 길다. 흔히 얘기하듯이 '내선융합(內鮮融合)' 또는 '내선일체(內鮮一體)'로 잘 알려진 1920~40년대의 역사만 존재했던 것이 아니라, 그보다 200년 전인 18세기까지 거슬러 올라갈 수 있다. 그리고 그것은 양국에서 지금도 이어지고 있는 현재의 문제이기도 하다. 그래서 그것을 긴 시간의 흐름 속에서 통사적(通史的)으로 접근하였다.

이를 통해서 왕인박사에 대한 이해가 더욱 깊어진 것은 학술적 성과라고 말할 수 있다. 무엇보다도 왕인박사가 중국대륙이 아닌 한반도 출신이며, 지금의 영암 구림(鳩林) 지역과 깊은 인연이 있고, 일본에서는 사가현[佐

출판사, 2012, 33~34쪽 참조.

賀県] 간자키시[神埼市]와 오사카부[大阪府] 히라카타시[枚方市] 등이 연고지임이 더욱 분명해졌다.

그리고 한국과 일본의 역사서와 교과서에서 왕인박사가 서술되는 내용이 시대의 변천에 따라 달라졌음이 확인되었다. 왕인박사가 크게 부각되거나 강조되던 시기도 있었고, 이와 반대로 축소하거나 정치적 목적으로 왜곡한 때도 있었다. 이것은 시대마다 두 나라 국민이 왕인박사에 대하여 어떻게 이해했는지를 보여주는 것인데, 특히 교과서의 기술은 당시 사회의 정치적인 분위기가 크게 영향을 미쳤다고 말할 수 있다.

마지막으로 왕인박사를 기리는 추모(追慕) 또는 현창(顯彰) 활동이 한국과 일본에서 현재 어떻게 이루어지고 있는지가 더욱 명확해졌다. 어느 한 시점에서만이 아니라 긴 시간 속에서 이어져 온 역사적 과정을 구체적으로 밝힘으로써, 미래의 올바른 한일관계를 구축하는 데 새로운 시사점을 던져준다는 점에서 이것은 실천적 의미를 지닌다.

2. 왕인박사의 탄생지에 대한 연구의 역사

'왕인(王仁)' 또는 '왕인박사(王仁博士)'는 일본의 역사서인 『일본서기(日本書紀)』(720년)에 나오는 인물이자 용어이다. 그것이 『고사기(古事記)』(718년)에는 '화이길사(和邇吉師)'로 적혀 있다. 불과 8년밖에 시간 차이가 없지만 두 사서(史書)에 적힌 글자가 각각 '왕인(王仁)'과 '화이(和邇)'로 서로 다르다. 이 두 사람은 과연 같은 인물인가 다른 인물인가? 글자가 다르므로 서로 다르다고 말할 수도 있겠다. 그런데 이 둘의 한국 발음은 서로 다르지만, 일본 발음은 모두 '와니[ワ二]'로 같다. 이 둘은 같은 사람을 다른 글자

(한자)로 적은 것이라고 보는 것이 정설이다.

그런데 『삼국사기(三國史記)』(1145년)나 『삼국유사(三國遺事)』(1281년) 같은 한국의 역사 자료에는 '왕인(王仁)' 또는 '화이(和邇)'라는 인물의 기록이 없다. 그러므로 '왕인' 또는 '왕인박사'가 과연 실존 인물인가 하는 의문을 가질 만하다고 생각한다. 게다가 일본 사서에서도 『고사기』(718년)나 『일본서기』(720년)보다 약 7~8십 년 뒤에 나온 『속일본기(續日本紀)』(797년)에는 "왕인이 한 고조(漢高帝)의 후손인 왕구(王狗)의 손자"라고 적혀 있어서, 이를 근거로 왕인이 한반도가 아닌 중국대륙 출신으로 보는 인식도 존재한다. 사정이 이러하기에 "영암(靈巖) 구림(鳩林)의 성기동(聖基洞)이라는 곳에서 왕인박사가 태어났다."고 전하는 『조선환여승람(朝鮮寰輿勝覽)·영암군』(1937년)의 기사를 쉽게 믿기 어려운 것도 어느 정도는 수긍이 간다.

이처럼 사서마다 기록의 내용이 다르고 차이가 나는데 어느 것이 진실일까? 왕인박사가 한반도에서 건너간 실존 인물인가? 왕인박사의 탄생지를 지금의 영암(靈巖) 지역 또는 영산강유역으로 보는 것이 과연 타당한가? 이러한 물음에 답하기 위하여 작성한 일곱 편의 논문을 짧게 소개하고자 한다.

제2부 제1장에서 하우봉 교수는 「조선시대 왕인박사에 대한 인식의 전개와 그 의미」라는 제목의 논문에서, 왕인박사에 대한 인식이 한국에서 형성되는 과정을 조선시대부터 근대와 현대에 이르기까지 통사적으로 분석하였다. 처음에는 백제문화의 일본 전파라는 관점에서 출발하였다가, 1655년 통신사(通信使) 종사관(從事官) 남용익(南龍翼)의 귀국 보고서인 사행록(使行錄)에서 '왕인(王仁)'이 최초로 등장한 뒤 이덕무와 한치윤 등 실학자에 의해 왕인에 대한 체계적인 연구로 이어진 점이 밝혀졌다. 실학자에 의해

구체화된 왕인에 관한 기술과 인식은 후대로 계승되었고, 오늘날 한국에서는 그것이 일반적으로 확고한 역사적 사실로 받아들여지고 있다. 근대 이후 일본이 '내선일체(內鮮一體)' 또는 '일선동조론(日鮮同祖論)'의 상징으로 왕인박사를 정치적으로 이용하여 왜곡하기도 하였음이 확인되었다.

제2부 제2장에서 구지현 교수는 「남용익(南龍翼)의 통신사행(通信使行)을 통하여 본 왕인(王仁)」이라는 제목의 논문에서, 남용익이 왕인박사에 관한 견문(見聞)을 처음으로 채록(採錄)할 수 있었던 계기를 1655년 10월 9일 에도[江戶]에서 독축관(讀祝官) 이명빈(李明彬, 1620~ ?)과 하야시 가호[林鵞峰, 1618~1680]가 나눈 대화에서 찾았다. 이명빈이 "『구사기(舊事記)』, 『고사기(古事記)』, 『일본기(日本記)』, 『신황정통기(神皇正統記)』, 『연희식(延喜式)』, 『풍토기초(風土記抄)』, 『속일본기(續日本記)』 등을 빌려달라"는 이명빈의 요구를 하야시 가호가 "빌려주기 어렵다"고 거절하기는 하였지만, 이 무렵 이명빈 등 통신사 일행이 일본에서 왕인박사에 관한 일본 문헌을 확보하여 참조하였을 것으로 추정할 수 있다.

제2부 제3장에서 오사와 겐이치[大沢研一] 오사카 역사박물관 관장은 「조선 통신사와 왕인박사의 만남-일본의 고전을 매개로 하여-」라는 제목의 논문에서, 1655년 통신사 종사관 남용익을 비롯한 통신사 일행이 왕인박사에 관한 정보를 일본의 고전(古典)에서 얻었을 것으로 보고 그것을 입수한 경로(徑路)에 대하여 고찰하였다. 가장 유력한 가능성으로 교토[京都]에서 유포되었던 간본[流布本]인 『일본서기(日本書紀)』와의 접점을 제시하였다. 응신기(応神紀)를 포함한 『일본서기』 전체가 출판되기 시작한 것은 1610년(慶長 15)이었고, 관영(寬永 간에이) 연간(1624~1645)에 그것을 번각(覆刻)한 정판본(整版本)이 출판되었으므로, 1655년 일본을 방문한 남용익(南龍翼) 등 통신사 일행이 『일본서기』에 접근할 수 있는 환경이 충분하

였을 것으로 보았다.

　제2부 제4장에서 박남수 교수는 「근대 이전 왕인박사 영암 출생설의 배경」이라는 제목의 논문에서, 왕인박사가 일본에 파견된 시기의 『일본서기』 황전별(荒田別) 기사를 세밀하여 분석·검토하여 왕인박사의 도왜(渡倭)와 영암지역의 관련성 여부를 체계적으로 분석하였다. 왕인박사 영암 출생설에 대한 긍정론과 부정론을 함께 재검토한 다음, 『일본서기』 응신천황 15년조의 황전별(荒田別)이 같은 책 신공황후 49년조에도 등장한다는 점에 주목하여 한국과 일본의 문헌을 비교·분석하였다. 이를 통해 왕인박사를 초치(招致)하고자 황전별(荒田別)이 파견된 시기는 아신왕 14년(405)임이 분명함을 확인하였고, 신공기(神功紀) 49년조 고해진(古奚津) 도착 이후의 기사와 『삼국사기』 전지왕 즉위년조 기사를 비교한 결과, 전지태자가 아신왕의 부음을 듣고 황전별이 이끄는 왜병 100명을 거느리고 고해진과 의류촌(意流村)[주류수기(州流須祇)]에 도착한 그곳이 백제의 남방 경계선 이남 지역으로서 영암지역일 가능성이 높다는 결론을 도출하였다.

　제2부 제5장에서 허경진 교수는 「왕인(王仁) 박사 기록 데이터베이스 편찬의 필요성과 그 방안」이라는 제목의 논문에서, 왕인(王仁)을 최초로 소개한 한국 측 문헌은 신숙주의 『해동제국기』인데 이때는 그를 '백제왕의 태자'라고 하였으며, 그것을 1655년 남용익이 『부상록』「문견별록」에서 '왕인(王仁)'으로 바로잡았다고 하면서, 한국과 일본의 왕인박사 관련 기록을 데이터베이스로 구축하면 번역뿐만 아니라 원문 기록도 쉽게 검색할 수 있고, 그렇게 되면 한국과 일본의 연구자나 일반 시민들이 인터넷 공간에서 교류할 기회도 된다는 점을 역설하였다. 실제로 허경진 교수의 제안을 영암군이 받아들여 2021년에 왕인박사현창협회가 주관이 되어 '왕인박사 기록 데이터베이스'를 구축하기에 이르렀다.

제2부 제6장에서 김덕진 교수는 「1925년 『창명』에 보이는 왕인박사 영암 출신설」이라는 제목의 논문에서, 전남 유림(全南儒林)들이 조직한 전남 유도창명회(全南儒道彰明會)가 1925년 1월 10일자로 발간한 『창명(彰明)』 이란 잡지의 제5호에 "왕인박사의 출신지가 영암"이라고 적은 기록을 처음으로 소개하였다. 이것은 당시 영암 지역사회에 '왕인박사의 영암 출생설'이 널리 퍼져 있었음을 보여준다. 그리고 시간이 지나면서 기사의 내용이 '거(居)'에서 '출생(出生)'으로 이동하는 모양새를 보였고, 그와 함께 출생지가 '구림(鳩林)'으로 특정되는 등 점차 진화하였다. 이 과정을 거치면서 '왕인박사의 영암 출생설'이 나중에는 『호남지』 또는 『조선환여승람』(영암군)에 입록(入錄)되어 자타가 공인하는 사실화의 단계로 진입하였다고 평가하였다. 그런데 1925년 『창명』의 이 기사는 『신민(新民)』 제25호(1927.5.)에 기고한 권현섭(權賢燮)의 「영암행(靈巖行)」에서 '왕인박사 영암 출생설'이 소개된 것보다 2년 더 빠르다.

제2부 제7장에서 정성일 교수는 「1927년 영암 답사기에 보이는 왕인박사 전승」이라는 제목의 논문에서, 1927년 5월 『신민』 제25호의 「영암행」을 통해서 '왕인박사 영암 출생설'이 전국적으로 알려지게 되었음을 처음으로 밝혔다. 이 기행문에서 하산 권현섭은 "한국과 일본 역사에서 중요한 인물인 왕인(王仁)이 '본적(本籍)과 주소(住所)가 분명하지 않은 일종의 미아(迷兒)'가 되어 있는 것은 유감(遺憾)"이라고 안타까움을 드러내서도, "그렇지만 나는 구림(鳩林)을 그의 출생지(出生地)라 단정(斷定)할 용기(勇氣)는 없었다."고 솔직히 고백하였다. 당시만 하더라도 "도선(道詵)에 관하여 옛 사찰에 기록이 남아 있는 것만큼 (왕인에 관한) 유적을 찾을 수가 없었던" 것이 그가 이렇게 판단한 이유였다. 그럼에도 1927년의 이 기행문을 통해 '왕인박사 영암 출생설'의 존재가 확인되었다는 점에 주목하지 않을 수 없다. 『신

민』은 당시 3대 일간지(조선일보, 동아일보, 시대일보)와 함께 잡지의 양대 산맥(『개벽』, 『신민』)을 이루던 유력 잡지였기에, 영암지역에 전해오던 '왕인박사 영암 출생설'이 전남 완도 출신인 박정욱(朴晶昱)을 비롯한 영암군 공무원의 입을 거쳐 경북 안동 출신의 하산(霞山) 권현섭(權賢燮)이라는 외지인(外地人)에게 전달되고, 그것이 전국망을 가진 매체를 통해서 영암의 구림이라는 좁은 공간에서 벗어나 전국으로 확산될 수 있는 통로가 마련되었다는 점에서는 그 의미가 자못 크다.

이상의 연구를 통해서 왕인박사에 대한 인식이 한국에서 확고한 위치를 차지하게 된 과정, 그리고 더 나아가서 왕인박사가 영암 출신(또는 출생)이라는 인식이 만들어진 배경 등이 전보다 더욱 명확해졌다. 기존에는 한치윤의 『해동역사』가 왕인박사를 기록한 한국 측 문헌으로는 가장 빠르다고 보고 있었는데, 그것이 1655년 남용익의 『부상록』, 더 나아가서는 신숙주의 『해동제국기』(1472년)까지 거슬러 올라갈 수 있게 되었다. 그리고 일본을 다녀온 통신사(通信使)가 일본에서 입수한 정보가 실학자에게 전해지고, 그것을 다시 실학자가 일본의 문헌에 근거하여 고증하는 과정을 거치면서 왕인박사에 대한 인식이 더욱 확실해졌으며, 그것이 오늘날 한국인의 왕인박사에 대한 인식으로 계승되었음이 문헌을 통해 입증되었다.

그리고 왕인박사가 영암에서 태어났다거나 살았다는 기록이 지금까지는 1937년의 『조선환여승람』(영암군)이 처음이라고 알려져 왔는데, 그것이 1920년대까지 거슬러 올라갈 수 있게 되었다. 그것도 1932년에 영산포의 일본 사찰인 본원사(本願寺 혼간지)의 승려 아오키 게이쇼[靑木惠昇]가 왕인박사 동상을 세우려 했던 것에서 '왕인박사 영암 출생설'이 전파되기 시작했다고 이해하였던 것이 기존의 연구 결과였는데, 지난 20년간의 연구 활동을 통해서 그것이 아니라 전남지역의 향교 또는 유도창명회를 이끌었던 지식인(유학자)이나 고위 관료(정국채, 석진형 등)를 그 주체로 보아야 한다는 새로운 결론에 도달하게 되었다.

3. 왕인박사에 대한 교육의 역사

역사는 역사 사실과 역사 인식의 둘로 나뉜다. 언제 어떤 일이 있었는지를 다루는 역사 사실의 문제와, 그것을 어떻게 바라보고 인식할 것인가 하는 역사 인식의 문제가 그것이다. 그런데 이 둘이 서로 분리될 수 없음은 더 말할 나위가 없다. 여기에서는 왕인박사에 대한 교육이 한국과 일본에서 언제부터 어떻게 이루어졌는지를 역사서와 교과서로 구분하여 분석한 다섯 편의 논문을 소개하고자 한다.

제3부 제1장에서 박광순 교수는 「한·일 양 국민의 상호인식과 호혜정신」이라는 제목의 논문에서, 한국인의 일본 인식과 일본인의 한국 인식이 변천되어 온 과정을 살펴본 뒤, 오늘날 일본인이 한국을 인식하는 뿌리가 일본의 고대 역사서인 『일본서기(日本書紀)』에서 비롯된 '조선번국사관(朝鮮蕃國史觀)'임을 밝히고, 그러한 인식을 지양(止揚)하는 것이야말로 올바른 상호인식을 위해 절대적으로 필요한 일임을 지적하였다. 더 나아가 일본의 고대사, 특히 응신(應神)·인덕(仁德) 조에 일본 고대 국가를 형성하기 위하여 쏟은 왕인을 중심으로 하는 도래인(혹은 渡東人)들의 호혜와 공생의 정신을 일본의 미래 세대들에게 바르게 가르치는 일이 중요함을 역설하였다.

제3부 제2장에서 박남수 교수는 「한국의 역사서와 연구물에 그려진 왕인박사」라는 제목의 논문에서, 1604년(선조 37) 2월 23일자 『선조실록』에 실린 일본 승려 현소(玄蘇)의 발언을 소개하면서, 임진왜란 이후 조선과 일

본이 사신(使臣)을 주고받는 과정에서 조선 정부가 왕인박사에 대한 정보를 알게 되었을 것이라는 새로운 사실을 밝혀냈다. 그리고 왕인박사에 대한 한국 측 문헌 기록은 조선과 일본이 교류하는 과정에서 나타나기 시작하였는데, 신숙주의 『해동제국기』가 그 첫 출발이었다고 하였다. 임진왜란으로 단절되었던 양국 간 교류가 17세기 이후 재개되면서 '왕인(王仁)'에 관한 정확한 정보가 조선에 유입될 수 있었으며, 그것이 실학자에게 전달되어 '일본에 문자를 전한 주체'로서의 왕인박사에 대한 인식이 이덕무의 『청장관전서』, 한치윤의 『해동역사』, 김정희의 『완당집』 등으로 이어졌다. 그리고 1876년 김기수의 『일동기유(日東記游)』와 1881년 이헌영의 『일사집략(日搓集略)』 등에 이르러서도 왕인박사에 대한 인식이 그 이전의 실학자들의 서술에서 크게 벗어나지 않았으며, 그것이 20세기 초반 이후까지도 이어졌다고 평가하였다.

제3부 제3장에서 나행주 교수는 「일본의 역사서와 연구물에 그려진 왕인박사」라는 제목의 논문에서, 『일본서기(日本書紀)』(720년)의 '왕인박사(王仁博士)'와 『고사기(古事記)』(712년)의 '화이길사(和邇吉師)' 그리고 『신찬성씨록(新撰姓氏錄)』(815년)의 황별(皇別) 외척(外戚) 씨족인 '화이씨'가 모두 일본에서 '와니'로 불리는 동일 인격이자 동일 실체임을 논증하였다. 이를 통해서 현재까지도 '와니'를 황별씨족(皇別氏族)으로 간주하는 일본 학계의 기존 주장을 실증적으로 비판하였다. 아울러 왕인박사를 실존 인물이 아닌 왕진이를 모델로 하여 조작된 인물로 보았던 한국 학계의 일부 주장에 대해서도 그것이 사실이 아닐 뿐만 아니라, 왕인박사가 실존 인물임은 그의 후예씨족의 존재를 통해서도 확인된다는 점을 논증하였다.

제3부 제4장에서 박해현 교수는 「한국의 교과서에 그려진 왕인박사」라는 제목의 논문에서, 1880년대부터 현재까지 왕인박사의 도일(渡日)이 교

과서에 수록된 100년이 넘는 기간의 교과서를 분석한 다음, 검인정 교과서 체제일 때도, 그리고 1974년 국정 교과서 체제가 되었을 때도 대부분의 교과서에서 왕인박사에 대한 서술이 있었음을 확인하였다. 다만 서술의 내용이 학교 급간의 차이 없이 거의 동일한데, 초등학교, 중학교, 고등학교 등 학교 수준에 맞도록 내용 서술의 위계화가 제대로 갖추어져야 한다는 점을 제기하였다. 그리고 2002년 이후에는 교육과정의 개편과 서술자의 정치적 성향에 따라 누락이 빈번해지고 있다는 문제점을 지적하였다.

제3부 제5장에서 김선희 교수는 「일본의 교과서에 그려진 왕인박사」라는 제목의 논문에서, 메이지기[明治期], 다이쇼기[大正期], 쇼와기[昭和期], 헤이세이기[平成期] 등 근대부터 현대에 이르기까지 총 62권의 교과서를 시기별로 나누어 일본의 교과서에 서술된 왕인박사 관련 내용을 실증적으로 분석·검토하였다. 이를 통해서 왕인박사에 대한 일본 교과서의 서술이 제2차 세계대전 종결 뒤부터는 점차 소략해지는 경향이 뚜렷하며, 고등학교 교과서의 경우 출판사에 따라 조금씩 서술의 차이가 존재한다는 점을 확인하였다. 그리고 1990년대 이후의 교과서에서는 '도래인(渡來人)'의 역할에 대해서는 설명하면서도 왕인박사와 관련된 서술은 본문에서 다루지 않고 각주에서 짧게 소개하는 등 왕인박사를 소략하게 다루는 흐름이 지속됨을 지적하였다.

4. 왕인박사에 대한 추모의 역사

왕인박사를 언제부터 추모(追慕) 또는 현창(顯彰)하기 시작했는지 문헌을 통해 정확히 밝히기는 어렵다. 그리고 왕인박사의 업적이 주로 일본에서 이루어졌고, 그의 후손이 일본에 있었기 때문에, 왕인박사에 대한 추모의 역사가 한국보다는 일본이 먼저였다. 일본에서는 이미 17세기부터 왕인박사를 추모한 사실이 문헌으로 확인되지만, 한국에서는 20세기 이후가 되어야 그것이 문헌에 보이기 시작한다. 더구나 한국 역사에서는 그때가 일제강점기에 해당하였기에, 왕인박사 추모의 문제를 거론할 때면 거의 예외 없이 '내선융합(內鮮融合)' 또는 '내선일체(內鮮一體)'라 부르는 특정한 역사 이미지가 가장 먼저 뇌리에 떠오르는 것이 사실이다.

그런데 근대 시기라고 하더라도 좀 더 세밀하게 들여다보면 시간의 흐름에 따라 왕인박사에 대한 추모의 동기나 목적, 내용 등에서 차이가 있게 마련이다. 특정 시점에서 정태적(靜態的)으로 보느냐, 긴 시간 속에서 동태적(動態的)으로 보느냐에 따라 그 성격이 달라질 수 있다. 여기에 특수성과 보편성의 문제도 존재하므로, 왕인박사를 추모하는 주체가 누구이며 그 내용이 무엇인가에 대해서도 충분히 고려해야 한다. 더구나 왕인박사 추모는 한국과 일본에서 지금도 이루어지고 있기에, 이것은 역사 문제이면서 현재의 문제이기도 하다. 이처럼 다양한 모습과 특징을 지닌 왕인박사 추모 문제에 관하여, 여기에서는 세 편의 논문을 소개하고자 한다.

제4부 제1장에서 박광순 교수는 「왕인박사 현창사업 성과와 과제」라는 제목의 논문에서, 사단법인 왕인박사현창협회를 중심으로 한국의 왕인박사 현창사업 사례를 소개하였다. 1973년 10월 3일 광주에서 "왕인박사의 위업을 바르게 인식시켜 내외에 선양함과 동시에 올바른 한일관계의 확립과 한일 양국의 참된 우호증진에 도움이 될 기념사업에 일역을 담당할 것"을 목적으로 설립된 왕인박사현창협회가 지금까지 추진해온 여러 사업을 제1기(1973~1985년), 제2기(1985~1998년), 제3기(1998~2002년), 제4기(2002~2007년), 제5기(2007~현재)로 구분하여 정리하였다. 이를 통해 왕

인박사현창협회가 추진한 사업의 성과와 함께 앞으로 해결해야 할 과제에 대해서도 제시하였다(왕인박사 유적지 정비 등 왕인박사현창협회의 각종 사업과 활동에 대한 최근 연구로는 전석홍, 『왕인박사유적지정화와 왕인박사현창협회』, 사단법인 왕인박사현창협회, 2022를 참조).

제4부 제2장에서 김선희 교수는 「일본 민간단체의 왕인박사 현창사업의 현황과 과제」라는 제목의 논문에서, 일본 오사카부[大阪府] 히라카타시[枚方市]의 민간단체가 추진해 온 왕인박사 현창사업에 대하여 고찰하였다. '왕인총(王仁塚) 환경 수호회'라는 단체명에서 알 수 있듯이, 히라카타시의 왕인박사 현창의 중요한 주체인 '마을 사람들은' 그야말로 마을의 환경 가꾸기를 통해 마을의 역사를 배우고 더 나아가 한국과의 더 나은 관계를 위한 교류를 소망하는 평범한 사람들이다. 이들이 언제 어떤 계기로 '전왕인묘(傳王仁墓)'라고 하는 공간을 왕인박사 추모의 장소로 유지·관리해 온 것인지를 현지 주민 인터뷰 등을 통해서 직접 조사하였다. 이를 통해서 왕인박사에 대한 전승과 현창 활동이 멀리는 1616년까지 거슬러 올라가며, 1731년에는 '박사왕인지묘(博士王仁之墓)'를 건립하는 등 근대 이전부터 이미 왕인박사에 대한 추모(현창) 활동이 이곳에서 이루어진 사실을 실증하였다.

제4부 제3장에서 마쓰모토 시게유키[松本茂幸] 전(前) 일본 사가현[佐賀縣] 간자키시[神埼市] 시장은 「일본 지방자치단체의 왕인박사 유적지 조성사업 현황과 과제」라는 제목의 논문에서, 본인이 1989년부터 주일후쿠오카(駐日福岡) 대한민국총영사관의 영사(領事)와 만나면서 그동안 잊고 있었던 '와니[ワニ]'에 대한 역사 사실에 대하여 관심을 갖게 되었고, 그것이 간자키[神埼]의 와니텐만구[王仁天滿宮]라는 사당을 조사하는 계기가 되었다고 소개하였다. 이 무렵 그곳과 가까운 곳에 위치한 요시노가리[吉野ヶ里]

유적이 발굴되면서, 간자키시 다케바루[竹原]의 와니신사[鰐神社]와 와니텐만구[王仁天満宮] 사당이 더욱 깊은 관심을 끌게 되었다. 2006년에는 일본의 행정제도 개편과 함께 새롭게 간자키시[神埼市]가 탄생하면서 다케바루[竹原]의 '와니 텐만구[王仁天満宮] 사당'을 활용한 지역 활성화 정책이 더욱 강력하게 추진되었다. 그 뒤 2011년에는 일본국 사가현[佐賀県]과 대한민국 전라남도 사이에 우호 자매도시협정서(友好姉妹協定書)가 체결되고, 간자키시와 영암군의 교류도 상부 기관의 지원과 협력을 받게 되어 더욱 적극적으로 교류가 이루어진 과정에 대하여 당시 간자키시의 시장이 직접 발표를 하였다.

5. 맺음말

왕인박사에 대한 연구는 이번 단행본의 간행으로 모든 것이 완결되는 것은 아니다. 더구나 문헌만으로 해결할 수 없는 문제는 유물(遺物) 중심으로 접근하는 고고학 분야의 연구를 통해서 풀어가야 한다. 문헌 중심의 역사학 연구의 경우에도 지금까지 20년 가까이 왕인박사에 대하여 연구를 해왔지만 여전히 적지 않은 문제가 숙제로 남아 있다.

왕인박사의 탄생지 문제도 왕인박사가 한반도 출신이라는 점에 대해서는 대체로 동의한다 하더라도, 왕인박사의 후예씨족에 대해서는 일본 측 연구자와 앞으로 더 많은 소통이 필요하다. 게다가 왕인박사 영암 출생설의 경우는 1920년대 이전에 어떤 과정을 거쳐 그것이 전승되기 시작했는지 더 밝혀내야 할 점이 많다.

왕인박사에 대한 교육의 문제도 교과서나 그 밖의 연구서에서 새로운 연구 성과를 반영할 수 있도록 노력하는 것이 필요하다. 다행히 최근에 와서 왕인박사 기록의 데이터베이스가 구축되었으므로 이것을 활용한다면 연구 성과의 확산과 보급 문제는 지금보다 훨씬 개선될 것으로 전망된다.

왕인박사에 대한 추모의 문제도 1920~40년대의 '내선융합' 또는 '내선일체'에만 매몰되지 않게 더 긴 역사 속에서 전체적으로 조망할 수 있도록 해야 한다. 그렇게 하기 위해서는 무엇보다도 조선 후기(일본의 에도시대)의 사례를 새롭게 발굴하고 더 나아가 그것을 좀 더 체계적으로 정리하여 분석할 필요가 있다.

오쓰카 히사오[大塚久雄]의 말처럼 "역사 연구는 노고에 비해 성과는 적은 학문"이라고 한다. 왕인박사에 대한 연구도 결코 예외가 아니다. 1,600년 전의 고대 인물인 왕인박사에 대한 연구가 단기간에 많은 성과를 거두기는 어렵다. 역사 연구에서도 효율성을 중시하는 것이 요즘의 추세라고 하더라도, 인내심을 가지고 하나씩 찾아가면서 더 많이 노력하고 더 넓게 소통하여 일본 학계와 교류의 폭을 넓힐 뿐만 아니라, 국내 연구자들과도 다양한 학문 분야와 융합 연구를 확대해 나가는 것을 고려해 볼 만하다고 생각한다.

II.
왕인박사의
탄생지에 대한 고찰

제1장

조선시대 왕인박사에 대한 인식의 전개와 그 의미

하우봉 _ 전북대학교 명예교수

1. 머리말
2. 일본 사서에 나오는 왕인과 위상
3. 조선시대 백제문물 전수 기사
4. 통신사행원의 일본사행록에 기술된 왕인
5. 실학자의 저술에 나타나 있는 왕인
6. 근대 이후의 왕인에 대한 인식
7. 맺음말

1. 머리말

일본에 『논어(論語)』와 『천자문(千字文)』을 전했다는 백제인 왕인(王仁)에 대한 기사는 『고사기(古事記)』와 『일본서기(日本書紀)』, 『속일본기(續日本記)』에 나온다. 이 간략한 기사는 전승 과정에서 더욱 풍부해져 현재 왕인은 일본에 문자와 유교뿐 아니라 광범위한 문물의 전수자로서 평가받고 있다. 왕인의 업적에 대해서는 1910년 이전부터 한일 양국 모두에서 "왕인박사가 천자문과 논어를 전래함으로써 일본문학의 시조가 되었으며, 일본의 문자가 왕인박사로부터 비롯되었다"는 인식이 일반화되어 있었다. 일본에서의 근년의 평가를 보더라도 1995년 이토 미쓰하루[伊東光晴] 등이 편찬한 『일본사를 만든 101인』에서 첫 번째 인물로 왕인을 선정해 소개하면서 '일본 학문의 시조'로 평가하였다.

또 민간차원에서도 왕인의 고적을 조사하고 왕인묘역 정화사업을 추진하는 등 움직임이 있으며 왕인을 '일본문학의 시조로 일본국민의 큰 은인'으로 존경하는 분위기가 주류이다. 일본 민중들 사이에서는 왕인을 신적인 존재로 추앙하고 있다. 사가현[佐賀縣] 간자키시[神埼市]의 와니 신사[王仁神社] 오사카 야사카 신사[八坂神社] 경내의 왕인신사, 마쓰바라[松原]의 와니 성당지[王仁聖堂址], 사카이[堺]의 다카시노 신사[高石神社] 등에서는 직접 왕인을 신으로 제사 지내고 있다. 그밖에 왕인을 나타내는 와니[和邇, 鰐], 거기에서 파생된 오니[鬼]까지를 모두 왕인으로 본다면 그 수는 훨씬 많다. 교토의 오니오카마쓰리[鬼岡祭]에서도 왕인을 신체(神體)로 모신다. 이와 같이 일본에서는 오늘날까지도 왕인박사를 '문화의 시조'로 모시며 추앙하는 사업이 진행되고 있다.

일본에서의 왕인의 업적과 위상에 대한 평가는 시대에 따라 상당한 변화 양상을 보여준다. 고대의 사서에 왕인에 대한 활동이 소개된 이래 중세에서는 추가적인 내용이 보완되었고, 연구가 본격적으로 이루어지면서 왕인에 대한 위상이 확립된 것은 에도 시대[江戶時代]였다. 근대 이후에는 아시아연대론적 입장과 침략론적 입장에 따라 각기 왕인을 내선일체(內鮮一體)의 표상으로 내세우면서 정치적으로 이용하려 하는 한편 그 역할에 소극적 평가를 하는 경우도 있었다.

한편 우리나라에서는 고대 일본에 문자와 유교 경전을 소개하고, 최초의 일본시('和歌')를 창작한 문화의 시조로 존경받는 왕인은 참담한 현실 속에서 민족적 자긍심을 대변하는 존재일 수 있었다. 그래서 일본에서의 전승을 적극적으로 수용하여 역사적 사실로 인식하였다.

왕인에 대한 문헌기록은 『고사기』와 『일본서기』, 『속일본기』 등 일본의 고대 사서에 기술되어 있고, 중세에 『회풍소(懷風藻)』, 『고금화가집(古今和歌集)』 등 추가적인 기사가 보완되다가, 체계적인 연구는 에도시대에 이루어진다. 한편 한국에서는 『삼국사기(三國史記)』, 『삼국유사(三國遺事)』 등 사서에 관련 기사가 전혀 나오지 않는다. 8세기 이후로는 한일 양국 간에 600여 년 동안 정부 차원의 공식적 교류가 단절된 상태였으므로 일본의 사서나 자료가 유입되지 못하였다.

우리나라 문헌에 백제가 일본에 문물을 전수한 것과 함께 왕인에 관한 기사가 보이는 것은 조선시대에 들어와서이다. 최초의 기록은 신숙주의 『해동제국기(海東諸國記)』이다. 그 이후 『선조실록(宣祖實錄)』에 간단한 인용 기사가 소개되어 있고, 조선 후기 통신사행원들의 사행록에 일본에서 전해 들은 이야기를 수록하고 있다. 왕인에 대해 일본 사서와 저술을 보면서 연구 검토하는 작업은 실학자들에 의해 이루어진다. 그러한 작업은 이익과 안정복을 거쳐 이덕무와 한치윤에 이르러서 절정을 이룬다. 그들은 일본에서의 연구성과를 거의 대부분 수용하면서, 나름대로의 검토를 거쳐 종합적으로 정리하고 체계화한다. 이때 확립된 왕인에 대한 인식은 그 이후 개화기와 일제강점기를 거쳐 오늘날에 이르기까지 계승되었다. 현재 한국인들이 알고 있는 왕인에 대한 인식의 뼈대는 조선시대 실학자들에 의해 이루어졌다고 해도 과언이 아니다.

본고에서는 왕인에 관한 서사(敍事)와 인식의 형성과 변화 양상을 살펴보고자 한다. 이에 관해서는 김선희, 박광순, 정성일, 김정호, 박남수에 의한 선행연구가 있는데, 그것을 참고하면서 필자가 새로 찾은 사료를 보완함과 동시에 그 의미를 생각해 보고자 한다.[1]

2. 일본 사서에 나오는 왕인과 위상

1) 사서의 기사

(1) 『고사기古事記』

"백제국의 임금인 照古王[2]이 암수 말 1필씩을 阿知吉師에게 딸려 바쳤다(이 阿知吉師라는 자는 阿直史氏 등의 시조이다). 또 백제왕이 큰 칼(橫刀)과 큰 거울(大鏡)을 바쳤다.[3] 그리고 천황은 '백제국에 만약 賢人이 있으면 보내도록 하라'고 하였다 이에 명을 받아 사람을 보내왔는데 이름이 和邇吉師[4]였다. 또 論語 10권과 千字文 1권, 모두 11권을 이 사

---

1) 왕인에 대한 자료와 국내외의 연구성과에 관해서는 『왕인박사 연구』(주류성출판사, 2012)의 부록 「왕인박사 관련 연구자료 목록」에 잘 정리되어 있다. 본고에서 주로 참조한 최근의 선행연구는 다음과 같다. 김선희, 전근대 왕인 전승의 형성과 수용」(『일본문화연구』 39, 2011)과 「근대 왕인 전승의 변용양상에 대한 고찰」(『일본문화연구』 41, 2012); 정성일, 「왕인박사의 업적과 일본에서의 위상」(『왕인박사 연구』, 주류성출판사, 2012); 박광순, 「왕인박사가 전수한 천자문등에 관하여」(같은 책); 김정호, 「왕인박사에 대한 국내에서의 관심과 위상」(같은 책); 박남수, 「한국의 역사서와 연구물에 그려진 왕인박사」(『왕인박사에 대한 교육의 현황과 개선방향』, 2014, 한출판).
2) 『日本書紀』에는 '肖古王'으로 기록되어 있다. 백제 13대 국왕인 근초고왕(近肖古王)을 가리키는 것으로 여겨진다.
3) 『日本書紀』 神功皇后 조에 보이는 칠지도(七枝刀)와 칠자경(七子鏡)을 가리키는 것으로 추정된다.
4) 『日本書紀』에는 '王仁'으로 표기하고 있다.

람에게 딸려 바쳤다(이 和邇吉師라는 자는 文首氏 등의 시조이다)."[5]

(2) 『일본서기日本書紀』

① "응신천황 15년(284) 가을 8월 정묘(6일) 백제왕이 阿直岐를 파견해 좋은 말 2필을 바쳤다. 그것을 輕坂上의 마굿간에서 기르게 하고 아직기로 하여금 사육을 관장하도록 하였다. 그 말을 기른 곳을 廐坂이라고 한다. 아직기가 또한 능히 경서를 읽었으므로 태자 菟道稚郎子의 스승으로 삼았다. 이에 천황이 아직기에게 '그대보다 더 뛰어난 박사가 또 있는가?'라고 묻자, '王仁이라는 사람이 있는데 실로 빼어납니다.'라고 아직기가 답하였다. 그래서 上毛野君의 선조인 荒田別과 巫別을 백제에 보내 왕인을 데리고 오게 하였다. 아직기는 阿直史氏의 시조이다."[6]

② "16년 봄 2월에 왕인이 왔다. 이에 태자 菟道稚郎子가 그를 스승으로 모시고 여러 典籍을 왕인으로부터 배웠는데 통달하지 않음이 없었다. 이른바 왕인이라는 자는 書首씨 등의 시조이다."[7]

---

5) 『古事記』 卷中 應神天皇.
6) 『日本書紀』 권10 應神天皇 15년.
7) 『日本書紀』 권10 應神天皇 16년.

(3) 『속일본기續日本記』

① "응신천황이 上毛野씨의 먼 선조인 荒田別에게 명해 백제에 사신으로 보내 학식이 있는 자를 찾아오도록 하였다. 백제의 國主 貴須王이 공손하게 사신의 뜻을 받들어 宗族 가운데 손자인 辰孫王(일명 智宗王이라고 한다)을 뽑아 사신에 수행해 입조시켰다. 천황이 이것을 가상하게 여겨 특별히 대접하고 황태자의 스승으로 삼았다. 이에 비로소 서적이 전해지고 儒風이 크게 일어나고 文教가 흥한 것은 실로 여기에 있었다."[8]

② "漢 高帝의 후예를 鸞이라고 하는데, 난의 후손인 王狗가 백제로 옮겨 살았다. 백제 久素王 때에 일본 조정에서 사신을 보내 文人을 선발해 보내라고 하니 구소왕이 구의 손자인 王仁을 바쳤다. 이것이 文과 武生 씨의 선조가 되었다."[9]

왕인에 대해 일본 사서에는 왕인(王仁) 또는 화이길사(和邇吉師)라고 칭하고, 지위 내지 신분에 대해서는 길사(吉師), 박사(博士), 문인(文人) 등으로 기술하였다. 또 왕인이 도일할 때의 왕은 일본에서는 응신천황으로 동일하지만, 백제의 왕은 조고왕, 귀수왕, 구소왕으로 사료에 따라 다르게 서술되어 있다.[10]

---

8) 『續日本記』 권40 桓武天皇 9년 7월 신사(17일).
9) 『續日本記』 권40 桓武天皇 10년 4월 무술(8일).
10) 당시 백제왕의 이름 가운데 귀수왕(貴須王)이나 구소왕(久素王)은 없다. 구수왕

『속일본기』에서 왕인을 한 고조(漢高祖)의 후손이리고 최초로 기술하였는데, 그러한 주장의 구체적인 근거는 제시되어 있지 않다. 가와치노후미[西文]씨의 후손인 후미노이미키 모오토[文忌寸最弟]가 자신의 조상인 왕인의 출자에 대해 중국 한 고조의 후예라고 칭하면서 환무천황으로부터 스쿠네[宿禰]라는 성을 받았다. 후미[文] 씨의 유래를 언급하는 가운데 왕인이 나오는데, 그의 가계에 대해 한 고조의 후예라고 밝힌 것은 처음이다. 이러한 기술은 『속일본기』의 편찬자 내지 당시 일본인의 의식의 변화라고 볼 수밖에 없다.[11] 요컨대 일본에 문화를 전수해 준 대상을 백제인에서 중국인으로 바꾸고자 하는 의식의 발로이다. 이러한 인식은 에도시대 마쓰시다 겐린[松下見林]의 『이칭일본전(異稱日本傳)』에도 계승되고 있다.

2) 일본에서의 왕인의 위상

첫째, 최초로 한자(漢字)를 전래하고 그것을 응용해 일본 글자의 원형인 가나[假名]를 만들어 준 인물이다.

751년 찬술된 『회풍조(懷風藻)』에서는, "왕인은 왜어(倭語)의 특질을 훼손하지 않고서 한자(漢字)를 이용해 왜어를 표현하는 방법을 개발하였다."라고 일본 문자의 창안자로서의 공적을 인정하였다. 왕인이 지은 난파진가

(仇首王, 재위 214~233)의 오류일 가능성이 많다. 한편 왕인이 파견된 시기의 일본은 응신천황대로 기술되어 있는데, 이 시기에 해당하는 백제왕은 고이왕(古爾王)이라서 연대가 잘 맞지 않는다.

11) 이러한 변화 요인에 관해 전한(前漢)시대 왕씨(王氏)가 낙랑지역에 이주하였던 역사적 지식이 반영된 것으로 보이며, 왕인의 씨족들이 자신의 조상을 중국 황제와 결부시켜 주장하는 것은 견당사(遣唐使)를 파견하며 당의 문화를 적극적으로 수용했던 당시의 시대적 분위기와 관련 있다는 해석도 있다.

(難波津歌)도 만요가나[萬葉假名]로 만들어졌는데, 이것을 볼 때 왕인이 한 국식 이두처럼 일본의 가나를 창안했을 것으로 보는 학설이 있다.

943년에는 주작천황(朱雀天皇) 당시 조정에서 대학두(大學頭), 민부대보 (民部大輔) 등을 역임한 다치바나노 나오모토[橘直幹]가 천황이 임석한 자리 에서 일본에 처음으로 문자를 전하고 글을 가르쳐 준 왕인박사의 문화적 업적을 기려 다음과 같은 시를 지었다.

"海神의 바다와 수많은 흰 파도를 넘어서 여덟 개의 섬나라에 글을 전 하였노라."(『後撰集』)

둘째, 일본시[和歌]의 창시자로 인식되었다. 헤이안 시대(平安時代)인 905년 키노 쓰라유키[紀貫之] 등이 편찬한 『고금화가집(古今和歌集)』 서문 에서는 한자를 이용해 가나를 만든 왕인의 공적에 대해 평가하는 한편으로 왕인박사가 지은 난파진가(難波津歌)[12]를 소개하면서 일본 와카[和歌]의 창 시자('歌父')라고 평가하였다. 『이칭일본전(異稱日本傳)』을 지은 에도시대의 마쓰시타 겐린[松下見林]도 『본조학원낭화초(本朝學源浪華抄)』에서 난파진 가(難波津歌)는 왕인이 지은 것이라고 기술하면서, 왕인이 홍매화도 가져왔 을 것으로 추정하였다.

셋째, 『논어』와 『천자문』을 비롯해 많은 유교 경전과 전적을 전래하였

---

12) 나니와즈노 우타[難波津歌]의 원문은 만요가나[萬葉假名]식으로 기술되어 있는 데, 이것을 현대어로 옮기면 아래와 같은 내용이다.
  "나니와의 포구에 피었구나 이 꽃이여 / 겨우내 감싸고 있다가 / 이제 봄이 오 니 / 활짝 피었구 나 이 꽃이여.

고, 그것을 태자를 비롯한 지배계층들에게 가르쳐 주어 유교문화를 전수한 학문의 스승이라는 인식이다. 문화뿐만 아니라『속일본기』를 비롯한 후대의 사서에서는 왕인이 일본 왕실에서 정치고문의 역할도 한 사실을 기술하고 있다. 이러한 인식이 전승되어 에도시대 초기부터 미토번[水戶藩]에서 편찬하기 시작해 1851년 88권으로 간행한『대일본사(大日本史)』에서도 왕인박사를 주요 인사로 소개하고 있다. 그 후 근대 이후의 역사서에도 왕인이 반드시 소개되었다.

넷째, 왕실을 비롯한 지배계층의 왕인에 대한 존숭의 인식은 민간에게도 보급되어 추모와 신앙의 대상으로 받아들여졌다. 1682년 승려 니시무라 도슌[西村道俊]이 지은「왕인분묘래조기(王仁墳墓來朝記)」에서 "고대에 왕인박사의 묘를 만들어 河內國 交野縣 藤阪村(현재의 枚方市)에 장사 지냈다."고 추정하였다. 오사카시 마쓰바라[松原]시에는 왕인을 모시는 사당으로 와니 성당[王仁聖堂]이 있다. 그 밖에 왕인을 신으로 모시는 신사가 오사카시의 야사카 신사[八坂神社]와 와니 신사[王仁神社]를 비롯해 관서지역에 7군데 이상이 퍼져 있다. 또 사가현[佐賀縣] 간자키시[神埼市]에 왕인박사를 신으로 모시는 와니 신사[王仁神社]가 있어 지금도 신사를 중심으로 왕인축제가 열리는 등 존숭하는 민간행사가 활발하게 진행되고 있다.

3. 조선시대 백제문물 전수 기사

왕인에 대하여 기술한 일본의 사서(史書)와 문헌 기록이 조선에 본격적으로 알려지기 전에 고대 백제시대에 일본에 문물을 전수해 주었다는 사실을 기술한 저작과 전언(傳言) 등이 기술된 사례가 있다.『해동제국기』,『선조실록』, 『성호사설』, 『동사강목』 등이 그러한 사례이다.

(1) 『해동제국기海東諸國記』

"응신천황 : 仲哀天皇의 넷째 아들이고 어머니는 神功皇后이다. 원년은
경인년이다. 1년 병신에 고구려에서 처음으로 사신을 보내왔다 14년
계묘에 비로소 의복을 제작하였다. 15년 갑진에 백제에서 서적을 보내
왔다. 16년 을사에 백제의 王太子가 왔다. 20년 기유에 漢人이 처음으
로 왔다. 재위 기간은 41년이고 수는 110세이다."[13]

1472년 신숙주(申叔舟)가 편찬한 『해동제국기』 일본국기(日本國紀) 천
황세계(天皇世系)는 우리나라 서적에서 천황에 대해 기술한 최초의 기록이
다. 위 기사로 보아 그는 필사본으로 된 『일본서기』를 참조했을 것으로 추
정된다. 왜냐하면 『일본서기』의 간행은 에도시대에 이루어졌기 때문이다.
당시 신숙주는 예조판서로서 조선 초기 대외관계를 총괄하였다. 그는 명,
일본, 유구 사신들과 통역 없이 대화할 수 있었으며, 그들에게 필요한 자료
를 요구해 받기도 하였다. 『해동제국기』에 실린 「유구국지도(琉球國之圖)」
도 현존하는 최고(最古)의 유구 지도로서 유구사신으로 온 일본인 도안(道
安)으로부터 받은 것이다. 같은 차원에서 『일본서기』도 일본 사신으로부터
구해보았을 가능성이 충분히 있다.

그런데 『해동제국기』 기사에는 왕인을 적시하지는 않고, 응신 16년에

---

13) 『海東諸國記』 日本國紀 天皇世系.

백제의 '왕태자'가 왔다고만 기술하였다. 백제에 의한 문물 전수의 사실을 소개하는 가운데 왕인과 관련된 기사를 기술하였지만, 사실에 대한 착오 내지는 오기(誤記)가 있었다고 여겨진다. 응신 15년에 서적이 전래되었다는 것과 16년에 왕태자가 왔다는 것은 『일본서기』의 기사와 비교해 볼 때 정확하지 않으며, 착오가 혼합되어 있다.

(2) 『선조실록宣祖實錄』

『선조실록』에도 비슷한 기사가 소개되어 있다. 즉 임진왜란 직후 국교 재개 교섭기인 1604년에 대마도의 외교 승려 겐소[玄蘇]가 귀국한 피로인 김광(金光)에게 보낸 글이 『선조실록』에 수록되어 있다.

> "應神帝 때에 이르러 백제국에 博士를 구하여 經史를 전수하니 귀천 없이 중국문자를 익혔으며, 불경 및 유교와 諸代百家의 글이 차례로 잇달아 들어오니, 사람들이 유교에 五常이 있고, 불교에 五戒가 있다는 것을 알아서 날로 묻고 달로 배워서 드디어 문명의 나라가 되었습니다."[14]

국교를 재개하기 위한 교섭 과정에서 겐소가 고대에 양국이 우호적으로 교류한 사실을 소개하면서 역사적 유래를 강조한 것이다. 그런데 여기서도 백제를 통한 문물 전수 사실을 소개할 뿐 왕인(王仁), 아직기(阿直岐)의 이름은 나오지 않는다. 단지 '박사(博士)'라는 직책이 나온다는 점은 다소 진

---

14) 『宣祖實錄』 권171 선조 37년 2월 22일 갑진.

전되었다. 이것은 에도시대 이전에 이미 일본에서는 왕인에 관한 사실이 널리 유포되어 있음을 알려준다. 이를 통해 조선 조정에서 왕인까지는 몰라도 백제의 문물 전수에 관한 정보는 알 수 있었다.

1) 『성호사설星湖僿說』

"응신천황 때에 비로소 의복의 제도를 정하였다. 백제에서 서적을 가져왔고, 또 태자가 오고, 중국에서 사신을 보내왔으니, 곧 晉 武帝 太康 10년(289) 기유 때이다."[15]

성호 이익은 『해동제국기』의 기사를 이어받아 자신의 『성호사설』 권18 경사문(經史門) 「일본사(日本史)」에서 그대로 기술하였다. 내용으로 보아 성호가 또 다른 일본 사서를 직접 보지는 않은 것 같다.

2) 『동사강목東史綱目』

"이 해에 백제가 왜국에 서적을 보냈다. 왜는 처음에 문헌이 없다가 이에 이르러 비로소 백제를 통해 중국문자를 얻었다. 또 의복제도가 없었는데 백제가 재봉하는 여공을 보냄으로써 비로소 복색이 있게 되었다. (중략) 海東記에 倭皇 응신 15년에 백제가 서적을 보냈다고 하였다."[16]

---

15) 『星湖僿說』 권18 經史門 「日本史」.

실학파 역사학자인 안정복은 자신의 필생의 저서인 『동사강목』에서 백제의 문물 전수 사실을 기술하였다. 이 기사를 쓰면서 안정복은 '왜사(倭史)'를 참고하였음을 밝혔는데, 아마도 『일본서기』를 지칭한 것으로 보인다. 또 『해동제국기』에서 인용한 사실도 밝혔다.

4. 통신사행원의 일본사행록에 기술된 왕인

1) 남용익의 『부상록扶桑錄』

『부상록』은 1655년 을미통신사행의 종사관으로 수행한 남용익(南龍翼)이 남긴 사행록이다. 이것은 조선후기 통신사행원의 일본사행록 가운데서 상세한 「문견별록(聞見別錄)」을 남긴 것으로 유명한 명사행록이다. 여기서 남용익은 '왜황대서(倭皇代序)'에서 신숙주의 『해동제국기』를 참조하면서 왕인에 대한 기사를 소개하였다.

"응신황 : 이름은 譽田이고, 仲哀皇의 넷째 아들이며 어머니는 神功皇后이다. 원년은 경인년(260)으로 병신년에 고구려가 처음으로 사신을 보냈고, 계묘년에 백제가 재봉하는 여공을 보내니 의복이 이때부터 있게 되었다. 갑진년에 백제가 또 경전과 여러 박사들을 보냈으며, 을사년에 백제가 王子 王仁을 보냈다. 재위한 기간은 41년이고 수는 111세이다."[17]

---

16) 『東史綱目』 권2 상 신라 미추왕 23년, 고구려 서진왕 15년, 백제 고이랑 51년.

이 기사는 우리나라에서 왕인(王仁)이란 이름이 명시된 최초의 기록이란 점에서 의의가 있다. 내용은 『해동제국기』와 큰 차이가 없다. 『해동제국기』 천황세계(天皇世系)에는 왕인이란 이름이 나오지 않고 단지 백제 왕태자가 왔다고 기록되어 있는데, 남용익도 왕인을 백제의 왕자라고 기술하였다. 『해동제국기』에 비해 더 자세하고 오류를 고친 사실 등으로 보아 남용익은 일본 사서를 보았거나, 아니면 왕인 및 백제의 문물 전수 사실에 대해 사행 중 일본인에게 자세히 들었을 것으로 추정된다.

2) 신유한의 『해유록海游錄』

『해유록』은 1719년 기해통신사행의 제술관으로 수행한 신유한(申維翰)이 남긴 사행록으로 수려한 문장과 풍부한 내용으로 유명하다.

> "왜국은 옛적에 문자가 없었는데 백제왕이 文士 王仁과 阿直岐 등을 보내어 처음으로 문자를 가르쳤다. 여러 해 동안 강습시켜서 대략 전한 것이 있었다."[18]

소략하지만 이 기사는 아직기(阿直岐)란 이름을 명시한 조선 최초의 기록이다. 그런데 왕인과 아직기를 '문사(文士)'로 기록하고 있으며, 일본에 처음 문자를 전한 백제의 학자로 인식하고 있다. 그들이 일본인들에게 처음으로 문자를 가르쳤다는 내용도 등장하며, "여러 해 동안 강습시켜서 대략 전

---

17) 『扶桑錄』 聞見別錄 倭皇代序 人皇 應神皇.
18) 『海游錄』 하권 附聞見雜錄.

한 것이 있었다."고 하여 그들의 활동에 대해 긍정적 평가를 내리고 있는 점도 주목된다.

이 밖에도 신유한은 백제시대에 일본에 의복제도를 전한 것과 불교를 전한 사실을 소개하였다.

"세속에서 전하기를, 일본에는 옛적에 의복의 제도가 없어서 사람들이 알몸으로 있었는데, 晉武帝 때에 백제왕 阿花가 여공을 보내 재봉하는 법을 일본에 전해주어 비로소 의복이 있었다고 하는데, 그 말을 상고할 수 없다."[19]

"세속에서 전하기를, 일본 欽明天皇 때에 백제 聖明王이 불경을 보냈으므로 일본에 불법이 이때로부터 비롯되었다. 그 뒤에 弘法大師가 중국을 거쳐 인도에 들어가 宗法을 배워가지고 돌아와서 불교를 크게 발전시켰다고 한다."[20]

그런데 위의 기사에서는 신유한 스스로 이것이 일본에서 전해 들은 것이라고 밝힌 점으로 미루어볼 때, 그가 『일본서기』 등 일본 사서를 직접 참고하지는 못한 것으로 보인다.

---

19) 『海游錄』 하권 附聞見雜錄.
20) 『海游錄』 하권 附聞見雜錄.

3) 조엄의 『해사일기海槎日記』

『해사일기』는 1763년 계미통신사행의 정사인 조엄(趙曮)이 남긴 일본 사행록이다. 이것 또한 남용익의 『부상록』, 신유한의 『해유록』과 더불어 명 사행록으로 손꼽힌다.

> "일본이 처음에는 문자를 숭상하지 않다가 應神天皇에 이르러서 백제
> 가 경전과 여러 박사를 보내주었고, 履中天皇에 이르러 國史를 두었으
> 며 經體(繼體의 오류—필자 주)天皇에 이르러서 백제가 또 五經博士를
> 보냈다. 欽明天皇 대에 이르러 백제가 불상과 불경을 보냈으니, 일본의
> 불교가 여기에서 비롯되었다. 백제인 王仁과 阿直岐는 어느 때 들어갔
> 는지 알 수 없으나 일본에서 처음으로 서적을 가르쳤다. 그 후 임진란
> 때는 우리나라 사람 睡隱 姜沆이 4년 동안 잡혀 있었는데, 그때 舜首座
> 란 승려와 교유하면서 비로소 文教를 열었다. 순수좌의 속명은 藤斂夫
> 이고 호는 惺窩이며, 제자는 宋昌山이다."[21]

조엄은 『해사일기』에서 고대 한일 양국의 교류사에 관해 비교적 상세히 기술하였다. 일본이 백제를 통해 경전과 불교를 수입했다는 사실과 왕인과 아직기가 일본에서 처음으로 서적을 가르쳤다는 것 등이다. 왕인과 아직기 기사에 이어 강항과 후지와라 세이카[藤原惺窩]의 교류 사실도 소개하였다. 일본유학을 소개하는 제일 첫머리에 왕인과 아직기를 자리매김하였다는 것은 왕인을 일본유학의 출발로 보고 있음을 의미한다. 그런데 왕인과 아직

---

21) 『海槎日記』 5권 6월 18일조.

기의 도일 연대를 모르겠다는 점으로 미루어볼 때, 조엄이 『일본서기』를 본 것 같지는 않다. 단지 왕인과 아직기에 대해 '박사(博士)'라는 칭호를 사용한 점이 주목된다.

4) 원중거의 『화국지和國志』

『화국지』는 1763년 계미통신사행의 서기로 수행한 원중거(元重擧)의 저술이다. 내용은 일본사행록의 일부인 '문견록(聞見錄)' 부분이라고 볼 수 있지만, 원중거는 그것을 독립된 저작으로 완성하였다. 천(天)·지(地)·인(人) 3권으로 구성되어 있으며, 76개의 방대한 항목으로 일본 사회의 여러 측면을 소개하고 있다. 단순한 사행록에 머무르지 않고 종합적인 일본국지(日本國志)라고 할 수 있으며, 조선시대 일본학의 기초를 닦은 책으로 평가되는 명저이다.[22] 원중거는 『화국지(和國志)』 지권(地卷) 「문자지시(文字之始)」에서 왕인을 소개하고 있다.

> "응신천황 15년에 백제에서 阿直岐를 보내어 易經, 孝經, 論語, 山海經과 좋은 말 2필을 바쳤다. 황태자인 菟道雅가 그를 스승으로 삼았다. 천황이 아직기에게 묻기를, '그대보다 훌륭한 박사가 있는가?' 하니 아직기가 대답하기를, '왕인이란 사람이 저보다 훌륭합니다.' 하였다. 드디어 사신을 보내 왕인을 부르니, 이듬해 왕인이 천자문을 가지고 왔다. 황태자가 또한 왕인을 스승으로 삼아 유교가 비로소 나라 가운데

---

22) 원중거의 『화국지』와 일본인식에 관해서는 하우봉, 「원중거의 『화국지』에 대하여」(『전북사학』 11, 1989) 및 「원중거의 일본인식」(『이기백선생 고희기념 한국사학농촌』, 1994, 일조각) 참조.

행해졌다."[23)

"응신천황이 사신을 백제에 보내 王仁을 불렀다. 백제 구소왕이 즉시 王仁을 바치니 황태자가 그를 스승으로 삼았다. 유풍(儒風)이 여기서부터 일어났다. 왕인은 본래 한나라 고제(高帝)의 후예로서 효경(孝經)과 논어(論語)를 황태자 菟道雅郎子에게 가르쳐주었다. 또 難波津歌와 仁德寶祚頌을 지었다."[24)

그 밖에도 원중거는 백제로부터의 다양한 문물 전수 사실을 기술하였다.

"흠명천황 13년에 백제가 석가 불상과 불경(佛經), 불구(佛具)를 바쳤으며 또 五經博士, 易博士, 醫博士와 藥의 종류를 잘 아는 사람을 보냈다."[25)

이전의 기록에 비해 훨씬 풍부한 내용을 수록하고 있다. 일본을 통한 전문(傳聞)에 그치지 않고 원중거가 일본 사서를 직접 참고하였다고 추정된다. 아직기의 추천으로 왕인이 천자문을 가지고 도일하였으며, 태자 우지노와키이라쓰코[菟道雅郎子]가 스승으로 모시니 유교가 처음으로 행해졌다는 사실, 왕인이 한 고조(漢高帝)의 후예로 난파진가(難波津歌)를 지어 와카[和

---

23) 『和國志』地卷「文字之始」
24) 위와 같음.
25) 위와 같음.

歌]의 아버지로 불린다는 것이다. 아직기가 기져온 서적명이 제시된 점, 왕인의 가계에 대한 기술 등은 처음으로 등장하는 것이다. 그런데 원중거는 인용한 전거를 밝히지 않고 있다. 내용상으로 볼 때 『일본서기』와 『속일본기』를 참조해 기술한 것으로 보인다. 앞 문단과 뒷 문단의 내용이 약간 중복되기도 하는데, 전자는 『일본서기』, 후자는 『속일본기』의 기사를 인용한 것으로 여겨진다. 왕인 가계에 대한 이야기는 『속일본기』에 처음 나오는 것이다. 이 기사에 이어 기비노 마키비[吉備眞備], 후지와라 세이카[藤原惺窩], 하야시 라잔[林羅山] 등 일본유학의 역사에 등장하는 중요 인물을 소개하였다.

또 「시문지인(詩文之人)」에서는 왕인을 일본 시문(詩文)의 비조(鼻祖)로 소개하였다.

"詩文이 나라 가운데 행해진 것은 王仁과 知藏, 弘法의 두 승려로부터 비롯하였다. 그 후대에 각각 사람이 있어 문자로써 나라를 다스리는 도구로 삼았으며, 또한 斂夫, 羅山, 順菴의 무리들로부터 번성하였다. 그 후는 혼돈에 구멍이 날로 뚫리어서 나가사키의 서적이 드디어 통하게 되었다. 지금 보면 집집마다 책을 읽고 붓을 든 것이 십수 년을 조금 넘는다. 생각건대 비루한 오랑캐라고 해서 소홀히 여겨서는 안 될 것이다. 이것을 써서 기다린다."[26]

전반적으로 볼 때 일본사행록에 나오는 왕인 기사는 매우 소략하며 단

---

26) 『和國志』 地卷 「詩文之人」.

편적인 언급에 그치고 있다. 사행 중 일본에서 들은 정보를 토대로 작성하였다는 점에서 의미가 있으며, 무엇보다 통신사행을 통해 일본에서 입수한 왕인에 대한 사서 기사와 전승을 조선에 처음으로 전하였다는 사실이다.

『해동제국기』에서는 왕인과 아직기의 이름이 나오지 않았는데 비해 조선후기의 일본사행록에서는 그들의 이름이 나오고, 시대가 내려갈수록 왕인에 대한 서술이 구체화되어가는 양상을 보인다. 『해유록』과 『해사일기』, 『화국지』에서는 왕인이 일본에 처음으로 문자를 전해주고, 경전을 가르친 인물로 묘사되면서, 일본문학과 유학의 시조 내지 스승으로서의 왕인 이미지를 구축해가고 있음을 앞 수 있다.

5. 실학자의 저술에 나타나 있는 왕인

1) 이덕무의 『청비록淸脾錄』과 『청령국지蜻蛉國志』

이덕무(李德懋)는 정조대 규장각의 초대 검서관(檢書官)으로 당대의 문화사업에 중요한 기여를 하였고, 북학파 실학자로 분류되면서 『청장관전서(靑莊館全書)』라는 백과전서적인 저술을 남긴 당대 최고급의 고증학자였다. 그는 시평론집이라고 할 수 있는 『청비록(淸脾錄)』에서 왕인에 대한 기사를 남겼다.

"일본 응신천황 때에 백제에서 阿直岐를 보내 易經, 孝經, 論語, 山海經을 바치자 황자 菟道雅가 그를 스승으로 섬겼다. 응신천황이 아직기에게 '그대보다 나은 박사가 있는가?'라고 묻자, 아직기가 '王仁이라는 사람이 나보다 낫습니다.' 하니, 천황이 백제에 사신을 보내어 왕인을 부르므로 백제의 久秦王이 왕인을 보내사 왕인이 天家文(千字文과 같음)을 가지고 오므로 황자 도아가 또 그를 스승으로 섬겨 유교가 비로소 행해졌다. 왕인은 본래 漢高帝의 후예로 難波津歌를 지어 仁德의 보조(寶祚)를 칭송하니 歌父라 일컬었고, 陸奥 宋女는 奉葛城王歌를 지어 歌母라 일렀다."[27]

이 기사는 원중거의 『화국지』 「문자지시(文字之始)」의 내용과 거의 비슷함을 알 수 있다. 사실 이덕무와 원중거는 같은 연암(燕巖)그룹의 일원이며, 인척관계이기도 하면서 평생 활발하게 교류한 사이였다. 특히 원증거가 1763년 계미통신사행에 수행원으로 일본에 갔다 온 후 일본에 관해 많은 정보를 이덕무를 비롯한 연암일파 지식인들에게 전해주었다. 일본의 시문과 유교 등 문화에 대한 이덕무의 정보와 인식은 원증거에게 영향을 받은 바가 크다. 짐작컨대 원중거로부터 전해 들은 내용을 그대로 옮겼거나 『화국지』를 참조하였을 것이다. 그런데 후반부 무쓰 무네메[陸奥宋女](宋은 宗의 오기?─편집자)에 대한 이야기는 『화국지』에 나오지 않으므로 이덕무가 추가한 것이다. 왕인이 난파진가(難波津歌)를 지어 歌父로 일컬어진다는 사실은 『고금화가집(古今和歌集)』[28]에 근거한 내용이다. 따라서 이덕무가 이 책을 보고 기사를 보완한 것으로 추정된다.

---

27) 『清脾錄』 권2 「倭詩之始」.
28) 905년 왕명에 의해 紀貫之 등이 편찬한 책으로, 여기에 일본 최초로 지어진 노래가 난파진가(難波津敬)이며, 이를 지은 왕인(王仁)으로부터 일본 고유의 문학이 시작되었다는 사실이 수록되어 있다.

다음으로 이덕무가 심혈을 기울여 저술한 『청령국지』에서는 네 군데에 걸쳐 왕인에 대해 기술하였다.[29]

① "왕인 : 응신왜황 15년(215)에 백제인 아직기가 역경, 효경. 산해경을 바치니, 황자 菟道雅가 스승으로 섬겼다. 아직기가 또 박사 왕인을 추천하니, 응신이 사자를 보내어 구소왕에게 청하였다. 왕인이 왕명에 의해 千家文을 가지고 도일하니 토도치가 또 사사하여 유교가 비로소 행해졌다. 왕인은 본래 한나라 高帝의 후손이다. 한 고제의 후손에 鸞이라는 사람이 있고, 난의 후손에 王狗가 있으며, 구의 손자가 인이다. 왕인은 또 難波皇子의 스승이 되었고, 難波津歌를 지어 仁德의 寶祚를 칭송하였으니 歌父로 일컬어졌다. 또 관상을 잘하여 大鷦鷯皇子가 왜황이 될 것을 미리 알았다."[30]

이덕무는 제일 먼저 「인물(人物)」조에 왕인을 독립된 하나의 항목으로 개설하여 상술하였다. 왕인의 가계에 대한 기사가 『청비록』의 내용보다 더 상세하며 황자의 이름도 '토도아(菟道雅)'에서 '토도치랑자(菟道稚郎子)'로 정확하게 수정하였다. 이덕무가 『청비록』을 저술한 후 일본에 통신사행원으로 갈 포부를 가지고 일본에 대해 본격적으로 연구한 결과 『청령국지』를 저술할 무렵에는 원중거보다 더 많은 일본 서적을 보고 그 오류까지 고치

---

29) 이덕무의 『청령국지』와 원중거의 관계에 관해서는 하우봉, 「이덕무의 『청령국지』에 대하여」(『전북사학』 9, 1985) 및 「이덕무의 일본관(『인문논총』 17, 1987, 전북대 인문과학연구소) 참조.
30) 『蜻蛉國志』 상권 「人物」.

기에 이르렀다고 볼 수 있다. 또 왕인이 관상을 잘 보았다는 내용이 처음 나오는데, 이것은 데라시마 료안[寺島良安]이 저술한 『화한삼재도회(和漢三才圖會)』의 기사를 인용한 것으로 보인다. 왕인에 대한 칭호도 문사(文士), 문인(文人), 왕자(王子), 황태자(皇太子) 등에서 박사(博士)로 바뀌었다는 점도 주목된다.

② "시문과 유학이 이 나라에서 행해진 것은 대개 王仁과 知藏·弘法 두
   대사로부터 비롯되었다."[31]

이 기사는 『화국지』의 「시문지인(詩文之人)」과 거의 일치한다. 그것을 참고해서 옮긴 듯한데, 왕인이 일본 시문뿐 아니라 유학의 비조였다는 사실이 강조되어있다.

③ "東國 : 應神 15년(215)에 백제에서 아직기를 보내왔고, 그 이듬해
   에 왕인이 왔다. 繼體 때에 백제의 五經博士 段楊爾가 왔고, 欽明 13
   년(552)에 백제에서 불상과 불경을 보내어 왔고, 또 15년에 五經博
   士, 易博士, 醫博士 등 여러 박사와 약을 아는 사람들을 보내왔다."[32]

「이국(異國)」 조에서 일본과 우리나라와 관련된 역사적 사실을 정리하는 가운데 백제와 왕인에 의한 문물 전수 사실을 정리한 것이다. 대체로

---

31) 『蜻蛉國志』 상권 「藝文」.
32) 『蜻蛉國志』 하권 「異國」.

『화국지』지권「문자지시(文字之始)」에서 나온 내용과 비슷하며 특별히 새로운 사실은 없다. 왕인 이후 6세기에 이르기까지 백제로부터 다양한 박사와 기술자가 도일하여 기술을 전수한 사실이 소개되어 있다.

④ "奇異古事 : 應神 때에 백제의 文人 王仁을 얻었다. 齊明 때에 백제의
豊璋이 質子로 왔다."[33]

왕인이 도일한 사실을 기이한 고사로 인식하면서 기술한 것으로 특별한 내용은 없으며, 왕인을 '문인(文人)'으로 표기한 점이 주목된다.

이덕무의 『청비록』과 『청령국지』에 나오는 기사는 이전의 사행록에 비해 서술 분량과 정보의 질이라는 측면에서 모두 비약적으로 발전하였다. 종래의 단편적이고 피상적인 내용에서 훨씬 벗어난 수준이다. 이덕무는 『고사기』, 『일본서기』, 『속일본기』, 『고금화가집(古今和歌集)』, 『화한삼재도회(和漢三才圖會)』,[34] 등 왕인에 대한 일본 측 사서를 두로 섭렵하고 그것을 정리해 체계적으로 소개하였다. 일본 사서의 기사에 대해서도 독자적인 사료비판을 통해 연대고증을 하는 등 분석능력을 보여주었다. 왕인에 대한 평가도 매우 적극적이다. 천자문을 가져와 일본에 문자를 처음 전하고 경전을

---

33) 『蜻蛉國志』상권「世系」.
34) 의사이자 승려인 寺島良安이 저술한 에도시대 일본의 대표적인 백과전서이다. 18세기 초에 간행되었는데, 1748년 무진통신사행을 통해 조선에 유입되었고, 이덕무를 비롯해 유득공, 박제가, 한치윤, 이규경 등 백과전서파 실학자들에게 애용되었다. 이에 관해서는 안대회, 「18·19세기 조선의 백과전서파와『和漢三才圖會』」(『대동문화연구』69, 2010) 참조.

가르친 유학의 비조, 난파진가(難波津歌)를 지어 인덕천황(仁德天皇)의 보조(寶祚)를 칭송한 가부(歌父, 일본 시문인 和歌의 시조), 관상도 잘 보아 미래 권력을 예언한 능력자 등의 기사를 그대로 수용하면서 소개하였다.

2) 한치윤의 『해동역사海東繹史』

『해동역사』는 1814년 한치윤(韓致奫)이 원편(原編)을 저술하고, 그의 사후 조카인 한진서(韓鎭書)가 지리편(地理編)을 보완하여 1823년 완성한 사서이다. 특히 중국과 일본의 서적 545종을 참조했다는 점이 특징이다. 그는 조선 서적에 없는 내용을 대거 보완함으로써 객관적인 시각을 유지하려고 했는데, 왕인에 관해서는 가장 풍부한 내용을 수록하고 있다.

(1) 「교빙지交聘志」 기사

① "일본과 통교한 始末 : (백제와 왜는) 隣好를 끊지 않았으며 교빙을 빠트리지 않았다. 서적을 전한 것은 辰孫王에게서 시작되었고, 유교가 일어난 것은 왕인에게서 시작되었는바, 器用이나 工伎에 이르기까지 모두 백제로부터 전수받았다. (중략) 지금 일본의 여러 서책들을 상고해서 우리나라와 관계되는 일들을 모아 별도로 한 편을 만들었다. 본조와 일본의 교빙에 대해서는 이미 '備禦考'에서 다 언급했으므로 다시 덧붙이지 않는다."[35]

---

35) 『海東繹史』 41권 交聘志 9.

이하 고대에서부터 고려 말기까지 일본과 통교한 역사적 사실을 기술하였다. 백제와의 문물 전수사실 가운데 왕인과 관련된 기사는 다음과 같다.

② "진(晉)나라 무제(武帝) 태시(太始) 7년이다. - 응신천황(應神天皇) 2년(271, 고이왕 38)에 荒田別에게 명하여 백제에 사신으로 가서 유식한 자를 찾아서 초빙해 오게 하였다. 그러자 백제의 왕이 종족 가운데에서 택하여 그의 손자인 진손왕(辰孫王)을 파견하여 사신을 따라가서 조회하게 하니, 응신천황이 기뻐하여 특별히 총애하면서 황태자의 스승으로 삼았다. 이에 비로소 서적(書籍)이 전해졌고 유풍(儒風)과 문교(文敎)가 일어나게 되었다."[36]

③ "진나라 무제 태강 5년이다. - 응신천황 15년(284, 고이왕 51) 가을 정묘에 백제왕이 아직기(阿直岐)를 파견해 易經, 孝經, 論語, 山海經과 良馬 2필을 바쳤다. 아직기는 경서에 능통했으므로 태자인 菟道雅郞子의 스승으로 삼았다. 처음으로 경전을 배움에 응신천황이 아직기에게 묻기를, '너희 나라에는 너보다 더 뛰어난 박사가 있는가?' 하니 아직기가 답하기를, '왕인이라는 사람이 저보다 더 뛰어납니다. 그는 수재입니다.'라고 답하였다. 이에 上毛野君의 선조인 荒田別과 巫別을 백제에 파견해 왕인을 불러오게 하였다. 다음 해 봄에 왕인이 千字文을 가지고 왔다. 토도아랑자가 왕인에게서 여러 典籍을 익혀 통달하지 않은 것이 없었으며, 難波皇子 또한 그러하였다.

---

36) 위와 같음.

이에 일본에서 유교가 비로소 행해졌다.(日本書紀에서)

和漢三才圖會에 '東國通鑑에 의하면 三韓에 유교가 시작된 것은 仁德天皇 때에 해당하는 바, 여기서 말하는 때와는 차이가 있다.'고 하였다. 異稱日本傳에서는, '응신천황 15년 갑진에 비로소 백제를 통하여 중국의 문자가 들어왔다.'고 하였다."[37]

전반부에서 한치윤은 일본에 최초로 서적을 전한 이는 271년(고이왕 38. 응신천황 2) 진손왕(辰孫王)이고, 일본에 유교를 일으킨 이는 285년(고이왕 52. 응신천황 16) 왕인이라고 하였다. 후반부는 『일본서기』와 『화한삼재도회』를 인용한 것으로 아직기의 경전 전달과 왕인의 『천자문(千字文)』 전수를 소개하였다. 이후 507년(무령왕 7, 계체천황 6) 백제의 오경박사 단양이(段楊爾)와 고안무(高安茂)가 파견된 사실, 552(성왕 30, 흠명천황 13) 백제가 오경박사(五經博士), 의박사(醫博士), 역박사(曆博士) 등을 파견한 사실, 602년(무왕 3, 추고천황 10) 백제 승려 관륵(觀勒)이 천문서, 지리서, 역서, 둔갑서, 방술서를 전래한 기사 등을 『화한삼재도회』를 인용해 소개하였다.

(2) 「예문지藝文志」 기사

① "일본 응신천황 15년에 백제가 사신을 파견해 효경과 논어를 바쳤다. - 『和漢三才圖會』에서"[38]

---

37) 위와 같음.

② "일본 응신천황 15년 8월에 백제의 왕이 아직기를 보내어 山海輕을 올렸다. - 『화한삼재도회』에서"[39]

③ "일본 응신천황 16년(285, 고이왕 52) 2월에 백제의 왕인이 천자문을 가지고 왔다. - 『화한삼재도회』에서"[40]

④ "응신천황 때에 백제의 王仁이 처음으로 論語 등의 서책을 바치자 즉시 왕자 치랑아로 하여금 왕인에게 나아가 배우도록 했는데, 이때 五經이 함께 들어온 것이 아닌지 모르겠다. 그리고 그때는 註疏家들이 완전하지 않았는데 잘 모르겠지만 왕인이 전수했다는 것은 어느 설에 근거한 것인가? 헤아려 보건대, 이는 진한(秦漢) 시대 博士家들의 학설이 백제에 흘러 들어온 것으로, 章句, 訓詁, 祕記 등을 가슴에 품고 바다를 건너오느라 긴 뱃길에 온갖 고생을 겪으면서 오직 이를 물에 빠드릴까만을 걱정하였다. 그러니 어찌 聖經의 남은 자취를 토론하고 洙泗의 오묘한 뜻을 알려 줄 겨를이 있었겠는가. - 일본인의 『時學鍼芮』에서"[41]

한치윤은 「예문지」에서 『화한삼재도회(和漢三才圖會)』와 에도시대 중기의 유학자인 다카시 센메이[高志泉溟]의 저술인 『시학침예(時學鍼芮)』를 인

---

38) 『海東繹史』 44권 「藝文志」 3.
39) 위와 같음.
40) 위와 같음.
41) 위와 같음.

용해서 논어(論語), 효경(孝經), 천자문(千字文) 등이 일본에 전래된 사실을 소개하였다. 또 『논어』를 왕인이 전래했다는 『시학침예』의 기사를 소개하였다. 『천자문』을 285년(응신천황 16)에 왕인이 전래했다는 사실은 모든 일본 측 자료와 일치한다.

(3) 「인물고人物考」 기사

한치윤은 왕인에 관해서 "살펴보건대 백제의 인물로서 일본 서적에 보이는 자가 몇 사람 있다. 그러나 모두 드러낼 만한 사실이 없으며, 또 교빙지에 모두 실려 있으므로(一通日本條에 나온다) 여기에서는 다시 기술하지 않는다. 왕인의 경우에 이르러서는 일본에서 학문을 창시하여 일본의 儒宗이 되었으므로 특별히 갖추어 기술하였다."고 하면서, 왕인을 『해동역사』 67권 「인물고」에서 별도로 독립된 항목을 설치해 소개하였다. 그는 여기서 『화한삼재도회(和漢三才圖會)』, 『이칭일본전(異稱日本傳)』[42], 『조래집(徂徠集)』, 『효경범례(孝經凡例)』 등 일본 사서를 광범위하게 인용해 왕인에 관한 기사를 수록하였다.[43]

① "王仁은 백제국 사람인데 본래 한나라 高帝의 末孫이다. 고제의 후

---

42) 에도시대 유학자인 松下見林이 1688년 저술한 역사서로 총 15책이다. 그는 30년에 걸쳐 126권의 서적을 섭렵한 후 이 책을 편찬했는데, 중국과 한국의 서적에서 일본관계 기사를 발췌한 후 자신의 의견을 덧붙이는 형식으로 기술하였다. 외국 사서를 광범위하게 섭렵하고 소개하며 논평을 한 방식이 『해동역사』와 비슷하다.

43) 『海東繹史』 67권 「人物考」 1. 아직기는 왕인조에 덧붙여 소개하였다.

손 가운데 鶯이란 사람이 있으며, 난의 후손 가운데 王狗가 있고, 구의 후손이 왕인이다. 왕인은 여러 경전에 능통했으며, 또 사람들의 관상을 살필 줄 알았다. 응신천황 15년에 백제의 久素工(생각컨대 仇首王의 잘못이다)이 아직기를 파견하였다. 당시에 아직기는 능히 경전을 읽을 줄 알았으므로 황자인 菟道雅郎子가 그를 스승으로 삼았다. 응신천황이 묻기를, '너보다 더 뛰어난 박사가 있는가?' 하니, 아직기가 답하기를, '왕인이란 사람이 있는데, 저보다 뛰어납니다.' 하였다. 천황이 백제에 사신을 파견해 왕인을 불러오게 하였다. 다음해 2월 왕인이 千字文을 가지고 와서 조회하였다. 왕인이 孝經과 論語를 가지고 황자인 토도아랑자에게 가르치니, 황자가 왕인을 스승으로 삼아 여러 典籍을 익혀 통달하지 않은 것이 없었다. 이에 유교가 비로소 本朝에서 행해졌다. 왕인이 또 難波津歌를 읊어 仁德天皇의 寶祚를 축원하였으므로 그를 歌父라고 일컬었다. 왕인이 죽자 牛頭天皇과 合祭하였다. 왕인은 書首 등의 시조이다. -『和漢三才圖會』에서"[44]

② "백제에서 王仁이 와서 儒風을 크게 밝혔다. 왕인의 선조는 漢人이니, 崔豹의 古今注에 이른바 '千乘의 王仁'이라 일컬은 자이다. 和泉國의 百舌鳥 들판의 北陵(反正倭皇陵이다)의 동쪽 연못(바로 楢井池이다)가에 왕인사당이 있다. 응신천황의 아들인 菟道雅郎子가 일찍이 왕인을 스승으로 삼아 학문을 배웠다. 그 후 그가 형인 大鷦鷯尊

44) 『海東繹史』 67권 「人物考」 1.

에게 선양하여 형제 간에 伯夷와 叔弟 같은 행실이 있었다. 토도아
랑자가 죽자 대초료존이 슬퍼해 마지않으니, 왕인이 和歌를 지어 바
치면서 즉위하기를 권하였다. 이에 대초료존이 즉위하였으니, 이는
本朝의 美事이다. 이는 반드시 왕인이 교도를 잘하여 그렇게 하게
한 것인 바, 역시 백제에 인물다운 인물이 있음을 알 수 있다. 그런
데도 삼한 사람들은 이에 대해 전혀 모르고 있는 바, 비록 아름다운
일이 있더라도 알지 못하는 것이 이와 같다. -『異稱日本傳』에서"[45]

『이칭일본전』의 저자인 마쓰시타 겐린[松下見林]은 아마도 조선의 통신
사행원들과 교류하였거나 아니면 조선의 역사 서적을 본 후 조선인들이 왕
인에 관한 행적을 알지 못하고 있음을 지적하고 있다. 한치윤은 이 사실을
소개하면서 왕인에 관해 조선의 지식인들에게 적극적으로 알리고자 하였
음을 알 수 있다.

또 화천국(和泉國 이즈미노구니)에 왕인의 사당이 있다는 기록은 왕인
관련 유적의 실체가 처음으로 소개되었다는 점에서 주목할 만하다. 구체적
유적이 제시되면서 왕인이 역사적으로 실존한 인물이라는 사실이 부각되
었다.

③ "松下見林이 말하기를, '劉仲達의 鴻書에 일본의 학문은 徐福에게서
시작되었다고 하였다. 그러나 내가 살펴보건대 일본의 학문은 서복
때부터 있기는 하였지만, 서복이 시조가 되는 것은 아니다. 생각하

---

45) 위와 같음.

건대 正學이 失傳되지 않도록 하여 萬代에 이르도록 공을 끼친 사람
은 바로 왕인이다. 응신천황 때 왕인이 한나라 황제의 후예로서 일
본에 와 인덕천황과 토도황자의 스승이 되어 성현의 도를 널리 알
림으로써 만대의 儒宗이 되었는바. 유중달로 하여금 이를 알게 하지
못한 것이 한스럽다.'고 하였다. 또 말하기를, '武備志에는 일본말을
통역한 것이 대부분 잘못되었는데 중국인이 일본어를 몰랐기 때문
이다. 옛날에 왕인은 백제에서 우리나라로 건너왔는데도 일본어에
능하여 나라사람들을 가르쳤으니, 참으로 후세사람들이 미칠 바가
아니다.'고 하였다. 『異稱日本傳』에서"[46]

④ "物部茂卿이 말하기를, '내가 일찍이 先正夫子들에 대해 논하면서 斯
文에 크게 공덕을 끼친 분을 들어 말하기를, 아득한 옛날에 우리 동
방 나라 사람들은 아무것도 모른 채 지각이 없었다. 그러다가 王仁
씨가 있은 뒤에야 백성들이 비로소 글자를 알았고, 黃備[47]씨가 있
은 뒤에야 經藝가 비로소 전해졌으며, 管原씨가 있은 뒤에야 文史에
통할 수가 있었고, 惺窩씨가 있은 뒤에야 사람마다 말을 할 때 天을
말하고 性을 말하게 되었다. 그러므로 이 네 분의 군자는 비록 學宮
에서 대대로 제사를 지내더라도 괜찮다고 하였다.' 하였다. - 일본의
『徂徠集』[48]에서"

---

46) 위와 같음.
47) 나라시대[奈良時代]의 정치가 및 학자인 吉備眞備를 가리킨다. 당나라에 유학해
많은 漢籍을 가져와 일본에 전파하는 데 큰 역할을 하였다.
48) 『徂徠集』: 에도시대 고문사학파의 대표인 오규 소라이[荻生徂徠](1666~1728)

도쿠가와 막부의 대학두(大學頭)를 세습한 하야시가[林家]뿐만 아니라 고학파(古學派) 내지 고문사학파(古文辭學派)에서도 왕인에 대해 주목하며 일본 유학의 근원으로 높이 평가하고 있다는 점이 주목된다. 오규 소라이가 왕인에 대해 일본 유학의 역사 가운데 네 사람의 큰 업적을 남긴 위인의 한 사람으로서 평가했다는 점은 특기할 만하다.

⑤ "藤益根이 말하기를, '무릇 왕인이 經史를 읽을 적에는 반드시 魏, 晉 의 음으로 읽어 태자에게 전수하였을 것이고, 俗語를 쓰고 漢語로 답해 읽는 것을 잘못되게 하지 않았을 것임이 분명하니, 그 후에도 왕왕 그 음에 익숙한 사람들이 있었을 것이다. 그러나 20대를 지나 고 400년의 세월이 흐르는 동안 그 사이에 그 업을 전수 받은 사람 으로는 오직 동서의 두 史氏만이 대대로 그 직책을 수행하면서 史官 으로 있었을 뿐이다.'고 하였다. -『孝經凡例』[49]에서"[50]

한치윤이 인용한 서적을 보면, 일본의 주자학자(朱子學者), 고학자(古學 者)와 같은 유학자는 물론, 국학자(國學者)까지도 왕인을 일본 유학의 시조 로 인정하며, 일본문화의 초창기에 큰 공을 끼친 위인으로 높이 평가하고 있음을 알 수 있다. 그들은 당연히 왕인을 역사적 실존 인물로서 그의 행적

의 문집이다.
49) 여기서 인용한 藤益根은 에도시대 후기 국학자인 카와무라 겐도[河村乾堂] (1756~1819)를 가리킨다. 따라서 『효경범례』는 18세기 후반에서 19세기 초 반에 저술된 것으로 추정된다(김선희, 앞의 논문, 2011 참조).
50) 위와 같음.

또한 역사적 사실로 받아들이고 있다. 한치윤은 이러한 사실을 조선의 지식인들이 모르고 있는 것에 대하여 안타까워하면서 적극적으로 소개하고자 한 것이다.

한치윤은 이덕무와 마찬가지로 다양한 일본 서적을 참고하여 왕인에 관한 기사를 수록하였다. 『이칭일본전』, 『화한삼재도회』, 『조래집』, 『시학침예』, 『효경범례』 등 이덕무보다 더 넓게 참조하면서 소개하였다. 당시 왕인에 관해 수록하고 있는 서적을 최대한 구해서 그것을 체계적으로 정리·소개하였다. 그만큼 새로운 내용이 많이 첨가되었다. 한치윤은 일본 사서와 서적의 기사를 별다른 논평 없이 원문을 그대로 수록해 인용하였다. 아마도 그대로 소개하는 것이 더 객관적이고 호소력도 있다고 판단하였기 때문일 것이다. 그러나 한치윤도 필요한 경우에는 일본 사서와 서적의 기사를 사료 비판적 입장에서 분석하기도 하였다.

3) 김정희의 『완당집阮堂集』

"일본 문자의 綠起는 백제의 王仁으로부터 시작되었으며, 그 나라 글은 일본에서 일컫는 바에 의하면 黃備씨가 제정했다고 한다. 그때는 중국과 통하지 못하고 무릇 중국에 관계되는 서적은 모두 우리나라에 의지했다. 지금 足利學校에 보존된 古經은 바로 당나라 이전의 舊籍이다. 일찍이 尙書을 번조한 것을 얻어 보았는데, 齊·梁나라의 金石과 더불어 글자체가 서로 동일하며, 또 신라 진흥왕비의 글자와도 유사하니 이는 필시 왕인 때에 얻어갔던 것으로서 천여 년이 지난 지금에도 고스란히 수장되어 있다. 이는 실로 천하에 없는 것이다."[51]

김정희(金正喜)는 1868년 간행된 지신의 문집에서 일본에서 문자(文字)의 기원은 왕인(王仁)이, 서(書)의 제정은 황비(黃備)씨가 했다고 기술하였다. 문자는 한자를, 글자는 가나를 가리키는 것으로 보인다. 또 김정희는 족리학교(足利學校 아시카가 학교)에 소장된 경전의 사본을 본 후 특유의 금석학적 식견을 동원해 이것이 왕인이 가져간 전적(典籍)이었을 것으로 추정하였다. 왕인을 역사적 실존인물이었을 뿐 아니라 관련 사실도 역사적 사실로 믿고 있음을 확인할 수 있다.

4) 이규경의 『오주연문장전산고五洲衍文長箋散稿』

『오주연문장전산고』는 이덕무의 손자이자 19세기 중반의 대표적인 고증학파 실학자인 이규경(李圭景)이 편찬한 백과사전이다. 이규경은 이 책에서 『화한삼재도회』를 126회나 인용하면서 활용하였다.[52] 왕인에 대해서도 '일본사'와 『화한삼재도회』를 근거로 일본에 유교 경전이 전해진 경위를 소개하였다.

"일본의 기록으로 先秦시대에 타지 않은 古輕의 유무를 증거하려면 辯破할 수 있다. 일본사와 『화한삼재도회』를 상고하면, 응신천황 15년에 백제왕이 아직기를 보내어 역경, 효경, 산해경을 바쳤다 하였고, 아직기가 또 박사 왕인을 천거하자 응신천황은 백제에 사신을 보내 청하니 구소왕이 명해 왕인을 파견하였다. 왕인은 천자문을 가지고 갔고, 일본

---

51) 『阮堂集』 「雜識」.
52) 김선희, 앞의 논문, 2011 참조.

에서 典籍을 가르치고 익히게 하니 유교가 비로소 행해졌다."[53]

18세기에 들어오면, 일본에서 왕인은 학문과 유학의 시조이고, 일본 전통 시문인 와카[和歌]를 창시한 '가부(歌父)'로서의 위상이 확고하게 자리를 잡았음을 알 수 있다. 이것은 에도시대 유학자들이 일본 유학의 계통을 확립하고자 하는 의도에서 비롯되었을 수도 있다.[54] 이러한 일본에서의 왕인에 관한 이야기는 약간의 시차를 두고 조선의 지식인들에게 전파되었다. 우선은 통신사행원들이 일본 문사들과 필담을 나누는 과정에서 전해졌다. 이에 대해 흥미를 가진 지식인 가운데는 일본 사서를 보면서 확인하였고, 나아가 『화한삼재도회』, 『이칭일본전』 등의 서적을 통해 더욱 구체적으로 알게 되었으며, 자신들의 저술을 통해 적극적으로 수용하였다. 이제 일본문화 형성기에 선구자적 역할을 함으로써 문자와 유학의 시조로서의 위상을 확립한 왕인에 관한 이야기는 단순한 전승이 아니라 역사적 사실로서 한일 양국에서 공통적으로 인식되었다. 조선 후기 왕인에 대한 인식은 이덕무와 한치윤이 가장 종합적이고 체계적이라고 평가할 수 있다. 집대성이자 최고 수준이라고 볼 수 있다. 이로써 조선의 지식인 사회에서는 왕인에 대한 전승이 일반화되었으며, 그 이후의 인식도 두 사람의 범주를 크게 벗어나지

---

53) 『五洲衍文長箋散稿』 經史篇 經典類 1 「書經」.

54) 17세기에 들어와 일본의 주자학이 확립되면서 일본 유학의 수용과 전파에 관심이 높아졌고, 그 결과 유학과 문학의 시조로서 왕인에 대해 재조명한 것으로 볼 수 있다. 일본에서 왕인의 묘가 교토의 유학자인 나미카와 세이쇼[並川誠所] (1669~1738)에 의해 1731년 고증이 되고 1733년 묘석을 세워 묘역이 정비된 사실이 그런 경향을 보여준다.

않았다.[55] 사실에 대한 추가보다는 시대적 정치적 상황에 따라 평가 면에서 변화가 있는 정도이다. 이러한 현상은 19세기에도 이어졌으며, 개화기의 역사 교과서와 오늘날에 이르기까지 확고하게 이어져 오고 있다. 개항기에도 왕인 관련 기사가 문집이나 수신사(修信使), 조사시찰단[朝士視察團, 일명 신사유람단(紳士遊覽團)]의 견문록 등에 간간히 소개되고 있다. 일본문화사에 관심이 있는 지식인에게 왕인 이야기는 상식으로 통하게 되었다.

6. 근대 이후의 왕인에 대한 인식

1876년 1차 수신사(修信使) 김기수(金綺秀)의 『일동기유(日東記遊)』, 조사시찰단(朝士視察團)의 일원이었던 이헌영(李𨗓永)의 『일사집략(日槎輯略)』에도 왕인의 기사가 소개되어 있다. 그러나 양자 모두 일본인이 하는 이야기를 소개하고 있는 것으로 당사자들이 직접 일본 서적을 보거나 깊은 지

---

55) 19세기 전반기의 인물인 이유원(李裕元, 1814~1888)이 저술한 문집인 『임하필기(林下筆記)』에도 왕인에 관한 기사가 수록되어 있다. "『일본서기』에 이르기를, '진나라 태시 7년, 왜 응신 2년에 백제왕이 辰孫을 보내 일본에 들어가 태자의 스승이 되었다. 그가 처음으로 서적을 전해주어 儒風이 일어났다.'고 하였고, 『화한삼재도회』에 이르기를, '진나라 태강 5년, 왜 응신 15년에 백제 사신 왕인이 천자문을 가지고 오니, 이에 유교가 비로소 행해졌다.'고 하였다. 物部茂卿이 말하기를, '先正 가운데 큰 공덕이 있는 분으로는 王仁씨, 黃備씨, 菅原씨, 惺窩씨 네 사람이 군자이다.'고 하였다." 이것은 한치윤의 『해동역사』에 나오는 내용과 거의 비슷하다. 아마도 그 책을 보고 간략히 소개한 것으로 보이는데, 부정확하여 오류가 나타나고 있다.

식을 가지고 서술한 내용은 아니다.

개항기에 기록된 왕인 관련 저술과 인식은 이전 시기에 비해 특별히 발전된 모습은 보이지 않는다. 이 시기 일본에서는 왕인의 행적이 확실한 역사적 사실로 인식되는 위에 의의와 평가를 강조하는 쪽으로 선회하고 있다.

일본에서는 당시 아시아연대론을 강조하는 가운데 그 역사적 근거로서 고대 한일문화교류의 상징적 인물로서 왕인을 모델로 활용하고자 하였다. 예컨대 일본의 대표적인 역사서와 교과서에 왕인박사가 등장한다. 그런데 그 역할에 대한 평가는 소극적으로 변하고 있다. 이 시기 조선사 연구의 선구자격인 하야시 다이스케[林泰輔]는 1892년 간행한 『조선사(朝鮮史)』에서 "백제의 왕인과 논어를 일본에 조공하게 하였다."고 하여, 왕인을 '헌상대상'으로 인식하였다. 또 시카와 가메고로[椎川龜五郎]가 1910년 간행한 『일한상고사(日韓上古史)의 이면(裏面)』의 경우 아직기와 왕인이 명백하게 한(漢)나라의 왕족이라고 주장하며, "백제왕의 억류를 벗어나 일본 천황의 위력 아래 투화하였다."고 주장하였다. 왕인 전승의 왜곡화가 진전되어 가는 경향을 보여준다. 역사 교과서에도 왕인박사를 소개하고 있기는 하지만, 에도시대와 같은 '문물을 전래한 시조'와 같은 적극적인 평가는 생략되었다.[56]

표면적으로는 한일 우호 강화를 내세우지만, 내심으로는 침략을 위한 사전 정지작업이 되었음은 이후의 역사 전개로 나타났다. 강제 병합을 추진

---

56) 한편 『日本歷史畫譚類』(上田萬年, 1910년)에서 일본사상 200개의 사건과 인물을 소개하는 가운데 아직기와 왕인에 대해 기술함. 왕인을 '논어 10권과 천자문 1권을 헌상한 인물'로 소개하면서 "일본에 한자가 전해진 것이 이때부터이고 문명의 빛이 한층 강해지게 되었다."고 평가하였다.

하는 과정에서 영친왕(英親王)이 일본을 방문했을 때 헌시(獻詩)에서 "대한 제국과 일본 양 황실은 一家와 같으며, 뜰에서 핀 매화가 옛날 왕인이 일본 황자를 가르치며 읊었던 꽃과 같다."고 비유하기도 하였다.[57]

일제강점기에는 왕인을 내선일체(內鮮一體)의 표상으로 이용하였다. 1932년 영산포 본원사(本願寺 혼간지) 주지인 일본 승려 아오키 게이쇼[靑木惠昇]가 「왕인박사 동상 건설 취지문」에서 "왕인박사는 원래 타국의 신하로 훌륭함이 이와 같고 지금은 일본과 조선이 一家가 되었으니 … (중략) (동상 건립은) 融化善感의 쐐기가 될 것이다. 박사의 영혼도 또한 미소를 지으며 수궁할 것이다."고 하였다.

1938년 일본 오사카에서는 와니 신사[王仁神社]를 착공하였고,[58] 1940년에는 도쿄 우에노공원에 왕인박사비를 건립하였다.[59] 이때 건립된 '박사왕인비'에서는 왕인에 대해 '일본유교의 기초를 닦고 일본 국민의 사상계를 확립한 분으로 '일본유교의 조신(祖神)'으로 높이 평가하는 한편으로, 내선일체의 통치전략에 도움이 된다는 식으로 정치색을 드러내었다. 또 부여신궁 경역 내에 박사왕인동상을 세우려고 계획하였다.[60] 이러한 왕인 현창사업의 목적은 정치적이며 내선일체를 강조하며, 전시 총동원 체제를 위한 수단으로 이용되었다. 한편 한국에서는 고대 일본문화 초기에 문명 전달자로서의 왕인은 한국인의 자존심을 세우고 문화우월 의식의 근거가 될 수 있었기에, 왕인 관련 사실을 적극적으로 수용하고 인식하였다.

---

57) 『대동학회월보』 3호, 1908년 4월 25일.
58) 『조선일보』 1938년 5월 8일, 『동아일보』 1938년 5월 9일.
59) 『조선일보』, 『동아일보』 1940년 4월 17일.
60) 『동아일보』 1940년 8월 8일.

1945년 해방 후 일본에서는 왕인에 대한 관심과 연구가 소강상태로 빠졌다가 1965년 한일 국교 정상화 이후 다시 시작되었다. 1970년대 들어 활성화되는데, 특히 김달수 등 재일교포 사학자가 주도하였다. 한국에서도 연구가 활발하게 이루어지는데, 이 시기의 대표적인 연구로서는 김창수의 『박사왕인-일본에 심은 한국문화-』가 있다. 이 책은 일본에서 번역되어 큰 반향을 불러일으켰다.

한편 민간에서도 일제강점기 말기의 내선일체라는 정치적 표상으로서의 왕인박사 띄우기에서 벗어나 1980년대부터 왕인 유적지를 보존하려는 노력이 재개되었다.[61]

그런데 일본의 우경화가 심화되는 1990년대 이후에는 왕인에 대한 관심과 기술이 줄어들고 있다. 한편 한일 양국에서 기존의 왕인 연구에 대한 비판론이 제기되기도 하였다.

7. 맺음말

왕인에 대한 문헌 기록에 관해서는 우리나라의 『삼국사기』, 『삼국유사』 등 현전하는 고대 사서에 전혀 나오지 않는다. 조선시대에 들어와 일본과의 교류 과정에서 비로소 나타나기 시작하였다. 조선 전기 신숙주의 『해동제국기』에 왕인의 이름은 나오지 않지만 『일본서기』 기록을 참조하면서 백제

---

61) 일본에서 민간차원의 자생적 모임으로는 1983년 박사왕인회, 1984년 일본문화시조왕인박사현창회, 1989년 왕인총환경수호회 등이 결성되어 활동하고 있다.

의 문물 전수 기사를 소개하였다. 임진왜란 후 국교 재개를 교섭하는 과정에서 일본 승려 현소(玄蘇 겐소)의 편지를 소개하는 가운데 백제의 박사에 의해 문자와 유교, 불교 등이 전수된 사실을 『선조실록』에 그대로 기술하기도 하였다. 이로써 관심 있는 사람은 기본사실 자체는 알 수 있었을 것이다. 좀 더 본격적으로는 조선 후기 통신사행원들이 일본을 방문했을 때 일본 측 문사와 교류하면서 왕인 관련 사실을 듣고 이를 일본사행록에 소개하게 된다. 남용익, 신유한, 조엄, 원중거 등이 그들이다. 그 뒤 이를 통해 사실을 알게 된 실학자들이 일본 서적을 참조하면서 체계적으로 정리하고 소개하였다. 이덕무, 한치윤, 김정희, 이규경 등이 그들이다.

시기적으로 보면, 처음에는 백제문화의 일본 전파라는 관점에서 출발하였다가 조선 후기의 통신사행원들과 이덕무, 한치윤 등 실학자에 의해 왕인에 대한 체계적인 연구로 발전하였다. 이들에 의해 체계화된 왕인에 관한 기술과 인식은 후대로 계승되었고, 오늘날에 있어서는 일반적으로 확고한 역사적 사실로 받아들여지고 있다. 근대 이후 일본에서는 내선일체(內鮮一體), 일선동조론(日鮮同祖論)의 상징으로 왕인박사를 이용하려는 정치적 의도로 왜곡되기도 하였다.

현재의 양국 간 교착상태를 벗어나기 위해서라도 한국과 일본의 미래를 위해서는 선린우호의 역사적 사실을 재조명하는 것이 필요하다. 그 가운데서도 왕인의 활동을 비롯한 백제의 문물 전수와 조선시대의 통신사를 통한 문화교류 등은 대표적인 사례이다. 구체적인 사실을 더욱 확실하게 밝히고, 그 역사적 의의를 재조명할 필요가 있다.

왕인의 문물 전수와 활동에 관해서 그동안의 연구로 사실관계가 밝혀진 바 많지만, 아직 불확실한 분야도 적지 않은 것이 사실이다. 이제 이 주제에 관해서 그동안 미진한 부분에 대한 더욱 정밀한 분석과 함께 동아시아 교류사라는 폭넓은 시각에서 접근할 필요가 있다고 생각된다. 이를 위해서는 학제적 연구가 필요하고, 객관적이고 학술적으로 접근해야 할 필요가 절실하다.

마지막으로 한국에서의 왕인박사 관련 기사를 추가적으로 발견하려는 노력이 뒤따라야 한다. 지금까지 국내 자료에 대한 문헌적 접근이 적었던 만큼 더 시급하고 필요한 작업이다. 우선 에도시대 통신사와 일본 문사 간의 대화와 한시 교류를 수록한 것으로 200여 종에 달하는 필담창화집(筆談唱和集)에 많이 나올 가능성이 있다. 지금까지 한국인들은 이것을 많이 참고하지 않았으나, 이제 역주 작업이 다 이루어져 본격적으로 접근해 분석대상으로 삼을 수 있게 되었다. 통신사행원들과 일본 문사들과의 대화 내용이 무엇보다 자세하게 기술되어 있기 때문에 왕인 기사의 전승 과정을 정확하게 알 수 있을 것이다. 통신사행원들의 일본사행록도 더 세밀하게 검토해 볼 필요가 있으며, 문집 등에서도 새로운 기사가 나올 가능성이 있다.

【참고문헌】

1. 자료

『古事記』『日本書紀』『續日本記』『懷風藻』『古今和歌集』

『異稱日本傳』『本朝學源浪華抄』『後撰集』『和漢三才圖會』

『時學鍼芮』『徂徠集』『海東諸國記』『宣祖實錄』『星湖僿說』

『東史綱目』『扶桑錄』『海游錄』『海槎日記』『和國志』

『清脾錄』『蜻蛉國志』『海東繹史』『阮堂集』『日東記遊』

『五洲衍文長箋散稿』『林下筆記』『日槎輯略』『大東學會月報』

2. 논저

김달수, 『일본 속의 한국문화』, 조선일보사, 1986.

김선희, 「근대 왕인 전승의 변용양상에 대한 고찰」, 『일본문화연구』 41, 동아시아일본학회, 2012.

김선희, 「전근대 왕인 전승의 형성과 수용」, 『일본문화연구』 39, 동아시아일본학회, 2011.

김정호, 「왕인박사에 대한 국내에서의 관심과 위상」, 『왕인박사 연구』, 주류성출판사, 2012.

김창수, 『박사왕인-일본에 심은 한국문화-』, 창명사, 1975.

박광순·임영진·정성일, 『왕인박사 연구』, 주류성출판사, 2012.

박광순, 「왕인박사가 전수한 천자문 등에 관하여」, 『왕인박사 연구』, 주류성출판사, 2012.

박남수, 「한국의 역사서와 연구물에 그려진 왕인박사」, 『왕인박사에 대한 교육의 현황과 개선방향』, 한출판, 2014.

백승충, 「왕인박사는 일본에서 무엇을 했나」, 『한일관계사 2천년』, 경인문
　　화사, 2006.

안대회, 「18·19세기 조선의 백과전서파와 『和漢三才圖會』」, 『대동문화연구』
　　69, 2010.

왕인문화연구소 편, 『왕인 그 자취와 업적』, 왕인박사현창협회, 2008.

유승국, 「왕인박사 사적에 관한 연구-문헌을 중심으로」, 『왕인박사유적지
　　종합조사보고서』, 1974.

이병도, 「백제 학술 및 기술의 일본 전파」, 『한국고대사연구』, 박영사,
　　1976.

정성일, 「왕인박사의 업적과 일본에서의 위상」, 『왕인박사 연구』, 주류성출
　　판사, 2012.

정태욱, 「근세의 왕인 전승」, 『일본연구』 30, 중앙대 일본연구소, 2011.

하우봉, 「원중거의 「화국지」에 대하여」, 『전북사학』 11, 전북사학회, 1989.

하우봉, 「원중거의 일본인식」, 『이기백선생 고희기념 한국사학논총』, 일조
　　각, 1994.

하우봉, 「이덕무의 「청령국지」에 대하여」, 『전북사학』 9, 전북사학회,
　　1985.

하우봉, 「이덕무의 일본관」, 『인문논총』 17, 전북대 인문과학연구소, 1987.

한일문화친선협회, 『聖學 王仁博士』, 홍익재, 2001.

※ 이 논문은 『전북사학』 제47호(전북사학회, 2015년)에 발표한 글을 전재(轉
載)한 것임―편집자.

제2장

남용익의 통신사행을 통하여 본 왕인

구지현 _ 선문대학교 국문과 교수

1. 머리말
2. 남용익의 기록에 보이는 왕인王仁
3. 을미사행에서 만난 일본인
4. 린케林家에 보이는 왕인王仁의 기록
5. 맺음말

1. 머리말

왕인(王仁)은 백제에서 왜로 건너간 최초의 인물로 알려져 있다. 일본의 『고사기(古事記)』와 『일본서기(日本書紀)』에 처음 등장한다. 일본에서는 이른 시기 등장한 왕인이지만 우리 쪽 기록에서는 찾아보기 어렵다. 왕인이라는 이름이 처음 나오는 기록은 남용익(南龍翼, 1628~1692)의 『부상록(扶桑錄)』에 있는 「문견별록(聞見別錄)」으로 알려져 있고, 그 이후 신유한(申維翰, 1681~1752)의 『해유록(海游錄)』, 조엄(趙曮, 1719~1777)의 『해사일기(海槎日記)』, 원중거(元重擧, 1719~1790)의 『화국지(和國志)』 등의 사행록에도 등장한다. 이후 이덕무(李德懋, 1741~1793)의 『청비록(淸脾錄)』과 『청령국지(蜻蛉國志)』, 한치윤(韓致奫, 1765~1814)의 『해동역사(海東繹史)』에 더 자세히 기재되었다.

하우봉은 이러한 기록에 앞서 왕인의 이름이 나오지 않으나 신숙주(申叔舟, 1417~1475)의 『해동제국기(海東諸國記)』에 오진텐노[應神天皇] 때에 백제의 "王太子"가 일본에 간 사실이 기록되어 있는데, 『일본서기』에서 유래한 기록으로 추정하면서 왕태자는 오기가 아닌가 추측한 바 있다.[1]

『해동제국기』는 『해행총재(海行摠載)』의 첫머리에 나오는 문헌이다. 무로마치 막부로 사행을 다녀온 신숙주가 편찬한 것으로, 통신사행에서는 거의 필독서에 가까웠다고 할 수 있다. 남용익 이전에 이미 세 차례의 회답 겸 쇄환사가 파견되었고 1636년과 1643년에 통신사가 파견되었다. 그런데 이 다섯 차례 사행의 기록물에는 왕인이나 백제 박사에 관한 기록은 보이지 않는다. 다만 오진텐노에 관한 언급이 두 곳에서 발견된다.

① 일본은 아득히 하늘 동쪽에 있고 사면이 큰 바다를 대하고 있어 외적이 쳐들어오지 않는다. 다만 그 "연대기(年代記)"를 보면 이른바 "오진[應神] 22년 신국(新國)의 군대가 왔다"고 하였고 다른 본에서는 "신라 군대가 명석포에 들어갔다."라고 하였다.[2]

② 일본은 아득히 하늘 동쪽에 있고 사면이 큰 바다를 대하고 있어 외적이 쳐들어오지 않는다. 다만 그 "연대기(年代記)"를 보면 이른바 "오진[應神] 22년 신라 군대가 명석포에 들어왔다."고 하였다.[3]

---

1) 하우봉, 「조선시대 왕인에 대한 인식의 전개와 그 의미」, 『전북사학』 47호, 전북사학회, 2015, 77~109쪽.
2) 이경직, 『扶桑錄』 10월 18일. "日本邈在天東 四面大海 外兵不入 但見其年代記 其所謂應神之二十二年 新國兵軍來 一本則曰 新羅兵入明石浦"

①은 1617년 종사관으로 파견된 이경직(李景稷, 1577~1640)의 기록이고, ②는 1636년 부사로 파견된 김세렴(金世濂, 1593~1646)의 기록이다. "年代記"에서 인용하였다고 한 문장은 "新國"과 "新羅"의 명칭이 다를 뿐 완전히 일치한다. 이 두 문장의 저본이 같은 것이거나 김세렴이 이경직의 문장을 따왔을 것이다. 여기에 기술된 내용은 『일본서기』에서 찾아볼 수 없다.

한편 후대의 『해동역사』에서도 같은 내용이 발견되는데,[4] 출전을 마쓰시타 겐린(松下見林, 1637~1604)의 『이칭일본전(異稱日本傳)』으로 밝히고 있다. 이 문헌은 김세렴보다 훨씬 후대에 출판되었을 뿐 아니라 책 제목에서 보이듯 중국과 조선의 문헌에 보이는 일본 관련 기사를 모아놓은 것이다.

아울러 『이칭일본전(異稱日本傳)』에는 왕인에 대한 기술이 발견된다.[5] 중국 문헌인 『유씨홍서(劉氏鴻書)』 8권 「이국(夷國)」의 내용 가운데 일본의 학문이 서복(徐福)으로부터 비롯되었다는 말을 비판하면서 정학(正學)이 만세에 전해진 공이 왕인에게 있다고 거론하였다. 겐린이 직접 언급한 것을 미루어 보아, 중국 문헌에서 왕인에 대한 기술을 찾아보기 어려웠음을 알 수 있다.

이경직과 김세렴이 언급한 내용이 『일본서기』에서 찾아볼 수 없는 대신 중국문헌을 인용한 겐린의 저술에서 찾아볼 수 있다면, 17세기 전반기 사행에 참여했던 인물들이 본 "연대기"가 정확히 무엇인지는 알 수 없으나 일

---

3) 김세렴, 『海槎錄』 「聞見雜錄」. "日本邈在天東 四面大海 外兵不入 但見其年代記 其所謂應神之二十二年 新羅兵入明石浦"

4) 韓致奫, 『海東繹史』 권41 「交聘志」. "應神二十二年 羅兵攻日本 深入明石浦"

5) 松下見林, 『異稱日本傳』 中之三 「劉氏鴻書 卷八 地理部五 夷國」

본의 역사서보다는 중국 문헌을 바탕으로 만들어진 문헌일 가능성이 크고, 적어도 『일본서기』는 아닐 것이다.

여러 가지 일본 관련 문헌을 참고하여 작성하는 사행록의 특성상 왕인에 대한 언급을 처음 한 사람이 남용익이라면 왕인에 관한 견문을 처음 채록한 것도 1655년 을미사행으로 보아야 할 것이다.

2. 남용익의 기록에 보이는 왕인王仁

1655년 을미사행은 도쿠가와 이에쓰나[德川家綱]의 습직(襲職)을 축하하기 위해 파견된 통신사였다. 닛코까지 간 마지막 사행이자 도쿠가와 이에야스뿐 아니라 도쿠가와 이에미쓰[德川家光]의 사당 대유원(大猷院)에서의 치제까지 이루어진 사행이었다. 남용익은 종사관으로 사행에 참여하였다.

남용익의 「문견별록」의 독특한 점은 이전 사행록에 보이는 문견록과는 달리 항목을 나누어 기술하고 있다는 점이다. 본래의 목적은 왕에게 보고하기 위한 것이었다.

제가 먼 나라에 명을 받들고 가서 수륙을 두루 돌아다녔으니 그 지방의 사적을 수집하여 보시는 것에 우러러 대비하는 것이 제 직무입니다. 그러나 말이 통하지 않고 증명할 문헌이 없어서 겨우 견문을 모아서 날짜별로 기록한 것 외에 따로 모두 10건을 기록한 책을 만들어 올립니다.[6]

사행일기 외에 10개의 항목을 설정하여 일본에 관한 정보를 채록하였옴을 보여주는 기록이다. 첫 번째 항목은 "倭皇代序"인데, 이전 사행록에의 관심이 "關白"에 집중되어 있고 왜황에 대한 언급이 없는 것과 대비되는 면이다. 이 "倭皇代序"의 주석에 신숙주의 『해동제국기』가 "頗有舛漏"하여 "更加詳略"하였다고 밝히고 있다. 즉 항목별로 기술하는 방식은 『해동제국기』의 전례를 따른 것으로, 남용익이 견문에 기대어 가감하고 교정을 행한 것이다. 따라서 왕인에 대한 기록이 실린 "應神皇" 조 역시 『해동제국기』의 기록을 가감한 것이라 할 수 있다.

그렇다면 이러한 견문은 어떻게 얻은 것일까? 남용익은 "風俗"의 "文字" 조에 다음과 같이 기록하였다.

> 서적은 『일본기(日本記)』, 『속일본기(續日本記)』, 『풍토기(風土記)』, 『신사고(神社考)』, 『본조문수(本朝文粹)』 등의 책이 있으나 괴탄하고 잡스러워 모두 볼 만한 것이 없다. 중국 서적은 거의 다 유포되었으나 이해하는 자가 매우 적다. 그러나 사모하는 마음은 상하가 똑같다.[7]

위의 거론된 일본 서적은 5종이다. 『일본기(日本記)』는 『일본서기』이고 『속일본기』는 『일본서기』의 속편 격으로 편찬된 일본의 역사서이며, 『풍토기(風土記)』는 나라시대의 지지(地志)이다. 『신사고(神社考)』는 하야시 라잔

---

6) 南龍翼, 『扶桑錄』 「聞見別錄」. "臣奉命絶國。 歷遍水陸。 採摭一方事蹟。 仰備睿覽者。 是臣之職。 而語音不通。 文獻無徵。 僅聚其獵聞謏見。 乃於排日記行之外。 別作一錄凡十件。 取以進止。"

7) 南龍翼, 『扶桑錄』 「聞見別錄」. "書籍則有日本記續日本記風土記神社考本朝文粹等書。 而怪誕駁雜。 皆無可觀者。 中國書籍幾盡流布。 解之者絶少。 而向慕之情。 則上下同然。"

(林羅山, 1583~1657)이 신도(神道)에 관해 쓴 저술인 『본조신사고(本朝神社考)』를 가리키는 것으로 보인다. 『본조문수(本朝文粹)』는 후지와라노 아키히라(藤原明衡)가 편찬한 헤이안 시대의 한시집으로, 일본의 "文選"에 해당된다고 할 수 있다. "倭皇代序"는 이 문헌들의 기록을 바탕으로 교정이 행해진 것으로 보인다.

『해동제국기』의 "神功天皇"에는 없지만 「문견별록」에는 "전년인 경진년에 스스로 장수가 되어 신라와 백제를 공격했다.[去年庚辰 自將擊新羅百濟]"는 구절이 들어 있다. 이는 이른바 신공황후(神功皇后)의 삼한정벌설(三韓征伐說)에 해당하는 것으로, 조선에서는 받아들이지 않는 "怪誕駁雜"한 기록이지만 남용익은 이 내용을 더하여 넣었다.

① 應神天皇 仲哀第四子 母神功 元年庚寅(晉武帝泰始六年〇羅味鄒王九年〇麗西川王元年〇濟古爾王三十七年) 七年丙申 高麗始遣使來 十四年癸卯 始制衣服 十五年甲辰 百濟送書籍 十六年乙巳 百濟王太子來 二十年己酉 漢人始來 在位四十一年 壽百十

② 應神皇 名譽田 仲哀第四子 母神功后 元年庚寅(卽晉武帝泰始六年也) 丙申高句麗始遣使來 癸卯百濟送裁縫女工 衣服始此 甲辰百濟送經傳諸博士 乙巳百濟遣王子王仁 在位四十一年 壽百十一

왕인에 대해 나오는 '應神皇' 조의 기록을 『해동제국기』와 비교해 보자. ①이 『해동제국기』이고, ②는 「문견별록」이다. ①과 ②를 비교해 보면 오진 텐노의 이름이 '譽田'이라는 점이 첨가되었고, "계묘년에 의복을 제작하기 시작했다[十四年癸卯 始制衣服]"는 것이 백제에서 '裁縫女工'을 보내 의복을 만들기 시작했다는 내용으로, "백제에서 서적을 보냈다[百濟送書籍]"는 기록은 "백제에서 경전제박사를 보냈다[百濟送經傳諸博士]"는 내용으로, 백제 왕태자가 왔다[百濟王太子來]는 것은 백제가 왕자 왕인을 보냈다[百濟遣王子王仁]는 내용으로 바뀌었다. 반면 중국, 신라, 고구려, 백제 왕의 연대를 늘어놓은 부분은 중국 연호만 남겨 놓고, 중국인이 처음 왔다[漢人始來]는 기록은 삭제되었다. 남용익의 기록이 내용 면에서 훨씬 상세한 반면, 한반도와 관계없는 기록이나 지리한 연대 표기는 삭제된 것이다. 상세해진 내용은 물론 '王仁'의 인명은 신숙주의 기록을 바로잡는 과정에서 교정되어 들어간 것이라 할 수 있다.

3. 을미사행에서 만난 일본인

남용익이 이러한 정보를 얻게 된 과정은 어떻게 이루어졌을까? 1655년 사행원이 일본인과 만나는 과정에서 일본 역사에 관한 정보를 얻게 되었으리라 짐작된다. 남용익 스스로도 '獵聞諜見'하였다고 밝히고 있는데, '文獻無徵'의 상황에서 사람을 통한 견문의 수집이 가장 빠른 방법이었을 것으로 보인다.

일본 문사와의 필담창화는 1682년 본격적으로 시작되었고 이후로 회를 거듭할수록 활발해졌다. 1655년 일본인과의 만남을 기록한 필담창화집은 거의 남아 있지 않지만 그 흔적을 찾아볼 수 있는데, 현재 2종의 필담창화집을 확인할 수 있다.

한 종은 『조선삼관사수화(朝鮮三官使酬和)』로, 정사 조형(趙珩, 1606~1679), 부사 유창(兪瑒, 1614~1692), 종사관 남용익과 이테이안[以酊菴]의 윤번승 규간 주다쓰[九巖中達], 모겐 쇼하쿠[茂源紹柏]가 주고받은 시문을 편집한 것이다. 이들은 쓰시마에서부터 일정을 같이 하였으므로 도중에 시를 주고받을 기회도 많았다.

다른 한 종은 『한사증답일록(韓使贈答日錄)』이다. 린케[林家]의 인물들이 1643년과 1655년 두 차례 사행에 나눈 필담과 창화시를 편집한 것이다. 후집에 실린 1655년 필담창화에는 하야시 가호[林鵞峰](1618~1680), 하야시 바이도[林梅洞], 히토미 지쿠도[人見竹洞], 사카이 하쿠겐[坂井伯元] 등이 등장한다.

린케는 하야시 라잔[林羅山](1583~1657)의 집안을 이르는 말이다. 라잔은 에도막부 최초의 유관(儒官)이라고 일컬어지는 인물로, 막부의 외교문서를 관장하는 어용학자였다. 라잔의 직무는 후손이 대대로 세습하였다. 그 가운데 에도에 온 통신사를 접대하는 일도 포함되어 있었다. 따라서 린케의 필담과 창화는 1607년 이래로 사행 때마다 이루어져 왔다.

1655년 라잔은 이미 노쇠하였기 때문에 직접 만나지는 않고 서한으로 안부를 주고받았다. 그를 대신해 사신들을 접대한 것은 아들 하야시 가호였다. 가호는 독축관(讀祝官) 이명빈(李明彬, 1620~?)과 긴 필담을 나누었는데, 『한사증답일록(韓使贈答日錄)』에서 다음과 같은 대화를 찾아볼 수 있다.

석호[이명빈] : 존대인의 헌호와 성함 역시 써서 보여주시면 어떻겠습니까? 매우 미안합니다만 고명을 오랫동안 우러렀기에 간절하게 알고 싶으니 허물하지 말고 써서 보여주시면 어떻겠는지요? 『신사고(神社考)』를 지은 나부자(羅浮子)가 과연 헌호입니까?

함삼[하야시 가호] : 제 아버지의 이름은 충(忠), 자는 자신(子信), 다른 이름은 도춘(道春), 호는 나부자이고 또 다른 호는 석항(石巷)입니다.

석호 : 『구사기(舊事記)』, 『고사기(古事記)』, 『일본기(日本記)』, 『신황정

통기(神皇正統記)』, 『연희식(延喜式)』, 『풍토기초(風土記抄)』, 『속일본기(續日本記)』 등의 책이 귀국에 있다고 들었습니다. 잠깐 보고 싶은 마음이 간절하니 찾아서 빌려주지 않으시겠습니까?

함삼 : 모두 우리나라의 전적입니다. 권질이 매우 많고 세상에 이것이 많지 않습니다. 서사에서 판각한 것 역시 있습니다만 지금 갑자기 빌려드리기 어렵습니다.[8]

위는 에도에 머물 당시인 10월 9일 이명빈과 가호가 나눈 대화이다. 같은 기록이 『함삼선생필담(函三先生筆談)』에도 보인다. 이명빈은 하야시 라잔이 『신사고』의 작자 나부자임을 알고 있다. 「문견별록」에서 남용익이 거론한 『본조신사고』가 바로 이 책인데, 이미 조선인이 이 책을 입수하여 읽었을 가능성이 크다. 이어서 빌려달라고 한 역사서로 『구사기(舊事記)』, 『고사기(古事記)』, 『일본기(日本記)』, 『신황정통기(神皇正統記)』, 『연희식(延喜式)』, 『풍토기초(風土記抄)』, 『속일본기(續日本記)』를 꼽고 있다. 남용익이 거론한 역사서 가운데 『일본기(日本記)』, 『속일본기(續日本記)』, 『풍토기(風土記)』가 중복된다.

사행이 일본에 당도하였을 때 당시 일본을 대표할 만한 역사서를 조사하였고, 이명빈이 가호를 통해 이를 구하려고 하였던 것이 아닌가 한다. 라

---

8) 『韓使贈答日錄』. "石湖 尊大人軒號及姓諱亦望書示如何 極知未安而久仰高名 切欲詳知 勿咎書示如何 神社考所撰羅浮子 果是軒號耶 函三 余之郞罷名忠 字子信 一名道春 號羅浮子 又號石巷 石湖 舊事記古事記日本記神皇正統記延喜式風土記抄續日本記等 冊 貴國有之云 而切欲暫見 未可覓借耶 函三 皆是我國之典籍也 卷帙成堆 世上不多有 之 就中書肆之所刻亦有之 今俄難盛一瓶"

잔의 『신사고』가 이미 조선인에게 입수되었던 것을 보면, 가호가 당장 빌려주기 어렵다고 하였으나 이 가운데 적어도 『일본기(日本記)』, 『속일본기(續日本記)』, 『풍토기(風土記)』는 어떤 경로를 통해서인지 구하여 보게 되었던 듯하다.

이명빈은 문헌뿐 아니라 주변인을 통해 일본에 관한 지식을 탐색하였던 것으로 보인다. 「답이학사문(答李學士問)」이라는 제하에 다음과 같은 글이 실려 있다.

후백원천황(後柏原天皇), 후내량천황(後奈良天皇), 후양성천황(後陽成天皇)의 이름과 수명. 이후 천황이 몇 세인지, 부자가 이었는지, 형제가 이었는지, 남자 천황인지 여자 천황인지 및 개원 연호를 상세히 써주시오. 관백차서(關白次序), 관위차서(官位次序), 명산대천(名山大川)을 아울러 자세히 써주시오.
이상은 조선국 학사 이석호가 무원 선사에게 가서 물은 것이다. 바야흐로 공무가 바쁘고 어머니의 병이 낫지 않았기 때문에 자세히 기록할 겨를이 없었다. 그러나 청한 것에 응하지 않을 수 없어서 다음과 같이 대략 적어서 내주었다.[9]

이명빈이 호행승이었던 무원에게 보낸 내용은 천황의 세계에 관한 것

9) 『韓使贈答日錄』. "後柏原天皇 後奈良天皇 後陽成天皇 名諱 年壽 此後天皇幾世 而或父子相傳 兄弟相傳 男皇女皇及改元年號幷詳示 關白次序 官位次序 名山大川 幷詳示右 朝鮮國學士李石湖 就茂源禪師問之 方今官事頻繁 且聖善疾病未愈 故不遑詳記 然以其所請難黙 故粗抄出如左"

이었다. 『해동제국기』에는 신숙주 당시의 천황인 고하나조노[後花園] 전황이 마지막인데, 이명빈이 물어본 것은 그 이후의 천황 세계이다. 가호는 '人王百五代' 후백원천황(後柏原天皇)으로부터 '百十二代' '今上皇帝'까지 부탁받은 대로 적고 관백차서(關白次序), 관위차서(官位次序), 명산대천(名山大川)에 관한 것도 대략 적어서 주었다.

특히 천황의 세계에 관한 것은 남용익의 「문견별록」 기록과 거의 일치한다. 이명빈의 질문은 남용익이 '倭皇代序'에 관해 "그 이후 10대를 이어서 기록했다[續之以其下十代]"라고 한 말과 부합한다.

본조 문인과 무인은 지금까지 본래 많습니다. 이제 족하의 청에 따라 대략 그 성명을 써서 게시합니다. 또 요시마사[義政] 이하는 차서에 시작이 없기 때문에 존씨(尊氏)로부터 요시마사에 이르고 요시테루[義輝]에서 끝날 때까지 13대의 세차는 겨우 그 대개의 만분지일을 기록한 것입니다. 그리고 노부나가[信長]와 히데요시[秀吉]를 붙였습니다. 한 건 한 건의 사적과 저술을 이루 다 셀 수 없어, 비록 날마다 무릎을 맞대고 몇 차례 사람을 바꿔가면서 말할 지라도 어찌 다 할 수 있겠습니까? 하물며 제가 안팎으로 일이 많고 족하의 돌아갈 날이 가까운 데이겠습니까? 오직 보내온 뜻에 응할 뿐입니다. 그런데 세운의 연혁은 히데요시를 제외시킬 수 없어서이니 의심하지 마시기 바랍니다.[10]

---

10) 『韓使贈答日錄』. "本朝文人武人 古今間固多 今依足下之請 粗揭出其姓名 又義政以下則次序無端始 故自尊氏至于義政 而終于義輝 十三代之世次 僅記其大槪之萬一 且附以信長秀吉也 夫件件之事迹及著述 不可勝計 雖累日接膝數回更僕 而豈得羅縷乎 況余內外多故 足下歸期在近乎 唯以應來意而已 抑世運之沿革 秀吉不可除也 其勿訝焉"

위는 10월 27일 가호가 이명빈에게 보낸 편지이다. 이전에 답한 "관백 차서"가 부족하였는지 이명빈은 한 번 더 자세한 연혁을 요청하였던 것으로 보인다. 이에 대해 가호는 무로마치 막부의 인물에서 시작해서 히데요시에 이르기까지 정리해 보냈다. 이명빈이 요청했던 이 부분은 『해동제국기』에는 보이지 않는데, 신숙주 때는 아시카가 요시마사[足利義政]가 쇼군이었기 때문이다. 즉 「문견별록」에 보이는 관백차서는 이러한 정보의 수집을 바탕으로 다시 작성된 것이라 할 수 있다.

하야시 가호와의 필담 전면에 나선 것은 이명빈이다. 실제로는 이명빈이 사신들을 대신해 여러 문헌과 정보를 수집하는 역할을 하였음을 짐작케 한다. 통신사행의 면면을 살펴보면 정사, 부사, 종사관의 세 사신은 공식적인 자리 외에는 일본인과 거의 접촉을 하지 않았다. 이들 대신 일본문사들과 필담을 나누고 직접 대면을 했던 것은 제술관과 각 사신에 딸린 서기였다. 1655년은 제술관, 서기 등이 설치되기 전의 사행이므로, 문장을 담당하였던 독축관이 이러한 역할을 하였던 것으로 보인다.

4. 린케林家에 보이는 왕인王仁의 기록

필담을 나눌 만한 인물이 많지 않았던 1655년 통신사행의 상황에서 일본 역사에 관한 지식은 주로 린케와 접하면서 습득되었다고 보아야 할 것이다. 왜황대서에 관한 질문이 먼저 호행승이었던 무원에게 갔으나 다시 하야시 가호에게 전달된 것도, 린케가 지식의 담당자였기 때문이다.

하야시 라잔과 아들 가호는 『본조통감(本朝通鑑)』의 편찬자이다. 이 역사서는 진무텐노[神武天皇]로부터 시작되는 일본의 역사를 편년체로 엮은 것으로, 1670년 완성되었다. 『본조통감』의 모본이 되는 『본조편년록(本朝編年錄)』은 하야시 라잔이 편찬하여 이미 1644년에 간행되었다. 따라서 1655년 당시는 라잔 부자가 일본 역사서를 두루 섭렵하였을 시기였고, 편수 사업이 막부의 사업인 만큼 이들이 입수하지 못한 일본의 역사서는 없었을 것이다.

게이초 임자년(1612) 4월 어본 『속일본기』를 빌려 섭렵한 다음 대략 초록하였다.[11]

위는 라잔의 문집에 보이는 글이다. 어본(御本)의 『속일본기』를 빌려 읽은 다음 초록했음을 기록한 것인데 이미 1612년의 일이다. 막부의 서적을 자유롭게 읽을 수 있음을 보여주는 방증이다. 따라서 남용익이 『속일본기』를 읽었다면 통신사행을 접대한 린케를 통해서였을 가능성이 크다. 연장선상에서 추론한다면 왕인에 관한 이야기 역시 린케와의 만남을 통해 접했을 것으로 보인다.

이러한 정황은 라잔이 두 아들에게 보여준 조목을 모아놓은 「문대(問對)」에서 찾아볼 수 있다. 여기에 실린 문장은 라잔이 질문을 설정하여 묻는 방식으로 만들어진 문체로 보인다.

조선내공사가 표를 올려 청하였다. "삼가 들으니 서복이 일본에 올 때

---

11) 林羅山, 『林羅山文集』 권55 「題續日本紀抄後」. "慶長壬子孟夏 借御本續日本紀 而涉獵之次 粗抄寫之"

선진의 책을 가지고 왔다고 들었습니다. 그러므로 구양수의 일본도 시에 '서복이 올 때는 분서갱유 전이라 잃어버린 책 백 편이 지금도 남아있네.'라고 하였습니다. 생각건대 과두문과 전서로 된 전모(典謨), 훈고(訓詁)와 경전들이 역시 있습니까? 사신이 다행히 나라의 위광을 보고 우러러 청한 바를 허락하여 한 번 그 고서를 엿보게 해주신다면 이보다 더한 행운이 있겠습니까? 평생 생각이 여기에 있어 지금 표를 올려 청하니 지극한 간절함을 감당하지 못하겠습니다.[12]

위는 '逸書'라는 조목이다. 학습비망록을 뜻하는 '學記'에서 뽑았다고 한다. 서복이 일본에 올 때 분서갱유 전의 경전을 가져왔다는 얘기는 사행록에서 종종 발견되는 것이다. 특히 구양수의 시 구절에 그 얘기가 나오기 때문에, 사신들은 일본에 오면 으레 선진의 책이 남아있는지 어디에 있는지 묻곤 하였다. 일서는 린케에서 자주 응대해야 하는 질문 가운데 하나인 것이다. 따라서 라잔 부자 역시 어떻게 응대해야 할지 공부하였던 것으로 보인다.

다른 조목 하나를 소개하자면 다음과 같다.

백제국 사람이 본조에 내공하여 홍려관에 머물 때 어떤 사람이 스가와라[菅原]와 오에[大江]의 문하에 청하였는데 그 말이 다음과 같다. "변

---

12) 林羅山, 『林羅山文集』 권36 「逸書」. "朝鮮來貢使表請曰 仄聞 徐福來日本時 齎先秦之書以往 故歐陽修詠日本刀詩有云 徐福往時書未焚 逸書百篇今猶存 想夫其科斗篆字之典謨訓詁幷諸經典 亦有之乎 使臣幸觀國光 所望請者許 一窺其古書 何幸加旃 平生所念在兹 今表請以聞 不堪懇款之至"

한 신사가 사적으로 일본국 대학료 조사께 글을 드립니다. 예전에 들으니 우리나라 사신 왕인이 논어를 가지고 귀국에 와서 응신제에게 벼슬하여 박사가 되었다고 하였습니다. 세상에서 기록하였으니 서진 초기에 해당됩니다. 가져와서 바친 논어는 백문이었습니까? 노론(魯論)이었습니까? 제론(齊論)이었습니까? 아니면 고문 논어였습니까? 한나라 유자의 훈설이었습니까? 하씨의 집해였습니까? 지금 세상에 간행되는 것은 문자가 조금 차이가 있습니다. 그러므로 보기를 원합니다."[13]

위는 '王仁論語'라는 조목이다. 내용은 왕인이 가지고 온 논어가 어떤 것인가이다. 주석이 없는 백문의 형태인지, 노나라 계통인지, 제나라 계통인지, 고문으로 기록된 논어인지, 한나라 유학자들의 주석이 있는 것인지, 何晏의 집해본인지 등 논어의 다양한 형태를 열거하였다. 왕인이 가지고 온 논어를 화두로 하고 있으나, 현전하는 다양한 논어의 고본 간 차이가 어떤지 묻는 조목이라 할 수 있다. 변한의 신사(信使)가 묻는 것으로 설정되어 있는데, 왕인(王仁)이 논어를 가지고 왔다는 이야기를 백제인의 입을 통해 말하고 있다.

위의 '逸書' 조목과 함께 생각해 본다면, 서복이 선진의 책을 가지고 일본에 왔다는 것과 왕인이 논어 등의 책을 응신천황에게 바쳤다는 것은 린

---

13) 林羅山, 『林羅山文集』 권36 「王仁論語」. "百濟國人來貢于本朝 居之鴻臚館時 其人有請望于菅江之門 其詞云 弁韓信使 私致書日本國大學寮曹司 昔聞弊邦使介王仁持論語 來于貴國 仕應神帝爲博士 蓋以世而記之 當于西晉之初 其所齎獻其論語 白文而已乎 魯歟 齊歟 抑古歟 漢儒訓說乎 何氏集解乎 行于今世者 文字有小異 故願見焉"

케에 있어 역사적 사실로 간주되고 있었던 것으로 보인다.

라잔은 한반도에서 건너간 사람에 대한 소전(小傳)을 짓기도 하였다. 소전(小傳)의 첫 번째 인물이 바로 왕인이고, 두 번째가 역서(曆書)를 전해준 백제인 관륵(觀勒)과 고구려의 화가 담징(曇徵), 세 번째가 여공(女工) 오직(吳織)이다. 특히 왕인에 대해서는 상대적으로 많은 분량으로 그의 생애를 설명하였다.

> 응신이 붕어하자 태자가 형에게 양위하고 나니와에 살았다. 형은 "임금의 명이자 아버지의 뜻이다."라고 하며 역시 즉위하지 않았다. 왕인은 천하에 군주가 없는 기간이 오래될까 걱정하여 왜가를 지어서 태자에게 풍간하였다. 태자가 마침내 즉위하였으니 이가 바로 인덕황제이다.[14]

라잔이 쓴 소전에는 백제와 신라, 고구려가 모두 신공왕후의 정벌에 굴복하여 조공을 온 것으로 기술하고 있다. 소전에 등장하는 인물들도 조공하기 위해 일본으로 건너온 것으로 표현된다.

왕인도 오진텐노 때 조공의 일환으로 온 것으로 기술하고 있지만 라잔이 그를 높이 평가한 것은 논어나 천자문을 가져온 것 등의 일 때문이 아니었다. 나니와에 은거했던 태자를 즉위하도록 설득하기 위해 일본 노래를 지어서 '風諭'한 점에 있다. 이 노래가 '倭歌之父母'에 해당하는 '難波之歌'라는

---

14) 林羅山, 『林羅山文集』 권39 「王仁」. "及應神崩 太子讓兄 而居難波 兄曰 君之命也 父之意也 亦不卽位 王仁恐天下無君幾多日也 而作倭歌 而風諭太子 太子於是乎遂卽位 是卽仁德皇帝也"

것이다. 그리고 라잔은 유학자답게 왕인이 지었다는 이 노래를 '周詩', 즉 시경(詩經)과 동렬에 올려놓을 정도로 높게 평가한다.

아울러 '吳織'의 소전을 보면 뒷부분에 오나라 사람이라고 하는 견해도 있음을 밝히기도 하였으나 백제인이라고 앞에 분명히 밝혀두었다. 일본을 오나라 태백(太伯)의 후예라 주장하였던 라잔의 경향을 고려한다면 백제인이라는 근거가 충분하다고 판단하였던 것 같다.

남용익의 「문견별록」에 오직의 이름은 나오지 않으나 '裁縫女工'이라고 표현하였다. 그리고 왕인의 이름을 밝히면서 역시 백제인이라고 하였다. 반면 한치윤은 『해동역사』에 마쓰시타 겐린의 『이칭일본전』을 적극적으로 수용하여 왕인을 한나라 출신으로, 오직을 오나라 출신으로 기술하였다. 이런 차이는 누구의 설을 수용하였는가에 따라 나타난 것이라 볼 수 있다.

5. 맺음말

『이칭일본전』의 저자 마쓰시타 겐린이 통신사 사행원을 접한 것은 1682년이었다. 교토에서 홍세태(洪世泰, 1653~1725)에게 보낸 시는 "일본서기 등의 책을 읽어본 적이 있는데 삼한과 부상이 통호한 지 오래되었습니다. 지금 다행히 면식을 얻게 되어 절구 한 수를 지어서 감사드립니다.[嘗讀日本書紀等書 三韓扶桑通好尙矣 今幸獲識韓 賦一絶奉謝]"[15)]라는 부기가 달려있다. 이 시기는 조선인과 창수하려는 일본인이 늘어 막부에서 통제하려

---

15) 『和韓唱酬集』首「奉呈滄浪公館下」.

고 하였던 때이다. 그만큼 일본의 유학자가 양적으로 팽창했음을 보여주는 증거라 하겠다.

　그 이전의 통신사행에서는 오산 승려를 제외한다면 린케에서 통신사의 접대를 전담하였다고 보아도 좋을 것이다. 린케는 막부의 역사 편찬 사업을 진행하고 있었고 일본의 정통성을 유교적으로 부각시키기 위해 노력하는 어용학자이기는 하였으나 일본 역사서를 가장 많이 섭렵하고 연구한 학자이기도 하였다. 라잔의 문집에 왕인과 백제인에 대한 기술이 발견되는 것도 이러한 연구의 연장선상에 있다고 할 수 있다.

　1655년에는 라잔에게 수학한 아들 가호가 통신사가 일본 역사에 관한 정보를 얻는데 직간접적으로 영향을 미쳤던 것으로 보인다. 일본 문헌을 입수하는 것뿐 아니라 필담과 창화를 나누는 사이 특정한 역사적 사실을 환기시키는 역할을 하기도 하였을 것이다. 따라서 라잔도 관심을 갖고 소전(小傳)을 기술할 정도였던 백제인 왕인의 이름이 이명빈을 통해 흘러들어가게 된 것이 아닌가 한다.

　그렇다면 그 이전에도 라잔이 통신사를 접대하였는데 남용익의 사행록에서 처음 왕인의 이름이 발견된 까닭은 무엇일까? 『해동제국기』의 오류를 수정하고 이후 역사를 더 보충하려는 남용익의 노력에서 기인했다고 하여야 할 것이다. 이명빈은 이전 사행과 달리 호행승 무원과 하야시 가호에게 여러 차례 일본 역사에 관한 질문을 하고 역사서에 대해서도 언급하였다. 사행이 거듭되면서 에도시대에 맞는 「문견잡록」을 작성할 필요성이 조선에서도 제기되었고 남용익 등의 을미통신사 사신들은 적극적으로 이 임무를 실행하였던 것이다.

之有按范史云東方有君子之國三善相公以爲
日本國是也仲尼浮海居夷焉不可知其來於本
邦哉以世考之則丁于懿德帝之取寵也所謂君
子者指懿德歟我朝儒者之所宜稱者也鄕曹盍
言諸

逸書

朝鮮來貢使表請曰仄聞徐福來日本時賷先秦
之書以往故歐陽修詠日本刀詩有云徐福往時
書未焚逸書百篇今猶存想夫其科斗篆字之典
謨訓誥幷諸經傳亦有之乎使臣幸觀國光所望
請者許一覯其古書何幸加施平生所念在兹今
表請以聞不堪懇欵之至

居諸
日本國玄蕃寮下
王仁論語

箕子國聘禮使

百濟國人來貢于 本朝居之鴻臚館時其人有
弁韓信使私致書日本國大學寮曹司昔聞弊邦
使价王仁持論語來于貴國仕應神帝爲博士蓋
以世而記之當于西晉之初其所賷獻其論語白
文而已乎魯欵齊欵抑古欵漢儒訓說乎何氏集
解乎行于今世者文字有小異故願見焉曹司爲
貴國儒宗想須傳受有在請其示諭

弁韓國信使某致書
月 日

日本國大學國子監曹司
以上三卷百問及問條二十七件所示恕靖
也 先生或稱二木子或稱老林又稱大林恕
稱仲林靖稱叔林共設詞挹問對之體也合
編之爲二書號曰攻堅從容錄取諸學記之
語也寬永十七年庚辰之冬

小傳

王仁

王仁者百済國人也吾應神之曆其國貢來初仲
哀皇帝八年有神託皇后征新羅國帝疑而不發
九年春二月帝俄爾崩於是皇后神功懼帝不用
神之言而殂落多十月浮海到于新羅新羅王見
我旌旗器仗之莊麗曰傳聞東海有神國名曰日
本此是其神兵乎不可敵也乃素服面縛繫頸以
組自持圖籍來于海埃曰願毎歳貢金銀綵帛八
十船不敢歷此國也此時高麗百済二國主聞新
羅降於我密謀軍勢知其不克又自急馳納款曰
從今以往永稱西藩不絶朝貢自益三韓皆貢于
我當東漢獻帝建安五年也十月不日官失之也
持統文武已後其貢漸衰云應神者仲哀之子也
及應神崩太子讓兄而居難波兄曰君之命也父
之意也亦不即位王仁恐天下無君幾多日也而
作倭歌以諷論太子太子於是乎遂即位是則仁
德皇帝也或曰王仁以毛詩敎授爲帝之師焉
國史公曰紀貫之有言曰難波津之歌淺香山之
詞共是倭歌之父母也所謂難波者謂王仁之
也夫王仁之來于本朝也境異言殊然以周詩
之六義爲倭歌之六義則旨合意同謂之詩人乎

羅浮子果是軒號耶

余之即罷名忠字子信 一名道春號羅浮子又號

顔巷

舊事記古事記日本記神皇正統記延喜式風土

記抄續日本記等冊 貴國有之云而切欲暫見

未可覓借耶

皆是我國之典籍也卷帙成堆世上不多有之就

中書肆之所刻亦有之今俄難盛一顆

前聞有色憂今則勿藥耶

邇日得小驗

此夕盤看有鮭魚乃指示之曰 貴國有之乎

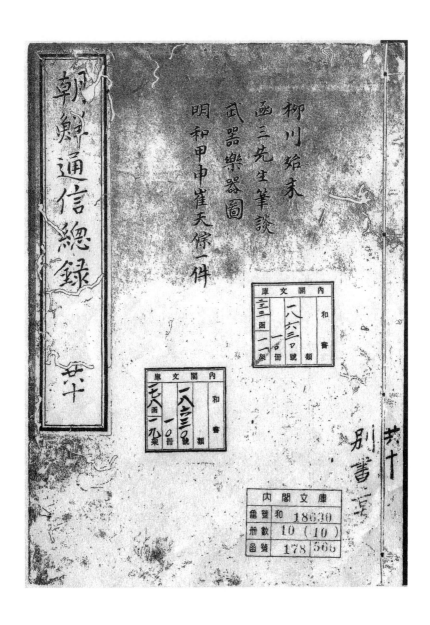

域相逢真有數不妨芳酒托新知

○衆呈滄浪館下　西峰予見林

掌讀日本書記等書

貴三韓扶桑通娇尚矣今辜獲識韓賦

一絶癸謝

繼繼交情北海深從来兩地契蘭金辜

○為羞坐梵宮上別後我何忘德音

走次西峯韻　滄浪子

不論初交意自深辯兒諸重千金懃

懃更有瓊琚贈殊勝陽春白雪音

【참고문헌】

1. 자료
『扶桑錄』(남용익)
『扶桑錄』(이경직)
『海東繹史』(한치윤)
『海槎錄』(김세렴)

『異稱日本傳』(松下見林)
『林羅山文集』(林羅山)
『韓使贈答日錄』
『和韓唱酬集』

2. 논저
하우봉, 「조선시대 왕인에 대한 인식의 전개와 그 의미」, 『전북사학』 47호,
　　전북사학회, 2015.

> ※ 이 논문은 『조선 통신사와 왕인박사의 만남』(영암왕인문화축제 학술 강연회,
> 2019년)에 발표한 글을 수정·보완한 것임—편집자.

제3장

朝鮮通信使と王仁博士の出会い
- 日本の古典を介して -

大沢研一 _ 日本 大阪歴史博物館 館長

1. はじめに
2. 王仁博士との出会い
3. 『日本書紀』と『古今和歌集』
4. 京都の出版文化と王仁博士情報
5. おわりに

1. はじめに

　17世紀以降の朝鮮通信使が日本を訪問するにあたりあらかじめ日本に関する知識・情報を学んでいたことはよく知られている。その点で先行する通信使が遺した使行録が、日本に関する詳細かつ有益な見聞録であり学習書であったことは想像に難くない。年度の異なる使行録に類似の表現がしばしばみられることは先行する使行録が後進の通信使に与えた影響力の大きさをよく示している。

　さて、今回わたしに求められているのは、1655年(乙未、明暦度)度通信使の従事官だった南龍翼が執筆した使行録『聞見別録』に王仁博士の名が初めて登場することにかかわって、その情報の入手ルートについて、何ら

かの手がかりを提示することである。

　来日した通信使と日本人との直接的な接触はそもそもかなり限定的であり、かつそうした機会について活写する記録は極めて少ない。南龍翼についても王仁博士に関する情報をどのようにして得たのか、その接点が具体的にわかる史料が確認されているわけではない。

　そこで今回は通信使の目に止まった可能性のある王仁博士関連の日本の古典について考え、そのうえでその入手場所の候補地として京都・大坂を推測することでその責をふさぐことにしたい。

2. 王仁博士との出会い

　南龍翼は、『聞見別録』のなかに歴代天皇の事績について簡潔にまとめた「倭皇代序」を載せた。そのなかに、応神天皇の代の出来事として次の記述がみられる。[1]

　応神皇、(中略) 甲辰百済送経伝諸博士、乙巳百済遣王子王仁、

　百済から日本へ諸博士が送られ、さらに王仁王子が派遣されたという短い記事であるが、これが通信使の記録に王仁博士があらわれた最初の記

---

1)『聞見別録』(海行摠載本。『善隣友好の記録 大系朝鮮通信使 第三巻』所収、明石
　書店、1995年)。

述ということになる。

　ところで、この文章の重要性は『海東諸国紀』と比較することで明らか
となる。『海東諸国紀』は1471年、朝鮮議政府領議政だった申叔舟が王命を
奉じて撰進した書物で、日本と琉球に関する総合的な研究書である。その
なかにやはり歴代天皇の事績に言及した「天皇代序」があり、同じ応神天皇
の項をみると次のような記述となっている。[2]

　　応神天皇、（中略）十五年甲辰百済送書籍、十六年乙巳百済王太子
　　来、

　『聞見別録』の「倭皇代序」書き出し部分には「自神武至称光已載於申叔舟
海東記中、而頗有舛漏故更加詳略続之」とあり、南龍翼は「倭皇代序」執筆に
あたり『海東諸国紀』を参考としながらも脱漏がある点を補ったことを表明
している。『海東諸国紀』では百済から日本へ遣わされた王子の名は記され
ておらず、『聞見別録』になって王仁博士の名が記されたのはそうした補足
作業の結果だったとみてよかろう。

　ただし、王仁博士の名が載せられていなかったからといって申叔舟が
王仁博士の存在を知らなかったとはいいきれないだろう。具体的な典拠は
明らかになっていないが、『海東諸国紀』が日本情報を博捜したうえで編ま
れているのはまちがいないからである。しかしながら、この段階で日本の
史書に効率的に当たることは容易くはなかったはずである。後にも触れる

---

2)『海東諸国紀』、岩波文庫、1991年。

が、16世紀末まで日本の史書は出版されることがなく、筆写本で伝来するのが通例だった。そのため特定の人物以外に目に触れる機会は少なかったと推測されるからである。

このように考えると、日本情報の入手という意味では、日本で出版文化が花開いた17世紀以降に来日した通信使のほうが格段に恵まれた条件下にあったことは疑いない。そうした状況のもとで得られた知識を南龍翼が利用し、『海東諸国紀』を補訂する形で『聞見別録』に反映させた可能性は十分に考えられよう。

3.『日本書紀』と『古今和歌集』

1)『日本書紀』

では、南龍翼は具体的にどのようにして王仁博士の情報を入手できたのであろうか。その可能性を探ってみたい。

もっとも有力な候補といえるのは『日本書紀』である。まず『日本書紀』巻第十における王仁博士に関する記述を引用しておこう。

(応神天皇)十五年秋八月壬戌朔丁卯、百済王遣阿直岐、良馬二匹を貢る。(中略)阿直岐、亦能く経典を読めり、(中略)天皇問阿直伎曰、如勝汝博士亦有耶、対曰、有王仁者、是秀也、時遣上毛野君祖、荒田別・巫別於百済、仍徴王仁也、(下略)

十六年春二月、王仁来之、則太子菟道稚郎子師之、習諸典籍於王仁、莫不通達、所謂王仁者、是書首等之始祖也、

この『日本書紀』が王仁博士について触れたもっとも基本的な日本側の文献である。『聞見別録』の「倭皇代序」はこれと同文ではないが、内容的にはこれらをコンパクトにまとめたものとみることは可能であろう。したがって、王仁博士情報を入手するにあたり、『日本書紀』との出会いが大きなポイントになりうると考えられるのである。

そうなると『日本書紀』の入手のしやすさの度合いが重要な意味をもつ。ところが古代から中世末まで『日本書紀』は筆写本でしか存在しなかった。そのため『日本書紀』との接触は一般に刊本の出現を待って可能になったと考えるのが自然であろう。

そしてこの『日本書紀』が初めて印刷・出版されたのは1599年(慶長4)だった。[3] これは日本古代史の史書が出版された最初の事例であり、日本の出版史上画期的な出来事であった。しかしながら、この時の出版は『日本書紀』全体ではなく、神代紀に限られていたため、王仁博士について言及する応神紀は外れていた。

その応神紀を含む『日本書紀』全体が出版されることになったのは1610年(慶長15)であった。ちなみにこの時は木活字を使用した出版だったため、かなり高価なものだったと推測される。そしてその後は、寛永年間(1624~1645)に慶長15年本を覆刻した整版本が出版され、さらにそれを重刻した1669年(寛文9)本が続いた。この寛永期以降の出版は版木を用いた整版によるものであり、大量印刷に向いていたことから流布への条件が整

---

3) 山本信吉、「日本書紀」(『国史大辞典 第十一巻』図版、吉川弘文館、1990年)、毛利正守「解説」(『新編日本古典文学全集 2 日本書紀 ①』、小学館、1994年)。

うことになった。そして寛文9年本はそれまでにくらべると誤りが少なかったことからその後も繰り返し覆刻され、さらなる流布を促したのであった。

　以上の経過を念頭におくと、通信使が比較的容易に『日本書紀』に接触（入手）できる環境が整ったのはおおむね寛永年間以降ということになろう。その点でいえば、1655年に来日した南龍翼は十分に『日本書紀』に接することのできる環境にあったといえるだろう。

　2)『古今和歌集』
　もうひとつ、通信使が触れる機会のあった王仁博士関連情報として挙げておきたいものが次の「難波津の歌」にまつわる話である。

　　難波津に　咲くや木の花　冬こもり　今は春べと　咲くや木の花

　この「難波津の歌」は10世紀初頭に成立した『古今和歌集』の「仮名序」に収録されており、そこでは応神天皇の次の天皇である仁徳天皇へ祝いの歌として王仁博士が詠んだ和歌と記されている(以下、現代語訳)。

　　難波津の歌は、帝のお歌の最初であります。
　　仁徳天皇が、難波でまだ皇子であらせられた時、弟皇子と皇太子
　　の位をお互いに譲り合って即位なさらず三年経ってしまったの
　　で、王仁という人が不安に思って、詠んで差し上げた歌である。
　　木の花は梅の花ということであろう。[4]

ここでは王仁博士の来日時期に関する言及はないが、仁徳天皇が皇子だった時期の話なので、話の筋として王仁博士の来日が応神天皇代にさかのぼるのはまちがいなく、『日本書紀』との矛盾はない。

　ところで、この「難波津の歌」が通信使によく知られていたことをうかがわせるエピソードがある。[5] 遠江国(現在の静岡県)金谷宿の人物だった西村白鳥が1773年(安永2)に編んだ『煙霞綺談』[6]に次のような話が収められている(以下、現代語訳)。

　　先年、通信使が来日した際、江戸のある日本人医師が扇を出して
　　何でも良いので書いてほしいと頼んだところ、次の王仁の歌を書
　　いてくれた。
　　難波津に咲や此はな多冬ごもり今を春部とさくやこのはな
　　医者はとりあえず次の歌を返した。
　　なには津に書や此仮名風かはり今は唐にもかくや此仮名
　　通信使はこの返歌に感心したという。

　「先年」の通信使来日時、江戸において通信使が日本人の差し出した扇に「難波津の歌」を書きつけたという話である。

　問題となるのはこれがどの年度の通信使の話なのかという点である。

---

4)『新編日本古典文学全集 11 古今和歌集』、小学館、1994年。
5) 金光哲、「難波津の歌と王仁」(『鷹陵史学』22号、1996年)によりその存在を知った。
6)『日本随筆大成　第一期　4』、吉川弘文館、1975年。

著者の西村白鳥は1783年(天明3)に70歳余で没しているので、[7] 白鳥の生前の出来事だとすれば、1748年(戊辰：延享5)または1764年(甲申：宝暦14)の通信使が有力候補かもしれない。ただし、『煙霞綺談』は「真俗混淆の俗話集」[8]とも評される書物なので、必ずしも白鳥の生存中のエピソードばかりとは限るまい。さらにさかのぼる可能性も否定できないであろう。

　ここではむしろ「難波津の歌」が通信使のよく知るところであったことに注目したい。来日した通信使は揮毫を請われた時にすぐに対応できる水準で「難波津の歌」を学んでいたわけで、当然のことながらこれが王仁博士の歌であることも知っていたであろう。

　では、通信使はどのようにして「難波津の歌」を知るに至ったのだろうか。「難波津の歌」それ自体は8世紀初めには日本国内で確実に知られており、[9] その後、王仁博士の作という文脈をともなって前述のとおり10世紀初頭成立の『古今和歌集』仮名序におさめられた。『古今和歌集』が日本を代表する古典のひとつであり、和歌学習の基本テキストであることを考えると、「難波津の歌」によって王仁博士情報を得る契機としては『古今和歌集』との接触を挙げるのが妥当であろう。

　ただし『日本書紀』と同様、『古今和歌集』の伝来は中世を通して筆写本のみであった。それが17世紀に入って出版の時を迎えたのであるが、今回の主題との関係でいうとひとつの問題が生じる。それは『古今和歌集』の最初の出版が1660年(万治3)という事実である。つまり、通信使が刊本を通じ

---

7)「煙霞綺談」解題(同前)。
8) 同前。
9) 註(5)に同じ。

て『古今和歌集』と出会い、王仁に関する情報入手をおこなったとすれば、それは17世紀後半以降と考えなければならないのである。そうなると『煙霞綺談』のエピソードはいくら早くても1682年(壬戌、天和2)以降の通信使にかかわるものとなろう。もしそれよりも早い、南龍翼が来日した1655年以前を想定しようとすれば筆写本の『古今和歌集』との接触を抜きには考えられず、実現度としては低いものにならざるをえないであろう。

　以上、王仁博士に関する情報を収録している『日本書紀』および『古今和歌集』の日本国内における流布の状況をみてきた。古典籍の流布にあたり、刊本の存在が及ぼす影響力の大きさは絶大なるものがある。それを前提に南龍翼が得た王仁博士の情報源を考えると、1655年の来日前に刊行されていた寛永版の『日本書紀』の存在は無視できないであろう。他方、『古今和歌集』については出版年の関係から南龍翼が接した可能性は高かったとは考えにくい。『聞見別録』の王仁博士に関する記述内容も『古今和歌集』より『日本書紀』に近いものである。南龍翼の具体的な情報源としては『日本書紀』を想定するほうが妥当だと思われる。

4. 京都の出版文化と王仁博士情報

　では、南龍翼が『日本書紀』に接するとすれば、それはどのような機会だったのであろうか。通信使が出版物によって最新の日本情報を得ようとする時、それを効率的に実現できたのは大都市だったと推測される。そもそも当時の出版母体となった本屋(版元)は大都市に集中しており、さらに通信使も滞在期間の長い場所、すなわち大都市のほうが情報収集に有利だ

ったことは容易に想像がつく。これらを勘案すると、大坂・京都・江戸が有力な候補となろう。

　そこで具体的に南龍翼と『日本書紀』の出会いの場について考えてみたい。その際に参考となるのは出版を担った版元の所在地である。そこで1610年(慶長15)に刊行された古活字版についてみてみると、版元は明らかでないものの刊記を書いたのは京都の三白という人物であった。この人物については未詳であるが、京都の人間が刊行にかかわった事実は重要であり、出版の地が京都だった可能性を高めるものである。

　一方、寛永版については現在のところ版元を知る手がかりはない。しかし、17世紀前半の日本における出版文化の状況や文化的素地を考えると、古典籍の出版は京都が中心であったとみなすのが妥当だろう。[10]

　以上のような状況を考えると、通信使がもっとも容易に『日本書紀』に接することができたのは京都と考えるのが無難ではなかろうか。南龍翼は京都での滞在期間中、1655年9月12日にもうひとつの使行録『扶桑録』のなかで次のように記した。

　　所謂倭皇始祖神武天皇姓王氏名挟野、自周幽王十一年、至今皇
　　一百十二世、一姓相承、而自五百年来、強臣源平両姓、迭相執
　　権、雖居尊位、不預国事、

---

10) 「京都の出版と小説」『京都の歴史3　近世の展開』、学藝書林、1972年。寛永年間における京都の版元は100名を超える数が確認されている。

これは通信使が日木の天皇に対する関心の高さを示した文章である。通信使が日本の国制、特に天皇と将軍の地位の関係に大きな注目を寄せたことはよく知られている。とりわけ京都は天皇の居住地であったことから、京都に到着した通信使がとりわけ当地で天皇に関する強い関心を表明するのは当然であり、それにともなって天皇家がどのような歴史を歩んできたのか、その歴史へ興味の目が向けられるのも理解できるところである。

　こうした京都の特性を踏まえつつ、京都への到着が日本の歴史や史書に対する通信使の関心を高めるとりわけ大きな契機になったと考えれば、『日本書紀』との接触(入手)は京都でおこなわれたとみるのがもっとも可能性が高いと推測される。

　ただし、他の大都市の存在も無視できるものではない。たとえば大坂であるが、江戸時代の大坂は京都に比べると文化的には後発といわざるを得なかったのは事実である。しかしながら1615年以降、幕府の西日本支配の中心地として整備が進められ、寛永期には人口が40万人に達する大都市へと急成長をみせた。

　都市の経済発展は文化の発展をもたらすことにつながる。その象徴的ともいえるのが、出版文化の興隆である。1719年の通信使に製術官として加わった申維翰は「大坂の書籍の盛んなること、じつに天下の壮観である」と述べ、多くの朝鮮の書物が大坂で販売されていることに驚いている。[11]もっとも大坂における17世紀前半の出版文化の状況は必ずしも明らかでな

---

11) 『海游録』、平凡社、1974年。

く、現在知られている大坂最初の出版物が寛文11年(1671)に下るのは事実である。[12] したがって大坂における出版という意味では明らかに京都に遅れるが、都市としての興隆の度合いを考えると、大坂はともに上方と称された京都から多種多様な出版物が流入し、早くから出版文化の恩恵に預かっていたことは容易に想像ができる。京都が日本文化・歴史に関する情報入手場所として第一候補であることは揺るがないが、近隣にある大坂でも京都と同レベルで日本情報を入手することは十分可能だったといえよう。

5. おわりに

南龍翼と王仁博士情報との接点を古典との接触の可能性から考えてきた。そして、具体的な可能性として京都における流布本の『日本書紀』との接点がありえたのではないかと述べた。他の可能性ももちろん想定できるであろうが、一案として提示しておきたい。

最後に、南龍翼との接点ということでは可能性が低いと判断した『古今和歌集』について今少し述べて本稿を終えることにしたい。

先に『煙霞綺談』のエピソードに触れたところであるが、西村白鳥はどこでこのエピソードを知ったのであろうか。白鳥の履歴は明確でないが、京都の儒者新井白蛾に易を学び、中川乙由門の佐久間柳居に就いて俳諧を学んだといわれている。[13] ともに書を良くした人物であるようだが、今少

---

12) 『新修大阪市史　第3巻』、大阪市、1989年。

し詳しく両者の経歴をみてみると、新井白蛾については和歌を詠じ古典を学んだ人物と伝えられている。そしてそれは人生の後半生でのことであり、しかも京都での出来事だったといわれている。[14]

　前述したようにこのエピソードがいつの通信使にかかわるものであるかはよくわからない。しかし白蛾自身、和歌に通じていたのであれば『古今和歌集』の「難波津の歌」は必ず知っていたはずである。西村白烏はもしかすると新井白蛾を介してこのエピソードを知ったのではなかろうか。『古今和歌集』と通信使の接触は早くからのものではなかったが、確実に通信使の知識として受け入れられ、さらにそれに日本人が気づいていたのであった。日本と朝鮮をつなぐさまざまな回路のひとつとして日本の古典は重要な役割を果たしたといえよう。(終)

13)　同前。
14)　『大日本書画名家大鑑 伝記上編』、第一書房、1975年。

【参考文獻】

1. 資料

「京都の出版と小説」、『京都の歴史 3 近世の展開』(学藝書林、1972年)

「煙霞綺談」解題、『日本随筆大成　第一期　4』(吉川弘文館、1975年)

『大日本書画名家大鑑　伝記上編』(第一書房、1975年)

『聞見別録』(海行摠載本。『善隣友好の記録 大系朝鮮通信使 第三巻』所収、
　　明石書店、1995年)

『新修大阪市史　第3巻』(大阪市、1989年)

『新編日本古典文学全集　11 古今和歌集』(小学館、1994年)

『日本随筆大成　第一期　4』(吉川弘文館、1975年)

『海東諸国紀』(岩波文庫、1991年)

『海游録』(平凡社、1974年)

2. 論著

金光哲、「難波津の歌と王仁」(『鷹陵史学』22号、1996年)

毛利正守、「解説」(『新編日本古典文学全集 2 日本書紀 ①』、小学館、1994
　　年)

山本信吉、「日本書紀」(『国史大辞典 第十一巻』図版、吉川弘文館、1990年)

※ 이 논문은 『조선 통신사와 왕인박사의 만남』(영암왕인문화축제 학술 강연회, 2019년)에 발표한 글을 수정·보완한 것임—편집자.

조선 통신사와 왕인박사의 만남
- 일본의 고전을 매개로 하여 -

오사와 겐이치大澤研一 _ 일본 오사카역사박물관 관장

1. 머리말
2. 왕인박사王仁博士와의 만남
3. 『일본서기日本書紀』와 『고금화가집古今和歌集』
4. 교토京都의 출판문화와 왕인박사王仁博士 정보
5. 맺음말

1. 머리말

17세기 이래로 조선 통신사가 일본을 방문하기로 결정이 나면 그때마다 일본에 관한 지식과 정보를 미리 공부했음은 잘 알려진 사실이다. 그런 점에서 생각해 보면 그 전에 일본을 다녀왔던 통신사가 남긴 사행록(使行錄)이 일본에 관한 상세하면서도 유익한 견문록(見聞錄)이자 학습서(学習書)였음을 쉽게 상상할 수 있을 것이다. 연도가 다른 사행록인데도 서로 유사한 표현이 종종 보인다는 것은 앞선 사행록이 그 뒤에 가는 통신사에게 크게 영향을 미쳤음을 잘 보여주는 증거이다.

그런데 이번 학술 강연회에서 저에게 맡겨진 임무는 1655년도(을미, 明曆度) 통신사의 종사관(從事官)이었던 남용익(南龍翼)이 집필했던 사행록인

『문견별록(聞見別録)』에 왕인박사(王仁博士)의 이름이 처음으로 등장하는 것과 관련하여, 그 정보의 입수 경로에 대하여 무엇인가 실마리를 제시하는 것이다.

일본을 방문한 통신사와 일본인이 서로 직접 접촉(接触)하는 것은 처음부터 한정적이었으며, 더구나 그러한 기회에 대한 정보를 생생하게 전해주는 기록은 매우 드물다. 남용익에 대해서도 마찬가지이다. 그가 왕인박사에 관한 정보를 어떻게 해서 얻었는지, 그 접점을 구체적으로 알 수 있게 하는 사료가 현재 확인되고 있는 것은 아니다.

그래서 이번에는 통신사가 직접 눈으로 보았을 가능성이 있는 왕인박사(王仁博士)와 관련된 일본의 고전(古典)에 대하여 고찰한 다음, 그것을 입수(入手)한 장소(場所)의 후보지(候補地)로서 교토[京都]와 오사카[大坂]를 추측해 보는 것으로 해서 필자에게 주어진 책임을 다하고자 한다.

2. 왕인박사王仁博士와의 만남

남용익(南龍翼)은 『문견별록(聞見別録)』 속에서 역대 천황(天皇)의 사적(事績)에 대하여 짧게 정리한 「왜황대서(倭皇代序)」를 실었다. 그런 가운데 응신천황(応神天皇) 대에 일어난 일을 다음과 같이 기술한 것이 보인다.[1]

1) 『聞見別録』(海行摠載本. 『善隣友好の記録 大系朝鮮通信使 第三巻』 所収, 明石書店, 1995年).

응신황, (중략) 갑진에 백제가 경진과 여러 박사를 보냈다. 을사에 백제
가 왕자 왕인을 보냈다.

応神皇、(中略) 甲辰百済送経伝諸博士、乙巳百済遣王子王仁

백제에서 일본으로 여러 박사를 보냈고, 아울러 왕인왕자(王仁王子)가
파견되었다고 하는 짧은 기사인데, 이것이 통신사 기록에 왕인박사(王仁博
士)가 등장한 최초의 기술인 셈이다.

그런데 이 문장의 중요성은 『해동제국기(海東諸国紀)』와 비교하면 분명
해진다. 『해동제국기』는 1471년 의정부(議政府) 영의정(領議政)이었던 신숙
주(申叔舟)가 왕명을 받들어 찬진(撰進)한 기록물[書物]인데, 일본(日本)과 유
구(琉球)에 관한 종합적인 연구서이다. 그 속에서 신숙주 역시도 역대 천황
(天皇)의 사적(事績)에 대하여 언급한 「천황대서(天皇代序)」를 남겼는데, 마
찬가지로 응신천황(応神天皇) 항목을 보면 다음과 같이 기술되어 있다.[2]

응신천황 (중략) 15년 갑진 백제가 서적을 보냈으며, 16년 을사 백제왕
태자가 왔다.

応神天皇、(中略) 十五年甲辰百済送書籍、十六年乙巳百済王太子来

『문견별록(聞見別録)』의 「왜황대서(倭皇代序)」 첫머리 부분에는 「신무부

---

2) 『海東諸国紀』, 岩波文庫, 1991年.

터 칭광에 이르기까지는 신숙주의 해동기 속에 이미 적혀 있지만, 잘못되고 빠진 곳이 있어서 다시 보낼 것은 보태고 줄일 것은 줄였다(自神武至称光已載於申叔舟海東記中, 而頗有舛漏故更加詳略続之)」고 되어 있다. 이로써 알 수 있듯이 남용익(南龍翼)은 「왜황대서(倭皇代序)」를 집필할 때 『해동제국기(海東諸国紀)』를 참고하면서도 탈루(脫漏)가 있는 곳을 보완하였음을 표명하고 있다. 『해동제국기』에서는 백제에서 일본으로 보낸 왕자(王子)의 이름은 적혀 있지 않으며, 『문견별록』에 이르러서 왕인박사(王仁博士)의 이름이 기록된 것은 (남용익이) 그러한 보충 작업을 한 결과였다고 보아도 좋다.

다만 왕인박사(王仁博士)의 이름이 실려 있지 않았다고 해서 신숙주(申叔舟)가 왕인박사의 존재(存在)를 알지 못했다고 단언할 수는 없을 것이다. 구체적인 전거(典拠)를 분명하게 제시한 것은 아니지만, 『해동제국기』가 일본 정보를 널리 수집하여 편찬한 것임은 틀림이 없기 때문이다. 그렇지만 지금 단계에서는 일본의 어느 역사 책[史書]에서 (왕인박사에 관한 언급을 인용했는지를) 효과적으로 확정하기는 쉽지 않을 것이다. 뒤에서 언급하겠지만, 16세기 말까지 일본의 사서(史書)는 출판(出版)이 되지 않았으며, 오로지 필사본(筆写本)으로 전해지고 있었던 것이 통례(通例)였다. 그렇기 때문에 특정한 인물이 아니고서는 (그것을) 눈으로 (직접) 볼 수 있는 기회가 적었다고 추측할 수 있기 때문이다.

이렇게 생각해 본다면 일본 정보의 입수라고 하는 의미에서는 일본에서 출판문화(出版文化)가 꽃을 피우는 17세기 이후에 일본을 방문한 통신사(通信使)가 훨씬 더 유리한 조건에 놓여 있었음은 의심할 여지가 없다. 그러한 상황 속에서 얻은 지식을 남용익(南龍翼)이 이용하여 『해동제국기(海東諸國紀)』를 보정(補訂)하는 형태로 『문견별록(聞見別錄)』에 반영했을 가능성을 충분히 생각해 볼 수 있다.

3. 『일본서기日本書紀』와 『고금화가집古今和歌集』

1) 『일본서기日本書紀』

그렇다면 남용익(南龍翼)은 구체적으로 어떻게 해서 왕인박사(王仁博士)에 관한 정보를 입수할 수 있었을까. 그 가능성을 탐색해 보기로 하자.

가장 유력한 후보로 들 수 있는 것은 『일본서기(日本書紀)』이다. 먼저 『일본서기』 권 제10에 보이는 왕인박사에 관한 기술을 인용해 보면 아래와 같다.

> (응신천황) 15년 가을 8월 임술삭 정묘에 백제왕(百済王)이 아직기(阿直伎)를 보내 좋은 말 두 마리를 바쳤다. (중략) 아직기 또한 경서와 전적(経典)을 잘 읽었으므로 (중략) 천황이 아직기에게 묻기를, "너보다 훌륭한 박사가 있느냐?"고 하자, 이에 대답하기를, "왕인(王仁)이라는 사람이 있습니다. 그 사람이 우수합니다."라고 하였다. 그래서 상모야군(上毛野君 가미쓰케노노키미)의 조상인 황전별(荒田別 아라타와케)과 무별(巫別 가무나기와케)을 백제에 보내 왕인을 불러오게 하였다. (하략)
>
> 16년 봄 2월에 왕인(王仁)이 왔다. 태자(太子) 토도치랑자(菟道稚郎子)는 왕인을 스승으로 삼았다. 여러 전적을 왕인한테서 배우니 통달하지 못하는 것이 없었다. 이른바 왕인이라는 사람은 서수(書首 후미노오비토) 등의 시조이다.
>
> (応神天皇) 十五年秋八月壬戌朔丁卯、百済王遣阿直伎、良馬二匹を貢る。(中略) 阿直岐、亦能く経典を読めり、(中略) 天皇問阿直伎

曰、如勝汝博士亦有耶、対曰、有王仁者、是秀也、時遣上毛野君

祖、荒田別・巫別於百済、仍徴王仁也（下略）

十六年春二月、王仁来之、則太子菟道稚郎子師之、習諸典籍於王

仁、莫不通達、所謂王仁者、是書首等之始祖也

위에 제시한 『일본서기』가 왕인박사에 대하여 언급한 가장 기본적인 일본 측 문헌이다. 『문견별록(聞見別錄)』의 「왜황대서(倭皇代序)」는 이것과 동일한 문장은 아니지만, 내용적으로는 이것을 간추려서 정리한 것으로 볼 수 있을 것이다. 따라서 (남용익이) 왕인박사(王仁博士) 정보를 입수했을 때, 『일본서기』와의 만남이 중요한 핵심이 될 수 있다고 생각한다.

그렇다고 한다면 『일본서기』를 어느 정도로 쉽게 입수할 수 있었느냐가 중요한 의미를 갖게 된다. 그런데 고대부터 중세 말까지는 『일본서기』가 필사본(筆写本)으로만 존재하고 있었다. 그렇기 때문에 일반인이 『일본서기』와 접촉할 수 있게 되려면 활자를 이용하여 『일본서기』를 찍어내는 간행본이 출현할 때까지 더 기다리지 않으면 안 되었다고 보는 것이 자연스러울 것이다.

그런데 이 『일본서기』가 처음으로 인쇄·출판되기 시작한 것은 1599년(慶長4)이었다.[3] 이것은 일본 고대사(古代史)의 사서(史書)가 출판된 최초의 사례이자, 일본의 출판 역사 상 획기적인 사건이었다. 그런데 이때의 출판은 『일본서기』 전체가 아니었으며, 신대기(神代紀)에 한정되어 있었기 때문

---

3) 山本信吉, 「日本書紀」(『国史大辞典 第十一巻』図版, 吉川弘文館, 1990年), 毛利正守, 「解説」(『新編日本古典文学全集 2 日本書紀 ①』, 小学館, 1994年).

에, 왕인박사(王仁博士)에 대하여 언급한 응신기(応神紀)는 그 대상에서 빠져 있었다.

바로 이 응신기(応神紀)를 포함한 『일본서기』 전체가 출판되기 시작한 것은 1610년(慶長 15)이었다. 이와 관련하여 언급하자면 이때는 목판 활자를 사용하여 출판한 것이기 때문에, 꽤 값이 비쌌을 것으로 추측할 수 있다. 그리고 그 뒤로는 관영(寬永 간에이) 연간(1624~1645)에 1610년 판본[慶長 15年本]을 번각(覆刻)한 정판본(整版本)이 출판되었으며, 그것을 다시 중각(重刻)한 1669년(寬文 9) 판본이 그 뒤를 이었다. 이 관영기(寬永期) 이후의 출판은 판목(版木)을 이용한 정판(整版)으로 펴낸 것이어서 대량 인쇄(大量印刷)에 더 가까이 다가갈 수 있었기에, 그것을 더욱 널리 유포할 수 있는 조건을 갖추게 되었다. 그리고 1669년(寬文 9) 판본은 그 이전에 출판되었던 것과 비교해 보면 오류가 적었기 때문에, 그 뒤로도 이것이 반복해서 번각(覆刻)이 되어 더욱 넓게 유포될 수 있었던 것이다.

이상의 경과를 염두에 둔다면, 통신사(通信使)가 비교적 용이하게 『일본서기(日本書紀)』와 접촉(또는 입수) 할 수 있는 환경이 마련된 것은 대략 관영(寬永) 연간(1624~1645) 이후가 될 것이다. 그러한 점에서 본다면 1655년에 일본을 방문한 남용익(南龍翼)은 충분히 『일본서기(日本書紀)』에 접근할 수 있는 환경에 놓여 있었다고 말할 수 있을 것이다.

2) 『고금화가집古今和歌集』

통신사가 왕인박사 관련 정보와 접촉할 수 있었던 또 하나의 기회를 든다면 다음에 소개하는 「난파진가(難波津の歌 나니와즈노우타)」에 얽힌 이야기이다.

나니와즈에 / 피었네 이 꽃이[4] / 겨우내 웅크리다가 / 지금은 봄이라 /
피었네 이 꽃이

(나니와즈니 / 사쿠야 고노하나 / 후유 고모리 / 이마와 하루베토 / 사
쿠야 고노하나)

(難波津に　咲くや木の花　冬こもり　今は春べと　咲くや木の花)

이 「난파진가(難波津の歌)」는 10세기 초에 성립한 『고금화가집(古今和
歌集)』의 「가명서(仮名序)」에 수록되어 있는데, 그곳에서는 응신천황(応神天
皇)의 다음 천황(天皇)인 인덕천황(仁徳天皇)에게 축하 노래로서 왕인박사
(王仁博士)가 읊은 화가(和歌 와카)로 기록되어 있다(이하는 현대어 번역).

난파진가(難波津の歌)는 천황[帝]에게 바친 노래[お歌] 중 최초의 것입
니다.
인덕천황이 나니와[難波]에서 아직 황자(皇子)이었을 때, (인덕천황의)
동생 황자[弟皇子]와 황태자(皇太子) 자리를 서로 양보하여 즉위가 이
루어지지 못한 채 3년이 지나가버리자, 왕인(王仁)이라고 하는 사람이
(이를) 불안하게 생각하여, (왕인이 인덕천황에게) 지어서 바친 노래입
니다. 이 꽃은 매화라고 보아야 할 것이다.

難波津の歌は、帝のお歌の最初であります。

---

4) 이 꽃을 대체로 매화(梅花)로 보는데, 어떤 이는 이것을 벚꽃이라 주장하기도 한
다(譯者註).

仁德天皇が、難波でまだ皇子であらせられた時、弟皇子と皇太子
の位をお互いに譲り合って即位なさらず三年経ってしまったの
で、王仁という人が不安に思って、詠んで差し上げた歌である。
木の花は梅の花ということであろう。[5]

여기에서는 왕인박사(王仁博士)가 일본을 방문한 시기에 관해서는 언급
이 없지만, 인덕천황(仁德天皇)이 황자(皇子)였을 시기의 이야기이므로, 이
야기의 줄거리로 보건대 왕인박사의 일본 방문이 응신천황(応神天皇) 대로
거슬러 올라가는 것은 틀림이 없으며, 『일본서기(日本書紀)』와 모순되는 것
은 없다.

그런데 이 「난파진가(難波津の歌)」가 통신사(通信使)에게 널리 알려져
있었음을 알 수 있게 하는 에피소드가 전해지고 있다.[6] 도토미국(遠江国, 현
시즈오카현[静岡県]) 가나야 숙[金谷宿]의 인물이었던 니시무라 하쿠우[西村
白鳥]가 1773년(安永2)에 펴낸 『연하기담(煙霞綺談)』[7]에 다음과 같은 이야
기가 수록되어 있다(이하는 현대어 번역).

지난 해 통신사(通信使)가 일본에 왔을 때, 에도[江戸]의 어느 일본인
의사(医師)가 부채를 내놓으면서 무엇이든 좋으니 글씨를 써 달라고
부탁을 하자, 다음과 같이 왕인(王仁)의 노래를 적어 주었다.
나니와즈에 / 피었네 이 꽃이 / 겨우내 웅크리다가 / 지금 봄이라 / 피

---

5) 『新編日本古典文学全集 11 古今和歌集』, 小学館, 1994年.
6) 金光哲 「難波津の歌と王仁」(『鷹陵史学』 22号, 1996年)によりその存在を知った.
7) 日本随筆大成　第一期　4』, 吉川弘文館, 1975年.

었네 이 꽃이

의사는 그러자 다음 노래를 지어 답을 했다.

나니와즈에서 / 썼네 이 가나 / 풍습이 바뀌어 / 지금은 가라[唐]에서
도 / 쓰겠네 이 가나

(나니와즈니 / 가쿠야 고노가나 / 후 가와리 / 이마와 가라니모 / 가쿠
야 고노하나)

(なには津に書や此仮名風かはり今は唐にもかくや此仮名)

통신사는 이 답가에 감탄을 했다고 한다.

先年、通信使が来日した際、江戸のある日本人医師が扇を出して何
でも良いので書いてほしいと頼んだところ、次の王仁の歌を書
いてくれた。

難波津に咲や此はな冬ごもり今を春部とさくやこのはな

医者はとりあえず次の歌を返した。

なには津に書や此仮名風かはり今は唐にもかくや此仮名

通信使はこの返歌に感心したという。

(위에 소개한 에피소드는) 「지난 해」 통신사의 일본 방문 때 에도[江戸]
에서 통신사가 일본인이 내민 부채에 「난파진가(難波津の歌)」를 적었다고
하는 이야기이다.

문제가 된 것은 이것이 어느 연도의 통신사에 관한 이야기인가 하는 점
이다. 저자인 니시무라 하쿠우[西村白鳥]는 1783년(정조 7, 天明 3) 70살 남
짓한 나이에 죽었으므로,[8] 하쿠우[白鳥]의 생전(生前)에 있었던 일이라고 한
다면, 1748년(무진 : 영조 24, 延享 5)이거나 1764년(갑신 : 영조 40, 宝曆

14)의 통신사가 유력 후보일지도 모른다. 다만 『연하기담(煙霞綺談)』은 「진실과 속설이 뒤섞여 있는 속화집(真俗混淆の俗話集)」[9]으로도 평가되는 기록물[書物]이므로, 반드시 하쿠우[白烏]의 생존 중에 일어난 에피소드로만 한정할 수는 없다. 더 거슬러 올라갈 가능성을 부정할 수는 없을 것이다.

여기에서는 오히려 「난파진가(難波津の歌)」를 통신사(通信使)가 잘 알고 있었다고 하는 점에 주목하고 싶다. 일본을 방문한 통신사는 휘호(揮毫)를 부탁받았을 때 바로 거기에 대응할 수 있는 수준으로 「난파진가(難波津の歌)」를 (일본 방문 전에) 배운 적이 있었던 셈이 되며, 당연히 이것이 왕인박사(王仁博士)의 노래라는 것도 알고 있었을 것이다.

그렇다면 통신사는 어떻게 해서 「난파진가(難波津の歌)」를 알게 되었던 것일까. 「난파진가(難波津の歌)」 자체는 8세기 초가 되면 일본 국내에서 확실하게 (그 존재가) 알려지게 되는데,[10] 그 뒤 (그것이) 왕인박사(王仁博士)의 작품이라고 하는 문맥을 동반하면서, 앞에 서술한 것처럼 10세기 초엽에 성립한 『고금화가집(古今和歌集)』의 가나 서문[仮名序]에 수록되었다. 『고금화가집』이 일본을 대표하는 고전의 하나이자, 와카[和歌] 학습의 기본 교재라는 점을 생각한다면, 「난파진가(難波津の歌)」에 의해 왕인박사(王仁博士)에 관한 정보를 얻는 계기로서는 『고금화가집』과의 접촉을 드는 것이 타당할 것이다.

다만 『일본서기(日本書紀)』와 마찬가지로, 『고금화가집(古今和歌集)』도 중세에는 필사본으로만 그 존재가 알려졌다. 그러던 것이 17세기에 들어와

---

8) 「煙霞綺談」解題(同前).

9) 同前.

10) 註(5)に同じ.

출판(出版)의 시기를 맞이했던 것인데, 이 논문의 주제와 관련지어 말하자면 한 가지 문제가 발생한다. 그것은 『고금화가집(古今和歌集)』의 최초 출판이 1660년(현종 1, 万治 3)이라고 하는 사실이다. 요컨대 통신사가 간본(刊本)을 통하여 『고금화가집(古今和歌集)』과 접촉하고 나서, 왕인(王仁)에 관한 정보를 입수했다고 한다면, 그것은 17세기 후반 이후라고 생각하지 않으면 안 된다고 하는 점이다. 『연하기담(煙霞綺談)』의 에피소드는 아무리 빨리 잡아도 1682년(임술, 숙종 8, 天和 2) 이후의 통신사와 관련이 될 터이다. 만일 그보다 이른 시기로서 남용익(南龍翼)이 일본을 방문한 1655년 이전을 상정(想定)하려고 한다면, 필사본(筆写本) 『고금화가집(古今和歌集)』과의 접촉을 빼놓고는 생각할 수 없으며, 실현 가능성을 놓고 본다면 그 가능성이 낮을 수밖에 없을 것이다.

이상과 같이 왕인박사(王仁博士)에 관한 정보를 수록하고 있는 『일본서기(日本書紀)』와 『고금화가집(古今和歌集)』의 일본 국내 유포(流布)의 상황을 살펴 보았다. 고전적(古典籍)의 유포와 관련해서는 간본(刊本)이 존재하느냐 그렇지 않느냐가 절대적으로 커다란 영향을 미친다. 그것을 전제로 하여 남용익(南龍翼)이 입수한 왕인박사(王仁博士)의 정보원(情報源)을 생각해 보면, 1655년 일본 방문 전에 간행되어 있었던 관영 시기의 판본[寛永版]인 『일본서기(日本書紀)』의 존재를 무시할 수 없을 것이다. 다른 한 편으로 『고금화가집(古今和歌集)』에 대해서는 출판 연도의 관계를 생각할 때 남용익이 (그것을) 접했을 가능성이 높다고는 생각하기 어렵다. 『문견별록(聞見別録)』의 왕인박사(王仁博士)에 관한 기술 내용도 『고금화가집(古今和歌集)』보다 『일본서기(日本書紀)』에 가까운 것이 사실이다. 남용익의 구체적인 정보원(情報源)으로서는 『일본서기(日本書紀)』를 상정(想定)하는 편이 더 타당하다고 생각한다.

4. 교토京都의 출판 문화와 왕인박사王仁博士 정보

그렇다면 남용익(南龍翼)이 『일본서기(日本書紀)』와 접촉했다고 할 때 그것이 어떤 기회로 이루어졌을까. 통신사(通信使)가 출판물에 의해 최신의 일본 정보를 얻으려고 한다면, 그것을 효율적으로 실현시킬 수 있었던 곳은 대도시(大都市)였으리라 추측된다. 본디 당시의 출판 모체(母體)가 되었던 책방[本屋]인 판원(版元, 인쇄물을 제작할 때 꼭 있어야 하는 판(版)을 가지고 있는 사업주—역자주)은 대도시에 집중되어 있으며, 더구나 통신사도 체재 기간이 길었던 장소가, 즉 대도시 쪽이 정보 수집에 더 유리했다고 하는 것은 쉽게 상상할 수 있는 일이다. 이러한 것들을 감안한다면 오사카[大坂]와 교토[京都]와 에도[江戶]가 유력 후보가 될 것이다.

그래서 구체적으로 남용익(南龍翼)이 『일본서기(日本書紀)』와 만나는 장소에 대하여 생각해 보고자 한다. 이때 참고가 되는 것은 출판(出版)을 담당했던 판원(版元)의 소재지이다. 그래서 1610년(광해 2, 慶長 15)에 간행되었던 고활자판(古活字版)에 대하여 살펴보면, 판원(版元)은 명확하지 않지만 간기(刊記)를 적은 것은 교토[京都]의 산파쿠[三白]라고 하는 인물이었다. 이 인물에 대해서는 아직 상세하게 할 수 없지만, 교토[京都] 사람이 간행에 관련이 되어 있었음이 확인된 사실은 중요하며, (이것이야말로 『일본서기』를) 출판한 곳이 교토[京都]였을 가능성을 높여주는 것이다.

한편 관영 시기의 판본[寬永版]에 대해서는 현재 판원(版元)을 알 수 있는 실마리는 없다. 그렇지만 17세기 전반(前半) 일본의 출판 문화 상황이라든가 문화적인 바탕을 생각해 보면, 고전적(古典籍)의 출판은 교토가 중심이었다고 보는 것이 타당할 것이다.[11]

이상의 상황을 고려해 볼 때, 통신사가 가장 쉽게 『일본서기(日本書紀)』

에 접할 수 있었던 곳을 교토[京都]로 보는 것도 무리는 아닐 것이다. 남용익(南龍翼)은 교토 체재 기간 중인 1655년 9월 12일에 또 하나의 사행록(使行錄)인 『부상록(扶桑錄)』 속에서 다음과 같이 적었다.

이른바 왜황(倭皇) 시조(始祖)는 신무천황(神武天皇)인데, 성은 왕씨(王氏)이고 이름은 협야(挾野)이다. 주 유왕(周幽王) 11년부터 지금 천황(今皇)에 이르기까지 112세(世)인데, 한 성(姓)이 서로 계승한다. 5백년 이래로 강한 신하 원씨와 평씨(源平) 두 성(姓)이 번갈아 서로 권력을 잡아서, (천황은) 비록 높은 자리에 있으나 국사(国事)에 간여하지 못한다.

所謂倭皇始祖神武天皇姓王氏名挾野、自周幽王十一年、至今皇一百十二世、一姓相承、而自五百年来、強臣源平両姓、迭相執権、雖居尊位、不預国事

이것은 통신사(通信使)가 일본의 천황(天皇)에 대하여 높은 관심을 가지고 있었음을 보여주는 문장이다. 통신사가 일본의 국제(國制), 특히 천황(天皇)과 장군(将軍)의 지위 관계에 크게 주목한 것은 잘 알려져 있다. 그중에서도 교토[京都]는 천황(天皇)의 거주지였던 까닭에, 교토에 도착한 통신사가 특히 그곳에서 천황에 관한 강한 관심을 표명하는 것은 타당한 일이며,

---

11) 「京都の出版と小説」『京都の歴史3 近世の展開』, 学藝書林, 1972年. 寛永年間における京都の版元は100名を超える数が確認されている.

그와 더불어서 천황가(天皇家)가 이떠한 역사를 걸어 왔는지, 그 역사에 대하여 흥미를 가지는 것도 이해할 수 있는 대목이다.

교토[京都]의 이러한 특성을 감안하면서 (통신사의) 교토 도착이 일본의 역사라든가 사서(史書)에 대한 통신사의 관심을 높이는 매우 중요한 계기가 되었으리라는 점을 생각한다면, 『일본서기(日本書紀)』와의 접촉(입수)이 교토에서 이루어졌다고 보는 것이 가능성이 더 높다고 추측된다.

다만 다른 대도시의 존재도 무시할 수 있는 것은 아니다. 예를 들면 오사카[大坂]가 그 한 예인데, 에도시대[江戶時代]의 오사카는 교토와 비교하면 문화적으로는 후발(後發)이라고 말하지 않을 수 없는 것이 사실이다. 그렇지만 1615년 이후 막부(幕府)의 서일본(西日本) 지배의 중심지로서 정비가 진행되었으며, 관영 연간에는 인구가 40만 명에 이르는 대도시로 오사카가 급성장을 보였다.

도시의 경제가 발전하면 그것이 문화 발전으로 이어진다. 그것을 상징적으로 보여주는 것이 출판 문화의 융성이다. 1719년 통신사행에 제술관(製術官)으로 참가한 신유한(申維翰)은 「오사카[大坂]의 서적이 융성한 것이야말로 실로 천하의 장관(壯觀)이었다」고 서술하였으며, 조선의 많은 서적이 오사카에서 판매되고 있었던 것에 놀라고 있다.[12] 무엇보다도 오사카의 17세기 전반(前半) 출판 문화의 상황을 반드시 명백하게 밝힐 수 있는 것은 아니지만, 현재 알려져 있는 오사카 최초의 출판물이 관문(寬文) 11년(1671)으로 내려가는 것은 사실이다.[13] 따라서 오사카의 출판이라고 하는

---

12) 『海游錄』, 平凡社, 1974年.
13) 『新修大阪市史 第3卷』, 大阪市, 1989年.

의미에서는 분명히 교토에 뒤쳐져 있었지만, 도시로서 발전한 정도를 생각해 보면, 오사카는 함께 상방(上方)으로 불렸던 교토로부터 다종다양한 출판물이 유입되어, 일찍부터 출판 문화의 은혜를 입고 있었던 것은 쉽게 상상할 수 있는 일이다. 교토가 일본 문화와 역사에 관한 정보 입수 장소로서 제1후보였음은 흔들림이 없는 사실이지만, 그곳과 가까운 오사카에서도 교토와 같은 수준에서 일본 정보를 입수할 수 있었음은 충분히 가능한 일이었다고 말할 수 있을 것이다.

5. 맺음말

남용익(南龍翼)과 왕인박사(王仁博士) 정보(情報)의 접점을 일본 고전(日本古典)과의 접촉 가능성이라고 하는 측면에서 고찰해 보았다. 그리고 그 구체적인 가능성으로서 교토[京都]에서 유포되었던 간본[流布本]인 『일본서기(日本書紀)』와의 접점이 있을 수 있지 않은가 하는 의견을 피력하였다. 다른 가능성도 물론 상정해 볼 수 있겠지만, 하나의 안으로서 제시해 두고자한다.

마지막으로 남용익(南龍翼)과의 접점 가능성은 더 낮다고 판단한 『고금화가집(古今和歌集)』에 대하여 아래에서 약간 언급하면서 본고를 마치고자한다.

먼저 『연하기담(煙霞綺談)』의 에피소드에 대하여 언급을 했는데, 니시무라 하쿠우[西村白烏]는 어디에서 이 에피소드를 알게 되었던 것일까. 하쿠우[白烏]의 이력(履歷)은 명확하지 않지만, 교토[京都]의 유학자 아라이 하쿠가[新井白蛾]에게 역(易)을 배우고, 나카가와 오쓰유 문하[中川乙由門]의 사쿠마 류쿄[佐久間柳居]에게 기서 하이가이[俳諧]를 학습했다고 알려져 있다.[14] 두 사람 모두 서(書)에 능한 인물인 듯한데, 여기에서 두 사람의 경력을 좀 더 자세하게 살펴보면 다음과 같다. 아라이 하쿠가[新井白蛾]에 대해서는 와 카[和歌]를 짓고 고전을 배운 인물로 알려져 있다. 그리고 그것은 그의 인생 후반의 일이었으며, 그것도 교토[京都]에서 일어난 일이었다고 알려져 있 다.[15]

앞에서 서술한 것처럼 이 에피스도가 어느 시기의 통신사(通信使)와 관 련된 것인지는 잘 알 수가 없다. 그렇지만 하쿠가[白蛾] 자신이 와카[和歌]에 능통하였다고 한다면, 『고금화가집(古今和歌集)』의 「난파진가(難波津の歌)」 는 틀림없이 알고 있었을 것이다. 니시무라 하쿠우[西村白鳥]가 혹시 아라이 하쿠가[新井白蛾]를 매개로 하여 이 에피소드를 알게 되었던 것은 아닐까. 『고금화가집(古今和歌集)』과 통신사(通信使)의 접촉이 이른 시기의 통신사 행부터 이루어지지는 않았지만, 그것이 확실하게 통신사(通信使)의 지식(知 識)으로서 받아들여지게 되었고, 더 나아가 거기에 일본인이 주목을 하고 있었던 것이다. 일본과 조선을 연결하는 여러 회로(回路)의 하나로서 일본 의 고전(古典)이 중요한 역할을 하였다고 말할 수 있을 것이다.

---

14) 同前.
15) 『大日本書画名家大鑑 伝記上編』, 第一書房, 1975年.

【참고문헌】

1. 자료

「京都の出版と小説」, 『京都の歴史 3 近世の展開』(学藝書林, 1972年)

「煙霞綺談」解題, 『日本随筆大成　第一期　4』(吉川弘文館, 1975年)

『大日本書画名家大鑑　伝記上編』(第一書房, 1975年)

『聞見別録』(海行摠載本. 『善隣友好の記録 大系朝鮮通信使 第三巻』 所収, 明石 書店, 1995年)

『新修大阪市史　第3巻』(大阪市, 1989年)

『新編日本古典文学全集　11 古今和歌集』(小学館, 1994年)

『日本随筆大成　第一期　4』(吉川弘文館, 1975年)

『海東諸国紀』(岩波文庫, 1991年)

『海游録』(平凡社, 1974年)

2. 논저

金光哲, 「難波津の歌と王仁」, (『鷹陵史学』 22号, 1996年)

毛利正守, 「解説」, (『新編日本古典文学全集 2 日本書紀 ①』, 小学館, 1994)

山本信吉, 「日本書紀」, (『国史大辞典 第十一巻』 図版, 吉川弘文館, 1990)

(번역 정성일 교수)

※ 이 논문은 『조선 통신사와 왕인박사의 만남』(영암왕인문화축제 학술 강연회, 2019년)에 발표한 글을 수정·보완한 것임—편집자.

제4장

근대 이전 왕인박사 영암 출생설의 배경

박남수_동국대학교 동국역사문화연구소 선임연구원

1. 머리말
2. 왕인박사 영암 출생설의 몇 가지 문제
3. 잊혀진 전설의 사적史的 복원 : 왕인王仁의 도왜渡倭와 황전별荒田別
4. 맺음말

1. 머리말

필자는 2014년 4월 14일 (사) 왕인박사현창협회에서 주관하여 「한국과 일본의 교과서와 역사서에 그려진 왕인박사」의 주제로 열린 학술발표회(영암군 개최)에서 「한국의 역사서와 연구물에 그려진 왕인박사」란 주제로 발표한 바 있다. 그 발표에서 왕인박사의 사적은 일본의 『고사기』와 『일본서기』, 『속일본기』 등의 사서에만 전하지만, 우리 사서로는 세종 25년(1443) 서장관(書狀官)으로서 일본에 다녀온 신숙주의 『해동제국기』에서 비롯하였음을 밝힌 바 있다.

『고사기』에는 백제 조고왕(照古王)이 논어(論語) 10권, 천자문(千字文) 1권 모두 11권을 화이길사(和迩吉師)에게 딸려 바쳤다 하고, 『일본서기』에는 응신천황 15년(284) 가을 8월 6일 백제왕이 보낸 아직기(阿直伎)가 태자에게 경전을 가르치면서 박사 왕인을 천거하자 황전별(荒田別) 등을 보내어 그를 불러 왔다고 하였다. 『속일본기』에는 백제 구소왕이 한고조(漢高帝)의 후손 왕구(王狗)의 손자 왕인(王仁)을 보내었다고 하였다.

이에 대하여 우리나라 사서에서 왕인과 관련된 기록은 신숙주(申叔舟)의 『해동제국기(海東諸國記)』에서 비롯한다. 곧 『해동제국기』에는 일본 응신천황(應神天皇) 14년 계묘(283)에 비로소 의복(衣服)을 제작하고, 15년(284) 갑진에 백제에서 서적(書籍)을 받았으며, 16년(285)에 백제 왕태자가 오고, 20년(289) 기유에 중국인[漢人]이 처음으로 일본에 간 것으로 기술하였다. 또한 『선조실록』 선조 37년(1604) 2월 23일자에 일본 승려 현소(玄蘇)가 김광(金光)에게 보낸 글 가운데, '응신제(應神帝) 때에 이르러 백제국(百濟國)에 박사(博士)를 구하여 경사(經史)를 전수하니 귀천(貴賤)이 없이 중국 글을 익혔으며'라고 하여, 왕인 관련 기록을 처음으로 확인할 수 있었다.[1] 이후 남용익(1628~1692)의 『부상록(扶桑錄)』, 신유한(1681~1752)의 『해유록(海遊錄)』, 조엄(1717~1777)의 『해사일기(海槎日記)』, 이덕무(1741~1793)의 『청장관전서』, 이규경(1788~?)의 『오주연문장전산고』, 이유원(1814~1888)의 『임하필기』(1871), 김정희(1786~1856)의 『완당집』, 한치윤(1765~1814)의 『해동역사』 등에서 왕인을 언급하고 있다.[2] 이후 개항기 초중등 교과서의 서술뿐만 아니라, 일제강점기의 신문 등에서 왕인을 정치적으로 이용하였던 상황을 살필 수 있었다.[3]

---

1) 박남수, 「한국의 역사서와 연구물에 그려진 왕인박사」, 『왕인박사에 대한 교육의 현황과 개선방향』, 한출판, 2014, 1~3쪽.
2) 김선희, 「전근대 왕인 전승의 형성과 수용」, 『일본문화연구』 39, 2011, 44~66쪽.

필자는 2014년의 발표에서 왕인이 일본에 건너간 시기 문제를 비롯하여 논어와 천자문의 유형, 왕인의 출자, 백제의 고대 국가 발전과정상에 영산강 유역이 차지하는 위치, 고고학적인 발굴 등의 성과에도 불구하고, 다음 네 가지 문제를 지속적으로 추구해야 함을 지적하였다. 곧 왕인이 일본에 건너간 시점에 대하여 문헌학적인 재검토뿐만 아니라 최근에 발견된 평양 정백동 364호분의 논어 죽간 및 김해와 인천에서 발견된 신라 논어 목간 등을 상호 비교 연구하여 왕인이 일본에 가져간 논어의 유형을 살필 필요가 있고, 왕인의 출자와 관련하여 왕인 전승에 대한 자료를 조사해야 하며, 백제의 고대 국가 성장과정에서 영산강이 차지하는 위치의 문제와 관련하여 영산강 유역의 고고학적인 성과와 문헌을 어떻게 연결하여 이해할 것인가의 문제를 추구해야 함을 역설하였다.

본고는 이러한 문제 의식을 바탕으로 하여, 현재 부정론과 긍정론이 평행선을 달리고 있는 왕인박사 영암 출생설이 지니고 있는 문제와 한계점을 지적하고자 한다. 나아가 이러한 문제를 해결하기 위한 단서로서 왕인의 일본 파견 시기를 칠지도 제작시기와 관련하여 살피고, 왕인을 초치하기 위해 파견된 『일본서기』 황전별(荒田別) 기사를 분석·검토함으로써 왕인(王仁) 도왜(渡倭)의 영암 관련성 여부를 살피고자 한다. 제현의 질정을 바란다.

---

3) 김선희, 「근대 왕인 전승의 변용양상에 대한 고찰」, 『일본문화연구』 41, 2012, 45~50쪽, 53~60쪽.

2. 왕인박사 영암 출생설의 몇 가지 문제

1) 왕인박사 영암 출생설의 연구사적 검토

왕인박사의 출자에 대하여는 백제 이주 중국인설과 백제인설, 영암 출생설 등이 있다. 먼저 백제 이주 중국인설은 『속일본기』에 재일 왕인의 후예들이 숙녜(宿禰)의 성(姓)을 내려줄 것을 청하는 상서에서 "한 고제(漢 高帝)의 후손 난(鸞)이라 하는 사람의 후손 왕구(王狗)가 백제에 옮겨와 이르렀는데, 백제 구소왕(久素王) 때에 성조(聖朝)에서 사신을 보내어 문인(文人)을 찾으니 구소왕이 곧 그[王狗]의 손자인 왕인을 바쳤습니다. 이가 곧 문·무생(文·武生) 등의 선조입니다"라고 한 데서 보인다. 이는 이덕무의 『청장관전서』와 한치윤의 『해동역사』에서 그대로 전재되었던 것인데, 1910년대에 일본인 학자들에 의해 아직기와 왕인을 한(漢)의 왕족[4]으로 규정하기에 이르렀다.

이에 대해 왕인의 본명은 화이(和邇)로서 백제인이 분명하며, 그 개칭도 실상 본명에 가까운 음(Wani)을 취하여 중국식 씨명으로 지은 데 불과한 것으로 풀이한다.[5] 또한 왕인은 근초고왕의 일본 통교 이후에 왜국으로 건너간 백제사람이 분명하지만, 근초고왕이 대방 지역을 점거한 전후 시기에 한 고조의 후손인 왕구가 백제로 이주하였고, 왕인이 왜로 건너간 무렵 백제와 국교를 맺게 된 집단은 큐슈의 왜정권이었던 것으로 보기도 한다.[6]

---

4) 椎川龜五郞, 『日韓上古史ノ裏面』 하권, 東京 : 文王閣, 1910, 127~144쪽.

5) 이병도, 「백제학술 및 기술의 일본전파」, 『한국고대사연구』, 박영사, 1976, 578 쪽.

6) 문안식, 「왕인의 渡倭와 상대포의 해양 교류사적 위상」, 『한국고대사연구』 31,

한편 영암 출생설은 1932년 아오키 게이쇼[靑木惠昇]의 「왕인박사 동상 건설취지문」에서 처음 제기되고, 이병연의 『조선환여승람』(1937)의 명환 (名宦)조에 왕인이 실리면서 등장하였다. 아오키 게이쇼는 취지문에서 '박 사의 옛땅인 영암군 구림의 유적은 문헌에 전혀 나타나지 않고 구전될 뿐 이니'라고 하여 구전이 있었음을 밝히고 있다. 이병연의 『조선환여승람』 영 암군조에서 왕인이 영암에서 출생하였다는 서술은 구전에 바탕한 것임을 알 수 있다.[7] 사실 오늘날 왕인의 영암 출생설은 1930년대 구림리 일대에 왕인 관련 구전이 있었다는 관점을 견지한다. 이러한 주장은, 김창수가 1973년 6월 『동아일보』에 「영암은 왕인박사의 탄생지」라는 글을 쓰면서 관심을 끌게 되었다. 이로써 같은 해에 왕인박사현창협회가 창립되고, 1974년 동 협회와 전라남도가 공동으로 왕인박사 유적지 종합조사에 착수 하고, 그 결과물로서 『왕인박사유적종합보고서』(1975)가 발간되었다. 당시 유적조사에 참여한 이은창과 유승국은 『동국여지승람』의 기사로써 이를 증거하고자 하였다.[8]

곧 이은창은 『동국여지승람』 영암군 고적 최씨원(崔氏園)조를 바탕으로 하여, 도선국사가 태어나기 전부터 이곳에 이미 왕인이 태어났기 때문에 「도선국사비문」에 도선국사의 모친 최씨가(崔氏家)가 성기산 벽촌(聖起山僻 村)에 있었다고 하였고, 『일본서기』에 보이는 동한(東韓)의 땅 이림(爾林)이 구림(鳩林)을 지칭하는 것으로서, 왕인박사 영암 출생설을 주장하였다.[9] 또

2003, 167~170쪽.

7) 김선희, 앞의 논문, 2012, 51~53쪽 재인용.

8) 김정호, 『왕인전설과 영산강문화』, 영암군, 1997, 49~52쪽.

9) 이은창, 「왕인박사의 연구」, 『월간 문화재』 1974년 5월호 : 『왕인박사유적지 종

한 류승국은 『신증동국여지승람』 영암군 산천 월출산조 김극기의 시에 보이는 상사(相師), 초해(超海), 알성(謁聖), 불부념고리(不復念故里), 강종도사수부지(降從睹史誰復知), 도상각(倒像閣), 방분(方墳) 등을 모두 왕인박사를 시사하는 추모의 구절로 보았다. 그 가운데 상사(相師)는 『해동역사(海東繹史)』(권 67) 왕인조에서 왕인이 '능히 사람의 관상을 잘 본다(能察人相)'는 구절을 지칭하며, 이옹무무흘방아(邇翁貿貿忽訪我)의 이옹(邇翁)을 『고사기』의 화이길사(和邇吉士)에 다름 아닌 것으로 보았다.[10] 이는 이덕무(1741~1793)의 『청장관전서』에 실린 「청비록(淸脾錄)」과 「청령국지(蜻蛉國志)」에서 왕인이 관상을 잘보아 대초료황자(大鷦鷯皇子)가 왜황(倭皇)이 될 것을 미리 알았다는 전승을 따른 것으로 여겨진다.

다만 이러한 왕인박사 영암 출생설에 대해서는 이들 기록이 도선에 관한 서술로서 왕인 영암 출생설의 신뢰도를 떨어뜨리므로 그 전거로 제시한 문헌적 증거를 반드시 재고해야 할 것[11]으로 지적되고 있다.

2) 고려 명종 때의 문인 김극기金克己의 시문 분석

왕인박사 영암 출생설이 처음 제기되었을 때에 문헌적 증거로 내세운 것이 『신증동국여지승람』 영암군 월출산조에 전하는 고려 명종 때의 문인 김극기의 시였다. 그는 영암을 답사하면서 감회를 시로 표현하였는데, 영암

　합보고서』 30, 1974, 59~60쪽.

10)　류승국, 「왕인박사에 대한 문헌적 고증」, 『왕인박사연구』, (사)왕인박사현창협회, 2012, 220~222쪽.

11)　金秉仁, 「王仁의 '지역 영웅화' 과정에 대한 문헌사적 검토」, 『한국사연구』 115, 2001, 195~198쪽.

출생설에서는 그의 시문 가운데 상사(相師), 초해(超海), 알성(謁聖) 등을 왕인박사를 추모하는 구절로 풀이한다.

① 【산천】 월출산(月出山) … ○ <u>김극기(金克己)</u>의 시에, "월출산의 많은 기이한 모습을 실컷 들었거니, 흐림과 갬, 추위와 더위가 모두 서로 마땅하도다.(飽聽月山多異姿, 陰晴寒暑摠相宜) … 상사(相師)는 신선이 되어 떠났으니 아득히 어디로 갔는가. 삽상한 유풍(遺風)은 천고에 길이 부는구나. 상사는 앞서 홀로 갈 뜻이 있어, 소나무 아래 돌문에서 날마다 놀았구나.(相師化去杳安往, 颯爽遺風千古吹。相師平昔獨往意, 松下石闔日棲遲) … 해상(海商) 백 명이 옛날에 바다를 건너갈 때, 산 위의 신광(神光)을 아득히 바라 보았어라. 산에 올라 성인을 배알하고 마침내 터를 살펴 집을 지으니, 동구(洞口)의 쑥과 띠를 마구 베었네. 종신토록 다시는 고향[故里]을 생각하지 않고 시냇물 마시고 초목을 먹으며 바위 문에 의지하네. <u>푸른 벽에는 자금(紫金)의 상(像)이 분명하니, 지나온 역사를 본들 누가 다시 알 것인가.</u>(海商百口昔超海, 山上神光遙望之。登山謁聖遂卜築, 洞口蓬茅爭芟夷。終身不復念故里, 澗飮木食依巖扉。靑壁分明紫金像, 降從睹史誰復知) … 비바람 무정하여 상(像)이 들어 있는 누각을 무너뜨리니, 끊어진 서까래와 깨진 주초가 어지러이 흩어져 있도다. 백 척이나 되는 층층대를 홀로 밟아 멀리 가는데, 방분(方墳)을 좌우에 높이 쌓고 쌓았도다. 가까이 사는 늙은이[邇翁] 어릿어릿 홀연히 나를 찾아오니, 목까지 학발(鶴髮)이 가득하고 몸은 닭 가죽처럼 앙상하도다.(風雨無情倒像閣, 斷椽破礎紛離披。百尺層臺獨跨迥, 方墳左右高纍纍 邇翁貿貿忽訪我 , 滿領鶴髮身鷄皮) 멀리 북령(北嶺)을 오르니 풍

미가 더욱 진진하여(遙登北嶺味尤永), … 물과 구름이 그윽하고 고
와 완상하기에 족하니, 과거의 사적을 찾으려는 이 그 누굴까.(水雲
幽麗足嘉賞, 陳迹可尋纔是誰) 김막(金漠)은 생명을 경시하고 요염(妖
艷)을 중히 여겨, 꽃을 꺾고 돌아가지 않으니, 아, 슬프다. 옥소봉(玉
霄峯) 아래 이징군(李徵君)은 처음에는 땅에 집을 짓고 사는 것 같더
니, 갑자기 학의 편지를 받고 높은 언덕으로 나가, 아침에는 푸른 봉
우리에서 자고 저녁에는 붉은 섬돌에서 자는구나. 슬프다, 두 사람
이 마침내 면치 못하였으니, 다만 세상 마음 물질을 잊지 못해서였
네.(金漠輕生重妖艷, 折花不返吁可悲。玉霄峯下李徵君, 初似大塊居具
茨。忽値鶴書來赴隴, 朝眠靑嶂夕丹墀。嗟哉二子竟不免, 只坐塵襟難
忘機) …"라고 하였다.(『신증동국여지승람』 권 35, 전라도 영암군)

위의 시문에 보듯이 과연 이들 표현을 왕인의 사적으로 보아야 할지 의
문이다. 영암 출생설에서는 상사(相師)를 '왕인이 관상을 잘 한다'는 전승을
반영한 것으로 보았다. 그러나 '왕인이 관상을 잘 한다'는 전승은, 『청장관
전서』에서야 일본에서 새로이 수용한 내용으로서[12] 받아들이기 어렵다. 동
승람에 인용된 김극기의 시문에는 '상사(相師)'가 곳곳에 등장하는데, 대체
로 의상대사를 지칭하기 때문이다.[13] 사실 영암 지역 의상의 흔적은 동 『신
증동국여지승람』 영암군 산천조에서 '달마산 도솔암에 화엄조사 상공(華嚴
祖師 湘公)이 거처'하였음을 전하고 있거니와, 이와 관련된 명칭이 아닐까

---

12) 박남수, 앞의 논문, 2014, 5쪽.

13) "義相菴 新羅僧義相所居。○金克己詩："奇巖萬疊倚層空, 上到雲端路始窮。忽喜相
師餘韻在, 參天古柏暮吟風"…"(『新增東國輿地勝覽』 권 34, 全羅道 扶安縣 佛宇)

생각한다.[14]

또한 바다를 건너다 월출산 위의 신광을 보고 성인을 뵈어 동구(洞口)의 쑥과 띠를 베어 집을 짓고 다시는 고향[故里]을 생각하지 않았던 주체를 왕인이라 보기도 하지만, 이 구절의 주체는 100명의 해상(海商)임이 분명하다. 또한 푸른 벽에 새겨진 자금(紫金)의 상(像)은 그 역사적 연원을 알기 어려운 것으로 기술하였거니와, 세월이 흘러 무너진 상각(像閣)과 방분(方墳)을 본 주체는 김극기 자신이었다. 특히 그가 산을 오르면서 본 방분(方墳)이란 영암 지역에 널려있는 오늘날의 장고분 그것을 지칭한 것으로 여겨지며, 홀연히 그를 방문한 이옹(邇翁)이란 신선풍의 이웃 촌로라고 할 수 있을 것이다.

김극기는 당시에 상각(像閣)이 세월이 흘러 무너졌으나 푸른 벽에 새겨진 상을 자금(紫金)의 상(像)으로 인식하였고, 방분을 비롯한 사적을 누가 찾을 수 있을 것인가 하는 감회를 읊었던 것이다. 이렇게 볼 때에 김극기의 시에서 왕인을 특정할 수 없는 것은 분명하지만, 옛날 100명의 해상(海商)이 보았다는 신광(神光)이나 알성(謁聖), 그리고 자금(紫金)의 상(像)이나 방분(方墳) 등은, 고려 중엽에 월출산을 둘러싸고 이어져 내려온 과거의 사적이 있었음을 반영하며, 도선과 또다른 신성한 존재에 대한 전승이 있었음을 상정할 수 있을 듯하다.

---

14) "達摩山。在古松陽縣。距郡南一百二十四里。亦見海南縣。○高麗釋無畏記 : "全羅道朗州之屬縣曰松陽, 實天下之窮處也。… 坤維有兜率菴, 面勢得要, 壯觀無匹, 華嚴祖師湘公所卜居也。菴北有西方窟, 羅代義照和尙始寄棲, 而修落日觀也"(『신증동국여지승람』 권 35, 全羅道 靈巖郡 山川)

3) 왕인王仁과 도선道詵의 탄생 설화

『조선환여승람』영암군 명환(名宦)조와 명소(名所)조에는 다음과 같이 왕인의 영암 출생설을 전한다.

② [명소(名所)] 성기동(聖基洞) : (영암)군 서쪽 120리에 있다.(郡西百二十里) ○ 백제 고이왕 때 박사 왕인이 여기에서 태어났다.(百濟古爾王時博士王仁生於此) ○ 신라 진덕왕 때에 국사 도선(道詵)이 여기에서 태어났으므로 성기동(聖基洞)이라고 한다.(新羅眞德王時國師道詵生於此故曰聖基洞) 구림부곡(鳩林部曲) : 성기동(聖基洞) 서쪽인근 배산(背山)에 있다.(在聖基洞西隣背山) 서호의 풍광이 밝고 아름답다(西湖風光明麗) 옛날 도선이 처음 태어날 때에 수풀 중에 버렸는데 비둘기가 와서 깃으로 덮어 감쌌으므로 이름하였다(昔道詵初生 棄之林中 鳩來覆翼之故名) ○ 김진상이 시를 남겼는데(金鎭商有詩) 낭산의 경계에 달빛 산이 덮고(朗山之境月山套) 산의 빛깔과 계곡의 빛이 옥금을 빛나게 하는도다(山色溪光燦玉金) 길과 밭자락 정원이 모두 뛰어난 경치려니(若道田園兼勝槩) 호남 제일은 이곳 구림이어라(湖南第一此鳩林)

[명환(名宦)] 왕인(王仁) : 백제 고이왕 때 박사관으로 (유학의) 깊은 뜻에 정통하였다. (고이왕) 52년 을사년에 일본에 사신으로 가면서 야공(冶工)과 양조인(釀造人), 오복사(吳服使) 등을 거느리고 가서, 천자문(千字文)과 논어(論語)를 응신천황(應神天皇)에게 전하여 익히도록 진헌하였다. 경전(經典)과 유학(儒學), 기타 제도가 이에 시작하였다. 묘(墓)는 일본 오사카부[大阪府] 키타가와치군[北河内

郡] 히라카타[枚方]에 있고, 그 아래에 사당(祠)을 세웠다.(百濟古爾
王時博士官精通奧意五十二年乙巳使於日本冶工及醸造人吳服使等率
往 傳習進千字文論語於應神天皇 經典儒學其他制度始此 墓在日本大
阪府北河內郡枚方其下建祠)

위와 관련하여 일제강점기에 편찬된 『호암지(湖巖誌)』고적조에서 영암
이 왕인의 출생지임을 특정한 것은 일제강점기의 인식을 투영하였을 수도
있다. 1932년 영산포 본원사 주지인 일본승려 아오키 게이쇼[靑木惠昇]는
「왕인박사 동상 건설취지문」에서 '… (왕인)박사는 원래 타국의 신하로 홀
륭함이 이와 같고 지금은 일선일가(日鮮一家)가 되었으니… 박사의 옛 땅인
영암군 구림의 유적은 … 나는 관청의 허가를 얻어 이 영적을 장엄하게 박
사의 동상을 건설하여 국민 보초의 성의를 다하고자 한다. … 이는 … 융화
선감의 쐐기가 될 것이다. …'라고 하여, 왕인박사 동상을 영암에 설립하고
자 하였다.

이로써 1930~40년대에 일본인에 의해 영암 출생설이 제기되었고, 이
는 조선인을 대상으로 내선일체(內鮮一體) 정책을 관철시켜 침략전쟁에 동
원하기 위한 것이었을 것으로 추측한다.[15] 또한 아오키의 주장이 이병연의
『조선환여승람』에 '한국 구림의 성기동은 왕인 탄생지' '일본 오사카 히라카
타는 왕인묘'로 기록된 모태가 되었을 것으로 보기도 한다.[16]

이에 왕인의 영암 출생설은 영산포 본원사 주지인 일본승려 아오키의

---

15) 金秉仁, 앞의 논문, 2001, 204쪽 ; 하우봉, 「조선시대 왕인에 대한 인식의 전개
와 그 의미」, 『전북사학』 47, 2015, 102쪽.
16) 도진순, 「왕인 현창의 양면」, 『역사학보』 226, 2015, 192쪽.

증언을 이병연이 『조선환여승람』(1937)에 실은 것으로서, 왕인이 일본에 건너간 시점을 고이왕 52년(285)으로 고정시킨 것은, 왕인이 백제인이 될 수 없다는 역사적 모순을 보여주는 것이며, 아오키의 증언이 나오게 된 것은 일본 내의 왕인에 대한 논의 경향 곧 내선일체의 표징으로서 왕인을 내세우는 과정에서 등장한 것이라고 비판하기도 한다.[17]

그런데 근래에 본원사 주지 아오키 게이쇼와 『조선환여승람』의 편자 이병연의 만남을 문헌상 확인할 수 없을 뿐만 아니라,[18] 「왕인박사 동상 건설 취지문」(1932) 이전인 1927년 5월에 발표된 「영암행」(『신민』 25)이란 답사기에서 왕인박사 영암 출생설이 이미 영암지방에 유포되었던 사실을 밝힘으로써,[19] 아오키에 의한 조작설은 힘을 잃게 되었다. 곧 하산(霞山)[20]의 동 답사기에는 "… 도선에 관한 전설과 공(共)히 속전(俗傳)하는 것은 백제의 박사로 일본에 건너가 문자를 전하든 왕인이 또한 차지(此地)에서 출생하였다는 것"이라고 하였거니와, 비록 그가 이러한 속전을 바탕으로 구림

---

17) 김선희, 앞의 논문, 51~53쪽. 박균섭, 「왕인 관련 사료와 전승 검토」, 『한국교육사학』 34-2, 2012, 33~37쪽.

18) 정성일, 「'왕인박사 영암 출생설' 분석 시론」, 『4~5세기 동북아시아의 국제정세와 왕인박사』, (사)왕인박사현창협회, 2017, 151~158쪽.

19) 정성일, 「1927년 영암 답사기에 보이는 왕인박사 전승」, 『2019 왕인박사현창협회 학술대회 조선환여승람과 왕인박사』, 2019. 11. 28, 90~95쪽, 105~106쪽.

20) 2019 왕인박사현창협회 학술대회 당시 종합토론 사회를 맡았던 필자는, 霞山을 곡성군(1920), 진도군(1921), 해남군(1923, 1924)에서 군수를 역임하고, 1925년에 고운사에서 운영하던 보광학교(普光學校, 현 안동교육청 자리)를 인수하여 화산학원(花山學院)을 설립한 權賢燮으로 특정할 수 있지 않을까 하는 견해를 제출한 바 있다.

지방을 왕인의 출생지로 단정할 용기가 없었다고 하지만, 1927년 낭시에 영암지방에 왕인 출생지설이 유포되었던 사실을 확인할 수 있게 되었다.

한편으로 왕인의 출생지가 구림으로 알려지게 된 것은, 선사시대 이래 전남 지역과 왜국 사이에 매우 빈번한 왕래가 있었고, 구림의 상대포는 당시 사람들이 왜로 건너가는 중요한 포구 중의 하나로서 한성으로부터 남해안을 거쳐 가야·왜국으로 향하는 항로와 탐라로 가는 항로의 중간 기항지 역할을 한 때문으로 이해하기도 한다. 곧 왕인은 한성에서 출발하여 왜국으로 건너가기 위해 상대포에 도착하여 이 지역 해상세력의 도움을 받아 가야지역에 도착한 이후 왜국으로 건너갔다는 것이다. 이때에 전남 지역은 재지의 토착세력을 이용하여 간접지배하다가 4세기 후반에 복속되었는데, 대외교섭의 중간 기항지인 상대포와 같은 포구는 배후에서 반남세력을 감시할 수 있는 까닭에 직접 관할하였을 가능성이 있다는 것이다.[21] 또한 고고학적 자료를 중심으로 왕인은 영산강유역의 마지막 마한 세력과 일본으로 이주하였던 마한계 세력과의 교류과정에서 도일하였을 가능성이 높은 것으로 보기도 한다.[22]

다만 영암지방이 왜와의 교통로의 요충이라는 점에서 왕인이 영암 출신이라는 타당성이 성립되는 것이 아니라, 당시의 대세론으로 보아 왕인과 같은 새로운 학문의 소유자는 변방보다는 수도에서 나올 개연성이 많다는 지적이 있었다.[23] 나아가 왕인이 아직기의 추천을 받고, 경전에 밝았으며,

---

21) 문안식, 앞의 논문, 2003, 162~163쪽.
22) 임영진, 「왕인박사 탄생지에 대한 고고학적 검토」, 『왕인박사연구』, 2012, 255쪽.
23) 김철준, 「영암 왕인유적설에 대한 비판-왕인유적지 사적 지정에 대한 문화재

백제의 중앙에 왕씨 성을 가진 자를 『삼국사기』 백제본기에서 찾을 수 있다는 점, 그리고 왕인에 대한 설화가 백제에 많이 남아 있다는 점에 주목하여, 왕인을 백제가 영산강 유역을 통치하기 위하여 파견한 백제 중앙 출신으로 보기도 한다.[24]

이렇듯이 『조선환여승람(영암군)』에 왕인박사 영암 출생설이 수록된 계기와 배경에 대해서는 여전히 의문이다. 사실 그 동안 왕인박사 영암 출생설은 영암이 왕인박사 탄생지였다는 전설에서 출발한 것으로서, 문헌자료로써 왕인의 사적을 증거하지 못하였다는 약점이 있다. 또한 이를 비판적으로 살핀 연구도 왕인의 활동 시기를 정황적 근거만으로 살피고 명확한 전거를 제시하지 못한 측면이 있다.

한편 현재 전하는 도선국사의 탄생 설화나 왕인박사 탄생 설화의 전승 내용이 서로 흡사하다는 점에서, 문헌상 남아 있는 도선국사의 탄생 설화를 후대의 기록인 왕인박사의 탄생 설화에서 채용하지 않았을까 하는 의문이 있다. 사실 도선국사의 탄생 설화는 금석문과 각종 지리지에 전하지만, 왕인의 탄생에 대해서는 오직 근대에 편찬된 『조선환여승람』과 『호암지』에만 전하고, 탄생 설화도 근래에 채집된 구전만이 있을 뿐이다.

표인주는 지금까지 정착된 왕인박사 전설을 '역사가 희미하고 그 증거물도 희미한데, 전설이 무성하고 강력한 경우'로 분류하고 다음과 같이 정리한 바 있다.[25]

위원회 제출 소견문」, 1985, 2쪽.

24) 김주성, 「영산강유역 대형옹관묘 사회의 성장에 대한 시론」, 『백제연구』 27, 충남대 백제연구소, 1997, 36쪽.

25) 표인주, 「인물전설의 전승양상과 축제적 활용」, 『한국민속학』 41, 2005, 487쪽.

Ⓐ 출생담 : 왕인의 어머니가 월출산 주지봉의 정기를 이어받은 성천
　　　　　의 물을 마시고 잉태하여 성기동에서 왕인을 낳고 태를 산
　　　　　태골에 묻었다.

Ⓑ 수학담 : 왕인은 문산재에서 수학하여 대학자가 되었고, 책굴에서
　　　　　일본에 가져갈 『천자문』과 『논어』를 집필했다.

Ⓒ 도일담 : 『논어』 10권과 『천자문』 1권을 가지고 상대포에서 후일을
　　　　　기약하며 돌정고개를 바라다 보면서 배를 타고 일본으로
　　　　　건너갔다.

Ⓓ 활약담 : 일본에서 태자의 스승이 되어 『천자문』과 『논어』를 가르치
　　　　　고 아스카문화의 꽃을 피우게 했다.

위의 전설에서 왕인박사의 수학담은 이미 지적되었듯이 영암군이 왕인
문화축제를 하면서 고정화된 측면이 없지 않다. 도일담이나 활약담 또한 왕
인에 대한 일본 사서의 내용이 우리 사회에 알려진 이후에 정착된 것이라
고 할 수 있다. 다만 왕인박사의 출생담은 도선국사의 그것과 흡사한 측면
이 있으므로 인하여, 도선국사의 전설이 왕인박사의 전설에 편입되었다는
주장과, 반대로 왕인박사의 전설이 도선국사의 전설에 차용되었을 것이라
는 주장이 있다. 특히 도선국사의 전설은 각종 사서에 전하거니와 대표적인
것만을 가려 제시하면 다음과 같다.

③ 스님의 휘는 도선(道詵)이요, 속성은 김씨이며, 신라국 영암 출신이
　　다. 그의 세계에 있어서는 아버지와 할아버지의 사실[史事]은 유실
　　하였다. 혹자는 이르기를 태종대왕의 서얼손이라고도 하였다. 어머
　　니는 강씨(姜氏)이니, 어느 날 밤 꿈에 어떤 사람이 구슬[明珠] 한 개

를 건네 주면서 삼키라고 하였다. 이로 인하여 임신하여 만삭이 되도록 오신채(五辛菜)와 누린내 나는 육류(肉類)는 일체 먹지 아니하고 오직 독경과 염불로써 불사(佛事)에 지극하였다. 태어난 후, 유아 시기부터 일반 아이들보다 특이하였다. 비록 어려서 희희(嬉戱)하거나 우는 때에도, 그의 뜻은 부처님을 경외함이 두터웠다. 그리하여 부모는 그가 반드시 불법을 담을 만한 그릇임을 알고, 마음으로 출가를 허락하기로 하였다.… 처음 스님께서 옥룡사에 자리잡지 아니하고, 지리산 구령에 암자를 짓고 주석하고 있었는데, 어느 날 어떤 이인(異人)이 … 모래를 끌어모아 산천에 대한 순역(順逆)의 형세를 만들어 보여주었다. 돌아다 보니 그 사람은 이미 없었다. … 이로 말미암아 스님은 스스로 홀연히 깨닫고, 더욱 음양오행의 술을 연구하였다. … 스님은 장차 성인이 천명을 받아 특기(特起)할 사람이 있을 줄 알고, 그 길로 송악군으로 갔더니, … "2년 후에 반드시 귀한 아들을 낳을 것"이라고 대답하고, 이어 책 1권을 지어 겹겹으로 봉(封)하여 세조에게 주면서, "이 책은 아직 출생하지 아니한 군왕에게 바치는 것입니다. 그러나 나이 장실(壯室)에 이른 후에 전해 주라"고 당부하였다. 바로 이 해에 신라 헌강왕이 즉위하였는데, 당나라 건부 2년에 해당된다. 4년에 이르러 태조 왕건이 과연 전제(前第)에서 탄생하였다. … (「해동백계산옥룡사 증시 선각국사비명 병서(海東白雞山玉龍寺 贈諡先覺國師碑銘 幷序)」, 1173)

④ [영이(靈異)]. 본군 사람의 속설에 전하기를, "고려 때 사람 최씨의 정원 가운데에 오이 하나가 열렸는데, 길이가 한 자나 넘었으므로, 온 집안 사람들이 자못 이상하게 여겼었다. 최씨의 딸이 몰래 이것

을 따 먹었더니, 저절로 태기가 있어, 달이 차서 아들을 낳았다. 부모가 아비 없는 자식을 낳았다고 꾸짖고 대숲[竹林]에다 버려 두었는데, 예니레 만에 그 딸이 가서 보니, 비둘기가 와서 날개로 이를 덮고 있었다. 부모에게 여쭈어 가서 보이니, 이상하게 여겨서 데려다가 길렀다. 장성하게 되자 머리를 깎고 중이 되어 이름을 도선(道詵)이라 하였다." 한다. 『주관육익(周官六翼)』에 이르기를, "도선이 당나라에 들어가서 일행 선사(一行禪師)에게 지리법(地理法)을 배워 가지고 돌아왔다. 산을 답사하는데, 백두산(白頭山)에서 시작하여 혹령(鵠嶺)에 이르러 세조(世祖)의 집을 지나다가, … 도선이 위로 천문을 바라보고 아래로 시기의 운수[時數]를 살펴보고 말하기를, '이 땅의 맥(脈)이 임방(壬方)인 백두산으로부터 수(水)와 목(木)이 근간이 되어 내려와서 마두명당(馬頭明堂)이 되었으니, 마땅히 수(水)의 큰 수[大數]를 좇아서 집을 육육(六六)으로 지어 36간으로 하면, 하늘과 땅이 큰 수[大數]에 부응할 것입니다. 만일 이 비결대로 하면 반드시 거룩한 아들[聖子]을 낳게 될 것이니, 마땅히 그 이름을 왕건(王建)이라 할 것입니다.' … 하였다. 세조가 즉시 이 비결을 좇아 집을 짓고 살았는데, 그 이듬해에 과연 태조[太祖 王建]를 낳았다." 한다.(『세종실록』 권 151, 지리지, 전라도 나주목 영암군)

⑤ 【고적】 최씨원(崔氏園) : 군의 서쪽 15리에 있다. ○ 속설에, 신라 사람 최씨가 있었는데 정원 안에 열린 외 하나의 길이가 한 자나 넘어 온 집안 식구가 매우 이상하게 생각했다. 그런데 최씨 집 딸이 몰래 그것을 따 먹었더니, 이상하게 임신이 되어 달이 차서 아들을 낳았다. 그의 부모는 그 애가 사람과의 관계없이 태어난 것이 미워 대숲

에다 내 버렸다. 두어 주일 만에 딸이 가서 보니 비둘기와 수리가 와서 날개로 덮고 있었다. 돌아와 부모께 고하니, 부모도 가서 보고 이상히 여겨 데려다가 길렀다. 자라자 머리를 깎고 중이 되었는데, 이름을 도선(道詵)이라 하였다. 그는 당 나라에 들어가 일행선사(一行禪師)의 지리법(地理法)을 배워 가지고 돌아와 산을 답사하고 물을 보는데 신명스러움이 많았다. 뒤에 그곳을 구림(鳩林) 또는 비취(飛鷲)라 했다. ○ 최유청(崔惟淸)이 지은 광양(光陽)의 옥룡사비(玉龍寺碑)를 상고하건대, 도선의 어머니는 강씨(姜氏)라 하였는데 여기에는 최씨라고 하였으니, 누가 옳은지 모르겠다.(『신증동국여지승람』권 35, 전라도 영암군)

⑥ 국사의 휘는 도선(道詵)이니 신라의 낭주(朗州) 사람이다. 어머니는 최씨(崔氏)이니 영암(靈岩)의 성기산 벽촌(母曰崔氏 家于聖起山之僻村)에서 진덕왕 말년에 태어났다. 어머니가 겨울철 강가에서 빨래를 하다가 떠내려오는 오이를 건져 먹고 임신하여 준수한 아들을 낳았으니, 마치 후직(后稷)의 어머니 강원(姜嫄)이 거인(巨人)의 발자취를 밟고 감심(感心)하여 임신한 후 태어난 것과 같다. 또 백족화상(白足和尙)이 산천의 정기를 받고 숙기(淑氣)를 모아 태어났으므로 모든 속진(俗塵)을 벗어난 것과 같았다. 신비하게도 낳자 마자 숲 속에 갖다 버린 아이를 비둘기가 날개로 보호하였고, 신령스러운 독수리가 날개를 펼쳐 아이를 덮어 보호하였다. 일찍이 월남사(月南寺)로 가서 불경[貝葉]을 배웠다. 그리고 무상(舞象)하는 나이가 되기 전에 사신을 따라 중국으로 가서 호위(胡渭)가 지은 우공(禹貢)의 산천설(山川說)에 따라 두루 살펴보고 당나라[唐家]의 문물을 익혔다.

… 멀고 가까운 곳을 두루 둘러보고 왕건(王建)의 아비지에게 백설(白雪)이 퍼붓는 때에도 눈이 내리지 않는 곳[明堂]에 집터를 잡아주어 왕이 될 아들을 낳게 하였을 뿐 아니라 5백년간[半千年間] 왕업(王業)을 누릴 수 있는 송악(松嶽)에 왕도(王都)를 정해 주었다.(「영암 도갑사 도선국사·수미선사비(靈巖 道岬寺 道詵國師·守眉禪師碑)」, 1653)

위의 도선국사의 전승에서 도선의 어머니 성씨와 탄생 설화, 성기(聖起[基])와 구림(鳩林)이라는 지명의 생성 과정, 그리고 도선의 입당에 관한 것을 주목할 수 있다.

먼저 도선의 어머니 성씨를 「옥룡사 선각국사비」에서는 강씨라 하였던 것을, 『세종실록지리지』부터 최씨로 바뀌었음을 알 수 있다. 이는 동 지리지에 보듯이 고려시대에 그 탄생지가 최씨의 정원이었던 때문이라 할 수 있다. 곧 「선각국사비」에서 '영암' 출신이라 한 것이, 고려시대에 동 탄생지에 최씨원이 들어서면서 모친의 성씨가 최씨로 바뀐 것이라 보아야 할 듯하다. 아마도 이러한 변화에는 고려 태조를 도운 최지몽(崔知夢, 907~987)으로 대표되는 최씨가 영암에 세거한 데서 비롯하였으리라 짐작해 볼 수 있다.

도선의 탄생 설화에 있어서도 선각국사비에서는 어머니가 구슬을 삼키는 꿈을 꾸어 잉태하였다는 것인데, 「세종실록지리지」와 「신증동국여지승람」에서는 최씨의 정원에 있는 오이를 먹음으로써 잉태하였다는 것으로 바뀌었다. 그후에 다시 「도갑사 도선국사·수미선사비」에 이르러 '강가에서 빨래를 하다가 떠내려오는 오이를 건져 먹고 임신'하였다는 스토리로 변질되었다. 이후 오이를 먹고 임신한 설화는 계속되었으나,[26] 『동사강목』에는

『동국여지승람』의 최씨의 정원설을 따라 전재하였고,[27] 『여지도서(輿地圖書)』에도 최씨의 정원에 있는 오이를 먹었다는 전승으로 이어졌다.[28]

이로써 볼 때에 '강가에서 빨래를 하다가 떠내려오는 오이를 건져 먹고 임신'하였다는 전승은 「도갑사 도선국사·수미선사비」가 유일하며, 이러한 데는 정두경(鄭斗卿, 1597~1673)의 『동명집(東溟集)』(권 16, 碑碣, 國師道詵碑)에 보듯이 그가 도선국사비 음기에서 '어머니가 물 긷다가 오이 먹고서 감응하여 국사의 몸 임신하였네(母漂食瓜 歆而有身)'라고 하였듯이, 정두경이 이를 채용함으로써 성지천(省之川)이 성천(聖川)으로 바뀌게 된 계기를 만들었다고 여겨진다.

왕인박사 영암 출생설에서 그 전거로 제시한 현전 「도갑사 도선국사비」는 인조 때의 문신 이경석(李景奭) 등이 찬술한 것으로서 1636년(인조 14년)에 건립되기 시작하여 1653년(효종 4년)에 완공된 것이다. 비의 음기를 지은 정두경(1597~1673)은 당시의 상황을 '절에는 도선국사의 비가 있는데, 어느 시대에 처음 세운 것인지는 알 수가 없다. 비문은 이미 마멸되었는데, 옥습(玉習)이란 중이 중각(重刻)한 것이 있으며, 백헌(白軒) 이상국 경석(李相國景奭)이 명(銘)을 지었다'고 하였다.[29] 현재 도갑사의 비문은 본래의 비문이 마멸되어 글자를 알 수 없게 되자 다시 세운 것이다. 따라서 현재 도

---

26) "聖基洞：在其南。世傳道詵生于此。所謂崔氏園。果此地歟。或云其母食大瓜生道 詵"(李夏坤(1677~1724), 『頭陀草』권18, 南遊錄)

27) 『동사강목』 부록 상권 상, 考異

28) "諺傳 新羅人崔氏院中有苽長尺餘 一家頗異之 崔氏女潛摘食 歆然娠 彌月生子"(『輿 地圖書』全羅道 靈巖 古跡 崔氏院)

29) 鄭斗卿, 『東溟集』권 16, 碑碣, 國師道詵碑.

갑사 「도선국사비」의 명문에 보이는 지명은 1636년 건립 당시의 그것을 반영한다고 본다. 사실 현재 성기동(聖基洞)의 전신 지명인 '성기산벽촌(聖起山僻村)'은 1653년에 건립된 「도갑사 도선국사비」에 처음으로 등장하거니와, 성기산(聖起山)이란 명칭은 『신증동국여지승람』이 완성된 1530년(중종 25) 이후부터 도갑사 도선국사비가 건립된 1653년 사이에 등장한 지명이라 할 수 있다.[30] 이후 이하곤(李夏坤, 1677~1724)의 『두타초(頭陀草)』(18책)에 실린 「남유록(南遊錄)」에서는 성기동(聖基洞), 성기봉(聖基峰) 등의 명칭이 처음으로 보이거니와, 성기산(聖起山)이 성기봉(聖基峰)으로 바뀌면서 성기동(聖基洞)이란 지명이 비로소 등장한 것으로 여겨진다.

이에 대해 구림(鳩林)은 『세종실록지리지』에 '비둘기가 와서 날개로 이를 덮고 있었다'는 전설만을 소개하였던 것인데, 『신증동국여지승람』에 이르러 '비둘기와 수리가 와서 날개로 덮고 있었다'고 하여 '수리'의 화소가 추가되면서 '구림(鳩林)' 또는 '비취(飛鷲)'라는 지명이 비로소 등장하게 된다. 따라서 구림의 지명은 도선의 탄생 설화에 보이는 비둘기의 화소로 말미암은 것이 분명하며, 그것은 『세종실록지리지』(1454)부터 『신증동국여지승람』(1530)에 이르는 시기에 생성된 지명으로 판단된다.

이와 같이 성기동(聖基洞)이나 구림(鳩林)의 지명은 도선의 탄생 설화와 관련하여 17세기 중엽~18세기 전반에 등장한 것이라고 할 수 있다. 또한 도선국사의 탄생 설화에 있어서 「옥룡사 선각국사비」에서 구슬을 먹고 임신하였던 것이, 최씨원의 오이로, 다시 강가의 오이로 화소가 바뀐 것은, 시대의 변화에 따른 전승의 변이양상을 보여주는 것이라 할 수 있다. 특히 화

---

30) 박남수, 앞의 논문, 2014, 17쪽.

소가 오이로 변화하면서도 수미선사의 경우 종전의 구슬을 먹어 잉태하였다는 전승을 유지한 바, 영암 지방에 두 가지 계열의 탄생 전승이 함께 전해져 왔던 것이 아닌가 한다.

4) 도선입당설道詵入唐說의 문제와 월악산 성인月嶽山 聖人

「옥룡사 증시 선각국사비」(1173)에는 도선의 입당 기사가 보이지 않고, 다만 이인을 만나 음양오행설을 연구하여 왕건의 탄생을 예언하는 내용만을 전한다. 도선이 당에 건너가 일행(一行)의 지리법(地理法)을 익혔다는 것은, 『세종실록지리지』에서 고려 말 김경숙(金敬叔)의 『주관육익(周官六翼)』에 그러한 내용이 있다고 밝히고 있다. 그러나 일행(一行) 선사는 도선국사가 태어나기 100여 년 전의 인물로서 시간 차이가 있고, 선각국사비에도 도선의 입당 사실이 전혀 보이지 않는다는 점으로 미루어 볼 때에, 도선이 당나라에 들어가 지리법을 얻어 돌아왔다는 것은 잘못된 것으로 지적되고 있다.[31]

이와 같이 도선국사가 구림(鳩林)에서 태어난 것은 분명하지만, 속성이 최씨가 아니고 김씨이며, 어머니 성도 최씨가 아니고 강씨라는 점, 그리고 일행 선사와의 전승에 착간이 있다는 점에 주목하여, 도선국사 전설이 왕인박사의 전설이나 사실을 이어받은 것으로 이해해야 한다고 주장하기도 한다.[32]

---

31) 李能和, 「道詵」, 『朝鮮佛教通史』 上編, 경희출판사(1967 영인본), 1918, 147쪽.
32) 김정호, 「구림지역의 왕인시대 유적」, 『개도 100주년기념 '96 왕인문화축제 : 왕인박사탄생지 정립 학술강연회』, 영암군, 1996. 4. 19, 35~36쪽.

그러나 도선국사의 전승이 후대에 왕인전실로 투영되었는가, 아니면 왕인전설이 도선국사의 전설에 투영된 것인가 하는 문제에 있어서는, 허목(許穆, 1595~1682)이 「월악기(月嶽記)」에서 '월악산(月嶽山)에 들어가 도갑사(道岬寺)를 유람하였는데, … 산중의 기이한 유적이 모두 도선에게서 나온 것이라 한다'고 일렀듯이,[33] 왕인 관련 문헌적 전거가 부족한 상황에서 전자의 주장이 유력해 보인다.

그런데 주목할 것은 김극기의 시에서 옛날에 해상(海商)들이 산위의 신광(神光)을 보고 성인을 배알하였다는 사실이다. 이는 도선과는 다른 신성한 존재를 지칭하는 것임에 분명하다. 김극기는 성인을 자금상(紫金像)과 동일시하였던 것으로 보이는데, 그가 월출산에 올라가면서 방분(方墳)을 바라다 보고 '누가 알 것인가'라고 일컬었듯이, 신성한 존재를 분명하게 알지 못하였다.

사실 월출산은 신라 때에 월내악(月奈岳)으로 소사(小祀)를 지냈던 곳이다. 신라의 소사 지역은 모두 산악으로서 해당 지역의 진산(鎭山)이었다. 신라의 제장이었던 명산대천은 사로국이 주변 소국을 병합하던 시기에 성읍국가 또는 부족의 조상신에게 제사를 지냈던 곳으로, 신라가 고대 국가로 성장하여 주변 소국을 병합하면서 신라의 국가 제례 속에 편입되어 조직화된 것이라 한다. 이 가운데 소사는 이전 성읍국가시대의 조상신이 거의 그대로 신라의 사전 속에 편입된 것이라는 것이다.[34] 그렇다면 해상들이 월출산에서 보았다는 신광이나 배알하였다는 성인은 영암 지역의 조상신으로

---

33) 허목, 『기언』 권28 하편, 山川 下, 月嶽記.
34) 김두진, 「신라의 종묘와 명산대천의 제사」 『백산학보』 52, 1999 ; 『한국고대의 건국신화와 제의』, 일조각, 1999, 352~357쪽.

우전팔번신사의 동성왕 인물화상경(491)

영암 왕인박사 석인상　　　우전팔번신사의 동성왕 인물화상경(491)
　　　　　　　　　　　　　　　　　확대사진

서 산신화된 존재였다고 할 수 있다. 김극기는 그것을 자금상이라고 보고
숭배의 대상으로 인식하였다. 이 자금상은 1985년 정영호 선생이 발견한
석인상을 지칭한 것이 아닐까 추측되며, 마애불이 산견한 월출산 자락에 유
자(儒者)의 관모를 갖춘 특이한 형상이라는 점에서 주목된다.[35] 사실 통견
의 도포는 「우전팔번신사(隅田八幡神社)의 동성왕 인물화상경」에 보이는 인

---

35) 성춘경, 「왕인박사유적 문화재 지정 경위」, 『聖基洞』 창간호, 1986, 28쪽.

물상 가운데 국왕과 문관으로 여겨지는 인물의 그것과 흡사하다. 이 우전팔
번신사의 인물화상경은 동성왕 13년(491) 8월 10일 백제에서 제작된 것[36]
이라는 점에서 시사하는 바가 적지 않다고 본다.

아울러 상대포 전설이 도선의 입당설과 관련하여 생성되었다고 한다면,
도선의 입당설이 부정되는 상황에서 또다른 존재의 상대포 관련 전설이 도
선의 전설에 부회된 것이 아닐까 생각해 볼 수 있다. 그렇다면 월출산의 신
성(神聖)이나 석인상(石人像), 그리고 상대포 전설은 도선의 전설과 또다른
영암 지역 전설의 원형을 담고 있다고 생각해 볼 수 있다. 이들 전승은 김극
기가 방분(方墳)을 보았던 고려 중기에 이미 역사상에 잊혀진 존재였다고
여겨진다.

3. 잊혀진 전설의 사적史的 복원
: 왕인王仁의 도왜渡倭와 황전별荒田別

지적되듯이 현재 전하는 『조선환여승람』의 기사나 전설, 성기동의 명
칭, 그리고 고고학적으로도 왕인집단과 이 지역 대형 고분과의 연계성 등이
분명하지 않다는 점에서, 왕인박사 영암 출생설은 많은 문제를 안고 있음이
분명하다.[37] 그럼에도 불구하고 김극기의 시문에서 불명한 월악산(월출산)
신성(神聖)과 자금상(紫金像), 방분(方墳)뿐만 아니라, 도선의 입당설에 부회

---

36) 박남수, 「백제 동성왕의 인물화상경('隅田八幡鏡')과 斯麻」, 『東研』 11, 동아세아
   비교문화연구회, 2022. 5, 28~35쪽.

37) 金秉仁, 앞의 논문, 2001, 195~201쪽.

된 상대포 전설은 고려 중기의 역사상에 잊혀진 전설이라는 점을 주목할 필요가 있다.

여기에서 다시 『조선환여승람』의 왕인박사 영암 출생설을 검토할 필요가 있다. 『조선환여승람』에는 왕인이 고이왕 때에 성기동에서 태어났으며, 고이왕 52년 을사년에 일본에 사신으로 파견되었다고 하였다. '고이왕 52년'은 『일본서기』 응신천황 16년조의 왕인 파견 기사에 맞추어 서술된 것이다. 이는 『해동제국기(海東諸國記)』 이래로 응신천황대를 고이왕대로 본 견해를 충실히 따른 것이지만, 한편으로 왕인을 보낸 주체를 다르게 서술한 『고사기』의 백제 조고왕(照古王)이나 『속일본기』의 귀수왕(貴須王) 또는 구소왕(久素王)을 이덕무가 『청장관전서』에서 고이왕으로 확정한 그것을 따른 것이라고 할 수 있다.

현재 학계에서는 왕인의 왜 파견 시기에 대하여 근초고왕 때부터 아신왕대에 걸친 시기,[38] 근초고왕의 일본 통교 이후[39]로 보기도 하지만, 『일본서기』의 수정기년 곧 당해 기년에 2주갑을 더한 아신왕 14년(405)으로 보기도 한다.[40] 이에 『일본서기』 응신천황 15년조 왕인박사 왜 초치 기사에 등장한 황전별(荒田別)이 같은 책 신공황후 49년조에 등장한다는 점에 주목하여 그 시기를 확정할 필요가 있다.

---

38) 이병도, 앞의 논문, 앞의 책, 1976, 576~577쪽.

39) 문안식, 앞의 논문, 2003, 166쪽.

40) 朱仁夫, 「儒學對日本之影響」, 『東亞人文學』 10, 2006, 608쪽. 박균섭, 앞의 논문, 2012, 28쪽. 류승국, 앞의 논문, 2012, 229쪽. 박광순, 「왕인박사의 도일시기와 경로」, 『왕인박사연구』, 2012, 263쪽.

⑦-Ⓐ [신공황후(神功皇后)] 49년 봄 3월 황전별(荒田別)과 녹아별(鹿我別)을 장군으로 삼아 구저(久氐) 등과 함께 군대를 거느리고 건너가 탁순국(卓淳國)에 이르러 신라를 치려고 하였다. 이때 어떤 사람이 "군대가 적어서 신라를 깨뜨릴 수 없으니, 다시 사백(沙白)·개로(蓋盧)를 보내어 군사를 늘려 주도록 요청하십시오"라 하였다. 곧 목라근자(木羅斤資)와 사사노궤(沙沙奴跪)에게[이 두 사람은 그 성(姓)을 모르는데 다만 목라근자는 백제 장군이다] 정병(精兵)을 이끌고 사백·개로와 함께 가도록 명하였다. 함께 탁순국에 모여 신라를 격파하고, 비자발(比自㶱)·남가라(南加羅)·탁국(㖨國)·안라(安羅)·다라(多羅)·탁순(卓淳)·가라(加羅)의 7국을 평정하였다. Ⓑ㉠ 이에 군대를 옮겨 서쪽으로 돌아(仍移兵西廻至) 고해진(古奚津)에 이르러 남쪽의 오랑캐 침미다례(忱彌多禮)를 무찔러 백제에게 주었다.(屠南蠻忱彌多禮 以賜百濟) ㉡ 이에 백제왕 초고(肖古)와 왕자 귀수(貴須)가 군대를 이끌고 와서 만났다. 이때 비리(比利)·벽중(辟中)·포미지(布彌支)·반고(半古)의 4읍이 스스로 항복하였다. 그래서 백제왕 부자와 황전별(荒田別)·목라근자(木羅斤資) 등이 의류촌(意流村)[지금은 주류수기(州流須祇)라 한다]에서 함께 서로 만나 기뻐하고 후하게 대접하여 보냈다. 오직 천웅장언(千熊長彦)과 백제왕은 백제국에 이르러 벽지산(辟支山)에 올라가 맹세하였다. 다시 고사산(古沙山)에 올라가 함께 반석 위에 앉아서 백제왕이 "만약 풀을 깔아 자리를 만들면 불에 탈까 두렵고 또 나무로 자리를 만들면 물에 떠내려갈까 걱정된다. 그러므로 반석에 앉아 맹세하는 것은 오래도록 썩지 않을 것임을 보여주는 것이니, 지금 이후로는 천 년 만 년 영원토록 늘 서쪽 번국이라 칭하며 봄 가을로 조공하겠다"라고 맹세하였다. 그리고

천웅장언(千熊長彦)을 데리고 도읍에 이르러 후하게 예우를 더하고 구저(久氐) 등을 딸려서 보냈다.(『일본서기』권 9, 신공황후 49년 봄 3월)

⑧ 영락(永樂) 9년(399) 기해(己亥)에 백잔(百殘)이 맹서를 어기고 왜(倭)와 화통하였다. (이에) 왕이 평양으로 행차하여 내려갔다. 그때 신라왕이 사신을 보내어 아뢰기를, "왜인이 그 국경에 가득차 성지(城池)를 부수고 노객(奴客)으로 하여금 왜(倭)의 민(民)으로 삼으려 하니 이에 왕께 귀의하여 구원을 요청합니다"라고 하였다. 태왕(太王)이 은혜롭고 자애로워 신라왕의 충성을 갸륵히 여겨, 신라 사신을 보내면서 (고구려 측의) 계책을 (알려주어) 돌아가서 고하게 하였다. [영락] 10년(400년) 경자(庚子)에 왕이 보병과 기병 도합 5만 명을 보내어 신라를 구원하게 하였다. (고구려군이) 남거성(男居城)을 거쳐 신라성(新羅城)에 이르니, 그곳에 왜군이 가득하였다. 관군(官軍)이 막 도착하니 왜적이 퇴각하였다. (고구려군이) 그 뒤를 급히 추격하여 임나가라(任那加羅)의 종발성(從拔城)에 이르니 성(城)이 곧 항복하였다. 안라인수병(安羅人戍兵) …… 신라성(新羅城) □성(城) …… 하였고, 왜구가 크게 무너졌다. ■■(77자 불명) 옛적에는 신라 매금(寐錦)이 몸소 고구려에 와서 보고를 하며 청명(聽命)을 한 일이 없었는데, 국강상 광개토경호태왕대(國岡上廣開土境好太王代)에 이르러 (이번의 원정으로 신라를 도와 왜구를 격퇴하니) 신라 매금이 …… 하여 (스스로 와서) 조공하였다. [영락] 14년(404) 갑진(甲辰)에 왜가 법도를 지키지 않고 대방 지역에 침입하였다. …… 석성(石城) ……, 연선(連船)…… 평양을 거쳐 …… 서로 맞부딪치게

되었다. 왕의 군대가 적의 길을 끊고 막아 좌우로 공격하니, 왜구가 궤멸하였다. (왜구를) 참살한 것이 무수히 많았다.(노태돈, 1992, 「광개토왕릉비」, 『한국고대금석문자료집』Ⅰ, 한국고대사회연구소)

⑨-Ⓐ [응신천황(應神天皇)] 15년 가을 8월 임술(壬戌) 초하루 정묘(丁卯) 백제왕이 아직기(阿直伎)를 보내어 좋은 말 2필을 바쳤다. 곧 경(輕)의 산비탈 부근에 있는 마굿간에서 길렀는데, 아직기로 하여금 사육을 맡게 하였다. 때문에 말 기르는 곳을 이름하여 구판(廐坂)이라고 한다. 아직기는 또 경전을 잘 읽었으므로 태자인 토도치랑자(菟道稚郎子)의 스승으로 삼았다. 이때 천황은 아직기에게, "혹 너보다 뛰어난 박사가 또 있느냐"고 물으니, "왕인(王仁)이라는 분이 있는데 훌륭합니다"라고 대답하였다. 그러자 상모야군(上毛野君)의 조상인 황전별(荒田別)과 무별(巫別)을 백제에 보내어 왕인을 불렀다. 아직기(阿直伎)는 아직기사(阿直岐史)의 시조이다. Ⓑ 16년 봄 2월에 왕인이 왔다. 태자 토도치랑자는 왕인을 스승으로 삼았다. 여러 전적을 배우니 통달하지 못하는 것이 없었다. 왕인은 서수(書首 ; 후미노 오비토)의 시조이다.(『일본서기』 권 10, 응신천황 15년 가을 8월·16년 2월)

위의 기사 가운데 『일본서기』 신공황후 49년조 기사(⑦)는, 야마토정권[大和政權]이 신라를 정복하기 위해 출병하여 신라를 격파하고, 나아가 가야 7국을 평정한 후 백제로부터 번국(藩國)이 될 것을 서약받았다는 내용으로, 일본의 소위 한반도 남부 경영론의 주요한 자료로 이용되어 왔다. 우리 학계에서는 대체로 『일본서기』의 편찬 과정에서 변개 조작되었다고 보고, 근초고왕대에 백제가 가야를 경영하고 전라도 지역의 마한 잔여 세력에 대한 정복 과정을 보여 주는 것으로 보고 있다.[41]

그런데 위의 신공기(神功紀)에 등장하는 목라근자(木羅斤資)에 대하여, 그의 아들 목만치(木滿致)는 420년 직지왕(直支王, 腆支王)이 죽고 구이신왕이 즉위하였을 때에 국정을 잡았던 인물이다.[42] 목라근자는 『삼국사기』 개로왕 21년(475)조에 보이는 목협만치(木劦滿致)[43]와 동일 인물로 보기도 한다.[44] 그러나 지적되듯이 목만치나 목협만치는 동일한 목씨 출신이지만 활동 시기가 다른 만큼 동명이인[45]으로 보아야 하지 않을까 한다. 아무튼 전지왕이 재위 16년(420) 훙거할 때에 목만치가 전권을 잡았고 그의 아버지가 목라근자라면, 황전별(荒田別)의 소위 '신라 정벌'이나 '7국 평정'에 합류한 사건은 전지왕 몰년(420) 이전으로부터 멀지 않은 시기의 것으로, 목만치의 아버지 목라근자가 활동했던 때일 것이다.

사실 이 시기 신라와 가라지역에서의 왜, 백제와 고구려, 신라가 전투를 벌인 것은 「광개토대왕릉비」에서 살필 수 있다. 동 비에서 '왜(倭)'가 실제로

---

41) 李丙燾, 「近肖古王拓境考」, 『韓國古代史研究』, 1976, 511~514쪽. 千寬宇, 「復元 加耶史」 中, 『문학과 지성』 8-3, 1977 ; 천관우, 『加耶史研究』, 일조각, 1991, 23~26쪽. 박찬규, 「문헌자료를 통해서 본 마한의 始末」, 『백제학보』 3, 백제학회, 2010, 17~20쪽. 노중국, 「문헌기록 속의 영산강 유역: 4~5세기를 중심으로」, 『백제학보』 6, 2011, 15~26쪽.

42) 『日本書紀』 권10, 應神天皇 25년.

43) "…文周與木劦滿致 祖彌桀取〔木劦 祖彌皆複姓 隋書以木劦爲二姓 未知孰是〕 南行焉"(『三國史記』 권 25, 蓋鹵王 21년(475)

44) 山尾幸久, 「任那に關する一試論」, 『古代東アジア史論集』 下, 1978, 216~219쪽. 鈴木靖民, 「木滿致と蘇我氏」, 『日本のなかの朝鮮文化』 50, 1981, 66~69쪽.

45) 노중국, 「한성시대의 지배세력」, 『백제정치사연구』, 1988, 139쪽.

활동한 때는 위에서 제시한 영락 9년(399), 영락 10년(400), 영락 14년 (404)의 기사이다(⑧). 그런데 목라근자와 황전별(荒田別)의 활동 시기, 그리고 「광개토대왕릉비」와 『일본서기』 신공황후 49년조 전투의 양상을 비교할 때에, 「광개토대왕릉비」 영락 10년(400)조에 보이는 임나가라의 종발성(從拔城)이나 안라 지역의 전투와 관련되는 것으로 여겨지거니와, 신공황후 49년조의 소위 가야 7국 평정 기사는 「광개토대왕릉비」 영락 10년(400)조의 사건이라고 판단된다.

그런데 『일본서기』 신공기에서 황전별(荒田別) 관련 행적은 신공황후 49년조 가야 지역의 전투 기사 이후 신공황후 50년의 귀환 기사 외에는 보이지 않는다. 다만 『일본서기』 응신천황 15년조에는 황전별(荒田別)을 백제에 보내 왕인을 초치하였다고 하였다(⑨). 응신천황 16년 2월조에 왕인이 도착하였다는 기사에는 황전별에 관한 내용은 보이지 않지만, 이때에 황전별도 함께 귀환하였으리라 짐작된다.

그렇다면 『일본서기』 신공황후 49년, 50년은 응신천황 15년, 16년에 상응한다고 보아 좋을 것이다. 이는 『일본서기』 편찬자들이 신공황후 신라 정벌을 꾸미기 위해, 황전별과 관련된 기사를 신공기와 응신기에 각각 배치함으로써 빚어진 것이라 생각한다. 그런데 황전별의 백제 파견이 신공황후 49년과 응신천황 15년이라면 이들의 실제 기년을 어떻게 볼 것인가의 문제가 있다.

발표자는 최근에 칠지도의 제작시기를 판가름하는 '태시(泰始)', '태초(泰初)', '태화(泰和)' 등으로 추독하였던 연호를 '봉원(奉元)'으로 석독함으로써, 봉원(奉元) 4년(408) 11월 16일에 제작되었음을 밝힌 바 있다. 이때의 봉원(奉元)이란 연호는 '천지를 일으키는 기운을 키우는 것을 받든다(奉元養)'는 데서 채용한 것으로서, 그 유교적 이념으로 미루어 연호 제정에 진으로부터 수용된 새로운 지식을 갖춘 승려 왕사 또는 왕인과 같은 박사가 참여하였을 가능성을 상정하였다.[46] 사실 황전별이 소위 가야 7국을 평정하였다는 『일본서기』 신공황후 49년조 기사에 이어 신공황후 52년조에는 구저(久氐) 등이 천웅장언(千熊長彦)을 따라와서 칠지도(七枝刀) 1자루와 칠자경(七子鏡) 1개 및 여러 가지 귀중한 보물을 바쳤다는 기사를 전한다.[47] 만일 응신천황 15년을 수정연대 120년을 더한 것이라 한다면 아신왕 14년 내지 전지왕 즉위년(405)이 된다. 이는 신공황후 49년과 50년이 각각 응신천황 15년과 16년에 상응하는 것임을 생각할 때에, 신공황후 52년은 응신천황 18년으로 칠지도의 제작기년 전지왕 4년(408)과 정확하게 일치한다. 그렇다면 신공황후 49년은 전지왕 즉위년 내지 아신왕 14년이라 할 수 있다. 곧 『일본서기』 신공황후 49년조는 왕인을 초치하기 위하여 황전별을 보낸 때로서, 아신왕 14년 내지 전지왕 즉위년인 405년의 기사라고 할 수 있으며, 이는 『일본서기』 응신천황 15년 기사에 상응한다..

그런데 신공황후 49년조 기사는 영락 10년(400) 소위 가야 7국 평정 기사가 포함되어 있다. 사실 신공황후 49년조 기사는 '이에 군대를 옮겨 서쪽으로 돌려(仍移兵西廻至)'라는 구절을 넣어 문장을 나눔으로써, 신라 토벌 및 가야 7국 평정 기사(㉮A)와 침미다례의 공략 및 4읍 평정, 백제왕 부자와의 상봉, 한성으로 향하는 노정 등(㉮B)으로 나눌 수 있다. 침미다례를 공략한 기사(㉮B㉠)에 대하여 『일본서기』 응신천황 8년조에 인용된 『백제기』에는 아화왕(阿花王) 때에 왜가 침미다례(枕彌多禮)를 공략하였다는 기사가

46) 박남수, 「백제 전지왕 '奉元四年'銘 칠지도와 그 사상적 배경」, 『東研』 10, 동아시아 비교문화연구회, 2021, 11, 5~8쪽, 27~29쪽, 46~47쪽.
47) 『日本書紀』 권 9, 神功皇后 52년 가을 9월 10일.

보이거니와,[48] 영락 10년(400) 소위 가야 7국 평정 기사의 연장선상에서 볼 수도 있을 것이다.

그러나 신공황후 49년이 응신천황 15년 곧 전지왕 즉위년(405)에 상응하는 것이라면, 이른바 신라 정벌과 가야 7국 평정 사건은 전지왕 즉위년의 전사(前史)로서 황전별(荒田別)의 무공을 과시하고자 한 것이었다고 여겨진다. 따라서 고해진(古奚津) 도착 이후의 기사(⑦B©)는 신공황후 49년에 해당하는 전지왕 즉위년(405)의 기사일 것으로 여겨지며, 이는 다음의 『삼국사기』 전지왕 즉위년조 기사와 관련하여 전지태자가 왜인의 호위하에 백제 한성을 향하는 노정으로 이해된다.

⑩ 전지왕(腆支王)[혹은 직지(直支)라고 한다]은 『양서(梁書)』에서 이름을 영(映)이라고 하였다. 아신왕(阿莘王)의 맏아들로서 아신왕 재위 3년(394)에 태자가 되었고, 6년(397)에 왜국에 볼모로 갔다. 14년(405)에 왕이 돌아가시자 왕의 둘째 동생 훈해(訓解)가 대신 다스리면서 태자가 나라로 돌아오기를 기다렸는데, 왕의 막내 동생 설례(碟禮)가 훈해를 죽이고 스스로 왕이 되었다. 전지가 왜(倭)에서 부고를 듣고 소리내어 울면서 돌아가기를 청하니 왜왕이 군사 100명으로 호위하며 보냈다. 이윽고 국경에 이르자 한성(漢城) 사람 해충(解忠)이 와서 알리기를, "대왕께서 돌아가시자 왕의 동생 설례가 형을 죽이고 스스로 왕이 되었습니다. 태자께서는 경솔히 들어오지 마시기 바랍니다."라고 하였다. 전지가 왜인을 머물게 하여 스스로 지

---

48) 『日本書紀』 권 10, 應神天皇 8년 봄 3월.

키면서 바다의 섬에 의지하여 기다렸더니 나라사람들이 설례를 죽이고 전지를 맞이하여 왕위에 오르게 하였다.(『삼국사기』권 25, 백제본기 3, 전지왕 원년 9월)

위의 기사에 보듯이 전지태자는 부왕 아신왕의 죽음으로 귀국길에 올랐지만, 아신왕의 막내 동생 설례(碟禮)가 전지를 왕으로 맞이하려고 하는 둘째 형 훈해를 죽이고 스스로 왕이 되었고, 전지는 부고를 듣고 군사 100명의 호위하에 귀국하였다. 그가 왜인을 머물게 하여 스스로 지키면서 바다의 섬에 의지하여 기다렸다가, 나라사람들이 설례를 죽이자 입경하여 왕위에 올랐다는 것이다. 전지는 100명의 왜병과 함께 배로 이동하여 한성 부근의 섬에까지 이르렀다가 입경하였던 것이다(⑩). 이 기사와 『일본서기』응신천황 15년조 기사와 대비하여 본다면, 아신왕 14년(405) 백제 태자 전지가 아신왕의 부음을 듣고 귀국하면서 황전별 등 100명의 왜병을 거느리고 백제에 건너가 왕인박사를 왜에 파견한 것이라 할 수 있다.

그런데 『일본서기』신공황후 49년조에서 황전별 일행을 맞이한 백제국왕을 초고(肖古)와 귀수(貴須)라고 지칭하였다. 이는 왕인(和迩吉師)을 일본에 보낸 백제왕을 『고사기』에서 조고왕(照古王)이라 한 것, 그리고 『속일본기』에서 구소왕(久素王)이 왕인을 보냈다고 한 기록과 상응하는 바, 채록한 자료의 전승의 차이라고 보아야 하지 않을까 한다. 다만 초고(肖古)와 귀수(貴須)라는 명칭의 표기법이 『고사기』나 『속일본기』와 차이가 있는 바, 이들 기록과 다른 별도의 황전별(荒田別)의 가승(家乘)에서 채록하여 편집되었을 가능성이 높다고 본다.

황전별 일행이 고해진에 도착한 이후 침미다례를 공략하였다고 하였다. 침미다례(枕彌多禮)를 탐라(제주)로 보기도 하지만, 탐라국(躭羅國)에서 백제에 토산물을 바친 것이 문주왕 2년(476)[49]부터였다는 점에서 딤진(耽津)[50] 곧 오늘날의 강진군으로 보는 견해를 따른다. 그후 '백제왕 초고(肖古)와 왕자 귀수(貴須)가 군대를 이끌고 와서 만났다'고 하였거니와, 전지태자도 황전별과 마찬가지로 고해진(古奚津)에 이르렀다는 것으로 풀이된다.

여기에서 전지태자 일행이 고해진에 이르자 비리·벽중·포미지·반고가 스스로 항복하였고, 의류촌[주류수기]에서 환대를 받았다는 사실을 주목할 수 있다. 이는 당시 백제 중앙의 정치적 혼란 속에서 백제 왕태자의 출현으로 이 지역 정치적 수장들이 귀복한 사실을 반영한 것으로 보아야 하지 않을까 한다.

그런데 천웅장언과 백제왕만이 의류촌을 출발하여 백제국에 입경하여 벽지산과 고사산에서 맹세를 하고 한성에 입경하였다. 주지하듯이 고사산(古沙山)과 벽지산(辟支山)은 오늘날 김제시에 위치한 고사부리(古沙夫里)와 그 속현인 벽성현(辟城縣, 고부)에 비정된다. 곧 고사산과 벽지산부터 백제국의 영역이었음을 알 수 있으며,[51] 그 이전에 들렸던 고해진(古奚津)과 의류촌(意流村, 州流須祇), 그리고 스스로 항복하였다는 비리(比利)·벽중(辟中)·포미지(布彌支)·반고(半古) 등은 백제의 남방 한계선 밖의 남쪽에 위치함을 알 수 있다.

의류촌[주류수기(州流須祇)]이 당시에 백제국의 영역이 아니었다는 점, 그리고 의류촌이 고사산·벽지산 등 김제와 고부 이남 백제 영역 밖에 존재한다는 점, 의류촌 주변의 비리·벽중·포미지·반고 등 가운데 포미지·반고

---

49) 『삼국사기』 권 26, 백제본기 4, 문주왕 2년 4월.
50) 『삼국사기』 권 36, 잡지 5, 지리 3, 신라 陽武郡.
51) 김기섭, 「백제의 영역확장과 마한 병탄」, 『백제학보』 11, 2014, 103~108쪽.

가 나주와 반남 지방으로 비정된다는 점에서, 이를 강진이나 나주에 근접한 지역에서 찾아야 하지 않을까 한다. 따라서 기왕에 의류촌[주류수기]을 후일 백제 부흥군의 중심지로서 오늘날 충청남도 서천군 한산 지역으로 비정되는 주류성(周留城, 州柔, 豆率城)으로 보는 견해는 재고를 요하는 것이다.

사실 의류촌의 별칭 주류수기(州流須祇)에서 '주류(州流)'는 지명에서 '두루'로 훈독되는 '주(周)'로서, '주류성(周留城)'을 '두솔(豆率)·주류(州流)·주유(州柔)' 등으로 적는데, 주류(周留)는 의자 말음 첨기이고, 두솔(豆率)·주류(州流)·주유(州柔)는 음사한 것이라고 한다. 그런데 『삼국사기』 지리지에서 영암군(靈巖郡)은 본래 백제의 월내군(月奈郡)이라 하였다. 또 한편으로 백제 지명에서 '월(月)·월랑(月良)·돌(突)·돌(埃)·진(珍)·영(靈)' 등 글자의 원어(原語)는 '돌·드르(野)'이며, 영산(靈山)[邊山]이 주류성(周留城)과 호전(互轉)

「해동지도」 영암군조의 주류봉(冑留峰)

된다고 한다.[52] 이로써 보건대 영암의 백제 명칭 월내(月奈)도 '돌·두르'에서 비롯한 '주류(州流)'였을 가능성을 상정할 수 있지 않을까 한다. 사실 1750년대 초에 제작된 것으로 여겨지는 「해동지도」(보물 제1591호) 영암군조에는 영암군 관내에 '주류봉(冑留峰)'을 적기하고 있는데, '주류(冑留)' 또한 음가로 미루어 볼 때에 '주류수기(州流須祇)'의 '주류(州流)'와 모종의 관련이 있지 않을까 한다. '수기(須祇)'에서 '기(祇)'는 백제어에서 성(城)을 뜻하는 '지(只)'에 상응하는 것이라고 할 것인데, '수(須)'는 'ㅅ'으로서, '주류수기(州流須祇)'는 우리 말 '드르의 성'이란 의미로 새겨진다. 아마도 '의류(意流)'는 의(意)의 훈독 '뜻'으로서 '뜨르(뜰, 野)+ㅅ'에 다름 아닐 것으로 풀이된다.

고해진(古奚津)은 일반으로 『삼국지』 동이전 마한조의 구해국(狗奚國)으로 보고, 오늘날 전남 강진(康津), 또는 해남(海南)으로 비정하기도 한다. 그런데 '군대를 옮겨 서쪽으로 돌아 고해진(古奚津)에 이르렀다는 것[移兵西廻至]', 그리고 침미다례(忱彌多禮, 강진)를 남쪽의 오랑캐[南蠻]라고 지칭한 것을 보면, 고해진은 서해 연안으로서 지금의 강진 북쪽에 위치하였다고 보아야 한다. 만일 의류촌(意流村)을 영암에 비정할 수 있다면, 고해진(古奚津) 또한 영암 관내가 아닐까 하며, 황전별 일행이 도착한 곳은 아무래도 영암만의 포구나 통일신라 시기에 당나라의 선박이 오갔던 회진(會津)일 가능성이 높다.

특히 회진현(會津縣)은 본래 백제의 두힐현(豆肹縣)이었다.[53] '두힐(豆肹)'은 '야(野)'의 훈(訓) '들(드르)'의 한 고형(古形) '드을'인데 그것이 와전된

---

52) 양주동, 『증정 고가연구』 중판, 1987, 326쪽, 731쪽.
53) 『삼국사기』 권 36, 잡지 5, 地理 3, 新羅 錦山郡.

음 '두흘'이 '이(二)'의 훈(訓) '둘'과 통하기 때문에 '두원(荳原, 두블)'으로 개명된 것이고, 또한 '이회(二會)'를 뜻하는 '회(會)'자로 대역(對譯)된 것으로서, '두블-두흘'은 서로 통한다고 한다.[54] 결국 회진(會津)이란 명칭도 두흘(荳肹) 곧 '야(野)'의 훈(訓) '들(드르)'에서 비롯하며, 그것은 '주류수기(州流須祇)'의 '주류(州流)'가 '돌·드르(野)'에서 비롯한 것과 동일 어원임을 알 수 있다. 다만 고해진(古奚津)이 두흘(荳肹)과 음운상 어떠한 관계에 있었는지는 분명하지 않으나, 회진의 옛 명칭으로 '구해나루' 정도이지 않았을까 추측해 볼 수 있을 듯하다.

그렇다면 왜왕이 황전별(荒田別)을 보내어 왕인을 초치하는 과정에서 영암은 주요한 기착점이 되었다고 할 수 있으며, 전지태자가 한성을 향하는 길에 반드시 거쳐야 하는 포구였다고 본다. 특히 전지태자는 오직 천웅장언(千熊長彦)과 함께 백제국에 이르러 맹세하고 한성으로 입경하였다. 그는 100명의 왜병을 거느리고 서해의 섬에서 난이 진압되기를 기다렸다가 입경하였다고 하는 바, 김극기가 지칭한 '해상(海商) 100명'도 혹시 이와 관련된 전승이 아닐까 생각해 볼 수 있을 듯하다.

아무튼 황전별(荒田別)은 의류촌(意流村)에서 환대를 받고 고해진(古奚津)에서 왜로 귀국하였다고 볼 수 있다. 그렇다면 그가 데리고 갔다는 왕인은 아무래도 고해진과 의류촌[州流須祇]에서 대동하였다는 것 외에는 달리 상정할 만한 곳이 없어 보인다. 당시에 영암이나 나주 지역은 백제국의 영역 밖이었지만, 의류촌(意流村)의 환대나 백제태자 전지가 이 지역에 출현함으로 인하여 주변 4국이 스스로 항복하였다는 것은, 당시 백제 중앙이 정

---

54) 양주동, 앞의 책, 414쪽.

변의 와중이었다는 점을 고려할 때에 이 지역과 중앙 정부는 매우 긴밀한 관계였으리라 집작할 수 있다. 어쩌면 탐라의 조공과 같은 형식으로 이 지역이 백제와 연결된 반독립적인 정치체였지 않았을까 생각한다. 이로써 이 지역은 왜와의 교류를 위한 교통로상의 거점 내지 기항지로서 기능하였으리라 믿어지며, 이 지역에서 발견된 독무덤이나 장고분은 이들 세력을 상징하는 기념물로 보아야 하리라 본다.

전지태자가 귀국하여 왕위에 즉위하자 천웅장언(千熊長彦) 편에 구저(久氏)를 딸려 보냈거니와[신공황후 49년, 405], 이때에 왕인이 구저와 함께 왜에 건너 갔을 가능성도 없지는 않다. 아니면 『삼국사기』에서 한성(漢城) 사람 해충(解忠)이 전지태자에게 당시 한성 내 국정을 전하면서 왕인박사를 데려왔을 가능성도 없지 않을 것이다. 그러나 『일본서기』 응신기의 기사에 따른다면, 왕인은 고해진(古奚津)과 의류촌(意流村, 州流須祇)에서 전지태자의 명에 따라 황전별(荒田別)과 함께 왜에 파견되었을 가능성이 훨씬 높지 않을까 한다. 영암 지역의 잊혀진 전승으로 남겨진 성신(聖神)이나 상대포의 전설, 석인상(石人像) 등은 이러한 역사적 배경에서 생성되어 잊혀진 것이 아닐까 생각해 볼 수 있을 듯하다.

아무튼 그후 백제와 왜의 교류는 주로 천웅장언과 구저에 의해 이루어졌거니와, 전지왕 2년(406, 『일본서기』 신공황후 50년) 구저를 왜에 사신으로 파견하였고, 그 이듬해(407)에는 왜가 구저의 귀국편에 천웅장웅을 백제에 파견하였다. 전지왕 4년(408, 『일본서기』 신공황후 52년)에 백제는 다시 왜왕에게 칠지도 등을 보냈던 것이다.

또한 응신천왕 20년(전지왕 5, 409)에는 아지사주(阿知使主)가 17현의 대규모 무리를 거느리고 왜로 이주하였거니와, 이는 아무래도 백제 내의 정치적 파동과 관련하여 집단 이주가 있었을 것으로 집작된다. 이는 전지왕대

전반에 전남 지역에 잔존한 마한 세력에 대한 정치적 복속 관계를 예상할 수 있게 하거니와, 우리 학계가 풀어야 할 또다른 과제라고 할 수 있을 듯하다. 그런데 그로부터 80여 년 뒤에 제작된 「우전팔번신사 동성왕 인물화상경」(동성왕 13년, 491)에는 아지사주의 후예 '귀중비직(歸中費直)'이 백제에 다시 귀화하여[55] 사마(斯麻, 후일 무령왕)의 사신으로서 일본에 체류중이던 동성왕에게 파견되었음을 살필 수 있다.[56] 당시 백제의 왜에 대한 문물 전수뿐만이 아니라 인적 내왕의 왕성함으로 볼 수 있거니와, 귀중비직(歸中費直)의 존재는 아지사주의 왜 이주와 관련하여 영산강 일원에 산재한 왜계 고분의 정체성을 밝힐 수 있는 문자 자료로서 그 의미를 새길 수 있지 않을까 한다.

4. 맺음말

본고에서는 현재 부정론과 긍정론이 평행선을 달리고 있는 왕인박사 영암 출생설이 지니고 있는 문제와 한계점을 지적하고, 왕인이 왜에 파견된 시기와 관련하여 그 역사적 배경을 밝히고자 하였다. 특히 왕인의 일본 파

---

55) '歸中'은 어의대로라면 '중국에 귀화한 [사람]'이란 의미이다. 『일본서기』 雄略天皇 16년(472) 10월조에는 漢部[야야베]를 모아 그 伴造를 정하면서 直이란 성을 내렸다. 이들은 금석문상에 費直으로 등장하거니와 漢部에게 내린 直의 성에 다름 아니다. 이들 漢部는 응신천황 때에 倭로 건너간 阿知使主의 자손으로, 河內와 大和에 거주하는 西漢氏와 東漢氏를 지칭한다(연민수 외, 『역주 일본서기』 2, 동북아역사재단, 2013, 171~172쪽).

56) 박남수, 앞의 논문, 2022. 5, 17~18쪽.

견 시기를 칠지도 제작시기와 관련하여 살피고, 왕인을 초치하기 위해 파견된 『일본서기』 황전별(荒田別) 기사를 분석·검토함으로써 왕인(王仁) 도왜(渡倭)의 영암 관련성 여부를 살피고자 하였다. 이에 그 결과를 정리하면 다음과 같다.

첫째, 왕인박사 출생설에서 문헌적 근거로 제시한 『신증동국여지승람』 영암군 고적 최씨원(崔氏園)조의 김극기 시문을 검토하여, 동 시문의 상사(相師)는 '왕인이 관상을 잘 한다'고 보기보다는 동 승람에서 인용된 '달마산 도솔암에 화엄조사 상공(華嚴祖師 湘公)이 거처하였다'는 전승과 관련된 것이고, 월출산 위의 신광을 보고 성인을 뵈어 동구(洞口)의 쑥과 띠를 베어 집을 짓고 다시는 고향을 생각하지 않았던 주체는 백 명의 해상(海商)이며, 자금(紫金)의 상(像)과 무너진 상각(像閣)과 방분(方墳)을 본 주체는 김극기임을 밝혔다. 이로써 동 시문에서 왕인을 특정할 수 없는 것은 분명하지만, 신광(神光)이나 알성(謁聖), 그리고 자금(紫金)의 상(像)이나 방분(方墳) 등은, 고려 중엽에 월출산을 둘러싸고 이어온 과거의 사적이 있었음을 반영하며, 도선과 또다른 신성한 존재에 대한 전승이 있었을 가능성을 상정할 수 있었다.

둘째, 왕인박사의 영암 출생설이 일제시기 문헌 『조선환여승람』에 보인다는 점에서 1932년 일본승려 아오키 게이쇼(靑木惠昇)가 조선인을 대상으로 내선일체(內鮮一體) 정책을 관철시켜 침략전쟁에 동원하기 위한 것이라는 견해가 있었지만, 1927년 5월에 발표된 「영암행」(『신민』 25)이란 답사기에서 이미 1927년 당시에 영암지방에 왕인 출생지설이 유포되었던 사실을 확인하는 견해가 있었음을 소개하였다.

또한 왕인박사 영암 출생설은 영암이 왕인박사 탄생지였다는 전설에서 출발한 것으로서, 문헌자료로써 왕인의 사적을 증거하지 못하였다는 약점이 있음을 지적하였다. 이에 도선국사의 전설이 왕인박사의 전설에 편입되었다는 주장과 반대로 왕인박사의 전설이 도선국사의 전설에 차용되었을 것이라는 주장을 검토함으로써, 후대의 왕인박사 탄생 설화에서 도선국사의 탄생 설화를 채용하지 않았을까 생각하였다.

셋째, 비교적 많은 기록을 전하는 도선국사와 관련된 도선의 어머니 성씨와 탄생 설화, 성기(聖起[基])와 구림(鳩林)이라는 지명의 생성 과정, 그리고 도선의 입당설을 검토하였다. 이에 「백룡사 선각국사비」에서 도선을 '영암' 출신이라 한 것이, 고려시대에 동 탄생지에 최씨원이 들어서면서 모친의 성씨가 최씨로 바뀐 것임을 확인하고, 그러한 변화에는 고려 태조를 도운 최지몽(崔知夢, 907~987)으로 대표되는 최씨가 영암에 세거한 데서 비롯한 것으로 추정하였다.

현재 성기동(聖基洞)의 전신 지명으로 '성기산벽촌(聖起山僻村)'은 1653년에 건립된 「도갑사 도선국사비」에 처음으로 등장하거니와, 『신증동국여지승람』이 완성된 1530년(중종 25) 이후부터 도갑사 도선국사비가 건립된 1653년 사이에 성기산(聖起山)이란 지명이 나타나고, 이후 이하곤(李夏坤, 1677~1724)의 『두타초(頭陀草)』(18책)에 실린 「남유록(南遊錄)」에 성기동(聖基洞), 성기봉(聖基峰) 등의 지명이 처음으로 등장함을 밝혔다. 또한 구림(鳩林)은 『세종실록지리지』에서 '비둘기가 와서 날개로 이를 덮고 있었다'는 전설만을 소개하였던 것을, 『신증동국여지승람』에 이르러 동 전설에 '수리'의 화소가 추가되면서 '구림(鳩林)' 또는 '비취(飛鷲)'라는 지명이 비로소 등장하였다.

넷째, 도선의 탄생 설화는 「백룡사 선각국사비」에서 구슬을 먹고 임신하였던 것이, 고려 말 김경숙(金敬叔)의 『주관육익(周官六翼)』을 바탕으로 한 「세종실록지리지」에서 최씨원의 오이로, 그리고 「도갑사 도선국사비」에서 다시 강가의 오이로 화소가 바뀌어 시대의 변화에 따른 전승의 변이양상을 살필 수 있었다. 그럼에도 불구하고 도갑사 수미선사의 경우 종전의 구슬을 먹고 잉태하였다는 전승을 유지한 바, 영암 지방에 두 계열의 탄생 전설이 함께 전해져 왔던 것으로 보았다. 아울러 도선의 입당과 관련한 상대포 전설은, 도선의 입당설이 부정되는 상황에서 또다른 존재의 상대포 관련 전설이 도선의 전설에 부회된 것이 아닐까 추측하였다. 아울러 『조선환여승람』에서 왕인이 고이왕 52년 을사년에 일본에 파견되었다는 기록은, 『일본서기』 응신천황 15년조의 기사에 대한 『해동제국기』 이래 『청장관전서』의 설을 따른 것으로 보았다.

다섯째, 『일본서기』 응신천황 15년조 왕인박사 왜(倭) 초치 기사에 등장한 황전별(荒田別)이 같은 책 신공황후 49년조에 등장한다는 점에 주목하여 그 절대 연대를 찾고자 하였다. 특히 신공기(神功紀)에 등장한 목라근자(木羅斤資)에 대하여, 그의 아들 목만치(木滿致)가 420년 구이신왕이 즉위하였을 때에 국정을 잡았던 인물이라는 점을 주목할 수 있었다. 또한 신공기 49년조의 백제·왜군의 전투 지역이 「광개토대왕릉비」 영락 10년(400)조에 보이는 임나가라(任那加羅)의 종발성(從拔城)이나 안라(安羅) 지역의 전투와 상응함을 살필 수 있었다. 이를 다시 『일본서기』 응신천황 15년조에서 황전별(荒田別)을 백제에 보내 왕인을 초치한 기사와 비교함과 아울러 칠지도 제작 연도 전지왕 4년설(408)을 따를 때에 신공기 52년의 칠지도 헌상 기사와 일치함을 알 수 있었다. 따라서 신공황후 49년과 50년의 기사는 각각 응신천황 15년과 16년에 상응하는 기사임을 알 수 있었다. 다만 신공왕후 49년조 기사에 영락 10년(400)의 전투 기사가 실린 것은, 응신천황 15년(405) 왕인박사를 초치하고자 황전별(荒田別)을 보낼 때에 그의 전사(前史)를 가승(家乘)에서 채록한 때문이 아닌가 생각하였다.

그렇다면 왕인박사를 초치하고자 황전별(荒田別)을 보낸 것은 아신왕 14년(405)임이 분명하며, 신공기(神功紀) 49년조 고해진(古奚津) 도착 이후의 기사를 『삼국사기』 전지왕 즉위년조의 기사와 비교할 때에, 전지태자가 아신왕의 부음을 듣고 황전별이 이끄는 왜병 100명을 거느리고 고해진과 의류촌(意流村)[주류수기(州流須祇)]에 도착하였고, 이들 지역은 백제 남방 경계선 이남 지역으로서 영암 지역일 가능성이 높은 것으로 풀이되었다.

당시에 황전별(荒田別)은 의류촌(意流村)에서 환대를 받고 고해진(古奚津)에서 왜로 귀국한 것으로 여겨지거니와, 이로써 그가 데리고 갔다는 왕인은 아무래도 고해진과 의류촌[주류수기]에서 대동하였을 가능성이 높지 않은가 추정하였다. 특히 의류촌(意流村)[주류수기(州流須祇)]은 음운학상 영암의 백제 명칭 월내(月奈)가 '돌·두르'에서 비롯한 '주류(州流)'였을 것으로 여겨지거니와, 영암 지역의 잊혀진 전승으로 남겨진 성신(聖神)이나 상대포의 전설, 석인상(石人像) 등은 이러한 역사적 배경에서 생성되어 잊혀진 것이 아닐까 하는 가설을 제시하였다.

그후 전지왕대 백제와 왜의 교류는 남다른 것으로서, 전지왕 5년(409)에는 아지사주(阿知使主)가 17현의 대규모 무리를 거느리고 왜로 이주하였거니와, 이는 아무래도 백제에서의 정치적 파동에 따른 것으로서 주목해야 할 사건이 아닌가 한다. 이는 전지왕대 전반에 전남 지역에 잔존한 마한 세력에 대한 정치적 복속 관계를 예상할 수 있게 하거니와, 「우전팔번신사 동성왕 인물화상경」(동성왕 13년, 491)에 아지사주의 후예 귀중(歸中) 비직(費直)이 백제에 다시 귀화하여 사신으로 다시 왜에 파견된 사실과 관련하여 향후 풀어야 할 과제라고 생각한다.

【참고문헌】

1. 자료

『三國史記』『三國志』『古事紀』『日本書紀』『續日本記』

『海東諸國記』『東溟集』『記言』『東史綱目』『頭陀草』『東溟集』『靑莊館全書』『海東繹史』

『世宗實錄地理志』『新增東國輿地勝覽』「海東地圖」『輿地圖書』『朝鮮寰輿勝覽』

연민수 외, 『역주 일본서기』 2, 동북아역사재단, 2013.
한국고대사회연구소 편, 『한국고대금석문자료집』 Ⅰ·Ⅱ, 1992.

2. 논저

(사)왕인박사현창협회 편, 「왕인박사에 대한 문헌적 고증」, 『왕인박사연구』,
    2012.

(사)왕인박사현창협회 편, 『2019 왕인박사현창협회 학술대회 조선환여승
    람과 왕인박사』, 2019. 11. 28.

(사)왕인박사현창협회 편, 『4~5세기 동북아시아의 국제정세와 왕인박사』,
    2017.

(사)왕인박사현창협회 편, 『조선환여승람과 왕인박사』, 2019.

김기섭, 「백제의 영역확장과 마한 병탄」, 『백제학보』 11, 2014.

김두진, 『한국고대의 건국신화와 제의』, 일조각, 1999.

金秉仁, 「王仁의 '지역 영웅화' 과정에 대한 문헌사적 검토」, 『한국사연구』
    115, 2001.

김선희, 「근대 왕인 전승의 변용양상에 대한 고찰」, 『일본문화연구』 41,

2012.

김선희, 「전근대 왕인 전승의 형성과 수용」, 『일본문화연구』 39, 2011.

김정호, 「구림지역의 왕인시대 유적」, 『개도 100주년기념 '96 왕인문화축
　　제 : 왕인박사탄생지 정립 학술강연회』, 영암군, 1996. 4. 19.

김정호, 『왕인전설과 영산강문화』, 영암군, 1997.

김주성, 「영산강유역 대형옹관묘 사회의 성장에 대한 시론」, 『백제연구』
　　27, 충남대 백제연구소, 1997.

김철준, 「영암 왕인유적설에 대한 비판-왕인유적지 사적 지정에 대한 문화
　　재 위원회 제출 소견문」, 1985.

노중국, 「문헌기록 속의 영산강 유역 : 4~5세기를 중심으로」, 『백제학보』
　　6, 백제학회, 2011.

노중국, 『백제정치사연구』, 일조각, 1988.

도진순, 「왕인 현창의 양면」, 『역사학보』 226, 2015.

류승국, 「왕인박사에 대한 문헌적 고증」, 『왕인박사연구』, 2012.

李能和, 「道詵」, 『朝鮮佛敎通史』 上編, 경희출판사(1967 영인본), 1918.

문안식, 「왕인의 渡倭와 상대포의 해양 교류사적 위상」, 『한국고대사연구』
　　31, 2003.

박광순, 「왕인박사의 도일시기와 경로」, 『왕인박사연구』, 2012.

박균섭, 「왕인 관련 사료와 전승 검토」, 『한국교육사학』 34-2, 2012.

박남수, 「백제 동성왕 인물화상경('隅田八幡鏡')과 斯麻」, 『東硏』 11, 동아세
　　아비교문화연구회, 2022. 5.

박남수, 「백제 전지왕 '奉元四年'銘 칠지도와 그 사상적 배경」, 『東硏』 10, 동
　　아시아 비교문화연구회, 2021. 11.

박남수, 「한국의 역사서와 연구물에 그려진 왕인박사」, 『왕인박사에 대한

교육의 현황과 개선방향」, 한출판, 2014.

박찬규, 「문헌자료를 통해서 본 마한의 始末」, 『백제학보』 3, 백제학회, 2010.

성춘경, 「왕인박사유적 문화재 지정 경위」, 『聖基洞』 창간호, 1986,

양주동, 『증정 고가연구』 중판, 일조각, 1987.

이병도, 『한국고대사연구』, 박영사, 1976.

이은창, 「왕인박사의 연구」, 『월간 문화재』 1974년 5월호, 1974.

임영진, 「왕인박사 탄생지에 대한 고고학적 검토」, 『왕인박사연구』, 2012.

정성일, 「'왕인박사 영암 출생설' 분석 시론」, 『4~5세기 동북아시아의 국제 정세와 왕인박사』, (사)왕인박사현창협회, 2017.

정성일, 「1927년 영암 답사기에 보이는 왕인박사 전승」, 『조선환여승람과 왕인박사』, (사)왕인박사현창협회, 2019.

朱仁夫, 「儒學對日本之影響」, 『東亞人文學』 10, 2006.

千寬宇, 『加耶史研究』, 일조각, 1991.

표인주, 「인물전설의 전승양상과 축제적 활용」, 『한국민속학』 41, 2005.

하우봉, 「조선시대 왕인에 대한 인식의 전개와 그 의미」, 『전북사학』 47, 2015.

鈴木靖民, 「木滿致と蘇我氏」, 『日本のなかの朝鮮文化』 50, 1981.

山尾幸久, 「任那に關する一試論」, 『古代東アジア史論集』 下, 1978.

椎川龜五郎, 『日韓上古史ノ裏面』 하권, 東京 : 文王閣, 1910.

※ 이 논문은 『왕인박사 영암 출생설의 배경』(왕인문화연구소 편, 사단법인 왕인박사현창협회, 2021년 12월)에 실린 글을 수정·보완한 것임.

제5장

왕인王仁 박사 기록 데이터베이스 편찬의 필요성과 그 방안

허경진 _ 연세대학교 국문과 명예교수

1. 머리말
2. 왕인王仁 박사의 행적을 찾아볼 수 있는 한국의 기록
3. 통신사 기록에 나타난 왕인王仁
4. 수신사 및 조사시찰단 기록에 나타난 왕인王仁
5. 왕인王仁 기록의 데이터베이스 편찬 예시
6. 맺음말 - 왕인王仁 관련 기록 데이터베이스 편찬을 영암군에 제안하며 -

1. 머리말

백제 출신의 박사(博士) 왕인(王仁)이 일본에 『논어』와 『천자문』을 가져다 주었다는 사실은 오래 전부터 한국 학자들에게 알려졌고, 일반 국민들도 상당수 이러한 사실을 알고 있으며, 자랑스럽게 생각하는 국민도 많다.

왕인박사유적지를 관리하는 영암군 문화시설사업소 홈페이지에 「왕인박사 소개」 항목이 있는데, "18세 때 오경박사에 등용, 32세 때 일본국 초청으로 도일"했다고 소개했지만, 생몰 연도를 밝히지 않았다. 「문산재와 왕인」에서 "박사 왕인은 백제 14대 근구수왕(近仇首王) 28년(373년) 3월 3일 월나군(月奈郡) 이림(爾林)의 성기동(聖基洞)에서 왕순(王旬)의 외아들로 태어났다."고 출생 연도를 밝힌 것은 일본 기록을 근거로 역산한 것이다.

일본에서는 왕인(王仁)에 관한 기록이 8세기에 완성된 『고사기(古事記)』
나 『일본서기(日本書紀)』에서부터 보이지만, 한국에서는 같은 시기를 다룬
『삼국사기(三國史記)』나 『삼국유사(三國遺事)』에 보이지 않는다.

우리나라 학자 가운데 『신증 동국여지승람』 권35 「영암군」 편에 보이
는 산천(山川)조 김극기의 월출산 시에서 상사(相師)나 포옹(逋翁)을 왕인(王
仁)으로 해석하는 분도 있지만, 왕인 전설의 실마리도 잡히지 않는 고려 시
기의 전후 맥락을 고려하지 않고 이 글자들을 왕인(王仁) 박사로 해석하는
데에는 무리가 따른다. "목판본을 오래 사용하다 보니 이옹(邇翁)의 '이(邇)'
자가 문드러져서 '포(逋)'자로 보이는데, 이(邇)자는 왕인의 이름 화이(和邇)
를 가리킨다"고 해석하려면 두 단계의 비약이 따른다. 포옹(逋翁, 숨어 사는
늙은이)이라고 글자 그대로 번역하는 것이 훨씬 더 자연스러울 뿐만 아니
라, 이 시는 김극기가 월출산에 숨어 사는 친구 이징군(李徵君)에게 지어준
시이기 때문이다.[1]

현재까지 밝혀진 문헌만으로는 왕인과 영암군의 연결고리를 명쾌하게
확정짓기 어려우므로, 이에 대해서는 다른 자료들이 더 발견되기를 기대한
다. 따라서 오늘 발표에서는 지금까지 찾아낸 기록들을 데이터베이스로 편
찬하여 왕인과 영암군의 연결고리를 찾아보는 방법을 제안하고자 한다.

---

1) 김극기의 문집이 전하지 않는데다가, 『동문선』에 실린 김극기의 작품 78편 가운
데에도 이 시가 실려 있지 않으므로, 이 시의 제목이 무엇인지, 이징군이 누구인
지, 과연 포옹(逋翁)이 아니라 이옹(邇翁)인지, 혹시라도 다른 실마리를 찾아낼 수
있을 것인지 확인할 수가 없다.

2. 왕인王仁 박사의 행적을 찾아볼 수 있는 한국의 기록

왕인(王仁)에 관한 기록은 크게 두 가지 내용으로 나누어진다. 하나는 백제 출신의 왕인(王仁)이 일본에 『논어』와 『천자문』을 가져다 주었다는 사실이고, 다른 하나는 왕인(王仁)이 영암(靈巖) 출신이라는 점이다. 그런데 이러한 행적을 속시원하게 기록한 국내 기록을 아직은 찾아내지 못했다.[2]

우리나라 문헌에서 가장 먼저 왕인(王仁)을 소개한 책은 신숙주가 쓴 『해동제국기(海東諸國記)』이다.

> **오진 천황(應神天皇) :** 주아이 천황(仲哀天皇)의 넷째 아들로, 어머니는 진구 황후(神功皇后)이다. 원년은 경인년(270)이다. 7년 병신년(276)에 고구려가 처음으로 사신을 보내 왔다. 14년 계묘년(283)에 처음으로 의복을 제작하였다. 15년 갑진년(284)에 백제에서 서적을 보냈다. 16년 을사년(285)에 백제왕의 태자가 왔다. 20년 계유년(289)에 중국사람[漢人]이 처음으로 왔다. 재위기간은 41년, 수명은 110세이다.[3]

하우봉 교수는 이 기록을 소개하면서, "신숙주가 필사본 『일본서기』를 참조하였는데, 서적 전래와 백제 태자의 착오가 혼합되어 있다"고 판단하였다.[4]

---

2) 왕인(王仁)에 관한 연구 성과가 그동안 다양하게 축적되었는데, 이에 관한 정보는 이미 하우봉, 정성일, 형광석 교수에 의해서 상세하게 정리되고 분석되었다.

3) 신숙주 지음, 허경진 옮김, 『해동제국기』, 보고사, 2017, 49쪽.

4) 하우봉, 「조선시대 왕인에 대한 인식의 전개와 그 의미」, 『전북사학』 제47호,

영암이 신라시대와 고려시대에 국제무역항이었다는 사실에 대해서는 이중환의 『택리지(擇里志)』에 자세하게 소개하였다.

> 나주 서남쪽에 있는 영암군은 월출산(月出山) 아래에 자리했다. 월출산은 아주 조촐하고도 수려해 화성(火聲)이 하늘에 오르는 산세다. 산 남쪽의 월남촌(月南村)과 서쪽의 구림촌(鳩林村)은 모두 신라 때 이름난 마을이다. 지역이 서해와 남해가 맞닿은 곳이라, 신라에서 당나라로 조공하러 갈 때 이 고을 바닷가에서 배로 떠났다. … 만약 순풍을 만나면 하루 만에 도착할 수도 있다. 남송(南宋)이 고려와 국교를 통할 때 정해현 바닷가에서 배가 떠나 7일 만에 고려 경계에 이르러 뭍에 올랐다고 하는데, 그곳이 바로 여기다. 당나라 때 신라 사람이 바다를 건너 당나라에 들어간 것이 마치 (국내) 나루에서 건너는 것과도 같아, 배가 끊이지를 않았다.[5]

이 기록은 『택리지(擇里志)』「팔도총론 전라도 나주목」조에 실려 있는데, 정작 제목인 나주보다 영암 소개가 세 배나 더 길다. 신라시대와 고려시대에 국제무역항이어서 문화교류가 활발한 곳이었다고 기록하며, 이곳에서 당나라로 유학길을 떠났던 최치원·김가기·최승우 등의 활동을 소개하였다. 이러한 정황상 왕인도 이곳 영암에서 일본으로 떠났을 가능성이 크지만, 더 이상의 설명이 없어서 아쉽다.

2015, 83~84쪽.

5) 이중환 지음, 허경진 옮김, 『택리지』, 서해문집, 2007, 89~90쪽

박사 왕인이 영암에서 태어났다는 기록은 1936년에 간행된 『조선환여승람(朝鮮寰輿勝覽)』(영암군) 명소(名所)조에 비로소 처음으로 보인다.

성기동(聖基洞) : (영암)군 서쪽 20리에 있다. ○백제 고이왕 때 박사 왕인(王仁)이 이곳에서 태어났다. (이곳에 살았다.) ○신라 진덕왕 때 국사(國師) 도선(道詵)이 이곳에서 태어났다. (이곳에 살았다.) 그러므로 성기동(聖基洞)이라고 한다.

聖基洞 : 在郡西二十里。○百濟古爾王時、博士王仁生於此。○新羅眞德王時、國師道詵生於此、故曰聖基洞。

『조선환여승람』은 『동국여지승람』의 체재와 내용을 표방하며 전통적 사회규범과 가치를 집약적으로 반영하는 사적(史的) 편찬서로서, 당시 지역 유림들의 전통적 가치 계승을 통한 정체성 구축과 위상 확립을 위한 목적, 근대 읍지 편찬의 사회적 분위기 등의 요인들이 복합적으로 작용하여 출현한 상업 출판물이었다.[6]

『조선환여승람』은 지역 유림들과 보고원의 협조를 바탕으로, 독립적인 군 단위의 책들을 하나의 체재 안에 묶는 출판 방식을 통해, 전통시기의 관찬서 편찬 명분을 그대로 이어받으면서도 개별 군의 정보를 상세히 담아 주요 구매층인 지역 유림들의 요구에 부응하는 상업 출판물로서의 가치를

---

6) 허경진·강혜종, 「『조선환여승람』의 상업적 출판과 전통적 가치 계승 문제」, 『열상고전연구』 제35집, 2012, 255쪽.

높일 수 있었다.[7] 이병연이 어떤 문헌을 근거로 하여 박사 왕인이 영암에서 태어났다고 기록했는지 알 수 없지만, 지역 유림이나 보고원이 보내온 기록을 바탕으로 하여 출판했을 것이다. 지역 유림이나 보고원들은 현지의 전설이나 향토 문헌을 근거로 하여 보고서를 제출했을 텐데, 영암 보고원의 이름이 밝혀져 있지 않다. 이 자료를 찾는 것이 왕인 연구에 있어서 앞으로의 과제 가운데 하나이다.

3. 통신사 기록에 나타난 왕인王仁

왕인박사에 관한 기록은 신숙주의 『해동제국기』 이래, 통신사와 실학자들에 의해 계속 언급되었다. 신숙주는 서장관으로 파견되었으므로 문견별록(聞見別錄)을 상세하게 기록했는데, 이후에 파견된 통신사의 서장관들이 그의 문견별록을 계속 수정 보완하여 베껴 썼다.

우리나라에서 왜황(倭皇)의 연대표를 가장 먼저 작성한 문헌이 『해동제국기』였으므로, 후대 문헌이나 사행록에서 이 기록을 인용하였다. 사행록은 대체로 일기체였으므로 문견별록(聞見別錄)을 따로 작성하면서 『해동제국기』를 인용했는데, 1655년에 파견된 제6차 통신사 종사관이었던 남용익(南龍翼)이 『부상록(扶桑錄)』 「문견별록」의 첫째 항목인 「왜황대서」 서문에서 이렇게 설명하였다.[8]

---

7) 같은 글, 256쪽.
8) 허경진, 「조선통신사와 신숙주의 『해동제국기』」, 『보한재 신숙주 선생 나신 600돌 기념 학술대회 자료집』, 한글학회, 2017, 92쪽.

신무(神武)로부터 칭광(稱光)에 이르기까지는 이미 신숙주(申叔舟)의
『해동제국기』 가운데 기재되어 있습니다. 그러나 잘못되고 빠진 것이
꽤 있기에 다시 보탤 것은 보태고 줄일 것은 줄였으며, 그 아래 10대
(代)를 이었습니다. 또 중국의 연수(年數)를 합부하여 참고 열람하시기
에 편리하게 하였습니다.

1655년 을미사행은 도쿠가와 이에쓰나[德川家綱]의 습직(襲職)을 축하
하기 위해 파견된 통신사였는데, 서장관인 남용익이 신숙주의 『해동제국
기』『왜황대서』를 보태고 줄이는 과정에서 왕인(王仁)의 이름을 밝혔다.
　　남용익이 『부상록』에서 박사 왕인을 소개하자, 이후에 파견되는 통신사
사행원들에게는 왕인이 화두가 되었다. 1719년에 파견된 제술관 신유한의
사행록인 『해유록』「문견잡록」에,

왜국은 옛적에 문자가 없었는데, 백제왕(百濟王)이 문사(文士) 왕인(王
仁)과 아직기(阿直岐) 등을 보내어 비로소 문자를 가르쳐서 여러 해 강
습을 시켜 대략 전한 것이 있었다.

1763년에 파견된 정사 조엄의 『해사일기』 1764년 6월 18일 기사에,

일본이 처음에는 문자를 숭상하지 않다가 오진 천황[應神天皇]에 이르
러서 백제가 경전과 여러 박사를 보내 주었고, 리추 천황[履中天皇]에
이르러서 국사(國史)를 두었으며 게이타이 천황[繼體天皇]에 이르러서
백제가 또 오경 박사를 보냈다. 긴메이 천황[欽明天皇] 대에 이르러서
백제가 불상과 불경을 보냈으니, 일본의 불교가 여기에서 비롯되었다.

백제 사람 왕인(王仁)과 아직기(阿直妓)는 어느 때 들어갔는지 알 수 없

으나 일본에서 처음으로 서적을 가르쳤다.

등이 보인다.

일본에 한자를 전해준 왕인에 관한 기록이라면 정보를 교환하는 필담에

자주 보이는데, 12차에 걸쳐 파견된 통신사 사행원들의 필담 창화 기록이

너무 방대하여 모두 소개할 수가 없다. 남용익이 파견된 1655년 통신사 사

행원의 필담을 예로 든다면,『한사증답일록(韓土贈答日錄)』에서 왕인의 기

록이 처음 소개된 일본 역사서들을 구입하려는 이명빈의 시도가 확인된다.

> 석호(이명빈) :『구사기(舊事記)』,『고사기(古事記)』,『일본기(日本記)』,
> 『신황정통기(神皇正統記)』,『연희식(延喜式)』,『풍토기초(風土記
> 抄)』,『속일본기(續日本記)』 등의 책이 귀국에 있다고 들었습니다.
> 잠깐 보고 싶은 마음이 간절하니 찾아서 빌려주시지 않겠습니까?
> 함삼(函三) : 모두 우리나라의 전적인데, 권질이 매우 많고 세상에 많
> 지 않습니다. 서사에서 판각한 것도 있습니다만 지금 갑자기 빌려
> 드리기 어렵습니다.[9]

여기에서는 왕인(王仁)에 관한 기록을 데이터베이스로 편찬할 필요성을

보이기 위해, 1763년에 파견된 제11차 통신사의 필담 창화만 일부 소개하

---

9) 『韓使贈答日錄』. "石湖 : 舊事記古事記日本記神皇正統記延喜式風土記抄續日本記等
冊, 貴國有之云, 而切欲暫見, 未可覓借耶. 函三 : 皆是我國之典籍也. 卷帙成堆, 世上不
多有之, 就中書肆之所刻亦有之, 今俄難盛一瓻."

기로 한다.

1) 동도필담東渡筆談

일본 동도(東渡) 인정(因靜) 스님 저

자리에서 추월에게 드리다

옛날 왕인(王仁)이 이곳에 와서	昔在王仁來此地
우익(羽翼)으로 제왕 따라 봉래산에서 노닐었네.	羽翼從帝遊蓬丘
매화(梅花) 노래 지어 새로 지위 안정시키고	歌題梅花新定位
사직 도운 그 분이 다시 임금과 근심 나누었네.	人扶社稷更分憂
공 이루자 비로소 돌아가 벽려(薜荔)옷 입고	功成初衣歸薜荔
명성은 마침내 봉후(封侯)를 길이 취하지 않았네.	名遂長不取封侯
이 사람 원래 삼한(三韓)의 객이니	此人元是三韓客
묻노라 그대들도 같은 고향이신가.	借問公等同鄉不

뒷날 틈이 있거든 화답시를 지어 줄 것이요,
감히 곧바로 답시를 바라지는 않습니다.

2) 『동사여담東槎餘談』 상上

남기(南紀) 유유한(劉維翰) 문익(文翼) 편집

龍門曰 仁齋徂徠 非左祖陽明象山者也 各有所見 別立門戶矣 其學術見所著之書 今不具悉焉 吾邦儒者 有崇尙二家者 有尊重程朱者 爲王陸學者甚少 天朝搢紳君子 至今從漢唐經義 是貴國王仁携五經來 始闢儒道之餘敎也 其後擇俊秀者 西學于中土

용문이 말하였다. (이토) 진사이[仁齋]·(오규) 소라이[徂徠]는 왕양명(王陽明)·육상산(陸象山)을 그릇되이 좋아하는 사람들이 아닙니다. 소견이 다르면 각자 문호를 세운다고 하였습니다. 그 학술과 저서는 지금 자세하게 말씀드릴 수는 없습니다. 우리나라의 유자(儒者)들 가운데에는 이 두 사람을 숭상하는 이들도 있고 정주(程朱)를 존중하는 사람도 있으나 왕육(王陸)의 학문을 하는 사람은 극히 적습니다. 천조(天朝)의 진신군자(搢紳君子)들은 지금까지 한당(漢唐)의 경의(經義)를 따르고 있습니다. 귀국의 **왕인(王仁)**이 오경(五經)을 전래해 주어 비로소 유도(儒道)의 교의가 널리 퍼지게 되었습니다. 그 후 준수한 사람을 선발하여 서쪽 중국으로 학문을 배우도록 보냈습니다.

정사 서기(正使書記) 용연(龍淵) 성공(成公)께 드리며	용문(龍門)
붕새 나는 봄 구름에 익수선(鷁首船)이 떠오니	鵬際春雲鷁首船
비단 돛대 동쪽으로 해문(海門)의 안개 가리키네	錦帆東指海門煙
신선되기 구하였던 서복(徐福)을 좇다보니	還從徐福求仙路
왕인(王仁)의 통신(通信) 때가 응당 떠오르네	應憶王仁通信年
절역(絶域)이나 문(文)을 함께 하여 우공(禹貢)을 나누고	絶域同文分禹貢
두 나라 우호를 닦으니 태평성대가 열렸구나	兩邦脩好載堯天
정자산의 호저 본떠 시를 지어 드리니	裁詩擬贈公孫紵
화려한 그 명성 나에게 전해짐을 아끼지 마시오	莫惜聲華向我傳

3) 문패집問佩集

일본(日本) 헤이안[平安] 대강자형 치규보(大江資衡穉圭甫) 저(著)

김퇴석에게 올리다(呈金退石)

신선 뗏목 아득히 봉래를 향하니	仙槎杳杳向蓬萊
지나는 길 강산마다 상서로운 경치 열리네	歷路江山瑞景開
하늘 위의 사신 별은 북쪽 길을 따르는데	天上使星從北度
변방 가의 붉은 기운은 동쪽에서 오도다	關邊紫氣自東來
곡조는 진국(津國)에서 매화 시 지은 객보다 높은데[10]	調高津國題梅客
시는 월성에서 버들가지 당긴 재주 부끄럽네[11]	詩恥越城縮柳才

4) 양호여화兩好餘話

선루 : 옛날 백제의 왕인(王仁)이 우리나라에 와서 입으로 문자를 전해
    준 일이 국사에 상세히 실려 있습니다. 먼 자손이 남아 있습니까?

운아(이언진) : 이 일은 우리나라에는 다만 소문으로만 전해지고 있을
    뿐 사서(史書)에는 실려 있지 않습니다. 그 후손이 있는지 없는지를
    어찌 알겠습니까? 안타깝군요.

5) 장문계갑문사
갑신년 5월 20일, 적마관(赤馬關) 빈관에서 드린 시와 필어

성용연[12]께 드리다[贈成龍淵]   농학대(瀧鶴臺)[13]

---

10) 원주(原註): 왕인박사(王人博士)의 일이다.
11) 원주(原註): 모두 발해(渤海)의 배구(裴璆)를 전송하는 글에 있는 것이다.
12) 성용연(成龍淵) : 성대중(成大中, 1732~1809). 조선 후기 문신. 본관은 창녕(昌

사신들 뗏목 타고 조선으로부터 와	乘槎星使自朝鮮,
해 뜨는 주변 두루 유람하고 돌아왔네	遊遍歸來日出邊.
바다 위 십주에서 불사약 접하고	海上十洲逢大藥,
동천에선 몇 군데나 신선들 만났던고	洞天幾處會群仙.

寧). 자는 사집(士執), 호는 청성(靑城). 1753년(영조 29)에 생원이 되고, 1756년에 정시문과에 병과로 급제하였다. 그는 서얼이라는 신분적 한계 때문에 순조로운 벼슬길에 오르지 못할 처지였으나, 영조의 탕평책에 편승한 서얼들의 신분상승운동인 서얼통청운동(庶孽通淸運動)에 힘입어 1765년 청직(淸職)에 임명되었다. 1763년에 통신사 조엄(趙曮)을 수행하여 일본에 다녀왔고, 1784년(정조 8)에 흥해군수(興海郡守)가 되어 목민관으로서 선정을 베풀었다. 학맥은 노론 성리학파 중 낙론계(洛論系)에 속하여 성리학자로서의 체질을 탈피하지는 못했으나, 당대의 시대사상으로 부각된 북학사상(北學思想)에 경도하여 홍대용(洪大容)·박지원(朴趾源)·이덕무(李德懋)·유득공(柳得恭)·박제가(朴齊家) 등과 교유하면서 이들에게 가학(家學) 및 스승 김준(金焌)에게서 전수받은 상수학적(象數學的)인 학풍을 발전적으로 계승, 전달하여 북학사상 형성에 일익을 담당하였다. 저서로는 일본 사행의 기록인 『일본록(日本錄)』과 문집인 『청성집』이 있다.

13) 농학대(瀧鶴臺, 다키 가쿠다이, 1709~1773) : 에도시대 중기 유학자. 장문(長門, 나가토, 현재의 야마구치겐) 국추(國萩)의 인두씨(引頭氏)의 집에서 태어나 본성(本姓)은 인두(引頭, 인도), 유명(幼名)은 구송(龜松)이다. 장성하여 농장개(瀧長愷)라 하였다. 호는 학대(鶴臺), 자는 미팔(彌八). 추번의(萩藩醫) 농양생(瀧養生)의 양자(養子)가 되어 14세에 번교(藩校) 명륜관(明倫館)에 들어가서 소창상재(小倉尙齋, 오구라 쇼사이)·산현주남(山縣周南, 야마가타 슈난)에게 배웠으며, 향보(享保) 16년(1731) 강호에 나가서 복부남곽(服部南郭, 핫토리 난카쿠)에게 사사하였다. 후에 장문(長門) 추번주(萩藩主, 하기한슈) 모리중취(毛利重就, 모리 시게타카 또는 시게나리)의 시강(侍講)이 되었다. 평야금화(平野金華)·태재춘대(太宰春臺)·추산옥산(秋山玉山) 등과 교우를 맺었다. 화가(和歌) 및 의학 등에도 정통하였다.

국풍(國風)으로 왕인(王仁)의 노래에 화답하기 어렵고   國風難和王仁詠,

진화로 유독 서복편(徐福篇)만 남아있네   秦火獨餘徐福篇.

더욱 동쪽 모야주에 고경 남아있으니   更有東毛古經在,

그대로 인해 다른 나라에 전해졌으면   憑君欲使異方傳.

추월 남공께 동행 10절구와 함께 서신을 드리다[贈秋月南公東行十絶句 幷書]

이때를 당해 말에 기댄 채 붓을 휘두르시면 시상이 용출하는 듯하여, 만약 회고의 정이 일어난다면 마땅히 왕인(王仁)에게 노래로 화답하여 천세토록 아름다움을 견줄 수 있을 것입니다. 이곳을 지나가면 수도 경도(京都)의 산천이 수려하고 물나라로 호수가 아득하고 망망합니다.

낭화진(浪華津)

말 세우고 잠시 낭화진을 물으니   留鞍暫問浪華津,

양쪽 언덕 매화가 손님 대하며 새롭네.   兩岸梅花待客新.

누가 알았으랴, 왕인(王仁)의 천년 뒤에   誰識王仁千歲後,

풍류로 다시 노래에 화답하는 분 있을 줄.   風流更有和歌人.

제술관 남추월께 드리는 글[贈製述官南秋月書]   진승산

엎드려 생각건대 조선은 비록 오래된 나라이지만 문화가 유신(維新)하고 선비들이 많아 나라에 큰 빛이 있습니다. … 우리나라에 경서가 비로소 널리 퍼지기 시작하였다고 하였는데, 비록 왕인(王仁)씨로부터 시작하여 이후 천년이 되었지만 근원이 멀고 유파가 나뉘어져 집집마다 각각 다른 설이 있어 참으로 무리가 많습니다.

에도시대 한일 두 나라 문인들의 왕인(王仁)에 관한 다양한 관심과 인식을 정리하려면, 데이터베이스를 편찬할 필요가 있다.

4. 수신사 및 조사시찰단 기록에 나타난 왕인王仁

메이지시대에도 왕인에 대한 관심은 계속 되었는데, 이 시대는 왕인의 영암 출생설을 기록한 『조선환여승람』을 출판한 시대와 가깝기 때문에 이 시대의 기록을 더 자세하게 살펴볼 필요가 있다.

현재 필자가 확인한 메이지시대 수신사나 조사시찰단 수행원이 왕인에 관해 기록한 것은 다음의 7종이다.

① 1876년 강화도조약이 체결된 직후 수신사(修信使)로 일본에 다녀온 김기수(金綺秀)의 일본 견문록에 일본에 문자를 전한 인물로서 왕인이 언급되었다. 『日東記游』

② 1880년 가와다 다케시[川田剛]가 2차 수신사(修信使) 김홍집에게 쓴 창수시, 「奉贈信使道園金公請正」에 언급되었다. 『朝鮮國修信使金道園關係集』

③ 1881년 조사시찰단(朝士視察團)으로 파견된 강진형(姜晉馨)의 사행록에서 일본에 학술문화를 전한 인물로서 왕인이 언급되었다. 『日東錄』

④ 1881년 조사시찰단(朝士視察團)으로 파견된 이헌영(李鑛永)의 사행록 가운데 나카타 다케오[中田武雄]가 쓴 편지를 보면, 일본에 문화를 전한 인물로서 왕인이 언급되었다. 『日槎集略』

⑤ 1881년 조사시찰단(朝士視察團)으로 파견된 강문형(姜文馨)이 귀환 후 올린 보고서 내용 가운데 일본에 학술문화를 전한 인물로서 왕인이 언급되었다. 『聞見事件(姜文馨)』

⑥ 1881년 조사시찰단(朝士視察團)으로 파견된 박정양(朴定陽)이 귀환 후 올린 보고서 내용 가운데 백제(百濟)와 일본의 관계를 논하는 맥락에서 언급되었다. 『日本國聞見條件』

⑦ 1881년 조사시찰단(朝士視察團) 파견 당시 최성대(崔成大)와 가와키타 바이잔(川北梅山)의 대화 중 문화상의 교류에 대해 이야기하다 언급되었다. 『三島·川北·崔成大筆談錄』

이 가운데 ④ 『일사집략』에는 왕인을 언급한 일본인의 편지가 실려 있으며, ⑦ 『미시마·가와키타·최성대 필담록(三島·川北·崔成大筆談錄)』에는 왕인에 관한 일본인과의 필담이 실려 있다. 이외에 수신사나 조사시찰단으로 일본에 파견되지 않은 인물로는 김윤식(金允植)의 『운양집』 「동사만음(東槎謾吟)」에도 왕인을 언급하며 차운한 시 「규호 다카시마 조의 시에 차운하여 화답하다 「次韻和九峯高島張」」가 있다.[14]

이 가운데 『미시마·가와키타·최성대 필담록(三島·川北·崔成大筆談錄)』에서 언급된 왕인(王仁) 기록을 예로 들면 다음과 같다.

---

14) 사신 왕래 빈번하던 백제 시대   冠蓋頻繁百濟年
　　양국의 우의는 예로부터 그러했네.   兩邦友誼昔猶然
　　왕인은 본래 평범한 선비인데   王仁本是尋常士
　　임금이 보내어 문자 인연 바르게 맺게 했네   天遣訂成文字緣

明治十四年七月九日，午後三時。朝鮮武班三品崔成大来訪。因招川北梅山，三人同酌筆談。至七時而罷。如左。寒流石上一株松舍主人三島毅識。

메이지 14년(고종 18년, 1881년) 7월 9일 오후 3시. 조선의 무반 삼품 최성대(崔成大)가 방문했다. 이에 가와키타 바이잔[川北梅山]을 불러, 셋에서 술을 마시며 필담했다. 7시가 되어 헤어졌다. 이상과 같다. 차가운 시냇가 바위 위 한그루의 소나무가 있는 집의 주인 미시마 주슈(三島中洲)가 쓰다. …

七十三 毅
貴國人王仁始伝経書於我, 我邦修周孔之學, 此爲甲蒿矢。貴國史傳亦載之乎?

73 쓰요시:
귀국인 **왕인**(王仁)은 처음으로 우리나라에 경서를 가져왔습니다. 우리나라에서 주공(周公)과 공자(孔子)의 학문을 익혀서 이것을 효시로 삼습니다. 귀국의 역사서(史書)에도 실려 있습니까?

七十四 成大
只聞其傳, 未見其蹟耳。

74 성대:
전한다는 말은 들었습니다만, 사적 등은 보지 못했습니다.

조사시찰단(朝士視察團)이라면 글자 그대로 새로운 문물을 열심히 둘러보고 궁금한 내용을 적극적으로 물어보아야 하는데, 조선 사행원들은 대부분 아직도 통신사 시대의 분위기에 젖어 있어 상대방이 먼저 물어보아야 대답할 뿐, 먼저 적극적으로 묻는 사람이 적었다.

사법제도를 시찰하러 파견된 엄세영(嚴世永)의 수행원 최성대(崔成大)가 일본 사법관 출신의 미시마 주슈[三島中洲]를 만나 필담한 기록을 보면 오히려 미시마 주슈가 적극적으로 필담을 주도했으며, 최성대의 질문은 사법제도 핵심에서 멀리 벗어나 있었다. 그나마 최성대는 필담초(筆談抄)를 가지고 귀국하지 않아, 필담록이 일본에 남게 되었다. 최성대는 일본인과의 필담, 더 나아가서는 개화에 관심이 없었던 것이다.[15] 필담에 동참했던 미시마 쓰요시[三島毅]가 일본에 문물을 전해준 왕인(王仁)에 관해 질문했지만, 최성대가 '책을 보지 못했다'고 한마디로 끊어버리는 바람에 왕인에 대한 대화는 더 이상 진행되지 못했다.

5. 왕인王仁 기록의 데이터베이스 편찬 예시

필자는 2015년 9월부터 3년 동안 한국연구재단의 지원을 받아 수신사 및 조사시찰단 기록의 데이터베이스를 편찬하였다. 그 개요는 다음과 같다.

---

15) 허경진, 「수신사(修信使)에 대한 조선과 일본의 태도 차이」, 『열상고전연구』 제 53집, 2016, 29쪽.

수신사 및 조사시찰단은, 1876년 조일수호조규 체결부터 1884년 갑신정변 사후 처리 시기까지 총 6회 메이지 일본에 파견된 조선의 사절단이다. 수신사 및 조사시찰단과 관련된 국내 연구는 대부분『국역 해행총재(海行摠載)』에 수록된 4권의 사행록을 중심으로 이루어졌으며, 조사시찰단의 경우에는『조사시찰단 관계 자료집』이 간행되었지만, 번역이 되지 않아 그 활용도가 적었다. 일부 연구들의 경우 몇몇 수신사행록과 등록류, 소수의 사행원들이 남긴 시문 등을 토대로 수신사와 조사시찰단의 모습을 들여다보고자 하였으나, 조선 측 인물이 남긴 자료만으로 당시의 정황을 객관적으로 이해하는 데는 어려움이 있고, 수신사 및 조사시찰단의 활동에서 파생된 전체 자료의 규모와 성격 또한 온전히 파악되지 못한 상황이기에 그 한계가 분명하였다.

이에 본 연구팀은 국내외 각지에 흩어져 있는 자료들을 조사함으로써, 그동안 학계에 보고된 자료들뿐만 아니라 수신사행원의 사행록과 조사시찰단원들의 시찰보고서 및 일기는 물론, 그들이 입수한 서양서적과 번역서 등의 조선 측 자료와, 일본에 남아 있는 수신사 및 조사시찰단원과 일본인 간의 필담집을 비롯하여 일본 문인들의 문집에 남아 있는 창수시와 서한, 수신사행원들이 참석했던 흥아회 자료, 조선사절의 행적을 소개하였던 메이지 일본의 신문기사, 일본의 외무성 기록과 조선 지식인을 흥미롭게 바라보았던 외국 공사의 기록 및 외국 신문 자료 등 관련 기록이 다종다양하게 남아 있는 것을 확인하였다. 그리고 해당 자료들을 검토하고 분석하는 과정을 통해 정리된 74종의 자료를 중심으로 본 데이터베이스를 편찬하였다.

본 연구를 통해 데이터베이스로 편찬된 74종의 수신사 및 조사시찰단 관련 자료는 당대의 문화교류를 다양한 분야에서 살펴볼 수 있는 생생한 역사 자료라 할 수 있다. 근대 전환기를 살았던 지식인들의 시대적 고민과 인간적인 모습을 담고 있을 뿐만 아니라 정치, 경제, 외교, 문화, 군사, 과학, 공업, 상업, 농업, 어업, 종교, 역사, 문학, 철학, 언어, 의학, 풍습, 제도 등 인간의 삶을 둘러싼 다채로운 영역의 이야기를 당시의 국제적 관점에서 소개하고 전달하고 있다. 해당 자료들의 내용을 보다 섬세하게 들여다볼 수 있게끔 그 가운데 중심적으로 활동한 인물들, 자주 언급되는 단체들, 사절 행로에서 중요하게 기능한 공간들, 인물들 사이에 주고받은 문헌과 물품 및 교역품, 자료에서 자주 나타나는 중요한 개념들을 모두 6종 1,353건의 표제어로 정리하고, 해당 정보들 또한 데이터베이스에 반영하였다.

수신사 및 조사시찰단 자료를 바라보는 시각에서 가장 유의해야 할 것은 우리나라와 일본 양국을 객관적으로 바라보아야 한다는 점이다. 해당 시기에 대한 그동안의 연구는 주로 근대화론의 측면에서 이루어져 왔지만, 이미 근대를 지나온 포스트모던의 현시점에서 그러한 관점은 다양한 층위의 자료와 함께 새롭게 조명될 필요가 있다. 본 연구를 통해 편찬된 데이터베이스는 기존의 편향적 연구 성과들을 극복하고 새로운 관점으로 근대전환기 지식 수용을 조망할 수 있는 계기가 될 것이다. 더 나아가 한일 간의 왜곡된 역사의식을 바로잡고 양국이 미래 지향적인 관계로 나아갈 수 있는 학술 토대로서의 원천으로 기능할 것이다.

수신사 기록 데이터베이스 편찬의 필요성과 그 방법은 글자 그대로 왕인(王仁) 기록 데이터베이스 편찬의 필요성과 방법이기도 하다. 영암군에서 20년 넘게 축적해온 왕인 연구의 성과와 국내외에 흩어져 있는 왕인 기록도 이제 데이터베이스로 편찬할 시점에 온 것이다.

『미시마·가와키타·최성대 필담록(三島·川北·崔成大筆談錄)』의 데이터
베이스는 XML문서 구조·해제·원문과 번역·주석의 네 단계로 이루어진다.

『미시마·가와키타·최성대 필담록(三島·川北·崔成大筆談錄)』

한글표제	미시마·가와키타·최성대 필담록
한자표제	三島川北崔成大筆談錄
편찬자	미시마 쓰요시(三島毅)
번역자	이효정
저술연도	1881년
간행연도	1881년(고종 18년)
유형	필담록
형태	기타
맥락 조사시찰단	
권책사항	권자본1권
소장처	三島中洲研究会有志
크기(세로×가로)	?*약 130㎝
표기문자	한자
판사항	필사본

XML문서 구조

〈Part ID=없음〉

　〈Chapter ID=없음〉

〈Section ID=없음〉

　　〈Subsection ID=없음〉

　　　〈Article ID=2600〉(type="???")

　　　　〈Paragraph ID=260001-260197〉개별 발화
197개〈/Paragraph〉

　　　〈/Article〉

　　〈/Subsection〉

　〈/Section〉

〈/Chapter〉

〈/Part〉

해제

내용

　이 책은 1881년 조사시찰단으로 파견된 최성대와 일본인 한학자 미시마 쓰요시, 가와키타 바이잔 간에 이루어진 필담록이다. 최성대는 사법제도의 시찰을 담당한 조사 엄세영의 수행원이었기에 사법관에 종사했던 미시마와 자연스럽게 만났던 것으로 추측된다. 필담은 1881년 7월 9일 미시마의 도쿄 자택에서 대략 오후 3시부터 7시까지 4시간에 걸쳐 이루어졌다.

　처음 부분에는 미시마와 최성대 두사람 간의 필담이 이어지고, 중반부터 가와키타 바이잔이 참여하여 총 세 사람이 필담을 하였다. 서로 각자의 종이에 질문을 쓰고 또 각자의 종이에 답문을 했기 때문에 순서가 혼란스럽기 때문인지, 주필로 각 문장 시작 부분에 해당 순서와 이름을 쓰고, 문장 말미에는 괄호(」)로 표시하였다. 권두에 미시마

의 지어(識語) 필적이 있는 것으로 보아 미시마에 의해 정리된 것으로 보인다.

　내용은 서로의 안부와 사적인 일상 생활을 나누는 것을 시작으로, 상대 국가의 제도와 역사, 기후와 관습, 문풍 등을 묻는 것으로 이루어져 있다. 특히 서양의 제도를 적극적으로 취장사단해야 한다는 미시마와 이를 거부하고 오히려 서양인에게 유교적 도덕을 전파해야 한다고 주장하는 최성대 간의 대화는 서로간의 대치적 가치지향점을 극명하게 보여준다.

가치

　이 필담은 전근대에서 근대로 이행하던 당대 동아시아 지식인 간에 발생한 인식의 차이를 그대로 보여준다. 통신사 시대의 전례가 보이기도 하지만, 새로운 근대적 개념에 대응하는 어휘가 생성되지 않아 서로 간에 혼란이 발생하기도 하고 또 확연히 지향하는 시대성이 달라 갈등이 드러나기도 하는 등 전환기에서만 볼 수 있는 장면들이 등장하기 때문이다. 메이지 유신 이후의 한일 관계에 대한 사적(私的) 기록들이 빈곤한 현 상황에서 이 필담록은 19세기 말 한일 지식인 간에 이루어진 상호인식의 한 단면을 보여주는 자료로 그 가치가 있다.

원문과 번역

(화면으로 대체함)

주석

1. 자는 사행(士行), 호는 운고(雲皋), 벼슬은 오위장, 관향은 수성(隨城)이고 수원에 거주하고 있었다. 시찰단 당시에는 사법제도 시찰을 명

받는 조사 엄세영의 수행원으로 파견되었으며 나이는 만 47세였다. 엄세영과의 사적 친분으로 그의 수행원이 되었을 것으로 추측된다.

2. 생몰 미상. 梅山는 호, 본명은 長顯이다. 옛 津번사로 미시마가 사이토 세츠도[齊藤拙堂]에 다녔을 때부터의 오랜 30년 지기 친구이며 修史局에 출사하였고 관직을 그만둔 뒤에는 미시마 저택에서 가까운 곳에 은거하며 단기간이나마 니쇼가쿠샤[二松學舍]에서 시작문을 가르쳤다.

3. 1831~1919. 호는 中洲, 본명은 毅이다. 한학자이며 도쿄고등사법학교 교수, 신치(新治)재판소장, 대심원 판사, 도쿄제국대학 교수, 궁중고문관을 지냈으며, 니쇼가쿠샤[二松學舍] 대학의 창립자이다. 저서로는 『霞浦游藻』, 『三日文詩』, 『中洲詩稿』, 『中洲文稿』, 『虎口存稿』, 『詩書輯説』, 『論学三絶』, 『孟子講義』, 『探辺日録』, 『論語講義』 등이 있다.

4. 현재 오카야마현[岡山縣]의 일부 지역. 에도 시대에는 마츠야마[松山]번이었으나 메이지 시대에 다카하시[高梁]번으로 개명되었다.

5. 1867년 에도막부[江戸幕府]가 천황에게 국가 통치권을 돌려준 사건.

6. 중국 청말의 외교관 겸 작가. 당시 러시아의 남하정책에 대한 대책으로는 한·중·일 3국이 협력하여 미국과 연합세력을 구축하는 것이 최선책이라고 주장했다. 문학인으로서 그는 개화파 문학을 이끌었는데, 문학의 진화와 의식의 근대화 등에 바탕한 자유신시를 주창했다.

7. 1878년부터 83년까지 일본에 체류한 황준헌이 당시의 일본 견문을 한시로 남겼다.

8. 1833~1918, 英은 이름. 鴻齋는 호이다. 시인, 한학자, 화가. 1877년 정토종 학교의 한학교사로 취임하였으며, 동년 청국 공사와 수원들이 정토사(淨土寺)에 체류했을 때 필담을 하며 회담을 하였다.

9. 소동파의 시〈徐大正閑軒〉의 한 구절

10. 『論語』,「雍也篇」의 '질(質)이 문(文)을 이기면 야(野)하고, 문이 질을 이기면 사(史)하다. 문과 질이 골고루 배합된 연후에나 군자라 일컬을 수 있는 것이다.[子曰 質勝文則野 文勝質則史 文質彬彬 然後 君子]'라는 말이다.

11. 『論語』,「자장편」 '자공왈, 대궐의 담장에 비유하자면 나의 담장의 높이는 어깨쯤 되기 때문에 바깥사람들이 그 안의 집이 얼마나 좋은지 엿볼 수 있다. 스승님의 담장은 매우 높아서 문을 찾아서 들어가지 않으면 그 안의 종묘가 얼마나 아름다운지, 집이 얼마나 다채로운지 볼 수 없다.[子貢曰, 譬之宮牆, 賜之牆也及肩, 闚見室家之好. 夫子之牆數仞, 不得其門而入, 不見宗廟之美, 百官之富. 得其門者 或寡矣.]'

12. 좋은 것은 취하고 나쁜 것은 버린다는 뜻.

13. 『논어(論語)』,「衛靈公編」의 '子曰 言忠信, 行篤敬, 雖蠻貊之邦, 行 矣.'의 말.

14. 『論語』,「雍也篇」의 "중등 수준 이상에 도달한 사람에게는 수준 높은 이야기를 해주어도 좋지만 중등 수준 이하인 사람에게는 수준 높은 이야기를 해줄 수 없다."는 구절.[子曰, 中人以上, 可以語上也; 中人以下, 不可以語上也.]

15. '徇鐸'은 『書經』의 나무추가 달린 방울들을 흔들고 거리를 돌아다닌다는 말에서 나왔다. [以木鐸徇于路] 木鐸은 정책을 발표할 때 울

리는 종으로, 세상 사람을 깨우쳐 바르게 인도한다는 말이다. 여기
서는 서양인에게 유학의 도리를 선양한다는 뜻이다.

16. 한유(韓愈)의 저술 「原人」에서 '성인은 (모두를) 하나로 보고 어짊
을 같이 베풀며, 가까움과 멀음을 (구별치 않고) 더불어 돈독히 한
다.[聖人一視而同仁, 篤近而擧遠.]'는 구절.

17. 『맹자(孟子)』, 「고자(告子)」 下의 '안으로 법도 있는 가문의 경대부
와 직언으로 바로잡는 선비가 없고 밖으로는 적국이 없고 외부의
우환이 없으면 그 나라는 늘 멸망하게 된다.[入則無法家拂士, 出則
無敵國外患者, 國恒亡.]'는 구절.

이러한 내용을 데이터베이스로 편찬하면 다음과 같은 화면이 편집된다.

http://dh.aks.ac.kr/susinsa/index.php/왕인(王仁)

홈페이지에서는 '74종의 자료 보기'와 '1,353건의 표제어 보기'가 제공
되며, 표제어는 인물 데이터, 단체 데이터, 공간 데이터, 문헌 데이터, 물품
데이터, 개념 데이터 등 1,353건의 표제어로 구성되어 있다.
'왕인(王仁)'을 검색하면 '왕인(王仁)'과 '인물 데이터 목록' 외에 7건의 기
록이 검색되며, '왕인(王仁)'을 클릭하면 일반정보,[16] 수신사 관련 정보,[17] 외

---

16) 백제 근초고왕이 아직기(阿直岐)를 왜국에 파견해 왜국 왕에게 말 두 필을 보냈
   는데, 이때 일본 오진왕(應神王)이 그가 경서에 능통함을 알고 태자 토도치랑자
   (兔道稚郎子)의 스승으로 삼았다. 아직기가 임기를 마치고 돌아올 때 일본왕이
   아라타[荒田別] 등을 보내 학덕이 높은 학자를 보내주기를 청하니, 왕인(王仁)이

부 정보,[18] 관련 항목(아래 도표) 등의 항목들이 보인다. 수신사 관련 정보의
기록명이나 관련항목 항목B의 기록명을 클릭하면 원문과 번역 데이터베이

추천되었다. 왕인은 『논어(論語)』 10권, 『천자문(千字文)』 1권을 가지고 일본에
건너가 토도치랑자(兎道稚郎子)의 스승이 되었다고 전하며, 경서에 통달하였으
므로 왕의 요청에 의해 군신들에게 경·사(經史)를 가르쳤다고 한다. 왕인은 인
덕과 보조(寶祚)를 비는 파진가를 불러 가부(歌父)로 칭송을 받기도 했다. 그의
자손들은 대대로 가와치[河內]에 살면서 기록을 맡은 사(史)가 되었으며, 왜국
조정에 봉사하였다.

17) 1876년 강화도조약이 체결된 직후 수신사(修信使)로 일본에 다녀온 김기수(金
綺秀)의 일본 견문록에 일본에 문자를 전한 인물로서 왕인이 언급되었다. 『日東
記游』
1880년 가와다 다케시[川田剛]가 2차 수신사(修信使) 김홍집에게 쓴 창수시,
「奉贈信使道園金公請正」에 언급되었다. 『朝鮮國修信使金道園關係集』 1881년 조
사시찰단(朝士視察團)으로 파견된 강진형(姜晉馨)의 사행록에서 일본에 학술문
화를 전한 인물로서 왕인이 언급되었다. 『日東錄』
1881년 조사시찰단(朝士視察團)으로 파견된 이헌영(李鑢永)의 사행록 가운데
나카타 다케오[中田武雄]가 쓴 편지를 보면, 일본에 문화를 전한 인물로서 왕인
이 언급되었다. 『日槎集略』
1881년 조사시찰단(朝士視察團)으로 파견된 강문형(姜文馨)이 귀환 후 올린 보
고서 내용 가운데 일본에 학술문화를 전한 인물로서 왕인이 언급되었다. 『聞見
事件(姜文馨)』
1881년 조사시찰단(朝士視察團)으로 파견된 박정양(朴定陽)이 귀환 후 올린 보
고서 내용 가운데 백제(百濟)와 일본의 관계를 논하는 맥락에서 언급되었다.
『日本國聞見條件』
1881년 조사시찰단(朝士視察團) 파견 당시 최성대(崔成大)와 가와키타 바이잔
[川北梅山]의 대화 중 문화 상의 교류에 대해 이야기하다 언급되었다. 『三島·川
北·崔成大筆談錄』

18) 민족문화대백과사전 '왕인'

스로 연결된다.

항목 A	항목 B	관계	비고
왕인(王仁)	日東記游	A isMentionedIn B	
왕인(王仁)	朝鮮國修信使金道園關係集	A isMentionedIn B	
왕인(王仁)	日東錄	A isMentionedIn B	
왕인(王仁)	日槎集略	A isMentionedIn B	
왕인(王仁)	聞見事件(姜文馨)	A isMentionedIn B	
왕인(王仁)	日本國聞見條件	A isMentionedIn B	
왕인(王仁)	三島·川北·崔成大筆談錄	A isMentionedIn B	

　왕인(王仁) 데이터베이스를 편찬하게 되면 『구사기(舊事記)』『고사기(古事記)』『일본기(日本記)』『신황정통기(神皇正統記)』『연희식(延喜式)』『풍토기초(風土記抄)』『속일본기(續日本記)』 등의 일본 서적명, 통신사나 수신사의 사행록이나 필담 제목, 『조선환여승람』 등의 근대서적 제목 등이 '○○종의 자료 보기' 목록에 정리되고, 각 서적 명을 클릭하면 왕인에 관한 내용의 원문과 번역으로 연결된다. '표제어 보기'는 수신사 데이터베이스와 비슷하게 인물 데이터, 단체 데이터, 공간 데이터, 문헌 데이터, 물품 데이터, 개념 데이터 등으로 구성되며, 전자문서를 편찬하는 과정에서 무엇을 표제어로 선정할 것인지, 연구원 사이에 지속적인 토론과 검증이 필요하다.

6. 맺음말
- 왕인王仁 관련 기록 데이터베이스 편찬을 영암군에 제안하며 -

영암군에서 1997년부터 20년 넘게 영암왕인문화축제를 개최하여, 학술대회에서 방대한 분량의 연구성과가 축적되었다. 그러나 왕인박사에 관한 기록은 국내외에 흩어져 있어, 체계적으로 파악하기 어려운 상태이다. 연구성과와 관련 기록을 데이터베이스로 편찬하여, 장기적인 관점에서 왕인(王仁) 연구의 베이스 캠프를 설치할 필요가 있다.

'2019년 영암왕인문화축제' 홈페이지에 많은 방문객이 찾아들고, '영암군 문화시설사업소' 홈페이지에도 왕인박사 연구자료가 제공되지만, 본격적인 연구로 도약하기 위해서는 천년 넘게 기록되고 전승되어 온 '왕인박사 기록'을 집대성하여 검색하기 좋은 상태로 연구자뿐만 아니라 일반인들에게도 공개가 되어야 한다. 종이책의 한계를 넘어, 일본 학자와 시민들까지 영암군 왕인박사 데이터베이스에 접속하게 되면 왕인박사가 꿈꾸었던 한일문화교류가 한걸음 앞으로 진전될 것이다.

필자는 현재 '내한 선교사 기록 데이터베이스'를 편찬하고 있는데, 시작한 지 채 한 달도 되지 않았지만 구글에서 '선교사 편지 위키'를 검색하면 필자가 개설한 수업에 곧바로 연결되며, 3주 동안 편찬한 데이터베이스를 다양한 방법으로 검색할 수 있다. 왕인박사 데이터베이스가 편찬되면, 구글에서 '왕인 기록'이라는 글자만 입력해도 곧바로 영암군의 데이터베이스에 접속될 것이다.

데이터베이스는 종이책과 달라서 잘못된 내용도 곧바로 수정할 수 있으며, 외국인들도 가상전시관에 들어와 왕인박사의 길을 함께 걸을 수 있다. 번역뿐만 아니라 원문 기록도 함께 편찬하기 때문에 일본 학자들도 인터넷 공간에 들어와 우리나라 학자늘과 공동 연구를 할 수 있다.

왕인(王仁) 관련 기록 데이터베이스 편찬을 왕인박사의 고향 영암군에 제안한다.

【참고문헌】

1. 자료

『聞見事件』(姜文馨)

『三島·川北·崔成大筆談錄』

『日東記游』

『日東錄』

『日槎集略』

『朝鮮國修信使金道園關係集』

『택리지』(이중환 지음, 허경진 옮김, 서해문집, 2007)

『韓使贈答日錄』

『해동제국기』(신숙주 지음, 허경진 옮김, 보고사, 2017)

2. 논저

하우봉, 「조선시대 왕인에 대한 인식의 전개와 그 의미」, 『전북사학』 제47호, 2015.

허경진, 「수신사(修信使)에 대한 조선과 일본의 태도 차이」, 『열상고전연구』 제53집, 2016.

허경진, 「조선통신사와 신숙주의 『해동제국기』」, 『보한재 신숙주 선생 나신 600돌 기념 학술대회 자료집』, 한글학회, 2017.

허경진·강혜종, 「『조선환여승람』의 상업적 출판과 전통적 가치 계승 문제」, 『열상고전연구』 제35집, 2012.

※ 이 논문은 『조선 통신사와 왕인박사의 만남』(영암왕인문화축제 학술 강연회, 2019년)에 발표한 글을 수정·보완한 것임—편집자.

제6장

1925년 『창명』에 보이는 왕인박사 영암 출신설

김덕진 _ 광주교육대학교 교수

1. 머리말
2. 1925년 『창명』 제5호, 왕인박사의 영암 거주
3. 1925년 『창명』 제5호, 왕인박사의 사우 건설
4. 1927년 『신민』 제25호, 왕인박사의 영암 출생
5. 1928년 『조선신문』, 왕인박사의 영암 출생
6. 맺음말

1. 머리말

왕인박사(王仁博士)는 백제 사람으로 일본에 유학(儒學)을 비롯한 선진 문물을 전해준 사람으로 알려져 왔다. 그러한 왕인이 전라남도 영암(靈巖) 출신이라는 말을 경상북도 안동 출신의 하산(霞山) 권현섭(權賢燮, 1876~1962)이 1927년에 처음 한 것으로 지금까지 알려져 있다. 그는 동년 5월호 『신민(新民)』 제25호에 실린 「영암행(靈巖行)」이란 글에서 "俗傳하는 것은 百濟의 博士로 日本에 건너가 文字를 傳하였던 王仁이 또한 此地에서 出生하였다는 것이다."고 말하였다.[1] 이로부터 10년 뒤 1937년 무렵에 간행된 『조선환여승람』 영암군편에 "백제 고이왕 때 박사 왕인이 이곳(군 서쪽 20리 성기동)에서 태어났다."고 하여 왕인이 영암 출신이라는 사실이 출생처

를 적시함으로써 보다 구체적으로 기록되게 되었다. 여기까지가 왕인의 영암 출신설에 대한 지금까지의 연구결과이다.

이상의 기록이 '속전(俗傳)'을 채록한 것이건, 아니면 '수단(收單)'을 인용한 것이건 간에 현지의 정보 제공을 토대로 작성되었던 것임은 분명해 보인다. 그런데 필자는 이상에서 거론된 시기보다 더 앞서서 왕인박사의 출신지가 영암이라고 적은 기록을 발견하였다. 그것은 전남 유림(全南儒林)들이 조직한 전남유도창명회(全南儒道彰明會)에서 1925년 1월 10일자로 발간한 『창명(彰明)』이란 잡지의 제5호에 실려 있다. 그리고 왕인박사가 영암 출신이라는 점을 기록한 지리지를 『조선환여승람』보다 앞선 것(『호남지』)도 발견하였다.

따라서 왕인박사가 논어와 천자문을 포함한 유학을 일본에 전래하였고, 그러한 학문[구학]을 신학문 확산과 신분제 혁파 이후 어려운 여건에서도 계승하고 있는 유림들의 동향에 관심이 가지 않을 수 없다. 이러한 전제하에 1920년대 전남 유림들이 조직하고 발간한 유도창명회와 『창명』을 토대로 하여 '왕인박사의 영암 출생설'의 실상과 그 추이를 추적해보겠다.

2. 1925년 『창명』 제5호, 왕인박사의 영암 거주

왕인박사의 출생지가 영암이라는 말은 전남유도창명회에서 발간한

---

1) 정성일, 「1927년 영암 답사기에 보이는 왕인박사 전승」, 『조선환여승람과 왕인박사』(왕인문화연구소 편), 2019.

1925년(대정 14) 1월 10일자 『창명』 제5호에 실려 있나. 그러므로 본론으로 들어가기 전에 관련 단체와 잡지에 대해서 설명하겠다.

전남유도창명회란, 1919년 3·1운동 이후 일제의 새로운 식민통치정책에 부응하여 탄생한 친일적 전남지역 유림단체이다. 1922년에 창립되었다.[2] 목적은 유도의 본지를 창명하기 위해 ①도덕 존숭·윤리 강명, ②향약 준수, ③교육 보급, ④문화 향상, ⑤시세 간례(簡隷) 등을 실천하고자 하였다. 본부는 광주 향교에 설치하고, 지회는 각 군 향교에 두도록 하였다. 영암지회는 다른 지역보다 늦게 조직되었고 활동도 활발한 편이 되지 못하였다. 발기인 대회는 2월에 열렸다. 발기인으로는 30개 군에서 각각 1~6명씩 모두 63인이 참여하였다. 영암에서는 신종봉(愼宗鳳)과 최병두(崔秉斗) 2인이 발기인으로 참여하였다.

표 1. 전남유도창명회 발기인

광주	고언주, 기경섭, 박봉주	보성	임주현, 송광면	함평	안종태, 이계화, 김봉래
담양	이광수, 송욱, 여규삼, 정운동	화순	임노학, 조병선, 양재경, 박기휴, 민용호, 정병섭	영광	신극희
곡성	안용섭, 조명식, 심윤택	장흥	이경근, 문치열, 위계룡	장성	변승기, 김요중, 김긍현

2) 성주현, 『식민지시기 종교와 민족운동』, 선인, 2013.
   김봉곤, 「일제의 종교정책과 유교-전남의 유도창명회(儒道彰明會)와 관련하여」, 『한국종교연구』 40, 원광대 종교문제연구소, 2016.

구례	이종수, 장재창	강진	윤삼하, 이기주	완도	황의주, 황계주, 손병국
광양	안형진, 황승현	해남	윤정현, 이석진	진도	박진원, 소양삼, 박길배
여수	정충섭, 서병두, 김재검	영암	愼宗鳳, 崔秉斗	제주	김기수, 김근시, 김하련, 김희은, 이시우
순천	조충재, 신철휴, 조면승	무안	오회근, 유인호, 김○배		
고흥	신서구, 송기후	나주	박존양, 이민선, 임언재	계	63인

창립총회는 1922년 3월에 도청 회의실에서 열렸다. 각 군에서 유림을 대표하여 4·5인 내지 10인 가량이 출석하여 전체가 1백 4·50여 인에 이르렀다. 영암에서는 최규양(崔圭陽), 최병두, 신용성(愼容晟), 이원우(李元雨), 최병성(崔秉性) 등 5인이 참여하였다.[3] 이렇게 보면, 유도창명회 출범에 간여한 영암 사람은 신용성, 신종봉, 이원우, 최규양, 최병두, 최병성 등 6인이 된다. 이들은 지역 양반의 명부인 향안(鄕案)에 입록된 가문의 후손이다.[4] 그리고 이들 가운데 신용성(본관 거창), 최규양(본관 낭주), 최병두(본관 전주)는 향교 장의(掌議)나 제관(祭官)을 각각 역임한 바 있고(『영암향교지』),

---

3) 『湖南吟草』. 이는 1922년 전남유도창명회 창립총회 석상에서 도지사, 참여관, 광주군수, 회원 등 참석자들이 읊었던 시를 수록한 것으로, 水野鍊太郞의 서문, 발기문과 발기인, 장정(章程)이 수록되어 있다.

4) 나선하, 「17세기 靈巖地方의 鄕案·鄕戰과 향촌지배질서의 추이」, 『지방사와 지방문화』 16-2, 역사문화학회, 2013, 150쪽.

이원우(본관 경주)는 영암신업조합장과 영암면협의회원을 역임한 바 있다(『전라남도사정지』). 도청의 원응상(元應常, 1869~1958) 지사, 석진형(石鎭衡) 참여관, 오쓰카[大塚] 학무과장 등도 창립총회에 참여하였다. 초대 회장으로는 해남 출신의 이재량(李載亮), 부회장으로는 광주 출신의 박봉주(朴鳳柱)와 장성 출신의 김주환(金冑煥)이 선임되었지만, 곧이어 행해진 제1회 총회 때는 회장으로 박봉주, 총무로 고언주(高彦柱)가 선임되었다. 전남유림을 규합하여 유도창명회 창립에 가장 큰 공을 세운 사람은 도 참여관 석진형과 중추원 참의 박봉주이다.[5] 그리고 유도창명회 운영에 주도적 역할을 한 사람은 박봉주, 김주환, 고언주인데, 이들은 16세기 호남사림의 명망가 박상, 김인후, 고경명의 후손이다. 따라서 유도창명회는 도청의 고위관료와 지역의 명명가 후손들의 합작에 의해 탄생한 것이라고 정리할 수 있다.

전남유도창명회는 제1회 총회에서 잡지 발행을 결의하였다. 잡지는 『창명』으로 명명되었다. 창간호는 1923년 7월 5일자로 발행되었다. 발행인은 제1호만 고언주이고, 2~5호까지는 정국채(鄭國采)인데 당시 전남도청 학무과 시학(視學)이었다. 발행소는 전라남도유도창명회인데 주소는 모두 전라남도 광주군 효천면 교사리 27번지로 되어 있으니 향교 주소이다. 총 5회 발간하고 중단된 것으로 보여진다.[6]

---

5) 『매일신보』 1922년 3월 15일.

6) 변은진, 「일제강점기 유교 단체 기관지의 현황과 성격」, 『역사와 담론』 93, 호서사학회, 2020.
   정욱재, 「『창명』의 구성과 성격」, 『전라남도유도창명회 『창명』』(변은진 외 편), 선인, 2020.

표 2. 『창명』 발간 현황

잡지	발행일	발행인	발행소
『창명』 창간호	1923년(대정 12) 7월 5일	고언주(광주군 효천면 교사리 27)	전라남도유도창명회 (광주군 효천면 교사리 27)
『창명』 제2호	1923년(대정 12) 11월 15일	정국채(광주군 광주면 서남리 121)	전라남도유도창명회 (광주군 광주면 교사리 27)
『창명』 제3호	1924년(대정 13) 4월 30일	상동	상동
『창명』 제4호	1924년(대정 13) 9월 10일	상동	상동
『창명』 제5호	1925년(대정 14) 1월 10일	상동	상동

이제 본격적으로 왕인 이야기를 해보자. 1925년 『창명』 제5호의 잡보란에 실린 「古百濟國博士官王仁氏祠宇建設發起文」이란 1편의 글이 현재까지는 왕인의 영암 출신설을 제기한 최초인 것 같다. 이 글은 작자는 밝혀져 있지 않은 것으로 보아, 발행인·편집진에서 작성한 것 같다. 그리고 순 한문으로 작성되었다. 그 가운데 다음의 구절이 들어 있다.

百濟國都, 在今扶餘郡, 曾管京畿一部及忠淸全羅全部, 傳說, 王博士本居
于全南之靈巖郡云則, 國境及其人, 並關係于本道矣.

이를 세 부분으로 나누어 검토해보겠다. ①백제국의 수도는 지금의 부여군에 있었고, 백제국은 지금의 경기도 일부와 충청·전라도 전부를 관할하였다는 것이다. 이 구절은 전라도가 백제 땅이었다는 말을 하기 위해 넣은 것 같다. ②전설에 의하면, 왕인박사는 본래 전남의 영암군에서 살았다

고 한다는 것이다. 이 구절대로 해석하면 이는 왕인박사의 영암 거주설이
되는 셈이다. ③국경과 왕인이 모두 본도와 관계되어 있다는 것이다. 영암
이 백제의 영토이고, 왕인이 영암 거주자였다는 말이다.

결국 유도창명회에서 1925년 1월 10일자로 발간한 『창명』 제5호에서
편집진은 왕인은 전라도 영암 출신이라는 말을 '전설(傳說)'을 빌려 공개하
였다. 당시 『창명』 발간인은 정국채(鄭國采)이다. 그는 영암 출신으로 1910
년부터 영암공립보통학교 교사로 근무한 것으로 나온다. 1919년 10월 31
일자로 구림공립보통학교 교장으로 임명되었는데, 일제에 의해 한국인으
로 처음 교장에 임명된 전국 18인 가운데 한 사람이다.

자료 1. 최초의 한국인 교장 임명(『매일신보』 1919년 10월 31일)

그는 구림초등학교 교장 재임 중 동맹휴학을 한 학생을 퇴학처분 할 것
이라는 가정통신문을 1920년 6월 15일자로 발송한 적이 있었다.[7] 정국채
는 2년 뒤 1921년에 도 학무과 소속 시학(視學)이 되어 1925년 당시까지
근무하고 있었는데, 당시 도 시학은 3인으로 2인은 일본인이고 1인이 한국

---

7) 구림초등학교·구림초등학교동문회, 『구림초등백년사 1907~2007』, 2007.

인이었다. 그는 시학으로 있으면서, 1923년 11월 15일자 『창명』 제2호부터 발행인을 맡아 왔고, 『창명』 제2호에 「心之力」, 제3호에 「風水와 祕訣에 勿惑하라」란 글을 각각 실었다. 이후 그는 1928년 대례기념장을 받고 1930년 곡성군수에 임명되었다. 이상의 사실을 통해 유도창명회와 『창명』지에 왕인박사의 영암 출신설을 제공한 사람으로 영암에서 오랜 교직 생활을 한 정국채를 우선 지목할 수 있다.

古百濟國博士官王仁氏
祠宇建設發起文

距今一千六百三十九年前乙巳、古百濟國近肖古王
時、博士官王仁氏、舉命、持輪語十卷及千字文一
卷、渡運瀛、至日本内地、進獻于 應神天皇、遂
爲皇子師、内鮮歷史之所共證而現今孩提之所皆知
者也、此即偶日本有漢學之始、是時、兩國交隣、
親睦、如齊學、總工、皮工事凡可以利用厚生之額
自百濟輸入者、雪現肯相羅、然、今自吾儒、觀之
王博士之經典事業、當屈第一指而尤不能忘於百世
之後者也、百濟國鄉、在今扶餘郡、嘗管京畿一部及
忠清全羅全部、傳說、王博士本居于金南之靈岩郡
云則、國境及其人、並剛保于本道矣、今剛王博士
之摸葛、在於大阪府北河内郡枚方、行路指點、現今
聞内鮮、墟、竇日則、航路指點、問間無繼、機
朝發夕至、殆同隣里、其義下、尚無歎聞祠宇、不
收容邊、墟、非比餘人、況本曾應在金南、咸王博
士之遐鳳、安得無道憾哉、若含獸無膏、是、使此文化
之祖、無聞於千載之下、生於千載之下者、由何而
能講明斯道乎、故、玆敢慫起、欲慫殷一祠宇于其
芳側、庶十一般人士、永久崇奉、奧起内鮮思想之麓
和、窃順、有志愛位、依左記捐若于金、俾此文化
事業、有始有終、千萬千萬。

자료 2. 「古百濟國博士官王仁氏祠宇建設發起文」(『창명』 제5호)

한편 『창명』 제5호 논설란에 전라남도 학무과장 겸 시학관(視學官) 오쓰카 다다에[大塚忠衛]가 쓴 「王仁氏와 日本儒道」란 글이 실려 있다. 시학관은 학무 관련 업무를 총괄하는 자리로, 도청 내무부 학무과 소속으로 학무과장이 겸하고 있었다. 그는 『창명』 제1호에 「교육진흥상 산업장려의 필요를 논함」, 동 제2호에 「본도 신교육 시설에 대하여」, 동 제4호에 「보습교육 실시 문제」란 논설을 게재하였으니, 유도창명회 조직과 『창명』 발간에 적지 않은 영향을 미친 것 같다. 그는 「王仁氏와 日本儒道」에서 백제 왕인박사는 일본에 논어, 천자문은 물론이고 단야, 직공, 주조 등을 전한 일본의 대은인이요 조선인의 모범적 인재라고 하면서, 그의 출신지에 대해서는 아무런 말을 하지 않았다. 이렇게 보면, 유도창명회와 『창명』 및 전남 유림을 관리하는 시학관으로서 그가 왕인의 영암 출신설을 몰랐는가, 아니면 알면서도 조심스러워 서술하지 않았는지에 대해서는 확인하기 어렵다. 최소한 전남 출신이라는 점은 전제하고서 글을 써서 게재하였을 것임은 분명해 보인다.

어떠하든 간에, 1920년대 들어서 '내선융화(內鮮融和)'가 강조되면서 그 대표적인 사례에 해당되는 백제인 왕인박사가 주목되기 시작하였던 것 같다. 그렇다면 왕인박사는 백제 어디 출신이고, 어디에서 도항을 하였을까 등에 대해 관심이 증폭되었을 것이다. 그런 연장선상에서 1925년 당시 『창명』에 영암 거주설이 게재되었던 것 같다. 그런가 하면 1925년 6월 5일자 『조선신문』에는 출신설은 보이지 않지만, 일본문교의 조(祖)이고 내선융화의 신(神)인 왕인박사가 백제 수도 부여를 출발하여 금강을 따라 내려가 일본에 건너갔다고 보도되어 있다.

3. 1925년 『창명』 제5호, 왕인박사의 사우 건설

앞에서 말한 1925년(대정 14) 1월 10일자 『창명』 제5호의 잡보란에 실린 「古百濟國博士官王仁氏祠宇建設發起文」은 왕인박사의 사우 건립에 관한 글이다. 앞에서 인용한 왕인박사의 영암 거주설 뒤에 다음의 기사가 뒤따라 있다.

今聞王博士之墳墓 在於大阪府北河內郡枚方 行路指點 樵牧咨嗟 噫舊日

則 航路隔絕 問聞無徵 現今朝發夕至 殆同隣里 其墓下 尙無數間祠宇 不問內鮮安得無遺憾哉. 況本會處在全南 感王博士之遺風 非比餘人 若含默默言 是使此文化之祖 無聞於千載之下 生於千載之下者 由何而能講明斯道乎. 故玆敢發起 欲建設一祠宇于其墓側 使一般人士 永久崇拜喚起內鮮思想之融和 窃願 有志僉位 依左記捐若于金 俾此文化事業 有始有終 千萬千萬.

이를 크게 세 부분으로 나누어 검토해보겠다. ①왕인박사의 묘가 오사카부[大阪府] 기타가와치군[北河內郡] 히라카타[枚方]에 있는데, 참배할 사우가 없다는 것이다. 오늘날은 교통이 좋아 쉽게 왕래할 수 있으니 사우를 건립하여 일본인이건 한국인이건 간에 참배할 수 있도록 하면 좋겠다는 말이다. ②본회 유도창명회는 전남에 있어 왕인박사의 유풍을 다른 사람에 비교할 수 없을 정도로 느끼고, 만약 이를 함묵·묵언하면 '문화지조(文化之祖)'를 천년 안에 다시 들을 수도 없고 볼 수도 없으리라는 것이다. 일본에 선진문화를 전래해 준 왕인박사가 전남 출신이고, 그렇기 때문에 전남 사람으로서의 자부심이 있어 왕인박사를 위한 뭔가를 하지 않으면 안된다는 말로 해석된다. ③발기회를 조직하여 왕인박사 묘 옆에 사우를 건립하고자 하오니 좌기(左記, 제시되어 있지 않다)와 같이 의연금을 납부해주라는 것이다. 그것이 일반인사로 하여금 왕인박사를 영구히 숭배하게 하고, '내선사상(內鮮思想)'의 융화를 환기시키는 일이라고 하였다.

이렇게 보면, 1925년 1월 현재, 일종의 '왕인박사 사우 건립 발기회'가 유도창명회에 의해 조직되어 있었음을 알 수 있다. 이는 『창명』 제5호의 권두사에도 밝혀져 있는데, "千年前 文化祖 王仁氏의 祠宇 建設을 發起하얏슨즉"이라고 하였다. 즉, 유도창명회에서 이미 사우 건립을 결의하였음을 알 수 있다. 뒤에서 말하겠지만, 시우 건립 추진은 1928년에아 단행되었다.

　그러면 왕인박사의 묘가 오사카에 있다는 사실은 언제 한국에 알려졌고 공론화되었을까? 현재로서는 「매일신보」 1919년 3월 29일자 기사로 거슬러 올라갈 수 있다. 거기에 와타나베 도오루[渡邊暢]라는 사람이 쓴 「백제 왕인박사묘(百濟王仁博士墓)」라는 글이 실려 있다. 그는 지바현[千葉縣] 출신으로 사법성(司法省) 법률학교(法律學校) 졸업 후, 1908년에 법관으로 한국에 와서, 1919년 당시 서울에서 고등법원장으로 근무하고 있었다. 그는 백제 왕인박사의 묘가 오사카부[大阪府] 기타가와치군[北河內郡] 관원촌 대자장미 동남 5정쯤의 지점에 있다고 하였다. 그러면서 묘를 찾기 위해 기타가와치군[北河內郡] 역소(役所)에서 물으니, 오사카시 편정역에서 열차를 타서 장미역에서 내려 5정여 보를 걸으면 왕인묘에 이른다고 하였다. 그러면서 그는 "去年보다 今年은 조선 각지로부터 觀光探勝을 겸하여 渡海의 擧를 催하는 風雅人士도 多할지니"라고 하였다. 이는 한국에 있는 사람들(한국인과 일본인 다 포함)이 왕인묘를 관광이나 탐승하기 위해 일본으로 적지 않게 가고 있고 앞으로 더 늘어날 것이라는 말로 해석된다.

　와타나베 도오루[渡邊暢] 글의 보도 이후, 왕인박사 묘가 오사카에 있다는 말은 전국 곳곳에 알려졌다. 특히 영암 지리지에 그 사실이 연이어 실리게 되었다. 현재 확인된 바로는 『호남지(湖南誌)』가 최초로 보이는데, 이는 1924년 봄에 호남장보(湖南章甫)가 도지 편찬을 시도하였으나 11년 지난 1933년에야 발간되었다. 그 영암군편 고적 조항에 왕인박사에 대해,

古百濟 近肖古王時人 奉論語及周興嗣千字 入日本 獻于應神皇 遂爲皇子
師傅 日本漢學從此始傳 墓在大阪府北河內郡枚方 而建祠宇墓下 只今崇
奉云.

라고 기술되어 있다. 오사카부[大阪府] 기타가와치군[北河内郡] 히라카타[枚方]의 묘 아래에 사우가 건립되어 사람들이 지금까지 숭봉하고 있다는 말이다. 도지 편찬이 1924년부터 시도되었다는 점을 감안하면, 왕인박사 묘의 오사카 존재 사실 또한 그 무렵에 확산되었을 것 같다. 이와 비슷한 기사는 1937년 무렵에 발간된 『조선환여승람』 영암군편 명환 조항에도 "墓在日本大阪府北河内郡枚方 其下建祠"라고 실려 있다. 모두들 묘 아래에 사우를 건립한다고 하였으니, 전남 유림들의 노력으로 건립이 추진되었을 것 같다. 어찌하든 영암 지리지에 수록된 왕인박사 묘가 일본에 있다는 기사는 왕인이 영암 사람이라는 전제하에 이루어진 결과인 것이다.

4. 1927년 『신민』 제25호, 왕인박사의 영암 출생

1927년 5월 간행된 『신민』 제25호에 하산(霞山) 권현섭(權賢燮)은 「영암행(靈巖行)」이란 글을 실었다. 그는 이 글에서 "俗傳하는 것은 百濟의 博士로 日本에 건너가 文字를 傳하든 王仁이 또한 此地에서 出生하였다는 것이다"고 하였다. 왕인박사의 영암 출생설을 속전을 빌어 공개하였다. 그러면서 "나는 鳩林으로써 그의 出生地라 斷定할 勇氣는 없었다."고 하였다. 자신은 단정할 수는 없지만, 왕인박사의 출생지가 영암의 구림이라는 속전도 있다는 점을 전하였다. 1925년 『창명』 제5호 기사와 1927년 『신민』 제25호 기사의 차이는 ①'傳說' → '俗傳'으로, ②'居于全南之靈巖' → '此地에서 出生'으로, ③'靈巖' → 靈巖 鳩林으로 각각 바뀐 것이다. ①은 별다른 차이가 있는 것은 아니지만, ②의 '거(居)'와 '출생(出生)'은 미묘한 의미 차이가 있을 수 있고, ③은 장소를 구체화한 것이다. 그렇다면 1927년 기사가 이전 것을 진화시킨 것인지, 아니면 본래 그런 구전이 있었던 것인지에 대해서는 현재로서는 확인할 수 없다. 없는 것을 새로이 만든 것은 아닐 것이다.

한편 하산 권현섭은 경상북도 안동 출신으로, 1927년 당시는 총독부에 근무하고 있었지만, 1920~1923년까지 전남의 곡성·진도·해남 군수를 역임하였다. 그는 해남군수로 있던 때 1923년(대정 12) 11월 15일자 발간 『창명』 제2호에 「三人對話」란 글을 실었다. 내용은 '狂', '狷', '鄕愿' 등 세 가지를 의인화 하여 도덕교화를 강조한 것이다. 그리고 그는 1924년에 총독부에서 주관하는 30명 규모의 '군수 내지 시찰단'에 선발되어 4월 25일부터 5월 15일까지 후쿠오카[福岡], 구루메[久留米], 구마모토[熊本], 히나구[日奈久], 가고시마[鹿兒島], 미야자키[宮崎], 벳푸[別府], 오사카[大阪], 교토[京都] 등지를 시찰한 바 있다.[8] 그리고 서울에 있던 권현섭이 1927년에 어떤 사유로 영암에 왔는지에 대해서는 확실하지 않지만(권현섭이 구림의 회사정에서 강연을 한 것으로 보아서는 지역 유림의 초청을 받은 것으로 추청), 「영암행」에 등장하는 인물로 김영근, 오영건, 박정욱, 최현 등이 있다.

이 가운데 김영근(金永近)은 출신지는 모르지만, 지도군 서기를 거쳐 무안군 서기 때 대례 기념장을 받았고, 광양·담양·순천 군속을 거쳐 1923년 군수로 승진해 강진·담양·영암군수를 역임하였고, 1928년 대례 기념장을 받았다. 1925년 담양군수로 있으면서 내지 시찰단의 인솔자로 선발되어 11월 14일 출발하여 12월 9일 귀도하였는데, 일본내 경유지는 하관, 대판, 궁도, 광도, 내량, 산전, 명고옥, 동경, 소택, 일광, 전교, 금택, 경도 등지이

8) 『조선신문』 1924년 4월 24일. 전라남도에서는 보성군수 홍승구, 진도군수 성정수, 그리고 해남군수 권현섭이 선발되었다.

다.[9] 김영근은 이듬해 1926년에 영암군수로 옮겨 와서 1927년에 권현섭을 접대하였다.

또 주목되는 인물이 박정욱(朴晶昱)이다. 박정욱은 완도 출신으로 1919년 완도군 서기·군속에 임명되어 1925년 영암군청 군속으로 발령받았고, 1928년 대례 기념장을 받고 1931년 화순군수로 임명되었다. 그는 완도군속으로 있던 1924년 전라남도 부면직원 '내지시찰단(內地視察團)' 인솔자로 일본을 다녀온 바 있다. 일제는 3.1운동 이후 새로운 식민통치의 방안 가운데 하나로 한국 사람의 '내지시찰(內地視察)', 즉 일본 시찰을 중요하게 추진하였고,[10] 그에 따라 전남은 부면직원(府面職員), 청년(靑年), 유림(儒林) 중에서 내지 시찰단을 3팀으로 각기 조직하여 일본의 도시, 우량정촌, 청년단체, 기타 각종 문화상황을 시찰하게 하여 본도 지방 개량의 밑바탕으로 삼고자 하였다. 현재 확인된 바로는 1921년부터 '내지시찰'이 단행되었다. 1924년의 경우 '부면직원 시찰단'은 5월 5일 광주 출발, 5월 24일 광주 도착, 20일간에 걸쳐 일본의 교토[京都], 오사카[大阪], 효고[兵庫], 오카야마[岡山], 히로시마[廣島], 후쿠오카[福岡], 구마모토[熊本], 가고시마[鹿兒島], 오이타[大分] 등지를 시찰하였다. 목적은 위 지역 산하의 도시 상황, 제 학교, 각종 공장, 기타 제반 산업시설 및 우량 정촌·청년단 등을 시찰하는 것이었

---

9) 『매일신보』 1925년 11월 13일.

10) 성주현, 「1920년대 유림계의 '내지시찰'」, 『한국민족운동사연구』 83, 한국민족운동사학회, 2015.
박찬승, 「식민지시기 조선인들의 일본시찰-1920년대 이후 이른바 '內地視察團'을 중심으로-」, 『지방사와 지방문화』 제9권 1호, 역사문화학회, 2006.
조성운, 「1920년대 초 日本視察團의 파견과 성격(1920~1922)」, 『韓日關係史研究』 25, 한일관계사학회, 2006.

다. 단원은 부(府)·군(郡)·도(島)에서 1인씩 선발하여 23명으로 구성되었는데, 관내에서 다년간 부면에 재직하여 평소 성적이 우수하여 장래 다시 부면사무에 종사하고자 하는 각오가 있고 새로운 지식을 얻어 시세를 이해하는 자로서 그동안 내지 시찰 경험이 없는 자 중에서 선발하였다. 인솔자는 전남도청 지방과장 아베 메이지타로[阿部明治太郎] 및 군속(郡屬) 도가시[富樫不若矢, 광주 군속], 도속(道屬) 고노 군죠[河野軍三, 전남도 내무부 토목과], 군속(郡屬) 박정욱(朴晶旭, 완도 군속)으로 구성되었다. 시찰비는 1인당 150원이고, 그 가운데 100원은 지방비로 보조하였다.[11]

이상으로 보아, 권현섭은 전남의 곡성·진도·해남 군수를 역임하였고, 『창명』에 투고까지 하였으니, 도내 유림들과의 교유가 있었을 것이다. 그리고 권현섭 본인은 물론이고, 권현섭의 영암 방문을 수행한 김영근 군수와 박정욱 군속은 모두 일본 오사카를 여행한 경험이 있다. 따라서 위 3인은 왕인의 영암 출생 또는 왕인묘의 오사카 존재 등에 대한 모종의 정보를 각기 접하고 있었고, 그 연장선에서 『신민』에 기사화되었을 것이다.

그런데 왕인의 영암 출생설 그리고 왕인사우 건립과 관련하여 지금까

---

11) 이는 『창명』 제4호(대정 13년 9월 10일)에 자세히 소개되어 있다. 이때 '청년 시찰단'은 5월 10일 광주 출발, 5월 27일 광주 도착, 18일간에 걸쳐 일본의 교토[京都], 오사카[大阪], 효고[兵庫], 오카야마[岡山], 히로시마[廣島], 야마구치[山口], 후쿠오카[福岡], 오이타[大分] 등지를 시찰하였다. 그리고 '유림 시찰단'은 5월 15일 광주 출발, 6월 1일 광주 도착, 18일간에 걸쳐 일본의 교토[京都], 오사카[大阪], 나라[奈良], 효고[兵庫], 오카야마[岡山], 히로시마[廣島], 후쿠오카[福岡], 오이타[大分]를 시찰하였는데, 영암 출신은 영암면 망홍리 이원우(李元雨) 1인이다. 이원우는 유도창명회 창립총회에 영암 대표로 참석한 5인 가운데 한 사람이다.

지 직간접으로 거론되었던 사람들은 상당수 현재 친일인사로 분류되어 있다. 민족문제연구소에서 발간한 『친일인명대사전』에 앞에서 거론된 권현섭, 김영근, 박정욱, 정국채, 그리고 뒤에서 거론할 석진형이 등록되어 있다. 그렇다고 하여 왕인박사 선양을 친일 프레임으로 바라볼 필요는 없다. 설령 친일 성향의 인사들이 그 행위에 앞장섰다고 하더라도 팩트 자체가 없었던 것은 아니기 때문이다. 따라서 왕인박사 관련 사실을 단선적 시각을 탈피하여 다각도로 살펴보아야 할 필요성이 우리 앞에 주어져 있음을 자각하지 않을 수 없다.

5. 1928년 『조선신문』, 왕인박사의 영암 출생

석진형(石鎭衡)은 경기도 광주 출신으로 일본 도쿄의 법률학교를 졸업한 후 군부 주사를 시작으로 관직에 들어섰다. 1921년 전라남도 참여관(參與官)에 임명되었다. 참여관은 부지사급에 해당되는 직책이다. 그는 1922년 당시 도지사 원응상의 명을 받아 유도창명회 창설에 실질적 역할을 행하였다. 석진형은 1923년(대정 13)에 본도 유림단체인 유도창명회 회장으로서 내선융화의 대선구(大先驅)로 삼기 위해 본도 영암 출생의 왕인박사의 신사[사우]를 그 분묘가 있는 대판부 아래 북하내군 매방에 건립하기 위하여 유도창명회를 중심으로 발기(發起)하여 도내에서 기부금 약 1만원을 조성하여 대판부 지사에게 보냈다. 이렇게 보면, 왕인박사의 출신지가 영암이라는 사실과 왕인박사 사우 건립을 위한 발기회 조직이 1923년일 수 있다는 가능성이 점쳐진다. 이 기사를 토대로 할 때, 왕인박사의 영암 출신설이 적어도 1925년 『창명』 제5호 발간 이전에 영암은 물론이고 전남도내에 기

許可された王仁神社の建立

念願達して石知事喜ぶ

자료 3. 석진형 전남지사의 왕인박사 사우 건립에 대한 반응
(『조선신문』 1928년 10월 25일)

정 사실처럼 확산되어 있었을 것 같다.

석진형은 1925년에 충청남도 지사(知事)가 되었다가, 1927년에 전라남도 지사로 부임해 왔다. 그 사이에 사우 건립이 즉각 단행되지는 않았던 것 같다. 그러던 중 오사카 텐노지[天王寺]의 야마다 시치헤이[山田七平] 등의 공명노력(共鳴努力)에 의해 신사[사우] 건립의 허가가 내려와서, 1928년 10월 26일 성대한 지진제(地鎭祭)를 거행할 것이라고 하였다. 당일 오사카·교토·나라 지사를 시발로 저명한 실업가 등 3천여 명을 초청하여 집행할 계획이고, 전남도에서도 300여 통의 축전을 보냈다. 이러한 일에 석진형 지사는 기쁜 나머지 "왕인박사는 지금으로부터 1천 643년전 응신천왕 때 본도 영암군에서 태어나 백제왕의 명을 받들고 논어와 천자문을 가지고 일본으로 건너가서 응신제의 황자 우치아랑자에게 일본 한학의 기초를 열었던 사람"이라고 말하였다. 그러면서 그는 '와니 신사[王仁神祠]'의 건립을 생각한 지가 족히 5년이 지나 오늘에야 그 꿈을 이루었다고 하였다.[12]

이렇게 보면, 석진형은 왕인의 영암군 출생설을 믿고 사우 건립을 추진하였음에 분명하다. 1920년대에 한국 안에서 오사카의 왕인묘 아래에 왕인을 배향하는 사우를 건립하자는 논의가 여러 곳에서 나왔지만, 결국 전남 지역에서 왕인의 영암 출생설을 토대로 하여 발기회 조직과 기금 모금 등 가장 적극적으로 활동하여 사우 건립을 이루었던 것이다.

---

12) 『조선신문』 1928년 10월 25일.

6. 맺음말

이제까지 살펴본 바, 왕인박사의 영암 출신설이 지상(紙上)에 최초로 기사화된 때는 1925년 『창명』 발간으로 현재 파악되고 있지만, 정황상 그 이전일 가능성은 충분히 존재하더라도 그 시기는 1919년 이후로 봄이 타당할 것 같다. 영암 출신설 기사는 더 다양한 매체를 통해 확산 일로에 있었다. 기사의 근거는 '전설(傳說)'이나 '속전(俗傳)'에 있었으니, 당시 영암 지역 사회에 왕인의 영암 출신설이 널리 퍼져 있었던 것은 분명해 보인다. 기사의 내용은 '居'에서 '出生'으로 이동하는 모양새를 보였고, 그와 함께 출생지가 '구림(鳩林)'으로 특정되는 경지로 진화하였다. 이 과정을 겪으면서, 영암 출신설은 급기야 『호남지』 또는 『조선환여승람』의 영암군편에 입록되어 자타가 공인하는 사실화의 단계로 진입하고 말았다.

이와 함께 일본 오사카에 왕인묘가 현존하고 있다는 사실이 일본인에 의해 '내선융화'의 차원에서 국내에 알려졌고, 그 사실은 '전남 내지 시찰단'을 통해 도내로 확산되었을 것 같다. 그렇다면 왕인박사를 향사하는 사우도 건립해야 한다는 여론이 왕인박사를 배출했다고 자부하는 전남 지역에서 왕인박사와 학문적 동질성을 지니고 있는 전남유도창명회를 중심으로 일어나 발기회를 조직하여 유림들을 상대로 기금을 모아 오사카에 전달하였다. 그때가 대략 1923년이었는데, 사우 건립을 위한 지진제는 5년 지나 1928년에 이루어졌다.

【참고문헌】

1. 자료

『매일신보』『영암향교지』『전남사정지』『조선신문』『조선환여승람』『창명』
『친일인명사전』『湖南吟草』『호남지』

구림초등학교·구림초등학교동문회, 『구림초등백년사 1907~2007』, 2007.

2. 논저

김봉곤, 「일제의 종교정책과 유교-전남의 유도창명회(儒道彰明會)와 관련하
　　여」, 『한국종교연구』 40, 원광대 종교문제연구소, 2016.

나선하, 「17세기 靈巖地方의 鄕案·鄕戰과 향촌지배질서의 추이」, 『지방사와
　　지방문화』 16-2, 역사문화학회, 2013.

박찬승, 「식민지시기 조선인들의 일본시찰-1920년대 이후 이른바 '內地視
　　察團'을 중심으로-」, 『지방사와 지방문화』 제9권 1호, 역사문화학회,
　　2006.

변은진, 「일제강점기 유교 단체 기관지의 현황과 성격」, 『역사와 담론』 93,
　　호서사학회, 2020.

성주현, 「1920년대 유림계의 '내지시찰'」, 『한국민족운동사연구』 83, 한국
　　민족운동사학회, 2015.

성주현, 『식민지시기 종교와 민족운동』, 선인, 2013.

정성일, 「1927년 영암 답사기에 보이는 왕인박사 전승」, 『조선환여승람과
　　왕인박사』(왕인문화연구소 편), 2019.

정욱재, 「『창명』의 구성과 성격」, 『전라남도유도창명회 『창명』』(변은진 외

편), 선인, 2020.

조성운, 「1920년대 초 日本視察團의 파견과 성격(1920~1922)」, 『韓日關係史研究』 25, 한일관계사학회, 2006.

※ 이 논문은 『왕인박사 영암 출생설의 배경』(왕인문화연구소 편, 사단법인 왕인박사현창협회, 2021년 12월)에 실린 글을 수정·보완한 것임.

1927년 영암 답사기에 보이는 왕인박사 전승

정성일 _ 광주여자대학교 교수

1. 머리말
2. 1927년 권현섭의 「영암행」과 왕인박사
3. 1910~20년대 영암과 전남지역의 사정
4. 맺음말

1. 머리말

『조선환여승람(영암군)』(1937년 간행)에 어떻게 해서 '왕인박사 영암 출생설'이 실리게 되었을까? 이에 대한 답을 명쾌하게 제시한 연구는 아직 없다. 그래서 이 글에서는 1927년 5월 간행된 『신민(新民)』 제25호에 실린 답사기인 「영암행(靈巖行)」을 중심으로 이 문제를 추적해 가고자 한다. 이 글에서 다룰 답사기의 저자는 하산(霞山)을 호(號)로 쓴 경상북도 안동 출신 권현섭(權賢燮)으로 추정된다.[1] 영암 현지에 가서 '왕인박사 영암 출생설'을

---

1) 필자가 '하산(霞山)'이 누구인지 확정하지 못하고 있을 때, 2019년 11월 28일 왕

처음 접한 「영암행」의 지은이 권현섭은 "구림(鳩林)이 왕인박사의 출생지(出生地)라 단정(斷定)할 용기(勇氣)는 없었다"고 고백했다. 이것은 당시까지만 하더라도 그가 '왕인박사 영암 출생설'을 그대로 수용하지는 않았음을 말해 준다. 그런데 필자가 주목하고자 하는 것은 적어도 "1927년 5월 이전에 이미 '왕인박사 영암 출생설'이 영암 지역에 존재하고 있었음"을 그가 이 답사기를 통해서 우리에게 생생하게 전해주고 있다는 점이다.

필자는 2017년에 「'왕인박사 영암 출생설' 분석 시론」을 발표한 바 있다.[2] 제목 그대로 시론(試論)에 머물러 있기는 하였지만, 1876년 개항 후부터 1927년까지 일본불교 관련 자료를 이용하여 영산포와 영암 지역의 일본불교 포교 사례를 분석한 바 있다. 그 결과를 간추리면 다음과 같다.[3]

인박사현창협회 학술대회에서 좌장을 맡았던 박남수(朴南守) 연구원(동국대학교 동국역사문화연구소, 前 국사편찬위원회 편사연구관)이 도움을 주었다. 이 자리를 빌려 깊이 감사를 드린다. 서울대학교 규장각한국학연구원 소장 자료인 『천민선생귀동록(天民先生歸東錄)』에 '권하산(權霞山)'이 보인다. 권(權)씨 성(姓)을 가지고 안동(安東)에서 활약한 인물을 『안동향토문화전자대전』(한국학중앙연구원)에서 검색하여 '권현섭(權賢燮)'을 찾을 수 있었다. "경상북도 안동 출신의 교육자. 본관은 안동. 호는 하산. 1876년(고종 13) 출생하여 1962년 사망."으로 기록되어 있는 권현섭은 "탁지부(度支部) 벼슬을 거쳐 전라남도 곡성 군수와 해남 군수를 역임"한 경력도 가지고 있었으니, 그의 '영암행'이 과거 행정관료 경험과 그때 맺은 인맥 등과 관련이 있는지도 모른다.
2) 정성일, 「'왕인박사 영암 출생설' 분석 시론」, 『4~5세기 동북아시아의 국제정세와 왕인박사』(이주현·김기섭·백승옥·임영진·정성일·박광순·정재원·문안식, 사단법인 왕인박사현창협회), 2017, 135~164쪽.
3) 정성일, 「'왕인박사 영암 출생설' 분석 시론」, 2017, 159쪽.

① '왕인박사 동상 건립 취지문'을 지었던 아오키 게이쇼[靑木惠昇]에 관한 기록이 일본불교의 조선 포교 50주년이 되는 1927년에 발행된 자료에서 전혀 보이지 않았다. ② '일본불표 포교 활동 일지' 속에서 『조선환여승람(朝鮮寰輿勝覽)』의 편자(編者)인 이병연(李秉延, 1894~1977)의 모습을 찾을 수 없었다(『조선환여승람(영암군)』의 간행은 1937년). ③ 따라서 '일본 승려 아오키 게이쇼와 조선 유학자 이병연의 만남'은 문헌으로 증명되지 않는 단순한 상상에 불과할 뿐이어서 그것을 사실로 보기는 어렵다는 것이 필자의 판단이다. 이병연을 비롯한 보고원(報告員)들이 영암 현지 조사를 직접 했느냐 안 했느냐는 별도로 하더라도, 그리고 문헌 조사를 통해서든 아니면 『조선환여승람(영암군)』에 등재할 것을 요청하는 수단(收單)을 통해서든, 그들이 영암 지역 조사 과정에서 그곳 주민들에 의해 구비전설(口碑傳說)로 전해 내려오던 '왕인박사 영암 출생설'을 접하게 되었고, 그것이 결국 『조선환여승람(영암군)』에 수록된 것으로 보아야 한다는 것이 필자가 세운 가설(假說)이다.

이를 증명하기 위하여 이 글에서는 『신민』 제25호(1927.5)의 「영암행」을 미시적(微視的)으로 분석해 보고자 한다. 이를 통해서 '왕인박사 영암 출생설'에 대한 비판론-1932년 일본인 승려 아오키 게이쇼를 통해 조선 유학자 이병연에게 전해졌고, 그것이 1937년 『조선환여승람(영암군)』에 '왕인박사 영암 출생설'이 처음으로 실리게 된 계기가 되었다고 보는 기존 연구-에 대한 재비판(再批判)의 근거를 마련할 수 있을 것으로 기대한다.

2. 1927년 권헌섭의 「영암행」과 왕인박사

1) 1927년 영암 답사기가 수록된 『신민新民』의 자료적 성격

『신민(新民)』은 '국학(國學) 분야의 논문이 많이 수록된 잡지'로 알려져 있다. 편집인 겸 발행인은 이각종(李覺鍾)이었으며 발행소는 신민사(新民社) 였다. 1925년 5월 10일자로 창간된 『신민』은 1932년 6월 1일 종간될 때까지[4] '사회 교화(社會敎化)를 내세운 종합 잡지'이다. 이 잡지의 전신(前身)은 1921년 2월에 창간된 유도진흥회(儒道振興會)의 기관지(機關誌)인 『유도(儒道)』였는데, 이 잡지가 "본래 취지와 달리 친일(親日) 인사의 글이 많다고 하여 사회적 지탄을 받게 되자, 1925년 1월 통권 48호로 자진 폐간했다."고 한다.[5]

최근 연구에 따르면 『신민(新民)』이 『유도』라는 잡지를 이어받은 것은 사실이지만, 『신민』이 추구하는 것에서는 '유교(儒敎)를 배제했다'고 한다. "『신민』이 『유도』를 전신으로 하여 신문지법에 따른 허가를 받아 발행되었지만, 그렇다고 해서 『유도』의 주의주장(主義主張)인 '유교'까지 계승한 것은 아니었다."고 보기도 한다. "『신민』의 창간 주체들은 『유도』의 기반을 이루는 세력을 배제하지 않으면서 『신민』으로 전환을 시도하기 위하여, '지방(地方)'과 '공민(公民)'을 적극 내세우는 선별적 계승의 방법을 동원하였다." 는 평가를 받고 있다.[6]

---

4) 이경돈은 『신민』이 1933년까지 발행되었다고 보고 있다(통권 73호로 종간). 이경돈, 「신민(新民)의 신민(臣民)-식민지의 여론시대와 관제 매체」, 『상허학보』 32, 상허학회, 2011, 295쪽.

5) 최덕교, 『한국잡지백년 1』, 현암사, 2004.

사회 계몽의 성격이 짙었던 『신민』은 사회와 교육, 정치와 경제 분야의 논문을 주로 실었다. 그 밖에 문예면에도 비중을 두어서 시와 소설, 수필, 희곡, 동화 등도 다루었다. "논문의 필진은 이윤재(李允宰), 이병도(李丙燾), 최남선(崔南善), 이병기(李秉岐) 등이었다. 소설에 최학송(崔鶴松), 최독견(崔獨鵑), 김동인(金東仁), 방인근(方仁根), 나도향(羅稻香), 염상섭(廉想涉) 등이, 그리고 시에 이은상(李殷相), 양주동(梁柱東) 등이 필진으로 참여하였다."고 알려져 있다.[7]

그런데 『신민』의 발행인이자 편집인이었던 이각종은 "일제 강점 후 총독부 관리로 들어가 해방이 될 때까지 일관되게 총독부의 대역을 자임했으며, 제국주의와 군국의 논리를 충실히 내면화한 대표적 친일 인물"로 평가받고 있다.[8] 그렇기에 『신민』을 '조선총독부의 준기관지'라고 비판하기도 한다. 그러면서도 "『신민』이 『개벽』과 어깨를 나란히 할 수 있었던 유력한 잡지였다"는 평가도 있다.[9] "1925~26년 시점에서 볼 때, 창간된 지 겨우 1년밖에 안 되었던 신생 잡지 『신민』의 영향력이 특히 '지방'에서 급격히 커지고 있었다. 식민지 조선의 언론으로 3대 신문(조선일보, 동아일보, 시대일보)과 함께 『개벽』과 『신민』이 어깨를 나란히 하고 있었다."[10] 이러한 성

---

6) 이경돈, 「신민(新民)의 신민(臣民)-식민지의 여론시대와 관제 매체」, 2011, 287~288쪽.
7) 『민족문화대백과사전』.
8) 이경돈, 위의 논문, 280~281쪽. 이각종의 친일 행위에 대해서는 박준성, 「이각종: 황국 신민화 운동의 기수」, 『친일파 99인』, 반민족문제연구소, 1993 ; 민족문제연구소, 『친일인명사전』, 2009 등 참조.
9) 이경돈, 위의 논문, 286쪽.
10) 이경돈, 위의 논문, 286~287쪽.

격을 지닌 『신민』 제25호(1927.5)에 '왕인박사 영암 출생설'이 실렸다는 점은 그보다 10년 뒤에 이루어진 『조선환여승람(영암군)』(1937년) 간행과 관련하여 눈여겨 볼 대목이다.

2) 1927년 「영암행」의 저자 권현섭權賢燮의 경력

1927년 5월 「영암행」을 발표한 권현섭(權賢燮)은 어떤 인물이었을까? 『디지털 안동문화대전』에 따르면 그는 1876년(고종 13) 지금의 경상북도 안동시 법상동에서 태어났다고 한다. 안동 지역에서는 그가 '근대 교육 운동가'로 잘 알려져 있다. 1925년에 화산학원(花山學院)을 세웠으며, 1946년에는 그것을 기부하여 안동 최초의 인문계 중학교인 안동중학교를 설립하고 초대 교장을 역임하였기에, 그가 오늘날 그와 같은 평가를 받고 있는 듯하다.

표 1. 「영암행」의 저자 권현섭의 경력(1876~1962년)

No	연월일	연령	내용	출전
1	1876	1	지금의 경상북도 안동시 법상동에서 태어남	디지털 안동문화대전
2	1904.01.18.	29	창원 감리(昌原監理) 주사(主事)	승정원일기
3	1907.09.13.	32	덕원부(원산) 주사 의원 면직(依願免本官)	승정원일기
4	1907.12.19	32	국유재산 조사국(臨時帝室有及國有財産調査局) 사무관(事務官)	승정원일기
5	1908.12.25.	33	대한협회 회원(장지연, 오세창 등), 1907~10년까지 활동	대한협회회보 9호
6	1910	35	조선총독부 임시토지조사국 조사과 서기	총독부 직원록

No	연월일	연령	내용	출전
7	1918.11.02.	43	토지조사 사업 종료	매일신보
8	1919.09.17.	44	조선총독부 곡성군 군수에 임명 (1919.09.08)	관보
9	1920.08.07.	45	전라남도 곡성군 군수	동아일보
10	1921	46	전라남도 진도군 군수	총독부 직원록
11	1923	48	전라남도 해남군 군수	총독부 직원록
12	1925	50	화산학원(花山學院) 설립	디지털 안동문화대전
13	1925.05.31.	50	총독부로 발령	시대일보
14	1929	54	안동양조(安東釀造) 감사	동아경제시보사
15	1933	58	안동운송(安東運送) 주식회사 대표	동아경제시보사
16	1935.10.09	60	안동양조 증설 운동(안동상공회)	조선중앙일보
17	1946.10.1	71	화산학원의 부지와 건물 기부, 안동중학교 설립(초대 교장)	디지털 안동문화대전
18	1962	87	안동중학교 동창생과 재학생이 공덕비 세움	디지털 안동문화대전

자료 : 『승정원일기』, 『대한협회회보』 9, 『동아일보』, 『조선중앙일보』, 『매일신보』,
『관보』, 『총독부직원록』, 『동아경제시보사』 『디지털 안동문화대전』

〈표 1〉에서 보듯이 권현섭(權賢燮)은 50세를 전후한 시기까지 관료(官僚)로서 일했다. 그중 전반부에 해당하는 경제 분야의 활동은 29세이던 1904년 '창원(昌原) 감리(監理)의 주사(主事)'를 맡는 것으로 시작되었다. 1907년 원산의 덕원부(德源府) 주사를 그만둘 때까지 그는 개항장(開港場) 관리 업무를 수행하였다. 1907년 12월 국가재산을 조사하는 사무관(事務官)으로 자리를 옮긴 그는 토지조사 사업에 전념하였다. 1918년(大正 7) 11월 2일 토지조사 사업 종료에 즈음하여 그가 신문에 기고한 글을 보면,[11]

"1910년(明治 43) 3월 한국 정부(韓國政府)가 (일본의 지도를 받아) 토지조사국(土地調査局) 관제(官制)를 발포(發布)하여 사업을 개시(開始)"했을 때 권현섭도 이 사업에 참여한 것으로 보인다. 그런데 그해 가을(1910.8.29, 인용자) 한국이 일본에 강제병합이 되자, "(토지조사 사업이) 제국정부[帝國政府, 조선총독부─인용자]에 인계(引繼)되어 토지조사령(土地調査令)이 개정 발포(改正發布)" 되었는데, 권현섭도 총독부의 토지조사 사업에 계속해서 가담하게 되었다고 한다. 1918년 11월 시점에서 '토지조사 감독관(監督官)' 자리에 있었던 그는 "7천 백 명이 넘는 직원들이 7년 7달 동안 힘을 쏟아 얻은 성과"를 열거하면서,[12] 이 토지조사 사업으로 "반도 동포(半島同胞)가 행복(幸福)을 얻게 되고, 산업 기초(産業基礎)가 확립(確立) 되었다"고 높게 평가하였다. 이러한 그의 자평(自評)을 어떻게 볼 것인가는 좀 더 따져 보아야 할 문제이지만, 그가 1910년대 이른바 토지조사 사업 때 중요한 역할을 했던 조선인 중 한 명이었다는 점은 분명해 보인다.

권현섭(權賢燮)의 관료 경력 중 후반부는 지방행정 분야에 집중되었다.

---

11) 『每日申報』 大正 7년(1918) 11월 2일.

12) "2천여만 원의 총 경비(總經費)와 8년 예정으로 사업을 진행하여 그 뒤 7년 7달의 한서(寒暑)를 보내고, 7천 백 십 수인의 직원이 정력을 기울여 전도(全道)의 전(田), 답(沓), 대(垈), 지소(池沼), 잡종지(雜種地) 등을 조사 측량하니, 그 면적이 총 543만 7,630정보(町步), 이 중 전답 면적 487만 1,071정보였으며, 조사한 도부(圖簿)는 그 가운데 중요한 것만 들어도 지적도(地籍圖) 81만 2,093매, 토지 조사부(土地調査簿) 28,357곳, 분쟁지 심사서(紛爭地審査書) 1,385책, 토지대장(土地臺帳) 109,998책, 지세 명기장(地稅名寄帳) 21,050책, 각종 지도(地圖) 925엽(葉)의 다수(多數)에 달한다."고 권협섭(權賢燮)은 자신이 직접 참여했던 토지조사 사업의 성과를 자랑삼아 신문에 기고하였다. 『每日申報』 大正 7년(1918) 11월 2일.

1918년 11월 토지조사 사업이 종료된 뒤 그는 전라도 지역 군수로 부임하였다. 삼일 만세 운동이 일어난 1919년 9월 8일 그는 곡성 군수에 임명되었다. 1921년에는 진도 군수, 1923년에는 해남 군수를 역임하였다. 1925년 5월 31일 총독부로 다시 발령을 받아 돌아갈 때까지 권현섭이 해남, 진도, 곡성 군수를 계속해서 지냈다고 하는 것은 1927년 5월 『신민』 제25호에 그가 「영암행」을 싣게 된 것과 결코 무관하지 않을 것으로 생각한다. 그가 5~6년 동안 영암과 가까운 해남을 비롯하여 진도와 곡성 군수를 맡는 동안 무슨 일을 어떻게 했는지를 밝혀줄 문헌은 아직 발견되지 않고 있지만, 과거 그가 경제 분야 특히 개항장 무역과 토지조사 사업 때 겪었던 경험과 지식과 정보를 전남의 군정(郡政)에 적용하고자 시도했을지도 모르는 일이다. 뿐만 아니라 해남, 진도, 곡성 지역의 자연 지리와 역사와 전통 문화 등 인문 환경에 대해서도 그가 정보를 수집하고 정리하였을 가능성도 배제할 수는 없다.

권현섭의 지역 발전(地域發展)에 대한 관심은 1930년대 이후 실천의 단계로 접어든 것으로 보인다. 오랜 관료 생활을 접고 고향인 안동(安東)으로 돌아간 그는 54세이던 1929년 안동양조(安東釀造) 감사(監事), 58세이던 1933년 안동운송(安東運送) 대표(代表)를 맡아 이제는 사업가로 거듭났다. 일제강점기를 온 몸으로 체험했던 그는 광복(光復) 직후 또 한 번의 변신(變身)을 시도하였다. 1945년 12월 '안동 중학교 설립 기성회'를 조직한 그는 미군정(美軍政) 시기였던 1946년 9월 14일 '안동 초급 중학교 6학급 인가'를 받아냈다. 1946년 10월 31일부터 1948년 2월 28일까지 권현섭은 안동 지역 최초 인문계 중학교인 안동중학교 초대 교장으로 재임했다.[13] 권현섭이 당시 71세의 나이를 무릅쓰고 직접 초대 교장 자리에 오른 것에서 '교육(인재양성)을 통해 지역 발전에 기여 하겠다'는 그의 강한 의지를 엿볼 수

있다.[14]

아무튼 관료와 기업가, 교육자로서 경력을 가진 권현섭이 52세 되던 1927년 5월 「영암행」이라는 답사기를 유력 잡지인 『신민』에 발표하였다. 권현섭이 실제로 영암을 답사했던 것은 1926년 가을이나 1927년 봄으로 추정되는데, 그때 그는 총독부 현직 관리로 일하고 있었다고 생각된다. 아래에서는 그가 쓴 「영암행」을 따라 당시 상황을 추적해 가기로 하자.

3) 1927년 영암 답사기 「영암행」의 주요 내용과 왕인박사 전승

(1) 답사기 「영암행」 속의 왕인박사 전승

『신민(新民)』 제25호(1927.5)의 「영암행(靈巖行)」은 6개 장(章)으로 이루어져 있다. ① 모입영암(暮入靈巖 ; 해 질녘 영암으로 들어가다), ② 월출산 원망(月出山遠望 ; 월출산을 멀리서 바라보다), ③ 왕인(王仁)과 도선(道詵), ④ 도갑사(道岬寺)의 일야(一夜), ⑤ 화가투(花歌鬪)와 불공(佛供)[15], 그리고 ⑥ 회사정(會社亭)과 대동계(大同契)가 그것이다. 이 가운데 왕인박사와 관련된 언급은 ③ 왕인(王仁)과 도선(道詵)에 나오는데, 그 전문을 원문 그대로 아래에 소개하였다.[16]

---

13) 안동중학교 홈페이지 '학교 연혁'과 '초대 교장' 참조.
14) 『잠계문집(潛溪文集)』(權昌植 著; 權賢燮 編; 權相河 校, 1932). 국립중앙도서관 자료번호는 한古朝46-가1164.
15) 일행은 도갑사에서 1박 후 이튿날 도갑사 김 주지(住持)의 안내를 받아 도선 국사의 유적비(遺蹟碑)를 보고 하산(下山)하였다고 한다.
16) 『신민(新民)』 제25호 원본은 국회도서관이나 국립중앙도서관 등에 소장되어 있다. 부산대학교 한국민족문화연구소가 다수의 잡지를 지역별로 분류하고 원

王仁과 道詵

翌日에 講演會를 맛치고 鳩林을 向하엿다(①). 靈光邑에서 木浦를 통하는 要路에 當한 一大平原이며 高僧 道詵의 出生地로 가장 神祕한 傳說 만흔 地方이라(②). 東으로 月出山 巍々한 그림자를 밧고 南으로 海潮를 잡아다려 西北으로 平野를 開하야 間々에 松林竹藪가 猗々하니 그 明朗한 氣分과 淸麗한 地味가 자못 尋常치 안이하다(③). 同時 全羅 道地方이라도 金萬頃 '갯쌍쇠'에는 比할 수 업게 말근 맛이 잇다(④). 이 地理가 道詵이라는 人物을 낫키에 얼마나한 因果關係가 잇는지는 알 수가 업거니와 鳩林이라는 地名만은 道詵의 出生을 因하야 緣起된 것 이 明確하다 한다(⑤). 傳說에 依하면 옛날 이곳 崔氏家에 處女가 聖基 山下 川邊에서 쌀내를 하다가 上流에서 흘너나리는 참외 한 개를 건져 먹고 아희를 배여 道詵을 나흐닛가 그 집에서는 不祥之兆라 하야 이것 을 野外에 버리게 하엿더니 衆鳩가 모혀드러 幼兒를 保護하야 數日을 生存케 하엿슴으로 洞人이 異常히 녁여 다려다가 다시 길느게 하니 이 가 後日 漢唐의 國師 道詵이라 한다(⑥).

그리고 이 道詵에 關한 傳說과 共히 俗傳하는 것은 百濟의 博士로 日本에 건너가 文字를 傳하든 王仁이 쏘한 此地에서 出生하엿다는 것 이다(⑦). 그러나 이것은 다못 傳說쑨임으로 文獻이 無巧하고 쏘 道詵 에 關한 古寺遺記가 잇는 것만한 遺跡도 차츨 수가 업섯다(⑧). 歷史上

문을 대조하며 편집하여 로컬리티 자료총서로 엮어서 간행한 바 있다. 이 글에 서 분석 대상으로 삼고 있는 「영암행(靈巖行)」은 『(잡지로 보는) 한국 근대의 풍 경과 지역의 발전 7-전라도·제주도-』(국학자료원, 2013, 37~45쪽)에 수록되 어 있다.

에 王仁이 本籍住所가 不明한 一種 迷兒가 되어 잇는 것은 遺憾이라 하겟지만은 나는 鳩林으로써 곳 그의 出生地라 斷定할 勇氣는 업섯다 (⑨). (이상 문장 뒤의 숫자는 인용자가 붙임)

위에서 보듯이 제목은 '왕인과 도선'으로 '왕인'이 앞에 나오지만, 「영암행」의 저자는 '도선'에 대해 더 관심을 기울였던 것으로 짐작된다. 두 개의 단락 중 첫 번째 단락은 도선국사(道詵國師)에 관한 것이다. 9개 문장 중 6개 문장이 도선에게 할애되어 있다. 이 답사기의 저자는 "그리고 이 도선(道詵)에 관한 전설(傳說)과 함께 세상에 전해지는 것"이라고 하면서 시작되는 두 번째 단락에 왕인박사와 관련된 나머지 3개 문장을 담았다. 그 내용을 좀 더 세밀하게 살펴보기 위해 이를 표로 정리하였다.

표 2. 왕인박사 전승에 대한 답사기 「영암행」의 평가

문장	원문(필자 수정)	요지
⑦	그리고 이 도선(道詵)에 관한 전설(傳說)과 함께 세상에 전해지는 것은 백제(百濟)의 박사(博士)로 일본(日本)에 건너가 문자(文字)를 전한 왕인(王仁)이 또한 이 땅에서 출생(出生)하였다는 것이다.	• 도선에 관한 전설과 함께 영암 지역에 왕인박사 전설이 공존함. • 왕인이 백제의 박사로 일본에 문자를 전함. • 왕인이 영암 구림에서 출생하였다함.
⑧	그러나 이것은 단지 전설(傳說)일 뿐 문헌(文獻)이 정교(精巧)하지 않고, 또 도선(道詵)에 관해서는 오래 된 사찰에 남아 있는 기록이 있으나 (왕인에 대해서는) 유적(遺跡)을 찾을 수가 없었다.	• 왕인박사가 영암 구림에서 출생했다는 것은 전설일 뿐임. • 도선에 대해서는 고찰(古刹)에 기록이 있음. • 왕인에 대해서는 유적을 찾을 수 없음.

문장	원문(빌자 수정)	요지
⑨	역사상(歷史上)에 왕인(王仁)이 본적(本籍)과 주소(住所)가 명확하지 않은 일종의 미아(迷兒)가 되어 있는 것은 유감(遺憾)이라 하겠지만, 나는 구림(鳩林)을 그의 출생지(出生地)라 단정(斷定)할 용기(勇氣)는 없었다.	• 왕인박사가 마치 본적과 주소가 명확하지 않은 미아 같은 신세가 되어 있어 아쉬움 표시. • 구림을 왕인박사 출생지라고 단정하기 곤란하다고 판단.

자료 : 하산(霞山), 「영암행(靈巖行)」, 『신민(新民)』 제25호, 1927.5.

〈표 2〉를 통해 답사기 「영암행」의 저자가 '왕인박사 영암 출생설'에 대하여 어떤 입장을 취하였는지를 확인할 수 있다. 첫째, 그는 '왕인박사가 일본에 한자를 전했다'는 것에 대해서는 의심을 품지 않고 사실로 받아들였다.[17] 둘째, 그는 '왕인박사가 영암 구림에서 출생했다'는 이야기를 영암 답사 때 현지에서 전해 들었다. 셋째, 그는 '왕인박사 영암 출생설'을 전설로는 인정하였다. 넷째, 그는 '왕인박사 영암 출생설'을 뒷받침할 문헌 기록과 유물을 찾지 못하였다. 다섯째, 그는 '왕인박사 영암 출생설'을 사실로 받아들이기를 주저하였다.

그런데 필자가 더욱 주목하고자 하는 것은 「영암행」의 저자가 처음으로 접하는 '왕인박사 영암 출생설'을 누구를 통해서 전해 들었나 하는 점이다.

---

17) 1927년 시점에서 조선의 지식인이라면 '왕인박사가 일본에 논어와 천자문을 전하였다'는 정도는 충분히 인식하고 있었다고 보아야 한다. 더구나 유학자(儒學者)로 보이는 「영암행(靈巖行)」의 저자가 이 사실을 잘 알고 있었으리라 생각한다. 왜냐하면 '왕인박사가 일본에 한자 등을 전래하였다'는 인식은 이미 20년 전인 1906년 무렵부터 조선인이 쓴 글 속에서 기록으로 확인되기 때문이다.

「영암행」의 저자인 하산(霞山) 권현섭(權賢燮)에게 '왕인박사 영암 출생설'을 들려주었던 사람은 도대체 누구였을까?

(2) 답사기 「영암행」 속의 등장 인물

『신민(新民)』 제25호(1927.5)의 「영암행(靈巖行)」이 영암 현지답사를 바탕으로 작성된 답사기임은 틀림없는 사실이다. 그런데 영암 답사가 언제 이루어졌는지는 밝히지 않았다. 적어도 1927년 5월 이전으로 그 시기를 추정할 수 있을 뿐이다. 게다가 「영암행」의 저자에게 '왕인박사 영암 출생설'을 이야기 했던 사람도 명기(明記)되어 있지 않다. 그래서 「영암행」에 등장하는 인물을 세밀하게 살펴보기로 했다.

표 3. 1927년 영암 답사기의 등장 인물

성명		김영근 (金永近)	오영건 (吳永鍵)	박정욱 (朴晶昱)	최현 (崔炫)	김주지 (金住持)	비고
직책		영암군수	영암군속	영암군속	군서면장	도갑사	
위치	소제목						
①	모입영암(暮入靈巖)	○	○	○	○		旅舍, 저녁 식사
④	도갑사(道岬寺)의 일야(一夜)	○	○		○	○	도선 유적지, 도갑사
⑤	화가투(花歌鬪)와 불공(佛供)	○	○		○	○	
⑥	회사정(會社亭)과 대동계(大同契)	○			○		

주 : ○은 참석(參席) 또는 동석(同席)이 분명한 경우임.
자료 : 하산(霞山), 「영암행(靈巖行)」, 『신민(新民)』 제25호, 1927.5.

〈표 3〉에서 보는 것처럼 등장인물은 네 곳에 나온다. ① 모입영암(暮入靈巖)에서는 네 명이 보인다(김 군수[김영근], 오영건, 박정욱, 최현). 그리고 ④ 도갑사(道岬寺)의 일야(一夜)와 ⑤ 화가투(花歌鬪)와 불공(佛供)에서도 네 명이 보인다. 다만 이때는 박정욱이 빠지고 도갑사 주지(김주지)가 들어갔다(김 군수[김영근], 오영건, 최현, 김 주지). 마지막으로 ⑥ 회사정(會社亭)과 대동계(大同契)에서는 등장인물에 대한 기록이 자세하지 않아 알기 어려운데, 뒷부분에서 김 군수[김영근]와 최 면장[최현]에 대하여 언급한 부분이 있다.

예를 들면 구림리(鳩林里)로 내려온 일행은 그곳 회사정(會社亭) 대동계(大同契)의 초대(招待)를 받아 출석(出席)했다고 한다. 계곡 물이 흐르는 맑은 곳에 회사정이라는 정자(亭子)가 있었다고 했다. 그러면서 회사정은 "주식회사(株式會社)나 합자회사(合資會社)라는 현대식(現代式) 회사(會社)가 아니라 동사(洞社)의 고풍(古風)으로 사일(社日)에 군현(群賢)이 회유(會遊)하는 곳이라 한다."는 퍽 재미있는 설명을 달아 놓았다.[18] 이때의 일행이 누구누구였는지는 밝히고 있지 않으나, 「영암행」의 마지막 문장 속에서 영암 군수 김영근(金永近)과 군서 면장 최현(崔炫)에 대한 언급은 분명히 보인다. "다행히 사림(士林)에 신망(信望)이 두터운 김 군수가 있고 향당(鄕黨)에 풍력(風力)이 있는 최 면장이 있는 터이니, 장래 대동계를 위해서는 좋은 발전(發展)을 이룰 수 있으리라 믿을 뿐이라 한다."고 적혀 있다.[19]

---

18) 부산대학교 한국민족문화연구소, 『(잡지로 보는) 한국 근대의 풍경과 지역의 발전 7-전라도·제주도-』, 국학자료원, 2013, 43쪽.

19) 幸이 士林에 信望이 厚한 金郡守가 잇고 鄕黨에 風力이 잇는 崔面長이 잇는 터이닛가. 將來 大同契를 爲하야는 조흔 發展을 期할 수 잇슴을 밋을 뿐이라 한다.

그런데 여기에서 눈여겨보아야 할 부분은 「영암행」의 시작 부분에서 저자가 적어 놓은 등장인물에 대한 평(評)이다. 먼저 「영암행」의 첫 문장은 이렇게 시작된다. "석양에 나주(羅州)를 떠나 영산포(榮山浦)에서 자동차(自動車)를 타고 오영건(吳永鍵) 군의 동도(同途)로 약속한 영암(靈巖)을 향하였다."고 한다. 하산(霞山)이 나주에서 영산포까지 누구랑 어떻게 갔는지는 알 수 없다. 여기에서 알 수 있는 것은 첫 번째 등장인물인 오영건이라는 사람이 영암에서 영산포까지 미리 가서 그를 자동차에 태워 영암까지 안내하였다는 점이다. "쌀쌀한 들바람을 헤치며 동쪽으로 달려서 저녁불이 반짝이는 영암 읍내에 당도했다."고 쓴 것을 보면, 하산이 영암 땅을 밟은 시기가 계절적으로 볼 때 「영암행」이 『신민』 제25호(1927.5)에 발표된 봄철보다는 그 이전의 겨울이나 가을이 아니었을까 생각한다. 하산이 영암 읍내에 도착하자 "(두 번째 등장인물인) 태수(太守) 김영근(金永近) 씨를 비롯하여 여러 유지(有志)가 정답게 나[하산, 인용자]를 맞아 주었다."고 했다.

하산(霞山) 권현섭(權賢燮)은 영암 읍내의 한 숙소에 여장을 풀었던 것으로 보인다. 그리고 영암의 어느 음식점이었는지는 확실하지 않지만, "만찬을 먹은 뒤에 김 군수와 그곳 유지들이 하산(霞山)을 위하여 영암 사정(靈巖事情)을 이야기하여 들려주었다."고 했다.[20] 필자는 바로 이 자리에서 '왕인박사 영암 출생설'이 「영암행」의 저자에게 전달되었을 것으로 추정한다.

부산대학교 한국민족문화연구소, 『(잡지로 보는) 한국 근대의 풍경과 지역의 발전 7-전라도·제주도-』, 국학자료원, 2013, 45쪽.
20) 부산대학교 한국민족문화연구소, 『(잡지로 보는) 한국 근대의 풍경과 지역의 발전 7-전라도·제주도-』, 국학자료원, 2013, 37쪽.

표 4. 「영암행」 등장인물에 대한 인물평과 경력

성명	직책	〈영암행〉 인물평 원문 (필자 수정)	경력
김영근 (金永近)	靈巖 郡守	· 화목(和睦)하고 조용한 선비(雍容士夫) 풍격(風格) · 침묵(沈默), 과묵(寡默)한 성격? · 지방(地方) 책임자(責任者) 품위(品位) 갖춤 · 타인이 스스로 경의(敬意) 품을 정도의 인품	· 1912년, 전남 지도군 군서기(郡書記)(그 뒤 무안군, 광양군, 담양군, 순천군을 거쳐) · 1923년, 전남 강진군 군수(郡守) · **1926~28년, 전남 영암군 군수** · 1932년, 강원도 지방과 촉탁(囑託) · 1939년, 강원도 사회과 촉탁(囑託)
오영건 (吳永鍵)	靈巖 郡屬	· 영산포에서 영암 읍내까지 자동차로 안내 · 만찬 자리에서 음식과 술을 권하는 태도	· 1886년 1월 1일 평남 대동군 자정면 성문리 출생 · 1910년, 관립 수원농림학교 졸업 대한제국 관리로 임용 · 1910.10, 전남 함평군 군서기(郡書記) · **1919년, 전남 영암군 군서기** · 1921년, 전남 나주군 군속(郡屬) · 1924년, 전남 나주군 속(屬) · **1925~27년, 전남 영암군 속(屬)** · 1928년, 전남 담양군 속(屬) · 1929~33년, 전남 진도군 군수 · 1934~36년, 전남 곡성군 군수 · 1935년, 조선인 공로자 353명 중 1인
박정욱 (朴晶昱)	靈巖 郡屬	· 고금(古今)과 사리(事理)에 통달(通達) · 일화(逸話) 속출(續出)	· 1894.10.19. 전남 완도군 출생 · 1916년, 수원고등농림학교 졸업 · 1917년, 전남 제주도 판임관 견습(判任官 見習) · 1918~19년, 전남 제주도 도서기(島書記) · 1920년, 전남 완도군 군서기(郡書記) · 1921년, 전남 완도군 군속(郡屬) · 1922~24년, 전남 완도군 속(屬) · **1925~1928년 전남 영암군 속(屬)** · 1929년 전남 광주군 속 · 1931년, 전남 화순군 군수 · 1935년, 조선인 공로자 353명 중 1인

성명	직책	〈영암행〉 인물평 원문 (필자 수정)	경력
최 현 (崔 炫)	郡西 面長	• 담론(談論) 풍발(風發) • 지사(志士)의 풍(風)이 넘침	• 1890년 전남 영암군 군서면 구림 출생 • 1925~1928년, 전남 영암군 군서면장(郡西面長) • 1931~1941년, 전남 영암군 군서면장 • 1952년, 전남 도립 강진의원 의좌(醫佐)

자료 : 하산(霞山), 「영암행(靈巖行)」, 『신민(新民)』 제25호, 1927.5.
『총독부직원록』, 국사편찬위원회 데이터베이스.
『조선공로자명감』 『조선통독부시정25주년기념 표창자명감』 『최씨문중족보』.

하산(霞山) 권현섭이 「영암행」의 '모입영암(暮入靈巖)'에서 마지막 문장으로 적은 아래 인용문 속에 '왕인박사 영암 출생설'의 전달자(傳達者)가 들어 있지 않을까 생각하여 해당 부분의 전문(全文)을 소개하고자 한다.

席上에서 左周右旋하여 鞠躬盡瘁하는 吳永鍵과 通古今 達事理에 逸話續出하는 朴晶昱君 談論風發에 志士의 風이 넘치는 崔炫君은 가장 客人의 旅情을 慰勞하기에 足하엿스며 雍容士夫의 風格이 잇는 金郡守의 沈默은 確實히 地方의 責任者로서의 忠實한 品位를 가초와 사람으로 하여금 스사로 敬意를 품게 한다.

자리에서 이리저리 오가면서 무릎을 꿇고 잔을 권하는 오영건(吳永鍵), 고금과 사리에 통달하고 재미있는 얘기가 끊이지 않는 박정욱(朴晶昱) 군, 이야기를 계속해서 주고받고 지사(志士)의 풍모가 넘치는 최현(崔炫) 군은 객인(客人)의 여정(旅情)을 위로하기에 가장 충분하였으며, 환한 얼굴에 선비의 품격이 있는 김 군수[영암군수 金永近]의 침묵은 학실히 지방의 책임자로서의 충실한 품위를 갖추어 사람으로 하여금 스스로 경의(敬意)를 품게 한다.

위에서 보는 것처럼 하산(霞山) 권현섭(權賢燮)은 오영건(吳永鍵)과 박정욱(朴晶昱), 최현(崔炫), 김영근(金永近)의 순으로 인물평을 적어 놓았는데, 그것을 정리한 것이 〈표 4〉이다. 이 가운데 「영암행」의 저자가 박정욱(朴晶昱)에 대하여 평을 해 놓은 것이 가장 눈에 띈다. "고금(古今)에 통(通)하고, 사리(事理)에 달(達)했다"고 적은 것도 예사롭지 않지만, "일화(逸話)가 속출(續出)했다"고 하산이 적어 놓은 것으로 볼 때, '왕인박사 영암 출생설'을 하산(霞山)에게 전달한 첫 번째 유력 후보자는 박정욱이 가장 가능성이 높다.

두 번째 유력 후보자로는 오랜 기간 동안(1925~28년, 1931~41년) 영암군 군서면의 면장을 맡았던 최현(崔炫)을 꼽을 수 있다. 구림(鳩林)의 역사와 그 지역의 전설 등에 관해서는 최현이 가장 잘 알고 있었을 수도 있기 때문이다.

세 번째는 김영근(金永近) 영암 군수를 들 수 있다. 하산의 표현대로 한다면 김영근이 '침묵(沈默)' 하면서도 '선비의 품격'을 풍겼다고 되어 있으므로, 김영근이 적극적으로 '왕인박사 영암 출생설'을 하산에게 설명했을 가능성은 낮아 보인다. 다만 뒤에서 다시 보겠지만 그가 영암 군수로 오기 전에 담양 군수로 있었을 때 일본 시찰단의 일원으로 일본 오사카[大阪] 등 여러 곳을 둘러보고 온 경험이 있기 때문이다.

마지막으로 오영건(吳永鍵)을 들 수 있다. 그는 3·1 독립만세운동이 일어났던 1919년에 영암군 군서기(郡書記)를 지냈으며, 1925~27년에는 다시 영암군 속(屬)으로 일한 경험이 있었다. 그래서 오영건이 영암 사정에 꽤 밝았을 것으로 짐작된다.

3. 1910~20년대 영암과 전남지역의 사정

최근까지도 '왕인박사 영암 출생설'의 문헌적 근거는 1937년 『조선환여 승람(朝鮮寰輿勝覽)』[영암군 편(靈巖郡編)]과 그보다 5년 빠른 1932년 아오 키 게이쇼[青木惠昇]의 「왕인박사 동상(銅像) 건립 취지문」으로만 여겨 왔다. 그런데 앞장에서 살펴본 것처럼 2019년 왕인박사 학술대회에서 필자가 소 개한 1927년 권현섭(權賢燮, 1876~1962)의 「영암행(靈巖行)」이라는 기행 문(紀行文) 속에서 '왕인박사 영암 출생설'이 처음 확인된 바 있고,[21] 2021년 왕인박사 학술대회에서는 그보다 2년 더 빠른 1925년의 기록물을 소개한 김덕진에 의해서 '왕인박사 영암 출생설'이 다시 확인되었다.[22] 이를 종합해 보면 '왕인박사 영암 출생설'이 영암 등 전남지역에서 그 모습을 드러내기 시작한 시기를 1920년대까지 거슬러 올라갈 수 있고, 그것이 문헌으로 뒷 받침된다고 말할 수 있겠다. 이러한 점을 고려하면서 아래에서는 1910~20 년대에 '왕인박사 영암 출생설'이 영암 등 전남지역에서 부상(浮上)할 수 있 었던 배경을 관(官)과 민(民)의 두 가지 관점에서 살펴보고자 한다.

1) 1910~20년대 영암 등 전남지역 관료의 활동

국사편찬위원회가 홈페이지에서 제공하는 총독부 『직원록(職員錄)』에 따르면, 김영근은 영암군 군수, 최현은 영암군 군서면 면장, 그리고 오영건

---

21) 정성일, 「1927년 영암 답사기에 보이는 왕인박사 전승」, 『조선환여승람과 왕 인박사』(왕인문화연구소 편), 왕인박사현창협회, 2019, 129~164쪽.
22) 김덕진(광주교대 교수)의 제2부 제6장 「1925년 『창명』에 보이는 왕인박사 영 암 출신설」을 참조할 것.

과 박정욱은 모두 영암군의 속(屬)으로 나온다. 이하에서는 현재까지 확인된 이들의 이력을 간단히 소개하고자 한다(〈표 4〉 참조).

(1) 영암 군수靈巖郡守 김영근金永近

『직원록』으로 확인할 수 있는 김영근의 관료 경력은 1912년부터 보이기 시작한다. 1912~13년 그의 관직은 '전라남도 지도군 군서기(郡書記)'로 나온다. 그 뒤 그는 무안군(1914~16년), 광양군(1917~19년), 담양군(1920~21년), 순천군(1922년)에서 군서기로 일했다. 1923년부터는 군수(郡守)로 올라갔는데, 1924년까지 전라남도 강진 군수를 역임하였다. 1925년 담양 군수를 거쳐서 1926~28년에는 영암 군수를 지냈다.[23] 잠시 공백기를 보낸 그는 1932년부터 강원도 지방과(地方課) 촉탁(囑託)이 되었다. 1939년부터는 그가 강원도 사회과 촉탁으로 일했다.

김영근은 1925년 11월 일본시찰단 30명의 일원으로 일본 현지를 직접 둘러보고 온 적이 있었다. 『매일신보』(1925.11.14.)에 따르면, "총독부(總督府)는 조선 내 군수 중에서 내지(일본—인용자) 시찰단에 참가하지 못한 30명을 선발하여 14일(11.14.—인용자)부터 다음달 9일(12.9.—인용자)까지 26일간 예정으로 일본의 삼부(三府) 외에 주요 지역을 시찰할 것"이라고 전하면서, 각 지역에서 선발된 군수를 열거하고 있는데, 그 가운데 '담양 김영근'이 포함되어 있었다.[24] 이것을 보면 김영근이 영암 군수로 부임하기 전

---

23) 『영암군지』에도 "김영근이 병인년(1926)에 군수로 부임했다(郡守金永近四二五九年丙寅 赴任)"고 되어 있다. 靈巖郡誌編纂委員會, 『靈巖郡誌』, 1961, 188쪽.

24) 『매일신보』 1925년 11월 14일. 그런데 하루 전인 동월 13일 광주발(光州發) 기사로 보도된 '전남(全南) 시찰 군수(視察郡守) 3씨로 결정(決定)'에 따르면, "본부

인 담양 군수 시절 일본을 시찰한 것으로 보인다. 이때 김영근이 일본에서 '왕인박사'에 관한 이야기를 들었을 가능성을 전혀 배제할 수는 없겠으나 (오사카[大阪], 나라[奈良], 교토[京都], 도쿄[東京] 등 시찰), 그렇다고 해서 그가 왕인박사 '영암' 출생설을 영암이 아닌 '일본'에서 접했을 가능성은 거의 없다고 보아야 한다.

(2) 영암군속靈巖郡屬 오영건吳永鍵

오영건은 평안도 출신이다. 그는 1886년 1월 1일 평남 대동군 자정면 성문리에서 출생하여 1910년 관립 수원농림학교[현재 서울대 농대][25]를 졸업하고 대한제국 관리로 임용되었다(〈표 4〉 참조). 그 뒤 일제의 강점으로 조선이 국권을 상실하자 오영건은 그대로 총독부 관리로 남았다. 오영건보다 열 살 연상(年上)인 「영암행」의 저자인 권현섭도 이와 비슷한 길을 걸었다. 앞에서 소개하였듯이 오영건이 권현섭을 영산포에서 영암까지 자동차로 직접 안내했던 것도 그들의 이러한 관료 경력과 결코 무관하지 않으

(本府―조선통독부, 인용자주)로부터 내지 시찰단으로 파견하는 데 대하여 본도(本道―전라남도, 인용자주)에서 참가할 군수는 함평 군수, 담양 군수, 진도 군수로 결정되었다." 이때 "시찰 지역은 시모노세키[下關], 오사카[大阪], 미야지마[宮島], 히로시마[廣島], 나라[奈良], 나고야[名古屋], 야마다[山田], 도쿄[東京], 도코로자와[所澤], 닛코[日光], 마에바시[前橋], 가나자와[金澤], 교토[京都] 등 각지"로 되어 있었다(『매일신보』 1925년 11월 13일).

25) 이는 대한제국 시기인 1904년 농상공학교로 출발하여, 1906년 농림학교 →1918년 수원농림전문학교→1922년 수원고등농림학교→1944년 수원농림 전문학교를 거친 뒤, 광복 직후인 1946년 서울대학교 농과대학으로 편입되었다.

리라 짐작한다.

『직원록』을 기준으로 살펴볼 때, 오영건의 관료 경력은 1912년 '전라남도 동복군 군서기(郡書記)'부터 시작된다. 1916~18년은 그가 화순군에서 군서기로 일했다고 한다. 1919년에는 오영건이 영암군 군서기를 지낸 것으로 되어 있다. 1921년은 그가 나주군 군속(郡屬)으로, 1924년은 그가 나주군 속(屬)으로 되어 있다. 1925~27년에는 그가 영암군 속(屬)으로 두 번째 근무를 하였다(1919년은 영암군 군서기). 1928년 담양 군수로 승진한 오영건은 1929~33년에는 진도 군수,[26] 1934~36년에는 곡성 군수를 지냈음이 확인된다.

(3) 영암군속靈巖郡屬 박정욱朴晶昱

박정욱은 전라남도 완도군 출신이다. 그는 1894년 10월 19일 전남 완도군에서 출생하여 1916년 수원고등농림학교를 졸업했다(〈표 4〉 참조). 오영건보다 8살 아래인 박정욱은 수원농림학교 6년 후배에 해당한다. 두 사람 모두 엘리트 코스를 밟아 총독부 관료가 되어 1927년 무렵 영암군에서 공무원으로 함께 일하고 있었던 셈이다.

박정욱의 관료 경력은 수원농림학교 졸업 1년 후인 1917년 '전라남도 제주군 판임관 견습(判任官見習)'부터 시작되는 것으로 『직원록』에 적혀 있다. 1918~19년에는 제주군 '도서기(島書記)'를, 1920년에는 완도군 '군서기 (郡書記)'를 지냈으며, 1921년에는 완도군 '군속(郡屬)', 그리고 1922~24년

---

26) "(1933년) 군수 회의(郡守會議) 출석차(出席次) (12월) 15일 여관(旅館)에 투숙(投宿)했다"고 소개한 군수 명단 가운데 '진도 군수 오영건'(上道 泉屋 旅館)이 보인다. 『매일신보』 1933년 12월 17일.

에는 완도군 '속(屬)'으로 있었다. 그러다가 1925~1928년에는 그가 영암군 속(屬)으로 옮겼다. 1929년에는 광주군 속, 1930년에는 함평군 속이었다. 1931년부터는 그가 군수로 승진하였는데, 1931~33년에는 화순 군수를 역임하였다.[27]

(4) 영암군 군서 면장郡西面長 최현崔炫

최현은 영암 구림 출신이다. 그는 1890년에 출생하여 1967년에 사망했다고 한다.[28] 최현은 영암군 군서면의 면장을 오랫동안 맡았다. 1925년부터 1928년까지 4년 동안, 그리고 1931년부터 1941년까지 10년 동안 군서 면장을 지낸 것으로 『직원록』에 나온다.

지촌(芝村) 최현은 지역 정치에도 적극 참여하였다. "지난 20일(1920. 12.20.—인용자) 전남 도평의원(道評議員)으로 당선(當選)되었다"고 보도한 1920년 12월 27일자 신문 기사에 최현이 영암의 '민선 평의원(民選評議員)'으로 소개되어 있었다(관선 평의원 중에는 木浦 玄基奉의 이름도 보인다).[29] 1924년 3월 19일자 신문에 "전라남도 평의원 선거에 도평의원(道評議員) 최현(崔炫)이 다시 출마한다는 설이 있다"는 보도가 있는 것을 보면,[30] 그가 이때 재출마(再出馬)를 하였을지도 모르겠다.

---

27) "(1933년) 군수 회의(郡守會議) 출석차(出席次) (12월) 15일 여관(旅館)에 투숙(投宿)했다"고 소개한 군수 명단 가운데 '화순 군수 박정욱'(上道 錦光 旅館)이 보인다. 『매일신보』 1933년 12월 17일. 국가보훈처 공훈전자사료관 참조.
28) 이것은 영암 향교 최기욱 전교(왕인박사현창사업회 전무이사)의 가르침에 따른 것임.
29) 『매일신보』 1920년 12월 27일.
30) 『매일신보』 1924년 3월 19일.

2) 1910~20년대 지식인과 학생·교사·주민의 다양한 활동

(1) 영암과 구림의 독립 만세 운동(1919년 4월 10일)

근대 시기에 영암이 '왕인박사 출생지'로 거론되기 시작한 배경의 하나로 1919년 영암 지역 내부의 상황을 들 수 있다. 그 구체적인 사례로 가장 먼저 언급할 것은 1919년 4월 10일 조극환(曺克煥) 등 영암 지역민들과 공립 구림보통학교(公立鳩林普通學校 ; 1907년 4월 20일 開校한 鳩林私立普通學校의 후신) 학생이 일으킨 독립 만세 운동(獨立萬歲運動)이 아닐까 생각한다.

영암 만세 운동에 참가한 사람들의 정확한 숫자는 파악하기 어렵지만, 검거된 뒤 형사재판에서 판결을 받은 인원은 25명이었다. 이 가운데 학생이 12명으로 절반가량을 차지하였다. 당시 이들의 나이가 18~24세여서 이미 성인이 된 학생들도 있었다. 실제로는 강진 출신인데도 영암에서 학교를 다니던 학생도 있었다. 학생 이외의 나머지 참가자 중에는 농업이 직업인 경우가 가장 많았다. 그 밖에 면서기(面書記)도 포함되어 있었으며, 직업이 용인(傭人), 선두(船頭)로 기재된 경우도 있었다.

그런데 1919년 4월 10일 영암 만세 운동의 중심인물은 조극환(曺克煥, 당시 33세)이었다. 1887년 9월 14일 출생한 조극환은 대한제국(大韓帝國) 시기 한성사범학교(漢城師範學校) 졸업 후 영암보통학교에서 처음 교편을 잡았다. 『승정원일기』와 『대한제국 관보』에 따르면, 그가 1909년 4월 공립 영암보통학교 본과(本科) 부훈도(副訓導)로 발령을 받았고(당시 23세), 그해 5월 관립 한성사범학교 강습과(講習科) 제1회 졸업생(31명)이 되었다.[31]

조극환과 비슷한 시기에 정국채(鄭國采)도 영암보통학교에서 학생들을 가르쳤다. 1910년에 이어서 1911년에도 조극환(본과 부훈도)과 정국채(본과 훈도)가 영암보통학교에서 같이 근무하였음이 『조선총독부 직원록』에서 확인된다. 여기에서 우리가 그를 주목하는 이유는 앞장에서 김덕진 교수가 소개하였듯이, 광주 향교(光州鄕校)가 발간한 『창명』 제5호(1925.1.)에서 "왕 박사(왕인박사―인용자)가 본디 전남의 영암에서 살았다고 한다(王博士本居全南之靈巖郡云)"고 적은 인물로 정국채를 추정할 수 있기 때문이다. 정국채는 조극환과 달리 교직(敎職)을 그대로 이어갔다. 1919년 10월 구림보통학교 교장(校長)에 취임한 정국채가 "1920년 6월 동맹휴학 학생에 대하여 퇴학처분을 하겠다는 가정 통신문을 보냈다."고 한 것을 보면, 그가 일제의 식민교육 체제에 순응한 것은 부인하기 어렵다고 생각한다. 아무튼 조극환과 정국채가 모두 비슷한 시기에 한성사범학교 졸업 후 영암보통학교에서 교직 생활을 시작하였으나, 1912년 9월 조극환의 영암보통학교 사직과 1919년 4월 그의 영암 만세 운동 주도 이후, 두 사람은 서로 다른 길을 걸었다고 판단된다.[32]

민족의식과 근대 지향 의식이 강했을 것으로 짐작되는 두 명의 한성사범학교 출신 엘리트 지식인이 당시 왕인박사에 대하여 얼마나 알고 있었을까? 이 두 사람의 왕인박사에 대한 인식은 어떠했을까? 현재로서는 이를 알기 어렵다. 비록 잠정적이기는 하지만, 다음과 같은 가설을 세워볼 수는 있겠다. '지금은 우리가 일본의 식민 통치를 받고 있으나, 과거에는 우리 조상

31) 정성일, 「1930~40년대 왕인박사 상징물 건립 추진-식민지 조선을 중심으로-」, 『왕인박사 영암 출생설의 배경』(사단법인 왕인박사현창협회, 2021), 107쪽.

32) 정성일, 「1930~40년대 왕인박사 상징물 건립 추진-식민지 조선을 중심으로-」, 108~109쪽.

이 그들에게 학문과 문자를 가르쳐 주었으며, 그 장본인이 나의 고장 출신 왕인박사이다.'는 식의 이야기를 만일 이들이 주변에서 소문으로라도 들었다고 가정한다면, '민족적 자긍심'이 높았을 이들이 '왕인박사 전승'에 대하여 그 뒤 어떻게 생각하고 행동했을지 퍽 궁금해진다. 앞으로 '왕인박사 영암 출생설'의 내부 요인(직접 영향)에 해당하는 지역과 지역민의 동향에 대해서도 함께 분석한다면, 이미 1920년대부터 영암이 왕인박사 출생지로 떠오르게 된 배경을 좀 더 명확하게 파악할 수 있을 것으로 기대한다.

(2) 본원사本願寺 영암 포교소의 설립 허가(1919년 9월 30일)

1919년 독립 만세 운동 이후 일제가 식민지 지배 정책을 전환하였다는 점은 이미 잘 알려진 사실이다. 그렇게 해서 1920년대에 자주 등장하게 되는 것이 '내선융화(內鮮融和)'라고 하는 용어인데, 이것이 '왕인박사 영암 출생설'의 외부 요인(간접 영향) 중 하나라고 볼 수도 있다.

이와 관련하여 주목되는 것이 영암 등 전남지역의 일본 불교 동향이다.[33] 영암에 일본 불교 포교소가 처음 설립된 시기는 1919년이었는데, 앞에서 소개한 영암지역의 독립 만세 운동이 있었던 바로 그해에 있었다. 『조선총독부 관보』(1919.10.4.)에 포교소(布敎所) 설립허가(設立許可)에 관한 사항이 실려 있는데, 이를 통해서 그해 9월 30일 신슈 오타니파[眞宗大谷派] 혼간지[本願寺, 이하 '본원사'] 영암 포교소의 설립이 허가되었음을 확인할 수 있다. 1919년 4월 10일 영암과 구림의 독립 만세 운동이 있었던 것을 상

---

33) 이에 대해서는 조명제(신라대 교수)의 '1920~30년대 전남 지역 日本佛敎 淨土 眞宗 大谷派의 동향' 논문을 참고할 것(『왕인박사 영암 출생설의 배경』, 왕인박사현창협회, 2021).

기해 본다면, 약 다섯 달 뒤인 9~10월에 본원사 영암 포교소가 총독부의 허가를 받아 설립된 것과 이것이 직·간접으로 연관되었던 것이 아닐까? 즉 1919년 영암지역에서 발생한 위의 두 가지 사건은 조선인-일본인 사이의 갈등[政治]이라든가 일본 불교의 조선 포교[宗敎]라고 하는 정치와 종교 등 여러 문제를 복합적으로 보여준다.

그런데 1919년 9월 30일 설립 허가를 받았을 때 본원사 영암 포교소의 소재지는 '전라남도 영암군 영암면 서남리 69-7'로 되어 있었다. 다만 영암 포교소 주소가 기록에 따라 차이를 보이는 점에 주의를 기울일 필요가 있다.

예를 들면 『조선총독부 관보』(1922.8.2.)에 포교자(布敎者) 거주지(居住地) 이전(移轉)에 관한 내용이 보인다. 1922년 2월 10일 총독부에 제출된 내용에 따르면, 신슈 오타니파[眞宗大谷派] 소속 일본인 승려 마에다 데쓰신[前田鐵心]이 경기도 개성군 송도면 서본정(西本町) 29번지에서 거주지를 옮겼는데, 새 거주지 주소가 '전라남도 영암군 영암읍 서남리 69-8'이었다. 그리고 『조선총독부 관보』(1922.9.20.)를 통해서 1922년 2월 21일부터 신슈 오타니파 본원사(本願寺) 영암 포교소의 신임 담임자가 마에다 데쓰신[前田鐵心]으로 변경되었음을 알 수 있다.[34]

---

34) 정성일, 「1930~40년대 왕인박사 상징물 건립 추진-식민지 조선을 중심으로-」, 110~112쪽.

(3) 충남지사 석진형石鎭衡의 왕인신사王仁神祀 창건 구상
(1925년 6월 5일)

석진형(石鎭衡, 1877~1946)은[35] 전라남도 참여관(1921년)과 도지사 (1927~8년)를 지낸 인물이다. 그런데 1925년까지만 하더라도 석진형은 '부여(扶餘)'를 왕인박사와 관련지어 생각하고 있었다. 충청남도 지사 (1925~6년) 재임 때 그가 '부여'에 왕인신사(王仁神祀)를 세우자고 제안한 것이 그 근거이다. 그런데 1928년에는 석진형이 '영암을 왕인박사의 출신

---

35) 석진형(石鎭衡)은 1877년 9월 29일 출생하였다. 법과 정치와 경제 분야에서 두루 활약한 그는 1902년 7월 일본 호세[法政] 대학의 전신인 화불법률학교 (1881년 東京法學校, 1889년 和佛法律學校, 1903년 法政大學으로 개칭) 법학과를 졸업하였다. 1904년 11월 18일 대한제국(大韓帝國) 군부(軍部) 주사(主事)로 관직에 나아간 그는 1905년 법부(法部) 법률기초위원 등을 거쳐서, 1908년 법부 법관양성소 조교수(助教授)에 임명되었다. 1921년에는 그가 전라남도 참여관(參與官)으로 전남 지역과 인연을 맺었다. 그는 1925~6년 충청남도 지사를 거쳐, 1927~8년에는 전라남도 지사를 역임한 바 있다(국사편찬위원회 한국사 데이터베이스 직원록 참조). "이번에 용퇴(勇退)한 전(前) 전남지사 석진형 씨는 21일(1.21—인용자주) 오후 도청에서 청원(廳員) 일동을 모아놓고 퇴관(退官) 인사를 하였는데, 과거 15개 성상(星霜) 관계(官界) 생활을 회고하고, 감개무량 (感慨無量)한 태도였다. 이후는 장성읍(長城邑)에 영주(永住)하며 한운야학(閑雲 野鶴)으로 벗을 삼아 유유자적(悠悠自適)하여 여년(餘年)을 보낼 생각이라 하더라."고 전한 광주발(光州發) 신문 기사를 보면, 석진형의 전남 지역에 대한 깊은 애정을 짐작할 수 있다(매일신보, 1929년 1월 25일). 그렇지만 1933년에 그가 다시 경성보육학교(서울 청진동 소재)의 경영에 참여한다든다(조선중앙일보, 1933년 8월 2일), 1937년 설립된 북선주조(北鮮酒造) 대표자로 이름을 올린 것을 보면(中村資良, 『朝鮮銀行會社組合要錄』(1939년판), 東亞經濟時報社), 석진형의 장성 생활이 그다지 길지는 않았을 것으로 추측된다(국사편찬위원회 한국사데이터베이스 참조).

지(출생지)로 언급한 적도 있었다.[36] 그보다 3년 전인 1925년 6월 현재 석진형의 구상을 잘 보여 주는 자료를 소개하면 다음과 같다.

충남지사 석진형 씨가 포부를 밝힘(大田)

"(전략) 앞으로 왕인신사를 창건하고 싶다. 왕인박사는 1,600여 년 전 백제 수도 부여를 出帆하여 금강으로 내려가 일본으로 건너갔으며, 논어 10권과 천자문 1권을 바치고, 응신 천황의 황자 稚郞子 등에게 학문을 가르쳐, 일본 文敎의 시조로 칭하니, 內鮮融和의 神으로 받들기에 충분하다고 생각하므로, 총독부 당국에 말했더니 총독도 크게 찬성하였으니, 지금은 神社 자격에 대하여 내무성에 문의 중이다. 창건을 하는 것은 대부분 기부에 의하고, 궁전은 백제식으로 건립하고, 부여에도 여러 가지로 손을 써서 학생들의 참배 유람을 위해서는 간이 숙소를

---

36) 1928년 10월 25일 光州發로 보도한 『朝鮮新聞』 기사에 따르면, "일본 大阪 王仁 神社 건립 허가가 나서 10월 26일 地鎭祭를 거행하게 되었다."고 전하면서, "전 라남도 지사 石鎭衡 씨가 大正 13년(1925년—인용자주) 本道 參與官으로 在職 中 儒林 단체인 儒道彰明會長으로서 內鮮融和의 大先驅인 本道靈巖 出身의 博士官 王仁 씨의 神社를 그의 묘지가 있는 大阪府下 北河內郡 枚方에 建立할 것을 유 도창명회를 중심으로 發起하여, 道內에서도 … (중략) … 祝電을 치기로 되어 있 다."고 썼다. 이어서 이 기사는 '오랜 念願이 이루어져 기뻐하는 石 지사의 말'을 아래와 같이 실었다. 석진형은 왕인박사를 가리켜 "본도 영암군에서 태어난 사 람"이라는 말로 시작하였는데, 그 부분의 원문을 그대로 옮기면 다음과 같다. "王仁博士官は今から千六百四十三年前應神天皇御世本道靈巖郡に生まれた人で … (하략) … (밑줄은 인용자)"(「許可された王仁神社の建立-念願通じて石知事 喜ぶ-」, 조선신문, 1928.10.25.). 자세한 것은 이 책에 실은 김덕진의 논문을 참 조.

지어서 더욱 명소의 고정으로 세간에도 선전하고 싶다고 생각하고 있다."(밑줄은 인용자)[37]

위에 소개한 「왕인신사(王仁神祠)를 창건(創建)-일본 文教의 祖이자 內鮮融和의 神, 백제 옛 수도 부여에 모시다」라는 제목의 조선신문(朝鮮新聞) 대전발(大田發) 기사를 보면, 1925년 6월 시점에서 석진형은 "왕인박사가 부여에서 배를 띄워 금강으로 내려가 일본으로 건너갔다"고 보았다. '(일본) 문교(文教)의 시조(始祖)'로 추앙받고 있는 왕인박사를 '내선융화(內鮮融和)의 신(神)'으로 받들기에 충분하다고 생각한 그는 이미 총독부에 왕인신사를 짓자고 제안을 했고, 총독도 그의 제안에 찬성하였다고 그는 말했다. "(일본) 내무성(內務省)에 신사(神社)의 자격을 문의 중"이라고도 했다. 아무튼 "부여에 왕인신사를 창건하자"는 석진형의 제안(또는 구상)이 실제로 조

---

37) 1925년 6월 시점에서 석진형의 포부를 전한 기사의 원문은 다음과 같다.
　「王仁神社を創建-日本文教の祖で內鮮融和の神 百濟の舊都扶餘に祀る-」
　王仁神社創建に就て忠南知事石鎭衡は左の如く其抱負を語った(大田)
　自分は着任日浅く是といふ事も出来ないが奬學會と錦南日報の方は□當にいったから今度は王仁神社を創建したいと思ふ王仁博士は今から一千六百餘年前に百濟都扶餘を出帆し錦江を下って海(?)に出て日本に渡來し論語十卷千字文一卷を獻し應神天皇の皇子稚郎子等に學を授け日本文教の祖とも稱すべく內鮮融和の神として奉祀するに十分であると思ふから總督府當局に詢った處總督も大に贊成されたから目下は神社資格に就て內務省に伺ひ中である創建の事となれば大部分は寄附に依り宮殿は百濟式にて建立し扶餘にも種々と手を入れ學生等の參拜遊覽のためには簡易□舍を建て一層名所の地とし世間にも宣傳したいと思ってゐる(□은 脫字 또는 判讀不明임). 조선신문, 1925년 6월 5일.

선총독부와 일본 내무성에도 전달되었을 것으로 보이며, 당국도 이에 대하여 정책 검토를 하였으리라 추측해 볼 수 있다.

위에서 1919년 영암 지역의 상황(4.10. 독립 만세 운동 ; 9.30. 일본 불교 사찰 本願寺의 영암 포교소 설립 허가)과 1925년 충남지사 석진형의 부여 왕인신사 창건 구상을 살펴보았다. 일제(日帝)의 식민지 지배 정책은 1919년 3월 1일 이후 '내선융화'의 길로 가고 있었고, 이 정책 방향에 가장 적합한 대상으로 고대(古代) 인물인 왕인박사가 근대(近代) 시기에 다시 소환(召喚)되었음을 확인하였다.

(4) 차상찬의 「전라남도 답사기」(1925년 11월 1일)

앞에서 소개한 1927년 5월 『신민(新民)』 제25호의 「영암행(靈巖行)」과 비교하기 위하여 이와 비슷한 시기의 다른 답사기를 함께 검토해 볼 필요가 있다. 그래서 1925년 11월 1일 발간된 『개벽(開闢)』 제63호의 「전라남도 답사기(全羅南道踏査記)」를 소개하고자 한다.[38]

시인이자 수필가이며 언론인이었던 특파원(特派員) 차상찬(車相瓚, 1887~1946)은 1925년 6월 19일부터 8월 2일까지 전라남도의 몇몇 군(郡)을 답사하였다고 한다. 그가 직접 찾아간 곳은 "전라남도 1부(府) 21군(郡) 1도(島) 중에서 10군(광주, 담양, 화순, 곡성, 순천, 광양, 여수, 보성, 장흥, 영암)에 지나지 않았다."고 스스로 고백하고 있는데, 그 가운데 영암(靈巖)이 들어 있었다.

차상찬(車相瓚)이 쓴 「전라남도 답사기」에서 영암군(靈巖郡)에 관한 내

---

38) 국사편찬위원회 데이터베이스 참조.

용 중에 참빗[眞梳]이 가장 먼저 나온다. '전주 밍건, 영암 참빗'으로 시작하는 동요(童謠)가 경향 각지(京鄕各地)에서 유행할 정도라는 평가도 붙어 있었다. 월출산의 위치와 기후, 해류, 산업과 교육 등에 대해서도 언급하였다. 그리고 영암이 배출한 인물을 거론하면서, "도승(道僧)으로는 도선국사(道詵國師), 유현(儒賢)으로는 고려 최지몽(崔知夢)과 조선 문종 때의 최덕지(崔德之), 문장(文章)으로는 최경창(崔慶昌)과 이후백(李後白), 백광훈(白光勳) 등이 있다."고 썼다. 그러면서 "근래(近來) 신진 청년(新進青年)으로는 김준연(金俊淵) 군을 잠깐 소개한다."고 덧붙인 대목이 눈길을 끈다. 명승고적(名勝古蹟)을 소개하면서도 월출산(月出山)과 도갑사(道岬寺)를 소개하는 정도에 그쳤다.

이처럼 『개벽』 제63호(1925.11.1.)에 실린 차상찬(車相瓚)의 「전라남도 답사기」에서는 영암군을 소개하면서 왕인박사(王仁博士)와 성기동(聖基洞)에 대해서는 언급이 없었다. 이것을 보면 '누가 어디에서 누구를 만나 무엇을' 얻어서, 그것을 '어떤 시각에서' 답사기에 담느냐에 따라 그 내용이 크게 달라질 수 있음을 알 수 있다. 서로 비슷한 시기에 간행된 영암 답사기인데도, 『개벽』과 『신민』에 각각 실린 두 편의 영암 답사기 내용이 서로 차이를 보이는 것도 바로 이런 까닭에서 비롯되었으리라 생각한다. 『신민』 제25호(1927.5)의 「영암행」에서는 '왕인박사와 도선'에 대하여 서술하는 가운데 '왕인박사 영암 출생설'을 분명하게 드러낸 것과는 달리, 『개벽』 제63호(1925.11)의 「전라남도 답사기」에서 '월출산과 도선국사'를 소개할 뿐 왕인박사에 대해서는 전혀 언급조차 하지 않은 것이 서로 대조를 이루고 있다.

4. 맺음말

지금까지 분석한 내용을 바탕으로 하여 다음과 같은 잠정적 결론에 이를 수 있다. 첫째, 1927년 5월 『신민』 제25호의 「영암행」을 통해서 '왕인박사 영암 출생설'이 전국적으로 알려지게 되었다. 그 전에 영암지역에 전해오던 '왕인박사 영암 출생설'이 전남 완도 출신인 박정욱(朴晶昱)을 비롯한 영암군 공무원의 입을 통해서 경북 안동 출신의 하산(霞山) 권현섭(權賢燮)이라는 외지인(外地人)에게 전달되었고, 그것이 1927년 5월 간행된 『신민』이라는 잡지에 실리게 되었다는 점이다. 당시 3대 일간지(조선일보, 동아일보, 시대일보)와 함께 『개벽』과 『신민』이 잡지의 양대 산맥을 이루었던 유력 잡지였기 때문에, 이를 계기로 '왕인박사 영암 출생설'이 영암의 구림이라는 좁은 공간에서 벗어나 전국으로 확산될 수 있는 통로가 마련되기 시작했다고 평가할 수 있다. 더구나 『신민』은 『유도』의 후신(後身)이었기 때문에, 조선 유학자들에게는 꽤 널리 알려진 매체의 하나였을 것이라는 점을 감안한다면, "유학자 이병연(李秉延)이 『신민』에 실린 '왕인박사 영암 출생설'에 가까이 다가갈 수 있는 가능성이 충분하였다."고 생각한다.

둘째, 1937년 『조선환여승람』(영암군)이 간행되기 10년 전인 1927년에 이미 '왕인박사 영암 출생설'이 존재하였음이 확인되며, 그보다 2년 전인 1925년에는 광주 향교의 『창명』 창간호에서 그것이 재확인되었다. 1925년 전남지사 재직 중에 석진형(石鎭衡)이 유림(儒林) 단체인 유도창명회(儒道彰明會) 회장으로서, "본도(本道) 영암(靈巖) 출신 박사관(博士官) 왕인(王仁)의 신사(神社)를 그의 묘지가 있는 오사카 히라카타[大阪府下 北河內郡 枚方]에 건립할 것을 제안했다."는 내용이 신문에 보도되었다(『朝鮮新聞』1928.10. 25.). 즉 1925~28년 무렵에는 지식인이나 정치인 또는 관료가 쓴 글을 통해서 '왕인박사 영암 출생설'이 지역사회 내부에 실재(實在)하였음이 문헌으로 확인되었다. 이로써 지금까지는 『조선환여승람(영암군)』(1937년)을 간행한 이병연에게 '왕인박사 영암 출생설'을 보고한 사람으로 왕인박사 동상 건립 제안자(1932년)였던 일본인 승려 아오키 게이쇼[靑木惠昇]를 지목해 왔으나, 그보다는 예를 들면 전남지역의 향교 또는 유도창명회를 이끌었던 지식인(유학자)이나 고위 관료(정국채, 석진형 등)를 그 주체로 보아야 한다는 새로운 결론에 이르게 된다. 이와 관련하여 "아오키 게이쇼가 총독부에 포교계(布教屆)를 제출한 것이 1926년 10월 1일이며, 이때 그의 주소지가 '전라남도 나주군 영산면 영산리 168'이었다."고 한 것을 보면(『조선총독부 관보』1926년 11월 20일), 아오키 게이쇼가 영산포에서 포교하던 중에 '왕인박사 영암 출생설'을 접하게 되었을 가능성은 충분하다고 본다. 이것을 뒤집어보면 '왕인박사 영암 출생설'이 1920년대 중반부터 이미 지역사회에서 꽤 널리 알려졌는데, 그것이 몇몇 조선인 유학자에게만 머물지 않고 오히려 유학과 전혀 관계가 없는 일본불교의 포교자에게까지 확산된 점이 그 증거가 될 수 있다고 생각한다.

1. 『新民』 제25호와 「靈巖行」 원본

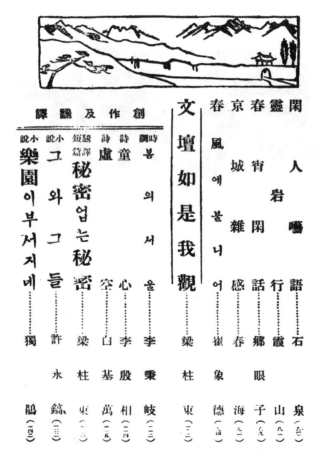

閑人囈語…………………石泉（三）

靈岩行霞…………………山（三）

春宵閑話…………………鄕子（五）

京城雜感…………………春眼子 海（五）

春風에불니어……………崔象德（五）

文壇如是我觀……………梁柱東（三）

創作 及 飜譯

時調 봄의서울……………李秉岐（三）

詩 童心……………………李殷相（三）

詩 空白……………………白基萬（三）

飜譯短篇 秘密업는秘密…梁柱東（三）

小說 그와그들……………許永鎬（三）

小說 樂園이부서지네……獨鵑（三）

靈 岩 行

霞 山

暮入靈岩

夕陽에 羅州를떠나 癸山浦쇠
迤로 約束한 靈岩을向하얏다
々한들바람을맞치면서 東으로다라나니
거의마에다들못한데 羅州의茫茫한고적혈을
邑內를靈到하니 太守金永遊氏를비롯하야
나를마지하였다 旋舍에드러 夕飯을먹은後여
곳有志士는 나를保하야 靈岩事情을 니야기하여들니준다
階上에서 左川右澤하여 靈岩의奇情과
邑에遙話類出하는 늑朴島思羽 讀驗溌溁에는志士의風이넘치는
放君은 가장客人의旅情을慰勞하기여足하얏스며 雅容士夫의

月出山遠望

風格이잇는 金郡守의沈斂은 一精實히地方의責任者로서의忠實
한品位를가쵸와 사람으로하여금 스사로敬慈를늦게한다

月出山는친구를 無心이니러나쇠
天皇峯高峯峯 一喋에다닷엇다
두어라 仁風이불어오면 구름안이거드라
이것은國初名流悍潹之先生이
體斷을遊하다고 飄然을游한
退卻야本邪永保村에 隱居하야 스사로心事를晦한誄澗로
有名한것이다 迴古今遞事
흘연月出山은 尖的으로詩的으로 그일홈이놉
그自然의光飯이 寶로可觀의것이란다 山이湖南에
넘어나本凡稱味한데 獸態이나돕여지에 最南端에

月出山에이르러서는 技巧를부려 限껏奇觀怪相을다하엿다
海拔三千尺이라는 天皇峰은그다지놉날것은업지마는 九井峰
의九個所天作의大岩盤에 各々一大井戶가잇것은實로壯觀이
奇勝이라하엿스며 國松峯樹間에奇岩이 椎立하야 或老虎熟睡혼
相과 或歸僧飛錫의相과 其他鳳舞鬼走猿顧牛伏갓혼 千態萬相
이羅列하야 한번登臨할때 道化의妙를驚歎치안이할수업다한다
그러나는山中一步를옴기여 한거름한거름 奇勝을차자 혼이
望見활혼이로매 그奇勝味를感得하기에 오히려不充分하엿다
奇勝의全幅을領有하기에는 濱望이 오히려登臨에나흘것이잇다

王仁과 道詵

翌日에講演會를맛치고鳩林을向하엿다 鳩林은靈光邑에서木
浦를通하는要路에當한一大平原이며 高僧道詵의出生地로 가
장神秘한傳說만은곳地方이라 東으로月出山巍々한그림자를맛고
南으로海潮를삼아나리라 西北으로平野를開하야間々에松林竹籔
가猗々하니 그明眉한氣分과 淸麗한地味가자못尋常치안이하
다 同是全羅道地方이라도金萬頃펀펀한것에는 얼마나한因果關
係가잇는지는 알수가업거니와 鳩林이라는地名만은道詵의出生
을因하야 緣起된것이 明確하다한라 傳說에依하면 옛날이곳
崔氏家에處女가聖基山下川邊에서빨내를하다가 上流에서빨내

道詵에關한古寺道記가잇든것만안遺跡도차즐수가업엇다 歷史
上의王仁이 本耤住所가不明한一種迷見가되여잇것은 遺憾이
라하겟지만은 나는鳩林으로외 곳그의出生地라고斷定할勇氣
는업섯다

그리고이道詵에關한傳說과共히俗傳하는것은 百濟의博士로
日本에건너가文字를傳하든 王仁이또한此地에서出生하고도
것이다 그러나이것은 다못傳說뿐임으로 文獻이無效하고뜨
라한다

나리는참외한개를건저먹고 오히려를배며 道詵을나흐닛가그집에
서는不祥之兆라하야 이것을野外에버리게하엿더니 來鳥가모
혀드려幼兒를保護하야 數日을生存케하엿슴으로 洞人이異常러
려 다려다가 다시걸느게하니 이가後日新羅의國師道詵이
라한다

道岬寺의 一夜

鳩林里에서 自働車를나려 東으로山行一里에道岬寺로드러
갓다 金剛山屈物相의溪谷의一部를縮寫한듯한 奇岩怪石의連
峰을驚裡에指點하면서 鳩林平野를지나 松林竹林의鋪裝한곳
으로드러가니 斷橋流水에武陵桃源을聯想할만한 一村落이낫다
나고 夕陽을등지고다시一谷을回折하니 蜀鳴犬吠에다시珊三
家가닛다난다 「山重水複疑無路 柳暗花明又一村」이라든 陸放
翁의古詩를그대로實見하는듯하엿다

此地道卿寺는　遺蹟의 陳迹인것만큼　山中에 든 道跣을 追憶할
만한 遺跡傳說이만타　집도 오래된집은 道跣이 工夫하든집 나무
도 古木은　道跣이 심은나무　岩石도 古惟한것은 道跣이 안든바위
를 달른것은 道跣이 沐浴하든돌　오목한곳은 道跣의 발자취 웃
둑한것은　道跣이 사운자취　娵默도 道跣의 차운것　石運도 近跣
이 關係한것―　이러케 치면 萬物이 다 道跣이 안든가？ 山
中萬物이　皆是道跣化하고 고말앗다　勿論이 제야 그 眞容을 黙察할
必要도업시　總括的 으로道跣이라는　神化한人物의遺跡遺로만
觀察하면 그만이다

一行은　슴粥을 得始하야　吳永喆・崔炳顯이 同行햇엇다
이러케 話設間에　山門을 當到하니　金住持는 우리 一行을 欵接하
야 月前에 卒操妓生이와서習라는 닷곳한 房으로引導햇
여준다　놀다간遺跡이라기보다　妓生이 놀다갓다는遺跡
이 俗容에게든 얼마나 奇이라거나 그런것보다는지
키사람의好奇心을 끌으러곳　차々木寺의 來歷을나야기한다
消跣國師는　本은本面順林里胎生으로　날써부러 非凡반故
로 聖基山古寺僧에게　收養되엿더니　이써맛찬德基의先祖
의墓地量求하라 고天下에異人을索訪키　하로는夢中에 金人이
와서　海市朝鮮國金羅道聖基山古寺에當年十三歲의雛僧이러
스니　여긔곳智德이滿二十八相을具한神童이니　이를나아
하면明堂을可得하리다 하얏덧습니다　翌日에 皇帝夢事를생각

합에　이는神人이歇의夢誡에感應하여 異人을가리켜준것이
보다하시고　곳使臣을派遣하여 本郡德津浦에上陸하여 어틴
道跣을뭇든안이막쇠欠것도맛나　그날밤 宮中에드럿참뭇차러하니
그곳에某僧는老僧과사람이徼微潾潾에告하되 翌日에貴公
子가옵上을보거든　맛다시불너서사랑하시는곳에 明堂을되리라 하
어말을라고가다 가말이막다々뜻곳치는곳에　明堂을即御에追調하
거늘　道跣이면禁어안은老人으로맛나서　明日에御堂之地를選
定하여달나니고　物數가나리도지라　道跣이쉬슴지안코 그러
면佛觀에잇든白馬와吳將帥數人을뫼시사하고　白馬를타고곳文
武百官의陪從하여　말이向하는대로가다가　말이智問쉬는지
라　道跣이체容을드러말을제숙하니　白馬는다시數步를가가
가는는지라　道跣의곳天下願의日이곳이天下明堂이라는지라
니　餘大官들도그곳에쇠四方山川을바라보고　놀내여曰東國
에第一의明堂이라고다稱讚하고　皇帝도大喜하사　厚而還을
주시고　國師의意誠를주었답니다　皇帝로부러이곳에 一行
眼前의기就하며　佛法을만이베혼後　本願鳩林里로도라와쇠
이곳에道岬寺를創建한것이　本寺의始初랍니다

이러케이냥의道跣이보다今日의合住
事實인지는알수가업스나　一行은이냥의道跣이보다今日의合住

持가되욱 客의好奇心을쏘으럭다　말을시종쿠구수하고　人情을
알고世俗에밝기는「僧념」이라하기보다「先達님」이라하기가
쉬운食住持!　처사람은참으로僧인가俗인가　前身이무엇인고
궁금할만치　問題거리가되엇다　閑人에잇슥한華者로도그가單

赳한道誠의後學으로만은보기룰躊躇하얏다
問題의住持는　一行이이러케궁금히생각하고잇는동안에　夕
飯을準備하여가지고들어와서　먹기룰勤하며　엇더케눈치를채
엇든지　스사로自己의履歷을말한다
小僧은일즉　慶尙道閣良으로　옛날우리大韓軍人이되여　訓練
院불바람　龍山들을가볼달에　軍樂隊長에맛드럭통하고지나
다가　평안간에에軍隊解散이야　奧洞營門에총을읽이하는바람에
뛰여나와　한참도라다니기도하엿스나　엇지할수잇슴도닛겻
에―라머리룰맥근김에　중이나되쟈고　金剛山長安寺로도
럭가잇다가　이리저리하여　只今은이곳住持가되엇슴니다

花歌鬪와 佛供

이약이는　이러케, 滋味잇는곳으로묵검갈게　모처를淸夜一
席을그대로보내기는원통하여　나는行護에서「花歌鬪」룰쓰어
버여　나는홍소잡이가되고　一行은四君子가되여
「간밤에부든바람　調庭桃花다지것다
아희는비룰들고　쓰럭타하는구나
두어라　落花ㄴ들　옷이안이랴　쓰럭무삼」
「무어라　落花……닛소」
하고떠듬〈하면서　花片율집어　가지고
一되으로하리율두락에서기하는准佐君「하이 닛소」하고가만
이살작집어가지고　捷佪의勝利룰자랑하는잔재미잇는吳君　詩
調의一片율집어가지고　大軟之道룰넘는듯한목소래로
「뭇노라汨羅水야　屈原이어이죽닷듸니。騰落에떠럭힘을
웃칠나이업서, 鼻下三尺長이
이러케　低聲一唱하는金君이낮。쇠루르든花歌鬪는一回二回로차々
佳境에들럭감에　練熟을따라　滋味가나서　各々個性율發揮하

이번에는　吳君이붓삽힐모양이다
「나으리가꼭오실출만알엇스면　어더케든지보내질안헛겟지요
만은　이러케줄지에行次가되실줄을아야　알앗슴닛가　인제또
오지요　좀귀다려보시요」

여간다 그中에 얼룩한한쪽을집어넛쵸을
맛아가지고 뒤흥수를치고 임맛을쇠々다시드는것은떠우슘고
滋味나는 饋樂이엿다 一同이이리케朝鮮古文化의趣味의精華에
一夜가 欲차집퍼감을모르게되엿다

그런나 나는 一方으로千古의淨域을더럽힌것을佛前에
코커 金一封금바다住持에伊托하여 佛供을請하엿더니 半衣
空山寂寞한法堂속에 鍾磬올릴니 고佛經소리가笑과린다 나는써
를기다려裂缺을비러입고佛前에나아가서 金住持의조흥목청의
로月出山을을니는佛經소리로 첫번拜謁을하고 而已오달
온西天에우러러고 절은北으로헛터진뒤에 佛堂나와寢所
에드러가서 一行과함의淸凉한늣김을맷게되엿다

山中의아홉날은 一層淸新한맛이잇다 이마에맛는月出山奇峰
이 이실에카커 앗칠햇살에피여올나 오늘々붓돗는後에金
住持의 이러한眞勝이뭣가생각된다 一行은첫假을먹은後에金
郡에올나道詵國師遺蹟碑를보고下山하엿다

會社亭과 大同契

鳩林里를나 려온一行은 그곳大同契의大食에
席하게되엿다 村落의道路로 鍾路通火路나질바업슨한坦
々大途 左右에櫛比한人家를지나 龍川溪를건너서나 芳松竹
林옥어지고 溪流맑은곳에 翼然히선亭子── 會社亭이잇다

이는 株式會社나合資會社라는現代式會社가안이라 洞社의古風
으로 社日에群野이會遊하는天이라한다 會社亭압을지나 一
行은大同契郡家를들러갓다 이날은맛참 大同契의群賢이 모
혀를行次을거 우리一行을歡迎하기爲하야 總會
日字를당거서 일부러이곳에會集하엿다 그中에도엇던이른輪
席을타고『夏々不遠二十里而來』한신老人도게시다한다 席上
에모힌群野넘네는 大槪가老人이시다 長方形의溫突에는 商
山四皓圖에쉿맛나됨도 方席이앗니고 그우에는 四
쭉을둔너 兩쪽듯지고 商山四皓圖에쉿맛나됨도 四
顔而잇는老人들이 列席하엿다 엇던老人은 팔을둔지고 三팔
長行을둘고안거잇고 뜻엇던老人은 너른소매를텔리고나리고
쉬서 두팔노뒷짐을집고안거잇는 먼산을보고안거잇고 뜻
를붓니 沒缸을드려바지춤속에엇고 당배를드려 손상을둘녀라分付해々
엇던老人은 庫貢을불너 담배를드려라 손상을돌녀라分付해々
하고잇다 그座席의光景으로보와서는 사랑은老人이原則이고
老人이안인者는 未成品꼿고 머리는白髮이本色이고 黑髮은
病身것치보인다 말하자면 이곳은老人의世界이다
大同契總會의光景이 이러라하면 世人은或은 大同契로써
老人인가 喪布契로認定할지모른다 그런나大同契의本來의
性質은 그런것이안이라 넷날이곳儒賢行立朴省吾兩公의創設
한바로 白鹿洞規約에依做하야 洞籌를定하야 洞里의自治
的振興을 圖하든것이라한다 金郡守의調查한바에依하면 圖

行立先生은 會社亭에서 鄕士를會同하여 講學論道하야 民

風을振興함이 多하얏스며 再先生의 會社亭詩는

桃李桃村夾水來。
南橫灑鴻仙深迳。
北接趾龍漁艇回。
九井鐵陶蒼壁上、
二帆孤出白雲隈。
年々社日群賢集、
壺意歡娛倒百盃。

只今껏 人口에膾炙한다 얼마나 平氣分이橫溢한가 이갓흔

昇平을刷致하기에는 이곳會社亭에서 殖産興業도이섯슬것이며 勸

風俗의矯正運動도이섯슬것이며 其他地方自治上 必要한施設이多하얏

슬것이다 그리고大同契에는 一致團結하야 鳩林里의聖地로 사람살기조흔地

上下가업시 上樂園을만들기爲하야 幾百年을經한今日

상昇平 한天地를 出現케한것이다 그러나 그런結果가 가

에 그老少合致自治獎與의根本精神이 불수가업고 「年々社日

群霜集 壺日歡娛倒百盃」만남아잇는모양이다 그에도 傳

來의基本財産二百餘石落의土地를 그대로살保存하여가지고收

入支出을 比較的正確히하여온것은 年終가久한契로는 一大

特色이라할것이나 그收入은 契員의愛布扶助와 年次會飮以

外에 何等의團體的活動과施設이無한것은 幸中의遺憾이라하

겟다 會社亭벳기둥에 賁行立、朴省吾兩先生의눈이 겹며 古

今의變遷으로今日의現狀을보앗스면 그感想이엇더할고 一行

은 그契所에서 盃盤의欵待를밧앗스며 그곳鳩林普通學校講

堂에서 契員과里中靑年을爲하야 講話를試하고 이沿革이닙

흔大同契가 將來地方을爲하야 다한層有用한效果가잇도록活

動하기를祈願하여두고도라왓다

幸히士林에信望이厚한슴郤守가잇고

鳩鳥에風力이잇는崔面

長이잇는러이닛가 將來大同契를爲하야 조흔發展을期할수

잇슴을 밋을뿐이라한다

두個의小景

×

봄여를리루 너흐는 너흐러리어는 아츰도바람에

다 西北窓을 사一상 잇스려지는 저녁것첫설하되

치드릿슨 두嘯를 새인는 門을소리넘시엽고 앗

임맛슴다시며 가담으로 나섯다 털々한

쓰러저가는 土담우에서서 흠슨고양이가 기지게를키고

오동풍에 노원글슨 모숙이어나 어미를 벌이리

소리가 우쳐게울니고 껴깃는 아옷집門前어는 鉢薬비

신仑怡의 원모양이보인다 이것은 내가언저어떤서 본

빗낫스 백틀음흑이 머一르닛보면 그둘우후로는 청

구롬이 煙氣처럼피어도른다 어쩌케 효란한 수러박쥐

소리가녀든러 이솔길 깁슨녜서로 가로밋긴 금一電

線밋흐로 파람눈이 썩적나며 조고만 신박가가 잇고

러진가 이것을 내가 밋수만저 서보른볼이다

2. 『新民』 제25호와 「靈巖行」 입력 원고(부산대학교 한국민족문화연구소, 『(잡지로 보는) 한국 근대의 풍경과 지역의 발전 7–전라도·제주도–』, 국학자료원, 2013, 37~45쪽)

靈巖行

霞山

暮入靈巖

夕陽에 羅州를 떠나 榮山浦서 自働車를 타고 吳永鍵君의 同途로 約束한 靈岩을 向하엿다. 自働車는 져녁빗츨 등지고 쌀々한 들바람을 헷치면서 東으로 다라나니 雲空에 소슨 月出山은 거의 이마에 다을 듯한데 暮烟이 蒼茫하고 져녁블이 반짝이는 靈岩邑內를 當到하니 太守 金永近氏를 비롯하야 某々有志가 情다히 나를 마지하엿다. 旅舍에 드러 夕飯을 먹은 後에 金郡守와 밋 그곳 有志들은 나를 爲하야 靈岩事情을 니야기하여 들녀 준다. 席上에서 左周右旋하여 鞠躬盡瘁하는 吳永鍵과 通古今 達事理에 逸話續出하는 朴晶昱君 談論風發에 志士의 風이 넘치는 崔炫君은 가장 客人의 旅情을 慰勞하기에 足하엿으며 雍容士夫의 風格이 잇는 金郡守의 沈默은 確實히 地方의 責任者로서의 忠實한 品位를 가초와 사람으로 하여금 스사로 敬意를 품게 한다.

月出山 遠望

月出山느진구름 無心이니러나서
天皇놉흔峰을一時에다업헛다.
두어라 仁風이불어오면. 구름안이거드랴.

이것은 國初 名流 崔德之[39] 先生이 讒訴를 避하랴고 爵祿을 辭하고 退하
야 本郡 永保村에 隱居하야 스사로 그 心事를 吟한 時調로 有名한 것이다. 果
然 月出山은 史的으로 詩的으로 그 일흠이 놉흘 쑨 안이라 그 自然의 光景이
實로 可觀의 것이 만타. 山이 湖南에 이르러서는 넘어나 平凡無味한데 厭症
이 나든 나머지에 最南端 月出山에 이르러서는 技巧를 부려 限꼿 奇觀惟相을
다하엿다. 海拔 三千尺이라는 天皇峰은 그다지 놀날 것은 업지마는 九井峰의
九個所 天作의 大岩盤에 各々 一大井戶가 파인 것은 實로 壯觀中 奇勝이라 하
겟스며 磵松岑樹間에 奇岩이 惟立하야 或 老虎熟睡의 相과 或 歸僧飛錫의 相
과 其他 鳳舞兎走猿顧牛伏 갓흔 千態萬相이 羅列하야 한 번 登臨함에 造化의
妙를 驚歎치 안이 할 수 없다 한다. 그러나 나는 山中 一步를 밟아보지 못하
고 다못 山下 旅室에서 이를 望見할 쑨이로대 그 奇勝味를 感得하기에 오히

---

39) 1405년(태종 5) 식년문과에 동진사(同進士)로 급제한 뒤 추천을 받아 사관이
   되었고, 1409년 교서관정자로서 원구단(圜丘壇)에서 기우제를 지낼 때 오제제
   문(五帝祭文)을 준비 못하여 한때 투옥되었다. 뒤에 감찰 등 삼사(三司)의 청요
   직(淸要職)을 거쳐, 외관으로 김제군수·남원부사 등 여러 주·군을 다스렸으나,
   남원부사를 사퇴한 뒤 영암의 영보촌(永保村)에 내려가 학문연구에 몰두하였다
   고 한다(『한국민족문화대백과사전』(최덕지(崔德之), 한국학중앙연구원).

려 充分하엿다. 안이 奇勝의 全幅을 領有하기에는 遠望이 오히려 登臨에 나흔 것이 잇다.

王仁과 道詵

翌日에 講演會를 맛치고 鳩林을 向하엿다. 鳩林은 靈光[40]邑에서 木浦를 通하는 要路에 當한 一大平原이며 高僧 道詵의 出生地로 가장 神祕한 傳說 만흔地方이라. 東으로 月出山 巍々한 그림자를 밧고 南으로 海潮를 잡아다려 西北으로 平野를 開하야 間々에 松林竹藪가 猗々하니 그 明朗한 氣分과 淸麗한 地味가 자못 尋常치 안이하다. 同是 全羅道地方이라도 金萬頃 『갯짱쇠』에는 比할 수 없게 말근 맛이 잇다. 이 地理가 道詵이라는 人物을 낫키에 얼마나한 因果關係가 잇는지는 알 수가 업거니와 鳩林이라는 地名만은 道詵의 出生을 因하야 緣起된 것이 明確하다 한다.[41] 傳說에 依하면 옛날 이곳 崔氏家에 處女가 聖基山 下 川邊에서 쌀내를 하다가 上流에서 흘너나리는 참외 한 개를 건저 먹고 아희를 배여 道詵을 나흐닛가 그 집에서는 不祥之兆라 하야 이것을 野外에 버리게 하엿더니 衆鳩가 모혀드러 幼兒를 保護하야 數日을 生存케 하엿슴으로 洞人이 異常히 녁여 다려다가 다시 길느게 하니 이가 後日 漢唐의 國師 道詵이라 한다.

그리고 이 道詵에 關한 傳說과 共히 俗傳하는 것은 百濟의 博士로 日本에 건너가 文字를 傳하든 王仁이 또한 此地에서 出生하엿다는 것이다. 그러나

---

40) 원문은 光이지만 岩의 오기가 아닐까?
41) 원문은 '하'임.

이것은 다못 傳說뿐임으로 文献이 無攷하고 또 道詵에 關한 古寺遺記가 잇는 것만한 遺跡도 차즐 수가 업섯다. 歷史上의 王仁이 本籍住所가 不明한 一種 迷兒가 되여 잇는 것은 遺憾이라 하겟지만은 나는 鳩林으로써 곳 그의 出生地라 斷定할 勇氣는 업섯다. (밑줄─인용자)

道岬寺의 一夜

鳩林里에서 自働車를 나려 東으로 山行一里에 道岬寺로 드러갓다. 金剛山 萬物相의 溪谷의 一部를 縮寫한 듯한 奇岩恠石의 連峰을 望裡에 指點하면서 鳩林平野를 지나 松林竹林의 錯綜한 곳으로 드러가니 斷橋流水에 武陵桃源을 聯想할 만한 一村落이 낫타나고 夕陽을 등지고 다시 一谷을 回折하니 鷄鳴犬 吠에 다시 兩三家가 낫타난다. '山重水複疑無路 柳暗花明又一村'이라든 陸放翁 의 古詩를 그대로 實見하는 듯하엿다.

此地 道岬寺는 道詵의 開基인 것만큼 山中에는 道詵을 追憶할만한 遺跡 傳說이 만타. 집도 오래된 집은 道詵이 工夫하든 집 나무도 古木은 道詵이 심 은 나무 岩石도 古恠한 것은 道詵이 놀든 바위 물도 말근 것은 道詵이 沐浴하 든 물 오목한 곳은 道詵의 발자취 웃둑한 것은 道詵이 시운 자취 城壁도 道 詵이 싸은것 石逕도 道詵이 開鑿한 것! 이러케 치면 '頭頭物物이 皆 是佛'이라 든가? 山中 萬物이 皆是 道詵化하고 말앗다. 勿論 이제야 그 眞否를 詮索할 必 要도 업시 總括的으로 道詵이라는 神化한 人物의 遺跡地로만 觀察하면 그만 이다.

一行은 金郡守를 爲始하야 吳永鍵, 崔炫 兩君이 同行하엿다. 이러케 話說 間에 山門을 當到하니 金住持는 우리 一行을 欵接하야 月前에 平壤妓生이 와 서 留하든 곳이라는 짜듯한 房으로 引導하여 준다. 道詵이 놀다간 遺跡이라

기보다 妓生이 놀다 갓다는 遺跡이 俗客에게는 얼마나 慰勞가 되는지 몰낫다. 金住持는 爲先 이러케 사람의 好奇心을 쓰으러 놋코 차々 本寺의 來歷을 니야기한다.

道詵 國師는 本是 本面 鳩林里 胎生으로 날 째부터 非凡한 故로 聖基山 古寺 僧에게 收養되엿더니 이째 맛참 漢皇이 先君의 墓地를 求하랴고 天下에 異人을 索할세 하로는 夢中에 金人이 와서 海東朝鮮國 全羅道 聖基山 古寺에 當年 十三歲의 雛僧이 잇스니 이는 곳 智德圓滿 二十八相을 具한 神童이니 이를 불너 求하면 明堂을 可得하리다 하엿담니다. 翌日에 皇帝 夢事를 생각함에 이는 神人이 朕의 孝誠에 感應하여 異人을 가라처 준 것이로다 하시고 곳 使臣을 派遣하여 本郡 德津浦에 上陸하여 어린 道詵을 담삭 안아 뫼서 갓드람니다. 道詵이 皇城에 이르러 來日은 將次 皇帝를 뵈오랴 할 세 그날 밤 宮中에 드러 잠을 자랴 하니 그곳에 불째는 老僕 한 사람이 慇懃히 道詵에 告하되 明日에 貴公子가 皇上을 뵈거든 반다시 皇上이 사랑하시는 白馬를 請求하라. 이 말을 타고 가다가 말이 마조막 긋치는 곳이 明堂이 되리라 하거늘 道詵이 凡常치 안은 老人으로 알고 明日에 御前에 進謁하엿더니 皇帝는 果然 "朕을 爲하야 先皇을 葬할 一位明堂之地를 選定하여 달나"고 勅敎가 나리는지라 道詵이 서슴지 안코 그러면 御廐에 잇는 白馬와 밋 從者 數人을 줍시사 하고 白馬를 타고 文武百官이 隨從하여 말이 向하는대로 가다가 말이 暫間 쉬는지라 道詵이 채쯕을 드러 말을 재촉하니 白馬는 다시 數步를 가다가 스는지라 道詵이 곳 下馬하여 曰 이곳이 天下明堂이라 指定하니 諸大官들도 그곳에서 四方山川을 바라보고 놀내여 曰, 東國異人이 果然 明鑑이 잇다, 稱贊하고 皇帝도 大喜하사 厚히 賞을 주시고 國師의 尊號를 주엇담니다. 道詵이 이로부터 그곳 一行 禪師의게 就하야 佛法을 만히 배혼 後 本國 鳩林里로 도라와서 이곳에 道岬寺를 創建한 것이 本寺의 始初람니다.

도갑사 도선국사비(부산대 41쪽 참조)

이러케 이약이에 이약이를 다라나오는 金住持의 說明은 어듸싸지가 事實인지는 알 수가 업스나 一行은 옛날의 道洸이보다 今日의 金住持가 더욱 客의 好奇心을 쓰으럿다. 말솜시 좃코 구수하고 人情을 알고 世俗에 발기는 '僧님'이라 하기보다 '先達님'이라 하기가 쉬운 金住持! 져 사람은 참으로 僧인가 俗인가 前身이 무엇인고 궁금할 만치 問題거리가 되엿다. 閱人 익숙한 筆者로도 그가 單純한 道誌의 後學으로만은 보기를 躊躇하엿다.

問題의 住持는 一行이 이러케 궁금히 생각하고 잇는 동안에 夕飯을 準備하여 가지고 들어와서 먹기를 勸하며 엇더케 눈치를 채엿든지 스사로 自己의 履歷을 말한다.

小僧은 일즉 慶尙道 閑良으로 옛날 우리 大韓軍人이 되여 訓鍊院 봄바람 龍山들 가을달에 軍樂隊 長短에 밧드러 총하고 지나다가 별안간에 軍隊 解散이야 典洞 營門에 총질이야 하는 바람에 튀여나와 한참 도라다니기도 하엿스나 엇지 할 수 잇슴 드닛싸. 에-라 머리는 쌁근 김에 중이나 되쟈 하고 金剛山 長安寺로 드러가 잇다가 이리저리하여 只今은 이곳 住持가 되엿슴니다. 숫고 좃케 實吐 情을 한다. 一行은 於是乎 疑問이 풀녀 "올크니" 하고 道誌이가 큰 佛道나 開悟한듯기 쌔다랏다. 나는 이곳에도 崎嶇한 朝鮮 近世 運命의 一波를 차자 보게 된 것을 果常히 늦기게 되였다.

平壤이라면 말만 들어도 반가운 吳永鍵君 - 鼻下 三尺 長이 되는 吳君은 쏘 月前에 왓드라는 平壤妓生을 問題를 삼는다.

"그래. 平壤서 왓다는 아희는 어디로 갓나요. 좀 붓잡아 두질 안쿠."

"나으리가 꼭 오실줄만 알앗스면 어더케든지 보내질 안햇겟지요만은 이러케 졸지에 行次가 되실 줄이야 알앗슴닛까. 인제 쏘 오지요. 좀 긔다러 보시요."

이번에는 吳君이 붓잡힐 모양이다.

花歌鬪[42]와 佛供

이약이는 이러케 滋味잇는 곳으로 드러갈제 모처름 淸夜一席을 그대로 보내기는 원통하여 나는 行囊에서 '花歌鬪'를 쯔어내여 나는 퉁소잡이가 되고 一行은 四君子가 되야

"간밤에 부든 바람 滿庭桃花 다 지것다

아희는 비를 들고 쓰르랴 하는구나.

두어라. 落花ㄴ들 꼿이 안이랴 쓰러무삼."

"두어라. 落花 … 낫소."

하고 더듬더듬하면서 花片을 집어가지고 凱旋 將軍 갓흔 豪氣에 一同으로 허리를 두 도막에 내게 하는 崔炫君 "하이, 낫소." 하고 가만이 살짝 집어가지고 捷徑의 勝利를 자랑하는 잔재미 잇는 吳君 詩調의 一片을 집어가지고 大學之道를 닑는 듯한 목소래로

"뭇노라 汨羅水야. 屈原이 어이 죽다드니. 讒訴에 더러힌 몸 죽어 뭇칠 짜이 업서. 滄波에 骨肉을 씻어 魚腹에 葬하니라."

이러케 低聲一唱하는 郡守 서투르든 花歌鬪는 一回二回로 차々 佳境에 드러감에 練熟을 짜라 滋味가 나서 各々 個性을 發揮하여 간다. 그 中에 엉둥한 짠쪽을 집어가지고 得하엿다가 罰쪽을 밧아가지고 뒤통수를 치고 입맛을

---

42) 화가투 놀이란 시조가 적혀 있는 카드를 가지고 노는 전통 놀이이다. 시조를 누가 더 많이 외우고 있는가를 겨루는 놀이로 '가투(歌鬪) 놀이', '시조 잇기 놀이', '시조 연상 놀이'라고도 한다. 화가투(花歌鬪)라는 말은 '좋은 노래(시조)로 겨룬다.'는 뜻으로 시조를 노래의 음율에 맞추어 부르면서 노는 놀이이다(임영수, 「화가투(花歌鬪) 놀이」, 공주학아카이브 참조).

썩々 다시는 것은 더욱 우숩고 滋味나는 娛樂이엿다. 一同은 이러케 朝鮮古
文化의 趣味的 精華에 一夜가 將차 깁퍼감을 모르게 되엿다.

그러나 나는 一方으로 千古의 淨域을 더럽힌 것을 佛前에 詑謝코저 金一
封을 내여 住持에 付托하여 佛供을 請하엿더니 半夜 空山 寂寞한 法堂 속에
鐘聲을 울니고 佛經소리가 놋파진다. 나는 째를 기다려 袈裟를 비러입고 佛
前에 나아가서 金住持의 조흔 목청으로 月出山을 울니는 佛經소리에 맛쳐
몇 번 拜禮를 하고 而已오, 달은 西天에 기우러지고 별은 北으로 헛터진 뒤
에 佛堂을 나와 寢所에 드러가서 一行과 함께 淸凉한 쑴을 맷게 되엿다.

山中의 아츰날은 一層 淸新한 맛이 잇다. 이마에 닷는 月出山 奇峰이 이
실에 저저 앗참 햇살에 피여 올나오는듯 日照香爐(峰名)生紫烟이 이러한 景
勝이런가 생각된다. 一行은 朝飯을 먹은 後에 金住持의 指路로 後岡에 올나
道詵 國師 遺蹟碑를 보고 下山하엿다.

會社亭과 大同契

鳩林里를 나려온 一行은 그곳 大同契의 大會에 招待를 밧아 出席하게 되
엿다. 村落의 道路로는 鐘路通 大路나 질 바 업슬만한 坦々大途 左右에 櫛比
한 人家를 지나 龍川溪를 건너서니 蒼松竹林 욱어지고 溪流 말근 곳에 翼然
히 선 亭子 會社亭이 잇다. 이는 株式會社나 合資會社라는 現代式 會社가 안
이라 洞社의 古風으로 社日에 群賢이 會遊하는 곳이라 한다. 會社亭 압을 지
나 一行은 大同契 都家로 들러갓다. 이날은 맛참 大同契의 群賢이 모처름 行
次하는 金郡守 令監과 우리 一行을 歡迎하기 爲하야 總會日字를 다거서 일부
러 이곳에 會集하엿다. 그 中에도 엇던 이는 轎軍을 타고 '曳 - 不遠二十里面
來' 하신 老人도 계시다 한다. 席上에 모힌 群賢님네는 大槪가 老人이시다. 長

方形의 溫突에는 四壁을 둘녀 方席이 쌀니고 그 우에는 商山四皓圖에서 맛나 뵙든 顔面 잇는 老人들이 列席하엿다. 엇든 老人은 壁을 등지고 三발長竹을 물고 안저 잇고 또 엇던 老人은 너른 소매를 떨트리고 니러서서 두 팔노 뒷짐을 집고 房中을 거닐고 잇고 또 한 老人은 房子를 불너 溲缸을 드려 바지춤 속에 넛고 먼 산을 보고 안저 잇고 또 엇던 老人은 庫直을 불너, 담배를 드려라, 술상을 올녀라, 分付 頻々하고 잇다. 그 座席의 光景으로 보와서는 사람은 老人이 原則이고 老人이 안인 者는 未成品 갓고 머리는 白髮이 本色이고 黑髮은 病身것치 보인다. 말하자면 이곳은 老人의 世界이다.

大同契 總會의 光景이 이러타 하면 世人은 或은 大同契로써 老人인가. 喪布契로 認定할넌지 모른다. 그러나 大同契의 本來의 性質은 그런 것이 안이라 옛날 이곳 儒賢 曹行立 朴省悟 兩公의 創設한 바로 白鹿洞規鄕約에 依倣하야 洞憲을 定하야 洞里의 自治的 振興을 圖하든 것이라 한다. 金郡守의 調査한 바에 依하면 曹行立 先生 會社亭에서 鄕士를 會同하여 講學論道하야 民風을 振興함이 多하엿으며 曹先生의 會社亭 詩는

桃李粧村夾水來, 崔嵬高閣何雄哉.
南橫駕鶴仙蹤近, 北接駐龍漁艇回.
九井鎭臨蒼壁上, 二帆孤出白雲隈.
年々社日群賢集, 盡意歡娛倒百盃.

只今끗 人口에 膾炙한다. 얼마나 平氣分이 橫溢한가. 이갓흔 昇平을 馴致하기에는 이곳 會社亭에서 講學論道도 잇섯슬 것이며 風俗의 矯正運動도 잇섯슬 것이며 殖産興業도 잇섯슬 것이며 勤儉貯蓄도 잇섯슬 것이며 其他 地方自治上 必要한 施設이 多하엿슬 것이다. 그리고 大同契에는 蒼顔白髮과 黃口

赤衫과 男婦上下가 업시 一致團結하야 鳩林里의 聖地로 사람 살기 조흔 地上樂園을 만들기 爲하야 努力하엿슬 것이다. 그리한 結果가 가장 昇平한 天地를 出現케 한 것이다. 그러나 幾百年을 經한 今日에 그 老少合致自治振興의 根本精神은 볼 수가 업고 '年々社日群翁集 盡日歡娛倒百'만 남아 잇는 모양이다. 그 中에도 傳來의 基本財産 二百餘 石落의 土地를 그대로 잘 保存하여 가지고 收入支出을 比較的 正確하여 온 것은 年條가 久한 契로는 一大特色이라 하겟스나 그 收入은 契員의 喪布扶助와 年次 會飮 以外에 何等의 團體的 活動과 施設이 無한 것은 幸中의 遺憾이라 하겟다. 會社亭 넷기둥에 曺行立, 朴省悟 兩先生의 눈이 걸녀 古今의 變遷으로 今日의 現狀을 보앗스면 그 感想이 엇더할고. 一行은 그 契所에서 盃盤의 歡待를 밧은 後에 그곳 鳩林普通學校 講堂에서 契員과 里中靑年을 爲하야 講話를 試하고 이 沿革이 깁흔 大同契가

회사정(부산대 45쪽 참조)

將來 地方을 爲하야 더 한層 有用한 效果가 있도록 活動하기를 祈願하여 두고 도라왓다.

幸이 士林에 信望이 厚한 金郡守가 잇고 鄕黨에 風力이 잇는 崔面長이 잇는 터이닛가. 將來 大同契를 爲하야는 조흔 發展을 期할 수 잇슴을 밋을 쑌이라 한다.

【참고문헌】

1. 자료

『대한제국 관보』 1909년 4월 28일, 5월 19일.

『대한제국 관보』 1919년 10월 4일.

『디지털 안동문화대전』.

『디지털 영암문화대전』.

『매일신보(每日申報)』 1920년 12월 27일.

『매일신보(每日申報)』 1925년 11월 14일.

『매일신보(每日申報)』 1933년 12월 17일.

『영암군지(靈巖郡誌)』, 1961, 영암군지편찬위원회(靈巖郡誌編纂委員會).

『조선신문(朝鮮新聞)』 1925년 6월 5일.

『조선신문(朝鮮新聞)』 1928년 10월 25일.

『조선총독부 관보』 1919년 10월 4일.

『조선총독부 관보』 1926년 11월 20일, 12월 2일.

『한국민족문화대백과』.

국가보훈처 공훈전자사료관 데이터베이스.

국사편찬위원회 한국사데이터베이스.

국회도서관 데이터베이스.

국립중앙도서관 데이터베이스.

2. 논저

김덕진, 「1920년대 全南儒林의 동향과 王仁의 靈巖 출생설」, 『왕인박사 영
    암 출생설의 배경』(왕인문화연구소 편), 왕인박사현창협회, 2021.

김병인, 「왕인의 '지역 영웅화' 과정에 대한 문헌사적 검토」, 『한국사연구』 115, 한국사연구회, 2001.

김병인, 「지역축제에 활용된 역사적 소재에 관한 재검토-장성 「홍길동축제」와 영암 「왕인문화축제」를 중심으로-」, 『지방사와 지방문화』 7-2, 역사문화학회, 2004.

김병인, 「〈왕인문화축제〉와 '왕인', 그리고 콘텐츠화 가능성」, 『인문콘텐츠』 8, 인문콘텐츠학회, 2006a.

김병인, 「축제를 통한 지역 정체성의 재구성」, 『호남문화연구』 39, 전남대학교 호남문화연구소, 2006b.

김영원, 「왕인박사와 관련된 구비 전설」, 『王仁博士研究』(박광순 외), 주류성, 2013.

김정업, 「왕인전승의 역사성 고찰」, 『월간 새전남』 9월호(통권 99호), 전남공론사, 1976a.

김정업, 「왕인전승의 역사성 고찰(하)」, 『월간 새전남』 10월호(통권 100호), 전남공론사, 1976b.

박광순 외, 『王仁博士研究』, 주류성, 2013.

박남수, 「한국의 역사서와 연구물에 그려진 왕인박사」, 『왕인박사에 대한 교육의 현황과 개선방향』(사단법인 왕인박사현창협회 부설 왕인문화연구소), 2014.

박선홍, 「구한말 광주에 온 일본인들」, 『광주1백년 ①, ②』, 금호문화, 1994.

부산대학교 한국민족문화연구소, 「영암행(靈巖行)」, 『(잡지로 보는) 한국 근대의 풍경과 지역의 발전 7 -전라도·제주도-』, 국학자료원, 2013.

윤선자, 「일제의 神社 설립과 조선인의 神社 인식」, 『역사학연구』 42, 2011.

이경돈, 「신민(新民)의 신민(臣民)-식민지의 여론시대와 관제 매체」, 『상허학보」 32, 상허학회, 2011.

이주현·김기섭·백승옥·임영진·정성일·박광순·정재원·문안식, 『4~5세기 동북아시아의 국제정세와 왕인박사』, 사단법인 왕인박사현창협회, 2017.

임형택, 「한국 근대가 세운 전통 표상-왕인과 장보고-」, 『전통, 근대가 만들어낸 또 하나의 권력』, 인물과사상사, 2010.

정성일, 「왕인박사의 업적과 일본에서의 위상」, 『王仁博士研究』(박광순 외), 주류성, 2013.

정성일, 「'왕인박사 영암 출생설' 분석 시론」, 『4~5세기 동북아시아의 국제정세와 왕인박사』(이주현·김기섭·백승옥·임영진·정성일·박광순·정재원·문안식, 사단법인 왕인박사현창협회), 2017.

정성일, 「1927년 영암 답사기에 보이는 왕인박사 전승」, 『조선환여승람과 왕인박사』(왕인문화연구소 편), 왕인박사현창협회, 2019.

정성일, 「1930~40년대 왕인박사 상징물 건립 추진-식민지 조선을 중심으로-」, 『왕인박사 영암 출생설의 배경』(왕인문화연구소 편), 왕인박사현창협회, 2021.

조명제, 「1920~30년대 전남 지역 日本佛教 淨土眞宗 大谷派의 동향」, 『왕인박사 영암 출생설의 배경』, 왕인박사현창협회, 2021.

최덕교, 『한국잡지백년 1』, 현암사, 2004.

霞 山, 「영암행(靈巖行)」, 1927(『(잡지로 보는) 한국 근대의 풍경과 지역의 발전 7-전라도·제주도-』, 부산대학교 한국민족문화연구소, 국학자료원, 2013).

허경진·강혜종, 「『조선환여승람』의 상업적 출판과 전통적 가치 계승 문제」, 『열상고전연구』 35, 열상고전연구회, 2012.

※ 이 논문은 『조선환여승람과 왕인박사』(왕인문화연구소 편, 사단법인 왕인박사현창협회, 2019년 12월)와 『왕인박사 영암 출생설의 배경』(왕인문화연구소 편, 사단법인 왕인박사현창협회, 2021년 12월)에 실린 글을 수정·보완한 것임.

III.
왕인박사에 대한
교육의 현황과 개선 방향

제1장

한·일 양 국민의 상호인식과 호혜정신

박광순 _ 前 대한민국 학술원 회원, 전남대학교 명예교수

1. 머리말 - 바른 역사인식과 왕인의 호혜정신 -
2. 한일 양국의 상호인식의 형성과 그 변천
3. 맺음말 - 바른 교육만이 상호인식을 바꾼다 -

1. 머리말 - 바른 역사인식과 왕인의 호혜정신 -

한국과 일본 사이는 일의대수(一衣帶水). 거제도의 지세포(知世浦)에서 대마도까지는 50㎞가 채 되지 않는다. 이와 같은 지리적 근접성으로 말미암아 두 나라(민족)의 접촉은 매우 오래 전부터 시작되었음은 새삼 여기에서 재론할 필요가 없다. 줄잡아도 2~3천년은 헤아릴 수 있을 것이라는 게 통설이다. 다만 한 가지 강조해두고자 하는 바는, 일본의 죠몽[繩文] 만기 내지 야요이[弥生] 초기에서 7세기 후반 고대 국가(이른바 율령국가)가 형성되기까지는 토착민과 한반도에서 건너간, 이른바 도래인(혹은 渡東人)들은 일체화되어 새로운 나라(훗날 일본)를 만드는 데 오로지 공생과 호혜의 정신으로 심혈을 기울여왔었다는 사실이요, 따라서 그들 사이에는 타국인이

라는 의식은 아직 없었던 것으로 짐작된다. 그러던 양국 관계가 시간이 흐르면서 차츰 벌어져, 요즘은 매우 심각한 수준에 이르고 있다. 왜 시간이 지나면서 이토록 소원해진 것일까? 여러 가지 요인이 있겠으나, 가장 기본적인 원인은 일본의 잘못된 대한인식(對韓認識)과 역사인식에 기인하는 것이라는 게 일반적인 생각이다.

오늘날 일본인의 왜곡된 한국관은 한마디로 요약하면, 조선번국관(朝鮮蕃國觀)과 신국사관(神國史觀)에 그 뿌리를 두고 있다. 이러한 사관은 7세기 말엽 신라의 한반도 통일후 한반도와의 관계가 단절되면서 일본에서는 중국과 통일신라에 대하여 소위 일본민족주의가 표출되기 시작하고 잘못된 화이의식(華夷意識)이 싹터, 마침내 '소중화의식(小中華意識)'으로 발전했다. 그러한 왜곡된 의식 속에서 편찬된 것이 바로 『일본서기(日本書紀)』였다.

> "『일본서기』는 8세기 초에 만들어진 고대의 역사서로 그 무렵 일본 지배층의 정치적 이념을 이해하는 데는 유용한 사서(史書)이지만, 그렇다고 반드시 당시의 객관적 실태를 반영하는 것이 아니다. 따라서 이들 사료가 갖는 왜곡된 한국 고대사 인식을 기반으로 한 역사서가 일본인들로 하여금 잘못된 대한관(對韓觀)을 지니게 하였고, 그와 같이 왜곡된 역사서가 일본뿐 아니라, 일본 역사를 배우는 세계의 연구자, 그들 밑에서 배우는 학생들에게까지 영향을 주고 있다는 사실은 심히 우려할 일이다." [1]

---

1) 연민수 외, 『역주 일본서기 1』, 동북아역사재단, 2013, 12~13쪽.

아무튼 우리는 그리한 역사관을 '일본서기적 역사관(日本書紀的 歷史觀)'이라 칭한다. 이 '일본서기적 역사관'이 현대 일부 일본인의 한국에 대한 인식과 역사인식의 기초가 되어 있기 때문에 간과할 수 없다는 것이다. 따라서 우리가 『일본서기』나 그 후에 발간된 일본 사서(史書)를 읽을 때는 이 점에 주의하여 행간을 아울러 살피는 지혜가 필요하다 할 것이다.

그러면 '일본서기적 역사관'은 어떤 것일까. 그것을 요약하면, 일본인들은 자신들의 무력적 우위를 강조하며 한국을 정치적으로 낮추어 번국(蕃國)으로 보는 인식이다. 다시 말하면 조선번국관(朝鮮蕃國觀)이라 할 수 있다. 번국이란 무엇인가? 미개한 나라, 즉 만국(蠻國)이라는 뜻으로 외국을 멸시할 때 쓰는 용어임은 새삼 설명할 필요가 없다. 일본인들에게 그러한 인식을 만들어 낸 것이 이른바 '신공황후(神功皇后)의 삼한정벌설화(三韓征伐說話)'와 '임나일본부설(任那日本府說)'이다. 그것은 허무맹랑한 침략 설화로서 그 허구성과 조작설에 대해서는 이미 많은 연구[2]에 의해서 밝혀진 바 있으므로 여기에서는 자세한 설명은 줄이고자 하거니와, 문제는 이 침략 설화가 제2차 세계대전 이전에는 물론, 전후에도 한때, 일본의 국정교과서에 실려 대외관계의 출발점으로서 교육이 되어 왔고, 일본인의 외국관의 원형(原型)이 되어, 한반도와의 관계가 악화될 때마다 신국관(神國觀)과 일체화 되어 다시 살아난다는 사실이다. 그 대표적인 사례가 바로 막말(幕末)의 정한론(征韓論)이라 할 수 있다. 정한론은 '고대 이래의 조공국'인 조선을 정복하는 것은 '고토회복(故土回復)'이지, 침략이 아니라는 것이었다.[3] 어처구니없는

---

2) 일본의 정통사학자로는 津田左右吉, 直木孝次郎, 次田眞幸 등을 들 수 있으며, 대표적인 논저를 하나만 든다면 井上秀雄 교수의 『古代日本人の外國觀』(學生社, 1991)을 예시할 수 있을 것이다.

강변이다. 하지만 그러한 주장은 너무나도 현실과는 동떨어진 신화적 허구성 때문에 오늘날의 교과서에선 그 자취를 감추었다고 하니 다행스러운 일이다.

그러나 이와 같은 일본인의 한국관은 오늘날에도 그들의 뇌리에 살아 있어 양국관계의 악화에 직접, 혹은 간접적으로 작용하고 있다는 사실이다. 그러면 언제까지고 이러한 관계가 계속되어야 할 것인가? 결코 그것은 서로에게 바람직한 일이 아니다. 따라서 언젠가는 반드시 지양되어야 할 역사관임은 양국의 뜻있는 이들이 동의한 지 이미 오래다.

이와 같은 관점에서 이번 왕인문화연구소의 연구과제는, 한일 선린관계의 확립을 위해선 일본사람들의 역사인식의 변화가 선행되어야 한다는 취지에서 양국 간 상호인식의 추이를 살펴보고, 한일 양국에서 왕인박사로 상징되는 도래인들에 대한 교육이 시대에 따라 어떻게 변해왔는지, 오늘날의 상황은 어떠한지를 전문 연구자들이 분담 연구키로 하였다.

일본인들로 하여금 한국에 대한 바른 역사인식을 갖도록 하기 위해서는 무엇보다도 그들의 고대 국가 형성기에 한반도에서 건너간 도래인(혹은 渡東人)들이 쏟은 노고를 제대로 인식하고 그것을 바르게 가르치는 일이 선행되어야 한다고 믿기 때문이다. 그런데 도래인들은 다나카[田中] 교수가 지적한 것처럼 선진 지식과 기술을 한 몸에 지니고 있는 '선진문물의 상자'[4]라 평가될 만큼 고대 일본의 국가형성에 절대적인 존재였다. 그러한 도래인

---

3) 河宇鳳, 「韓日關係와 相互認識」(한일관계사학회, 『한일 양국의 상호인식』, 국학자료원), 1998, 7쪽.
4) 田中史生, 『越境の古代史-倭と日本をめぐるアジアンネットワーク』, ちくま新書, 2009, 64쪽.

의 중심에 바로 왕인(王仁)박사가 자리하고 있었음은 새삼 거론할 필요가 없다. 왕인박사야말로 일본인들 스스로 일본 문화(학문)의 조(祖)라 추앙해 마지않는, 양국 선린(善隣)의 상징적 인물이기 때문이다.

왕인박사로 상징되는 도래인들은 비단 문자의 전수뿐 아니라 일본의 국가형성의 기틀을 짜는 일, 구체적으로 예시하면 재정(財政)과 행정(行政)에 관한 제도정비와 그 집행, 각종 산업기술의 전수와 그 체화(体化), 수리와 관개사업을 통환 농업생산력=인구부양력의 증대, 해안과 항·포구의 정비를 통한 해운의 발전, 그리고 말을 키우고 도로망을 정비하고 나아가선 군사력 강화에 이르기까지 국가의 기틀을 짜는 데 필요한 거의 모든 제도와 기술을 지속적으로 전수하고 그것을 뿌리 내리게 함으로써, '일본이라는 나라를 만든 101인'의 첫머리에 서는 사람이었다.[5]

그러나 그들은 자신의 공을 내세우거나 보상을 바라지 않고 오직 일본(왜)의 문명화를 이룩해 인류(양 지역 주민)의 복리증진에만 헌신하였음은 여러 사료들이 말해주고 있는 바와 같다. 그들이 지향한 바를 굳이 줄여 말한다면 호혜정신(互惠精神)이요, 공생(共生)하고자 하는 마음뿐이었다고 필자는 생각한다. 우리가 한일 선린관계를 논할 때 왕인박사를 맨 먼저 내세우는 까닭이 바로 이것이다.

여기에서는 위의 연구 중에서 한일 양국에서의 왕인박사에 대한 인식과 일본의 초·중·고등학교 교과서를 중심으로 왕인에 대한 교육이 어떻게 변해왔으며, 현황은 어떠한지를 큰 주제로 삼았다. 미래의 주인공인 2세들

---

5) 伊東光晴 외, 『日本史をつくった101人』, 1995, 講談社. 일본의 고대 국가 형성에서의 왕인박사와 그 후예들의 기여도에 대한 자세한 설명은 전라남도·왕인박사현창협회, 『호남인이 일본 고대 국가 형성에 끼친 영향에 관한 연구』, 2013 참조.

에 대한 바른 교육이야말로 바른 역사인식을 심어주는 초석이요 기본이라는 취지에서이다. 그런데 현장에서 이루어지고 있는 교육의 내용을 지면에다 생생하게 전하는 일은 현실적으로 거의 불가능하다. 따라서 우리는 교과서의 내용을 검토하는 일로 그에 가름하고자 한다. 교과서를 중심으로 하는 까닭은 초·중·고등학교에서의 역사 수업은 주로 교과서를 통해 이루어지고 학생들은 교과서에 의존하여 역사를 공부하고 있기 때문이다. 따라서 역사 교과서는 학생들의 역사적·정치적 의식을 형성하는 데 매우 중요한 역할을 담당하고 있다.

집필은 양국에서의 왕인박사에 대한 인식의 부분은 박남수 박사(「한국의 역사서와 연구물에 그려진 왕인박사」)와 나행주 교수(「일본의 역사서와 연구물에 그려진 왕인박사」)가 나누어 담당하고, 이어진 양국에서의 교육의 문제는 박해현 박사(「한국의 교과서에 그려진 왕인박사」)와 김선희 교수(「일본의 교과서에 그려진 왕인박사」)가 담당키로 하였다.

그런데 역사인식과 함께 양국관계를 이해하는 데는 양 국민이 서로를 어떻게 의식하고 있는가 하는 상호인식의 문제를 먼저 다루어야 한다. 양자는 밀접한 관련이 있기 때문이다. 따라서 본고에서는 오늘날 악화일로에 있는 양국관계를 개선하는 데 도움이 될까 하여 양국 간의 상호인식을 시기적으로 간략하게 정리하여 다음 장의 이해에 도움을 주고자 한다. 먼저 '인식'이란 용어의 풀이부터 시도해보기로 하자.

인식이란 용어를 국어사전에 따라 평이하게 풀이하면, 사물을 확실히 알고 그 의의를 이해하는 것이라 정의할 수 있으나, 한일 양국의 상호인식과 역사인식을 다루는 본고와 관련하여 가장 알맞은 정의는 하우봉 교수의 다음과 같은 규정이 아닐까 한다. 조금 길지만 전문을 그대로 인용해보기로 하겠다.

"인식이란 감성적인 이미지를 넘어 이성적인 판단에 바탕을 둔 것으로 복합적이다. 한 민족에 대한 이미지 형성에 있어서 가장 중요한 것은 공통으로 체험한 사건들에 대한 기억일 것이다. 역사적인 집단체험으로서의 이미지가 누적되면 하나의 정형화된 관념으로 정착된다. 이러한 관념 내지 신념체계를 여기에선 '인식(認識)'으로 이해하고자 한다. 이것은 역사적으로 오랜 기간 형성되어 온 것이며, 교육에 의해 전승된다. 장래 가변적이기는 하지만 쉽게 바꾸지는 않는다. 또 인식은 자기실현성이 있다. 즉 민족 간의 상호인식이라고 하면 교류와 외교관계 등을 통해 형성되지만 동시에 그것이 장래의 태도·정책을 결정하는 데 중요한 요소가 되는 것이다. 특히 한일 간에는 이것이 외교정책 및 관계에 실질적인 영향력을 지니고 있다."[6]

위와 같은 규정에 따라 한일 간의 상호인식이 역사적으로 어떻게 변해왔는지를 알아야 하며, 한일 양국이 선린(善隣)으로서 호혜적인 관계를 유지하기 위해서는 일본의 고대 국가 형성기에 있어서의 왕인박사로 상징되는 도래인(혹은 渡東人)들의 공생정신을 잊지 말아야 한다. 다음 장에서는 시대별로 한일 양국민의 상호인식이 어떻게 형성되었으며, 그것이 어떻게 변해왔는지를 간략하게 살펴보기로 하겠다.

---

6) 河宇鳳, 「韓日關係와 相互認識」(한일관계사학회, 『한일 양국의 상호인식』), 국학자료원, 1998, 4쪽.

2. 한일 양국의 상호인식과 그 변천

1) 한국인의 대일인식對日認識과 그 변천

위와 같은 규정에 따라 한일 간의 인식이 역사적으로 어떻게 달라져 왔는지를 시대별로 간략하게 살펴보고자 하거니와, 이하의 서술은 하우봉 교수의 선행연구가 크게 도움이 되었다는 사실을 밝혀두고자 한다.

먼저 양국의 건국 신화를 비교하자면, 이야기의 유형·모티브·성역지명(聖域地名) 등에서 닮은 점이 너무 많다. 한마디로 한일 양국의 신화는 '신들의 이민'이라 할 수 있다. 역사시대에 들어오면 한반도에서 건너간 도왜(渡倭), 혹은 도동인(渡東人)이 많아짐[7]과 더불어 일본(왜)은 한반도에 대하여 관심이 높아진 데 반하여, 한국은 일본에 대해 별 관심이 없고 왜구라는 이미지만 부각되어 있었던 것 같다. 이와 같은 사실은 두 나라의 사서(史書)에 나타난 양국관계 기사를 조사해보면 알 수 있는데, 일본 최초의 정사(正史)라 할 수 있는 『일본서기』에 나오는 외국관계 기사는 총 1,343회에 이르는데, 그중 한반도의 나라들, 즉 가야, 백제, 고구려, 신라와 관련된 기사가 무려 1,206회에 달하여 89.8%를 점하고 있는데 반하여,[8] 중국대륙의 국가들은 137회에 지나지 않는다. 일본은 한반도와의 교류가 최초의 외국과의 교류요, 최초로 접한 외국인도 한국인(가락국?─인용자)이었다. 그리하여 가락

---

7) 埴原和郎 교수에 의하면 죠몽 만기(B.C. 3세기)의 일본 인구를 약 75,800명으로 추정하고 연 0.2%로 증가하였다고 볼 때 1천 년 후인 초기 역사 시대(7세기)의 인구는 약 5,399,800명, 그중 도래계가 4,839,800명으로 89.6%를 점했다고 추정하고 있다. 『日本人の成り立ち』, 人文書院, 1995, 274쪽.

8) 井上秀雄, 『古代日本人の外國觀』, 學生社, 1991, 84쪽의 제3표 참조.

국을 가리키는 '가라[から]'가 외국(外國)을 지칭하는 일반명사가 된 것이다.[9] 이와 같이 한일 간의 교류는 다른 어느 나라보다도 시대적으로 앞섬은 물론, 양적으로도 압도적이었던 것이다.

또 하나 고대 일본의 정사인 『육국사(六國史』에는 한반도의 기사가 1,000여 회 넘게 나온다고 한다. 그리하여 어떤 서양학자는 일본서기가 아니라 '한국서기'라 해야 할 것 같다고 말하고 있는 실정이다.

이에 반하여 우리의 『삼국사기』에는 일본관계 기사가 50회 미만이고, 『삼국유사』에도 10회 정도에 불구하다. 그나마도 왜구에 관한 짤막한 기록들이다. 이러한 경향은 "고려 전기까지도 마찬가지여서 일본 측 기록에는 사절교환에 관한 내용이 확인되지만, 한국 측에서는 전혀 찾아 볼 수가 없다."[10] 고려와 일본이 정식으로 교류를 시작한 것은 현종 10년 이후의 일로, 매년 정상적인 진봉은 1회, 그때마다 배는 2척으로 한정하고 있다.[11] 그 밖에는 단편적인 왜구에 관한 기록뿐이다. 이렇게 볼 때 고려 전기 한국인의 일본관은 '왜구', 혹은 침략자라는 이미지가 주로 부각되어 있었을 뿐, 군사 강국이라는 이미지는 보이지 않는다. 그 밖의 분야에 대해서는 전혀 기록이 없는 것으로 보아 대체로 무관심했음을 반증하고 있는 것이라 하겠다.

다시 말하면 고대 한국인의 일본인식은 무관심(無關心)으로 요약할 수 있을 것 같다. 여기에서 유추해 본다면 왕인박사의 기사가 『삼국사기』나

---

9) 崔書勉, 「古くて遠い反日の源流」, 『反日感情』, 日新報道, 1973, 73쪽. 하우봉 위의 논문에서 재인용.

10) 金英銀, 『圃隱 鄭夢周의 使行詩 研究』(공주대학교 교육대학원, 석사학위논문), 2012, 13쪽.

11) 『고려사』 권 25, 원종 4년 4일.

『삼국유사』 등, 우리 측 문헌에 보이지 않는 것은 이러한 대일관(무관심)에 따라 왕인박사의 도일을 그저 한 사람의 유식자(有識者)가 마한의 남쪽 포구(上臺浦)에서 건너간 사건쯤으로 치부하여 무시해버린 데 그 까닭이 있지 않은가 하는 생각을 가지게 된다.

중세에 들어와서도 한국인의 일본관은 침략자로서의 왜구라는 이미지가 컸고, '왜인'은 공포·증오와 함께 멸시의 대상이었다. 문화교류나 그 밖의 기사는 거의 없어 일본의 사회와 문화 등 다른 분야에 대해서는 앞 시대와 마찬가지로 거의 무관심했던 것 같다. 다만 고려 말에 이르러 사신으로 두 차례나 일본을 다녀온 정몽주는 50여 수의 사행시(使行詩)를 남기고 있는데, 이들 자료를 통해서 본 당시의 일본은 바다 멀리 떨어져 있는 천애(天涯)의 땅으로 자연은 아름다우나, 사람들은 치아에 염색하고, 맨발에 나막신(게타?)을 신으며, 칼을 차고 다니면서 원수를 함부로 베는 무법천지의 야만국가로 하시(下視)하고 있다. 다만 포은은 승려에 대해서는 호의적이어서 그의 증시(贈詩)는 주로 승려와의 사이에서 이루어졌던 것 같다.[12] 이와 같은 일본 하시관은 진봉선무역(進奉船貿易)과 팔관회(八關會) 등에서 일본 호족의 사신과 상인들이 행한 조공의 예와 그들의 서계(書契)에 나와 있는 '고려상국관(高麗上國觀)'[13]에도 그 원인의 일단이 있었던 것으로 생각된다.

근세(조선시대)에 이르러 비로소 양국은 국교를 정상화하고 긴밀한 교류를 하게 됨은 주지하는 바와 같다. 조선왕조는 건국 이후 적극적으로 대

---

12) 金英銀, 앞의 논문, 32쪽, 42쪽.
13) 河宇鳳, 앞의 논문, 8~9쪽.

외교섭에 나섰고, 일본도 오랜 쇄국상태에서 벗어나 동아시아 국제무대에 등장한다. 양국은 명(明)을 중심으로 책봉체제에 편입되면서 교린관계를 맺어, 그에 따라 사절을 교환하고 물화(物貨)의 교역, 문화교류 등, 어느 시대보다도 활발한 교류를 하게 된다. 16세기 말 임진왜란이라는 파멸적인 전쟁을 치른 뒤 일시 단교되었지만, 도쿠가와막부[德川幕府]가 들어서면서 덕천가강의 명을 받은 대마도주 종의지(宗義智)의 노력과 조선 쪽에서도 지일파(知日派) 재상 이덕형(李德馨) 등의 협력이 결실되어, 조선 후기에는 500명에 달하는 통신사행이 12회에 걸쳐 일본의 주요 도시는 물론, 연해 각지의 사람들과 교류하게 되었고, 부산의 왜관에는 500여 명에 달하는 대마도인이 상주하게 되었다. 이와 같은 교류와 접촉을 통하여 양국 국민들은 서로에 대해 비로소 구체적인 이미지를 형성하게 된다. 그것이 오늘날까지 양국민의 상호인식의 기본 틀이 되었다고 하우봉 교수는 지적하고 있다.

그러면 근세 조선인의 일본관은 어떠한 것이었을까? 조선 초기 한국인의 대일 인식은 주자학적 세계관에 입각하여 일본인을 오랑캐로 생각하는 일본이적관(日本夷狄觀)이라 요약할 수 있다. 임진·정유의 양란을 겪은 이후, 한국인의 일본관은 더욱 악화되어, 일본인들은 생명을 경시하고 살생을 좋아하며, 잔인하고 교활하다는 이미지가 더욱 굳어져, 전쟁이 끝난 후 풍미한 '소중화의식'을 바탕으로 '일본이적관'과 적개심은 굳어져 훗날까지도 크게 달라지지 않았었다.

그러나 18세기 중반 이후 실학자 이익(李瀷)이 기존의 화이관에서 벗어나 일본을 연구하고 이해할 것을 촉구하며, 문화상대주의에 입각한 개방적 일본인식을 제창한다. 이에 따라 18세기 후반에 이르면 일부 실학자들이 일본문화에 대해 연구하면서 일본관도 조금씩은 변해갔다. 그러나 1811년 대마도 역지행빙(易地行聘)을 마지막으로 통신사행이 두절된 이후, 19세기에 들어와선 일본에 대한 관심과 연구가 쇠퇴하는 경향을 보이게 된다.[14] 여기에서 한 가지 흥미로운 일은 바로 이 해(1811년)에 일본에선 난학(蘭學)=양학(洋學)이 도쿠가와막부[德川幕府] 관허(官許)의 학(學)의 지위를 획득하게 되었다는 사실이다.[15] 바꿔 말하면 지금까지 막부의 관학의 자리를 차지하고 있던 조선 성리학이 뒤로 물러나면서 그동안 지니고 있던 조선에 대한 문화적 존숭감마저 살아지게 되었던 것이다. 이때부터 이미 일본은 탈아입구(脫亞入歐)의 길로 들어서게 되었으니, 여전히 성리학을 정학(正學)으로 생각하여 그를 지키기 위해 위정척사(衛正斥邪)를 주장하던 조선과는 길이 점차 어긋나기 시작했음은 더 말할 나위가 없다.

여기에서 잠깐 사족을 붙이자면 19세기 초(1811년) 통신사 외교가 '대마도 역지행빙'으로 바뀌기까지는 그 사이 일본 쪽의 막대한 비용부담 등, 여러 가지 사정을 들어 사행(使行)의 간소화를 주장하는 소리가 없지 않았으나, 가장 중요한 이유는 저들이 차츰 문화수준이 높아지고 국력이 커지면서 조선에 대한 대항의식이 자라 대등외교를 주장하기에 이르렀다는 점을 들 수 있을 것이다.

신유한의 『해유록』에 의하면,

　　"국중(國中)의 서적은 우리나라에서 건너간 것이 백 종을 헤아릴 수

---

14) 통신사들의 일본사행록과 실학자들의 일본연구에 관해서는 하우봉 교수의 위의 논문 10~11쪽 및 김선희 교수의 「韓國과 日本의 王仁博士 傳承과 敎育」(사단법인 왕인박사현창협회, 『王仁博士를 둘러싼 韓國과 日本의 歷史認識』, 제2장, 2013) 참고.

15) 林建彦, 『近い國ほど, ゆがんで見える』, サイマル, 1982, 2쪽.

있고 남경에서 해상들에 의하여 들여온 것은 천종을 헤아릴 수 있다.

고금의 이서(異書), 백가의 문집 중 서가에서 출판된 것은 우리나라
에 비하여 10배를 넘는다."[16]

고 기술하고 있다. 신유한이 통신사의 제술관으로서 일본에 간 것이 1719
년이었으니, 18세기 초 일본의 지적 열기를 짐작케 해준다. 이와 같은 지적
열기 속에서 1764년 나카이 치쿠잔[中井竹山, 본명은 積善: 大坂 '懷德堂'의
學主]의 통신사 접대에 대한 개선책(『草茅危言』 중의 「朝鮮の事」, 1788)이
장군의 보좌역 마쓰다이라 사다노부[松平定信]에게 제출케 되었던 것이다.
그 내용은 네 가지이지만, 한마디로 요약하면 조선에 대한 대등외교의 주장
이었다. 한편 나가사키를 통해서 들여온 난학, 즉 서양의 문물은 위에서 지
적한 대로 19세기 초에는 이미 조선의 성리학을 물리치고 관학(官學)의 자
리를 차지하게 되었고, 그것이 명치유신 후에는 정한사상(征韓思想)으로 발
전(?)하게 되었던 것이다.[17]

그리하여 19세기 후반에 들어서면서 한일 간의 관계는 크게 달라진다.
일본이 명치유신을 단행한 뒤 우리에게 개항을 강요하여 마침내는 불평등
조약을 체결케 하고, 경제적으로 침투해왔음은 우리가 익히 아는 바와 같
다. 그들은 단순한 경제적 침투에 그치지 아니했다. 정한론이 세(勢)를 타면
서 한국강점에 걸림돌이 되는 동학농민군을 진압하고, 청일전쟁, 러일전쟁,
항일의병의 진압 등에 이어, 20세기 초반에는 마침내 조선을 강점하여 식

---

16) 신유한 씀, 김찬순 옮김, 『해유록-조선 선비 일본에 가다』, 보리, 2004, 345쪽.
17) 姜在彦, 『朝鮮の攘夷と開化―近代朝鮮にとっての日本』, 平凡社, 1977, 136~
138쪽.

민지화하였음은 새삼 거론할 필요가 없다.

　그러면 한말, 이와 같은 한일관계의 격변에 대응하는 한국 측의 사정은 어떠했을까. 불행스럽게도 개화파와 척사파, 민중세력으로 분열되어 각축하는 사이, 각파의 대외관(對外觀), 특히 일본관도 저마다 달라질 수밖에 없었다. 먼저 개화파(開化派)의 대일관을 보면, 그들은 북학파 실학을 계승하여 오래도록 우리의 대일관의 핵을 이뤄온 화이관(華夷觀)에서 벗어나 국제정세의 변화에 민감하게 반응한다. 그들은 개항 이후 두 차례에 걸친 수신사와 일본시찰단을 통해 일본을 견문한 다음, 일본의 발전에 감탄하고 일본을 개화의 모델로 인식하게 된다. 그중에도 급진 개화파는 청나라에 대한 적개심으로 대일의존적인 입장을 취하고, 후쿠자와 유키치[福澤諭吉]의 문명개화론(文明開花論)을 수용하면서 그를 조선의 지지세력으로 착각한다. 심지어 러일전쟁 시에는 일본을 지지하기도 하였다.[18] 이러한 개화파의 국제정세에 대한 오판은 개혁운동의 실패를 가져오고 민중들의 지지를 잃게 되는 원인이 되었던 것이다.

　한편 재야의 유림들이 주류를 형성하고 있는 척사파(斥邪派)는 전통적으로 일본을 오랑케로 취급해왔다. 새로운 국제정세에 비교적 둔감했던 그들은 개항 전후 일본의 서구 지향적 태도와 서계문제를 둘러싼 강압적인 태도를 보면서 지금까지 일본을 '이적(夷狄)'으로 보던 생각에서 더욱 낮추어 '금수(禽獸)'로 평가하게 된다. 그리하여 오랑케는 사람이니 상대할 수 있으나, 금수와 가까이하는 것은 위험하다고 생각하게 된 것이다. 이와 같은

---

18) 河宇鳳, 앞의 논문, 14쪽.

척사파는 민중의 지시를 받아 병합 직전까지 항일운동을 주도했었다.

　마지막으로 민중들은 지식인보다 격렬한 일본관을 가지고 있었다. 농민들은 개항 후 일본의 경제적 침략의 직접적인 희생자였고, 정치군사적인 침략에 대한 위기의식도 강하여 '척양척왜'를 내걸고 항일 의병투쟁에 주력군으로 참여했던 것이다.

　위와 같이 근대 한국인의 일본관은 3가지로 분열되어, 척사파와 민중들의 반일감정은 친일성향의 개화파에 대한 적대감으로 변했고, 나아가 근대화운동 자체에 대한 저항으로 나타나, 중요한 시기마다 개화파와 민중세력이 단합하지 못하고 대립과 마찰을 거듭하게 되는 주요한 이유가 되었던 것이다.

　을사늑약 이후 처음에는 무력탄압으로 시작된 일제의 식민정책은 차츰 경제적 수탈로, 마침내는 민족말살정책으로 바뀌어간다. 그에 따라 반사적으로 한국인의 일본관은 점차 강한 저항과 적개심으로 충만하게 된다. 유사 이래 문화의 수혜국이었고 후진국이었던 일본에게 지배당한다는 굴욕감은 더욱 강한 적대의식으로 전환된 것이다. 1910년 일본의 한국 식민지화는 우리 한국인에게는 최대의 비극이었다. 따라서 양국민의 상호인식 또한 가장 왜곡되고 극단화되어, 일본인에게는 우월감과 멸시관이, 한국인에게는 적대감과 피해의식이 굳어져 양국민의 의식 속에 깊이 잠재되어 한국인의 대일관의 원형으로서 오늘에 이르게 된 것이다. [19]

---

19) 河宇鳳, 앞의 논문, 15쪽.

그러나 전후, 한국인의 대일관은 시간이 흐르면서 조금씩 달라졌다. 1980년대 이후 한국의 경제성장과 올림픽 개최, 90년대 이후의 세계적인 경제위기의 극복 등으로 자신감이 회복되자 일본인식에도 다소 여유가 생겨 감정적인 '반일'을 지양하고 객관적인 일본인식을 해야 한다는 '지일(知日)', '극일론(克日論)'이 대두되기도 한다. 그러나 위에서 설명해온 대일관의 원형(한국인의 의식 속에 잠재화되어 있는 적대감과 피해의식)은 좀처럼 사라지지 않아 양국관계, 특히 정치상황이 변하면 절로 현재화(顯在化)되어 갈등을 고조시키고 있는 게 현실이다. 특히 요즈음 일본의 우경화와 아베정권의 평화헌법의 포기 움직임과 함께 지난날 자신의 선임자들이 애써 쌓아온 과거사에 대한 올바른 인식과 사과담화마저 뭉개 버리려 들면서 한일 양 국민의 관계는 다시 악화되어 일본인에게는 우월감과 멸시관이, 한국인에게는 적대감과 피해의식이 표면화되어 그간 잠재되어 있던 상호인식의 원형이 되살아나고 있는 게 바로 오늘의 현실이라 할 수 있다.

2) 일본인의 대한인식과 그 변천

『고대 일본인의 외국관』의 저자 이노우에 히데오[井上秀雄] 교수는 그 책의 맺음말에서 "이 책에서는 『고사기』·『일본서기』·「풍토기」에 나타난 외국관계 기사를 되도록 널리 수합하여 거기에서 객관적으로 당시 야마토 조정[大和朝廷] 지식인들의 외국관을 탐구코자 하였다. 그러한 서적들을 통해서 할 수 있는 바는, 8세기 전반, 일본인의 외국에 대한 지식은 급속히 늘어났지만 그 외국관은 자국(日本) 대 외국(外國)이라는 국가적 관점은 아직 확립되지 않았고, 공동체의 외부인에 대한 객인적(客人的) 관에서 벗어나는 것은 아니었다."[20]고 말하고, 이어서 일본인의 외국관이 이러한 객인관에서 연유했다고 말한다.

조금 길어지지만 이노 우에 교수의 얘기를 좀 더 인용해보기로 하자.

"일본인의 객인관에는 두 가지가 있는데, 하나는 상대를 신처럼 훌륭한 사람이라 보는 관점이요, 다른 하나는 자신들에게 위해를 가할 수 있는 사람들, 혹은 열등한 사람들이라 보고 멸시하는 것이다. 이러한 객인에 대한 존경심과 혐오감은 현실에선 서로 얽혀져 분리하기 어렵게 된다. 그렇기 때문에 객인을 한편으론 환영하면서 타편에선 경계하게 되는 것이다.

이와 같은 객인관이 그대로 외국인관을 형성하게 된다. 그렇기 때문에 고대 일본인의 외국관에는 외국문화에 대한 동경심으로 외국인을 마음으로부터 환영하게 되며, 외국을 이상향이라 보는 생각마저 갖게 되었다. 그런가 하면 다른 한편으론 외국에 대한 경계심 때문에 야마토 조정으로 하여금 동아시아 제국과의 정치적인 국제관계를 회피코자 하는 생각을 지니게 한 것이다.

그러면 이러한 외국관은 어떻게 해서 생겨난 것일까. 그 원인에 대해서는 여러 가지를 생각할 수 있으나 '비다쓰[敏達]기 3년 7월조'에서도 알 수 있듯이, 국제적인 신뢰관계를 무시한 <u>미성숙한 자국중심주의</u>(밑줄 인용자)가 가장 큰 원인이라 생각된다. 이때의 사건이란 비다쓰기 2년 7월조에 고구려의 사절을 보내는 도중에 일본의 송사(送使)가 일본해의 거친 파도가 두려워 아무 죄도 없는 고구려 사신 두 사람을 바다에 던져 죽음에 이르게 하고 돌아와서 아무런 통지마저 하지 않았

---

20) 井上秀雄, 『古代日本人の外國觀』, 學生社, 1991, 232쪽.

던 사건을 말하는 것이다. (중략)

그러면 이와 같이 방자한 자국중심주의가 어떻게 허용된 것이었을까? 표면적으로는 7세기에서 8세기 전반에 걸쳐 일본열도 내에 유력한 대항세력이 없어 『일본서기』 등의 역사서 편찬기에 국내에선 타 세력에 대한 정치적 배려가 필요치 않았고, 대외적으론 대륙과 바다로 격리되어 있다고 하는 지리적 이점(?) 때문에, 이 시기가 동아시아의 대 동란기였음에도 불구하고 외국으로부터의 침략이나 외국과의 항쟁에 말려들 우려가 없었기 때문이었다."[21]

이리하여 고대 일본인의 한국관(韓國觀)이 서로 상반되는 양면으로 구성되었던 것임은 이미 지적한 바와 같다. 즉 문화면에선 한국을 선진문화국이라 하여 자신들의 문화의 모태로서 동경하는 한편, 무력면에선 자신의 무력적 우위를 강조하고 한국을 정치적으로 낮추어보고자 하는 『일본서기』적 번국사관(蕃國史觀)이 탄생·병존하게 된 것이다. 이러한 번국사관을 신분질서 속에 고정시켜 정리한 것이 바로 『신찬성씨록(新撰姓氏錄)』(815)이라 할 수 있는데, 거기에선 도래계는 번별(蕃別), 혹은 제번(諸蕃)이라 하여 황별(皇別), 신별(神別) 밑에 두어 고위직 승진을 억제하고 있다. 다시 말하면 신분적으로 차별하고 있는 것이다. 한국인에 대한 이중적 이미지는 이때부터 이미 싹 터 자라고 있었던 것이라 할 수 있다.

이와 같은 문화적 열등의식을 무력적 우위의 과시로 보상 받으려고 하는 일본인들의 강박관념적인 '힘에의 의지'는 이후에도 끊임없이 나타나고

---

21) 井上秀雄, 위의 책, 232~234쪽.

있는 현상으로,[22] 그때마다 양국관계를 긴장시켜왔음은 양국의 관계사를 들여다보면 쉽게 알 수 있다.

조선을 번국시(蕃國視) 하려는 '일본서기적' 한국관은 이후 일본인의 한국관의 원점이 되었다는 점에서 매우 중요함은 위에서도 지적한 바와 같거니와, 그 내용을 아래에서 조금 더 설명해 보고자 한다.

663년 일본의 백제 구원군이 백촌강 전투에서 패배하고 신라에 의해서 한반도가 통일되자, 일본은 신라의 보복을 두려워하며 한반도와의 관계를 단절한다. 그런가 하면 7세기 말엽에는 스스로 '소중화(小中華)'라는 황당한 의식이 고양되었고, 『일본서기』(720)는 그러한 분위기 속에서 편찬되었음은 위에서 언급한 바와 같다. 이와 같은 일본 내의 급변하는 분위기는 『고사기』와 『일본서기』의 신화체계에서도 엿볼 수 있다. 미즈노[水野] 교수에 의하면 『고사기』의 체계신화(systematic mythology)가 천황계보의 결집(結集)을 목적으로 체계화 된 데 반하여, 『일본서기』는 천황의 시조전승[氏祖傳承] 체계와는 관계없이 오히려 그것을 무시 내지 경시한 채 국가의 형성을 중심으로 정리한 체계신화라는 것이다.[23]

이와 같은 국내외의 상황 변화 속에서 일본의 지위를 높이자는 의도 하에 한반도 제국을 번국·조공국으로 낮추어 보게 되는 의식이 싹트게 되었고, 그러한 일본인의 외국관을 뒷받침하기 위해서 꾸며낸 것이 바로 허무맹랑한 '신공황후(神功皇后)'의 삼한정벌설화(三韓征伐說話)'와 '임나일본부설

---

22) 井上秀雄, 위의 책, 233쪽. 대표적인 사례가 16세기의 임진왜란과 19세기 말의 征韓論이라 할 수 있다.

23) 水野祐, 「開闢神話の構造-古代日本人の思想」(『現代思想-日本人の心の歷史-』, 靑土社, 1982, 24쪽.

(任那日本府說)'이었던 것이다. 그리하여 불과 8년 전에 편찬된 『고사기(古事記)』에선 한반도에서 학문과 문화, 기술을 지니고 건너가 고대 국가 형성에 기여한 사람들을 '도래인'이라 표기하던 것을 갑자기 '귀화인'으로 바꿔 표기하고, 『고사기』에서 '화이길사(和邇吉師)'라 표기했던 왕인박사를 '왕인(王仁)'으로 바꿔놓고 있는 것을 보면, 백제 멸망 후 국제적으로는 고립되었지만 국내적으로는 비로소 중앙집권적인 율령국가를 형성하면서 그들의 의식이 스스로를 '소중화'라는 식으로 돌변하였고, 그러한 의식의 기반을 쌓고자 꾸며낸 것이 바로 '신공황후의 삼한정벌설화'와 '임나일본부설'이었음은 위에서 지적한 바와 같다. 이런 까닭으로 『고사기』보다 『일본서기』의 편자의 국가주의적 자의성(恣意性)이 심하다는 말이 나오게 되는 것이다.

'신공황후의 삼한정벌설화'와 '임나일본부설'의 허구성과 조작성에 대해서는 이미 많은 연구[24]에 의해서 밝혀졌으니 새삼 재론할 필요가 없지만, 현대의 대표적 조선사학자 이노우에 히데오[井上秀雄] 교수의 논지만을 여기에 옮겨 독자의 이해를 돕고자 한다. 우리 국민의 다수는 가슴으론 '신공황후의 삼한정벌설화' 등을 터무니없는 허구라 생각하면서도 사실적으론 그에 대해 명쾌한 대답을 알지 못하고 있는 실정임을 감안할 때, 역사의 진실을 이해하는 데 다소나마 도움이 되지 않을까 해서이다.

이노우에 교수는 말한다.

---

[24] 신공황후의 삼한정벌설의 허구에 대한 비판은 上田秋成(1734~1809), 山片蟠桃 (1748~1821) 등을 시작으로 津田左右吉(1873~1961) 교수로 이어진다. 津田 교수의 일련의 저서는 마침내 1940년 발매 금지되고, 2년 후엔 그도 유죄판결을 받게 된다(林博達, 『日本書紀の謎を解く-述作者は誰か-』, 2012, 24~26쪽).

"신공전설은 본래 야마도 조정[大和朝廷] 내의 신화기사로서 관념적인 외국관에 불과했는데, 7세기 후반 이래 현실적인 외국관으로 변질되었다. 즉 7세기 후반 신라와 감정적으로 대립 관계가 굳어져 가고 있는 와중에 내적으론 내셔널리즘이 고양되면서 '신공전설'이 발생·발전하게 된 것이다. 『고사기』에 의하면 이 침략설화는 신과 국왕만의 전쟁이었다. 전쟁 이유와 의의도 뚜렷하지 않고, 장군도 군대도 전쟁터도 나와 있지 않은 '허공의 전쟁'으로서 '신화적·종교적 침략설화'이다. 그러나 이 침략 설화가 사료(史料)상으로는 야마토 조정과 고구려 및 백제와의 최초의 만남이며, 한국관(외국관)의 출발점이 되어, 사실과는 동떨어진 이 침략설화가 8세기 전반에 형성된 이후, 그것은 2차 대전 이전에는 물론, 전후까지 일본의 국정교과서에 실려, 대외관계의 출발점으로서 교육되었고, 오늘날까지 일본인의 외국관의 원형이 되고 있다. 사실과는 관계없이 자의적인 자국중심주의적 외국관으로 발전한 것이다."[25]

그 허구성에 대해서는 이 밖에도 많은 논저가 밝히고 있지만, 여기에서 한 가지만 덧붙인다면 그 설화가 만들어질 당시에는 아직 '일본(日本)'이라는 국호도 없었고, 부(府)라는 정치·행정·군사기구(機構)도 없었던 시기였다. 존재하지도 않은 나라가 존재하지도 않는 식민기구를 두었다니 이 사실 하나만 보더라도 허무맹랑한 설화라 하지 않을 수 없는 것이다.

---

25) 井上秀雄, 앞의 책, 238쪽. 대표적인 사례가 임진왜란, 19세기 말의 정한론이라 할 수 있다.

아무튼 이때 형성된 일본의 한국에 대한 우월관은 율령시대(8~9세기)에 들어와서 신국의식(神國意識)이 고양되면서 더욱 확대·발전되어, 한반도와의 관계가 악화될 때마다 다시 고개를 들었고, 그러는 사이 이러한 의식은 마침내 민중들에게까지 확대되어 갔다. 다시 말하면 풍신수길(豊臣秀吉)의 조선 침략 때에 원용된 것은 물론, 그 후 에도시대[江戶時代]의 국학자(예컨대 本居宣長)들을 거쳐, 막말(幕末)의 신도론자(神道論者)로 이어져 정한론(征韓論)의 원류가 된 것이다. 즉 저들은 고대 이래의 '조공국'인 조선을 정복하는 것은 당연한 일이며 임나일본부가 있었던 식민지에 진출하는 것은 침략이 아니라 '고토회복(故土回復)'이라 강변하면서 조선 침략을 정당화시켰던 것이다. [26)]

그런가 하면, 다른 한편에선 근세의 지식인들 사이에서는 여전히 조선에 대한 문화적 존숭감(尊崇感)을 갖는 이도 적지 않았다. 임진왜란 이후 조선 성리학, 금속활자, 도자기 등 조선의 선진문물이 전해지면서 조선문화에 대한 깊은 관심과 존경심을 다시 가지게 되었고, 후지와라 세이카[藤原惺窩] 이래 조선 성리학의 수용과 퇴계학 연구는 막말까지 계속되어, 마침내 주자학은 도쿠가와막부[德川幕府]의 관학(官學)이 되기도 하였다.

그러나 18세기에 들어서면서 사태는 크게 변한다. 중국에서 통일왕조가 명(明)에서 청(淸)으로 바뀐 후에는 전통적인 화이관념이 무너지고, 이른바 화이변태적 상황이 전개된다. 조선에선 유교적 기준에서 문화우월성에 기초한 조선중화주의가 고양된 반면, 일본에선 군사력에 대한 자신감과 천황 중심의 신국의식을 기반으로 한 일본형 화이관념이 자라 서로 대결하게

---

26) 河宇鳳, 앞의 논문, 7쪽.

되었다. 이와 같은 일본형 화이관념은 한국에서 서적의 유출을 금지시키자 일본은 중국과의 직접적인 교류를 통해 양명학 등을 수입하고, 한편 국학과 난학(蘭學-洋學) 등이 상대적으로 발전하게 되면서, 1811년 조선 성리학을 물리치고 난학(양학)을 막부의 관학으로 삼는다.

한편 200여 년 동안이나 지속되어온 조선의 통신사를 대마도에서 맞는다(易地行聘). 이로써 통신사 외교는 마침내 종지부를 찍게 되었는데, 저들이 내세운 이유는 위에서 지적한 바와 같이 과다한 경제적 부담과 대등 외교(對等外交)의 주장이었다. 이와 같은 일본 측의 태도 변화는 1719년 통신사의 제술관(製述官)으로 참여한 신유한(申維翰)을 안내한 아메노모리 호슈[雨森芳洲]의 언행[27]에서 이미 그 낌새를 느낄 수 있었다. 그러나 일본이 이렇게 대등 외교를 내놓고 주장할 수 있었던 것은 그들이 양학을 성공적으로 수입하게 되자 그간 오래도록 지니고 있던 조선에 대한 문화적 존숭감마저 떨쳐버린 데 주된 이유가 있었다고 할 것이다. 그 후 일본인의 조선관은 『일본서기』 이래의 전통적인 조선번국관이 되살아나 그것을 체계화해서 근대 이후 일선동조론(日鮮同祖論)과 조선침략론의 바탕을 마련하게 된 것이다.[28] 이렇게 볼 때, "명치유신 체제를 일관한 사상은 '존황양이(尊皇攘

---

27) 이에 대해서는 신유한 저, 김찬순 옮김, 『해유록-조선 선비 일본을 만나다-』에 소개된 우삼동(雨森東)의 말과 태도가 잘 시사해주고 있다. 예컨대 『해유록』의 1719년 11월 3일조를 보면, "우리 측 종사관이 병으로 초대연에 참석치 못하게 되자 우삼동(雨森東)이 수석 역관에게 대들어 조선말, 왜말을 망탕 섞어 쓰면서 승냥이처럼 소리 지르고 고슴도치처럼 꺼칠하여 이를 갈고 눈을 부라리는 꼴이 당장 칼을 뺄 것 같았다."고 신유한은 적고 있다(같은 책, 237쪽). 비슷한 태도는 같은 책 361~365쪽에도 보인다.
28) 河宇鳳, 『한국과 일본-상호인식의 역사와 미래-』, ㈜살림출판사, 2005.

夷)'가 아니라 '존황정한(尊皇征韓)'이라 표현하는 것이 좀 더 적절할 것이다.[29]"

위와 같이 그간 일본인의 한국관은 오래도록 문화열등감과 무력우위론이라는 분열된 양상을 지녀왔으나, 근대에 들어 먼저 서구 문명을 성공적으로 수용하면서 문화적 열등감을 청산하고 침략과 지배를 합리화하기 위한 이론으로서 식민사관=황국사관을 체계화한다. 그러한 일본인의 한국관은 현대로 이어져 '우월감에 기초한 멸시관'과 '무관심'이라는 오늘날의 한국관이 형성된 것으로 생각된다.

거기에 20세기에 들어 한국의 강점·식민지화는 더욱 이러한 의식을 굳혀 해방(그들의 표현대로라면 패전) 후 60여 년이 지난 오늘날에도 재일 한국(조선)인을 일본인의 범주에서 제외시킴은 물론, 그렇다고 외국인도 아닌, '제3국인'이라 차별화하며 여전히 멸시하고 있다. 하타다 다카시[旗田巍] 교수는 그 이유가 일본인의 패전의식에서 연유한다고 보고, 다음과 같이 설명한다.

"일본인은 구미 제국에 대해서는 패배했다는 의식을 갖는다. 중국에 대해서도 대체로 그런 의식을 가지고 있다. 그러한 패배의식은 상대를 재평가하는 실마리를 마련하며 동시에 자기를 반성하는 계기도 되는 것이다. 그런데 한국(조선)에 대해서는 패배의식이 전혀 없다. 다만 연합국에 패배한 결과 한국(조선)을 잃었다고 생각할 뿐이다. 따라서 한국(조선)에 대해서는 생각을 고치고자 하지도 않으며 한국 지배

---

29) 姜在彦, 『朝鮮の攘夷と開化―近代朝鮮にとっての日本』, 平凡社, 1995, 118쪽.

를 반성하는 일도 없다. 현실적으로 북한과 한국이 일본의 지배에서 벗어났다는 사실을 인정할 뿐, 한국(조선)에 대한 의식은 기본적으로 는 바뀌지지 않고 고래(古來)의 의식이 그대로 존속되고 있다. 한국(조선)의 해방·독립에 대해서도 그것을 축하하는 의식은 거의 없고, 오히려 키우던 개에게 물렸다고 생각하는 사람들이 대다수이다. 오늘날에도 많은 일본인이 이러한 의식을 가지고 있다."[30]

그러면 현대 일본인들의 한국관은 어떠한지, 각종 여론조사의 결과를 통해 살펴보자. 야마모토 다케토시[山本武利]의 편저, 『일한신시대-한국인의 일본관-』에 소개된 1951년 「일본인의 이민족에 대한 호혐(好嫌)」 조사 결과에 의하면 '조선사람을 좋아한다'는 응답자는 겨우 2%, '싫어한다'는 응답자는의 44%로서 조사대상 16민족 중 끝에서 두 번째였다. 1960년대에 들어오면 차츰 개선되어 1960~61년에는 41%, 72년에는 11%까지 '싫어한다'는 응답률이 줄어든다. 이와 같은 변화의 가장 중요한 이유는 1950년 한국동란의 특수에 힘입어 일본경제가 이른바 고도성장기에 접어들어 자국에 대한 자신감의 증대와 외국에 대한 혐오감이 줄어든 데 기인한 것이라 볼 수 있는데, 특히 패전 후 폐허나 다름없던 일본경제를 다시 일으켜 고도성장기를 맞을 수 있게 만든 것이 바로 '한국전쟁'에 의한 특수(特需) 때문이라는 사실을 그들도 내심으론 알고 있었기 때문이라 하지 않을 수 없다. 그러나 80년대에 들어오면 '친근감을 느끼지 못한다'는 사람이 점차 늘어나 1992년에는 52%로서, '친근감을 느낀다'는 사람(43%)보다 거의 1할 정도

---

30) 旗田巍, 『日本人の朝鮮觀』, 勁草書房, 1983년(제5쇄), 82쪽.

많다.[31) 요즘의 자료가 없어 유감이나 최근에 조사가 이루어졌다면 틀림없이 부정적인 응답이 크게 늘었으리라 짐작된다. 듣자 하니 요즘 일본에서 출간되는 '혐한(嫌韓) 서적'들은 베스트셀러가 되고 있으며, 그 반영으로 최근 일본의 대형서점 산세이도[三省堂]에 '혐한 서적 전문 코너'가 생겼다고 한다. 이는 숫자 이상으로 큰 충격을 주는 일이다. 이러한 일련의 현상은 자국 우월감과 한국(조선)인을 멸시·모멸하는 전전(戰前)의 배타적 민족주의가 되살아나고 있음을 단적으로 보여주고 있기 때문이다.

그런데 이러한 일본인의 한국관은 '일본서기적 조선 번국관'에 뿌리를 두고 있음은 위에서 여러 차례 지적한 바와 같거니와, 바로 그 사서의 편찬에는 백제의 유민(遺民)이 참여했었다는 사실을 생각할 때 역사의 아이러니라 하지 않을 수 없다. 이에 대하여 일본의 하야시 다케히코[林建彦] 교수는 "『일본서기』에 나타난 조선조공국사관은 일본민족주의와 백제인의 신라에 대한 원한의 합작품"이라 평하면서, "이러한 측면은 백제와 신라의 근친질시(近親嫉視) 현상의 표현이라"고[32) 말하고 있다. 이와 같은 단정을 그대로 믿기는 석연치않은 바가 적지 않지만, 『일본서기』의 편수에 참가한 사람들(述作者)을 한자의 음운학(音韻學)의 측면에서 밝히고자 노력한 하야시 다케히코[林建彦] 씨는 왜음(倭音)이 많은 β군과 원음(唐代北方音)을 사용하고 문장에도 왜습(倭習)이 적은 α군으로 나누고, α군은 일본의 토양에 익숙하지 않은 도래당인(渡來唐人)으로 보고 있다.[33) 문외한인 필자가 그에 대해서 토

---

31) 山本武利 편저, 『日韓新時代-韓國人の日本觀-』, 同文館, 1994, 제6장 참조.
32) 林建彦, 『近い國ほどゆがんて見える』, サイマル出版社, 1982, 22쪽.
33) 林博達, 『日本書紀の謎を解く-述作者は誰か』, 中公新書, 2012(8판), 172~173쪽 참조.

를 달 수는 없지만, 아무든 도래인(백제 유민, 또는 백제와 연고가 깊은 당나라 사람)이 『일본서기』의 편수에 참여했던 사실은 확실한 것 같다.

3. 맺음말 - 바른 교육만이 상호인식을 바꾼다 -

이 글의 첫머리에서도 지적한 바와 같이 오늘날 한일관계는 극도로 악화된 상태이다. 그것은 단적으로 일본 정부 및 일부 일본 국민의 그릇된 역사인식과 대한국관(對韓國觀) 때문이다. 그와 같은 상황 속에서 2014년 7월, 한국일보와 요미우리신문[讀賣新聞]이 공동으로 실시한 여론조사를 보면, 한국인의 83%, 일본인의 73%가 '상대를 믿지 못하겠다'고 하면서도 한국인의 90%, 일본인의 83%가 '관계 개선을 원한다'고 답하고 있다.[34] 왜 이러한 대답이 나온 것일까? 두 나라는 일의대수(一衣帶水)라는 지리적 근린성과 오랜 역사적 교류를 통해 형성된 대동소이(大同小異)한 문화적 특성으로 말미암아 뗄래야 뗄 수 없는 특수성 때문이 아닌가 한다.

그러면 관계 개선을 위해서는 무엇을 어떻게 해야 할 것인가? 그간 양국 간에 그를 위한 노력이 전무했던 것은 아니다. 이미 역사에 대한 공동연구와 학술회의[35]가 여러 차례 이루어진 바도 있었고, 제3국의 양식 있는 지

---

34) 한국일보, 2014. 5 김영희, '윤병세 외교 이대로는 안 된다'(중앙일보 2014.6. 20.)에서 재인용.

35) 대표적인 것의 하나가 1973년 3.1~3일에 걸쳐 서울에서 열린 '종합 심포지움: 한국에 대해 일본이란 무엇인가'라 할 수 있다. 그 내용은 일본 도쿄 한국연구원과 국제관계공동연구소가 편찬하여 국서간행회에서 1977년 3권으로 출간

도자들이 일본의 진심어린 사과를 권유한 바도 있었다. 그런데도 현실은 조금도 개선되지 않고 있다. 그 원인을 한마디로 요약하면, 일본인들의 한국관, 즉 군사적 우위에 바탕 한 '일본서기적 조선 번국관', '식민사관'을 아직도 버리지 못하고 있는 데 기인한다고 믿는다. 이와 관련해서 하야시 교수는 "분명히 가까운 나라일수록 비뚤어지게 보이는 것은 양(洋)의 동서를 불문하고 공통된 현상이다. 그렇지만 일본과 가장 가까운 이웃나라에서 백 년에 걸친 '정한(征韓)'의 시대를 통해서 왜곡(歪曲)을 일방적으로 증폭시킨 것은 일본 쪽이었다."[36]고 솔직하게 말하고 있다.

그러면 왜곡된 의식을 해소하고 선린관계를 되찾기 위해서는 어떻게 해야 할까? 이와 관련해서 위에서 여러 차례 인용한 바 있는 『고대 일본인의 외국관』의 저자 이노우에 교수는 다음과 같이 그 방안을 제시하고 있다. "우리들(일본인—인용자)이 아시아의 이웃이나 세계의 사람들과 손을 잡고 전진하기 위해서는 이 책에서 배워온 고대인의 실패와 성과를 아울러 연구하여 새로운 외국관을 하루 속히 만들 필요가 있다."[37]는 말로 자신의 책을 마무리한다. 일본의 지도자들이 귀담아들어야 할 얘기라 하지 않을 수 없다.

거기에 하나를 덧붙이자면 일본의 한국(조선)에 대한 식민 지배의 사실 및 그 책임에 대한 올바른 역사인식을 갖는 일이야말로 선행되어야 할 시급한 과제라는 사실이다. 과거는 잊을 수도 있다. 하지만 과거를 기억하지 않고서는 미래가 없다는 교훈마저 잊어서는 아니 된다. 과거를 바르게 기억

된 바가 있다.

36) 林建彦, 앞의 책, 5쪽.

37) 井上秀雄, 앞의 책, 238쪽. 대표적인 사례가 임진왜란, 19세기 말의 정한론이라 할 수 있다.

하게 하기 위해서는 무엇보다도 먼저 미래의 주인공들에게 바른 역사교육을 실시하는 일임은 아무리 강조해도 지나침이 없을 것이다.

이 경우 먼저 오늘날 일본인의 한국관의 뿌리라 할 수 있는 '일본서기적 조선 번국관'의 지양(止揚)이 절대로 필요하다. 그 하나의 방도가 일본의 고대사, 특히 응신·인덕 조에 그들의 국가 형성을 위해 쏟은 왕인을 중심으로 하는 도래인(혹은 渡東人)들의 호혜와 공생의 정신을 일본의 미래세대들에게 바르게 가르치는 일이라 하지 않을 수 없다.[38] 최근 일본을 방문한 네덜란드 국왕이 왜 일왕(日王) 앞에서 "화해의 토대가 되는 것은 서로 겪은 고통을 인식하는 것"이라며 과거사를 거론했을까? 그 참뜻을 일본의 지도자들은 알아야 한다. 이번에 우리 연구위원들이 이 문제를 다룬 까닭이 바로 여기에 있다.

---

38) 일본의 고대 국가 형성에 끼친 도래인들의 공로에 대한 자세한 설명은 (사) 왕인박사현창협회, 『호남인이 일본 고대 국가 형성에 끼친 영향에 관한 연구』, 2013 참고.

【참고문헌】

金英銀, 「圃隱 鄭琴周의 使行詩 研究」(공주대학교 석사학위논문), 2012.

박광순 외, 『호남인이 일본 고대 국가 형성에 끼친 영향에 관한 연구』, 사)
　　왕인박사 현창협회, 2013.

박남수 외, 『王仁博士에 대한 教育의 現況과 改善方向(학술강연회 발표문
　　집)』, 사)왕인박사현창협회, 2014.

신유한 씀 김찬순 옮김, 『해유록, 조선선비 일본을 만나다』, 보리, 2004.

연민수 외, 『역주 일본서기』, 동북아역사재단, 2013.

조항래 외, 『講座 韓日關係史』, 玄音社, 1994.

하우봉, 「韓日關係와 相互認識」(한일관계사학회, 『한일양국의 상호인식』, 국
　　학 자료원, 1998.

하우봉, 『한국과 일본-상호인식의 역사와 미래-』, (주)살림출판사, 2005.

姜在彦, 『朝鮮の撰夷と開化-近代朝鮮にとっての日本』, 平凡社, 1977.

關 晃, 『歸化人-古代の政治·經濟·文化を語る-』, 講談社 學術文庫, 2005.

旗田巍, 『日本人の朝鮮觀』, 勁草書房, 1983.

李進熙, 『江戸時代の朝鮮通信使』, 講談社, 1987.

林建彦, 『近い國ほどゆがんて見える』, サイマル出版社, 1982.

山本武利, 편저, 『日韓新時代』, 同文館, 1994.

森 博達, 『日本書紀の謎を解く, 述作者は誰か』, 中公新書, 2012.

上田正昭, 『歸化人-古代國家の成立をめぐって』, 中公新書, 1965.

水野祐, 「開闢神話の構造-古代日本人の思想-」(『現代思想-日本人の心の歷
　　史-』, 青土社, 1982.

埴原和郎, 『日本人の成り立ち』, 人文書院, 1995.

田中史生, 『越境の古代史-倭と日本をめぐるアジアンネットワーク』, ち
　　くま新書, 2009.

井上秀雄, 『古代日本人の外國觀』, 學生社, 1991.

直木孝次郎, 『古代河内政權の研究』, 塙書房, 2007.

※ 이 논문은 『왕인박사에 대한 교육의 현황과 개선방향』(전라남도·사단법인
왕인박사현창협회, 2014년 12월)에 실린 글을 수정·보완한 것임.

제2장

한국의 역사서와 연구물에 그려진 왕인박사

박남수 _ 동국대학교 동국역사문화연구소 선임연구원

1. 머리말
2. 우리 역사서에 그려진 왕인박사
3. 우리 연구물에 그려진 왕인박사
4. 맺음말 - 왕인박사 연구의 방향과 과제 -

1. 머리말

왕인박사의 사적은 우리의 고대 역사서에는 전혀 나타나지 않는다. 다만 일본의 『고사기』와 『일본서기』, 『속일본기』 등의 사서에만 전할 뿐이다. 이처럼 왕인박사의 사적이 일본 측 기록에만 전하는 것은, 문자의 전승이 당시 일본 사회에 매우 큰 충격으로 받아들여졌기 때문일 것이다. 「삼국사기」 백제본기에 박사 고흥(高興)이 백제에 문자를 전하여 서기(書記)를 지을 수 있게 되었다고 기록한 것도 같은 맥락이라고 여겨진다.

우리 역사서에 왕인박사의 이름이 나타나기 시작한 것은 임진왜란을 거치고 난 이후였다. 이에 대해서는 이미 자세한 연구가 있거니와, 남용익(1628~1692)의 『부상록(扶桑錄)』, 신유한(1681~1752)의 『해유록(海遊錄)』,

조엄(1717~1777)의 『해사일기(海槎日記)』, 이덕무(1741~1793)의 『청장관전서』, 이규경(1788~?)의 『오주연문장전산고』, 이유원(1814~1888)의 『임하필기』(1871), 김정희(1786~1856)의 『완당집』, 한치윤(1765~1814)의 『해동역사』 등을 들 수 있다.[1] 이후 근대에 들어서서 수신사들의 견문록에 실린 일본인들의 왕인에 대한 인식, 그리고 일제강점기에 들어서서 각종 잡지류의 논설과 신문 등에 실린 왕인에 대한 인식과 정치적 이용 상황을 살필 수 있다.[2]

우리 역사서에 왕인 관련 기록이 임진왜란 이후에 나타난 것은 조선과 일본의 통교에 대한 협의 과정에서 일본에 대한 관심이 높아졌고, 일본 학계에서 왕인에 대한 연구와 이를 조선 통신사들이 소개한 때문이었다.

그러나 이들 기록에는 왕인이 일본에 파견된 시기, 일본에 전한 서책 등에 있어서 상당한 차이가 있었다. 여기에는 일본을 견문할 당시에 잘못된 정보를 전해 들은 것도 있겠지만, 견문할 당시 일본 학계의 인식과 그에 대한 보고자의 인식, 그리고 무엇보다도 서로 다른 내용을 전하는 일본 측 기록에 대한 해석 차이로 인한 것이었다. 이들 각 사서가 기술한 내용상의 차이는 가감 없이 근대 이후 연구자들에게 그대로 답습되었다. 본고는 이러한 관점에서 우리 역사서와 연구물에 비친 왕인박사의 실상을 살피고, 시기별로 왕인박사에 대한 인식의 양상이 어떻게 변화하였는가를 개관하고자 한다. 또한 오늘날 우리 학계가 왕인박사를 어떻게 연구하여 왔고 앞으로 어떤 방향으로 나아갈 것인가를 조망하고자 한다.

---

1) 김선희, 「전근대 왕인 전승의 형성과 수용」, 『일본문화연구』 39, 2011.
2) 김선희, 「근대 왕인 전승의 변용 양상에 대한 고찰」, 『일본문화연구』 41, 2012.

2. 우리 역사서에 그려진 왕인박사

일본의 『고사기』와 『일본서기』, 『속일본기』 등에는 왕인이 일본에 건너간 사실을 전하고 있으나, 각 사서에 따라 내용상의 차이를 살필 수 있다. 『고사기』에는, 백제 조고왕(照古王)이 암·숫말 한 필씩을 아지길사에게 딸려 보내면서 횡도(橫刀)와 큰 거울(大鏡)을 바치니, 일본왕이 다시 현인을 바치라고 하여 논어(論語) 10권, 천자문(千字文) 1권 모두 11권을 화이길사(和邇吉師)에게 딸려 바쳤다고 한다.[3] 『일본서기』에는, 응신천황 15년(284) 가을 8월 6일 백제왕이 아직기(阿直伎)를 보내어 좋은 말 2필을 바치니 아직기에게 이를 사육하게 하는 한편으로 태자에게 경전을 가르치도록 하였다고 한다. 또한 아직기가 박사 왕인을 천거함으로써 황전별(荒田別) 등을 보내어 그를 불러왔다고 한다.[4] 『속일본기』에는 용신천황이 백제 귀수왕(貴須王)에게 학식 있는 사람을 청하여 왕의 손자인 진손왕(辰孫王)[일명 智宗王]을 보내었다 하고, 한편으로 백제 구소왕(久素王) 때에 일본에서 문인(文人)을 찾으니 구소왕이 곧 한 고조(漢你高帝)의 후손 왕구(王狗)의 손자 왕인(王仁)을 보내었다고 하였다.[5]

일본 측의 기록에 있어서도 왕인 또는 화이길사(和邇吉師)라고 일컬으면서, 그의 지위를 길사(吉師), 박사(博士), 문인(文人) 등으로 칭하고 있다.

---

3) 『古事記』 권 中, 應神天皇.

4) 『日本書紀』 卷 10, 應神天皇 15년(284) 秋 8월 壬戌 朔 丁卯 應神天皇 16年(285) 春 2월.

5) 『續日本記』 권 40, 今皇帝 桓武天皇 延曆 9년(790) 秋 7월 辛巳·延曆 10년(791) 여름 4월 戊戌.

또한 왕인이 일본에 건너간 때를 백제 조고왕, 구소왕 때로 각각 일컫고 있지만, 모두 일본 응신 천황(應神天皇) 때라고 서술한 점에서는 동일하다.

이러한 일본 측 기록과는 달리 17세기 이전의 우리 역사서에서는 왕인의 사적이 전혀 나타나지 않는다. 다만 신숙주(申叔舟)가 세종 25년(1443) 서장관(書狀官)으로서 일본에 다녀온 뒤에 일본의 산천(山川)·관제(官制)·풍속(風俗)·족계(族系), 교빙내왕(交聘來往)의 연혁 등을 찬술한『해동제국기(海東諸國記)』에는, 응신천황(應神天皇) 14년 계묘(283)에 비로소 의복(衣服)을 제작하고, 15년(284) 갑진에 백제에서 서적(書籍)을 받았으며, 16년(285)에 백제 왕태자가 오고, 20년(289) 기유에 중국인[漢人]이 처음으로 일본에 간 것으로 기술하였다. 특히 응신천황대에 있었던 일련의 사건을 백제 고이왕 51~53년과 책계왕 4년의 일로 보았다.[6]

이러한「해동제국기」의 기사는 그 후 성호 이익(1681~1763)의「성호사설」경사편에 서술된 일본사,[7] 그리고 안정복(安鼎福, 1712~1791)의「동사강목」에 그대로 준용되었다.[8] 다만 안정복은 신숙주가 고이왕대의 일로

---

6) 신숙주,『海東諸國記』「日本國紀」天皇代 序.

7) "응신 천황(應神天皇)에 이르러, 비로소 의복(衣服)의 제도를 정하였다. 백제(百濟)에서 서적을 보내왔고 또 태자가 오고, 중국에서도 사신을 보내어왔으니, 곧 진 무제(晉武帝) 태강(太康) 10년(289) 기유(己酉)였다."(李瀷,『星湖僿說』권 18권, 經史門, 日本史)

8) "이 해에 백제가 왜국에 서적을 보냈다. 왜는 처음에 문헌이 없다가 이르러 비로소 백제를 통해 중국 문자를 얻었고, 또 의복 제도가 없다가 백제왕[왜사(倭史)에는 백제왕 아화(阿花)로 되어 있다.]이 재봉하는 여공(女工)을 보내므로, 비로소 복색이 있게 되었다고 하였다[『해동기』에, 왜황 응신(應神) 15년 갑신년에 백제가 서적을 보냈다고 하였다.]."(『동사강목』권 2 상, 갑진년 신라 미추왕 23년·유례왕(儒禮王) 원년, 고구려 서천왕 15년, 백제 고이왕 51년(진 무제 태강 5, 284).

기록한 것을 바르면서도, 왜사(倭史)에는 아화왕으로 되어 있음을 밝히고 있거니와 왜사란 「일본서기」를 지칭한 것으로 여겨진다.[9]

그러나 이들 사서에는 구체적으로 왕인의 이름이 드러나지 않는다. 『해동제국기』나 『성호사설』, 『동사강목』 등이 개설서의 성격을 띠고 있기 때문에 구체적인 인명을 적기할 필요가 없었고, 다만 백제의 문물이 일본에 전래된 사실만을 중시한 때문이었다고 여겨진다.

그런데 왕인의 이름은 거론하지 않았으나 구체적인 자연인을 대상으로 한 기록은 『선조실록』 선조 37년(1604) 2월 23일자에 보인다. 곧 임진왜란을 전후하여 조선과 일본 사이에 통역을 맡았던 일본 승려 현소(玄蘇)가 김광(金光)에게 보낸 글 가운데,

'응신제(應神帝) 때에 이르러 백제국(百濟國)에 박사(博士)를 구하여 경사(經史)를 전수하니 귀천(貴賤)이 없이 중국 글을 익혔으며'

라고 하여, 백제에서 박사를 보내어 경사를 전수하였다는 것이다.[10] 이처럼

---

9) "응신 천황(應神天皇) 8년(277) 봄 3월 백제인(百濟人)이 來朝하였다[『百濟記』에는, '阿花王이 왕위에 있으면서 貴國에 예의를 갖추지 않으므로, (日本이) 우리의 枕彌多禮 및 峴南·支侵·谷那·東韓의 땅을 빼앗았다. 이에 왕자 直支를 天朝(일본조정)에 보내어 先王의 우호를 닦게 하였다'고 되어 있다.]."

10) "일본국 현소(玄蘇)가 김광(金光)에게 보낸 글은 이러하다. '내가 왜사(倭史)를 살펴보건대 「인황(人皇) 제7대 효령제(孝靈帝) 45년에 진시황(秦始皇)이 즉위하였다. 얼마 후에 신선(神仙)을 좋아하여 일본에 장생불사약(長生不死藥)을 요구하였고 일본도 오제삼황서(五帝三皇書)를 요구하였는데 진시황이 보냈다. 25년 뒤에 진시황이 분서 갱유(焚書坑儒)를 하였으므로 공자(孔子)의 전경(全經)은 일

임진왜란 이후 조선과 일본은 사신을 주고 받는 과정에서 양국 간 교류의 역사에 대한 정보를 주고 받았을 것이고, 사실 이러한 과정에서 조선은 왕인에 대한 정보를 알게 되었으리라 생각한다.

일본에 통신사로 파견되었던 남용익(1628~1692)의 「부상록(扶桑錄)」에서는,

'응신황(應神皇) 갑진년에 백제가 또 경전(經傳)과 여러 박사(博士)들을 보냈으며 을사년에 백제가 왕자 왕인(王仁)을 보냈다.'

고 기술하고 있다.[11] 이는 1년의 오차가 있지만 대체로 『일본서기』 기년을

본에 남아 있다.」하였습니다. 내 생각으로는 일본에서 통용하는 글자는 겨우 마흔 여덟 글자가 있을 뿐으로 이것을 가명(假名)이라 하는데, 이에 앞서는 중국 글을 보지 못하였을 것인데, 어찌 쉽사리 읽고 뜻을 알았겠습니까. 부질없이 상자에 담아서 간직해 두었을 뿐일 것입니다. 그뒤 응신제(應神帝) 때에 이르러 백제국(百濟國)에 박사(博士)를 구하여 경사(經史)를 전수하니 귀천(貴賤)이 없이 중국 글을 익혔으며, 불경(佛經) 및 유교(儒敎)와 제대 백가(諸代百家)의 글이 차례로 잇따라 들어오니, 사람들이 유교에 오상(五常)이 있고 불교에 오계(五戒)가 있는 것을 알아서 날로 묻고 달로 배워서 드디어 문명의 나라가 되었습니다. 그래서 중국이 일본을 가리켜 동방 군자국(東方君子國)이라 하였으니 이는 중화(中華)의 나라였습니다. 그런데 운수가 쇠퇴하여 나라가 어렵고 근심스럽게 되어서는 공가(公家)에서나 사가(私家)에서 전투만을 일삼아 문적(文籍)을 버리고 전쟁을 일삼은 지 이제 1백여 년이 되었습니다. 이에 중국이 귀한 줄을 모르고 선린(善隣)이 소중한 것을 깨닫지 못하여 군자의 나라가 맹수의 나라로 바뀌었으므로 발톱이 길고 어금니가 날카로운 자는 흥성하고 발톱이 짧고 어금니가 무딘 자는 상망(喪亡)하게 되었으니, 부끄럽고 슬픕니다.‥‥'."(『宣祖實錄』 권 171, 선조 37年(1604) 2월 23일 (甲辰))

그대로 따른 것이며, 1년의 오차는 유년칭원법을 따른 때문이 아닐까 생각한다.

남용익보다 70년 뒤에 통신사로 일본에 다녀온 신유한(1681~1752)은 1719년 4월부터 1720년 1월까지의 일본 견문록 『해유록(海遊錄)』을 남겼는데, 같은 책에서,

'왜국은 옛적에 문자가 없었는데, 백제왕이 문사(文士) 왕인(王仁)과 아직기(阿直岐) 등을 보내어 비로소 문자를 가르쳐 여러 해 강습을 시켜서 대략 전한 것이 있었다'

고 기록하였다.[12] 신유한이 서술한 문사(文士)는 『속일본기』의 문인(文人)을 지칭하는 것으로 생각한다.

그후 통신사 조엄(1717~1777)이 1763년 8월부터 1764년 7월까지의 일본 사행을 기록한 『해사일기(海搓日記)』 1764년 6월 18일(戊成)자에는,

'일본이 처음에는 문자를 숭상하지 않다가 응신 천황(應神天皇)에 이르러서 백제가 경전과 여러 박사를 보내주었고, … 백제인 왕인(王仁)과 아직기(阿直妓)는 어느 때 들어갔는지 알 수 없으나 일본에서 처음으로 서적을 가르쳤으며'

---

11) 『扶桑錄』「聞見別錄」倭皇代 序 人皇.
12) 『海遊錄』하, 附 聞見雜錄.

라고 기술하였다.[13] 조엄의 경우 『해동제국기』 이래의 문자 전래 사실과 왕인·아직기의 일본 파견을 별도의 사실로서 인식하였음을 알 수 있다. 이것이 조엄 개인적인 생각인지, 아니면 조선 지식인 일반이 그렇게 생각하였는지는 분명하지 않으나, 이전에 통신사로 파견된 남용익이나 신유한의 경우로 미루어 볼 때에 조엄의 오해에서 비롯한 것이 아닐까 여겨진다.

한편 조선 후기 백과전서의 성격을 띤 이덕무(李德懋, 1741~1793)의 『청장관전서(靑莊館全書)』, 이규경(1788~?)의 『오주연문장전산고』와 우리 역사를 집대성한 한치윤(1765~1814)의 『해동역사』에도 왕인의 기사를 살필 수 있다.

이덕무(1741~1793)가 지은 『청장관전서』의 「청비록(淸脾錄)」과 「청령국지(蜻蛉國志)」에는 왕인에 대하여, 천자문을 가져온 이로서 일본 유학(儒學)의 시초라고 평가하였다. 또한 난파진가(難波津歌)를 지어 인덕(仁德) 천황의 보위를 칭송한 것이라 하여 가부(歌父)로서 일컫거나 왜시(倭詩) 또는 일본 시문(詩文)의 시초라 칭하였다. 또한 그는 한 고제(漢高帝)의 후예로서 난파황자(難波皇子)의 스승이 되었는데, 관상을 잘하여 대초료황자(大鷦鷯皇子)가 왜황(倭皇)이 될 것을 미리 알았다고 하였다.[14]

왕인이 천자문을 가지고 갔다는 것은 『고사기』 이래의 전승이며, 한고조의 후예라는 것은 『속일본기』의 기록을 따른 것임에 분명하다. 다만 『청장관전서』에서 왜시의 시초나 가부(歌父), 그리고 관상을 잘 보았다는 것 등은, 아직기가 『역경(易經)』·『효경(孝經)』·『산해경(山海經)』 등을 전래하였다

---

13) 『海槎日記』 5, 6월 18일(戊戌).

14) 『靑莊館全書』 권 33, 「淸脾錄」 2 : 권 64, 「蜻蛉國志」 1. 世系·人物·藝文 : 권 65, 「蜻蛉國志」 2, 異國 東國.

는 것과 함께 새로이 등장하는 내용이다. 이러한 내용이 새롭게 나타나는 것은 지적되듯이 통신사를 통하여 기노쓰라유키[紀貫之]·오시고치노미쓰네[凡河內躬恒]이 편찬한 『고금화가집(古今和歌集)』(905)과 데라시마 료안[寺島良安]의 『화한삼재도회(和漢三才圖會)』(18세기 초) 등의 일본 서적이 수입된 것과 무관하지 않을 것이다.

그런데 『청장관전서』에서 주목할 만한 것은 백제 구소왕이 왕인을 보냈다 하고, 구소왕에 대해 이덕무 나름대로 해석을 더하였다는 점이다. 구소왕이 왕인을 보냈다는 것은 『속일본기』에 전하는 내용이지만, 백제에는 구소왕(久素王)이 없으므로 구이신왕(久尒辛王)의 와전으로 볼 수도 있으나, 응신천황과 구이신왕의 기년이 서로 차이가 있으므로, 응신천황의 세대에 맞춘다면 고이왕(古尒王)의 '이(尒)'가 '소(素)'와 모양이 비슷하므로 구소로 와전된 것이 아닌가 추측하였다. 이러한 변증에 따라 그는 왕인을 보낸 구소왕을 고이왕으로 추정하였다. 왕인이 일본에 건너간 시기를 처음으로 변증하여 제시한 셈이다. 이덕무보다 한 세대 뒤에 활동한 이규경(1788~?)은 그의 『오주연문장전산고』에서 『일본사(日本史)』와 『화한삼재도회(和漢三才圖會)』를 상고하였다 하면서, 왕인과 아직기가 가지고 갔다는 경서류에 대한 내용은 이덕무의 『청장관전서』를 정리한 수준이지만, 일본에서 서복이 진나라에서 가지고 갔다고 일컬은 고경(古經)은 백제에서 전래한 것으로 평가하였다.[15]

한편 한치윤(韓致奫, 1765~1814)은 이덕무(1741~1793)보다는 24년 이후에 태어났고, 이규경(1788~?)보다는 23년 이전에 출생하였다. 그는 이

---

15) 『五洲衍文長箋散稿』 經史篇 1, 經傳類 1, 書經, 箕子朝鮮本尙書辨證說.

규경과 마찬가지로 일본의 여러 서책을 살펴 한데 묶어 『해동역사(海東繹史)』을 편찬하였는데, 왕인 관련 사적 또한 마찬가지이다. 곧 마쓰시타 겐린[松下見林]의 『이칭일본전(異稱日本傳)』(1688), 데라시마 료안[寺島良安]의 『화한삼재도회(和漢三才圖會)』(18세기 초), 오규 소라이[狄生徂來, 1666~1728]의 『조래집(徂徠集)』, 다카시 센메이[高志泉冥]의 『시학침예(時學鍼炳)』(1747), 18세기 후반부터 1891년 이전에 간행된 것으로 추정되는 『효경범례(孝經凡例)』 등 당시 일본에 유포된 전적에서 왕인 관련 내용을 편집하였다. 이에 『해동역사(海東繹史)』에는 이규경이 서술한 내용보다도 훨씬 풍부한 내용을 담고 있다. 이전의 우리 사서에 보이지 않는 내용으로, (1) 응신 천황(應神天皇) 15년에 백제가 사신을 파견하여 『효경』과 『논어』를 바쳤다는 것(『화한삼재도회』), (2) 왕인이 일본에 갈 때에 오경(五經)이 함께 들어온 것이 아닌지 모르겠다는 것(『시학침예(時學絨炳)』), 그리고 왕인의 선조는 한인(漢人)으로 최표(崔豹)의 『고금주(古今注)』의 '천승(千乘)의 왕인(王仁)'을 지칭한다거나 화천국(和泉國) 왕인사(王仁祠)의 위치, 토도아랑자가 죽자 왕인이 화가(和歌)를 지어 바치면서 즉위하기를 권하였다는 것, 서복(徐福)으로부터 일본의 학문이 시작되었다는 유중달(劉仲達)의 『홍서(鴻書)』를 마쓰시타 겐린[松下見林]이 비판하고 정학(正學)을 잇게 한 자는 바로 왕인(王仁)이라고 한 것(『이칭일본전』), (3) 왕인이 일본에 문자를 전함으로써 일본 학문의 4군자 가운데 하나로 꼽힌다는 점(『조래집(徂徠集)』), (4) 왕인이 경사(經史)를 읽을 적에는 반드시 위(魏)·진(晉)의 음으로 읽어 태자에게 전수하였을 터이고, 속어(俗語)를 쓰고 한어(韓語)로 답하여 읽는 것을 잘못되게 하지 않았을 것이라는 점(『효경범례(孝經凡例)』) 등은[16] 일본에서의 인식을 새로이 소개한 부분이다.

한편으로 한치윤은 백제의 인물로서 『해동역사』에 왕인전을 실은 것은 왕인의 경우 일본에서 한문을 창시하여 일본의 유종(儒宗)이 된 때문이라고 밝혔다.[17] 또한 '서적을 전한 것은 진손왕(辰孫王)에게서 시작되었고, 유교가 일어난 것은 왕인(王仁)에게서 시작되었는 바, 기용(器用)이나 공기(工伎)에 이르기까지 모두 백제로부터 전수받았다'고 함으로써 진손왕과 왕인을 구분하였다. 또한 마쓰시타 겐린[松下見林]이 『이칭일본전』에서 '직지가 일본에 있은 기간이 모두 9년'이었다는 데 대하여, 그의 견해를 따를 때에 직지(전지)가 귀국한 것은 이중천황(履中天皇) 이전이어야 하는데, 『동국통감』에는 진(晉)나라 의희(義熙) 원년(405) 곧 일본의 이중천황 6년이므로 의문이 있다고 하였다. 특히 응신천황 8년(277, 고이왕44) 봄 3월에 백제의 아화왕(阿花王)이 직지(直支)를 파견한 것에 대하여, 아화왕(阿花王)은 아신왕(阿莘王), 직지(直支)는 전지(腆支)의 잘못으로 보았다. 또한 『속일본기』에 보이는 백제의 구소왕(久素王)을 구수왕(仇首王)의 잘못인 것으로 이해하였다.[18] 일본에서의 왕인에 대한 인식을 소개하는 그러한 견해나 사료에 대하여 자신의 평론을 밝힌 셈이다.

김정희(1786~1856)도 그의 『완당집』에서 일본 문자(文字)의 연기(緣起)는 백제(百濟)의 왕인(王仁)으로부터 시작되었으며, 금석학적 관점에서 일본 족리학교(足利學所)에 보존된 고경(古經)을 보았을 때에 왕인 때에 얻어간 것으로 파악하였다.[19] 이유원(1814~1888)의 『임하필기』(1871)에서는 『일본서기』와 『화한삼재도회』를 인용하여, 왕인이 천자문을 가지고 건너감으

---

16) 『해동역사』 권 44, 예문지 3, 經籍 3, 中國書目 1, 經史子集, 論語·孝經.

17) 『해동역사』 권 67, 인물고 1, 四郡以前, 고구려·백제·신라·발해.

18) 『해동역사』 권 41, 交聘志 9, 日本과 通交한 始末.

19) 『완당집』 雜識.

로써 일본에 유교가 처음으로 행해졌고, 모노베 시게노리[物部茂卿]가 말한 일본 학문을 일으킨 4군자에 왕인이 포함된 사실을 기술할 뿐이었다.[20] 또한 김기수(1832~ ?)가 수신사로 일본에 파견된 1876년 4월 무렵의 기행문인 『일동기유(日東記游)』에서는 일본이 문자가 없었으나 백제인 왕인이 서적을 가지고 들어갔다 이르고 지금까지 우리나라 사람에게 무한한 감사의 뜻을 표한다고 하였다.[21] 김기수가 수신사로 파견된 때에 일본인들의 왕인에 대한 감회를 표한 것으로 이해된다. 수신사로 파견된 이헌영(1837~1907)이 1881년 무렵 편찬한 『일사집략(日槎集略)』에는 일본인 나카타 다케오[中田武雄]의 글을 실어 놓았거니와, '한(韓)과 왜(倭)는 동포(同胞)요, 동인(同人)으로, 옛날부터 서로 친했고, 또 왕인(王仁)이 경서(經書)를 전하여 왜의 문화를 도와 그 업적이 컸었다'고 술회하고 있다.[22]

당시의 왕인에 대한 인식은 대체로 『청장관전서』나 『해동역사』의 범주를 크게 벗어나지 않는다. 이러한 인식은 대체로 경술국치를 전후한 시기에도 동일하였던 듯하다. 곧 일성자(一惺子)라는 필명의 『아한교육력사(我韓教育歷史)』에는 왕인이 '백제 고이왕 50년에 일본에 논어와 천자문을 전래하여 일본에 문자가 비로소 있게 되었다'고 기술하고 있다.[23] 또한 추성자(秋醒子)란 필명의 「아국고대문명의 유출(我國古代文明의 流出)」이란 논설에서는 응신천황 16년에 왕인이 논어 10권과 천자문 1권을 전하여 일본 문학이 시작되었다고 하였다.[24] 이동초(李東初)의 「변천(變遷)」이란 논설에서는

---

20) 『林下筆記』 권 문헌지장편.

21) 『日東記游』 卷三 學術 七則 學術 源·山崎.

22) 『日槎集略』 人, 散錄, 中田武雄의 글.

23) 一惺子, 「我韓敎育歷史」(『서우』 제16호, 1908. 3. 1.)

일본의 제반 문물이 한반도에서 연원하며, 백제 왕인으로 하여금 일본 백관들을 가르치게 하여 일본문학의 기원을 이루었다고 하였다.[25] 이렇듯이 1910년 병술 국치를 당하기 직전에는 일본문화의 기원이 우리 한반도에서 비롯한 사실을 역설하고, 그 가운데 왕인이 일본 문학 내지 학문의 시초로서 부각되었다.

우리 측 인사의 이러한 태도와 달리 같은 시기의 일본인은, 영친왕의 일본 방문에 따른 헌시에서 대한제국과 일본 양 황실이 일가와 같으며, 뜰에서 본 매화가 옛날 왕인이 일본황자를 가르치며 읊었던 꽃이라고 빗대기도 하였다.[26] 바야흐로 한일 양국의 강제 병합에 본격적으로 왕인을 이용하는 전조로서 생각할 수 있는 부분이다.

1920년대의 왕인은 우리 민족을 깨치는 문학의 새사람으로, 조선 청년이 승계해야 할 인물로서 우리 민족의 각성을 촉구하는 대상으로 변화하였다. 그러나 한국과 일본 황실이 일가와 같다는 일본인의 인식은 3·1만세 운동 이후 문화정책으로 변하고, 중일 전쟁이 본격화되면서 내선일체론으로 치달았다. 이에 부응하여 왕인박사는 내선일체의 표증으로서 활용되었다.

1932년 영산포 본원사 주지인 일본 승려 아오키 게이쇼[青木惠昇]가 「왕인박사 동상 건설 취지문」에서,

---

24) 秋醒子, 「我國古代文明의 流出」, 『서북학회월보』 제17호, 1909. 11. 1.

25) 石蘇 李東初, 「變遷」, 『대한학회월보』 제2호, 1908. 3. 25.

26) "두 학이 손을 잡으니 한 집과 같구나. 뜰의 매화가 기쁨을 드리니 하아얀 봄꽃을 피우네. 천년의 인호를 그대는 모름지기 기억할지니. 이는 왕인이 옛적에 읊었던 꽃이라네(兩鶴提携 似一家 苑梅呈喜 發春 葩 千秋鄰好 君湏記 此是王仁 舊詠花)."(三島毅, 「二月念四 韓國皇太子見訪我 皇太子於葉山離宮觀梅 於南苑毅辱陪從 恭賦以獻」, 『대동학회월보』 제3호, 1908. 4. 25.)

'…(왕인) 박사는 원래 타국의 신하로 훌륭함이 이와 같고 지금은 일
선일가가 되었으니… 박사는, 옛 땅인 영암군 구림의 유적은 … 나
는 관청의 허가를 얻어 이 영적을 장엄하게 박사의 동상을 건설하여
국민 보초의 성의를 다하고자 한다. …이는 … 융화선감의 쐐기가
될 것이다. …'

라고 하였다. 그후 일본은 1938년 일본 오사카에 왕인신사를 착공하고[27]
동경 우에노 공원에 왕인박사비를 건립[28]하는 한편으로, 부여 신궁 경역 내
에 박사왕인비를 세우고자 하였다.[29] 일련의 왕인 현창 사업은 내선일체라
는 군국주의 목표를 달성하기 위한 도구로서 이용되었던 것이다.

　1940년 전선사상보국연맹원(全鮮思想報國聯盟員)이었던 김한경은 「공
동운명(共同運命)에의 결합(結合)과 그 환원론(還元論)」이라는 논설에서 내
선일체(內鮮一體)는 조선(朝鮮) 민족 전반의 사활이 걸린 중대한 문제이며,
내선(內鮮) 양민족이 동일한 문화적 전통을 가진 데서 내선일체를 확인할
수 있다고 주장하였다. 특히 불교와 유교가 조선을 통하여 일본에 유입되었
으며 일본의 한문독법(漢文讀法)이 또한 백제왕자(百濟王子) 왕인(王仁)의 손
에서 완성된 것은 그 적확(的確)한 역사적 예증이라고 하면서, 왕인을 내선
일체의 표본으로서 내세웠던 것이다.[30] 당시에 경제연맹총재(經濟聯盟總裁)
였던 공작(公爵) 이치죠 사네다카[一條實孝]도 왕인박사가 「논어(論語)」와

---

27) 『조선일보』 1938. 5. 8. 『동아일보』 1938. 5. 9.

28) 『조선일보』·『동아일보』 1940. 4. 17·21,

29) 『동아일보』 1940. 8. 8

30) 金漢卿, 「共同運命에의 結合과 그 還元論」, 『삼천리』 제12권 제3호, 1940. 3. 1.

「천사문(千字文)」을 일본에 소개하여 일본분화에 새로운 싹을 낳게 한 공적을 높이면서, 왕인박사 기념상(王仁博士 紀念像) 건립을 계기로 조선의 청년들이 일본에 대하여 좀 더 깊은 이해와 친애(親愛)를 가져야 하고 일본과 조선과의 문화적 교류가 일층 긴밀해지는 데 한층 분기(奮起)해야 할 것이라고 역설하였다.[31]

3. 우리 연구물에 그려진 왕인박사

근대적 역사방법론에 따라 이루어진 왕인박사에 대한 연구는 일제강점기부터였다. 이 시기의 연구가 그러하듯이 왕인에 대한 본격적인 연구보다는 고대에 한반도로부터 일본에 문화가 전파되는 과정에서 왕인박사를 다루는 정도였다. 황의돈(黃義敦)은 「세계중 최초의 물질불멸론자 서경덕선생, 조선 10대위인 소개의 그 1(世界中 最初의 物質不滅論者 徐敬德先生, 朝鮮 十大偉人 紹介의 其一)」에서 조선 유교의 발전을 개관하면서,

'백제(百濟) 고이왕(古爾王) 52년(丙午) 지금으로부터(距今) 1,636년에 백제인(百濟人) 왕인(王仁)이 논어(論語)와 효경(孝經)을 가지고 일본에 가서 일본인을 교수(教授)하얏다 하얏섯다'

---

31) 經濟聯盟總裁 公爵 一條實孝, 「王仁博士의 偉績」, 『삼천리』 제12권 제8호, 1940. 9. 1.

고 기술하였다.[32] 왕인이 고이왕 때에 논어(論語)와 효경(孝經)을 가지고 일본에 건너간 것으로 본 것이다. 그 이듬해에 박종홍(朴鐘鴻)은 미술사를 개관한 「조선미술의 사적 고찰(朝鮮美術의 史的 考察)-(제2회)」에서 왕인(王仁)이 논어와 천자문을 가져간 것이라 하여 『고사기』의 기사를 따르는 한편으로 그가 가져간 천자문을 위(魏) 종요(鐘繇)의 것이라고 밝혔다.[33]

사실 이들의 연구는 어떤 전거를 밝히지 않고 직관적인 것이었지만, 그동안 각종 사서에 전하는 왕인박사가 일본에 건너간 시기를 고이왕대라 하고, 무엇보다도 천자문의 유형을 위(魏) 종요(鐘繇)가 지은 천자문이라고 한데 의의가 있다. 사실 현재 우리 학계에서 가장 관건이 되는 문제가 왕인이 일본에 건너간 시기는 언제인가, 그리고 『고사기』에서 왕인이 천자문과 논어를 가지고 간 것을 믿을 수 있는가, 그리고 그 천자문은 어떤 유형의 것인가 하는 문제이다. 거기에 더하여 왕인은 과연 실재했는가, 그리고 왕인의 출생 전설이 언제 형성되었고 과연 믿을 만한 것인가. 왕인이 일본으로 출발하였다는 상대포 전설의 진위는 어떠하며, 백제의 마한지역 정복과정과 영암 등 영산강 일대 지방세력의 관계는 어떠한가 등으로 요약된다.

먼저 왕인이 일본에 건너간 시기에 대해서는 앞서 살폈듯이 일본 측 기록 곧 『고사기』, 『일본서기』, 『속일본기』마다 차이가 있다.[34] 곧 『고사기』에

---

32) 『개벽』 14, 1921. 8. 1.

33) 『개벽』 23, 1922. 5. 1.

34) 『고사기』는 구전된 일본 왕실의 계보와 설화를 중심으로 712년에 편찬한 신화집으로서의 성격을 지니며, 『일본서기』는 714년부터 시작하여 720년에 완성된 일본 최고의 칙찬 사서이다. 『일본서기』 등 고문헌과 중국 전적을 비롯하여 왕실 기록과 신화·전설, 각 씨족들의 전승 설화와 가계의 전승 등을 광범위하게 수집하여 전 30권으로 편찬하였다. 『속일본기』는 697년(문무천황)부터

는 조고왕 때에 화이길사를, 『속일본기』에는 백제 귀수왕(貴須王)이 진손왕(辰孫王)[일명 智宗王]을, 그리고 백제 구소왕(久素王)이 한 고조(漢高帝)의 후손 왕인(王仁)을 보내었다고 하였다. 일본 측 기록에서 이들 사건을 모두 응신천황대의 사건으로 적은 것은 일치하나, 백제의 왕에 대해서는 조고왕, 귀수왕, 구소왕 등으로 차이가 있다. 우리 사서나 학계에서는 응신천황과 조고왕, 귀수왕, 구소왕 등과 기년이 일치하지 않아 여러 가지 견해가 제기되었다.

먼저 왕인이 고이왕대에 일본에 건너갔다고 하는 견해는 이덕무로부터 비롯하지 않았나 한다. 이덕무는 그의 『청장관전서』에서 『일본서기』의 구소왕을 고이왕으로 보았다. 곧 백제에는 구소왕(久素王)이 없으므로 구이신왕(久尔辛王)의 와전으로 볼 수도 있으나, 응신천황(270~310)과 구이신왕(420~427)의 기년이 서로 차이가 있으므로, 응신천황의 세대에 맞춘다면 고이왕(古尔王, 234~286)의 '尔(이)'가 '素(소)'와 모양이 비슷하므로 구소로 와전된 것이 아닌가 추측하였다. 이덕무는 왕인의 일본 파견 시기를 고이왕대의 일로 보았던 것이다. 이는 신숙주의 『해동제국기』에서 응신천황 15년(284) 갑진에 백제에서 서적(書籍)을 보낸 것을 진 무제의 기년에 따라 고이왕 51년(284)으로 파악한 그것을 따른 것이라 할 수 있다. 사실 『동사강목』에도 고이왕 51년 일본에 서적을 전한 사실을 기록하고 있거니와, 남용익의 『부상록』에서 1년의 기년차가 있는 것은 유년칭원법에서 오는 차이 때문이 아닌가 한다. 이러한 고이왕설은 일제강점기에도 유지되었던 듯하

787년(환무천황) 12월까지 9대 94년간의 역사를 모두 3차에 걸쳐 착수한 지 33년 만인 797년에 전 40권으로 완성한 것이다.

니, 일성자(一惺子)라는 필명의 「아한교육력사(我韓教育歷史)」에서 왕인이 '백제 고이왕 50년에 일본에 논어와 천자문을 전래하여 일본에 문자가 비로소 있게 되었다'는 것,[35] 그리고 황의돈(黃義敦)이 「세계중 최초의 물질불멸론자 서경덕선생, 조선 10대위인 소개의 그 1(其一)」에서 백제(百濟) 고이왕(古爾王) 52년(丙午)에 왕인(王仁)이 일본에 건너갔다고 한 것[36]은, 1, 2년의 시차가 있다고 하지만, 대체로 신숙주의 『해동제국기』와 이덕무의 『청장관전서』의 기년을 따른 것이라 할 수 있다.

한편 한치윤은 고이왕설과 달리 왕인이 구수왕대에 일본에 건너간 것처럼 기술하였다. 곧 그가 왕인에 대하여 직접 언급한 것은 아니나, 『속일본기』에 보이는 구소왕(久素王)을 구수왕(仇首王)의 잘못으로 보았다. 이에 백제 구소왕이 아직기와 왕인을 파견한 셈이 된다.

오늘날 연구자들에 의해 『일본서기』의 기년이 웅략(雄略) 21년(477)부터는 대체로 『삼국사기』와는 일치하나, 그 이전의 기년은 200년 내지 120년 차이가 난다는 점이 밝혀졌다. 이로 인하여 왕인이 일본에 건너간 시기를, 종전에 일본 측 기록 곧 응신천황 때를 기준으로 편년하던 방식에서 벗어나 새로운 편년이 등장하였다.

먼저 왕인이 일본에 건너간 때를 근초고왕 때부터 아신왕대에 걸친 사실로서 이해한 견해가 제기되었다. 곧 『일본서기』에는 왕인이 일본에 간 때에 아화왕(阿花王)이 흥거하여 태자 직지(直支)가 백제로 귀국한 때라고 하였는데, 직지는 『삼국사기』에 전지(腆支)왕의 다른 이름이라 하였으므로, 아

---

35) 『서우』 제16호, 1908. 3. 1.
36) 『개벽』 14, 1921. 8. 1.

화왕은 아신왕이 된다. 이에 따라 왕인이 일본에 건너간 때는 아신왕 14년 (405)이라 할 수 있다. 그럼에도 불구하고 『고사기』에는 백제국의 조고왕 (照古王)이 아지길사(阿知吉師)와 화이길사(和迩吉師)를 바쳤다고 하였다. 이에 조고왕을 초고왕(肖古王) 곧 근초고왕(346~376)으로, 아지를 아직기, 화이를 왕인으로 풀이함으로써, 왕인이 일본에 건너간 시기는 근초고왕대라고도 할 수 있다. 또한 『속일본기』에는 귀수왕이 진손왕을 보냈다 하고, 다시 구소왕 때에 왕인을 보냈다고 하였다. 이병도는 귀수왕을 근구수왕, 구소왕을 구이신왕으로 각각 이해하면서, 『고사기』의 조고왕과 『속일본기』의 근구수왕설을 택하였다. 이러한 바탕에서 왕인박사가 일본에 건너간 때를 근초고왕 때부터 아신왕대에 걸친 사실로서 이해하였던 것이다.[37]

이에 왕인이 일본에 건너간 시기에 대하여 『일본서기』의 설을 취하여 아신왕 14년 (405)으로 보거나,[38] 근초고왕의 일본 통교 이후라고 모호하게 서술함으로써 『고사기』와 『일본서기』의 설을 절충한 입장을 취하기도 한다.[39]

---

37) 이병도, 「백제학술 및 기술의 일본전파」, 『한국 고대사 연구』, 박영사, 1976, 576~577쪽.

38) 朱仁夫, 「儒學對日本之影響」, 『東亞人文學』 10, 2006, 608쪽. 박균섭, 「왕인 관련 사료와 전승 검토」, 『한국교육사학』 34-2, 2012, 28쪽. 왕인박사기념사업회에서는 왕인이 일본에 건너간 때를 405년 1월 29일이라 하였다(『조선일보』 1987년 9월 26일). 류승국, 「왕인박사에 대한 문헌적 고증」, 『왕인박사 연구』, 2012, 229쪽. 박광순, 「왕인박사의 도일시기와 경로」, 『왕인박사 연구』, 2012, 263쪽.

39) 문안식, 「왕인의 渡倭와 상대포의 해양 교류사적 위상」, 『한국고대사연구』 31, 2003, 166쪽.

한편으로 왕인은 『속일본기』에 등장하는 진손왕과 동일 인물로서, 왕진이를 모델로 하여 조작된 인물이므로, 6세기 초에 왜에 파견되었던 오경박사나 그에 준하는 지위에 있었던 것으로 추정하기도 한다.[40]

다음으로 왕인과 관련된 연구로는 『고사기』에서 일컬었듯이 '왕인이 『천자문』과 『논어』를 일본에 전래하였는가' 하는 문제이다. 사실 우리 역사서에 직접 천자문을 언급한 것은 이덕무(1741~1793)의 『청장관전서』에서 비롯한다. 이덕무는, 아직기가 『역경(易經)』·『효경(孝經)』·『산해경(山海經)』 등을 전래하고, 왕인이 천자문을 전하였다고 하였다. 이는 일본의 『고금화가집(古今和歌集)』(905)과 데라시마 료안[寺島良安]의 『화한삼재도회(和漢三才圖會)』(18세기 초) 등이 전해진 것과 무관하지 않다. 그후 한치윤도 『해동역사』에서 백제가 『효경』과 『논어』를 바치고 왕인이 일본에 갈 때에 오경(五經)을 함께 전한 것인지도 모르겠다는 일본 측의 『화한삼재도회』나 『시학침예(時學鍼焫)』의 내용을 전재하기도 하였다. 이는 20세기 초의 논설에서 왕인이 논어와 천자문[41] 또는 논어와 효경을[42] 전한 것으로 보거나, 천자문을 위(魏)나라 종요(鍾繇)의 것으로 풀이하기도 하였다.[43]

특히 이병도는, 『논어』에는 후한대부터 유행한 『정현집해논어(鄭玄集解

---

40) 이근우, 「왕인의 천자문·논어 일본전수설 재검토」, 『역비논단』 69, 2004, 210~211쪽.

41) 一惺子, 「我韓教育歷史」(『서우』 제16호, 1908. 3. 1.). 秋醒子, 「我國古代文明의 流出」(『서북학회월보』 제17호, 1909. 11. 1.)

42) 黃義牧, 「世界中 最初의 物質不滅論者 徐敬德先生, 朝鮮 十大偉人 紹介의 其一」(『개벽』 14, 1921. 8. 1.)

43) 朴鐘鴻, 「朝鮮美術의 史的 考察-(第2回)」(『개벽』 23, 1922. 5. 1.) 玄采, 『반만년 조선 역사』, 1928, 55쪽.

한국의 역사서와 연구물에 그려진 왕인박사   357

論語)』와 위의 정시연간(240~249)부터 유행한 『하안집해논어(何晏集解論語)』가 있고, 『천자문』은 위나라 종요(151~230)의 천자문과 양무제 때 (502~549) 주흥사(周興嗣)의 천자문이 있는데, 백제 근초고왕~아신왕대는 동진의 안제~효무제 시대이고, 근초고왕 27년 (372) 동진(東晉)에 직접 사신을 파견하기도 한 점에 주목하였다. 이에 백제는 동진에서 한참 유행하고 있는 종요의 『천자문』과 『하안집해 논어』를 수입하여, 왕인에 의해 일본에 전한 것으로 해석하였다.[44] 특히 천자문과 관련하여 근래에는 종요의 『천자문』이 찬자 자필본으로 전승하지 않지만 왕희지의 필사본으로 전승되다가 다시 영인본으로 오늘날까지 전승되고 있음을 밝힘으로써, 왕인이 전래한 천자문이 종요의 것이라는 주장이 다시 제기되기도 하였다.[45]

이에 대하여 왕인은 6세기 초를 전후한 시기에 일본에 건너간 왕진이를 모델로 하여 앞 시대에 활동된 것으로 조작한 인물이라는 관점에서, 왕인이 전하였다는 『논어』와 『천자문』은 양나라 때에 성립된 황간의 『논어(의소)』와 주흥사의 『천자문』이라는 주장이 제기되기도 하였다.[46] 이러한 왕인 조작설에 대하여 일본 최고의 한시집 『회풍조서(懷風藻序)』(751)에서 보듯이 왕인과 왕진이는 별개의 인물이며, 『중국고대서화도목(中國古代書畵圖目)』(문물출판사, 1986)에 실린 종요의 천자문 전문이 북경 고궁박물관에 있음을 확인하고, 『송사』 열전 이지전(李至傳)에 송나라 태종이 '천자문은 양 무제가 파비에 새겨있는 종요의 글씨를 구하여 주흥사로 하여금 차운케 해서

---

44) 이병도, 앞의 논문, 578~579쪽.
45) 안춘근, 「왕인박사 일본전수 천자문 考究」, 『출판학연구』 33-10, 1991, 10쪽·14쪽.
46) 이근우, 앞의 논문, 199쪽.

완성한 것'이라는 기사, 그리고 돈황에서 출토된 필사본 『잡초(雜草)』의 '종요의 찬, 이섬의 주, 주흥사의 차운' 등으로 볼 때에 주흥사의 천자문은 종요가 찬한 것을 바탕으로 해서 차운했다고 보는 것이 합당하다는 것이다. 특히 백제의 동진과의 교류, 375년에 박사 고흥으로 하여금 『서기』를 지었다는 것, 369년경에 제작된 백제 칠지도의 명문으로 미루어 볼 때에, 『고사기』에 화이길사(왕인)가 전하였다는 『천자문』과 『논어』는 위나라 종요(151~230)의 『천자문』과 위나라 하안(何晏, 195~249)이 주석을 붙여 만든 『하안집해논어(何晏集解論語)』라고 주장하였다.

셋째, 왕인의 출자설과 관련된 내용이 주목되었다. 곧 백제 이주 중국인설과 백제인설, 영암출생설 등이 있다.

먼저 백제 이주 중국인설은 『속일본기』에 재일 왕인의 후예들이 숙녜(宿禰)의 성(姓)을 내려줄 것을 청하는 상서에서,

'한 고제(漢 高帝)의 후손 란(鸞)이라 하는 사람의 후손 왕구(王狗)가 백제(百濟)에 옮겨와 이르렀는데, 백제 구소왕(久素王) 때에 성조(聖朝)에서 사신을 보내어 문인(文人)을 찾으니 구소왕이 곧 그(王狗)의 손자인 왕인(王仁)을 바쳤습니다. 이가 곧 문·무생(文·武生) 등의 선조입니다'

라고 한 데서 보인다. 이러한 관점은 이덕무의 『청장관전서』와 한치윤의 『해동역사』에서 그대로 전재되었다. 특히 『해동역사』에서 왕인을 '천승(千乘)의 왕인(王仁)'이라 한 것은, 마쓰시타 겐린[松下見林]이 「이칭일본전」(1688)에서 최표(崔豹)의 『고금주(古今注)』(진 혜제 무렵, 290~306) 가운데 등장하는 한나라의 제후격인 왕인을 백제가 일본에 파견한 왕인과 동일시한 것을 그대로 전재한 때문으로 생각한다. 『속일본기』와 『이칭일본전』에

보이는 왕인 중국 출자설은 1910년대에 일본인 학자들에 의해 아직기와 왕인을 한(漢)의 왕족으로 규정하기에 이르렀다.[47)

이에 대해 왕인의 본명은 화이(和邇)로서 백제인이 분명하며, 그 개칭도 실상 본명에 가까운 음(Wani)을 취하여 중국식 씨명으로 지은 데 불과한 것으로 풀이한다.[48)

또한 왕인은 근초고왕의 일본 통교 이후에 왜국으로 건너간 백제사람이 분명하지만, 근초고왕의 대방지역 점거 전후 시기에 한고조의 후손인 왕구가 백제로 이주하였고, 왕인이 왜로 건너간 무렵 백제와 국교를 맺게 된 집단은 구주의 왜정권이었던 것으로 보기도 한다.[49)

한편 영암출생설은 1932년 아오키 게이쇼[青木惠昇]가의 「왕인박사 동상 건설취지문」에서 처음 제기되고, 이병연의 『조선환여승람』(1937)의 명환조에 왕인이 실리면서 등장하였다. 아오키 게이쇼[青木惠昇] 취지문에서 '박사의 옛땅인 영암군 구림의 유적은 문헌에 전혀 나타나지 않고 구전될 뿐이니'라고 하여 구전이 있었음을 밝히고 있다. 또한 이병연은 영암군 성기동 조에 '백제 고이왕 때 박사 왕인이 이곳에서 태어났다. 신라 진덕왕 때 국사 도선이 이곳에서 태어난 이유로 성기동이라 말한다'라 하고, '명환조의 왕인' 항목에서는 왕인이 52세인 을사년에 일본에 사신으로 건너간 것으로 서술하였다.[50)

이러한 기록은 아오키 게이쇼[青木惠昇]의 언급으로부터 1930년대 구

---

47) 椎川龜五郎, 『日韓上古史ノ裏面』 하권, 東京 : 文王閣, 1910, 127~144쪽.
48) 이병도, 앞의 논문, 578쪽.
49) 문안식, 앞의 논문, 2003, 167~170쪽.
50) 김선희, 앞의 논문, 2012, 51~53쪽 재인용.

림리 일대에 왕인 관련 구전이 있었음을 반영하는데, 그러한 전승이 언제, 어떻게 발생하고 전승되었는지는 확인되지 않는다. 이에 왕인의 영암출생설은 영산포 본원사 주지인 일본 승려 아오키 게이쇼의 증언을 이병연이 『조선환여승람』(1937)에 실은 것으로서, 왕인이 일본에 건너간 시점을 고이왕 52년(285)으로 고정시킨 것은 왕인이 백제인이 될 수 없다는 역사적 모순을 보여주는 것이며, 아오키 게이쇼의 증언이 나오게 된 것은 일본 내의 왕인에 대한 논의 경향 곧 내선일체의 표징으로서 왕인을 내세우는 과정에서 등장한 것이라고 비판하기도 한다.[51]

그러나 최근에는 고고학적 자료를 중심으로 왕인은 영산강유역의 마지막 마한세력과 일본으로 이주하였던 마한계 세력과의 교류과정에서 도일하였을 가능성이 높은 것으로 보기도 한다.[52] 또한 왕인의 출생지가 구림으로 알려지게 된 것은, 선사시대 이래 전남 지역과 왜국은 매우 빈번한 왕래가 있었고, 구림의 상대포는 당시 사람들이 왜로 건너가는 중요한 포구 중의 하나로서 한성으로부터 남해안을 거쳐 가야·왜국으로 향하는 항로와 탐라로 가는 항로의 중간 기항지 역할을 한 때문으로 이해하기도 한다. 곧 왕인은 한성에서 출발하여 왜국으로 건너가기 위해 상대포에 도착하여 이 지역 해상세력의 도움을 받아 가야지역에 도착한 이후 왜국으로 건너갔다는 것이다. 이 때에 전남지역은 재지의 토착세력을 이용하여 간접지배하다가 4세기 후반에 복속되었는데, 대외교섭의 중간 기항지인 상대포와 같은 포구는 배후에서 반남세력을 감시할 수 있는 까닭에 직접 관할하였을 가능

---

51) 김선희, 위의 논문, 51~53쪽. 박균섭, 앞의 논문, 33~37쪽.
52) 임영진, 「왕인박사 탄생지에 대한 고고학적 검토」, 『왕인박사 연구』, 2012, 255쪽.

성이 있는 것으로 보기노 한다.[53)]

4. 맺음말 - 왕인박사 연구의 방향과 과제 -

　왕인박사에 대한 우리나라 기록은 조선시대에 일본과 교류 과정에서 나타나기 시작하였다. 신숙주의 『해동제국기』에서 보듯이 우리 문화를 일본에 전한 사실에 주목하여 왕인(王仁) 개인의 이름이 드러나지 않았다. 그러나 임란 직후 일본과 통교하는 과정에서 왕인의 이름이 우리 사서 특히 통신사들의 일지류나 견문록에 등장하게 되었다. 이러한 데는 사신이 상대국가의 정보를 획득한 임무를 띤 때문이라 할 수 있다. 그러한 정보들은 당시 일본에서의 왕인에 대한 연구나 인식을 보여주거니와, 일본에 문자를 전한 주체로서의 왕인은 『청장관전서』나 『해동역사』에 이르러 점차 연구 대상으로 위치지워졌다. 왕인은 일제에 의한 식민시기의 굴곡에 이용되기도 하였지만, 우리 민족에게는 몽매한 일본에 문자와 유학을 전달한 선조로서 기억되었다. 최근에 연구가 어느 정도 궤도에 오르면서 왕인이 일본에 건너간 시기 문제를 비롯하여 논어와 천자문의 유형, 왕인의 출자, 백제의 고대국가 발전과정상에 영산강 유역이 차지하는 위치, 고고학적인 발굴 성과의 정리 등이 이루어졌다. 이러한 성과에도 불구하고 왕인박사의 연구는 많은 과제를 안고 있다고 본다.

　첫째, 왕인이 일본에 파견된 시점에 대하여 문헌학적인 재검토가 필요

---

53) 문안식, 앞의 논문, 2003, 162~163쪽.

하다는 점을 들 수 있다. 언제 왕인이 일본에 건너갔는가 하는 것은 『고사기』와 『일본서기』, 『속일본기』가 모두 다르지만, 이에 따른 왕인과 아직기의 가계 문제, '길사'라는 명칭의 문제, 왕인 당시의 '박사'라는 명칭의 문제 등을 면밀하게 재검토할 필요가 있다. 특히 『속일본기』에 보이는 진손왕과 왕인의 후손들이 올린 상서는 일종의 가승을 기본으로 하여 작성된 것으로서, 이를 면밀히 분석 검토할 때에 왕인의 출자뿐만 아니라 일본에 건너간 시기 등을 분명하게 할 수 있으리라 기대한다. 『속일본기』에는,

'진이(辰爾)의 조(祖)가 백제 귀수왕(貴須王)의 손자인 진손왕(辰孫王)으로 응신천황(應神天皇) 때 내조(來朝)하였다'

고 하였다. 따라서 진손왕은 왕진이의 조상이 되고, 진손왕은 왕인과 별개의 가계를 이룬다고 할 수 있다. 또한 왕인을 한 고조의 후손이라 하였는데, 신라의 경우도 자신의 조상을 중국에 아화하는 경우가 있는 점을 고려할 필요가 있다고 본다. 왕진이가 귀수왕에게 연계되고 왕씨를 사용하였던 것 등을 미루어 볼 때에, 왕인의 경우도 본래 이름이 화이였는데 『속일본기』 단계에서 중국 성씨인 '왕'씨를 채용하였을 가능성이 없지 않다고 생각된다.

또한 왕인과 아직기가 지녔던 길사(吉師, きし)는 백제왕을 뜻하는 건길지(鞬吉支)의 길지와도 통하지만, 「신라 봉평리신라비」에 보이는 길지지(吉支智, 吉士)와도 통하는 것으로 풀이되고 있다. 신라의 길지지는 후일 중앙 관등 가운데 제14관등의 명칭이지만, 봉평비에서는 서인(書人)의 관등으로서 등장한다. 잘 알려진 백제의 16 관등체계 이전에 백제의 관등 체계에 대하여 전혀 연구된 바 없는 상황에서, 왕인이 지녔던 길사라는 직함은 백제

의 고관등제에 대한 새로운 실마리를 제공할 가능성이 많기 때문이다.

둘째, 왕인이 전하였다는 논어와 천자문의 전래에 대한 연구는 대체로 왕인이 언제 일본에 갔느냐에 따라 상황 논리적으로 전개되었던 것으로 여겨진다. 최근에 평양 정백동 364호분에 논어 죽간이 「낙랑군 초원4년(B.C. 45년) 현별 호구부」와 함께 발굴되었다. 이는 중국 하북성 정주(定州) 한묘(漢墓) 출토 『논어』 죽간(오봉 3년, B.C.55)과 형태와 문자가 동일한 것으로, 무제시기 유학의 관학화와 오경박사가 설치된 이래 선제·원제 시기 유가의 서적과 사상이 변경지역으로 확대된 것을 입증한 것이라 한다.[54] 이는 B.C. 45년 무렵 낙랑 지역에 논어가 유포되었음을 증거하거니와, 향후 김해와 인천에서 발견된 신라 논어 목간과 상호 비교하여, 왕인이 가지고 간 『논어』의 유형을 검토할 필요가 있다고 본다. 또한 신라 「임신서기석」은 진흥왕(眞興王) 13년(552)이나 진평왕(眞平王) 34년(612)에 작성된 것으로 추정되는데, 동 비문에 시(詩), 상서(尙書), 예기(禮記), 춘추전(春秋傳) 등의 명칭이 보이거니와, 이와 관련하여 일본 중세 학자들이 왕인·아직기가 가져간 경서 가운데 『역경(易經)』·『효경(孝經)』·『산해경(山海經)』이 포함되었다고 주장한 근거를 면밀하게 검토할 필요가 있으리라 본다. 이는 백제·신라에서의 경서 연구를 살필 수 있는 또다른 실마리가 될 수 있으리라 생각되기 때문이다.

셋째, 왕인의 출자와 관련하여 왕인 전승에 대한 자료 조사가 필요하다는 생각이다. 사실 왕인의 어머니가 오이를 먹고 왕인을 낳았다는 전승은

---

54) 이성시·윤용구·김경호, 「평양 정백동364호분 출토 죽간 논어에 대하여」, 『목간과 문자』 4, 2009, 162쪽.

도선국사의 전승과 동일하다. 이는 『신증동국여지승람』이나 『여지도서』에도 실려 있지만, 최유청이 찬술한 「해동 백계산 옥룡사 증시 선각국사(贈諡 先覺國師) 비문 병서」(1173)에서 기원한다. 동 비문에,

'스님의 휘는 도선(道詵)이요, 속성은 김씨이며, 신라국 영암 출신이다. ···어머니는 강씨(姜氏)니, 어느 날 밤 꿈에 어떤 사람이 명주(明珠) 한 개를 건네 주면서 삼키라고 하였다. 이로 인하여 임신하여 만삭이 되도록 오신채(五辛菜)와 누린내 나는 육류(肉類)는 일체 먹지 아니하고 오직 독경과 염불로써 불사(佛事)에 지극하였다.'

는 기록이, 그리고 「월출산도갑사 도선국사 수미대선사비명(月出山道岬寺 道詵國師 守眉大禪師碑銘)」(1653)에는,

'국사의 휘는 도선(道詵)이니 신라의 낭주(朗州) 사람이다. 어머니는 최씨(崔氏)니 영암(靈岩)의 성기산(聖起山) 벽촌(僻村)에서 진덕왕의 말년에 태어났다. 어머니가 겨울철 강가에서 빨래를 하다가 떠내려오는 오이를 건져 먹고 임신하여 준수(俊秀)한 아들을 낳았으니, ··· 신비하게도 낳자 마자 숲속에 갖다 버린 아이를 비둘기가 날개로 보호하였고, 신령스러운 독수리가 날개를 펼쳐 아이를 덮어 보호하였다. 일찍이 월남사(月南寺)로 가서 불경(佛經 : 貝葉)을 배웠다. 그리고 무상(舞象)하는 나이가 되기 전에 사신(使臣)을 따라 중국으로 가서 호위(胡渭)가 지은 우공(禹貢)의 산천설(山川說)에 따라 두루 살펴보고 당가(唐家)의 문물(文物)을 익혔다.'

는 구절로 변화가 있다. 사실 성기산(聖起山)이란 이름은 『신증동국여지승람』에도 보이지 않다가 도갑사 도선국사비에서 처음으로 등장하거니와, 성기리란 명칭은 『신증동국여지승람』이 완성된 1530년(중종 25) 이후부터 「도갑사 도선국사비」가 건립된 1653년 사이에 등장한 이름으로 보아야 할 듯하다. 특히 구비 전승의 경우 시간의 흐름에 따라 여러 화소를 담게 되므로 이를 판별하고 분석해 내는 작업이 면밀히 진행되어야 하리라 생각한다.

넷째, 백제가 고대 국가로 성장하는 과정에서 영산강이 차지하는 위치의 문제이다. 이는 영산강 유역의 고고학적인 특성을 밝히는 것도 필요하지만 이를 문헌과 어떻게 연결하여 이해하느냐의 문제이기도 하다. 문헌상 전라도 지역은 근초고왕대에 백제의 영역에 포함된 것으로 나타나는데, 고고학적으로는 대형 옹관묘로 대표되는 독자적인 세력이 존재한 것으로 나타난다. 이를 어떻게 이해하느냐 하는 것은 우리 학계의 숙제이지만, 백제의 고대 국가 발전 과정을 해결하는 열쇠이기도 하다. 왕인이 일본에 건너간 때는 한성 백제시대라는 점에서, 영산강 유역이 가지는 정치·사회적 의미, 그리고 가야·신라와의 관계 등을 함께 검토할 필요가 있다. 특히 동아시아 세계에 있어서 사신의 내왕은 『주례』에 입각한 의례를 필요로 한다는 점도 유념할 필요가 있다. 곧 사신으로 파견되는 이는 반드시 국왕을 알현하여 사명을 받은 다음 출발해야 하고, 모든 포구가 국외로 출발하는 선박의 출입항은 아니라는 점을 유념해야 할 듯하다. 사실 나주의 회진은 신라 시대의 대당 출입항으로서 기능하였다. 그러한 점에서 나주 회진과 상대포의 관계 등도 재검토할 필요가 있다고 본다.

이제 왕인박사 연구는 새로운 단계에 이르렀다고 할 수 있다. 최초에 삼국 문화의 일본 전파라는 관점에서 시작한 연구는, 본격적으로 왕인에 집중된 연구로 변하였고, 이제는 좀 더 세부적인 연구와 함께 폭넓은 시각에서 왕인문제를 다룰 필요가 있다고 본다. 그동안 다른 연구 과제에 비하여 많지는 않지만 왕인박사 연구가 꾸준히 진행된 데는, 전라남도와 (사)왕인박사현창협회의 노력 때문이라 생각한다. 이러한 노력이 지속될 때 왕인박사의 현대적 의미가 부각될 수 있으리라 생각한다.

【참고문헌】

1. 자료

『古事記』『續日本記』『日本書紀』『東史綱目』『林下筆記』『扶桑錄』『宣祖實錄』『星湖僿說』『五洲衍文長箋散稿』『阮堂集』『日東記游』『日槎集略』『青莊館全書』『海東繹史』『海東諸國記』『海遊錄』『海槎日記』

『개벽』 14(1921. 8. 1.)
『개벽』 23(1922. 5. 1.)
『대동학회월보』 제3호(1908. 4. 25.)
『동아일보』(1938. 5. 9.)
『동아일보』(1940. 4. 17. 4. 21.)
『동아일보』(1940. 8. 8.)
『조선일보』(1938. 5. 8.)
『조선일보』 1940. 4. 17·21
『조선일보』 1987년 9월 26일

2. 논저

經濟聯盟總裁 公爵 一條實孝, 「王仁博士의 偉績」(『삼천리』 제12권 제8호, 1940. 9. 1.)
김선희, 「근대 왕인 전승의 변용양상에 대한 고찰」, 『일본문화연구』 41, 2012.
김선희, 「전근대 왕인 전승의 형성과 수용」, 『일본문화연구』 39, 2011.
金漢卿, 「共同運命에의 結合과 그 還元論」(『삼천리』 제12권 제3호, 1940. 3. 1).

류승국, 「왕인박사에 대한 문헌적 고증」, 『왕인박사연구』(박광순 외, 주류성, 2012).

문안식, 「왕인의 渡倭와 상대포의 해양 교류사적 위상」, 『한국고대사연구』 31, 2003.

박광순, 「왕인박사의 도일시기와 경로」, 『왕인박사연구』(박광순 외, 주류성, 2012).

박균섭, 「왕인 관련 사료와 전승 검토」, 『한국교육사학』 34-2, 2012.

朴鍾鴻, 「朝鮮美術의 史的 考察-(第2回)」(『개벽』 23, 1922. 5. 1).

石蘇 李東初, 「變遷」(『대한학회월보』 제2호, 1908. 3. 25.)

안춘근, 「왕인박사 일본전수 천자문 고구」, 『출판학연구』 33-10, 1991.

이근우, 「왕인의 천자문·논어 일본전수설 재검토」, 『역비논단』 69, 2004.

이병도, 「백제학술 및 기술의 일본전파」, 『한국고대사연구』, 박영사, 1976.

이성시·윤용구·김경호, 「평양 정백동364호분 출토 죽간 논어에 대하여」, 『목간과 문자』 4, 2009.

一惺子, 「我韓教育歷史(아한교육력사)」(『서우』 제16호, 1908. 3. 1).

임영진, 「왕인박사 탄생지에 대한 고고학적 검토」, 『왕인박사연구』(박광순 외, 주류성, 2012).

朱仁夫, 「儒學對日本之影響」, 『東亞人文學』 10, 2006.

秋醒子, 「我國古代文明의 流出(아국고대문명의 류출)」(『서북학회월보』 제17호, 1909. 11. 1).

玄采, 『반만년조선역사』, 1928.

黃義敦, 「世界中 最初의 物質不滅論者 徐敬德先生, 朝鮮 十大偉人 紹介의 其一」(『개벽』 14, 1921. 8. 1).

※ 이 논문은 『왕인박사에 대한 교육의 현황과 개선방향』(전라남도·사단법인 왕인박사현창협회, 2014년 12월)에 실린 글을 수정·보완한 것임.

제3장

일본의 역사서와 연구물에 그려진 왕인박사

나행주_ 건국대학교 교수

1. 머리말
2. 왕인 관련 문헌 및 연구서
3. 왕인 후예 씨족
4. 맺음말

1. 머리말

일본 역사에 나오는 인물 가운데 왕인박사의 경우만큼 사적(문헌상)으로 커다란 족적을 남긴 인물도 흔치 않을 것이다. 동아시아의 동쪽 가장자리에 위치한 미개의 일본열도에 '미개에서 문명으로'의 전환점에 바로 왕인박사가 위치한다. 무엇보다도 역사시대의 시작이자 문명화에 필수불가결한 요소가 바로 문자(기록)인데, 천자문(千字文)으로 대표·상징되는 중국의 한자문화를 일본열도에 전한 문자문화의 전수자가 바로 왕인박사이기 때문이다. 또한 고도의 정치철학·지배이념이자 학문·사상인 논어(論語)로 대표되는 유교·유학과 학문의 시조, 왜국의 왕자·왕재교육을 담당한 학자·교육자, 와카[和歌]로 대표되는 일본문학의 개조라 할 수 있는 와카[和歌]의 아버지, 일본고대의 최고 지식인·교양인이자 전근대 일본사상의 현인 가운데 한 사람(『전현고실(前賢故實)』)으로 추앙되는 등 실로 다종다양한 평가를 받는 인물이 바로 이곳 영암 출신의 왕인박사이다.

그렇다면 왕인박사에 관한 이렇듯 다양하고 높은 평가는 어디에서 유래하는 것일까? 물론 일본의 고전 특히 일본 최초의 역사기록인 『고사기(古事記)』와 일본 최초의 관찬사서인 『일본서기(日本書紀)』를 비롯한 6국사 및 각종 문헌에 그 근거를 두고 있음은 말할 나위가 없다.

앞서 본 왕인박사에 관한 평가의 전거가 되는 가장 기본적인 고대의 문헌·사료로서는 『고사기』(712년), 『일본서기』(720년), 『속일본기(續日本紀)』(797년), 『신찬성씨록(新撰姓氏錄)』(815년), 행기(行基)스님의 묘지명인 〈대승정사리병기(大僧正舍利瓶記)〉(751년), 『회풍조(懷風藻)』(751년), 『고어습유(古語拾遺)』(807년), 『일본영이기(日本靈異記)』(822년), 『고금화가집(古今和歌集)』(905년), 『양로율령(養老律令)』(718년)·『영의해(令義解)』(833년)·『연희식(延喜式)』(927년), 『서림사연기(西琳寺緣起)』(1271년) 등을 들 수 있다. 즉, 이들 문헌을 통해 왕인박사의 도왜(일)의 시기와 그 배경, 출자, 왜국 내에서의 구체적인 활동과 역할, 그 후예들의 왜 왕권에서의 직장, 후예(분파)씨족의 구성 및 역할 등에 관해 알 수 있다.

이후 근세(에도시대)에 이르러서도 주자학의 본격적인 도입과 함께 왕인박사에 관해 언급한 문헌이 다수 나타나는데, 이러한 후대의 문헌들은 대체로 상기한 고대의 제 문헌을 그 전거로 하고 있다고 할 수 있다. 대표적인 문헌으로 에도시대에 편찬된 백과사전인 『왜한삼재도회(倭漢三才圖會[和漢三才圖會])』(寺島良安, 1712년)나 『이칭일본전(異稱日本傳)』(松下見林, 1688년), 『전현고실(前賢故實)』(에도시대 말[1818]~메이지 초[1868], 최초로 왕인의 초상화를 수록하고 있음), 『섭진명소도회(攝津名所圖會)』(秋里離島,

1796~1798년) 『화천명소도회(和泉名所圖會)』(秋里離島, 1796년), 왕인박사 관련 묘, 신사·사당 등에 관한 기록이 보이는 『오기내지(五畿內志)』(竝河誠所, 1729~1733년), 『조래집(徂徠集)』(荻生徂徠〈1666~1728〉, 불명), 『효경범례(孝經凡例)』(河村益根, 18세기후반·1814년 이전), 『시학침예(詩學鍼炳)』(高志泉冥, 1747년) 등을 들 수 있다.

여기서는 ① 왕인 관련 문헌 가운데 근세 이전 시기에 출현한 고대문헌을 중심으로 그 내용을 순서대로 살펴보고, ② 왕인 후예 씨족, 즉 왕인박사에서 비롯되어 점차 분기·분파된 후예 씨족들에 대해 확인한 다음, ③ 장래의 종합적인 왕인박사 관련 연구를 위한 기초적인 작업의 하나라 할 수 있는 왕인 후예 씨족들에 대한 추구, 특히 종래 일본의 역사학계에서 왜국의 토착·재지호족으로 이해되어 왔던, 천황가에 다수의 후비(9명)를 제공한 대표적인 외척세력이자 다른 한편으로 견수사(遣隋使) 오노노 이모코[小野妹子]로 상징되는 고대일본의 대외외교를 주관한 중심 씨족인 화이(와니, 한자 표기는 和邇·和爾·和珥·和仁·王爾·丸·鰐 등으로 다양하게 나타남)씨 집안과 왕인박사와의 구체적인 관련성을 추구해 보기로 한다.

2. 왕인 관련 문헌 및 연구서

1) 고사기와 일본서기

일본고대 국가의 공식적인 역사기록인 『고사기』와 『일본서기』에는 왕인박사에 대한 최초이자 최고(最古)의 기록으로서 왕인의 도왜(도일) 배경과 그 구체적 시기, 왜국에 전한 선진문물 및 인적자원의 내용, 왜국에서의 활동내용, 그리고 후예 씨족명 등을 전하고 있다.

우선, 관련 사료의 내용(원문과 해석)을 제시하면 다음과 같다.

[1-1] 고사기

亦百済国主照古王、以牡馬一疋·牝馬一匹、付阿知吉師以貢上。〈此阿知吉師者、阿直氏等之祖。〉亦貢上横刀及大鏡。又科賜百済国、若有賢人者、貢上。故、受命以貢上人、名和邇吉師、即論語十巻·千字文一巻、并十一巻、付是人即貢進。〈此和邇吉師者、文首等祖。〉

又、貢上手人韓鍛、名卓素、亦呉服西素二人也。(『古事記』中巻 応神天皇段5)

又秦造之祖, 漢直之祖, 及知醸酒人, 名仁番, 亦名須須許理等参渡來也. (『古事記』中巻 応神天皇段5)

또한 백제국주 조고왕(照古王)이 수말 1필과 암말 1필을 아지길사(阿知吉師)를 보내어 바쳤다[阿知吉師라는 자는 아직사(阿直史) 등의 조상이다]. 또 칼 및 큰 거울을 바쳤다. 또 백제국에 만약 현인이 있으면 바칠 것을 명하였다. 이에 명을 받들어 화이길사(和邇吉師)를 보내고, 이 사람에 딸려 논어 10권, 천자문 1권 등 모두 11권을 바쳤다[和邇吉師란 사람은 문수(文首; 후미노오비토)의 조상이다]. 또한 제철 기술자인 탁소(卓素)와 직물기술자인 서소(西素) 두 사람을 바쳤다.(『고사기』 중권 응신천황단5)

[1-2] 일본서기

① 十五年秋八月壬戌朔丁卯, 百濟王遣阿直伎, 貢良馬二匹. 即養於輕坂上廄. 因以阿直岐令掌飼. 故號其養馬之處, 曰廄坂也. 阿直岐亦

能讀經典. 即太子菟道稚郎子師焉. 於是, 天皇問阿直岐曰, 如勝汝博士亦有耶. 對曰, 有王仁者. 是秀也. 時遣上毛野君祖, 荒田別 · 巫別於百濟, 仍徵王仁也. 其阿直岐者, 阿直岐史之始祖也.(『日本書紀』應神紀 15년 8월조)

① 15년(404) 가을 8월 임술삭 정묘. 백제왕(百濟王)이 아직기(阿直伎)를 파견하여 양마(良馬) 두 마리를 바쳤다. 이에 가루[輕]의 언덕 위의 마굿간에서 기르게 하였다. 그리하여 아직기(阿直伎)로 하여금 말먹이는 일을 관장하게 하였다. 그러므로 그 말을 기른 곳을 일러 구판(廐坂, 우마야사카)이라고 한다. 아직기(阿直岐)는 또한 경전(經典)도 잘 읽어서 태자(太子) 토도치랑자(菟道稚郎子, 우지노와키이라쓰코)의 스승으로 삼았다. 이에 천황(天皇)이 아직기(阿直岐)에게 묻기를, "그대보다도 뛰어난 박사(博士)가 또 있는가?"라고 하였다. 대답하기를, "왕인(王仁)이란 사람이 있습니다. 이분이 아주 뛰어납니다."라고 하였다. 이에 상모야군(上毛野君, 가미쓰케노노키미)의 선조인 황전별(荒田別, 아라타와케)과 무별(巫別, 가무나키와케)을 백제(百濟)에 보내어 왕인(王仁)을 불러오게 하였다. 아직기(阿直岐)는 아직기사(阿直岐史, 아치키노후비토)의 시조(始祖)이다.(『일본서기』 응신천황 15월 8월조)

② 十六年春二月, 王仁來之. 則太子菟道稚郎子師之. 習諸典籍於王仁. 莫不通達. 所謂王仁者, 是書首等之始祖也.(『日本書紀』 應神紀 16-2)

② 16년(405) 봄 2월. 왕인(王仁)이 오니, 태자(太子) 토도치랑자(菟道稚郞子, 우지노와키이라쓰코)가 그를 스승으로 삼았다. 여러 전적(典籍)을 왕인(王仁)에게서 배워 통달(通達)하지 못한 것이 없었다. 이른바 왕인(王仁)은 바로 서수(書首, 후미노오비토) 등의 시조(始祖)이다.(『일본서기』 응신천황 16년 2월조)

[1-3] 속일본기

① 『続日本紀』延曆十年(七九一)四月戊戌《八》

最弟等言。漢高帝之後曰鸞。鸞之後王狗轉至百濟。百濟久素王時。聖朝遣使徵召文人。久素王即以狗孫王仁貢焉。是文。武生等之祖也。於是最弟及眞象等八人賜姓宿祢。

① 『속일본기』 연력 10년(791) 4월 8일조

모오토[最弟] 등이 말하길, "한고제(漢高帝)의 후손을 란(鸞)이라고 하고, 란(鸞)의 후손인 왕구(王狗) 때 백제로 옮겨 갔습니다. 백제 구소왕(久素王)[1] 때, 성조(聖朝)가 사자를 보내어 문인(文人)을 초빙하고자 하자, 구소왕은 왕구(王狗)의 손자(자손)[2]인 왕인(王仁)을 보내었습니다. 이는 후미 씨[文氏]·다케후 씨[武生氏] 등의 선조입니다"라고 상주하였다. 이에 모오토[最弟] 및 마

---

1) 귀수왕, 근구수왕(재위 375~383)이라고도 한다.
2) 원문 '狗孫王仁'의 孫은 자손의 의미 혹은 손자의 의미로 이해되나, 여기서는 사료② 중의 '其孫辰孫王'과 같은 필법으로 간주해 손자의 의미가 더 타당하다고 여겨진다.

카타[眞象] 등 8명에게 스쿠네[宿祢]라는 가바네[姓]를 하사하였다.

② 『続日本紀』延暦九年(七九〇)七月辛巳《乙丑朔十七》

其後輕嶋豊明朝御宇應神天皇。命上毛野氏遠祖荒田別。使於百濟搜聘有識者。國主貴須王恭奉使旨。擇採宗族。遣其孫辰孫王〈一名智宗王〉隨使入朝。天皇嘉焉。特加寵命。以爲皇太子之師矣。於是。始傳書籍。大闡儒風。文教之興。誠在於此。

② 『속일본기』 연력9년(790)7월 17일조

그 후 가루시마노토요아키라조[輕嶋豊明朝]에서 천하를 다스린 오진 천황[應神天皇]은 가미츠케노 씨[上毛野氏]의 먼 조상인 아라타와케[荒田別]에게 명하여, 백제에 사자로 가서 유식자(지식인)를 초빙해 오게 하였습니다. 국주(國主)인 귀수왕은 삼가 사자의 뜻을 받아들여, 종족(宗族) 중에서 인재를 골라, 그 손자인 진손왕(辰孫王)[3]〈분주: 일명(一名) 지종왕(智宗王)〉을 파견하여, 사자를 따라 입조(入朝)하게 하였습니다. 천황은 이를 기뻐하며, 특히 총애를 하여 황태자의 스승으로 삼았습니다. 이에 처음으로 서적(書籍)이 전하여졌으며, 크게 유학(儒學)의 기풍을 밝히게 되었습니다. 문교(文教)의 발흥은 실로 여기에서 출발합니다.

---

3) 『일본서기』에는 이 이름은 보이지 않고 해당 인물로서 왕인(王仁)이 나온다. 이 진손왕(辰孫王) 전승은 왕인후예들과 동족을 칭하는 왕진이 후예들이(船씨, 津씨, 葛井씨) 훗날 왕인 전승을 모방하여 만든 작문으로 이해된다.

우선 위에 제시한 『고사기』와 『일본서기』의 내용을 하나로 정리해 보면, 백제의 조고왕(照古王=근초고왕)이 阿知吉師(阿直岐)를 파견하여 암수 말 각 1필(양마 2필)과 칼 및 거울을 바쳤고, 이 말을 경도(輕嶋)의 언덕 위 마굿간(輕坂上廐)에서 사육하게 하였다는 점, 유교 경전에 능한 아직기가 당시의 태자 토도치랑자의 유학 스승이 되었다는 점, 阿知吉師(阿直岐)는 阿直岐史의 조상이라는 점, 아직기가 和邇吉師(王仁)를 추천해 다음 해인 응신 16년(405) 2월에 왕인박사가 백제에서 건너와 태자의 새로운 스승이 되었다는 점, 왕인박사가 천자문 1권과 논어 10권을 일본에 전했다는 점, 和邇吉師(王仁)는 文首(書首) 등의 선조가 되었다는 점, 왕인박사의 도왜 때 제철과 직물 방면의 수공업 기술자가 함께 동행을 하였다는 점 등을 전하고 있다.

이상의 내용은 앞서 머리말에서 언급한 왕인박사에 대한 다양하고 높은 평가(예를 들면, 중국의 한자문화를 전한 문자문화·선진문화의 전수자, 유교·유학과 학문의 시조, 왜국의 왕자·왕재 교육을 담당한 학자·교육자, 일본 고대의 최고 지식인·교양인 등)와 밀접하게 관련되어 있다. 즉 일본에서의 왕인박사에 대한 높은 평가는 이 기기(記紀)의 내용을 그 전거·전제로 삼는다. 나아가 이러한 평가는 『속일본기』에 보이는 왕인 후예 및 동족 씨족들의 인식과도 공통되고 있으며, 아울러 이는 왕인 후예 씨족들의 주관적 평가가 아닌 당시 일본 조정의 공식적인 평가라 할 수 있는 것이다. 즉 "왕인박사에 이르러 왜국에 처음으로 서적(書籍)이 전해졌으며, 크게 유학(儒學)의 기풍을 밝히게 되었고, 문교(文教)의 발흥이 실로 여기에서 출발하였다"고 할 수 있다. 왜국(일본)의 문화·학문·학술의 성립·발전상에 있어서 왕인박사가 차지하는 위상은 실로 크다고 할 수 있다.

그런데 기기(記紀)가 전하는 양자의 전승 사이에는 왕인박사의 인명 표기 및 구체적인 도래 시기의 문제 등에 있어서 약간의 차이점이 발견된다.

이를 간단히 표로 정리해 보면 다음과 같다.

기기記紀의 왕인 관련 사항 비교표

	고사기(記)	일본서기(紀)	속일본기①·②	행기 묘지명
인명	和邇吉師	王仁 [*신찬성씨록, 고어습유, 회풍조 등도 王仁]	①王仁(王狗의 손자) ②辰孫王(智宗王, 귀수왕 손자)	王爾(백제왕자)
도래 시기	照古王(근초고왕)	응신16년	①久素王(근구수왕) ②貴須王(동)	
직장 및 역할	현인	博士 왕자의 스승, 경전의 교습	①文人 ②有識者· 皇太子之師	
후예 씨족	文首씨 등	書首씨 등	①文氏· 武生氏 등	高志씨[*신찬성씨록은 古志씨]
동반·전래한 人·物	논어10권·천자문1권, 제철기술자 탁소(卓素)·직물기술자 서소(西素)		②書籍	

우선 인명 표기상의 차이를 보면 『고사기』는 和邇吉師, 『일본서기』는 王仁으로 표기되어 있다. 양자의 차이에 대해서 결론적으로 말하면(상세하게는 후술), 전자는 한국식('화'는 성, '이'는 이름), 후자는 중국식('왕'은 성, '인'은 이름)으로 표기한 것으로 이해되는데, 일본식(일본음) 이름으로는 모두 '와니'(그 한자표기는 和邇, 和爾, 和珥, 和仁, 王爾, 丸爾, 丸, 鰐 등 매우 다양하게 나타남)이다.

아울러 왕인박사의 후예 씨족인 文(書)씨, 馬씨(후의 武生씨), 藏(倉)씨 등 남계가 칭하는 씨명은, 아직기의 경우에 있어 그 씨명이 그대로 자신의 후손들에게 전해진 것[4]과는 상당한 차이를 보이고 있는 점에 특징이 있다. 즉, 文(書), 馬(후의 武生), 藏(倉) 등 왕인박사의 직계(남계) 후예 씨족들의 씨명은 그 선조인 왕인박사의 성씨와는 무관한 왜 왕권 내의 직장·직무와 관련해 붙여진 것이며, 이에 대해 화이=왕인=와니의 경우는 왕인박사 본인 및 여계(딸 집안)를 칭하는 씨명으로 전승된 것으로 추측된다.

다음으로 아직기와 왕인의 도래 시기에 대하여 『고사기』는 백제 근초고왕 때, 『일본서기』는 백제의 전지왕 대에 해당하는 왜국의 응신천황 대의 일로 전하고 있다. 즉 『고사기』와 『일본서기』의 기사에 따르면, 아지길사(아직기)와 화이길사(왕인)가 조고왕 즉 근초고왕 때(『고사기』) 혹은 응신천황 16년 즉 405년을 전후해(『일본서기』) 거의 같은 시기에 왜국에 파견되어 온 것으로 이해할 수 있다. 그러나 이는 기기(記紀)의 최종적인 편찬 단계에서 왕인의 도왜(일) 사실을 아직기와 관련시켜 일괄적으로 정리한 결과이고, 어디까지나 아직기와 왕인의 도래 시기는 시간상 일정한 간격이 있는 것으로 이해하지 않으면 안 된다.

무엇보다도 아직기의 경우 도왜 때, 말 두 마리 증여뿐만 아니라 칼과 거울을 가지고 온 것으로 전하고 있는데, 『고사기』에서 말하는 거울과 칼은 다름 아닌 『일본서기』 신공기 52년(372)조에 보이는 칠지도와 칠자경의 증여[5]와도 밀접하게 관련되어 있다고 이해되기 때문이다. 따라서 아직기의

---

4) 이러한 사실은 그의 후손들에 대해 『일본서기』 천무기 12년 10월조에 '阿直岐史'가 보이고, 『신찬성씨록』 우경 제번하에 백제인으로서 '安勅連'이 보이고 있는 점에서 확인된다.

5) 『일본서기』 신공기 52년 9월조. '五十二年秋九月丁卯朔丙子, 久氐等從千熊長彦詣之. 則獻七枝刀一口·七子鏡一面, 及種種重寶.'

경우는 백제의 근초고왕~근구수왕 시대, 일본의 신공황후의 시대에 도왜
한 것으로 이해된다.

한편 기기가 화이길사(왕인)의 도래를 아지길사(아직기)와 관련시켜 일
괄적으로 정리한 결과, 양자가 거의 같은 시기에 도왜한 것으로 되어 있으
나, 실제에 있어서는 먼저 근초고왕·근구수왕 때에 아직기가 파견되었고,
그 후에 아신왕 때의 전지(직지) 파견(397년)[6] 이후~전지왕 즉위(405년)를
전후한 시기에 왕인이 도왜한 것으로 이해하는 것이 더 타당하지 않을까
생각된다.

상식적으로 생각하더라도, 백제에서 404년[7]에 파견된 지식인으로서 당
시의 왜국에서 태자의 스승으로 삼을 정도로 경서에 능한 학자 아직기를
대신해서, 왜 왕권이 곧바로 아직기보다 더 뛰어난 인물을 필요로 하여 박
사인 왕인을 초청했다는 내용도 쉽게 납득이 되지 않는다. 더욱이 당시의
교통 사정 등을 감안할 때, 왜국 측의 견사와 박사 왕인의 파견 요청(404년
8월), 백제 측의 준비과정, 왕인의 도왜(405년 2월)라고 하는 일련의 과정
이 6개월이라는 단시간에 이루어졌다고는 쉽게 상상할 수 없기 때문이다.

또한 사료 [1-3]의 『속일본기』의 관련 기사를 살펴보면, 더 구체적인 양
자의 도래 시기가 나타나 있다. 아직기의 도래 시기를 조고왕(근초고왕)代

---

6) 『삼국사기』 백제본기 아신왕 6년5월조. '王與倭國結好, 以太子腆支爲質.' 아울러
전지(직지)의 왜국행에 관련해서 광개토왕비문 영락9년(399)조에도 '與倭和通'이
라 전하고 있다.

7) 『일본서기』 응신기 15년8월조에 아직기의 도래를 전하고 있는데, 이는 『일본서
기』의 기년으로는 284년에 해당하나, 통설에 따르면 실제의 연대는 2주갑(120
년)을 내린 404년에 상당한다.

(재위 346~373)로 전하고 있는 『고사기』에 대해, 『속일본기』(연력10년 (791) 4월 8일조의 最弟의 상표문)[8]에는 왕인 후예 자신들의 주장으로서 왕인의 도왜를 구소왕(久素王=근구수왕)대(재위 375~383)의 일로 전하고 있다. 즉 『속일본기』에서는 왕인의 도래 시기를 백제 근초고왕 때가 아니라, 그의 아들인 구소왕=근구수왕대라 말하고 있는 것이다. 결국 아직기와 왕인박사의 도일 시기는 각각 백제 근초고왕 때와 근구수왕 때로 차이가 있는 것이다.

한편 왕인박사의 도왜가 근초고왕대가 아님은 왕인 후예 씨족들(文·藏·武生씨)과 지연적·문화적 인연에 의해 오랫동안 동족 관계를 형성해 온 왕진이의 후예 씨족(船·葛井·津씨)[9]인 백제왕인정(仁貞)·津連眞道 등의 790년의 상표(『속일본기』연력 9년(790) 7월조)[10]에 의해서도 확인되는데, 그에 따르면 백제의 귀수왕(貴須王=근구수왕)의 손자에 해당하는 진손왕(辰孫王)이 응신조에 도래하였다고 전하고 있다. 결국 진손왕의 파견을 일본의 응신천황 때라 말하고 있는 것이다. 아울러 백제왕인정 등의 상표문에서 말하는 귀수왕의 손자인 진손왕은 다름 아닌 文씨들이(文忌寸最弟·武生連眞象) 말하는 왕구의 손자인 왕인에 대응하는 인물이다. 진손왕은 즉 왕인을 말하고 있다. 따라서 왕인의 도왜는 적어도 백제 근구수왕의 말년 이후 시기, 더욱이 귀수왕=근구수왕의 손자에 해당하는 인물이 파견되었다는 점을 감안하면, 왕인=진손왕의 실제 파견은 침류왕이나 아신왕 대의 일로 생각하지 않으면 안 된다.

---

8) 전게 사료 [1-3]의 ①참조.
9) 양자의 동족관계 형성과정에 대해서는 井上光貞, 1982[초출은 1943] 참조.
10) 전게 사료 [1-3]의 ②참조.

참고로 일본의 사서에 나타난 백제 왕명의 표기와 삼국사기의 백세왕 순서를 대응시켜 나타내면 다음과 같다. 즉 초고(肖古)·조고왕(照古王)=근초고왕→귀수(貴首)·구소왕(久素王)=근구수왕→침류(沈流)=침류왕→아화(阿華)=아신왕→직지(直支)=전지왕이다.

이상을 통해서 아직기와 그의 추천으로 파견된 왕인박사의 구체적인 도왜(일) 시기는 서로 차이가 있다고 여겨지며, 아직기의 경우는 근초고왕~근구수왕대, 왕인박사의 경우는 아신왕대 이후(특히 397년 전지의 왜국 파견 이후)의 시기에 왜국에 이른 것으로 생각된다. 적어도 양자의 도왜(일)는 한 세대 이상의 시간적 간격을 두고 이루어진 것으로 이해하는 것이 역사적 사실에 더 적합할 것이다. 결론적으로 왕인박사의 왜국(일본) 파견 시기는 백제 전지왕 즉위 직후인 405년에 이루어진 것으로 생각된다.[11]

그런데 근대에 들어 일본에서의 근대 역사학의 성립과 함께 『고사기』와 『일본서기』에 대한 연구가 본격적으로 진행되면서 왕인박사에 관한 연구도 이와 함께 행해졌다. 근세 시기(에도시대)의 유학자들에 의한 왕인박사에 대한 적극적인 평가[12]와는 달리, 합리주의를 표방하는 쓰다 소키치[津田左右吉, 1924] 이래의 역사학 연구[특히 기기(記紀)에 대한 철저한 비판]에서는 왕인에 대한 이해에 있어서도 비판적인 견해가 제기되고 있다고 할 수 있다.

이에 관한 자세한 검토는 후일을 기하기로 하고, 여기서는 왕인을 둘러

---

11) 왕인박사의 구체적인 도왜시기와 경로에 대해서는 박광순, 2012, 「왕인박사의 도일시기와 경로」, 『왕인박사연구』 참조.
12) 에도시대 유학자들의 왕인박사에 대한 평가와 관련해서는 김선희, 2011, 「전근대 왕인 전승의 형성과 수용」, 『일본문화연구』 39 참조.

싼 이해 가운데 가장 핵심적인 문제라 할 수 있는 왕인박사의 존재 자체를 둘러싼 이해에 대해 언급하는데 그치고자 한다.

현재 왕인박사를 역사적 존재 즉 실존 인물로 이해하는 실재설이 있는가 하면, 한편으로 왕인의 역사적 실재 자체를 부정하는 부정론(창작설)이 존재(大橋信也, 2005, 이근우, 2004 등)하고 있다. 후자의 경우 왕인=왕진이설 즉 왕인은 후대의 왕진이가 모델이 되어 만들어진 인물에 지나지 않는다는 것이다. 즉 왕인이라는 인물은 선(船)씨의 조상인 왕진이(王辰爾)라는 6세기의 실존 인물을 모델로 선씨 후예 및 그 일족이 후대에 만들어낸 인물로 이해한다. 그리고 이러한 왕인의 실재를 부정하는 논자의 경우, 대체로 왕인이 왜국(일본)에 전래한 논어 10권과 천자문 1권에 대한 부정적인 이해를 전제로 하고 있다. 특히 왕인에 의한 천자문의 전래를 역사적 사실로 인정하지 않는 경향이 강하다.

그런데 왕인의 실재를 인정하지 않는 부정론의 최대 근거인 천자문의 존재에 대해서는 왕인박사보다 후대에 나온 중국 양나라 주흥사(周興嗣, 470?~521)의 천자문을 전제로 하는 이해가 일반적이다.

그러나 이러한 견해는 결코 타당한 이해라 할 수 없다. 논어의 권수 문제나 천자문의 존재에 대해서는 다른 이해도 충분히 가능하며, 무엇보다도 왕인이 왜국으로 파견되기 이전 시기에 이미 다른 종류의 천자문이 존재했기 때문이다. 즉 주흥사의 천자문 이전에 위나라 사람인 종요(鍾繇, 151~230)의 천자문이 존재하고 있었음이 분명하며(이병도, 1976), 그 존재가 이미 확인되고 있는 것이다(박광순, 2012 등). 따라서 주흥사의 천자문을 전제로 왕인의 실재성을 의문시하는 이해는 더 이상 성립할 여지가 없다고 할 수 있다.

2) 내승정사리병기(행기묘지명)·속일본기·신찬성씨록

다음으로 왕인 관련 문헌으로서 일본의 관찬 사서인 6국사 가운데 『일본서기』에 이은 두 번째 편찬 사서인 『속일본기』, 고대 왕경과 기내(畿內) 지역에 거주하는 귀족(지배자집단)의 출자를 황별, 신별, 제번(번별)의 3가지로 구분해 기록한 『신찬성씨록』, 그리고 저명한 행기 스님의 묘지명인 「대승정사리병기」를 들 수 있다. 이상의 3사료는 왕인박사와 그 후예들의 출신[일본어에서는 출자(出自 しゅつじ)라고 씀─편집자]과 동족 씨족들에 관한 중요한 내용을 전해주는 사료군이라 할 수 있다.

우선 관련 사료의 내용(원문과 해석)을 제시하면 다음과 같다.

[2-1] 대승정사리병기(행기 묘지명)

「大僧正舍利瓶記」

和尚法諱法行一号行基藥師寺沙門也俗姓高志

氏厥考諱才智字智法君之長子也本出於百濟王

子王爾之後焉厥母蜂田氏諱古爾比賣河內國大

鳥郡蜂田首虎身之長女也近江大津之朝戊辰之

歲誕於大鳥郡至於飛鳥之朝壬午之歲出家歸道

(하략)

「대승정사리병기」

和尚의 法諱는 法行이고, 一号는 行基이며 藥師寺의 沙門이다.

俗姓은 高志氏이고, 厥考의 諱는 才智, 字는 智法君이며 그의 長子이다.

본래의 출신은 百濟王子 王爾의 후손이다. 厥母는 蜂田氏로 諱는 古

爾比賣이다.

河內國 大鳥郡 蜂田首 虎身의 長女이다. 近江 大津조정(천지조)의 戊辰년(668)에 大鳥郡에서 태어나 飛鳥조정(천무조)의 壬午년(682)에 出家 歸道하였다.

(하략)

[2-2] 속일본기

① 『続日本紀』延曆十年(七九一)四月戊戌《八》

戊戌。左大史正六位上文忌寸最弟。播磨少目正八位上武生連眞象等言。文忌寸等元有二家。東文稱直。西文号首。相比行事。其來遠焉。今東文擧家既登宿祢。西文漏恩猶沈忌寸。最弟等幸逢明時。不蒙曲察。歷代之後申理無由。伏望。同賜榮号。永貽孫謀。有勅責其本系。最弟等言。漢高帝之後曰鸞。鸞之後王狗轉至百濟。百濟久素王時。聖朝遣使徵召文人。久素王即以狗孫王仁貢焉。是文。武生等之祖也。於是最弟及眞象等八人賜姓宿祢。

① 『속일본기』 연력 10년(791) 4월 8일조

戊戌(8일). 사다이시[左大史] 정6위상 후미노이미키 모오토[最弟]·하리마노쇼사칸[播磨少目] 정8위상 다케후노무라지마카타[武生連眞象] 등이, "후미노이미키[文忌寸] 등에게는 원래 두 개의 가통(家統)이 있습니다. 야마토노후미 씨[東文氏][13]는 아타이[直]라는 가바네를 칭하고, 가와치노후미 씨[西文氏][14]는 오비토[首]라는 가바네를 칭하여, 서로 나란히 일을 하였고 그렇게 해

온 지 오래되었습니다. 지금 야마토노후미 씨[東文氏]는 일가가 모두 이미 스쿠네[宿祢]라는 가바네로 바뀌었으나, 가와치노후미 씨[西文氏]는 그 은택에서 빠져 여전히 이미키[忌寸]라는 가바네를 사용하고 있습니다. 모오토[最弟] 등은 다행히 좋은 때를 만났습니다. 지금 자세히 살펴보지 않는다면, 여러 대가 지난 후에, 이치를 말할 때 그 근거를 잃고 말 것입니다. 엎드려 바라옵건대, 야마토노후미 씨[東文氏]와 마찬가지의 영예로운 가바네를 하사해 주시어, 영원히 자손을 위해 도모할 수 있도록 해 주시옵소서" 라고 상주하였다. 이에 칙(勅)을 내려, 그 자세한 본계(本系)를 제출하도록 요구하였다.

이에 모오토[最弟] 등이, "한 고제(漢高帝)의 후손을 란(鸞)이라고 하고, 란(鸞)의 후손인 왕구(王狗) 때 백제로 옮겨 갔습니다. 백제 구소왕(久素王)[15] 때, 성조(聖朝)가 사자를 보내어 문인(文人)을 초빙하고자 하자, 구소왕은 왕구(王狗)의 손자인 왕인(王仁)[16]을 보내었습니다. 이는 후미 씨[文氏]·다케후 씨[武生氏]

---

13) 大和(야마토 지방)에 기반을 두고 있는 東漢氏 계통의 文筆 담당 씨족이다.

14) 가와치국[河內國] 후루이치구[古市郡, 현재 오사카부(府) 하비키노시[羽曳野市]에 기반을 두고 있는 文筆 담당 씨족이다.

15) 귀수왕, 근구수왕이라고도 한다.

16) 응신기(應神紀)에 아직기(阿直岐)의 의견에 따라, 백제에서 일본으로 건너와 태자 토도치랑자(兎道稚郎子, 우지노와키이라쓰코)의 스승으로서 여러 전적(典籍)을 가르쳤으며 서수(書首, 후미노오비토) 등의 시조가 되었다고 한다. 한편, 응신기(應神記)에는 논어(論語) 10권과 천자문(千字文) 1권을 전해주었고 문수(文首, 후미노오비토) 등의 시조라고 나와 있다. 이 시기의 백제왕은 일본서기(日

등의 선조입니다" 라고 상주하였다. 이에 모오토[最弟] 및 마카타[眞象] 등 8명에게 스쿠네[宿祢]라는 가바네[姓]를 하사하였다.

② 『続日本紀』延暦九年(七九〇)七月辛巳《乙丑朔十七》

秋七月辛巳。左中弁正五位上兼木工頭百濟王仁貞。治部少輔從五位下百濟王元信。中衛少将從五位下百濟王忠信。圖書頭從五位上兼東宮學士左兵衛佐伊豫守津連眞道等上表言。眞道等本系出自百濟國貴須王。貴須王者百濟始興第十六世王也。夫百濟太祖都慕大王者。日神降靈。奄扶餘而開國。天帝授籙。惣諸韓而稱王。降及近肖古王。遥慕聖化。始聘貴國。是則神功皇后攝政之年也。其後輕嶋豊明朝御宇應神天皇。命上毛野氏遠祖荒田別。使於百濟搜聘有識者。國主貴須王恭奉使旨。擇採宗族。遣其孫辰孫王〈一名智宗王〉隨使入朝。天皇嘉焉。特加寵命。以爲皇太子之師矣。於是。始傳書籍。大闡儒風。文教之興。誠在於此。

② 『속일본기』 연력 9년(790) 7월 17일조

가을 7월 辛巳(17일). 사추벤[左中辯] 정5위상 겸 모쿠노카미[木工頭] 구다라노코니키시 닌조·지부쇼후[治部少輔] 종5위하 구

本書紀)에는 그 이름이 보이지 않지만, 속일본기(續日本紀, 연력 9년 7월17일조)에는 照古王(조고왕)이라고 나와 있다. 이는 근초고왕(近肖古王, 재위 346~375)을 가리키며, 바로 구소왕[久素王, 근구수왕(近仇首王)]의 아버지이다.

다라노코니키시 겐신·추에쇼쇼[中衛少將] 종5위하 구다라노코
니키시 추신·즈쇼노카미[圖書頭] 종5위상 겸 동궁학사(東宮學
士) 사효에노스케[左兵衛佐] 이요노카미(伊豫守] 쓰노무라지 마
미치 등이, "마미치[眞道] 등의 본디 계통은 백제국 귀수왕(貴須
王)에서 나왔습니다. 귀수왕은 백제 제16대의 왕입니다. 무릇
백제의 태조인 도모대왕(都慕大王)은 태양신이 영(靈)을 내려주
시어 부여(扶餘) 지역을 지배하여 개국하게 되었고, 천제(天帝)
의 녹(籙)[17]을 받아서, 제 한(諸韓)을 총괄하여 왕을 칭하게 되었
습니다.

시간이 흘러 근초고왕(近肖古王) 때에 이르러, 멀리 성화(聖化)
를 사모하여 처음으로 귀국(貴國)[18]을 방문하였습니다.[19] 이는
진구 황후(神功皇后)의 섭정(攝政) 시대입니다. 그 후 가루시마
노토요아키라조[輕嶋豊明朝]에서 천하를 다스린 오진 천황[應神
天皇]은 가미쓰케노 씨[上毛野氏]의 먼 조상인 아라타와케[荒田
別]에게 명하여, 백제에 사자로 가서 지식인을 초빙해 오게 하였
습니다. 국주(國主)인 귀수왕은 삼가 사자의 뜻을 받아들여, 종
족(宗族) 중에서 인재를 골라, 그 손자인 진손왕(辰孫王)[20] 〈분주:

---

17) 일종의 미래기(未來記)로서 천제가 천자가 될 만한 사람에게 내리는 표식이라
고 한다.

18) 일본에 대한 경칭으로 사용된 말이다. 일본서기(日本書紀) 신공황후 섭정 46년
조 등에도 일본을 가리켜 귀국으로 칭하는 동일한 표현이 나온다.

19) 근초고왕 때에 처음으로 백제가 일본과 교빙하였다는 내용은 다름 아닌 석상
신궁의 칠지도가 상징하는 것처럼 360~370년대에 이루어진 백제와 왜국 간
의 공식적인 국교성립을 나타내는 것으로 이해된다.

일명(一名) 지종왕(智宗王))을 파견하여, 사자를 따라 입조(入朝)하게 하였습니다. 천황은 이를 기뻐하며, 특히 총애를 하여 황태자[21]의 스승으로 삼았습니다. 이에 처음으로 서적(書籍)이 전하여졌으며, 크게 유학(儒學)의 기풍을 밝히게 되었습니다. 문교(文敎)의 발흥은 실로 여기에서 출발합니다.

[2-3] 신찬성씨록 제번 漢

① 左京 諸蕃 漢 文宿祢　出自漢高皇帝之後鸞王也.

좌경 제번 한 文宿祢　　漢 高皇帝의 후손 鸞王에서 나왔다.

② 左京 諸蕃 漢 文忌寸　文宿祢同祖 宇尓古首之後也.

좌경 제번 한 文忌寸　　文宿祢와 同祖로 宇爾古首의 후손이다.

③ 左京 諸蕃 漢 武生宿祢　文宿祢同祖 王仁孫阿浪古首之後也.

좌경 제번 한 武生宿祢　　文宿祢와 同祖로 王仁의 孫(손자) 阿浪古首의 후손이다.

④ 左京 諸蕃 漢 桜野首 武生宿祢同祖 阿浪古首之後也.

---

20) 『일본서기』에는 이 이름은 보이지 않고 해당 인물로서 왕인(王仁)이 나온다. 이 진손왕(辰孫王) 전승은 왕인 전승을 모방하여 만든 작문이 아닐까 하는 견해도 있다.
21) 『일본서기』 응신천황 16년 2월조에 태자 토도치랑자(菟道稚郎子, 우지노와키이라쓰코)의 스승으로 삼았다는 기술이 나온다.

좌경 제번 한 櫻野首　武生宿禰와 同祖로 阿浪古首의 후손이다.

⑤ 右京 諸蕃 漢 栗栖首 文宿祢同祖 王仁之後也.
우경 제번 한 栗栖首　文宿禰와 同祖로 王仁의 후손이다.

⑥ 河內国 諸蕃 漢 古志連 文宿祢同祖 王仁之後也.
하내국 제번 한 古志連　文宿禰와 同祖로 王仁의 후손이다.

⑦ 和泉国 諸蕃 漢 古志連 文宿祢同祖 王仁之後也.
화천국 제번 한 古志連　文宿禰와 同祖로 王仁의 후손이다.

먼저 왕인박사의 실질적인 출신[출자]에 관해서는 그 후예인 高志씨(『신찬성씨록』은 古志로 표기) 출신의 행기 스님의 묘지명을 통해 직접 확인된다. 따라서 사료 [2-1]은 매우 귀중한 자료이다. 후술하는 『신찬성씨록』(사료 [2-3])에 의하면 행기 스님의 출신은 왕인의 직계 후손인 文(書)씨와 동족인 古志씨임이 확인되는데, 당시의 사료인 행기의 묘지명(대승정사리병기)에 따르면 속성이 高志씨이며 그 본래의 출신은 바로 '백제의 왕자인 왕이(王爾, 와니)' 즉 왕인으로부터 나온 것임을 분명히 밝히고 있다. 즉 행기(高志씨) 스님은 왕인(와니)이라는 백제인[22]의 후손이라는 것이다. 이 행기

---

22) 〈대승정사리병기〉는 **왕이 즉 왕인을 백제의 왕자로 표현**하고 있으나, 이는 물론 행기 스님의 제자들에 의한 일종의 문식이라 할 수 있다. 다만, 왕자 표기 속에는 백제에서의 왕인 집안의 지위가 왕족에 준하는 높은 신분의 귀족층의 일원이었을 가능성을 시사하고 있다고 여겨진다. 아울러 후대의 사료인 『원형석

스님의 묘지명은 왕인의 출자가 중국계(漢)가 아닌 백제계임을 확인할 수 있는 유일한 매우 귀중한 사료이다.

사료 [2-2]는 왕인의 출자에 관해 구체적으로 언급한 최초의 공식적인 기록이다. 즉 앞서 본 『고사기』와 『일본서기』에서는 왕인이 백제에서 파견되어 왔다는 점을 명기하고 있으나, 구체적인 출자에 대해서는 아무런 언급이 없었다. 그런데 『일본서기』에 이어 편찬된 정사인 『속일본기』에 처음으로 구체적인 출자가 보이고 있다. 그 출자는 왕인후예들이 스스로 제출한 기록·문서에 기초한 것으로, 중국 한 왕조의 후예라고 말하고 있는 것이다.

사료 [2-3]의 『신찬성씨록』은 9세기 초에 편찬된 것으로 당시 야마토국가(율령국가)의 지배자집단을 구성하는 경·기내에 거주하는 씨족들의 출자를 기록한 씨족지인데, 여기서 확인되는 왕인 후예 씨족은 모두 7씨족(文宿祢, 文忌寸, 武生宿祢, 桜野首, 栗栖首, 古志連 2족)이다. 이들의 거주지는 좌경(文씨, 武生씨, 櫻野씨)과 우경(栗栖씨), 그리고 가와치국(河內國, 古志씨)과 이즈미국(和泉國, 古志씨)에 분포되어 있고, 그들의 가바네[姓]는 스쿠네[宿禰][文씨, 武生씨]와 이미키[忌寸][文씨], 오비토[首][櫻野씨, 栗栖씨]와 무라지[連][高志씨]를 지니고 있었다.

그런데 출신[출자]과 관련해서는 7씨족 모두가 제번 중 백제계가 아닌한(漢)계 즉 중국계로 분류되어 있고, 한나라 왕실의 출자인 란왕(鸞王)의 후예로 기록되어 있다. 이는 당시의 왕인 후예 씨족들이 스스로의 출신[출자]을 중국의 한(漢) 왕조에서 유래한 것으로 주장한 결과로 이해된다. 그리고

서(元亨釋書)』(1322년)에는 행기 스님을 **백제국왕 즉 백제왕족의 후예**라고 전하고 있는데('釋行基, 世姓高志氏, 泉州大鳥郡人. 百濟國王之胤, 天智七年生.'), 이는 〈대승정사리병기〉의 인식이 후대까지 계승된 것으로 이해된다.

성씨록의 출자에 관한 내용 가운데 그 선조가 중국의 한 왕조에 유래하며, 구체적으로는 자신들의 조상이 한의 제실에서 나온 「란왕(鸞王)」이라는 점은 앞서 살펴 본 『속일본기』의 기사 내용과 합치하고 있다. 또한 『신찬성씨록』에는 자신들의 구체적인 선조의 이름으로서 난왕의 후손 '宇尓古首'와 왕인의 손자 이름으로 '阿浪古首'라는 인명이 보이고 있는 점도 주목된다.[23]

결국 왕인의 후예 씨족들이 9세기 초의 『신찬성씨록』이 최종적으로 편찬된 단계(815년)에서는 자신들 스스로가 중국 한 왕조의 후예라 주장하여, 사료 [2-1]에서 확인한 것처럼 백제 출신인 자신들의 본래 출신[출자]을 정치적 필요에 의해 한(중국)으로 개변하고 있음을 알 수 있다. 따라서 국가에서 공식적으로 편찬한 기록에는 왕인과 그 후예들의 출자는 백제계가 아닌 중국계로 되어 있다. 이는 『속일본기』가 편찬되는 8세기 후반 이후(797년 완성)의 어느 시점에서[24] 왕인 후예 씨족들의 정치적 필요에 의해 스스로 그 출자를 바꿔 중국계를 자칭한 결과라 생각된다.

그렇다면 왜 백제 출신 왕인 후예들이 8세기 후반 이후에 들어 자신들의 출신[출자]을 중국계로 개변한 것일까?

이와 관련해서는 여러 가지 이유가 생각된다. 우선 그 이유 중의 하나는 물론 매우 현실적인 측면에서 생각해 볼 수 있는데, 당시의 왕인후예 씨족

---

23) 이에 기초해 그 계보를 정리해 보면 다음과 같다. 漢 高帝(高祖)-그 후손 鸞王-그 후손인 왕구(王狗)-?-王仁-(宇尓古首?)-阿浪古首 혹은 宇尓古首와 阿浪古首를 인명상의 특징에서 형제관계로 추측해 漢 고제(고조)-鸞王-(王狗)-?-王仁-?-宇尓古首·阿浪古首.

24) 그 구체적인 시기를 특정할 수는 없으나, 적어도 행기 스님이 입적한 시기인 749년이 하나의 기준점이 될 것으로 간주되며, 대체로 8세기 중반 이후에서 후반에 걸친 시기에 출자의 개변이 나타나는 것은 아닐까 추측된다.

들에게 있어 자신들의 출자를 백제 즉 한반도계를 천명하는 쪽보다는 중국계를 주장하는 것이 보다 유리하게 작용했을 것으로 추측된다. 이와 관련해 무엇보다도 시대적 배경의 하나로서 주목되는 점이 당시의 일본의 국제관계의 특징이라 할 수 있다. 즉 8세기 중후반 이후의 일본의 한반도와의 국제관계에 있어서는 779년에 있었던 신라의 마지막 견사를 끝으로 한반도와의 공적교류가 단절된 상태에 있었다는 사실이다.[25] 한편으로 이와는 대조적으로, 중국과의 관계는 정기적인 견당사를 통한 교류교통이 지속되고 있었다. 따라서 이러한 현실을 감안하면, 당시의 도래계 씨족들에게 있어서 자신들의 출자·연고를 한반도보다는 중국과의 관련성을 주장하는 것이 더 정치적으로 유리하게 작용했을 것으로 쉽게 생각되기 때문이다.

다음으로 더 중요한 이유이자 현실적으로 더욱 절실한 이유로서는 직무상 라이벌 관계에 있던 동한씨(동문직씨) 및 동족관계를 형성하고 있던 왕진이 후예들과의 정치적 대립·경쟁관계에서 기인한 것으로 이해된다. 즉 791년에 왕인후예들이 중앙정부에 사성(賜姓)을 요청하고 자신들의 출자를 개변한 직접적인 배경에는 우선, 동서사부(東西史部)라 칭하며 함께 왜국 내의 사성(史姓)집단의 중핵을 이루어왔던 왜한씨 계통의 동문직씨와의 경쟁심리가 크게 작용한 것으로 보인다. 이 점은 마카타 등이 사성을 요청하면서 우선적으로 문씨=후미노이미키[文忌寸]에는 동문직과 서문수가 있음을 애써 언급하고 있는 점에 잘 나타나 있다. 즉 왜국(일본)에서 동서사부로 칭해지며 문필업을 담당한 두 주체가 왜국 조정내의 보다 우위의 정치적

---

25) 물론, 779년 이후 일본 측의 견신라사의 파견(799년, 804년, 806년, 808년 등) 및 발해와의 교역(무역)을 중심으로 하는 교류교통 관계는 지속되고 있었다.

지위를 획득(문필업에 관한 주도권의 장악·유지)하기 위해서는 더 높은 가바네의 획득이 필요했을 것이다. 이와 관련해서는 라이벌 관계에 있던 동문씨의 움직임이 주목된다. 왜냐하면, 동문씨의 경우, 서문씨보다 한발 앞서 785년에 동문씨 일족이 중국 한(漢)왕조의 후예를 주장하여 이미키[忌寸]성에서 스쿠네[宿禰]성으로 개성되고 있기 때문이다(『속일본기』 연력 4년(785) 6월10일조). 결국 서문씨가 본래의 백제출자를 버리고 대신 전한 무제의 후손임을 칭하게 되는 배경에는 라이벌 관계이던 동문씨 일족의 움직임, 즉 앞서 후한 영제(靈帝)의 후예임을 주장하여 이미키에서 스쿠네로의 씨성의 개변에 성공한 데 대한 반작용으로 그들보다 오래된 출자를 주장하기 위해 전한 고제(한무제)의 후예임을 표방한 것이라 할 수 있다. 이러한 사례는 왜국내 도래계 씨족의 양웅이라 칭해지던 진(秦, 하타)씨와 한(漢, 아야)씨의 경쟁관계 속에서도 확인할 수 있는데, 실제로 한씨보다 후에 도왜한 진씨가 오히려 한씨보다 그 출자가 오래되었다는 점을 주장하기 위해 한왕조보다 앞선 진왕조 즉 진시황의 후예임을 표방한 경우와 매우 유사하다 할 수 있다.

이처럼 왕인 후예들이 출신을 바꾸는 출자 개변(出自改變)에는 직무상 라이벌 관계이던 동문씨의 동향이 하나의 중요한 자극제로 크게 작용했을 것임은 쉽게 상상할 수 있는데, 또 한편으로 791년에 왕인 후예들이 직접적으로 행동에 나선 더 결정적인 계기로서는 상호 간에 동족 관계를 형성하면서 오랜 동안 서로 경쟁해 왔던 왕진이 후예들이 바로 전년(790) 7월에 자신들의 출자를 중국계로 주장하면서 스쿠네의 성을 사성 받고 있는 사실이 크게 작용했을 것으로 추측된다.

3) 고어습유

앞서 확인한 것처럼, 왕인박사는 응신·인덕조의 왜국에서 아직기(阿直岐)와 함께 왕자·왕재 교육, 문자와 학문(유교)의 지도 및 전수, 말 사육법, 제철 기술, 직물 기술 등 다양한 새로운 문화·기술·기능의 전수 등의 역할을 해왔다.

그런데 아래에 제시한 사료 [3-1]의 『고어습유』를 통해 왕인박사와 그 후예들이 문서 행정으로 대표되는 국가체제·제도의 유지에 필요한 실무 기능을 담당했음을 확인할 수 있다.

[3] 고어습유

『古語拾遺』

至於輕嶋豊明朝(応神), 百濟王貢博士王仁, 是河內文首始祖也.

(中略) 至於後磐余稚櫻朝(履中), 三韓貢獻奕世不絶, 齋藏之傍更建內藏, 分收官物, 仍令阿知使主與百濟博士王仁記其出納, 始定藏部,

(中略)(雄略) 自此而後, 諸國貢調年年盈溢, 更立大藏, 令蘇我麻智宿祢檢校三藏〈齋藏, 內藏, 大藏〉, 秦氏出納其物, 東西文氏勘錄其簿,

(中略) 其四曰忌寸, 以秦漢二氏及百濟文氏等姓〈蓋与齋部共預齋藏事, 因以爲姓也, 今東西文, 獻祓太刀, 蓋亦此之緣也.〉.

『고어습유』

경도풍명조(응신)에 이르러 백제왕이 박사왕인을 바쳤는데, 이는 하내 문수의 시조이다.

(중략) 후반여치앵조(이중)에 이르러 삼한으로부터의 공헌물이 대대로 끊이지 않았다. 재장의 곁에 내장을 세워 관물을 나누어 보관하

었나. 이에 아시사주(阿知使主)와 백세 박사왕인으로 하여금 출납을 기록하게 하고 비로소 장부(藏部)를 설정하였다.

(중략)…(웅략)…이 이후로 제국에서 바친 공조가 매년 넘쳐서 다시 대장을 세웠다. 소아마지숙녜(蘇我麻智宿禰)에게 三藏(斎蔵·內蔵·大蔵)을 관리시키고, 진씨는 물건의 출납을 담당하게 하고, 東西文氏에게 그 기록을 담당시켰다.

(중략) 그 네 번째를 기촌(이미키)이라 한다. 진한 두 씨와 백제문씨 등의 성(성씨)〈아마도 재부와 함께 재장에 관한 일을 담당했기 때문에 장(藏)이라는 성이 붙여진 것이다. 지금 동서문씨가 볼제(하라에) 의식에서 태도(太刀)를 바치는 것도 또한 이 일에서 연유된 것일 것이다.〉

807년에 편찬된 『고어습유(古語拾遺)』에는 이중(履中) 천황 때에 아지사주(阿知使主)와 왕인으로 하여금 새로 설치된 내장(內蔵)의 출납을 기록하게 하고, 비로소 장부(藏部)를 설정하였으며, 웅략(雄略) 천황 때에는 소아마지숙녜(蘇我麻智宿禰)에게 3장(三藏; 왜 왕권의 재정을 담당한 관청 또는 창고로서의 斎蔵·內蔵·大蔵의 총칭)을 관리시키고, 진씨(秦氏)에게는 물건의 출납을 담당하게 하고, 동서문씨(東西文氏)에게는 그 기록(장부)을 담당(장부의 작성과 관리)시켰다고 전하고 있다.

주목되는 점은 왕인박사와 그 후예인 문(서)씨가 왕권·국가가 관리하는 중앙의 창고 관리 업무를 직접 담당하고 있었다는 사실이며, 이는 기기(記紀)에서 전하지 않는 사실로서 왕인 후예들이 담당한 중요한 직장 가운데 하나를 말해주고 있기 때문이다.

특히 주목되는 사실은 재장(斎蔵)에서 분리·독립하여 새로이 내장(內蔵)이 설치되었고, 이를 아지사주와 왕인박사에게 그 출납과 관리를 맡겼다는 점이다. 무엇보다도 왜국 초기의 재장과 내장의 설치 및 운영·관리에 왕인 박사가 직접 관여하고 있는 점은, 특히 내장의 관리는 왕실의 재정과 밀접하게 관련되는 것으로서 후술하는 것처럼 5~6세기를 통해 천황가에 다수의 후비를 제공하는 대표적인 왕실의 외척세력으로서 왕실과 불가분의 관계를 지속하고 있던 왕인(와니)씨로서는 어쩌면 당연한 것인지도 모른다.

아울러 고어습유(古語拾遺)에는 대표적인 왕인 후예 3씨의 고유 직장이 잘 나타나 있다는 점에서도 주의를 끈다.

왕인 후예 씨족 가운데 특히 文(書)씨, 馬씨, 藏(倉)씨의 존재가 주목되는데, 이들의 씨족명은 『고어습유』의 저자가 시사하는 것처럼 왜왕권 내에서 자신들이 종사하는 업무·직장에서 유래한 것임을 쉽게 추측할 수 있다. 즉, 문(서)씨는 국가의 각종 문서 즉 기록 담당, 장(藏)씨는 창고(특히, 내장)의 관리 즉 물품의 보관 및 출납 담당, 그리고 마(馬)씨는 물품의 육상 수송 즉 운반 담당이 주된 임무라 할 수 있다. 그리고 이들 왕인 후예들의 직장은 기본적으로 그 선조인 왕인박사가 야마토 왕권에서 발휘했던 박사 소유의 기능·기술·기예가 그대로 그의 후손들에게 가업(직장)으로 계승되었음을 말해준다. 즉 문필은 문(文)씨, 창고 관리는 장(藏)씨에게. 마(馬)씨(후의 武生씨)는 말을 이용한(물론 말의 사육 및 관리 기능도 포함) 육상 운반을 담당한 것이다. 아울러 마(馬)씨의 존재를 통해 아직기뿐만 아니라 왕인박사의 경우도 일정한 마사 기술을 보유하고 있었음을 추측하게 한다.

이상을 통해 왕인의 후예인 3집안은 국가의 재정업무 담당, 특히 창고의 관리·운영에 필요한 각종 기능을 서로 분담하여 수행했다고 할 수 있다. 즉 기록과 출납은 文(書)씨, 창고 자체의 운영 및 관리는 藏씨, 그리고 창고에서 출입하는 물품의 운반·수송·유통은 馬씨가 담당하는 소위 분업 체계를 유지하면서 업무의 효율성을 극대화했다고 평가할 수 있을 것이다.

4) 회풍조·일본영이기

[4-1] 회풍조

『懷風藻』序

〈전략〉橿原建邦之世. 天造草創. 人文未作. 至於神后征坎. 品帝乘乾. 百濟入朝. 啓龍編於馬廐. 高麗上表. 圖烏冊於烏文. 王仁始導蒙於輕島. 辰爾終敷教於譯田. 遂使俗漸洙泗之風. 人趨齊魯之學. 逮乎聖德太子. 設作分官. 蹕制禮義. 〈하략〉

『회풍조』 서

〈전략〉 강원(橿原)에서 나라를 세웠을 때 하늘이 처음으로 열렸으나 아직 인문은 일어나지 않았다. 신공황후가 신라를 정벌하고 품제(응신천황)가 즉위하였다. 백제가 입조하여 용편(龍編, 경전 등 서적)을 마구(馬廐)에서 가르쳐 이끌고, 고구려가 상표하여 서적에 까마귀 깃털로 글자를 기록하였다. 왕인(王仁)은 처음으로 경도(輕島, 가루노시마)[26]에서 몽매함을 이끌고, 진이(辰爾)는 마침내 역전(譯田, 오사다)[27]에서 가르침을 베풀었다. 그 결과 사회에 점차 공자의 학풍이 퍼졌고, 사람들은 공자의 학문을 배우기에 이르렀다. 성덕태자에 이르러 관위제가 만들어졌고, 예의가 갖추어졌다. 〈하략〉

---

26) 응신천황의 궁이 위치해 있던 곳으로 응신조를 말한다.
27) 민달천황의 궁이 있던 지명으로 민달조를 말한다.

『日本靈異記』序

原 夫內經外書傳於日本而興始代 凡有二時 皆自百濟國將來之 輕嶋豊
明宮御宇譽田天皇代外書來之 磯城嶋金刺宮御宇欽明天皇代內典來也 然
乃學外之者 誹於佛法 讀內之者輕於外典〈하략〉

『일본영이기』 서

근원을 살펴보건대, 무릇 內經(불전)과 外書(儒書)가 일본에 전해져
일어나기 시작한 것은 대체로 두 시기가 있다. 모두 백제로부터 전래
되었다. 경도(輕嶋)의 풍명궁(豊明宮)에서 천하를 다스린 예전천황(譽
田天皇, 응신천황)대에 外書(유교관련 서적)가 오고, 기성도(磯城嶋)의
금자궁(金刺宮)에서 천하를 다스린 흠명(欽明)천황대에 內典(불경)이
왔다. 그러나 외서를 배우는 자는 불법을 비방하고, 내경을 읽는 자는
외전을 경시한다.

『고사기』와 『일본서기』에는 왕인박사가 논어와 천자문을 일본에 전하
고, 태자의 스승이 되어 문자와 유교·학문을 교수하고 전수했음을 기록하
고 있는데, 그 역사적 의미·평가를 잘 말해주는 문헌으로 회풍조와 일본영
이기의 내용을 들 수 있다.

일본 최초이자 최고의 한시집인 『회풍조(懷風藻)』는 그 서문에서 일본
의 문운(文運)이 융성함을 말하면서 왕인 이전에 일본에 인문(人文)이 없었
는데, 「백제가 입조하여 경전 등의 서적을 우마야[馬廏]에서 가르쳐 이끌고,
고구려가 상표하여 서적에 까마귀 깃털로 글자를 기록하였다. 왕인(王仁)은

응신조에 왕경에서 문자와 경전에 관한 지식을 전수하고, 왕진이(王辰爾)는 민달조에 왕경에서 문자와 경전을 가르치고 보급시켰다. 그 결과 사회에 공자의 학풍이 점차 퍼져 사람들은 공자의 학문을 배우게 되었다」라고 기록하고 있다. 고대 일본에 있어 문자와 유교·학술의 발전에 미친 백제의 영향을 높이 평가하고 있으며, 그 중심에 왕인박사와 왕진이가 있었다고 강조하고 있는 것이다.

또한 유학·학문과 문학에 대한 왕인박사의 명성은 『회풍조(懷風藻)』의 저자가 「王仁이 応神朝에 몽매함을 깨우치기 시작하여, 王辰爾가 敏達朝에 가르침을 베푸는 일을 완성하였다. 드디어 세속적으로 공자의 방식으로 기울어져, 사람들이 공자의 학문을 재촉하게 되었다」고 평가하고 있는 점에 잘 나타나 있다.

왕인박사의 위상에 대해서는 『일본영이기(日本靈異記)』에서도 확인되는데, 그 서문에 「內典(불전·불경)과 外書(儒書 즉 유교경전)가 일본에 전해져 흥하기 시작한 것은 대체로 두 시기가 있었는데, 모두 백제로부터 전래되었다. 응신천황 대에 外書가 오고, 흠명천황 대에 內典이 왔다」라고 말하고 있듯이 일본에서의 문운(文運)의 융성을 왕인박사의 도왜(일)에서 비롯되었다고 평가하고 있는 것이다.

이상을 통해서 일본의 유학 및 학문의 성립·발전에 있어서 왕인박사가 차지하는 위치와 명성이 『회풍조(懷風藻)』와 『일본영이기(日本靈異記)』의 서술에 잘 나타나 있음을 확인할 수 있다.

5) 고금화가집

일본의 학문과 사상에 있어서 뿐만 아니라, 왕인박사가 일본 문학사에서 차지하는 위치 또한 결코 작지 않다. 일본 최초의 와카인 난파진가의 작가가 바로 왕인박사이기 때문이다. 즉 왕인박사는 일본 문학사의 시조라 할 수 있다.

최초의 칙찬 와카집인 『고금화가집(古今和歌集)』(905년)의 가나[假名] 서에는 다음의 노래가 실려 있다.

[5] 難波津歌

　なにはづに さくやこの花　ふゆごもり いまははるべと さくやこのはな

오사카(난파진)에는　이 꽃이 피는구나
겨울잠 자더니
지금은 봄이라고　이 꽃이 피는구나

카루타 카드

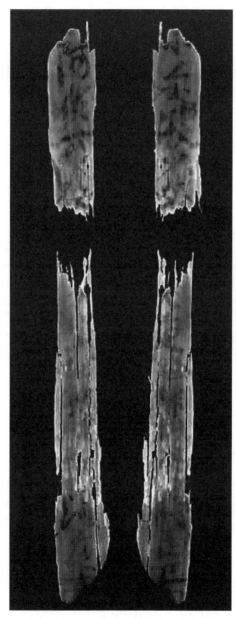

난파진가 목간

이 노래에 대해 『고금화가집』 서문에서는 신대(神代)가 지난 후 천황의 시대가 되어 최초로 만들어진 와카[和歌]라 하여 이 노래를 지은 왕인박사를 와카의 아버지로 평가하고 있다. 또한 그 분주에서는 난파진가를 지은 왕인박사로부터 일본 고유의 문학이 시작되었다고 의미를 부여하고 있다. 아울러 이 난파진가는 비록 백인일수(百人一首)에는 수록되지 않았지만, 일본카루타협회가 매년 정기적으로 주최하는 경기카루타 대회의 첫 번째 노래로 선정되어 있어서 일반인들에게도 매우 친숙한 노래라 할 수 있다.

6) 양로율령·영의해·연희식

『양로율령(養老律令)』의 신기령 및 학령, 『대보령(大寶令)』의 주석서인 『영의해(令義解)』, 『연희식(延喜式)』 등의 관련 조문을 통해 왕인 후예 씨족들의 일본 고대 국가에서의 존재 가치를 확인할 수 있는데, 문서 행정의 전문가 집단 및 학문 담당의 주체, 차세대 관료군 제공·양성 집안, 각종 국가 의식·제사를 주관하는 임무 등 문씨로 대표되는 사부 집단이 매우 중요한 역할을 하고 있음을 알 수 있다.

[6]

① 『養老律令』 학령 대학생조

凡大學生. 取五位以上子孫. 及東西史部子爲之. 若八位以上者. 情願者聽.

무릇 대학생은 5위 이상의 자손 및 동서사부의 자를 취하여 삼는다. 만약 8위 이상의 경우 청원하는 자가 있으면 허락한다.

② 『令義解』 학령 대학 생조

及東西史部子爲之.

〈謂. 居在皇城左右. 故曰東西也. 前代以來. 奕世繼業. 或爲史官. 或
爲博士. 因以賜姓. 摠謂之史也.〉

동서사부의 자제로 삼는다.

〈그 의미는, 황성의 좌우에 거주한 까닭에 동서라고 말하는 것
이다. 전세 이래로 지금까지 업을 계승하여 혹은 사관이 되고,
혹은 박사가 되었다. 이로 인해 성(姓)을 하사하여 모두 사(史,
후히토)라 이른 것이다.〉

③ 『養老律令』 神祇令 大祓조

凡六月十二月晦日大祓者. 中臣上御祓麻. 東西文部上祓刀. 讀祓
詞. 訖百官男女. 聚集祓所. 中臣宣祓詞. 卜部爲解除.

무릇 6월과 12월 그믐의 대볼(大祓)제에는 중신(中臣)이 볼마
(祓麻)를 바치고, 동서사부(東西文部)가 볼도(祓刀)를 바치며, 볼
사(祓詞, 주문)를 낭독한다. 백관남녀는 모두 볼소(祓所)에 모여,
중신은 볼사를 말하고, 복부(卜部)는 해제(解除)를 행한다.

④ 『延喜式』 (권8, 左右馬寮 祭馬條)

祓馬-六月十二月晦祓各三疋

볼마-6월 12월 그믐의 볼에 각 3필

東文忌寸部獻橫刀時呪(西文部准此)

東文忌寸部의 橫刀를 바칠 때의 주문(西文部는 이에 따른다.)

⑤ 『令義解』(권2, 神祇令 大祓條)

東西文部. 上祓刀讀祓詞. 〈謂. 文部漢音所讀者也.〉

동서사부는 볼도를 바치고 볼사를 낭독한다. 〈그 의미는 문부가
한음으로 읽는 것을 말하는 것이다.〉

⑥ 『令集解』神祇令 大祓條 소인 令釋

釋云. 祓詞者兩文部所讀. 漢語耳.

석설에 이르길, 볼사는 양 문부가 읽는데 한어로 한다.

　율령(養老律令)의 학령(學令) 대학생조에는 「凡大學生, 取五位以上子孫,
及東西史部子爲之」라 규정되어 있는데, 이는 왕인 후예를 중핵으로 하는 동
서 사부(東西史部)가 국가로부터 고대 국가의 관료를 양성하는 기관인 대학
의 입학 자격을 공인받은 것을 의미하고 있다. 물론 이러한 특권은 대학에
서 교수되는 경서를 소위 가학(家學)으로서 부조(父祖)의 지도 아래 어린 시
절부터 학습하고 있었다는 점[28]을 전제로 한 것일 것이다. 그리고 이를 통

---

28) 和田萃,「渡来人と日本文化」,『岩波講座 日本通史3·古代 2』, 岩波書店, 1994,

해 두 씨족에 대해서는 국가로부터 예비국가관리·관료를 배출·제공하는 중대한 역할이 부여되고 있었다는 점을 잘 알 수 있다.

또한 양로령(養老令)의 주석서인 영의해(令義解)에는 「대학생은 東西史部의 子를 취하라」고 하고, 이와 관련해 「전대 이래 누세 업을 계승하여 혹은 사관(史官)이 되고, 혹은 박사(博士)가 되었다. 따라서 성(姓)을 하사하여 모두 이를 사(史)라고 한다.」라고 하여 차세대 관료 제공 집단이자 학문 연구의 주체, 그리고 문필을 중심으로 하는 실무담당 관료로서 일본 고대 국가의 문서 행정 중심에 동서사부의 한 축인 문(서)씨가 자리하고 있음을 잘 말해주고 있다.

주지하는 것처럼 일본 고대에 있어 문자문화를 담당하는 주체는 문필 업을 그 주요 직장으로 삼는 소위 사부(史部) 집단=사성(史姓) 씨족이다. 그 중심이자 주체는 '동서사부(東西史部)'라 칭해지는 박사 왕인의 후예 가와치노후미노오비토[西文首] 씨와 아지사주의 후예로서 東漢씨의 일족인 야마토노후미노아타이[東文直] 씨라 할 수 있다.

나아가 두 씨족의 역할과 관련해 『양로율령(養老律令)』 神祇令에는 6월과 12월 그믐날에 행해지는 중요한 오오하라에[大祓] 의식·의례[29]에 「東西文部」(東文直과 西文首)는 橫刀를 바치고 불사(祓詞) 즉 주문을 외우도록 규정되어 있었다. 또한 『연희식(延喜式)』(권8, 左右馬寮 祭馬條)에는 6월과 12월의 大祓 의식에 「六月十二月晦祓各三疋」이라 하여 祓馬가 공양되고 있고,[30] 「東西文忌寸部의 橫刀를 바칠 때의 주문(呪)」이라 하여 「謹請, 皇天上

266쪽.

29) 대불[오오하라에]의식은 조정이나 지방의 관아(국아)에서 항례 혹은 임시로 거행되는데, 사람들이 범한 죄나 재기(災氣)를 떨쳐내는 공적인 행사를 말한다.

408   왕인박사

帝, 三極大君, 日月星辰, 八方諸神, 司命司籍, (중략) 千城百國, 精治萬歲, 萬歲萬歲라는 주문이 낭송되고 있다. 그런데, 이 주문 낭독은 영의해와 영집해에 의하면 동서사부가 일본어가 아닌 한어(漢語) 즉 중국어(중국음)로 주문을 외우는 임무가 부여되어 있었음을 알려주고 있다.

이러한 고대 일본의 부정을 털어내는 하라에[祓] 행위는 원래 중국의 도교에서 유래하는 국가 의식인데, 이를 맡아 거행하는 동서문씨 집안은 도교와 관련된 특수한 기능도 아울러 보유하고 있었음을 잘 말해주고 있다. 물론 이러한 특수 기능의 체득은 이 두 집안이 가업으로서 대대로 보유해 온 문자(한자)·문서 해독 및 한어(중국어) 구사 능력을 그 전제로 한 것임은 두말할 나위가 없을 것이다.

3. 왕인 후예 씨족

1) 왕인박사 후예 씨족

왕인박사 후예 씨족들의 존재에 대해서는 사료상 『신찬성씨록』, 『속일본기』·『일본후기』 등 6국사(『일본서기』에서 『일본삼대실록』에 이르는 일본의 관찬 사서 6서의 총칭)에 보이는 왕인 후예 씨족들의 사성(賜姓) 혹은

---

30) 대볼의식에 필요한 볼마의 공상과 관련해서는 왕인후예 씨족 가운데 말과 관련된 馬씨(후의 武生씨)의 존재가 상기되는데, 실제로 이 대볼의식에서 마씨가 볼마의 공상 임무를 맡았을 것으로 추측된다. 아울러, 이 대볼의식에서는 칼(횡도)의 공상(貢上)도 필수불가결한 행위인데, 이 횡도의 보관 및 관리는 동문씨의 동족인 藏씨의 임무였을 것으로 추정된다.

개성(改姓) 기사, 새정(齋政)을 담당한 재부(齋部)씨가 작성한 『고어습유』, 그리고 왕인 후예 씨족들의 씨사(氏寺)인 서림사(西琳寺)의 연기(緣起)를 기록한 『서림사연기』의 내용을 통해 확인된다.

우선 가장 다수의 씨족을 전해주는 『신찬성씨록』에 보이는 왕인 후예 씨족은 본계(본가)인 文씨(좌경 거주 2족), 분가·지족인 武生씨(좌경 거주), 櫻野首(좌경 거주), 栗栖首(우경 거주), 高志(古志)씨[가와치국(河內國)과 이즈미국(和泉國) 거주] 등 4개 지역에 거주하는 7개 씨족이 확인된다.

다음으로 6국사 속에 보이는 사성(賜姓) 등 관련 기사를 통해 장(藏)씨의 존재가 추가로 확인된다. 그런데 장씨의 경우는 863년에 동족의 전부 혹은 일부가 그 근거지인 가와치국[河內國] 후루이치군[古市郡]에서 우경직(右京職)으로 자신들의 본거지를 옮기고 있다(『일본삼대실록(日本三代實錄)』 貞觀 5년 9월 10일조). 마(馬)씨의 경우는 765년에 그 일족이 厚見씨로 분기되고, 마씨의 본가는 馬毘登에서 武生連으로 씨족명과 가바네[姓]가 바뀌고 있다(『속일본기』 天平神護 원년(765) 9월 정미조 및 동 원년 12월 신묘조). 왕인 후예 씨족 가운데 본가인 문(文)씨의 경우도 그 일부가 791년에서 797년 사이에 淨(淸)野씨로 개성하고 있음이 확인된다(『일본후기』 延曆 16년(797) 2월조 등). 또한 구체적인 시기는 특정할 수 없으나 마(馬)씨 가운데에서 高志씨가 분파된 것으로 추정되고 있다. 그리고 왕인후예 씨족들과 왕진이 후예 씨족들이(葛井, 船, 津, 文, 武生, 藏) 행동을 함께 하고 있는 사례를 통해서도 양자가 동족 관계를 형성하고 있었다는 점을 확인할 수 있다(『속일본기』 寶龜 원년(770)3월 신묘조 등).

『서림사연기』에는 당사의 檀越 씨족명이 보이는데, '檀越〈淨野,文,板茂,武生,藏〉'이라 하여 淨野, 文, 板武, 武生, 藏의 순서로 열거되어 있다. 당시에는 왕인 후예 씨족 가운데 淨野씨의 경우가 지배적인 지위에 있었음을 알 수 있다. 무엇보다도 여기에 서림사의 단월로 板茂씨가 새롭게 이름을 올리고 있는 점이 주목된다. 이를 통해 板茂씨 역시 文씨에서 분파된 淨野씨, 馬씨에서 갈라진 厚見씨의 경우와 마찬가지로, 문·무생·장씨가 각각 개성(改姓)을 했거나, 혹은 이들로부터 일부가 분파하여 생겨난 씨족명으로 이해된다. 따라서 板茂씨의 경우도 정야, 문·무생·장씨 등과 함께 왕인박사의 후예 즉 동족 씨족으로 보아야 마땅할 것이다.[31]

이상을 통해서 현재 사료상 왕인 후예 씨족들이 칭한 씨족명은 文(書), 馬, 藏, 武生(馬→武生), 厚見(馬→厚見), 淨野(文→淨野), 板茂, 櫻野, 栗栖, 高志(馬→高志) 등 모두 10개의 씨족명이 확인된다.

2) 왕인박사와 와니和邇씨

和邇씨는 和爾, 和珥, 丸邇, 丸 등으로 표기되며, 일본음으로는 '와니'씨이다. 원래의 姓[가바네]은 臣이며 5세기에서 6세기에 걸친 시기에 커다란 세력을 지닌 야마토[大和]의 웅족(雄族)으로 평가된다. 그런데 특히 주목되는 점은 應神, 反正, 雄略, 仁賢, 繼體, 欽明, 敏達의 5세기에서 6세기 후반에 걸쳐 즉위한 7천황에게 총 9명의 后妃를 제공한 황실의 최대 외척씨족(참고로 전후 시기의 최대 외척 씨족이 葛城씨와 蘇我씨)이라는 점이다. 단 와니[和邇]씨의 경우 그 소생이 직접 천황으로 즉위한 경우는 없었으나, 와니씨 소생의 황녀가 다시 황후나 후비로 들어가고 있는 점이 특색이다(岸씨 논문, 1966 참조).

본거지는 야마토국[大和國] 소노가미군[添上郡]의 와니[和邇](현재 나라

---

31) 吉田晶, 『日本古代国家成立史論』, 東京大學出版會, 1983, 372쪽.

현 덴리[大埋]시 와니마지[和邇町] 및 그 주변)이며, 와니시모신사[和邇下神社]가 그 氏社이다. 와니씨는 점차 세력권이 더욱 확대되면서 동군의 북쪽에 위치한 가스가[春日, 현재의 나라시 가스가노초[春日野町] 일대]로 근거지를 옮기게 되고, 그 이후에는 春日씨로 씨명이 개칭되었으며, 헤이안시대의 간무[桓武] 천황 때에 이르러서는 大春日朝臣을 사성(賜姓) 받게 된다. 『신찬성씨록』과 『고사기』의 관련기사를 통해 柿本씨, 大宅씨, 櫟井(이치이이)씨, 小野씨, 栗田씨, 阿那씨 등이 동족임이 확인된다. 와니[和邇]씨가 지닌 당시의 세력을 말해주는 것으로 和珥씨 지배하의 部民인 和珥部가 大和, 山背, 近江, 美濃, 尾張 등 전국의 제국에 넓게 분포되어 있다는 점이다.

화이씨의 출자 및 그 동족 씨족에 관해서는 『신찬성씨록』과 기기(『고사기』·『일본서기』)에 관련 기록이 있다.

먼저 『신찬성씨록』에는 좌경 황별하 大春日朝臣조에,

　　左京 皇別　　大春日朝臣 出自孝昭天皇皇子天帶彦国押人命也 仲臣令家重千金。委糟為堵。于時大鷦鷯天皇[諡仁德。]臨幸其家。詔号糟垣臣。後改為春日臣。桓武天皇延暦廿年。賜大春日朝臣姓

라는 기록이 보인다. 즉 이를 통해 와니[和邇]씨는 황별씨족 즉 「孝昭天皇 皇子 天帶彦國押人命[32]」의 후예라는 점, 와니[和邇]씨는 후에 春日씨, 다시 大春日씨로 개성되었다는 점이 확인된다.

---

32) 『신찬성씨록』의 「天帶彦国押人命」에 대해 『고사기』는 「大倭帶日子國押人命」, 『일본서기』는 「天足彦國押人命」이라 표기하고 있다.

다음으로 『고사기』에 따르면, 大春日씨의 조상인 「孝昭天皇의 皇子 大倭帶日子國押人命」의 후예는 모두 16씨임을 알 수 있다. 『고사기(古事記)』中卷 孝昭天皇段에,

御真津日子訶恵志泥命、坐葛城掖上宮、治天下也。此天皇、娶尾張連之祖、奥津余曾之妹、名余曾多本毘売命、生御子、天押帯比古命、次大倭帯日子国押人命。〈二柱〉故、弟帯日子国押人命者、〈春日臣‧大宅臣‧粟田臣‧小野臣‧柿本臣‧壱比韋臣‧大坂臣‧阿那臣‧多紀臣‧羽栗臣‧知多臣‧牟耶臣‧都怒山臣‧伊勢飯高君‧壹師君‧近淡海国造之祖也。〉天皇御年、玖拾参歳。御陵在掖上博多山上也。

라고 기록하고 있다. 즉 와니씨는 효소(孝昭)천황의 왕자 大倭帯日子国押人命의 자손으로, 동족으로는 春日臣‧大宅臣‧粟田臣‧小野臣‧柿本臣‧壱比韋臣‧大坂臣‧阿那臣‧多紀臣‧羽栗臣‧知多臣‧牟耶臣‧都怒山臣‧伊勢飯高君‧壹師君‧近淡海国造 등 16씨족이 동족이라 전하고 있다.

한편 『일본서기』는 와니[和珥]씨의 조상과 관련해 효소천황기(孝昭天皇紀) 68년 정월 庚子조에 「天足彦國押人命, 此和珥臣等始祖也」라 하여 효소천황(孝昭天皇)의 황자인 「天足彦國押人命」이 와니씨 등의 시조임을 말하고 있다.

이하 왕인박사와 화이(와니)씨의 관련성에 대해 검토해 보기로 한다. 먼저 앞서 언급한 것처럼 황별씨족 와니[和邇]씨는 和爾, 和珥, 和仁, 丸邇, 丸爾, 丸, 鰐 등 다양한 한자로 표기되는데, 일본음으로는 모두 '와니'로 발음되는 씨족이다. 이 경우 화이(와니)는 즉 씨족명이다.

한편 王仁博士(『일본서기』‧『속일본기』)는 和邇吉師(『고사기』), 王爾(대승

정사리병기) 능으로 표기되며, 일본음으로는 역시 '와니'이다.

씨족명 화이(와니)와 개인명 화이(와니, 왕인박사)는 한자표기와 일본음 발음 모두가 완전히 일치하고 있다. 이는 동일한 실체를 나타내는 것으로 이해하지 않으면 안 된다. 결국 왕인을 의미하는 和邇길사는 화이(와니)씨 자체를 의미하며, 따라서 황별 씨족 화이(와니)씨는 백제에서 건너간 왕인 (와니)박사=和邇[와니]길사와 동일 인물이자 동일 실체이다.

이 경우 왕인박사를 의미하는 '와니' 혹은 '和邇'는 모두 인명(나아가 氏 名)이며, 구체적으로는 성+이름(즉 和는 성, 邇는 이름)이라고 할 수 있다(박 광순, 2012 및 2013 외). 즉 와니[和邇]는 다름 아닌 왕인박사가 도왜 이전 의 한반도에서 칭하던 실재의 '성과 이름'으로 이해되는 것이다.

이러한 이해의 타당성을 증명하기 위해서는 고대의 화(和)씨 성의 존재 를 확인하지 않으면 안 되는데, 그렇다면 과연 고대 한반도에 '和'씨라는 성 씨가 존재했을까? 이 경우에 참고가 되는 것이 『신찬성씨록』의 제번(번별) 씨족들에 관한 기록인데, 주목되는 점은 화(和)씨 성의 사례를 『신찬성씨 록』 가운데 직접 확인할 수 있다는 점이다. 모두 백제계 2례[和朝臣과 和連] 와 고구려계 1례[和造][33]를 찾을 수 있는데, 백제계 2례 중 하나는 무령왕의 후손으로서 훗날 환무천황의 어머니가 되는 和씨(후의 高野씨) 집안이며,[34] 또 다른 하나는 그 계통을 달리하는 백제계 화씨가 존재한다.[35] 이상의 사 례를 통해 실제로 한반도(백제 및 고구려)에 和씨가 존재했음을 확인할 수 있다.

---

33) 『신찬성씨록』 大和国 諸蕃 高麗 和造 '日置造同祖. 伊利須使主之後也.'

34) 『신찬성씨록』 左京 諸蕃 百済 和朝臣 '出自百済国都慕王十八世孫武寧王也.'

35) 『신찬성씨록』 大和国 諸蕃 百済 和連 '出自百済国主雄蘇利紀王也.'

더욱 주목되는 점은 백제인, 고구려인 가운데 '씨족명(성씨)+인명'의 형태인 '和邇'와 마찬가지로 '和德'과 '和興'이라는 인물(성씨와 이름)을 직접 확인할 수 있다는 점이다. 전자는 백제계 씨족 大縣史의 시조가 되는 인물이며, 후자는 고구려계 씨족 島史의 조상이 된 인물이다.[36] 참고로, 신찬성씨록에서는 漢 즉 중국계로 분류하고 있으나, 실제로는 백제계가 확실한 和藥使主씨 즉 '和藥'의 경우도 또 하나의 귀중한 사례로 추가할 수 있을 것이다.[37]

결국 『고사기』와 『일본서기』의 王仁=和邇는 인명인 동시에 자신의 집안을 나타내는 씨명이라 할 수 있다.

요컨대 왕인의 경우 한 인물의 이름(성+명)이 곧 그 집안의 성씨(씨명)가 되었다고 할 수 있는데, 이러한 유사 사례로 유일하게 아직기의 경우를 들 수 있다. 즉 아직기(阿直岐)는 아직기 자신의 인명인 동시에 그 후예들의 성씨(阿直岐史)인 것이다. 결국 왕인박사와 아직기의 경우를 제외하면, 고대 일본의 성씨 가운데 이와 같은 사례는 일례도 발견할 수 없다.

주지하는 것처럼 일본 고대의 성씨의 유래는 예외 없이 ① 葛城씨, 蘇我씨 등 자신들의 주거지(근거지)에서 유래하는 경우이거나, ② 土師씨, 中臣씨 등의 경우처럼 왜 왕권 내에서 맡은 직무(직장)에서 유래하는 경우, 그리고 ③ 후지와라[藤原], 미나모토[源], 다이라[平]씨 등의 경우처럼 천황이 직접 하사한 성씨이다.

---

36) 『신찬성씨록』에는 右京 諸蕃 百済 大県史 '百済国人和徳之後也.' 및 右京 諸蕃 高麗 島史 '出自高麗国和興也.'라 보이고 있다. 아울러 백제계 도래씨족인 전변사(田辺史)씨 관련 전승 중에도 백제의 和徳이라는 인물이 존재하고 있다.

37) 『신찬성씨록』 左京 諸蕃 漢 和薬使主 '出自呉国主照淵孫智聡也.'

그런데 왕인의 경우에 있어서는 아직기의 경우와 약간 다른 점이 주목되는데, 그것은 아직기가 자신뿐만 아니라 자신의 남녀(아들딸)계 모두에게 계승된 씨족명이라면,[38] 왕인(화이, 와니)의 경우는 본인 및 여계(혹은 모계)에게만 계승되었다는 점이다. 즉 왕인의 후예 가운데 文, 馬, 藏 등 남계는 모두 부계의 성씨가 아닌 왜왕권 내의 직장·직무에서 유래하는 씨명을 지니고 있다. 결국, 和珥(와니)씨는 王仁(와니) 집안 자체이거나 딸 집안으로 이어진 씨족명이 아닐까 추측된다(혹은 부인 쪽 집안일 가능성도 없지 않다).[39]

和珥(와니)씨 집안이 바로 王仁(와니)박사 집안이라는 점은 양자의 존립 기반이라 할 수 있는 지역적 공통성을 통해서도 우선 확인된다.

주지하는 것처럼 왕인박사의 후예인 문씨, 장씨, 마(무생)씨 등의 거주지는 가와치국[河內國] 후루이치군[古市郡] 후루이치[古市, 현재의 오사카부 하비키노시[羽曳野市] 후루이치]이며, 왕인후예와 동족관계를 형성한 왕진이 일족(선씨, 진씨, 갈정씨)이 인접지역인 동국 타지히군[丹比郡, 현재의 후지이데라시 후지이데라]에 있었다. 즉, 왕인박사의 후예들은 나카가와치[中河內]지역을 지역적 기반으로 하고 있는 것이다.

그런데 실은 和珥(와니)씨의 경우도 이 지역과 깊은 관련성을 지니고 있음을 확인할 수 있다. 미즈노[水野]씨의 연구에 따르면,[40] 천황릉의 소재지

---

38) 앞의 주 4)참조.

39) 이 경우, 곤지군의 사례가 참고가 된다. 즉 곤지의 후예 가운데 飛鳥戶造씨가 존재하는데, 이는 곤지의 부인 쪽의 성 즉 모계의 성을 계승한 사례라 할 수 있다. 일본고대의 경우, 모계의 전통이 상대적으로 강한 사회였기 때문에 모계를 씨족명으로 칭한 사례를 다수 확인할 수 있다.

는 皇后領 혹은 황후 출자 씨족의 氏地(즉 근거지)에 위치하는데, 하비키노 시역(羽曳野市域)에 위치한 후루이치[古市]고분군의 천황릉에 비정되는 능묘 淸寧·仁賢·安閑陵 가운데 2천황은 그 황후의 출자가 和珥[와니]씨임이 분명하다. 따라서 후루이치지역이 和珥[와니]씨의 중요한 세력기반이었다는 점을 알 수 있다(참고로 화이씨 동족집단인 와니베씨, 노나카씨 등의 근거지가 왕진이 후예들의 거점인 노나카[野中]지역임).

다음으로 화이씨가 지닌 최대의 특징은 일본고대 천황가의 외척씨족이라는 점인데, 이러한 특징을 지닌 화이씨와 왕인집안과의 관련성을 양자의 공통성이라는 측면에서 좀 더 추구해 보기로 한다.

왕인박사와 응신천황, 왕인과 응신의 태자(우지노와키이라쓰코)와의 관계를 살펴보면,[41] 왕인박사의 집안과 응신왕가와의 혼인관계 성립 가능성을 충분히 추측할 수 있다. 즉 가와치[河內] 신왕조를 창설한 응신천황에게 있어 왕인박사는 의지할 수 있는 최고의 브레인이자 정치고문이었다. 무엇보다도 응신에게 있어 왕인박사는 새롭게 창조한 신왕조의 정통성을 확보하고, 나아가 야마토국가의 국가체제 및 대외정책의 방향 등을 설계하는데 있어 중요한 역할을 담당할 귀중한 존재였을 것이다. 실제로 5세기의 초창기 야마토 왕권에서는 부관제(府官制), 인제(人制), 부민제(部民制)로 대표되는 각종 지배시스템이 기능하고 있었음이 확인되는데,[42] 이러한 각종 지배체제·국가제도는 백제식의 지배방식을 도입한 결과이며, 특히 왕인박사의

---

40) 水野正好, 「『河內飛鳥』前夜」, 門脇禎二·水野正好編, 『古代を考える 河內飛鳥』, 吉川弘文舘, 1989, 32~33쪽.

41) 박광순, 2013 등 참조.

42) 나행주, 2013 참조.

주도에 의해 백제식의 각종 지배체제가 직접적으로 도입·운영되었을 가능성이 있다(훗날의 645년 이후의 개신정권하에서 정치·외교상의 브레인으로서 크게 활약한 국박사 고향현리의 사례가 상기된다).

더 나아가 왕인박사와 응신왕조의 밀접한 관련성은 천황 및 왕자그룹과의 관계 속에서도 확인된다. 특히 왕재교육을 담당하는 동궁학사·시학사로서의 역할을 수행했으며, 당시의 태자의 스승으로서뿐만 아니라 후에 실재로 즉위하는 왕자 인덕 등도 함께 교육시켰을 것이라는 점, '난파진가'를 바치며 즉위를 권했다는 고금화가집의 내용을 전제로 하면 왕인박사가 인덕의 즉위에도 일정한 관여·조력을 했을 가능성마저 충분히 상정되는 점 등을 통해 확인된다.

결국 이러한 왕인박사 집안과 응신왕가와의 공적·사적으로 맺어진 밀접한 관계 속에서 자연스럽게 대왕(천황)가와 혼인관계가 성립했을 가능성도 다분히 있었을 것이다.

그리고 그 결과로서, 이러한 왕인박사 집안과 왜국 왕실(황실)과의 혼인관계로 인한 인척관계의 형성 즉 혈연적 결합에 의해 그 출자가 어느 시기인가 한반도계(번별)에서 일본계(황별 혹은 일부 신별)로 전환·개변되었을 가능성이 상당히 농후하다.

이상과 같은 추측을 하는데 있어 특히 참고가 되는 사례로서, 그 출자가 한반도계로 간주되는 씨족 가운데 정치적으로 황실과의 밀접한 관련성, 즉 천황가에 후비(后妃)를 제공해 외척관계를 맺게 되는 씨족들의 경우, 공통적으로 그 출자가 황별 혹은 신별로 되어 있다는 점이다. 다름 아닌 소가[蘇我]씨와 오키나가[息長]씨, 그리고 만다[茨田]씨의 경우가 그 대표적인 사례에 해당한다. 이는 와니[和邇]씨의 이해에 있어 매우 중요한 시사를 제공한다고 할 수 있다.(후술)

고대 일본에서 출자가 개변된 경우는 다수의 사례가 확인된다. 몇 가지 사례를 들면, (가)우선, 제번 즉 도래계 씨족 가운데 한반도계(백제나 신라)에서 중국계(진한)로 개변된 경우로, 진씨(신라·가야계 혹은 백제계)와 한씨(백제계), 그리고 왕인후예인 문(서)씨, 왕인후예와 동족관계를 형성한 왕진이 후예 씨족들을 들 수 있다. 『신찬성씨록』의 도래계 즉 諸蕃(蕃別) 중 중국(漢)계는 대부분 한반도계(대표적 사례로 漢씨와 秦씨의 경우를 들 수 있다) 특히 백제계라 보아도 대과는 없을 것이다. (나)두 번째 출자 개변의 사례로서, 본래 도래계인 씨족이 훗날 황별(혹은 신별)씨족으로 개변된 경우이다(물론 이 경우 姓은 首·史에서 臣 등으로 改姓). 환언하면, 『신찬성씨록』의 皇別 및 神別 씨족 가운데에는 다수의 蕃別 즉 도래계 씨족이 존재한다는 것이다. 즉, 원래 도래계 씨족이 후에 일본의 토착·재지세력으로 전환·개변된 경우이다. 그 사례로서 蘇我씨(『신찬성씨록』 좌경 황별), 息長씨(『신찬성씨록』 右京·山城國 황별), 曰佐씨(山城國 황별), 小野씨(左京 황별·山城國 황별), 茨田씨(右京·山城國 황별), 蜂田씨(和泉國 神別-행기 스님의 모계), 眞野씨(右京 황별하), 吉田씨(左京 황별하), 和安部씨(左京 황별하), 野中씨(우경, 황별하) 등을 들 수 있다.

이러한 사례 가운데 특히 주목되는 점은 천황가에 후비를 제공하고 있는 집안이 존재하고 있다는 점이다. 蘇我씨, 息長씨, 茨田씨, 그리고 和珥씨를 들 수 있는데, 무엇보다도 이 중 息長씨(近江·息長), 茨田씨(河內·茨田), 和珥씨(大和·和珥=和邇) 3씨의 공통적인 특징은 계체천황의 비(妃)를 제공한 씨족이라는 점이다. 나아가 여기에 저명한 소가씨의 사례를 포함해 그 출자가 도래로 추정 혹은 확인되는 씨족은 모두 천황가의 외척씨족이 되는데, 이들의 경우는 예외 없이 그 출자가 황별로 개변되어 있음을 확인할 수 있다.

4. 맺음말

마지막으로 구체적인 논증은 기회를 달리하기로 하고, 여기서는 결론적으로 '왕인=화이=와니'가 동일 실체임을 말해주는 몇 가지 근거를 제시하는데 그치기로 한다.

우선 삼단논법으로 논증·증명이 가능한데, 그 결론을 제시하면 다음과 같다. 즉,

  ① 황별 화이씨 일족인 眞野씨가 백제계(왕인후예)인 번별 民씨
     와 동족이라는 점
  ② 번별 백제계(왕인후예) 高志씨가 황별 화이씨 = 大春日씨와 동
     족이라는 점
  ③ 따라서 왕인일족(高志씨·民씨)과 화이씨 일족(眞野씨·大春日
     씨)은 동족
  결국 양자는 동일 실체로서 화이씨가 재지호족이 아닌 백제에서
건너간 왕인박사 집안임은 명백하다.

일본 고대 씨족의 출신[출자]에 대해서는 『신찬성씨록』과 기기(記紀) 및 일본서기 외의 5국사의 내용에 대한 구체적인 분석을 통해 해당 씨족의 본래 출신[출자]을 추구할 수 있고, 아울러 가바네[姓]에 대한 분석을 통해서도 어느 정도 가름이 가능하다.

무엇보다도 和邇씨가 포함된 『신찬성씨록』의 황별 씨족에 대해 문제점을 지적할 수 있는데, 특히 臣姓 씨족의 경우에는 그 출자가 더욱 의심스럽다. 나오키[直木] 씨의 연구에 의하면, 臣姓 씨족의 계보는 대체로 7세기 후

반·8세기 초반에 성립된 것으로 각 씨의 시조·조상은 역사적으로 존재하지 않은 소위 궐사 8대의 천황 및 그 후손이라고 되어 있다.

결국 『신찬성씨록』이나 기기(記紀)가 전하는 출신[출자]은 8세기 이전 각 씨족의 실질적인 출자를 증명해주는 절대적인 자료가 되지 못함을 말해주고 있다. 따라서 『신찬성씨록』이 전하는 각 씨족의 출자에 대해서는 일정한 재검토가 필요하다고 할 수 있다.

이상을 전제로 와니씨의 출자가 일본 토착의 황별 씨족이라는 『신찬성씨록』의 기록을 의심하지 않을 수 없다. 일본학계의 통설적인 이해는 와니씨가 황별의 토착 씨족이라는 점에 대해 추호도 믿어 의심치 않으나, 이에 대해서는 일부 와니씨의 출자를 의심하는 연구가 제시되어 있다. 즉 고고학적 견지에서 제철 유적과의 관련성을 통해(丸山씨, 1974), 혹은 문헌사학의 입장에서 제철 집단으로서의 '와니'씨라는 씨족명의 분석을 통해(山尾씨, 1983), 그 출자를 한반도와 관련시켜 이해하려는 견해가 그것이다.

와니씨 일족의 출자가 황별이 아니라는 점은 그 선조의 문제점을 통해서도 알 수 있다. 『신찬성씨록』이나 기기 모두 화이씨(春日씨) 동족은 효소천황의 아들인 '天押帶日子命(天足彦国押人命)'을 그 시조로 삼고 있는데, 근본적으로 기기에 보이는 효소천황은 실재성을 인정할 수 없는 소위 '궐사 8대'의 천황으로 7, 8세기에 들어 창작·가상된 인물에 지나지 않기 때문이다.[43]

또 하나의 이유로서 和邇씨=春日씨에서 나온 동족 小野씨의 경우, 본래의 가바네에 대한 검토를 통해 그 출자에 의문을 제기할 수 있다.

---

43) 直木孝次郎, 『日本古代の氏族と國家』, 吉川弘文館, 2005, 31~32쪽.

오미[近江]의 오노신사[小野神社]에 전해지고 있는 오노[小野] 씨의 계보 (968년경에 작성된 것으로 추측됨)를 살펴보면, 敏達天皇-春日皇子-妹子王- 毛人-毛野로 이어지고 있다. 여기에 보이는 妹子王은 물론 일본 최초의 견 수사로 유명한 오노노 이모코[小野妹子]를 말하는데, 그는 6세기 후반에 즉 위한 민달(敏達)천황의 아들인 춘일(春日)왕자의 후손, 즉 민달천황의 손자 로 되어 있는 것이다. 만약 그것이 사실이라면 오노씨의 성(姓 가바네)은 천 무8성제(684년) 이전은 君·公(기미), 이후는 엄연히 황족의 후손이므로 당 연히 최고위인 마히토[眞人]로 사성되어야 마땅하다고 할 수 있다.[44] 그러 나 실제로는 오노씨의 가바네는 오미[臣]에서 아손[朝臣]으로 개성되고 있 음이 확인되고 있다.[45] 천무 8姓制에서의 마히토[眞人]는 실질적인 황족에 게, 아손[朝臣]은 유력한 호족에게 부여되는 가바네이다. 결국 아손[朝臣]이 라는 가바네를 통해 오노씨가 황별이 아니라는 점을 확인할 수 있고, 따라 서 오노씨의 동족인 가스가씨, 와니씨의 출자 또한 실제에 있어서는 황별이 아니라는 점을 시사하고 있다.

결국 이상의 검토를 통해 『신찬성씨록』이나 기기(記紀)의 출자는 8세기 이전의 각 씨족의 실질적인 출자를 증명해주는 절대적인 자료가 되지 못함 은 명백하다 할 것이다.

그렇다면 오노씨의 진짜 출자는 어디인가? 그 직접적인 실마리는 역시 오노씨와 동족관계를 형성하고 있는 마노[眞野]씨의 출자를 통해 확인할 수 있다.

---

44) 山尾幸久, 「小野氏と小野妹子」, 志賀町 編, 『遣隋使·小野妹子』, 1987, 15쪽.
45) 『日本書紀』 天武紀 13년11월조의 사성 기사 참조.

마노씨에 대해서는 사에키[佐伯]씨의 자세한 고증이 있다.[46] 사에키 씨의 연구에 따르면, 마노씨라는 성씨는 그 거주지인 근강국 마노향[眞野鄕]에서 유래하는데, 근강국 마노향[眞野鄕]의 최대 호족은 와니베[和邇部]씨 일족이며, 그 일족인 眞野臣은 5세기 중반 한반도에서 이주한 것으로 되어 있다.

결론적으로 마노씨는 백제계 도래(渡來) 씨족임이 분명하다고 할 수 있다. 무엇보다도 『신찬성씨록』 우경 황별에는 신라 왕녀 소생의 佐久命의 자손이라 적시하고 있어 적어도 모계가 한반도계임을 전해주고 있고, 더 직접적으로는 『일본서기사기(日本書紀私記)』(『홍인사기(弘仁私記)』)의 序에서 마노[眞野]씨가 民首씨 등과 동족으로 기록되어 있다. 民首씨가 백제인의 자손(신찬성씨록 우경제번하)이라는 점은 民[다미]이라는 씨족명이나 首라는 가바네[姓]를 통해서도 의심의 여지가 없으며, 특히 首라는 가바네를 통해 東漢(東文)直씨 계통이 아닌 왕인 후예인 西文首 집단의 일원이라 단정해도 과오는 없을 것이다.

이상을 통해서 황별 씨족으로 되어 있는 화이씨(춘일씨·대춘일씨)와 그 동족인 小野씨, 眞野씨 등이 모두 일본 재지의 토착 호족이 아닌 한반도 다름 아닌 백제에서 건너간 도래계 씨족 집단임을 확인했다.

여기서 문제로 삼고 있는 와니씨가 실은 왕인(와니)의 집안이라는 점은 다음의 사실을 통해 다시 확인할 수 있다.

高志(古志=고시)씨는 저명한 대승정 행기 스님을 배출한 집안으로 왕인 후예 씨족의 하나이다. 이 고시씨의 氏社로 간주되는 고시[高石]신사가 존재

---

46) 佐伯有淸, 『新撰姓氏錄の硏究』 考證篇2, 吉川弘文館, 1982, 193쪽.

하는데, 『화전녕소도회(和泉名所圖會)』(秋里離島, 1796년)에는 그 신사의 제사신에 대해 "조상신인 왕인을 제사지낸다"고 전하고 있다.[47] 그런데 주목되는 점은 왕인의 후예임이 분명한 고시씨가 실은 大春日씨 즉 화이씨와 동족으로 되어 있다는 사실이다. 결국 고시씨와 마찬가지로 화이씨=대춘일씨는 왕인박사와 밀접 불가분한 관련성을 지닌 씨족임을 말해준다.

결론적으로 이미 그 결론을 제시해 둔 것처럼 왕인박사(『일본서기』)=화이길사(『고사기』)=황별 외척 씨족인 화이씨(『신찬성씨록』)는 모두 '와니'로 불리는 동일 인격이자 동일 실체를 말하고 있다는 점은 더 이상 의심의 여지가 없다고 말할 수 있다.

---

47) 井上薫, 『行基』, 吉川弘文館, 1990[1959년 초출], 6~7쪽.

【참고문헌】

김선희, 「전근대 왕인 전승의 형성과 수용」, 『일본문화연구』 39, 2011.

김선희, 「한국과 일본의 왕인박사 전승과 교육」, 왕인박사현창협회 부설 왕인문화연구소 편, 『왕인박사를 둘러싼 한국과 일본의 역사인식』(왕인박사 학술강연회 자료집), 2013.

김은숙, 「西文氏의 歸化傳承」, 『歷史學報』 118, 역사학회, 1988.

김은숙, 「倭漢씨의 귀화전승의 기초적 고찰」, 『歷史教育』 39, 역사교육학회, 1986.

나행주, 「고대일본의 국제관계와 대외인식」, 『史林』 41, 수선사학회, 2012.

나행주, 「왜 왕권과 백제·신라의 「質」-왜국의 「質」도입·수용의 의미-」, 『日本歷史研究』 24, 일본사학회, 2006.

나행주, 「일본고대 국가의 형성과 마한·백제계 도래인의 역할」, 박광순·임영진·정성일·나행주·박해현, 『호남인이 일본 고대 국가형성에 끼친 영향에 관한 연구』, 전라남도·(사)왕인박사현창협회, 2013.

류승국, 「왕인박사에 대한 문헌적 고증」, 『왕인박사연구』(전라남도·(사)왕인박사현창협회, 주류성출판사), 2012.

박광순, 「고대 일본의 국가형성과 마한·백제계 도래인-가와치정권의 성립을 중심으로-」, 박광순·임영진·정성일·나행주·박해현, 『호남인이 일본 고대 국가형성에 끼친 영향에 관한 연구』, 전라남도·(사)왕인박사현창협회, 2013.

박광순, 「왕인박사가 전수한 『천자문』 등에 관하여」, 『왕인박사연구』(전라남도·(사)왕인박사현창협회, 주류성출판사), 2012.

박광순, 「왕인박사의 도일시기와 경로」, 『왕인박사연구』(전라남도·(사)왕인박사현창협회, 주류성출판사), 2012.

박광순·임영진·정성일, 『왕인박사연구』(전라남도·(사)왕인박사현창협회, 주류성출판사), 2012.

박해현, 「일본 고대 사상 형성에 기여한 마한·백제 도래인 연구」, 박광순·임영진·정성일·나행주·박해현, 『호남인이 일본 고대 국가형성에 끼친 영향에 관한 연구』, 전라남도·(사)왕인박사현창협회, 2013.

연민수, 「古代日本의 韓半島系 씨족과 그 역할-西文氏와 東漢氏를 중심으로-」, 한일역사공동위원회 편 『임나 문제와 한일관계』, 경인문화사, 2005.

연민수, 「왕인박사의 도왜와 고대 한일관계」, 왕인박사현창협회 부설 왕인문화연구소 편, 『왕인박사를 둘러싼 한국과 일본의 역사인식』(왕인박사 학술강연회 자료집), 2013.

이근우, 「왕인의 천자문·논어 일본전수설 재검토」, 『역비논단』 69, 2004.

이병도, 「백제학술 및 기술의 일본전파」, 『한국고대사연구(수정판)』, 박영사, 1976.

이홍직, 「일본에 전수된 백제문화」, 『한국고대사의 연구』, 신구문화사, 1971.

임영진, 「마한·백제인의 산업기술과 생활문화의 전수」, 박광순·임영진·정성일·나행주·박해현, 『호남인이 일본 고대 국가형성에 끼친 영향에 관한 연구』, 전라남도·(사)왕인박사현창협회, 2013.

정성일, 「마한·백제계 도래인에 의한 수리·토목 기술의 일본 전수」, 박광순·임영진·정성일·나행주·박해현, 『호남인이 일본 고대 국가형성에 끼친 영향에 관한 연구』, 전라남도·(사)왕인박사현창협회, 2013.

정효운, 「백제와 왜의 문화교류 양상에 관한 일고찰」, 『일어일문학』 81, 일어일문학회, 2006.

加藤謙吉, 「渡来人」, 『古代史研究の最前線』, 雄山閣出版, 1986.

加藤謙吉, 「漢氏と秦氏」, 『東アジア世界の成立』, 吉川弘文館, 2010.

關晃, 『歸化人(增補版)』, 至文堂, 東京, 1966.

關晃, 『歸化人』, 講談社, 東京, 2009.

吉田晶, 『日本古代国家成立史論』, 東京大學出版會, 1983.

吉田靖雄, 『行基と律令國家』, 吉川弘文館, 1987.

吉村武彦, 「新しい王統の成立」, 『古代を考える 継体·欽明朝と仏教伝来』, 吉川弘文館, 1999.

大橋信也, 「王辰爾の渡来」, 『文字と古代日本 2 文字による交流』, 吉川弘文館, 2005.

門脇禎二·水野正好 編, 『古代を考える 河内飛鳥』, 吉川弘文舘, 1989.

山尾幸久, 「小野氏と小野妹子」, 『遣隋使·小野妹子』(志賀町 編), 1987.

山尾幸久, 「河内飛鳥と渡来氏族」, 『古代を考える 河内飛鳥』, 吉川弘文館 1989.

山尾幸久, 『古代の日朝關係』, 塙書房, 1989.

山尾幸久, 『日本古代王權形成史論』, 岩波新書, 1983.

山尾幸久, 『日本国家の形成』, 岩波新書, 1977.

上田正昭, 『歸化人』, 中央公論社, 東京, 1965.

水野正好, 「『河内飛鳥』前夜」, 『古代を考える 河内飛鳥』(門脇禎二·水野正好 編), 吉川弘文舘, 1989.

新川登龜男, 「文字の伝来」, 『東アジア世界の成立』, 吉川弘文館 2010.

岸俊男, 「ワニ氏に関する基礎的考察」, 『日本古代政治史研究』, 塙書房, 1966.

熊谷公男,「蘇我氏の登場」,『古代を考える 継体・欽明朝と仏教伝来』, 吉川弘文館, 1999.

井上光貞,「王仁後裔氏族と其の佛教」,『日本古代思想史の研究』, 岩波書店, 東京, 1982[초출 1943].

井上薫,『行基』, 吉川弘文館, 1990[1958년 초출].

佐伯有淸,『新撰姓氏錄の硏究』(고증편1-6), 吉川弘文館, 1981~1983.

佐伯有淸,『新撰姓氏錄の硏究』(본문편), 吉川弘文館, 1962.

佐伯有淸,『新撰姓氏錄の硏究』(습유편), 吉川弘文館, 2001.

佐伯有淸,『新撰姓氏錄の硏究』(연구편), 吉川弘文館, 1963.

志賀町 編,『遣隋使・小野妹子』, 1987.

直木孝次郎,『古代河內政權の硏究』, 塙書房, 2007.

直木孝次郎,『日本古代の氏族と國家』, 吉川弘文舘, 2005.

津田左右吉,『古事記及日本書紀の研究』, 岩波新書, 1924.

坂元義種,「渡来系の氏族」,『日本の古代 11 ウジとイエ』, 中央公論社, 1987.

坂元義種,『古代アジアの日本と朝鮮』, 吉川弘文館, 1978.

平野邦雄,『歸化人と古代國家』, 吉川弘文館, 東京, 1993.

平川 南,「文字による支配」,『文字と古代日本 1 支配と文字』, 吉川弘文館 2004.

和田萃,「渡来人と日本文化」,『岩波講座 日本通史 3 古代 2』, 岩波書店, 1994.

丸山龍平,「近江和邇氏の考古學的研究-堅田眞野春日山古墳の歴史的背景をめぐって」,『日本史論叢』 4, 1974.

【참고 사진자료】

『前賢故實』의 왕인 초상

『전현고실』은 에도시대 후기에서 메이지 시대에 걸쳐 간행된 전기집(전 10권 20책)이며, 상고(上古)에서 남북조(南北朝)시대까지의 황족(皇族), 충신(忠臣), 열부(烈婦) 등 585인을 시대에 따라 초상화하고 한문으로 전기를 부친 것으로, 일본 역사상의 인물을 시각화한 것임.

전왕인묘(오사카부 히라카다시)

박사왕인탑(오사카부 히라카다시)

왕인신사-와니시모[和邇下]신사 도리이(나라현 텐리시)

왕인신사-와니시모[和邇下]신사 안내 표지판(나라현 텐리시)

박사왕인비(博士王仁碑, 도쿄 우에노공원)

다카이시신사(高石神社)-왕인을 조상신으로 모신 高志씨의 신사(오사카부 高石市)

서림사-왕인후예 씨족들의 氏寺(오사카부 하비키노시)

난파진가(難波津歌) 목간 사진

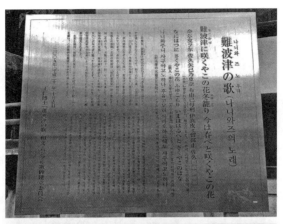

난파진가(難波津歌) 기념비-오사카 이쿠노구(生野區)의
미유키모리(御幸森) 신사(2009.11월 건립)

※ 이 논문은 『왕인박사에 대한 교육의 현황과 개선방향』(전라남도·사단법인 왕인박사현창협회, 2014년 12월)에 실린 글을 수정·보완한 것임.

제4장

한국의 교과서에 그려진 왕인박사

박해현 _ 초당대학교 교수

1. 머리말
2. 대한제국기의 역사 교과서와 왕인박사
3. 해방 후 국사 교과서 서술과 왕인박사
4. 교육과정 개편과 왕인 관련 국사 교과서 서술의 변화
5. 왕인 관련 국사 교과서 서술의 과제
6. 맺음말

1. 머리말

필자는 2013년 (사)왕인박사현창회에서 펴낸 『성기동 단상』이라는 책에 「왕인에 대한 교과서 서술과 역사 인식」이라는 제목으로 우리나라 국사 교과서에 왕인박사 관련 내용이 어떻게 서술되었는지를 일본 교과서의 내용과 비교하며 살핀 바 있다. 하지만 2013년에는 원고 준비 기간이 짧아 역대 교과서를 충분히 구하여 보지 못한 채 서술이 급히 이루어진 탓으로 서술에 근본적인 한계가 있을 수 밖에 없었다. 다만, 한국 교과서에 왕인박사가 어떻게 서술되었는지를 본격적으로 검토한 시론 성격으로 나름의 의미가 있었다고 본다.

역사 수업은 주로 교과서를 통해 이루어지고 학생들은 교과서에 의존

하여 역사를 공부하고 있다. 따라서 역사 교과서는 학생들의 역사적·정치적 의식을 형성하는 데 매우 중요한 역할을 담당하고 있다고 하겠다. 우리나라 역사 교육을 보면 교육과정의 개편에 따라 어떠한 사실의 수록과 탈락이 반복되는 등 서술의 관점과 내용이 달라졌다. 그것은 역사 교과서가 어느 교과보다 특정한 정치·사회적 체제의 산물이기 때문이다. 지금도 여진(餘震)이 남아 있지만, 2013년 하반기에 2014 검인정 한국사 교과서 선정 문제를 둘러싸고 온 나라가 커다란 홍역을 치룬 것도 바로 이러한 점과 무관하지 않다고 생각한다. 그러므로 역사 교과서를 통해서 이루어지는 역사 교육의 현실을 살피는 것은 매우 중요하다.[1]

이러한 관점에서 필자는 일본의 고대 문화 형성에 커다란 역할을 한 왕인박사 우리나라 역사 교과서에 어떻게 서술되고 있는지 주목해보았다.[2] 왜냐하면 그동안의 왕인박사에 대한 우리나라 역사 교과서의 서술이 과거와 현재의 서술이 차이가 없고, 심지어 시대에 따라 수록과 탈락이 반복되고 있을 뿐 아니라 2014 개정 검인정교과서에도 8개 출판사 가운데 3군데 출판사에서 왕인박사 도일 사실을 누락하고 있기 때문이다. 따라서 근대 이후 출판된 역사 교과서에 왕인박사 도일 관련 기록 내용, 서술의 특징 및 한계 등은 무엇인지 살펴보고 앞으로의 바람직한 서술 방향을 생각하는 시간을 갖고자 한다.

---

1) 박해현, 「백촌강 전투'와 한·일 역사 교과서 서술」, 『한국학논총』 34, 2010.
2) 이에 대해서 김은숙의 글이 참고가 된다(김은숙, 「중·고등학교 『국사』 교과서의 고대 한일관계사 서술 내용 검토」, 『역사교육』 74, 2000).

2. 대한제국기의 역사 교과서와 왕인박사

왕인에 대한 우리 교과서의 서술은 대한제국 시대에 현채가 쓴 『중등교과 동국사략』(1906)에 처음 실려 있다.[3] 이 책은 종래 편년체 사서를 탈피하여 주체별·영역별로 서술하는 방법을 도입하였다는 점에서 우리나라 최초의 근대적 국사 교과서라고 할 수 있다.[4] 1892년에 하야시가 쓴 『조선사』 7권을 현채가 역술(譯述)한 이 책은, 식민사관을 탈피하지 못했다는 비판을 받고 있다.[5] 따라서 『동국사략』은 한국 근대사학사 논의에서 배제되고, 한국 근대사학의 원류를 신채호로 인식하는 경향이 만들어졌다고 여겨진다.

그러나 현채가 自序에서 '어느 책보다 하야시[林]의 조선사가 일목요연(一讀瞭然)함이 있으나, 외국인에게 자국 역사를 쓰게 함이 부끄러운 일이라.'고 한탄한 데서 알 수 있듯이, 『조선사』를 그대로 번역하지는 않았다. 이를테면 현채가 『동국사략』에서 단군조선을 역사적 사실로 인정한 것이나, 임진왜란 때의 의병 활동을 상술하고 있는 데서 알 수 있듯이, 당시 우리 역사의 유명한 인물들을 서술하는 등 역사적 인물을 강조하여 서술하며 애국심을 고취하려 했던 것이다.[6] 이러한 관점에서 현채는 왕인박사가 논어와

---

3) 김려칠, 「한국개화기의 국사교과서와 역사인식」, 단국대박사학위논문, 1985.

4) 도면회는 『동국사략』은 한국인이 쓴 최초의 근대적 통살라고 하였다(도면회, 「한국 근대 역사학의 창출과 통사 체계의 확립」, 『역사와 현실』 70, 2008).

5) 조동걸, 「근대초기의 역사학」, 『한국의 역사가 역사학』 (하), 창작과비평사, 1994.

6) 최근 들어 『동국사략』에 대한 재평가가 조금씩 달라지고 있다. 대표적으로 이신철, 「대한제국기 역사 교과서 편찬과 근대 역사학」, 『역사교육』 126, 2013 참조.

천자문을 일본에 전해주어 일본의 고대 문화가 형성 되었다고 서술하였다.

그런데 현채는 '논어를 전한 주체로서 왕인을 인식하는 것이 아니라 논어와 더불어 헌상(獻上)된 대상'으로 분류하여 왕인 도일의 역사적 의의를 낮게 평가한 하야시와는 달리, "박사 왕인으로 하여금 논어와 천자문을 가지고 일본에 가도록 하니 일본의 문화가 이로부터 시행되었다."고 하여, 왕인박사를 일본 문화 발전의 주체로 인식하고 있다는 점이 주목된다.[7] 다음에서 알 수 있다.

□ 하야시 다이스케, 『朝鮮史』1802, 55쪽.

① 백제에서 유교가 시작된 것은 상세하지 않으나 근초고왕 29년에 고흥을 박사로 삼았고, 그 후 박사 왕인과 논어를 일본에 전하였다. 혹은 말하기를 박사 등을 처음으로 우리나라에 공(貢)하게 한 것은 아화왕(阿花王) 때라고 한다. 백제의 왕인과 논어를 우리나라에 조공하게 한 것은 고사기에는 초고왕 대라고 하지만 근초고왕을 가리키는 것으로 봐야 한다. 그러나 근초고왕 이하 여섯 왕의 연대가 일본서기와 한사(韓史)가 120년의 차이가 있으니 간지를 부합시키는데 이를 미루어 생각하면 바로 아화왕 때이다.

② 근초고왕 29년에 고흥을 박사로 삼았다. 그 후 박사 왕인과 논어를 일본에 전하였다. 근초고왕 29년 고흥을 박사로 삼았던 것이 일

---

7) 김선희, 「근대 왕인 전승의 변용양상에 관한 고찰」, 『일본문화연구』 41, 2012.

본서기에 처음 나온다. 그 후 박사와 논어, 전자문을 일본에 헌상하였고 제반 학술을 우리에게 전하였다.(같은 책, 59쪽)

또한 현채는 『유년필독』에서 왕인의 도일 시기를 고이왕대로 파악하여 근초고왕보다 이른 시기에 왕인의 도일 사실을 파악하려 하고 있는데, 이는 현채가 하야시의 『조선사』를 그대로 전재한 것이 아니라는 점을 분명히 해준다. 이러한 현채의 서술 의도는 『중등교과 동국사략』에 이어 바로 서술된 초등교과서라 할 수 있는 『유년필독』에도 우리나라가 일본보다 선진국이라고 하는 것을 밝히고 있는 데서 알 수 있다.

□ 현채, 『유년필독』, 1907.

【제21과 백제】
백제의 시조 고온조는 1924년 전에 하남 위례성에 도읍을 정하고

삽화 왕인수학도(王仁授學圖)

다루왕 때에는 각 고을에 명하여 논농사를 시작하였다. 고이왕 때에는 왕인이 일본에 가서 『논어』라는 책과 천자문을 전하였으니 일본이 이후부터 문명하여 우리나라를 선진국이라 하였다. 일본의 '이로하'도 왕인이 지어준 것이다.

그 밖에도 『유년필독』과 거의 같은 시기에 나온 『초등대한역사』, 『초등본국역사』 등 초등학생 교과서라고 할 수 있는 책에도 왕인 관련 서술들이 들어 있다.

□ 정인호, 『초등대한역사』, 1908.

【왕인 學을 일본에 전하다.】
고이왕 때에 왕인이 논어와 천자문을 가지고 일본에 가니 일본 왕이 기뻐하여 태자의 스승으로 삼았다. 이에 앞서 왕자 아직기가 경전에 능통하였는데 일본에 가서 일본 왕이 그 아들 치랑으로 하여금 배우게 하였다. 인하여 "네 나라에 너보다 현명한 자가 또 있는가?" 물으니, 대답하여 말하기를 "왕인이 있어 온 나라가 빼어나다" 하였다. 일본 왕이 왕인을 청하므로 가니 일본에 문자가 비로소 있게 되었다.

□ 안종화, 『초등본국역사』, 1909.

【중고의 문화】
삼국시대에 있어서는 각국이 모두 군현으로써 천하를 다스려 백관의 제도가 대강 정비되었고, 유교와 불교는 이 시기에 떨쳐 일어났다.

백제가 일본의 청구에 응하여 박사 왕인을 일본에 보내니, 이때에 왕
인이 비로소 유학을 일본에 전하였고 그 자손은 일본에 거주하여 문학
에 종사하였다.

이렇듯 대한 제국기의 근대적 성격의 역사교과서에는 초등, 중등을 막
론하고 왕인박사가 도일(渡日)하여 일본에 문자와 유학을 전하여 문화가 시
작되었다고 서술되어 있다. 이것은 역사적 영웅이나 위인을 부각시켜 나라
의 독립을 지키고자 하는 애국계몽기의 애국심의 발로에서 비롯되었다고
여겨진다. 이 과정에 일본에 우리의 선진 문화를 정착시켰던 왕인의 도일
(渡日) 사실은 충분히 주목되었으리라 생각한다.[8]

3. 해방 후 국사 교과서 서술과 왕인박사

해방 후 왕인에 대한 인식은 중등용 『조선역사』[9](1946)에 드러나 있다.

---

8) 한편 일제강점기 교과서인 『심상 소학 국사』에는 "백제가 일본에 복속될 무렵
고흥이라는 박사가 일본에 와서 처음으로 기록이 시작되었다. 이 무렵 백제는
왕인이라는 학자를 일본에 보내왔다. 이때가 오진[應神] 천황 시대이다. 천황은
왕인 등에게 명하여 기록을 담당하도록 하셨다. 왕인의 조상은 중국의 도일 사
실을 다루고 있으나 왕인의 조부를 중국인으로 다루고 있는 것은 내선일체를 부
르짓는 역사관, 그렇다고 우리 문화의 영향을 받았다고 하는 것을 쉽게 인정하
지 않으려는 역사 인식이 교과서에 그대로 드러나 있다고 본다.
9) 『중등조선역사』는 원래 황의돈이 일제강점기 중등학교 교재로 서술한 『신편 조
선역사』(1923)를 축약하여 『중등조선역사』로 1929년에 펴낸 바 있다. 이 책을

이 책에는 "왜의 소청을 받아 박사 왕인을 보내어 유학을 가르침에 왜의 유학이 비로소 전함이 되더라."라고 기술되어 있다.[10] 왕인박사의 도일 사실이 당시 우리의 민족 자긍심을 높이는 데 긍정적이었기 때문에 교과서에 수록되어 있었다고 보겠다.

그러나 미군정기의 『국사교본』(1946.5. 군정청 문교부, 진단학회)[11]에는 일본 문화에 끼친 백제의 영향을 강조하였을 뿐, 왕인박사와 아직기의 도일(渡日) 사실은 생략되어 있다. 이처럼 해방 직후에는 교과서에 따라 왕인의 도일 사실을 달리하였음을 알 수 있다.

한편 당시 교과서를 현재 살피지 못해 확신할 수는 없지만, 정부 수립 후 제1차 교육과정이 나온 1954년 무렵에 서술된 교과서에는 왕인 관련 사실이 수록되어 있지 않고,[12] 제2차 교육과정 때(1963~1973) 비로소 기술되었던 것으로 보인다. 그것은 현재 필자가 구한 1968년도 출판 교과서 3종 모두, 1973년 출판된 교과서 4종 중 3종에서 왕인의 도일을 기술하고 있는 것에서 짐작할 수 있다(〈부록 참조〉). 이는 당시 검인정 체제였지만 교과서들이 대부분 왕인의 도일을 기술하고 있다는 것을 알 수 있다. 다음을 보자.

황의돈은 해방 후에 수정 보완하여 『중등 조선역사』로 펴냈다.

10) 원문은 〈부록〉 참고.

11) 『국사교본』에 대해서는 김경미, 「국사교본연구」, 이화여대교육대학원 석사학위논문, 1991 참조.

12) 필자가 1차 교육과정기(1954~1963)의 모든 국사 교과서를 구해보지는 못하였지만, 국사편찬위원회 소장 1차 교육과정 국사 교과서를 보면 중·고등학교 모두 왕인박사 기술이 누락되어 있다.

□ 김상기, 『국사』, 1968. 1. 30. 장왕사, 43쪽.

【문화의 동류(東流)】

우리 한(韓)반도는 고대로부터 동방 세계의 중추적 위치에 있어서 국제 문화 교류의 중심이 되었다. 고대에 있어 미개몽매(未開蒙昧)하던 일본인에게 문명의 씨를 뿌려 준 것은 실로 백제를 비롯한 우리 삼국이었다. 백제 근초고왕·근구수왕 시대에 이르러 아직기(阿直岐)와 박사(博士) 왕인(王仁)을 일본에 보내어 한학을 전하여 준 이후로 오경박사·의박사·역박사 등이 계속 건너가 그들을 깨우쳐 주었으며 성왕은 불상과 경론을 보내어 불교를 소개하였는데 이것이 일본 불교의 시초이다.

□ 이현희, 『국사』, 1973. 1. 5. 실학자, 46~47쪽.

【학술】

한학도 백제에는 일찍부터 발달하였으므로, 오경박사, 천문학, 의학, 주역 박사가 있어 유학을 발전을 시켰으며, 한편으로는 전문적인 학자를 양성하기도 했다. 일본에 한학을 전한 것이나 전문 박사가 초빙된 것 등을 보아도 학문의 수준이 상당히 높았음을 짐작할 수 있다. 즉, 근초고왕 때 아직기는 일본에 가서 일본 왕자의 스승이 되었으며, 근구수왕 때 왕인은 천자문과 논어를 전했고, 무녕왕 때는 단양이, 고안무 등의 오경박사가 유학을 전했다.

말하자면 도일 시기는 근초고왕, 근구수왕대로 일치하지는 않지만,[13] "왕인이 논어와 천자문을 전해주어 일본의 문화가 발전에 기여했다."고 비슷하게 기술하고 있었다.

1968, 1973년도 검인정 국사 교과서 왕인 도일 사실 기술 여부

출판사	저자	왕인 도일 사실 기술 여부	출판년도	비고
장왕사	김상기	○	1968	
문호사	이상옥	○	1968	
교학사	이원순	○	1968	
실학사	이현희	○	1973	
일조각	이병도	○	1973	
교학사	이원순	○	1973	
광명출판사	신석호	X	1973	

국사 교육이 강화된 1974년 제3차 교육과정에서 국사교과가 독립 과목이 되면서 국사 교과서도 국정으로 전환되었다. 이때 모든 중·고등학교 교과서에 왕인의 도일 사실이 수록되었던 것으로 보인다. 그것은 1983년의 중학교 교과서에 "백제에서는 아직기와 왕인이 일본에 건너가 유학을 가르쳤고," 라고 기술되어 있는 데서 국정으로 전환되었을 때의 서술 내용을 짐작할 수 있다(〈부록 참조〉). 그런데 중학교 국사 교과서에 왕인 도일 사실이

---

13) 아직기와 왕인의 도일 시기에 대해서 이병도는 아신왕 말년(404~405)의 사실로 보았다(이병도, 「백제학술 및 기술의 일본 전파」, 『한국고대사 연구』, 1976).

계속 수록되어 있다가, 2002년에 당시 국정 교과서 체제였지만 누락되었다. 그리고 2011년에는 검인정 교과서 체제였지만, "근초고왕 대에 아직기와 왕인이 한문과 논어, 천자문을 전해주었고,"라고 다시 기술되었다(〈부록 참고〉).

고등학교 국사 교과서는 '국사'에서 '한국사'로 과목명이 바뀌게 되고, 체제도 국정에서 검인정으로 전환된 2011년, 우연의 일치인지는 몰라도 당시 검인정 한국사 교과서 6종 모두에서 왕인박사 도일 사실이 누락되었다. 그러다 2014년 개정 검인정 한국사 교과서 8종 가운데 5종에는 왕인 도일 사실이 들어 있고 3종은 전혀 언급이 없이 누락되었다. 이처럼 최근 들어 국사 교과서에 왕인 관련 서술의 비중이 강화되기는커녕 서술 여부를 걱정하는 단계에까지 왔다는 것을 알 수 있겠다. 2014년 한국사 교과서에는 "아직기는 왜의 태자에게 한자를 가르쳤으며, 왕인은 천자문과 논어를 전하고 가르쳤다."고 비슷하게 서술되어 있다(〈부록 참고〉).

4. 교육과정 개편과 왕인 관련 국사 교과서 서술의 변화

2002년 개편 때 왕인박사 도일 사실이 중학교 국사 교과서 서술에서 왜 제외 되었는지 그 까닭이 궁금해진다. 2002년 6차 교육과정 개편이 이루어지면서 초등학교, 중학교에서 국사 교과가 독립과목이 아닌 사회과목의 일부로 통합했다. 초등학교의 경우 국사를 5·6학년 때 한 학기씩 사회과목의 일부로 다루고, 중학교는 2·3학년 때 독립 과목으로 주당 2시간씩 다루었다가 2학년 1시간, 3학년 2시간으로 줄었다. 고등학교에서는 1학년 때 조선 후기까지 전근대사만 서술한 국사를 필수과목으로 배우고, 근현대사는

2학년 때부터 선택과목으로 되면서, 국사 교과가 본격적으로 홀대받기 시작했다. 이와 같이 교육과정이 통합되고 단위 시간이 축소되면 교과서의 서술 분량에도 변화가 나타나게 됨은 당연하다. 게다가 이 무렵 국내 일부 문헌 사학자들을 중심으로 왕인박사의 영암 출생설은 물론 도일 사실까지를 부정하는 연구가 나오기 시작하였는데,[14] 이러한 학계의 분위기가 일부 교과서 집필자에게 영향을 주어 분량 축소와 맞물려 중학교 교과서에서 왕인박사 사실이 탈락한 것은 아닐까 싶다.[15]

그러나 2005년 중국의 동북공정이 본격적으로 문제가 되면서 우리 정부와 국민들의 국사에 대한 관심이 높아지자, 다시 국사교과를 독립 교과로 편성하게 되었는데, 이때 우리 민족의 우수성을 강조하는 과정에서 왕인박사 도일의 역사적 사실들이 2009년 교과서 개편 때 중학교 교과서에 다시 수록된 것으로 추측된다.

그동안 국정체제에서는 왕인의 도래 사실이 계속 서술되었던 고등학교 국사 교과서의 경우, 검인정으로 바뀐 2011년, 국사교과목의 근현대사 서술 비중이 전체의 70% 이상을 차지하는 '한국사'로 변경되면서 전근대 관련 서술이 크게 축소되었는데, 이 과정에서 안타깝게도 왕인박사 도일 관련 사실이 탈락하였다. 물론 여기에도 왕인의 영암 출생설과 도일 사실을 인정

---

14) 김병인, 「왕인의 '지역 영웅화' 과정에 대한 문헌사적 검토」, 『한국사연구』 115, 2001 ; 이근우, 「왕인의 『천자문』 『논어』 일본전수설 재검토」, 『역사비평』 69, 2004.

15) 필자도 교과서 검정위원으로 참여한 사실이 있지만, 교과서에는 학계의 공통된 의견과 객관적 사실들이 반영되기보다는 가끔 집필진 개인의 의견 내지는 집필진이 속한 학맥의 의견이 반영되는 경우가 없지 않아 있다. 이로 미루어 어쩌면 당시 이러한 학계 일부 의견이 교과서 집필에 영향을 미쳤다고 추측된다.

하지 않으려는 학계 일부의 의견이 영향을 끼쳤음은 부인하기 어렵다. 더구나 6종의 모든 검인정 교과서에서 왕인박사 도일 사실이 빠진 것은 그냥 우연의 일치로 보기 어렵다. 말하자면 어떤 다른 정치적 의도가 숨어 있다고도 의심을 하게 된다.

2014년 검인정 교과서에는 왕인박사 도일 사실이 과거처럼 다시 수록되고 있다. 이는 전근대사의 서술 비중이 60% 정도로 늘어난 교육과정의 개편과 관련이 있다고 본다. 동시에 최근 독도 분쟁, 위안부 문제 등에서 일본과 갈등이 높아지면서 우리의 문화적 우월의식을 드러내는 좋은 증거인 왕인 관련 사실이 다시 주목을 끌었기 때문이 아닐까 한다. 말하자면 역사 교과서는 어느 교과보다 특정한 정치적, 사회적 체제의 산물이라고 이해할 때, 이러한 의도가 어느 정도는 반영되었으리라 짐작된다.

그러나 유감스럽게도 8종 가운데 3종은 왕인박사 도일 사실을 아예 언급하고 있지 않다. 게다가 한 출판사는 아직 제대로 검증되지도 않았을 뿐아니라, 설사 사실이라고 하더라도 일본에 천자문과 논어를 전해주어 일본의 고대문화를 일으킨 왕인박사와 비교도 되지 않은 인물인 '미마지' 관련 사실을 거의 한 쪽 가까이 다루고 있다는 점은 충격이라 아니할 수 없다. 또한 일부 교과서에서 『삼국유사』에 설화로 나와 있는 '연오랑·세오녀'를 언급하며 도래인에 대해 한쪽을 할애하며 서술을 하면서도, 도래인(渡來人)의 대표격인 왕인박사를 전혀 언급하지 않고 있는 것 또한 범상히 넘길 수 없다고 본다.

2014 개정 검인정 한국사 교과서 왕인 도일 사실 기술 여부

출판사	저자	왕인 도일 사실 기술 여부	비고
천재교육	구난희	○	생각 넓히기 '도래인'에는 왕인 언급 없음
리베르스쿨	윤영호	○	
금성출판사	여호규·임화영	○	
미래앤	한철호	×	'아스카문화와 도래인'에는 왕인 언급 없음
두산동아	이인석	×	'역사 인물 장보고' 소개, 왕인 언급 없음
교학사	최희원	○	
지학사	김태식	×	'일본 열도로 간 백제 사람들', 미마지 관련 서술 반쪽 차지, 왕인 언급 없음
비상교육	이희영 외 4인	○	'삼국에서 일본 열도로 간 사람들, 도왜인'에서 연오랑·세오녀 설화 소개, 왕인 언급 없음

5. 왕인 관련 국사 교과서 서술의 과제

이처럼 왕인 관련 교과서 서술이 최근 들어 탈락과 부활을 반복하면서 논란의 중심에 있을 뿐 아니라 점차 비중이 약화되는 것을 어떻게 극복해야 할까? 먼저 왕인박사의 도일에 대한 우리 학계 일부의 시각에 대해 다시 생각해 볼 일이다. 왕인박사의 도일 사실은 명백한 역사적 사실임이 분명하다는 것은 일본의 기록과 많은 연구에서 확인되었을 뿐만 아니라, 왕인박사의 후예들이 일본에서 문필을 맡아 일본의 고대 국가 성립에 크게 기여한 것도 부인할 수 없는 사실이다. 8세기 초 일본에서 민중들을 교화하고 사회 사업을 펼쳐 일본 불교에서 대승정(大僧正)으로 추대된 행기(行基) 스님의 경우 왕인박사의 후예라고 하는 것은 그의 묘지명에서 분명히 확인되고 있다. 따라서 왕인박사의 도일 사실과 일본 고대 문화에 끼친 그의 공적은 한국 교과서에 서술될 가치가 충분하다.

일본의 고등학교 교과서는 일본의 고대 문화 발달에 도래인(渡來人)들이 중요한 역할을 하였다고 서술하고 있다. 그리고 그 도래인들의 조상이 왕인박사 등임을 분명히 하고 있다. 비록 각주 설명으로 왕인 등의 '설화'가 있다고 처리하고 있지만 사실상 일본 교과서에서는 도래인 왕인과 그 후예들에 의해 일본의 고대 문화가 형성되었음을 인정하고 있다는 것을 알 수 있다.

2006년 주식회사 王川出版社, 詳說 日本史[16]

【대륙문화의 수용】
이렇듯 조선반도와 중국과의 활발한 교섭 가운데 철기 스에키[須

---

16) 일본의 역사 교과서는 A판과 B판 두 종류로 나누어진다. A판은 근현대사 중심으로 전근대에 대해서는 대충 1회 개관하는 정도이고, 근현대사는 50회 정도 수업을 한다. B판은 상세한 교과서로 백 수십 시간을 가르친다. 대학 입시시험에서 일본사를 보려는 고교생은 거의 B판을 배운다(深谷克己, 「일본의 역사 교과서와 동아시아」, 『동아시아 역사 교과서의 주변국 인식』, 동북아역사재단, 2008).

惠器]의 생산, 베짜는 것과 금속 공예·토목 등의 여러 기술이 주로 조선반도로부터 찾아온 도래인들에 의해 전해졌다.(〈각주〉) '書記一일본서기 : 필자 주'에는 西 文氏·東 漢氏·秦氏 등의 조상이 된 王仁·阿知使主·引月 君 등의 渡來 說話가 전하고 있다.)(詳說 日本史B, 23쪽)

물론 일본 교과서에서 초등학교와 중학교의 경우 도래인에 대한 언급은 하였으나, '왕인'이라는 구체적인 인물을 열거하지 않은 것과 고등학교 교과서에서 행기 스님의 출자를 왕인박사와 연결을 지어 서술하지 않은 것은 객관적 서술에 있어 한계이지만, 서술의 중심에 왕인박사가 있는 점은 분명하다.

그러나 우리 학계 일각에서는 일본이 이처럼 왕인박사에 대해 관심을 갖게 된 것은 메이지 유신 이후이고, 특히 일제강점기 내선일체를 강조하기 위하여 왕인의 도래 사실을 강조할 필요가 있었기 때문이라고 하여, 왕인의 도일 사실 자체를 부정하려 하고 있다.

이처럼 정치적인 의도가 있었다는 이유만으로 왕인의 존재를 인정하지 않으려는 우리 학계의 일부 견해야말로, 오히려 역사적 사실을 지나치게 정치적으로 해석하려는 또 다른 오류를 범하고 있다고 본다. 역사에서 객관적인 서술을 바탕으로 진리를 탐구하는 것이 가장 중요하다는 것에는 재론의 여지가 없듯이, 학생들의 역사의식 형성의 기본이 되는 역사 교과서는 객관적인 서술이 더욱 강조되어야 한다.

그동안 한국 교과서에 기술된 왕인박사 도일 관련 서술 자체에도 적지 않은 문제가 지적된다. 우선 객관적인 사실에 대한 기술 문제이다. 초등학교 사회의 경우 성왕 때 일본에 불교를 전해주었던 사실을 언급하며 아직기와 왕인의 이야기를 서술하였다.

【일본 속에서 삼국을 만나다.】

일본과 가깝게 지냈던 백제는 일본의 고대 문화에 가장 많은 영향을 주었다. 성왕 때에 처음으로 일본에 불교를 전해주었으며, 아직기와 왕인은 유학과 한문을 전해주었다. 고구려의 승려 담징은 종이와 먹을 만드는 방법을 전해주었으며, 호류사에 남아 있는 벽화는 담징이 그린 것으로 전해진다.(초등학교, 사회 5-1, 2012, 36쪽)

그러나 시기적으로 아직기와 왕인의 사실이 성왕 때의 불교 전래보다 앞선 시대의 일임이 분명하다. 따라서 기술의 순서가 잘못되어 있음을 지적하고 싶다. 이러한 잘못은 정확한 사실을 알지 못하는 초등학생들에게 잘못된 역사 인식을 심어줄 염려가 있다.

다음으로 한국 교과서의 왕인 관련 기술의 중요한 문제는 가령, 1983년에 서술된 내용과 2014년에 서술된 왕인 관련 내용이 거의 대동소이하다는 것이다. 이것은 왕인에 대한 연구가 그동안 전혀 이루어지지 않았거나, 교과서 집필자들이 새로운 연구 성과들을 반영하려는 노력을 소홀히 했기 때문이다. 말하자면 그동안 왕인에 대한 연구가 적지 않게 이루어졌지만, 그것이 아직 학계에서 완전히 받아들여지지 못하였을 뿐 아니라, 왕인의 후예들에 대한 국내 학자들의 연구 또한 미진했던 때문은 아닌가 한다. 가령 8세기 초에 대승정(大僧正)으로 추대된 행기(行基)는 분명한 왕인박사의 후예이기 때문에, 그의 활동을 축약하여 서술할 수 있음에도 전혀 이루어지지 못했다.[17] 바로 이러한 점이 한국의 역사 교과서의 한계로 지적된다.

---

17) 박해현, 「일본 고대 사상 형성에 기여한 마한 백제 도래인 연구-行基를 중심으

한편 한국 교과서를 보면 학생들의 발달 단계를 전혀 고려하지 않고 초등학교, 중학교, 고등학교 모두 거의 비슷한 서술로 이루어져 있음을 알 수 있다. 이러한 서술은 한국 교과서가 계열성의 원리를 전혀 고려하고 있지 않았다는 생각을 갖게 한다. 계열성이란 내용이 조직에서 전후 내용이 반복될 때 내용이 서로 관련되면서 단계적으로 확대 심화되어야 학습 효과가 있는 것이다.[18] 말하자면 초등학교는 인물사, 생활사 중심, 중학교는 정치사 측면, 고등학교는 사상사 중심으로 접근되어야 하나, 실제 교과서 서술에서는 그렇지 못했다는 것이다. 이는 왕인박사에 대한 연구가 구체적이고 체계적으로 이루어지지 못한 결과 때문으로 생각되기도 하지만, 이러한 문제를 전혀 고려하지 못한 교과서 집필자의 인식 문제 때문에 비롯된 것은 아닐까 한다. 실제 2014 검인정 교과서를 보면 연오랑·세오녀 설화, 도래인 기사 등을 별도의 주제로 편집한 것은 좋은 사례라 하겠다. 그동안 한국 교과서들이 오랫동안 왕인 관련 서술을 해오면서도 이러한 새로운 시도를 못했다는 아쉬움이 있다.

이렇게 된 데는 왕인박사 탄생지인 우리 전라도 지역민들의 상대적인 무관심 또한 책임에서 자유로울 수 없다고 본다. 가령 초등학생들의 경우 국사가 사회과에 편성된 관계로 서술에 한계가 있을 수밖에 없어 별도로 '인정도서'를 통해 역사 서술의 부족함을 채우고 있는 것이 현실이다. 그런데 광주광역시의 한 초등학교에서는 충북교육청이 발행한 인정도서 『우리

로-」, 『성기동』 6, 왕인박사현창협회, 2013.
18) 계열성에 대해서는 다음의 글이 참고가 된다(김한종, 「역사교육 계열화를 위한 고등학교 국사교육 내용구성 방안」, 『호서사학』 40, 2005 ; 정수진, 「초등학교와 중학교 국사교과서 계열화 연구」, 이화여자대학교 석사논문, 2007).

나라의 역사』(충청북도 교육감 인정도시, 2011.)를 가지고 수업을 하고 있었다. 그 책에는 당연히 왕인박사 이야기가 누락되어 있었다. 따라서 초등학생들은 왕인이 단지 천자문을 전한 인물로만 기억되고 있을 뿐, 그의 출신지 등 구체적인 모습을 잘 알 수 없게 되어 있다. 그러다 보니 필자가 재직한 학교 학생들에게 왕인박사를 물어보면 절반 정도는 잘 모르고 있었다. 이러한 어려운 상황에서 2013년도 대학 수학 능력시험에서 왕인박사 문제가 출제된 것은 그나마 위안으로 삼고 싶다.

반면에 신라 말 청해진을 세운 전라도인 장보고의 경우는 그 활동에 대해 점차 교과서에 서술의 비중이 강조되고 있다. 2011년 출판된 한 검인정 중학교 국사 교과서를 보면 '청해진과 장보고의 해상왕국'이라는 제목 아래 영정 사진, 적산 법화원, 청해진 유적지 사진과 함께 장보고의 활동을 한 쪽 전체를 할애하여 설명하고 있고, 2014 검인정 교과서에도 자세히 언급되고 있다. 이것은 장보고기념사업회가 꾸준히 학술대회를 통해 연구 성과를 축적하고, 장보고 유적지 탐방프로그램을 만들어 현장 교사들에게 답사 기회를 꾸준히 한 결과의 산물이라 본다.

6. 맺음말

이제까지 필자는 왕인 관련 교과서 서술에 대해 살펴보았다. 왕인박사의 도일 사실이 교과서에 수록된 지 100년이 넘었다. 왕인 도일에 관한 교과서 기술은 검인정 교과서 체제일 때도 대부분 교과서에 수록되었고 1974년 국정 교과서 체제가 되었을 때에는 당연히 기술되었다. 하지만 이에 대한 서술이 학교 급간의 차이 없이 40여 년 전과 거의 동일할 뿐 아니라, 2002년 이후에는 교육과정의 개편과 서술자의 정치적 성향에 따라 누락이 빈번해지고 있다는 것을 알았다. 이는 궁극적으로 왕인에 대한 그동안 연구가 심층적으로 이루어지지 않았을 뿐 아니라, 그것을 지켜내려는 노력이 부족하였던 것은 아닐까 추측하였다. 더구나 교과서 서술에 있어서도 초등학교, 중학교, 고등학교 등 학교 수준에 맞는 내용 서술의 위계화가 제대로 되어 있지 않음을 지적하였다.

이제 왕인문화연구소를 중심으로 왕인에 대한 연구가 체계적으로 이루어지고 있는 것은 매우 다행으로 여긴다. 이를 통해 그동안 소홀하였던 왕인 후예를 중심으로 한 연구도 활발히 이루어져 왕인의 활동에 대한 재조명이 이루어져야 한다. 그리고 이러한 내용들이 교과서에 실려 학생들의 역사의식 함양에 기여해야 한다. 이러한 작업은 궁극적으로 1700여 년 전 일본에 건너가 고대 한·일 문화 교류에 크게 기여한 왕인박사의 활동을 통해 오늘날 바람직한 한·일 관계를 형성하는 데 좋은 계기가 되리라 기대 하기 때문이다.

【부록】

□ 호리 다쓰노스케, 『歷史問答作文』, 1881, 9~77.

즉위 후 마음을 정치에 기울여, 당시 백성들의 궁핍을 (해소하기) 위해 조세를 경감하니 어느 정도 백성이 유복해졌다. 어느 날 높은 대에 올라 민가에 연기가 피어오르는 것을 보고 '아, 짐이 부유하구나!' 하니 황후가 그 까닭을 물었다. 대답하기를, '민의 부는 짐의 부'라 하시니 이로써 미루어 그 현명하고 유덕함을 알 수 있다. 또 이 시기에 백제의 왕인이 내조하여 천자문과 논어를 바쳤으니, 이로부터 우리나라에서 비로소 중국의 문물을 사용하게 되었다.

□ 하야시 다이스케, 『朝鮮史』, 1892, 55쪽.

백제에서 유교가 시작된 것은 상세하지 않으나 근초고왕 29년에 고흥을 박사로 삼았고, 그 후 박사 왕인과 논어를 일본에 전하였다. 혹은 말하기를 박사 등을 처음으로 우리나라에 공(貢)하게 한 것은 아화왕(阿花王) 때라고 한다. 백제의 왕인과 논어를 우리나라에 조공하게 한 것은 고사기에는 초고왕 대라고 하지만 근초고왕을 가리키는 것으로 봐야한다. 그러나 근초고왕 이하 여섯 왕의 연대가 일본서기와 한사(韓史)가 120년의 차이가 있으니 간지를 부합시키는데 이를 미루어 생각하면 바로 아화왕 때이다.

근초고왕 29년에 고흥을 박사로 삼았다. 그 후 박사 왕인과 논어를 일본에 전하였다. 근초고왕 29년 고흥을 박사로 삼았던 것이 일본서기에 처음 나온다. 그 후 박사와 논어, 천자문을 일본에 헌상하였고 제반 학술을 우리에게 전하였다(같은 책, 59쪽).

□ 현채, 『중등교과 동국사략』, 1906.

박사, 논어, 천자문을 일본에 보내다. 백제의 유교는 근초고왕 29년(375), 1532년 전에 고흥에게 박사를 제수하였다. 후에 또 박사 왕인으로 하여금 논어와 천자문을 가지고 일본에 가도록 하니 일본의 문화가 이로부터 시행되었다.

□ 현채, 『유년필독』, 1907.

【제21과 백제】
백제의 시조 고온조는 1924년 전에 하남 위례성에 도읍을 정하고 다루

삽화 왕인수학도(王仁授學圖)

왕 때에는 각 고을에 밍하여 논농사를 시작하었디. 고이왕 때에는 왕인이 일본에 가서 『논어』라는 책과 천자문을 전하였으니 일본이 이후부터 문명하여 우리나라를 선진국이라 하였다. 일본의 '이로하'도 왕인이 지어준 것이다.

□ 정인호, 『초등대한역사』, 1908.

【왕인 學을 일본에 전하다.】

고이왕 때에 왕인이 논어와 천자문을 가지고 일본에 가니 일본 왕이 기뻐하여 태자의 스승으로 삼았다. 이에 앞서 왕자 아직기가 경전에 능통하였는데 일본에 가서 일본 왕이 그 아들 치랑으로 하여금 배우게 하였다. 인하여 "네 나라에 너보다 현명한 자가 또 있는가?" 물으니, 대답하여 말하기를 "왕인이 있어 온 나라가 빼어나다" 하였다. 일본 왕이 왕인을 청하므로 가니 일본에 문자가 비로소 있게 되었다.

□ 안종화, 『초등본국역사』, 1909.

【중고의 문화】

삼국시대에 있어서는 각국이 모두 군헌으로써 천한를 다스려 백관의 제도가 대강 정비되었고, 유교와 불교는 이 시기에 떨쳐 일어났다. 백제가 일본의 청구에 응하여 박사왕인은 일본에 보내니, 이때에 왕인이 비로소 유학을 일본에 전하였고 그 자손은 일본에 거주하여 문학에 종사하였다.

□ 함돈익, 중등용『조선역사』, 1946.

백제의 해외 사상은 고구려의 대륙 정책과 같아서 항상 국교를 하며 문명을 파전(播傳)하니라. 왜의 소청을 받아 박사 왕인을 보내어 유학을 가르침에 왜의 유학이 비로소 전함이 되더라.

□『국사교본』, 1946. 5 군정청 문교부, 진단학회, 20~21쪽.

【3.3국과 외국과의 관계】

(다) 일본과의 관계
(전략) 그러므로 그들은 일찍부터 변한의 구야 등지에 건너와 우리의 문물을 받아가기 시작하였으며, 3국시대에 이르러서는 여러 가지 문물제도가 백제를 주로 하여 일본에 흘러가 소위 일본 문화의 기초가 된 것이다.(중략) 그리하여 한학 불교와 백공(百工) 기예가 거의 백제로부터 흘러간 것이다. 일본은 이와 같이 문화적으로 백제에 의존한 만큼 군사에 있어서는 간혹 원조한 일도 있었다.

□ 김상기, 『국사』, 1968. 1. 30., 장왕사, 43쪽.

【문화의 동류(東流)】
우리 한(韓)반도는 고대로부터 동방 세계의 중추적 위치에 있어서 국제 문화 교류의 중심이 되었다. 고대에 있어 미개몽개(未開蒙昧)하던 일본인에게 문명의 씨를 뿌려 준 것은 실로 백제를 비롯한 우리 삼국이었다. 백제 근초고왕·근구수왕 시대에 이르러 아직기(阿直岐)와 박사(博士) 왕인(王仁)을 일본에 보내어 한학을 전하여 준 이후로 오경박사·의박사·역박사 등이 계속 건너가 그들을 깨우쳐 주었으며 성왕은 불상과 경론은 보내어 불교를 소개하였는데 이것이 일본 불교의 시초이다.

□ 이상옥·차문섭, 『국사』, 문호사, 1968.1.5., 51쪽.

【한학】

백제에서는 일찍부터 한학이 행하여졌는데, 이미 오경박사의 제도가 있어 한학을 장려하였다. 아직기와 왕인 등이 일본에 건너가 한학을 전하여 준 사실은 이 나라의 한학이 융성하였음을 말해준다.

□ 이원순, 『국사』, 교학사, 1968, 29쪽.

【학술】

삼국은 일본의 고대 문화 발전에 기여한 바 대단히 크며 특히 백제는 일본과 활발한 교류를 가졌다. 백제가 일본과 통교를 갖게 된 것은 근초고왕 때부터이며, 이때 일본의 사신이 백제에 찾아왔었고, 백제는 아직기와 왕인을 보내어 한자와 한학을 전하였고, 근초고왕 때에는 진손, 무녕왕 때에는 단양이·고안무 등이 건너가 교학에 공을 세웠다.

□ 이현희, 『국사』, 1973. 1. 5. , 실학사, 46~47쪽.

【학술】

한학도 백제에는 일찍부터 발달하였으므로, 오경박사, 천문학, 의학, 주역 박사가 있어 유학을 발전을 시켰으며, 한편으로는 전문적인 학자를 양성하기도 했다. 일본에 한학을 전한 것이나 전문 박사가 초빙된 것 등을 보아도 학문의 수준이 상당히 높았음을 짐작할 수 있다. 즉, 근초고왕 때 아직기는 일본에 가서 일본 왕자의 스승이 되었으며, 근구수왕 때 왕인은 천자문과 논어를 전했고, 무녕왕 때는 단양이, 고안무 등의 오경박사가 유학을 전했다.

□ 이병도, 『국사』, 1973. 1. 5. , 일조각, 51쪽.

【삼국 문화의 동류】

백제는 일찍부터 일본과 정치상으로 접촉하고 있었지만, 양국 간에 정치적·문화적 교섭이 공식적으로 시작된 것은 근초고왕(346~374) 때의 일이다. 이때에 일본의 사신이 백제의 서울에까지 왔었다, 백제의 사신 아직기, 박사 왕인 등이 일본에 건너가 한자·한학을 전한 것도 이때의 일이었다. 한학의 전래는 일본인들에게 비로소 학문과 문학의 길을 열어주었고, 유교 사상과 도덕 규범 등에 관한 지식을 북돋아 주었다.

□ 신석호, 『국사』, 1973. 1. 5. , 광명출판사.

(왕인 관련 기록 없음)

□ 이원순, 『국사』, 1973. 1. 5., 교학사, 29쪽.

【삼국 문화의 동류】

　삼국 시대 우리나라에서 선진 문명을 가진 유이민들이 일본에 건너가 여러 지방에 뿌리를 박았고 또한 일본의 고대 문화 발전기였다. 특히 백제는 일본과 활발한 문화 교류를 가졌다. 일본과 정치적·문화적 교섭이 공식적으로 시작된 것은 근초고왕 때부터이며, 이때 일본의 사신이 백제에 찾아왔었고, 백제는 아직기와 왕인을 보내어 한자와 한학을 전하였고, 근초고왕 때에는 진손, 무녕왕 때에는 단양이·고안무 등이 건너가 교학에 공을 세웠다.

초등학교

A. 사회교과서

【일본 속에서 삼국을 만나다.】

　일본과 가깝게 지냈던 백제는 일본의 고대 문화에 가장 많은 영향을 주었다. 성왕 때에 처음으로 일본에 불교를 전해주었으며, 아직기와 왕인은 유학과 한문을 전해주었다.

　고구려의 승려 담징은 종이와 먹을 만드는 방법을 전해주었으며, 호류사에 남아있는 벽화는 담징이 그린 것으로 전해진다(사회 5-1, 2012, 36쪽).

B. 인정 교과서

『우리나라의 역사』 충청북도 교육감 인정도서, 2011.

(왕인 관련 내용이 누락되어 있다.)

중학교

A. 1983년 국사 국정 교과서

【문화의 전파】

백제에서는 아직기와 왕인이 일본에 건너가 유학을 가르쳤고, 단양이, 고안무 등도 건너가 학문을 가르쳤고, 성왕 때에는 불교를 전해주었으며, 백제와 고구려의 많은 승려들은 일본의 불교계를 지도하였다(1983).

B. 2002년 국정 국사 교과서

(인 관련 내용을 포함하여 일본과의 교류 부분이 누락되어 있다.)

C. 2011년 검인정 국사 교과서

백제는 일본과의 교류가 매우 활발하였는데, 4세기 후반 이후 일본에 많은 문물을 전해 주었다. 근초고왕 대에 아직기와 왕인이 한문과 논어, 천자문을 선해주었고, 싱왕 때에는 불상, 불경과 함께 불교를 전파하였다(천재교육, 중학교 역사(상), 2011, 79쪽).

고등학교

A. 1997년 국정 국사 교과서

【삼국 문화의 일본 전파】
　새로운 문물을 가지고 일본에 건너가 우리나라 사람들은 고대의 일본인들을 교화시켰다. 백제의 아직기와 왕인은 일본에 건너가서 한문을 가르쳤는데, 이때 한학은 일본인에게 문학의 필요성을 인식시켜주었으며, 유교의 충효 사상도 보급시켜 주었다(1997, 교육부, 100쪽).

B. 2002년 국정 교과서

【삼국 문화의 일본 전파】
　삼국의 문화가 일본에 전파되어 일본 고대 문화 성립과 발전에 큰 영향을 끼쳤다. 삼국 중에서 일본과 가까웠던 백제가 삼국 문화의 일본 전수에 가장 크게 기여하였다. 4세기에 아직기는 일본의 태자에게 한자를 가르쳤고, 뒤이어 일본에 건너간 왕인은 천자문과 논어를 가르쳤다(2002, 교육부, 260쪽).

C. 2009년 국정 국사 교과서

【삼국 문화의 일본 전파】

삼국의 문화가 일본에 전파되어 일본 고대 문화 성립과 발전에 큰 영향을 끼쳤다. 삼국 중에서 일본과 가까웠던 백제가 삼국 문화의 일본 전수에 가장 크게 기여하였다.

4세기에 아직기는 일본의 태자에게 한자를 가르쳤고, 뒤이어 일본에 건너간 왕인은 천자문과 논어를 전하고 가르쳤다(2009, 267쪽, 2002년 초판 내용과 동일함).

D. 2011 검인정 국사 교과서

【삼국의 교류와 문화 전파】

또한 삼국의 문화는 왜로 전파되었다. 4세기 백제의 아직기는 왜의 태자에게 한자를 가르쳤고, 왕인은 유학을 가르쳤다. 6세기 노리사치계는 불경과 불상을 전하였다. 이 밖에도 오경박사, 의박사, 역박사와 같은 학자들과 화가, 공예 기술자가 왜로 건너갔다.

(하략)

(【생각 넓히기】, 41쪽, "왜로 건너간 도래인이 우대받은 이유는 무엇일까?"에 왕인 서술은 없다.)

□ 『한국사』, 리베르스쿨, 2014. 3. 1., 60쪽.

【삼국 문화가 왜로 전파되다.】
삼국의 문화는 일본 고대 문화의 성립과 발전에 이바지하였다. 특히 백제는 삼국의 선진 문화를 왜에 전하는데 가장 큰 역할을 하였다. 아직기는 왜 태자에게 한자를 가르쳤고, 왕인은 『천자문』과 『논어』를 전하였다. 노리사치계는 성왕의 명으로 왜에 불경과 불상을 전하였다.(하략)

□ 『한국사』, 금성출판사, 2014. 3. 1., 69쪽.

【일본과의 문화 교류】
삼국과 가야는 바다 건너 왜와 교류하며 고대 일본의 사상과 문화 발전에 큰 도움을 주었다. 삼국 가운데 백제가 왜와 가장 활발히 교류하였는데, 아직기와 왕인을 왜에 보내 한자를 가르쳤고 『천자문』과 『논어』를 전해주었다. 특히, 성왕은 불교를 처음 전해주었을 뿐 아니라 천문, 역법, 의술 등도 전해주었다.

□ 『한국사』, 미래앤, 2014. 3. 1., 47쪽.

【일본으로 건너간 우리 문화】
일본과 정치적으로 가장 밀접했던 백제는 오경박사, 의박사, 역박사 등을 파견하여 유교와 의학, 천문, 역법 등을 전해주었다. 또한 불교와 함께 불상 조각, 건축 등을 전파하여 일본 고대 문화 발전에 중요한 역할을 하였다.(하략)

(48쪽, 【역사인물】'장보고, 해상을 장학하다' 인물과 유적지 사진)

□『한국사』, 교학사, 2014. 3. 1., 45쪽.

【삼국 문화의 교류와 전파】

삼국의 문화는 일본 문화 발전에 기여하였는데, 백제 문화가 삼국 중 일본에 가장 많은 영향을 주었다. 아직기는 일본 태자에게 한자를 가르쳐 주었고, 왕인은 천자문과 논어를 전하고 가르쳤다.

□『한국사』, 지학사, 2014. 3. 1., 58쪽.

백제는 야마토 정권에 오경박사, 승려, 각종 기술자 등을 파견하여 국가제도 정비에 필요한 한자, 유학, 불교, 역법, 의약, 건축, 공예, 미술 등을 전하였다. 또한 백제에서 일본 열도로 건너간 이주민이 기악과 정원 축조 기술 등을 전하였다.

(59쪽, 【사료 쏙! 쏙!】'일본 열도로 건너간 백제 사람들')

■정원 축조술과 기악무의 전래

(전략) 또 백제인 미마지가 귀화하였는데, 오(吳)에서 배워서 기악무를 출 수 있다고 하였다. 곧 사쿠라이에 안치라고 소녀를 모아 기악무를 배우게 하였다. 이때 마노노오비토데시, 이마카노아아 히토사이몬 두 사람이 그것을 배워 그 춤을 전하였다. -"일본서기"-

■기악무(伎樂舞)는 금공 돌리기·사자춤 등의 곡예, 가면극이 음악 무용

과 결합된 공연인데, 일본 시루가쿠[猿樂]의 시조는 백제계 이주민 미마지였다. 사루가쿠는 중세 이후 무대 위의 가면 가무극을 중심으로 노[能] 및 가부키[歌舞伎]로 발전하였다.

(왕인 관련 사실이 삭제되고 미마지 이야기가 집중 소개되고 있다.)

□ 『한국사』, 비상교육, 2014. 3. 1., 57쪽.

【삼국과 가야 문화의 일본 전파】

특히 백제는 삼국 중에서 일본의 문화에 많은 영향을 주었다. 아직기는 왜의 태자에게 한자를 가르쳤으며, 왕인은 천자문과 논어를 전하고 가르쳤다. 노라사치계는 불경과 불상을 전하며 불교를 보급하였다.

(57쪽, 【생각을 키우는 자료】)

("삼국에서 일본 열도로 건너간 사람들, 도왜인(渡倭人)"에 왕인 서술 없고 '연오랑·세오녀' 이야기 소개)

일본 각급 학교 교과서 왕인 관련 서술[19)]

소학교

【대화조정과 도래인】

대화조정은 조선·일본과 왕래가 활발해서 5세기경에는 조선으로부터 일본으로 이주한 도래인이 많았다. 이러한 사람들이 양잠과 직조 기술 등 우수한 기술과 방법을 전해주었고, 또한 한자를 시작으로 유교와 불교를 전해주었다.

중학교

이때 조선으로부터 일본에 도래한 사람들도 많았으며, 또한 많은 고구
려 사람들은 중국 동북부로부터 일본해에 걸쳐서 7세기말에 발해국을 세
웠다. 대화조정과 조선의 여러 나라들과 교류가 활발해지면서 조선으로부
터 일본으로 이주한 사람들이 많았다. 이러한 도래인들은 제철 농구와 경질
토기와 고급의 직물을 만든 기술을 가지고 있었으며, 이 가운데 한자를 쓴
사람들은 조정에 출사하였다.

고등학교

2006년 주식회사 山川出版社, 詳說 日本史B

【대륙문화의 수용】
이렇듯 조선반도와 중국과의 활발한 교섭 가운데 철기 스에키[須惠器]
의 생산, 베짜는 것과 금속 공예·토목 등의 여러 기술이 주로 조선반도로부
터 찾아온 도래인들에 의해 전해졌다(〈각주〉 '書記―일본서기 : 필자 주'에
는 西 文氏·東 漢氏·秦氏 등의 조상이 된 王仁·阿知使主·弓月 君 등의 渡來

---

19) 일본 교과서는 고등학교 교과서를 제외한 소학교, 중학교 교과서는 직접 구하
지 못하고 大木衛의 논문에서 재인용하였음을 밝혀둔다(大木衛, 「日本文化に 貢
獻した 韓國文化の 執跡-百濟の 先進文化 を導入した王仁博士とその周邊」, 『季
刊コリアナ』91-여름, 1991).

說話가 전하고 있다.)(詳說 日本史B, 23쪽).

【대륙 문화의 수용 파도】

5세기에는 대륙과 조선반도와의 교류가 진전되어 조선반도로부터 많은 도래인들이 새로운 기술과 문화를 전하였다. 한자의 수용도 본격화되어 도래인의 일부는 史郞로 편성되어 문서 사무와 외교를 맡았다(같은 책 31쪽).

【국가불교의 전개】

한편으로 불교는 정부로부터 혹독한 통제를 받아 일반적으로 승려의 활동도 사원(寺院) 안으로 제한되어 있었다. 그중에는 행기(行基)처럼 민중들에게 포교와 함께 용수(用水) 시설과 구제(救濟) 시설을 만들어 사회사업을 일으켜 국가로부터 간섭을 받으면서도 많은 지지를 받은 승려도 있었다(각주 : 그 후 행기(行基)는 대승정(大僧正)으로 취임하여 대불(大佛)의 조영(造營)에 협력을 하였다. 사회사업은 선행(善行)을 쌓은 일에서부터 복덕(福德)을 일으킨 불교사상에 기초하고 있으며, 고묘황후[光明皇后]가 평성경(平城京)에 비전원(悲田院)을 설치하여 고아나 아픈 사람들을 수용하고, 시약원(施藥院)을 만들어 의료사업을 한 것도 불교신앙과 관계가 있다.)(같은 책, 48~49쪽).

『대학수학능력시험, 2013학년도』

◆ 다음 일정표의 밑줄 친 ㉠-㉣에 대한 설명으로 옳은 것을 〈보기〉에서 고른 것은?

일본 속의 우리 고대 문화를 찾아서

날짜	시간	지역	답사일정
2012년 ○월 ○○일	오전	나라	㉠호류사 방문
			㉡담징이 그렸다고 전해지는 금당 벽화의 복원도 감상
			㉢다카마쓰 고분 관람
	오후	오사카	㉣왕인의 무덤으로 알려진 곳 탐방

ㄱ. ㉠ 백제 불상 양식의 영향을 받은 관음보살상이다.

ㄴ. ㉡ 불경과 불상을 가지고 가서 불교를 처음 전하였다.

ㄷ. ㉢ 수산리 고분의 벽화와 흡사한 벽화가 그려져 있다.

ㄹ. ㉣ 쇼토쿠 태자의 스승이 되어 선진 문화를 가르쳤다.

【참고문헌】

길창근·윤세라, 「구한말, 국사교과서 정책에 대한 비판」, 『장안논총』 19, 1999.

김경미, 「국사교본연구」, 이화여대교육대학원 석사학위논문, 1991.

김려칠, 「개화기 교과서를 통해 본 역사의식」, 『사학지』 14, 1980.

김려칠, 「개화기 국사교과서를 통해 본 역사인식」, 『사학지』 16, 1982.

김려칠, 「1906년 이후의 국사교과서에 대하여」, 『역사교육』 36, 1984.

김병인, 「왕인의 '지역 영웅화' 과정에 대한 문헌사적 검토」, 『한국사연구』 115, 2001.

김복순, 「제7차 교육과정 중·고등학교 국사 교과서의 고대 문화 관련 서술 검토」, 『한국고대사연구』 29, 2003.

김선희, 「전근대 왕인(王仁)전승의 형성과 수용」, 『일본문화연구』 39, 2011.

김은숙, 「중·고등학교 『국사』 교과서의 고대 한일관계사 서술 내용 검토」, 『역사교육』 74, 2000.

김한종, 「역사교육 계열화를 위한 고등학교 국사교육 내용구성 방안」, 『호서사학』 40, 2005.

김호종, 「구한말의 국사교육과 국사교과서」, 『교과교육연구논집』 창간호, 2005.

김홍수, 「한말의 국사교과서 편찬」, 『역사교육』 33, 1983.

도면회, 「한국 근대 역사학의 창출과 통사 체계의 확립」, 『역사와 현실』 70, 2008.

문동석, 「일제시대 초등학교 역사교육과정의 변천과 교과서」, 『사회과교육』 43-4, 2004.

박해현, 「'백촌강 전투'와 한·일 역사 교과서 서술」, 『한국학논총』 34, 2010.

박해현, 「일본 고대 사상 형성에 기여한 마한 백제 도래인 연구-行基를 중심으로-」, 『성기동』 6, 왕인박사현창협회, 2013.

深谷克己, 「일본의 역사 교과서와 동아시아」, 『동아시아 역사 교과서의 주변국 인식』, 동북아역사재단, 2008.

연민수, 「일본 중학교 역사교과서의 고대사 서술과 역사인식」, 『한국사연구』 129, 2005.

연민수, 「고대 한반도문화의 일본 전래」, 『한일관계사연구』 30, 2008.

이근우, 「왕인의 『천자문』『논어』 일본전수설 재검토」, 『역사비평』 69, 2004.

이병도, 「백제학술 및 기술의 일본 전파」, 『한국고대사 연구』, 1976.

이신철, 「대한제국기 역사교과서 편찬과 근대역사학」, 『역사교육』 126, 2013.

임이랑, 「한말 국사교과서의 근대사 서술에 나타난 대외인식」, 『한국문화연구』 20, 2010.

장 신, 「한말·일제강점기의 교과서 발행제도와 역사교과서」, 『역사교육』 91, 2004.

정수진, 「초등학교와 중학교 국사교과서 계열화 연구」, 이화여자대학교 석사논문, 2007.

조동걸, 「근대초기의 역사학」, 『한국의 역사가와 역사학(하)』, 『창작과비평사』, 1994.

大木衛, 「日本文化に 貢獻した 韓國文化の軌跡-百濟の先進文化を導入した王仁博士とその周邊」, 『季刊コリアナ』 91-여름, 1991.

【참고 사진자료】

왜로 건너간 도래인이 우대받은 이유는 무엇일까?

많은 사람이 한반도에서 왜로 이주하였는데, 왜에서는 이들을 가리켜 도래인이라고 하였다. 도래인 중에는 선진적인 지식과 기술을 가진 사람이 많았기 때문에 왜는 이들을 우대하였다. 왜는 이들이 각 분야에서 전문적인 활동을 할 수 있도록 배려하였다. 이후 이들은 주요 가문을 이루었는데, 하타씨, 아야씨 등이 대표적이다.

하타(秦)씨는 교토 지방에서 관개 농업을 시작하였고, 우수한 토목 기술로 토지를 개발하였다. 또한, 양잠과 방직을 통해 막대한 부를 쌓고 권력을 누렸으며, 교류 사를 짓기도 하였다. 아야(漢)씨는 마구 제작, 고급 견직물 제조, 철공 등의 뛰어난 기술을 전해 주었으며, 중앙 정계에서 활약하였다. 6~7세기에 걸쳐 100년간 일본을 지배하였던 명문가 소가(蘇我)씨 또한 백제와 관계가 깊다.

8세기에 집권한 간무 천황의 어머니 등 백제 왕실의 자손이 왜로 건너가 일본 왕가와 혼인하기도 하였다. 또한, 백제의 아좌 태자는 일본 고대 회화사의 중요한 자료로 평가받고 있는 쇼토쿠 태자의 화상을 그렸다고 전해진다.

▼ 왓소 축제(일본 오사카 시텐노 사) 고대 한반도 외의 문화 교류를 기리기 위해 매년 시행되는 축제이다. 사진은 왜에 불상을 보내 준 백제 성명왕(성왕)이 보낸 행렬이 시텐노 사에 들어서고 있는 것을 재현한 모습이다.

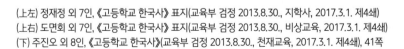

(上左) 정재정 외 7인,《고등학교 한국사》표지(교육부 검정 2013.8.30., 지학사, 2017.3.1. 제4쇄)
(上右) 도면회 외 7인,《고등학교 한국사》표지(교육부 검정 2013.8.30., 비상교육, 2017.3.1. 제4쇄)
(下) 주진오 외 8인,《고등학교 한국사》(교육부 검정 2013.8.30., 천재교육, 2017.3.1. 제4쇄), 41쪽

삼국의 교류와 문화 전파

삼국은 중국을 비롯하여 외국과 활발하게 교류하면서 선진 문물을 수용하여 문화를 발전시켜 나갔다. 이뿐만 아니라 삼국 간의 문화 교류도 활발하였다. 고구려 묵호자는 신라에 불교를 전해 주었으며, 백제인 아비지는 신라의 초청으로 황룡사 9층 목탑을 건축하였다.

삼국은 서역과도 활발히 교류하였다. 우즈베키스탄의 아프라시압 궁전 벽화에는 고구려 사신으로 추정되는 사람의 모습이 그려져 있고, 고구려 고분 벽화에는 서역 계통의 인물이 등장하고 있다. 또한, 신라의 고분에서는 서역에서 들어온 유리그릇, 상감 유리구슬 등이 발견되었다. 이는 모두 삼국과 서역이 교류하였음을 보여 주는 것이다.

또한, 삼국의 문화는 왜로 전파되었다. 4세기 백제의 아직기는 왜의 태자에게 한자를 가르쳤고, 왕인은 유학을 가르쳤다. 6세기 노리사치계는 불경과 불상을 전하였다. 이 밖에도 오경박사, 의박사, 역박사와 같은 학자들과 화가, 공예 기술자가 왜로 건너갔다. 신라는 배 만드는 기술과 제방 쌓는 기술을 전하였다. 7세기 초 고구려의 담징은 종이와 먹의 제조법을 전하였고, 승려 혜자는 쇼토쿠 태자의 스승이 되었다.

▲ 아프라시압 궁전 벽화(우즈베키스탄 사마르칸트) 그림의 오른쪽에 새 깃털을 단 관을 쓴 사람의 모습이 그려져 있는데 고구려 사신으로 추정된다.

▲ 상감 유리구슬(국립경주박물관 소장) 경주 미추왕릉지구 출토된 것으로, 8가지 옥을 연결하여 만들었다. 상감 유리구슬에 표현된 얼굴 모습이 이국적이어서 신라와 서역 간의 교류를 짐작하게 한다.

◀ 삼국 문화의 왜 전파 삼국의 문화는 왜로 전파되어 일본의 고대 아스카 문화와 고대 국가 성립을 비롯한 많은 부분에 크게 이바지하였다.

자료   삼국에서 일본 열도로 건너간 사람들, 도왜인(渡倭人)

동해 바닷가에 연오랑과 세오녀 부부가 살았다. 하루는 연오가 바다에 가서 해조류를 따는데, 갑자기 바위 하나가 나타나 연오를 싣고 일본으로 가버렸다. 일본 사람들은 연오를 보고 비상한 사람으로 여겨 왕으로 삼았다. 세오는 남편이 돌아오지 않자 이상히 여겨 찾다가, 남편이 벗어 놓은 신발을 보고 그 바위에 올라가니, 바위는 그전처럼 세오를 싣고 갔다. 일본 사람들이 놀라 왕께 아뢰자 왕이 부부를 만나게 하였고 세오를 귀비로 삼았다. – '삼국유사'

삼국과 왜 사이에서 나타난 인적·물적 교류는 여러 가지 문헌에 기록되어 있다. 우리 측 사료로는 삼국 초기에 연오랑과 세오녀가 일본 열도로 건너가 왕과 왕비가 되었다는 설화가 있다. 이 밖에도 일본 측 사료인 '일본서기'에도 도왜인에 관한 내용이 등장한다. 이는 신라 왕자 아메노 히보코[천일창(天日槍)]가 다양한 옥을 비롯하여 칼, 창, 동경, 신의 강림처를 꾸미는 신롱(神籠)을 가지고 왜로 건너갔다는 내용이다. 아메노 히보코가 가지고 간 신물들은 고대 일본 왕실의 보물로 각별히 숭배되었다. 일본 열도로 건너간 도왜인은 기원전 3세기 야요이 시대부터 존재하였지만, 4세기 말 고구려의 남진 정책에 신라와 백제가 압박을 받으면서 그 수가 더욱 급증하였다. 이후 이들은 선진 기술과 학문을 왜에 널리 보급하면서 7세기 아스카 문화 발달에 크게 기여하였다.

● 연오랑 세오녀 상(경북 포항)

(上)《고등학교 한국사》, 천재교육, 41쪽 / (下)《고등학교 한국사》, 비상교육, 57쪽

일본 열도로 건너간 백제 사람들

• 정원 축조술과 기악무의 전래

스이코 일왕 20년(612)에 백제에서 귀화해 온 사람이 있었는데 얼굴과 몸에 모두 흰 반점이 있어서 문둥병 환자 같았다. …… 저에게는 조그만 재주가 있는데 산악의 모형을 잘 만들 수 있습니다. …… 궁궐 남쪽 뜰에 수미산의 모형과 오교(吳橋, 중국풍의 돌다리)를 만들었다. 당시 사람들은 그 사람을 노자공이라 불렀다. 다른 이름은 지기마려라 한다.

또, 백제인 미마지가 귀화하였는데 오(吳)에서 배워서 기악무를 출 수 있다고 하였다. 곧 사쿠라이(櫻井)에 안치하고 소년을 모아 기악무를 배우게 하였다. 이때 마노노 오비토데시(眞野首弟子), 이마키노아야 히토사이몬(新漢齊文) 두 사람이 그것을 배워 그 춤을 전하였다. — 『일본서기』

• 백제 부흥군이 전한 것

덴지 일왕 4년(665) 가을 8월에 달솔 답발춘초를 보내 나가토국(지금의 시모노세키)에 성을 쌓게 하였다. 달솔 억례복류, 달솔 사비복부를 쓰쿠시 국(지금의 후쿠오카)에 보내 오오노조와 키노조의 2성을 쌓았다.

덴지 일왕 10년(671) 정월 이달에 좌평 여자신과 사택소명(법관대보)에게 대금하(종 4위하)를 주었다. 귀실집사(학직두)에게 소금하(종 5위하)를 주었다. 달솔 곡나진수(병법에 숙달함), 목소귀자(병법에 숙달함), 억례복류(병법에 숙달함), 답발춘초(병법에 숙달함), 발일비자 찬파라 금라금수(약에 통달함), 귀실집신(약에 통달함)에게 대산하(종 6위하)를 주었다. 달솔 덕정상(약에 통달함), 길대상(약에 통달함), 허솔모(오경에 밝음), 각복모(음양에 숙달함)에게 소산상(종 7위상)을 주었다. 나머지 달솔 등 50여 인에게 소산하(종 7위하)를 주었다. — 『일본서기』

🔵 **호류 사 백제 관음상**
일본 나라의 호류 사에 있는 목조 관음 입상으로 아스카 시대에 만들어졌다. 높이 2.8m의 채색한 관음상으로 백제에서 귀화한 사람이 만든 것으로 보인다.

🔵 **가네다 산성(일본 쓰시마 섬)**
일본이 나·당 연합군의 공격을 막고자 667년에 쌓은 한국식 산성이다. 아소만 남쪽에 있는 조야마(城山)를 빙 둘러 2km 이상 석축이 이어지며, 골짜기 입구에 성의 문이 있었던 터가 세 곳 있다.

- 일본 정원은 자연을 살리면서 연못과 연못 내부의 산을 만드는 고대 양식과 선종의 영향을 받아 사물을 극도로 추상화한 중세 양식으로 구별되는데, 고대 양식의 시조는 백제계 이주민 지기마려였다.

- 기악무(伎樂舞)는 징꽹 울리기·사자춤 등의 곡예, 가면극이 음악 무용과 결합한 공연인데, 일본 사루가쿠(猿樂)의 시조는 백제계 이주민 미마지였다. 사루가쿠는 중세 이후 무대 위의 가면 가무극을 중심으로 노[能] 및 가부키[歌舞伎]로 발전하였다.

- 백제 달솔 답발춘초와 억례복류, 사비복부는 한국식 산성을 축조하였다. 백제의 여자신과 사택소명은 일본 조정에서 법무부 차관에 해당하는 법관대보, 귀실집사는 교육부 장관에 해당하는 학직두에 임명되었다. 나머지 병법이나 의약, 오경, 음양 등에 통달한 60여 명의 달솔들도 모두 관위를 받았다. 이들은 모두 백제 부흥군으로서 663년 주류성 전투에 패하고 일본으로 망명한 사람들이다.

《고등학교 한국사》, 지학사, 59쪽

※ 이 논문은 『왕인박사에 대한 교육의 현황과 개선방향』(전라남도·사단법인 왕인박사현창협회, 2014년 12월)에 실린 글을 수정·보완한 것임.

제5장

일본의 교과서에 그려진 왕인박사

김선희 _ 건국대학교 아시아콘텐츠 연구소 선임연구원

1. 머리말
2. 근대~현대 초중고 교과서의 왕인 관련 서술
3. 문부성 학습지도요령과 역사교육
4. 맺음말

1. 머리말

한국과 일본은 지리적으로 인접한 나라로 '교류'의 역사도 일찍부터 시작되어 오늘날에 이르고 있다. 그에 따라 다양한 역사상에 대하여 인식을 공유하고 있는 부분도 적지 않으나, 특히 임나일본부, 광개토대왕비, 칠지도 등 고대사 관련 부분이나 임진왜란 및 일제의 한국침탈 등의 역사적 사건에 대해서는 여전히 첨예한 인식 차이를 보이는 경우가 많다.

이처럼 오랜 역사 속에서 자의든 타의든 한반도에서 일본에 건너가 일본 사회에 영향을 미친 인물들은 고래로부터 왕인, 장보고, 강항 등 상당수에 달하는데, 한반도 도래인인 왕인박사에 대해서는 전근대부터 일본 학자들이 많은 관심을 보여 왔고, 근대 이후에는 일반인들에게도 이러한 전승

내용이 널리 전파되면서, 현재의 전승과 거의 같은 모습을 갖추게 되었다. 필자는 지난 2013년 왕인박사 학술대회에서 전근대 왕인과 관련된 조선과 일본의 사료들을 시대 순으로 정리 검토하여 왕인 전승이 근세 일본에서 확대 재생산되는 과정과, 이것이 조선에 어떻게 수용되고 변용되는지에 대해 규명한 바 있다. 또 다른 논고를 통하여 왕인에 대한 전승이, 근대 국민 국가 성립에 박차를 가하기 시작한 메이지기 일본에서 변용되는 과정과, 이후 학교교육에서 활용되는 교과서에서 어떻게 서술되는지 고찰하기도 하였다. 본고에서는 이 같은 성과의 연장선상에서 필자가 수집한 총 62권의 교과서를 토대로, 메이지기[明治期], 다이쇼기[大正期], 쇼와기[昭和期]뿐 아니라 헤이세이기[平成期]에 이르기까지 시기별로 나누어 일본의 교과서에 왕인 관련 서술이 어떻게 이루어지는지를 고찰하고 그 의미를 생각해 보고자 한다.

2. 근대~현대 초중고 교과서의 왕인 관련 서술

1) 메이지기 -1890년대~1900년대-

『高等小學歷史』는 문부성 총무국 도서과에서 교정하고, 가미야 요시미치[神谷由道]가 편집하여 1891년에 발간된 심상과 아동용 교과서이다. 제1편 총론에서 일본의 지리와 지형을 소개하는 것에서 시작하고 있다. 일본이라는 말 대신 '내지[1)'를 쓰고 있으며, 지리적 설명을 하고 역사와 지리와의

---

1) 1889년 2월 11일에 공포되고 1890년 11월 29일에 시행된 '대일본제국 헌법'의

밀접한 관계를 강조한다. "일본은 고래 동양에서 독립된 제국으로 이웃 국가인 지나, 조선 등에서 내구(來寇)한 일이 없지는 않지만 일찍이 촌토도 빼앗긴 일이 없다"면서 일본의 독자적인 위치를 강조하는데, 여기에서는 전통 시기의 맹주였던 중국을 대신하여 근대기 아시아에서 새로운 맹주를 꿈꾸는 일본의 탈아(脱亞) 의식이 강렬히 드러난다고 볼 수 있다. 그리고 일본이 아시아에서 타국의 침략에 굴하지 않고 영토를 지켜올 수 있었던 황실에서 찾고 있다. "위로는 만세일계(萬歳一系)의 제실(帝室)이 있어[2] 나라가 잘 다스려졌으며, 애국심이 풍부한 선조들"이란 표현으로 일본의 독자성을 강조한다. 이 같은 관점에서 본문은 지리, 정체(政體), 황실이 연동되어 서술된다. 이 책에서 왕인 관련 기술이 등장하는 것은, 「문학과 불법」이라는 항목이다.

삼한은 지나(支那)에 연접한 나라이기에 지나와 문학이 같다. 들자니 신공황후가 삼한을 정벌하시어 그 나라에 들어가 많은 서적과 문서를 가져오셨다. 이후 삼한은 우리 판도에 들어와 피차의 교류가 점차 번성하게 되었고, 조공(調貢)과 인민의 귀화에 의해 문학, 예술이 점차 우리 나라로 전해져 국내에 보급되었다. 응신천황 대에는 백제왕의 아들인 아직기(阿直岐)가 내조하였다. 아직기는 문학에 뛰어났다. 천황은 황태자 치랑자(稚郎子)로 하여금 배우게 하였다. 아직기는 또 그 나라의 수사(秀士) 왕인을 추천하였다. 왕인이 내조하여 논어 열권과 천자

공통법 제 1조에 행정상 일본국으로 간주되는 '내지'의 범위가 명시되어 있다.
2) 神谷由道, 『高等小學歷史』, 同支社, 1891, 1~3쪽.

480   왕인박사

문 한권을 헌상하였다. 황태자가 그를 스승으로 삼았다. … 아직기, 왕
인의 내조에서 비롯하여 조정은 크게 마음을 학사(學事)에 두었고, 사
민(士民) 간에서도 다투듯 문학을 닦는 자가 많았다. 따라서 이후 정사
(政事), 풍속, 기예 백공에서 면목을 달리하게 되었다(『高等小學歷史』,
27~28쪽).

총론에서 만세일계의 황실의 존재가 강조되는 데서도 알 수 있듯이, 본
론에서도 신공황후의 치적을 찬양하는 문맥에서 중국의 서적이 전래되었
다고 보고 있다. 천황의 공적을 논하는 문맥에서 서술되는 것은 이 시기뿐
아니라 이후 전전(戰前)의 교과서에 공통적으로 보이는 특징이다. 특히나
중국 서적이 신공황후의 '정벌'에 의하여 전래되었다는 것은 중국 서적=문
명의 전래가 제3자의 개입에 의한 수동적인 것이 아니라 직접 대륙 문물을
흡수하였다는 적극성을 강조하는 문맥임을 알 수 있다. 본 서술에서 왕인이
「논어」와 「천자문」을 전한 의의를 적극적으로 해석하자면, 당시 일본의 학
문이 발전하는 계기가 되었다고 평가할 수도 있겠지만, 근세 유학자들이 가
장 높이 평가를 하였던 '문물 전래의 시조'로서의 평가는 보이지 않는다. 또
백제의 왕자로 서술된 아직기와 그가 천황에게 추천한 왕인에 대한 인식을
보면, 양자의 평가에서 차이가 보이지는 않고 황태자의 스승이라는 동일선
상에서 언급된다.

경제학자, 저널리스트, 정치가, 교육자, 법학박사 등 다방면으로 활약한
아마노 다메유키(天野爲之, 1861~1938)가 1893년 저술한 『日本小歷史』는
고등소학교에서 사용된 교과서인데, 저자 아마노는 존 스튜어트 밀로 대표
되는 고전학파 경제학의 소개와 경제이론 보급에 진력하여, 메이지기 경제
학에서 매우 높이 평가되는 인물이다.

본서는 총론과 이후 시간 순에 따른 평이한 서술로 역사를 소개하는데, 천황을 중심으로 구성되어 있다. 총론에서 저자는 먼저 일본의 지도상의 위치와 기후를 설명한 뒤에, 일본인으로 태어나서 자국의 역사를 모르는 것은 부끄러운 일이라면서 집필 의도를 밝히고 있다. 그리고 "우리 나라는 수천 년 전부터 지금에 이르기까지 일국의 위에 서 계신 지존의 계통이 일찍이 바뀐 일이 없이 대대로 이 많은 백성을 다스려 오셨다"고 하여 만세일계의 천황가를 언급하면서, 역사를 아는 것은 바로 "이 두터운 성은을 알기 위해 서[3]"라고 강조한다. 본문에서 왕인 관련 언급이 나오는 것은 제2편 기원 860년부터 1300년 소가[蘇我]씨의 멸망까지의 시대로 「응신인덕의 朝」에 이은 「삼한 정복의 영향」에서이다.

삼한은 대부분 지나에서 학문 기예를 전하여 개화의 시기, 크게 우리 나라에 섞이게 된 것은 신공황후의 출병으로 양국의 교통이 성하게 되 었기 때문이다. 우리 나라의 문명은 그에 큰 영향을 받은 것은 의심할 바가 없다. 응신천황 대에 백제의 왕자 아직기가 내조하였을 때 경전 에 통한 것을 보고 천황은 황자 치랑자에게 그를 스승으로 삼아 배우 게 하셨다. 아직기는 또 그 나라의 수사(秀士) 왕인을 추천하여 천황이 이를 부르시니 왕인이 바로 내조하여 논어 10권과 천자문 1권을 헌상 하였다. 이내 문교가 점차 일어났다. …… 이 밖에 삼한과의 왕래는 대 대로 끊어지지 않고 항상 그들의 장점을 취하여 우리의 단점을 보완하 는 데 급급하였던 것으로, 이 기간 우리 나라 상하의 모양이 이전 시기

---

3) 天野爲之, 1893, 『日本小歷史』, 富山房, 1~3쪽.

와 관점을 달리했다(『日本小歷史』, 11~12쪽).

앞에서 검토한 『高等小學歷史』와 마찬가지로 일본의 문명이 발달하게 된 것은 신공황후의 덕에서 비롯되었다고 강조하고 있다. 거기서 언급된 삼한은 단순한 매개지로서만 서술될 뿐이다. 왕인이 도일하여 「논어」와 「천자문」을 바친 뒤 일본의 문교가 점차 일어났다고 평가하고 있다.

『尋常中學科講義錄 第9冊日本歷史』는 저자가 중학강습회라고만 되어 있고 간행 연도도 기록되어 있지 않지만, 심상중학이란 말을 쓴 것으로 보아 구제(舊制) 중학교가 심상중학이라고 불리던 시기, 즉 중학교령이 발령되는 1886년 이후에서 중학교로 개칭되는 1899년 연간에 간행된 것으로 볼 수 있을 것이다.

서문과 제1편 총론에서 역사의 필요성과 정의, 다른 학문과의 관계, 역사의 종류, 역사상 시기 구분을 논하고, 이하 시기에 따라 제2편 태고사, 제3편 상고사, 제4편 중고사, 제5편 근고사로 나뉘어 구성되어 있다. 태고사에는 천지 개벽으로 시작되어 천손 강림까지의 신대기를 다루고 있고, 상고사는 신무천황부터 시작한다. 흥미로운 점은 상고사편에 한반도와의 관계가 한 절을 차지하고 있음에도 왕인 관련 내용은 나오지 않는다는 것이다. 다만 백제의 오경박사 단양이의 이름만이 눈에 띈다. 본서에서 한자의 전래와 관련하여 아직기에 대한 언급이 제4편 중고사(목차에는 제4편으로 나왔으나 본문에서 제3편으로 오기됨) 「제2장 나라조[奈良朝]의 문학」에 보인다. 일본의 문학사를 개관하는 과정에서 가타카나[片假名]와 히라가나[平假名]가 만들어지면서 나라시대에 들어 크게 발전했다고 서술하고 있다. 뒤이어 한문학의 전래를 논하는 과정에서 아직기의 내조만이 언급된다.

우리 나라에 중국의 문학이 전래된 것은 응신천황 15년 백제의 아직기가 내조한 시기로 한자의 전래는 그 이전에 있었지만 원래 한자는 유의문자(표의문자)로 이로써 우리 국어를 표기하는데 용이하지 않다 (『尋常中學科講義録 第9冊日本歷史』, 104쪽).

왕인 대신 아직기만 언급되는 것은 다른 사료와 크게 다른 점이라 할 수 있을 것이다. 히라가나, 가타카나에 이어 불편한 한자를 대신한 만요가나[萬葉假名]의 성립을 서술한 뒤에 와카[和歌]를 들어 당대의 문학을 논하는 데에서도[4] 근세의 유학자들이 '와카의 시조'라고도 평가한 왕인에 대한 언급은 찾아볼 수 없다.

『小學日本歷史 三』은 문부성(文部省) 저작으로 되어 있으며 1903년(메이지 36년) 11월에 검정을 마치고 같은 시기 삼성당서점(三省堂書店)에서 발행한 교과서이다. 이 시기 교과서의 특징은 한반도와 밀접한 관계가 형성되어 문물이 일본에 전래되는 것을 강조하는 문맥에서 왕인 관련 기술을 찾아볼 수 있다는 점이다.

한토는 예로부터 지나와 교통하여 그 학문과 공예가 자못 발전하였는데, 우리 나라에 복속하여 교통이 빈번해짐에 따라 점차 이것을 전해왔다. 응신천황 대에 백제의 사신 아직기(阿直岐)라는 자가 왔다. 황자 치랑자(稚郞子)가 이에 배우셨는데, 또 백제에서 왕인이라는 학자를 불러 이 역시 스승으로 삼았다. 이 당시에는 지나로부터 아지사주(阿知使

---

4) 天野爲之 위의 책, 104쪽.

主)라는 자가 많은 민을 이끌고 우리 나라에 귀화하였다. 왕인, 아지사주 등은 모두 조정을 섬기며 자손 대대 문필을 업으로 하였다. 왕인의 자손은 가와치[河內]에 살았는데 서사부(西史部)라고 부르며 아지사주의 자손은 야마토[大和] 등에 살았는데 동사부(東史部)라고 불렀다. 모두 사관(史官)으로서, 조정의 기록을 담당하였다. 사(史)란 문인(文人)이란 뜻이다. 그 후 계체천황 대에 백제로부터 오경박사가 왔고, 흠명천황 대에는 의학, 역학 등의 박사도 와서 우리 나라의 학문이 크게 진전되었다(『小學日本歷史 三』, 12~13쪽).

위 교과서는 삼성당뿐 아니라 일본서적에서도 발간되었는데 내용은 동일하다. 또 같은 해 발간된 문부성 저작의 『小學日本歷史 一』에서도 관련 기술이 보이나, 3의 내용보다는 소략하며, 아직기라는 이름은 보이지 않는다. 일반적으로 아지사주를 아직기로 보는데, 그렇다면 이 교과서의 서술은 왕인과 아직기가 도래한 시기가 다른 교과서들과는 반대로 되어 있음을 알 수 있다. 또는 아지사주와 아직기를 별개의 인물로 간주했을 가능성도 있다.

중애천황의 아드님 응신천황 대에 왕인이라는 자가 백제로부터 처음으로 서적을 가져와서 황자 치랑자(稚郎子)가 이에 배우셨다. 이로부터 우리 나라에 학문이 열리게 되었다. 이어서 아지사주라는 자가 많은 사람들과 함께 지나로부터 왔다. 이 사람 역시 학문으로써 조정을 섬겼다. 이후 왕인과 아지사주의 자손은 대대로 조정의 기록을 담당하게 되었다(『小學日本歷史 一』, 9~10쪽).

2) 다이쇼기 -1910년대~1920년대-

문부성 저작의 『高等小學日本歷史 卷一』는 1910년 초에 검정을 마치고 동경서적주식회사에서 발행된 교과서인데, 이전 시기와 큰 차이는 없으나, 한반도가 일본의 '속국'이었다는 표현이 처음 나온다.

한토는 매우 일찍부터 지나와 교통하여 그 학문과 공예가 전해져 문물이 발전하였다. 우리 나라의 속국이 되어 피아의 왕래가 빈번해지면서 그 학문과 공계를 우리나라에 전하게 되었다. 응신천황 대에 백제로부터 아직기(阿直岐)가 왔다. 아직기는 학문(학식)이 있어 황자 토도치랑자(菟道稚郎子)가 배우셨다. 이후 천황은 왕인이 더욱 학문에 통하였다고 들으셔서 그를 초청하여 황자의 스승으로 삼았다. 이는 우리나라에 지나의 학문이 전하게 된 시작이다. 이 당시에 아지사주(阿知使主)라는 이가 많은 사람들을 한토에서 데리고 왔다. 왕인, 아지사주 등의 자손은 우리 나라에서 머물며 대대로 조정에서 일하며 기록을 담당하였다. 이후로도 한토에서 많은 학자가 도래하여 우리 나라의 학문이 이 때문에 크게 진보하였다(『高等小學日本歷史 卷一』, 11~12쪽).

1911년에 일본서적주식회사에서 발간된 『高等小學日本歷史 卷一』 역시 문부성의 저작인데, 제4장에서 조선과 일본이 태고부터 밀접한 관계에 있었음을 설명하고, 임나가 숭신천황 대에 속국이 되었으며 신공황후가 신라를 복속시키고 이어 백제도 복속하고 고려도 조공하게 되었다고 설명하고 있다. 이어지는 내용은 위에서 소개한 교과서의 내용과 다를 것이 없으나, 아직기라는 이름은 보이지 않는다. 다만 아지사주라는 표현은 나타나며, '한토(가라토)' 대신 '조선'으로 표기되어 있는 점이 특징이다.

『兒童用 尋常小學日本歷史 卷一』 역시 문부성의 저작으로 1912년 9월에 일본서적주식회사를 통해 발행된 교과서이다. 그러나 내용은 위의 교과서들보다는 간략하게 기술되어 있다.

삼한은 일찍부터 지나와 교통하여 학문, 기예가 발전하였다. 그리고 그들이 우리 나라에 복속하게 된 후부터 각종 희귀한 공물을 바쳤고, 또한 학자, 공인들도 심대히 도래하여 이로 인해 우리 나라는 크게 진보하였다. 그 학자 중에는 백제로부터 온 왕인이라는 사람이 가장 유명하다(『兒童用 尋常小學日本歷史 卷一』, 12~13쪽).

이 시기의 교과서에 기술된 왕인 관련 서술을 통하여 알 수 있는 것은, 앞서 살펴본 1890년대 발간된 교과서의 내용보다 점차 소략해지는 가운데, 왕인을 비롯한 사람들의 영향으로 일본의 학문이 발달하였다는 점이 강조되고 있다. 또한 그 배경을 설명하는데 신공황후의 정벌을 언급하면서 한반도와 일본의 관계가 깊어졌다고 본 점은 이전 시기와 변화가 없다. 이 같은 상황은 1920년대에도 그대로 계승된다.

『尋常小學國史 上卷』은 1920년 10월에 문부성의 검정을 마치고 동경서적주식회사에서 발행한 교과서인데 목차를 보면 이 시기의 교과서의 특징을 알 수 있다. 목차는 일본 신화에서 일본의 개조로 일컬어지는 아마테라스 오미카미[天照大神]부터 시작되고 있어, 천황가의 만세일계를 일본사의 가장 중요한 핵심으로 두고 있음을 알 수 있다. 왕인 관련 서술은 신공황후의 신라침공을 상세하게 서술한 뒤에 나오는데, 제15대 응신천황 대에 왕인이라고 하는 학자가 백제에서 와서 학문을 전하고, 기직과 단야 등 직인도 도래하여 이들에 의하여 일본이 점점 더 발전하였으며, 모두 신공황후의 공이라고 서술하고 있다(『尋常小學國史 上卷』, 17~20쪽).

『高等小學國史 上卷』역시 문부성이 지은 책으로 1924년 10월과 1927년 5월에 일본서적주식회사를 통해 발간되었다. 목차를 보면 『尋常小學國史』와 조금 차이를 보이는데 천조 대신 단독 항목이 신대로 바뀌고, 신공황후로 되어 있던 목차도 제4장 황위의 진흥과, 제5장 조선반도의 복속과 문물의 전래로 좀더 구체화 되어 있다. 제5장에서 조선과 일본의 관계가 일찍부터 시작되었고 황화(皇化)가 넓어짐에 따라 점점 관계가 깊어졌다고 설명하는 것에는 차이가 없으며, 신공황후가 신라를 복속시키자 백제, 고려도 다스리게 되어 이들 국가의 조공이 이어져 나니와즈[難波津]에 내항하였다고 서술하고 있다.

이들 나라는 지나의 학문, 공예를 받아들여 문물이 일찍 발전하였다. 우리 나라와 왕래가 밀접하게 됨에 따라 점차 이들이 전해졌다. 제15대 응신천황 대에는 백제의 박사 왕인이 부르심을 받고 논어 등 서적을 바쳤다. 이것이 한학(漢學) 전래의 시초이다. 황자 치랑자(稚郎子)는 왕인에게 한학을 수학하여 그 뜻에 정통하셨기에, 이후 고려에서 조정에 바친 서적에 무례한 말이 있는 것을 발견하셔서 노하여 그 사절을 심히 책하셨다고 한다. 또 아지사주(阿知使主)도 많은 사람들을 이끌고 귀화하여 그 자손은 왕인의 자손과 함께 문씨(文氏)라 하여 대대로 조정을 섬기면서 기록을 담당하였다. 이후에도 많은 학자가 반도에서 와서 우리 나라의 학문의 진보를 도왔다(『高等小學國史 上卷』, 18~19쪽).

『新體日本歷史 第五學年用』은 문학박사 야시로 구니지[八代國治]가 저술하고 문부성의 검정을 통하여 1922년 11월에 부산방(富山房)에서 발행된 교과서이다. 이제까지 문부성에서 발간한 교과서와 달리, 목차를 보면 크게 메이지 유신 이전과 이후로 나누고, 유신 이전의 역사에 상고사부터 포함하여 서술하고 있다. 또 다른 점은 목차에서 고대 천황가의 이름이 등장하지 않는다는 사실이다. '조선반도와 관계/지나와의 교통'이라는 절에 보면 한반도와의 관계가 오래되었음을 언급하면서 신대 스사노오노미코토[素多男尊]가 이즈모[出雲]에서 건너가 한반도 동남부를 다스렸던 일이 있었다고 설명하는 것이 독특하다. 숭신천황 대에 임나일본부 설치 이후 신공황후가 신라를 정복, 백제와 고려도 복종하게 되었으며, 한반도(필자주: 원문에는 반도라고 표현)는 황화를 입게 되었다고 설명하는데, 교과서에 별도로 부속되어 있는 연표에는 945년(천황의 연호로 계산)에 "백제의 왕인이 유학을 전함"(16~18쪽)이라는 내용이 있으나, 본문에는 왕인 관련 내용이 보이지 않는다.

그렇다면 일본의 식민지 지배를 받고 있던 조선에서 사용된 교과서는 어떨까?

『尋常小學日本歷史補充敎材敎授參考書 卷一』역시 조선총독부가 편찬하여 1920년 4월에 발간되었는데, 교사용 지도서라고 할 수 있다. 제3장 문학, 불교, 공예 편에 기술된 교수 요지를 보면, "본과는 「심상소학일본역사 권1」 제4장 신공황후 다음에 학문 기예의 전래를 보충하는 것으로 한다. 따라서 지나의 문화가 먼저 조선반도에 전해지고 그로부터 내지에 전파되는 양상에 대해 가르친다."고 되어 있고, 뒤이어 교수 요령에 박사 고흥의 이야기와 더불어, 왕인 관련 내용이 나온다.

백제는 왕인이라는 학자를 일본에 보냈는데, 그 무렵 백제왕은 논어와 천자문을 인본 조정에 헌상하였다. 이것이 일본에 처음으로 한학이 전래된 것인데, 응신천황(제15대) 대의 일이다. 천황은 왕인 등에게 명하여 기록을 담당하게 하였다. 왕인의 선조는 지나인으로 조부 때부터 백제에 살았던 사람이다. 고흥은 어디 사람인지 분명하지 않지만, 이 역시 아마도 지나로부터 온 사람일 것이다(『尋常小學日本歷史補充教材教授參考書 卷一』, 26~28쪽).

왕인의 선조에 관한 내용은 다른 교과서에는 없는 내용이라 특기할 만하며, 또 본문 설명 뒤에 '주의'와 '비고' 항목을 두어 보충 설명을 하고 있다. '주의'에는 본과를 「보통학교 국어과 본권5」의 응신천황을 참조할 것이라고 나와, 역사 교과서뿐 아니라 국어 교과서에도 관련 서술이 있음을 알 수 있으며, 그 역시 천황의 이야기와 관련되어 서술되고 있는 것으로 보인다. '비고'에는 삼국의 문학 전래에 관하여 『삼국사기』의 내용을 참고 자료로 서술하면서, 삼국의 왕의 시대와 일본 천황 대의 연도를 근초고왕 말년을 인덕천황 63년으로 비정하고 있으며, 왕인과 관련해서는 『일본서기』 서술과 『고사기』 응신천황 조의 서술, 그리고 왕인의 선조에 대해서는 『속일본기』의 서술을 참고로 올려놓고 있어, 일본사 사료뿐 아니라 한국의 사료도 참고로 활용하고 있다.

『尋常小學國史補充教材 卷一 兒童用』은 1921년 3월에 조선총독부가 편찬한 교과서인데, 책의 머리에 "본서는 조선인을 교육하는 학교에서 문부성 『심상소한국사』를 가르칠 때 보충할 만한 조선에 관한 사력의 대개를 기술한 것이다."라고 서술하고 있어, 본 교과서의 내용이 조선사로 채워지긴 했으나, 어디까지나 일본의 역사를 가르치고 나서 보조 교재로만 활용되었음을 알 수 있다. 제3장 문학 불교, 공예 제목 아래 "제4 신공황후 다음"이라는 표시가 있는데, 이는 『심상소학국사』의 제4장 신공황후의 치적을 가르치고 그 뒤에 이어지는 내용이므로 이에 활용하라는 뜻이 되겠다.

백제에는 일본에 복속한 무렵 고흥(高興)이라는 박사가 와서, 처음으로 기록이라는 것이 일어났다. 그 무렵 백제로부터 왕인이라는 학자를 일본에 보냈다. 이는 응신천황 대이다. 천황은 왕인 등에게 명하여 기록을 담당하게 하였다. 왕인은 그 선조가 지나인으로 조부 때부터 백제에 살았던 사람이다(『尋常小學國史補充敎材 卷一 兒童用』, 6~7쪽).

위에서 본 교사용 참고서와 내용은 거의 비슷하나, 그 표현에 있어서 차이가 보인다.

3) 쇼와 전기 -1930년대~1940년대-

일본사에서 1930~40년대는 전쟁의 광기로 가득 찬, 군국주의의 색채가 가장 짙었던 시기이다. 이 시기의 역사 교과서의 내용을 살펴보자.

1934년에 문부성에서 발간한 『尋常小學國史 上卷』은 이전 시기 문부성 발간 교과서와 큰 차이는 없다. 신공황후의 신라 침략 내용 가운데 신라의 왕이 두려워하여 복속하였고, 이후 백제와 고려도 일본에 따랐다고 설명하고 있으며, "제15대 응신천황 대에 왕인이라고 하는 학자 등이 백제에서 와서 학문을 전하고, 기직과 단야 등 직인도 뒤이어 도래하여 이들에 의하여 우리 나라는 점점 더 발전하였다. 이것은 모두 다 신공황후의 공에 의한 것이다."라고 서술하고 있다(『尋常小學國史 上卷』, 20~21쪽).

『尋常小學國史附圖 第六學年用』은 우오즈미 소고로[魚澄惣五郎] 편저, 후쿠다 게이이치[福田惠一]·후지타 데쓰[藤田哲] 편화로 천홍문사(天弘文社)에서 1934년에 발간되었는데, 그 연표에 "15대 응신천황 왕인 논어 등을 가지고 오다(945)"라고 설명하고 있다.

『小學國史敎師用書 上卷』은 교사용 참고서로 1931년 6월 문부성 검정을 마치고 일본서적주식회사가 발간하였는데, 목차를 보면 1. 건국의 체제, 2. 국내의 통일 상고의 사회, 정치조직, 3. 조선반도와의 관계 문화의 진보, 4 지나와의 교통 정치의 개신으로 천황을 중심으로 목차가 정해졌던 다른 교과서와 차이를 보인다. 그러나 그 내용에 있어서는 서술 방식에 차이가 없이, 제3장에 왕인 관련 내용이 있으며, '문교의 도래'라고 해당 페이지 위에 설명하고 있다. 그러나 서술형식을 보면 한반도가 '속국'이란 표현이 다시 등장하고 있다.

> 삼한 제국은 일찍부터 한대(漢代) 지나 대륙과 교통하여 그 문물을 수용하여 학예가 발달하였는데 우리의 속국이 됨에 따라 자주 이를 전하여 우리 문물의 진보를 도왔다. 즉 15대 응신천황 대에 백제에서 아직기, 왕인의 학자가 내조하여, 황자 토도치랑자(苑道稚郎子)가 이를 스승으로 삼아 수학하여 깊게 그 뜻에 정통하시었는데, 이후 고려에서 바쳐온 표문에 '高麗王敎日本國'이란 말이 있는 것을 보고 그 무례함에 노하여 사신을 크게 질책하셨다. 한자의 사용, 한적의 학습은 여기서 일어났는데 특히 공자에 의해 크게 이루어진 유교는 우리 국민사상에 다대한 신익(神益)을 주었다. 그러나 선조를 존경하고 충의효정의 도리를 다하는 것은 우리 나라 고래의 습속으로 유교에서 말하는 대부분이 이와 일치하였다. 이후 제26대 계체천황 대에 오경 박사, 제29대 흠명천황 대에 의(醫), 역(易), 역(曆) 등 박사들이 백제로부터 와서 차례로 교대하였고, 제33대 추고천황 대에는 천문, 지리의 여러 학문도 백제

로부터 전해져 학습의 범위가 크게 넓어졌는데, 이 기간에 우리 학문 발달에 공이 있는 것은 삼한의 귀화인 자손들이다. 그중에서도 왕인 (한 고조의 후예로 백제에서 왔다)의 자손은 가와치[河內]에 살았고, 왕 인에 뒤이어 내조한 아지사주(阿知使主, 후한의 효령제의 후예로 백제 에서 왔다)의 자손은 야마토[大和]에서 살아, 이들 동서문씨(東西文氏) 라고 칭하여 대대로 조정의 기록을 담당하며 후세까지 오로지 문사에 관여하여 우리 문운에 공헌한 바가 크다(『小學國史敎師用書 上券』, 45~47쪽).

교사용 참고서인 만큼 그 내용이 상세한데, 유학적인 충의효정 사상이 원래 일본의 습속과 일치한다고 하는 서술은 다른 교과서에서는 보이지 않는 내용이다. 본문 서술 이후 '학자의 내조' 항에 (고사기) 상권, 중권의 해당 서술을 싣고 있으며, 가장 특기할 만한 내용으로는 왕인묘 그림이 삽입되어 있는 것이다.

일반 교과서의 내용은 1940년대에 들어서도 달라지지 않는다. 1940년 발행된 『小學國史 尋常科用上卷』(일본서적주식회사)도 목차는 천황 중심으로 되어 있어 이전과 다름이 없으나, 다만 '신칙'을 추가로 기재하여 일본 신화에서 나오는 신칙을 일본 건국에 곧바로 연결시키고 있어서 일본의 독자성과 우월성을 강조하는 신국사상이 더욱 고취되고 있음을 알 수 있다.

제15대 응신천황 대에 왕인이라고 하는 학자가 백제에서 와서 학문을 전하고, 기직과 단야 등 직인도 뒤이어 도래하였다. 이리하여 우리나라 의 위세는 해외까지 넓어져서 점점 더 발전하게 되었다(『小學國史 尋 常科用上卷』, 21쪽).

『高等小學國史 上卷』 역시 위 교과서와 같은 시기인 1940년 3월에 발행되었는데, 마찬가지로 목차에 '신칙'이 포함되어 있다. 그러나 목차는 개개 천황이 아니라 4. 황위(皇威)의 발양, 5. 조선반도의 복속과 문물의 섭취 등으로 바뀌어 있으며, 제5장에서 설명하는 내용은 위 교과서보다 상세하다.

이들 나라는 지나의 학문, 공예를 일찍부터 받아들였는데, 반도와 왕래가 밀접하게 됨에 따라 우리나라도 이를 도입하게 되었다. 제15대 응신천황 대에는 백제의 박사 왕인이 부르심을 받고 도래하여 논어 등 서적을 바쳤다. 이것이 한학 전래의 시초이다. 황자 토도치랑자(菟道稚郎子)는 왕인에게 수학하여 한학에 정통하셨기에, 이후 고려에서 조정에 바친 서적에 무례한 말이 있는 것을 발견하셔서 그 사절을 심히 책하셨던 일이 있다. 또 아지사주(阿知使主)도 많은 사람들을 이끌고 귀화하였으며, 그 자손은 왕인의 자손과 함께 문씨(文氏)라 하여 대대로 조정을 섬기면서 기록을 담당하였다. 이후에도 많은 학자가 반도에서 와서 우리 나라의 학문의 진보를 도왔다(『高等小學國史 上卷』, 20~21쪽).

문부성이 1943년에 발행한 『初等科國史 上』은 이제까지의 교과서와는 목차에서 차이를 보이는데, 1. 신국, 2. 야마토의 국원, 3. 나라[奈良]의 수도와 같이 향후 일본사의 시대 구분의 초기적 형태가 보인다. 신공황후를 설명하는 곳에서 "일본의 뛰어난 풍속을 우러러 한반도(반도)에서 도래해 온 사람들이 많아졌"(22쪽)다는 내용 외에는 왕인박사와 관련된 구체적 언급은 없다.

『くにのあゆみ(나라의 발자취) 上』은 문부성이 1946년에 발행한, 전

후 최초의 소학년용 국사 교과서이다. 수신(修身), 일본의 역사, 지리 등 세 교과수업이 정지된 가운데 GHQ의 민간정보교육국(CIE)과 문부성이 협력하여 만든 교과서이다. 이 교과서는 "과학적 객관적 태도"로 역사를 기술할 것을 지향한다고 되어 있어, 이전 시기의 교과서에 보이는 황국사관을 지지한 신화 전설의 내용이 삭제되고 인물과 천황 중심의 시대구분 역시 정권 소재지에 따른 시대구분으로 바뀌었다. 이는 바로 위에서 살펴본 교과서와 같은 맥락이라고 볼 수 있다. 특히 이 교과서의 말미에는 "새로운 정치가 시작되었습니다. 이번에야말로 진정으로 국민이 힘을 모아 일본을 민주주의의 나라로 만들어야 하는 때입니다."(4쪽)라고 끝맺고 있어 새로운 시대임을 천명하고 있음이 분명히 드러난다. 목차를 보면 위에서 언급한 교과서와 달리 1. 일본의 여명, 2. 발전하는 일본과 같은 형식으로 되어 있고, '대륙문화의 수용' 편에 속한 '한자와 유교' 절에서 인덕천황과 응신천황 대에 많은 사람들이 도래하여 발전된 기술이 전해졌다고만 서술되고 있다.

『日本の歷史 上』은 문부성이 발간한 중등학교 교과서로 1946년 중등학교교과서주식회사와 사범학교교과서주식회사를 통하여 발행되었다. 여기서는 본격적인 시대사 구분의 형태를 볼 수 있다. 1. 일본의 여명, 2. 야마토 조정의 발전, 3. 다이카개신, 4. 나라시대와 같은 구분은 대체로 현재까지도 이어지는 구분방식이다. 제2장에 속해 있는 '대륙문화의 섭취' 절의 '문물의 전래' 항목에서 대륙문화의 일본 전래를 설명하고 있다.

공예 기술과 함께 전래된 학예도 우리 문화의 진전에 큰 역할을 하였다. 응신천황 대에 백제에서 아직기, 왕인이 잇달아 내조하여 한자와 유교를 전하였다. 저 아지사주는 학문에도 뛰어나 그 자손은 왕인의 자손과 함께 오래도록 문필로써 조정을 섬겼다. 이렇게 문자의 습득과

한적의 학습은 조정의 장려에 따라 점차 활발해졌다. 그 후 오경박사와 의, 역, 역, 천문의 박사가 백제에서 내조하여 학문이 확산되고 구민 생활에 크게 도움이 되었다(『日本の歴史 上』, 11~12쪽).

『日本歴史 上』은 1946년 말에 문부성이 발행한 교과서인데, 목차를 보면 1. 고대, 2. 야마토 시대, 3. 아스카시대, 4. 나라시대로 위의 교과서에 비해 좀 더 진전된 형식이 나타난다. 제2장의 '대륙문화의 전래'의 절에 속해 있는 '귀화인의 도래'라는 항목에서 야마토 조정의 조선반도 진출에 의해 대륙과의 교섭이 밀접해 짐에 따라 다수의 귀화인이 도래했다고 설명하고 있으며, 이제까지의 교과서와 달리, 한반도에서 도래해온 사람들을 '귀화인'으로 칭하고 있는 점이 특징이다.

이상의 공예 이외에 우리 나라에 중대한 의의를 가진 것으로 학술의 전래와 문자의 사용이 있다. 우리나라와 대륙과의 교통은 일찍부터 열려있었기 때문에 문자에 관한 지식은 있었으리라고 생각되지만, 귀화인의 도래와 함께 이해(인식)되고 이용되기 시작한 것이다. 우리 나라에서 처음으로 한적을 전하고 이를 가르친 것은 응신천황 대에 백제에서 불러 온 왕인이라고 칭하는 귀화인이었다고 한다. 한씨(漢氏)도 문필에 능하였기에 왕인의 자손과 함께 문필로써 조정을 섬기고, 5세기 초기에는 지방에 구니노후비토[國史]를 두고 기록을 담당하는 자가 배치되었다고 한다. 계체천황 대에 오경박사가 내조하고 흠명천황 대에 백제로 하여금 오경박사, 의박사, 역박사를 교대로 우리나라에 참사하게 하는 것을 정하여, 복서, 역본, 약서가 전해졌다. 이 무렵부터 이윽고 제반 학문발흥의 기운이 싹트게 되었다(『日本歴史 上』, 19쪽).

이 시기 식민지 조선에서 사용된 교과서『初等國史 第五學年』은 조선총독부가 1940년에 발간한 교과서인데, 이전 시기의 교과서와 내용은 다름이 없으나 천황 중심의 목차였던 것이 변화하고 있다. 즉 만세일계(황실어계도), 1. 국속, 2. 나라의 시작처럼 천황의 이름이 직접적으로 거론되지 않는다. 왕인 관련 내용은 제6장 세상의 발전에서 신공황후의 심한정벌 설명에 이어지나, 응신천황의 치덕을 설명하는 가운데 사용되고 있으며, 그 이름이 구체적으로 기재되어 있지 않다.

이 무렵 조선 지방에는 지나의 발달된 학문과 산업이 전해졌습니다. 응신천황은 이를 우리 나라에 도입하고 싶다고 생각하셨습니다. 조선에서 학자를 불러들여 지나의 학문을 전하게 하거나, 지나와 조선에서 기직, 단야에 기술이 있는 자를 부르셨습니다. 조선과 지나에서 도래한 사람들은 차별하지 않는 자애를 입고 각자 일에 힘썼습니다(『初等國史 第五學年』, 32~33쪽).

이상에서 본 것처럼 쇼와 전기에 발행되어 사용된 역사 교과서에 보이는 왕인 관련 기술은 그 이전 시기와 큰 차이는 없으나, 이전 시기의 교과서에서는 신공황후의 치덕과 관련되어 서술되던 것이 응신천황의 치덕을 설명하는 부분으로 서술된다는 점, 그리고 '백제에서 온' 등의 표현이 '귀화인'으로 바뀌는 점을 확인할 수 있으며, 이는 일본의 역사 서술이 점차 기존의 천황 중심 서술에서 벗어나고 있음을 시대사 구분의 차이에서 알 수 있고, 그와 연관되어 일본 고대 국가의 성립에 중점을 두는 쪽으로 바뀌는 데서 오는 차이로 해석할 수 있을 것이다.

4) 쇼와 후기 –1950년대~1980년대–

필자가 확인한 1950년대 발행된 교과서는, 문부성 발행의 『日本の歴史』(1950년, 교육도서주식회사발행)와 『高等小學國史 上卷』(1952년, 동경서적주식회사)이다. 전자는 이전 시기의 『日本の歴史 上』과 목차와 내용에서 차이점이 없다. 동일한 교과서가 시기에만 차이를 두고 발행된 것을 알 수 있다.

『高等小學國史 上卷』은 1951년 문부성 검정을 마치고 1952년 동경서적 주식회사를 통해 발행되었는데, 목차 역시 이 시기의 패턴과 달리 신대와 황위를 중심으로 되어 있어 이전 시기와 전혀 차이점이 없다. 왕인박사와 관련한 내용 역시 "제15대 응신천황 대에는 백제의 박사 왕인이 부르심을 받고 논어 등 서적을 바쳤다. 이것이 한학 전래의 시초이다. …… 또 아지사주(阿知使主)도 많은 사람들을 이끌고 귀화하여 그 자손은 왕인의 자손과 함께 文氏라 하여 대대로 조정을 섬기면서 기록을 담당하였다. 이후에도 많은 학자가 반도에서 와서 우리 나라의 학문이 크게 열리게 되었다."고 서술하고 있어 1920년대부터 내용이 달라지지 않았음을 알 수 있다.

이번 연구에서는 아쉽게도 1960년대 교과서는 입수하지 못하였다. 이 부분에 대해서는 차후 과제로 삼아야 할 것이다. 일본이 패전 후 이른바 고도경제성장으로 돌아서게 되는 1960년대를 거쳐, 1970년대가 되면 고도 경제성장의 양지와 음지가 그대로 드러나는 시기이다. 이 시기 일본사 서술을 살펴보자.

『日本史史料集』은 마쓰오카 히사토[松岡久人]가 감수하여 동경학습출판사가 1970년에 발행한 역사 교과서 보조교재이다. 본문의 '대륙문화의 섭취'에 속한 '학문의 전래' 부분에서 「일본서기」 「응신기」의 내용을 싣고 있다. 별다른 해석은 없이 하단에 사료에 대한 해설에서 다음과 같이, 왕인도래의 진위를 불명하다고 하면서도 당시 한반도와 일본열도를 왕래한 사람들의 존재에 대해서는 그 가능성을 높게 평가한다. 다만 이 시기가 되어서도 앞선 시기와 마찬가지고 '귀화인'이란 용어를 사용하면서 서술하고 있다.

> 응신천황 15년 16년의 기사는 유명한 전설이지만 그 진위는 불명하다고 여겨지고 있다. 그러나 가와치[河內]의 서(문)씨(書(文)氏)가 귀화인으로 이 무렵부터 이런 형태로 귀화인이 서적과 각종 학문도 전하게 되었던 것은 충분히 생각할 수 있다. 한적의 전래는 논어와 천자문에 이어 6세기에 이르러 오경이 전래되었다(『日本史史料集』, 18쪽).

또 다른 교과서를 보자.

『高等學校 新日本史』는 고등학교 교과서로, 1973년 검정을 마치고 1976년 개정판의 검정 후 1980년에 제국서원에서 발행되었다. 발행연도는 1980년이나 검정 시기를 보면 1970년대 교과서와 서술에 변화가 없을 것으로 보인다. '제2절 야마토 정권과 고분문화'에 속한 '해외문화와 귀화인' 항목에서 야마토 조정이 조선에는 임나를 영유하여 세력을 확장했기 때문에 해외의 뛰어난 문화가 활발하게 일본에 유입되었다고 설명하면서 「일본서기」를 언급하면서 "이 무렵 많은 귀화인과 각종 기술이 도래한 것을 알 수 있다. …… 한자도 4세기 말에 전해졌다고 하는데, 6세기에는 황실과 호족의 계보, 신화와 전설 등에도 한자를 써서 기록하게 되었다고 여겨진다."고 되어 있다. 본문에서는 왕인 관련 내용이 보이지 않으나 다만, 각주에 "한자의 전래는 응신천황 때에 백제에서 왕인이 와서 논어와 천자문 등을 바친 것이 그 시초라고 전하며, 불교는 백제의 동명왕이 불상, 경론 등을

552년에 조정에 보냈다고 『일본서기』에 보이는데, 538년이라고 하는 문헌도 있다. 그러나 이들의 공식 전래 이외에도 실제로는 얼마든지 이런 문물이 유입되는 기회가 있었을 것이다."(12쪽)라고 보충 설명이 되어 있다.

『中學校社會 歷史』는 학교도서주식회사가 1977년 검정을 받고 1980년에 발행한 중학교 역사교과서인데, '활약하는 도래인' 항목에서 대규모로 일본으로 도래한 이들의 역할을 소개하고 있으나, 와인 관련 내용은 보이지 않는다.

이처럼 이전 시기 교과서와 달리 본문에서는 왕인박사에 관한 직접적인 언급이 점차 줄어들고 있음을 알 수 있다. 그리고 당시 한반도에서 건너간 사람들을 '귀화인' '도래인'으로 부르고 있는데, 검정 시기로 봐서 '도래인'이라는 명칭이 나중에 성립된 것으로 볼 수 있다. 왕인박사에 관한 언급이 소략화 또는 생략되는 경향은 1980년대에도 그대로 이어진다. 또 점차로 도래인이란 명칭이 확대되는 것을 확인할 수 있다.

교과서 소송으로 유명한 이에나가 사브로[家永三郎]의 『新日本史』는 삼성당(三省堂)에서 발행되었는데 발행일이 명기되어 있지 않으나 필자가 입수한 교과서는 1983년 발행한 것으로 추정된다. 이에나가는 앞서 소개한 전후 최초의 역사교과서 『くにのあゆみ(나라의 발자취)』의 집필자의 한 사람이었는데 이후 오랫동안 고등학교 일본사 교과서의 집필을 담당하였다. 『新日本史』는 1952년부터 1994년까지 재판을 거듭하며 발행된 교과서로 보통 역사 교과서가 다수의 필진이 집필한 것과 달리, 교과서 서술의 일관성을 지향하여 이에나가가 단독 저작으로 발행되었다. '제4장 율령국가와 대륙문화의 섭취'의 '불교의 수용과 야마토 정권' 항목에 보면 백제의 불교와 유학이 어떻게 일본에 전래되는지와, 그것이 일본에 끼친 영향을 설명하는데 왕인 관련 서술은 누락되어 있다.

『改訂 中學社會 歷史』는 교육출판주식회사에서 1986년 검정과 1989년 개정판 검정을 마치고 발행한 중학교 역사교과서이다. '대륙에서 도래한 사람들'이란 항목에서 도래인이 가져온 기술과 한자의 사용을 언급하면서, 특히 '조선에서 도래한 사람들'이란 별도의 설명에서는 9세기 기내 씨족의 선조를 조사한 기록에 1059씨의 1/3인 324씨가 조선과 중국, 특히 백제, 고구려, 신라에서 온 도래인이라고 설명하고 있다. 그러나 왕인 관련 서술은 보이지 않는다.

동경서적주식회사가 1986년 검정, 1989년 개정검정을 마치고 1991년 발행한 『新訂 新しい社會 歷史』에서도 위의 교과서와 마찬가지로 '대륙문화를 전한 도래인' 항목에서 야마토국가와 조선의 여러 나라가 교류가 활발해지면서 조선에서 일본으로 이주하는 사람들이 늘었으며, 도래인이 앞선 기술과 문화를 전하였다고 설명하고 있다.

도래인은 또 한자를 전하고 조정의 기록과 외국과의 서신작성을 담당하였다. 한자와 함께 유교 서적도 전래되어 서적을 통해 대륙의 발달된 문화에 접할 수 있게 되었다.

이처럼 이전 시기의 교과서와 목차와 내용에 있어 차이를 보이는데, 도래인이란 명칭이 정착하고 있으며, 반도라는 표현도 보이지 않고 대신 '조선'이라고 되어 있다. 전후에 과학적이고 객관적인 역사 서술을 표방하면서 천황 관련 내용이 교과서에서 사라지면서 왕인 관련 기술도 소략해 가는 경향을 알 수 있다.

5) 헤이세이기 -1990년대~2010년대-

1990년도의 교과서의 내용은 앞 시기의 서술 경향을 그대로 계승하고 있으며, 출판사가 달라도 그 내용에는 별다른 차이가 보이지 않는다.

『新編 新しい社會 歷史』는 중학교 교과서로 동경서적주식회사가 1996년 검정을 마치고 1997년 발행하였다. '대륙문화를 전한 도래인'이란 절에서 도래인이 전한 기술을 서술하고 또 한자를 전하고 조정의 기록과 외국과의 서신 작성을 담당하였다고만 서술되어 있다. 교육출판주식회사에서 2005년 검정을 마치고 2010년 발행한『中學社會 歷史 未來をみつめて』에는 '도래한 사람들'이란 제목으로 위의 교과서와 마찬가지로 대륙의 발달된 기술, 불교, 유교사상을 전하고, 또 한자를 사용하고 재정과 정치에서도 활약하였다고 적고 있다.

청수서원(清水書院)의『新中學校 歷史 日本の歷史と世界』(2001년, 검정완, 2002년 발행) 역시 마찬가지로 '도래한 사람들'이란 항목에서 다른 교과서와 유사한 서술을 하고 있으나, 도래인이 전한 문화가 그 후 일본의 종교와 문화에 큰 영향을 주었다는 문장이 더해졌을 뿐이었다. 이는 동 출판사에서 2011년 검정을 마치고 2013년 발행한 교과서도 동일하다.

자국의 "자학사관 극복과 자유주의 사관에 의한 역사기술"을 내세우며 등장한 '새로운 역사교과서를 만드는 모임'이 출판하여 우익교과서로 알려져 있는 扶桑社의 중학교 교과서『中學社會 新しい歷史教科書』(2001년 검정완, 2004년 발행)의 서술은 어떨까? 이 교과서에는 다른 교과서와 달리, 1950년대까지 보이는 천황 관련 내용이 실려 있는 유일한 교과서로 '신무천황의 동정전승'(36쪽)이 실려 있으며, '기술의 전래와 씨성제도'란 항목에서 도래인을 설명하고 있는데, '귀화인(도래인)'으로 표기하고 있어 다른 교과서와 차이를 보인다. 또한 "기술과 문화를 전한 이들을 귀화인(도래인)이라고 부른다.

야마토 조정은 그들을 주로 긴키지방에 살게 하면서 정권에 이용하였다."(39쪽)고 되어 있어, 다른 교과서에서 주로 도래인이 전한 기술과 문화가 일본에 큰 영향을 미쳤다는 문맥에서 서술하는 데 비하여, 본 교과서는 야마토 정권이 그들을 이용하였다고 되어 있어 야마토 정권의 적극성을 강조하고 있다. 또 '새역모'의 내부 분열로 조직이 갈라진 이후에 출판된 育鵬社의 『中學社會 新しい日本の歴史』(2011년 검정, 2012년 발행)에서는 '귀화인이 전한 것'이란 항목에서 '귀화인(도래인)'이 다수의 대륙문화를 전하였다고 서술하면서, 주를 달아 "우리나라에 처음으로 한자를 전한 것은 백제에서 온 왕인이라고 여겨진다."는 서술을 덧붙이고 있다.

다음으로 고등학교 역사 교과서의 내용을 살펴보자. 일본의 고교 역사 교과서는 A와 B로 나뉘는데 학교에서의 단위 수와 내용에 약간 차이가 있다. 우선 일본사 A는 2단위로 근현대사가 중심 내용이며, 일본사 B는 대체로 4단위로 내용 역시 A보다 풍부하여 고대사를 포함하여 역사 전반에 대해 다루고 있으며, 심화된 내용을 가르친다.

『高等學校 日本史 B』는 第一學習社가 1944년 검정을 마치고 2001년 발행한 교과서이다. 장의 제목을 보면 '제3장 국가의 형성과 대륙문화의 섭취' 아래 '대륙문화의 섭취와 기술의 발전'이란 제목의 절이 있으며 거기서 도래한 사람들을 설명하고 있다. 왕인 관련 내용은 각주에서 "『고사기』와 『일본서기』에는 응신기에 궁월군(弓月君, 진씨의 조)과 아지사주(동한씨의 조)가 많은 사람들을 이끌고 도래하였으며, 왕인(서문씨의 조)가 한자와 학문을 전했다는 설화를 싣고 있다."고 되어 있다. 또 같은 출판사에서 1997년 검정을 마치고 2001년 간행된 『高等學校 改訂版 新日本史』 역시 위 교과서와 본문 내용은 동일하며, 각주에서 "고사기 일본서기에 대륙에서 도래하였다고 기록된 왕인, 아지사주, 궁월군(弓月君)의 자손인 서문씨(西文氏), 동한씨(東漢氏), 진씨(秦氏)가 문필과 기직 기술로 조정에서 일한 것은 대표적인 예이다.”로 표현이 달라진 외에는 다른 점을 찾을 수 없다.

1997년 검정을 마치고 2001 발행한 산천출판사(山川出版社)의 『日本史 A』의 내용 역시 '대륙문화의 수용'이라고 제목만 다를 뿐 내용에는 위의 교과서와 차이가 없으며, 각주도 달려 있지 않다. 이와 달리 동원서점(桐原書店)에서 발행한 교과서는 왕인 관련 서술이 보인다. 『改訂版 高等學校 新日本史 B』는 1997년 검정을 마치고 2001년 발행되었는데, 제2장 고대 국가와 '동아시아 문화의 섭취'의 '동아시아 문화의 전래'에서 도래인을 비교적 상세하게 설명하고 있으며, 왕인 관련 서술이 보인다.

4세기 말에 백제에서 왕인이 와서 「논어」 등을 서적을 헌상하고, 6세기에는 오경박사가 왔다고 하는 전설은, 유교가 전래한 것을 말하는 것이다. 유교의 전래는 우리나라의 통치자에게 강한 영향을 주어 후에 중국풍의 정치사상과 국가가 형성되는 기반이 되기도 하였다.
각주 : 동한씨는 그 선조 아지사주, 진씨의 선조는 궁월군에게 이끌려 도래하였다고 하는 설화와, 서문씨는 왕인의 자손으로 하는 설화가 전해지고 있다(『改訂版 高等學校 新日本史 B』, 28쪽).

같은 출판사에서 1998년 검정을 마치고 2001년 발행한 『改訂版 日本史 B ワイド 日本の歷史』에도 위의 교과서와 동일한 내용이 실려 있다. 다만 문단 말미에서 한반도의 문화가 일본 고대문화 발전에 큰 영향을 미쳤다고 덧붙이고 있는데, 이같이 직접적으로 언급한 예는 다른 교과서에서 보기 드문 것이다.

5세기경에는 한자가 우리나라에서도 사용된 것을 확인할 수 있는데, 한자를 사용하여 외교문서와 기록의 작성을 한 이들은 역시 도래인이었다. 또 4세기 말에 백제에서 왕인이 와서 「논어」 등의 서적을 헌상하고, 6세기에는 오경박사가 왔다고 하는 전설은, 유교가 전래한 것을 말하는 것이다. …… 우리나라의 고대문화는 조선반도의 문화에 힘입은 바가 크다(『改訂版 日本史 B ワイド 日本の歷史』, 18~19쪽).

이 같은 서술은 『新日本史 B』(2003년 검정, 2010년 발행)에서도 그대로 이어진다. 다만 각주에서 "동한씨는 그 선조 아지사주, 진씨의 선조는 궁월군에게 이끌려 도래하였다고 하는 설화와, 서문씨는 왕인의 자손이라고 하는 설화가 전해지고 있다."고 하여 위의 두 교과서의 내용이 상호 보완된 것으로 보인다.

2007년 검정을 마치고 2008년 발행된 삼성당(三省堂)의 『改訂版 日本史 B』 역시 '도래인의 이주와 대륙문화의 이입' 항목에서 도래인의 기술 전래와 또 "야마토정권과 지방호족은 도래인을 적극적으로 활용하여 정치력과 경제력을 비약적으로 높여갔다."고 서술하여 정권의 적극성을 평가하고 있으며, 각주에서 "『고사기』『일본서기』에 따르면 서문씨의 시조로 여겨지는 왕인은 『논어』『천자문』을 전하고 동한씨의 시조로 여겨지는 아지사주는 문필에 뛰어났으며, 진씨의 시조로 여겨지는 궁월군은 기직과 양잠 기술을 전했다고 한다."(21쪽)고 되어 있다.

산천출판사(山川出版社)가 발행한 교과서를 살펴보면, 『改訂版 常說 日本史 B』(2006년 검정, 2010년 발행)에 '대륙문화의 수용' 항목의 도래인을 설명한 뒤에 각주에서 "기기(記紀)에서 서문씨, 동한씨, 진씨 등의 선조로 여겨지는 왕인, 아지사주, 궁월군의 도래 설화가 전한다."고 덧붙이고 있고,

같은 해 발행된 또 다른 교과서 『改訂版 新日本史 B』(2007년 검정)에는 본문 내용 중에 "조선반도로부터 전란을 피하거나 군사원조의 담보로 많은 사람들과 기술이 일본열도에 왔다. 5세기 초엽 도래인이 첫 번째 물결로 왕인, 아지사주, 궁월군(서문씨, 동한씨, 진씨의 선조)은 응신천황 대에 도래하였다고 기기에 전한다."는 서술이 보인다. 그러나 이는 2005년 발행한 (2003년 검정) 『高校日本史 B』와 2012년 발행된 『改訂版 高校日本史 B』에서는 보이지 않는 내용이다. 그러나 2012년 검정을 마치고 2013년 발행된 『常說 日本史 B』에서는 도래인 부분의 각주에서 "기기(記紀)에는 서문씨, 동한씨, 진씨 등의 선조로 여겨지는 왕인, 아지사주, 궁월군의 도래 설화가 전한다."(27쪽)고 되어 있음을 알 수 있다.

동경서적의 교과서 『日本史 B』(2003년 검정, 2012년 발행)에는 간략하게 "특히 백제를 통하여 대륙문화 섭취에 힘썼다. 그 가운데서도 불교와 유교의 전래는 그 후 일본 의 문화에 극히 지대한 영향을 끼쳤다."(32~33쪽)는 서술에 이어 각주 3에서 「일본서기」에 백제의 오경박사가 유학을 전래했다는 기록이 있음을 설명하는 데 그치고 있다. 같은 해 발행된 『新選 日本史 B』에는 본문에서 "5세기에 야마토 정권은 조선과 중국에서 일본열도로 이주해 온 많은 도래인(귀화인)을 받아들였다."고 서술하며, 각주에서 "도래인 가운데서도 진씨, 동한씨, 서문씨는 유력한 호족으로 발전하여 활약하였다"(23쪽)라고 설명은 하지만, 왕인의 이름은 보이지 않는다. 더욱이 동 출판사의 『世界史 B』(2002년 검정, 2006년 발행)의 '조선반도와 일본열도' 항목에는 도래인 관련 내용이 아예 빠져 있다.

명성사(明星社)의 『高等學校 最新日本史』(2002년 검정, 2005년 발행)에는 '고대문화의 형성' 부분에서 '귀화인(도래인)'에 의한 대륙문화의 전래를 다루고 있는데, 본문의 "한자를 전래한 것도 귀화인이다."는 설명에 대한 각

주에는 "응신천황 시대에 백제의 왕인이 『논어』 『천자문』을 헌상하고 태자 토도치랑자가 왕인을 스승으로 하여 전적을 배웠다고 전한다. 서문씨는 왕인의 자손으로 전하며 대대로 문필, 출납으로 조정에서 일하였다."(26~27쪽)고 보충설명이 되어 있다. 청수서원(清水書院)의 「100のテーマによる 通史と多角的視点の歴史像(100가지 테마에 의한 통사와 다각적 시점의 역사상)『高等學校 日本史 B』(2003년 검정, 2006년 발행)에는 야마토 정권은 백제에 접근하여 선진문화의 흡수를 꾀했다는 설명 이외에 왕인박사 관련 내용이 없으며 각주에서 도래인들이 불교를 믿었다고 여겨진다는 서술 외에, 본문에는 도래인이란 표현이 없다. 이는 다른 교과서와 가장 큰 차이로 보인다. 이는 『地方の視点 新しい視点(지방의 시점·새로운 시점) 改訂版 詳解日本史 B』(2006년 검정, 2010년 발행)도 마찬가지이며, 그 다음해 발간된 『100のテーマによる通史と多角的視点の歴史像』(100가지 테마에 의한 통사와 다각적 시점의 역사상)『改訂版 詳解日本史 B』(2004년 검정, 2007년 발행)도 마찬가지로 도래인 관련 내용이 없다. 2000년대의 역사 관련 교과서 분석에는 초등학교 교과서를 추가하였다.

『新しい社會 6』은 동경서적주식회사에서 2004년 검정을 마치고 2008년 발행된 교과서인데 내용의 변화를 살피기 위해 2010년 검정을 마치고 2011년 발행된 교과서도 살펴보았으나 서술 변화는 보이지 않으며, 도래인이 많았고, 한자와 불교를 전했다고만 서술되어 있다. 또 다른 교과서 『社會 6』(光村圖書, 2010년 검정, 2012년 발행)에도 마찬가지로 도래인의 역할을 기술 지도와 한자, 불교 등의 전래를 들고 있다.

이상에서 1890년대에서 2000년대까지 필자가 수집한 역사 관련 일본 교과서에서 왕인박사 관련 서술의 내용을 분석하고 각기 시대별로 어떻게 서술이 달라지는지 그 양상에 대해 살펴보았다. 일본의 교과서 제도는 국정, 검정 등 그 방식에 있어서 시기별로 차이가 있기는 하지만, 어느 쪽이든 문부성의 영향력이 크게 작용하고 있음을 부정할 수 없는데, 다음 장에서는 시기별로 문부성이 발간한 '학습지도요령'을 살펴보고자 한다. 왜냐하면 이 '학습지도요령'을 교과서의 서술에 대한 지침으로 볼 수 있기 때문이다.

3. 문부성 학습지도요령과 역사교육

'학습지도요령'은 학교교육기본법시행규칙을 근거로 하여 초등학교(일본에서는 소학교), 중학교, 중등교육학교, 고등학교, 특별지원학교 등 각 학교가 교과별로 가르치는 내용을 정한 것으로, 우리나라의 교육과정에 해당한다. 일본은 태평양전쟁에서 패전한 후 GHQ의 점령정책으로 사회 각 방면에서 군국주의적 색채를 지우기에 힘쓰게 된다. 교육 방면에서는 1946년 9월 군국주의적 교육시책을 없애고 세계평화와 인류의 복지에 공헌할 수 있어야 한다는 '신일본 건설의 교육방침'에 따라 새로운 교육과정의 지침으로 만들어진 것이 '학습지도요령'이다. 이후 5년~10년을 주기로 시대 상황에 따라 개정이 이루어졌다. 일본에서 교과서제도를 살펴보면, 문부과학성의 검정이 필수인 바, '학습지도요령'이 교과서 서술에 미치는 영향이 어떠한지 짐작할 수 있다. 따라서 '학습지도요령' 내용이 무엇인지, 또 어떠한 변화가 있었는지를 살펴봄으로써, 본고의 주제로 돌아가 왕인박사와 관련된 일본 교과서의 서술이 어떠한 시대 상황을 반영하는 것인지를 고찰하고자 한다. 왕인박사 관련 서술이 주로 사회과 교과서에서 이루어지므로, '학습지도요령'은 사회과와 관련하여 살펴보겠다. 본고에서 인용하는 '학습지도요령'의 내용은 일본 문부과학성의 지원으로 국립교육정책연구소가

2001년 3월에 작성한 데이터 베이스에 의거하며, 전문이 온라인에 공개되어 있다.[5] 이하 '학습지도요령'의 변천을 주로 사회과 과목에 한정하여 정리한다.

사회과 역사 관련 교육목표 및 내용

연도	교육목표 및 주요내용
1947	• 사회생활에서 널리 세계의 역사, 지리, 과학, 예술, 도덕, 종교 등 문화에 대한 특성을 이해하고 세계와 함께 평화를 구축하고 국제적으로 협조해 가는 정신을 배울 것. • 소학교 교과 중 기존의 수신·공민·지리·역사가 없어지고 사회과 신설, 사회과는 국민들의 사회생활에 대한 양식과 성격을 배양하는 것이 매우 중요하기 때문.
1951	(소학교 역사 부분 내용 없음, 일반 사회 생활) 〈중학 사회과의 목표〉 • 전후 일본의 교육에서 가장 중요한 하나는 민주적 사회에서 올바른 인간관계를 이해하고, 민주적 사회인으로서 필요한 태도와 능력, 기능의 배양. 〈중학 사회과에서 일본사가 별도로 설치된 이유〉 • 과거 일본사가 극단적인 일본중심주의 사상 양성에 큰 역할을 함. 이러한 역사에 대한 사고를 교육하는 것은 일본의 교육에서 불행한 일이었음. 따라서 학생들에게 일본 현대사회의 역사적 배경을 오류없이 가르치기 위해 별도로 설치함. 〈학교 일본사의 특수목표 : 부분〉 • 원시사회, 고대사회, 봉건사회, 근대사회로의 이행과 각 시대의 본질적 상이함을 이해함. • 각 시대를 살아간 사람들의 생활과 생활상 문제해결을 이해하고 현재의 문제해결에 도움이 되게 함.

---

5) 해당 사이트의 주소는 다음과 같다. https://www.nier.go.jp./guideline

연도	교육목표 및 주요내용
	• 일본 사회의 발전을 세계사를 배경으로 하여 이해하고, 일본의 특수성과 현대 사회문제를 세계사적으로 파악할 수 있게 함. 〈고등학교 일본사의 특수목표 : 부분〉 • 일본역사의 발전을 과학적, 합리적으로 이해하고 각 시대 개념을 명확히 함. • 현대 사회 문제를 역사적으로 이해하고 문제해결에 필요한 능력을 배양함. • 역사발전의 보편성과 지역에 따른 특수성을 인식함. • 일본 역사의 사실을 합리적, 비판적으로 파악하는 능력배양. • 일본 사회의 발전을 세계사적으로 파악하고, 현대 일본의 세계사적 위치를 인식할 수 있게 하며, 나아가 국제친선, 인류평화 추진을 위한 노력을 하는 태도를 기름.
1955	〈소학교 사회과 목표〉 • 역사에 관련한 내용은 없음. 〈중학교 사회과 개정 내용 및 역사교육〉 • 기존과 달리 일본사도 사회과 지도계획에 포함시킴. • 학년별 단원 조직을 지리적 분야·역사적 분야·정치경제사회적 분야로 나누어 표시. • 일본의 각 시대 개념을 명확히 하고, 역사의 발전과정을 종합적으로 이해시켜 구가의 전통과 문화에 대해 올바르게 이해할 수 있도록 함. • 세계사적인 내용을 통하여 일본사와 관련된 것을 주로 하면서도 세계사적 흐름을 짚고, 각 시대의 개요를 파악하도록 함. • 역사적 발전에는 지역과 민족에 따른 특수성이 있으며, 각 시대와 사회의 사람들의 활동은 공통적인 인간성이 보임을 이해, 그로써 사회생활의 발달에 대한 자기 책임감과 상호 인간관계에서 협조정신을 기름. • 구체적 사상(事象)에 대한 학습을 통해 나라를 사랑하는 심정과 타국과 타국민을 경애하는 태도를 기른다.
1958	〈소학교 사회과〉 [제6학년 역사 관련 목표] • 일본의 문화와 전통에 대한 올바른 태도를 깊게 하고, 나아가 세

연도	교육목표 및 주요내용

계평화와 인류복지에 공헌해야 하는 일본의 입장에 대해 생각하게 함.

[내용]

• 이렇게 현대 정치와 국민생활 영위는 우리 선조가 정치를 개선하고, 해외문화를 수용하여 국가와 사회발전에 노력해 온 결과로, 일본의 정치와 문화는 각 시대적 특색을 가지면서 점차 널리 국민 전반에 미쳤고 세계 여러 나라와 관계를 깊게 해왔다.

• 일본은 농경 생활 시작 이후 점차 생활수준이 높아지고, 야마토 조정에 의한 국가통일, 대화개신에 의한 정치개혁을 거쳐 조정을 중심으로 한 귀족의 정치가 나라와 교토를 도읍으로 하여 번영. 그 사이 대륙의 문화를 수용하면서 독특한 일본문화가 만들어짐.

〈중학교 사회과〉

[목표]

• 자타 인격과 개성 존중이 사회생활의 기본, 민주주의 원칙을 이해시키고 일상생활에 올바르게 발휘하는 태도와 능력을 기름.

• 인간 생활과 자연과의 관계, 지역 상호 관계를 생각하고 지역에 따라 특색이 있으며 기저에 공통의 인간성이 흐름을 이해, 넓은 시야에서 향토와 국토에 대한 애정을 기름.

• 우리의 사회생활은 긴 역사적 경과를 더듬어 오늘에 이르는 것으로 납득시키고 역사의 발전에 있어서 개인과 집단의 역할을 하면서, 좋은 전통의 계승이나 사회생활의 진보에 대한 책임감을 기름.

[내용]

• 문단내용 예시

　일본 고대와 아시아, 국가형성과 아시아, 대화개신과 율령제

• '국가의 형성과 아시아'에 대해서는, 야마토조정, 고분 문화, 성씨 제고, 대륙 문화의 전래, 한일관계의 추이 등의 학습을 통하여 우리나라가 아시아의 형세와 밀접한 관련을 가지며 통일을 향하고 대륙의 영향을 받으며 나라의 문화를 발전시켜 가는 것을 이해시킨다. 이때, 고전에 보이는 신화나 전승 등에 대해서도 올바른 취급, 당시 사람들의 신앙과 견해 등을 언급하는 것이 바람직하다.

〈고등학교 사회과 목표〉

• 　자타의 인격이나 개성을 존중하고 기본적 인권이나 공공의 복지

연도	교육목표 및 주요내용
	를 중히 여기는 것이, 사회생활의 기본임을 인식, 민주주의의 여러 원칙을 인간 생활에 실현하려는 태도와 그것에 필요한 능력을 기름.
	〈고교 일본사〉
	• 일본사의 발전에 관한 기본적 사항의 이해를 계통적으로 심화, 특히 일본 문화가 정치나 사회 경제의 움직임과 어떤 관련을 가지면서 형성되어 발전해 왔는지에 대해 고찰하고 현대 사회의 역사적 배경을 나게 하고 민주적인 사회 발전에 기여하는 태도와 그것에 필요한 능력을 기른다.
	[목표]
	• 일본사에서의 각 시대의 정치, 경제, 사회, 문화 등의 동향을 종합적으로 파악, 시대의 성격을 밝혀 그 역사적 의의를 고찰.
	• 우리나라의 사회와 문화가, 우리 조상들의 노력의 집적에 의해 발전해 온 것을 납득시키고 또 그에 따라 국민의 생활이, 점차 향상된 것을 생각하게 함.
	• 우리나라 학문, 사상, 종교, 예술 등의 문화유산에 대해 그 이해를 깊게 하고, 친밀감과 존중하는 태도를 키우고, 새로운 문화를 창조하고 발전시키려는 의욕을 높임.
	• 일본사의 발전을 항상 세계사적 관점에서 고찰하고 세계에서의 우리 나라의 지위나, 문화의 전통과 그 특성을 이해시킴으로써, 국제 사회에서 일본인의 역할에 대해 자각.
	• 사료 등도 이용하여 사실을 실증적, 과학적으로 이해하는 능력을 키워 사실을 바탕으로 역사의 동향을 고찰하는 태도를 기름.
	[내용]
	(1)일본 문화의 여명
	(2)고대 국가의 형성과 대륙 문화의 섭취
	• 작은 국가 분립 상태에서 통일 국가 형성에 이르는 과정을, 아시아 대륙의 정세와도 관련시켜 이해 시킨다. 대륙 문화의 섭취에 대해서는 귀화인이나 유학생의 활동에도 주목한다.
1968	〈소학교 사회과〉 [제6학년 목표] • 국가, 사회의 발전에 이바지한 선인의 업적이나 뛰어난 문화유산

연도	교육목표 및 주요내용
	등에 대해 관심과 이해를 깊게 하고, 우리 역사와 전통에 대한 이해와 사랑과 국민적 심정의 육성을 도모.
	[내용]
	• 야마토(일본)조정의 성립, 대륙문화의 섭취, 다이카 개신에 따른 정치 개혁과 국가 조직의 확립, 아스카, 나라, 평안 등 문화의 발전 등에 힘쓴 인물의 업적에 대해 이해하고, 뛰어난 문화유산과 인물의 기능을 중심으로 당시 우리나라의 모습에 대해 관심을 도모.
1969	〈중학교 사회과 역사적 분야〉 [목표] • 세계의 역사를 배경으로, 넓은 시야에서 일본의 역사를 납득 시키고 이를 통해 우리나라의 전통과 문화의 특색을 생각하며, 국민의 심정과 현재 및 미래를 사는 일본인으로서의 자각을 키움. • 역사에서의 각 시대의 특색을 밝혀 시대의 변화를 종합적으로 이해하는 동시에, 각각 시대가 가진 역사적 의의와 각 시대가 오늘의 사회생활에 미치는 영향을 생각하게 함. • 국가·사회 및 문화의 발전이나 사람들의 생활 향상에 힘쓴 선인의 업적과, 현재 전하는 문화유산을. 그 시대와 관련해서 이해, 그것들을 애호하고 존중하는 태도를 기름. • 역사에서 볼 수 있는 국제 관계와 문화 교류의 줄거리를 이해하는 동시에, 역사상 우리나라의 위치를 생각하여, 타민족의 문화, 전통 등에 대해서도 관심을 가지고 국제 협조의 정신을 기름. [내용] (2) 고대 일본의 형성과 아시아 일본의 국토와 민족, 조몬문화, 야요이문화, 야마토조정과 고분 문화, 귀화인의 역할 등의 학습을 통하여 사람들의 생활이 농경을 중심으로 발전하고, 이윽고 아시아의 형세와 연관을 가지며, 점차 고대 일본이 형성되고 있음을 이해시킨다. '귀화인의 역할' 중국과 조선의 움직임을 언급하며, 귀화인이 유교, 불교, 기술 등의 대륙 문화의 전래에 한 역할을 생각하게 하고, 그로 인해 일본의 문화와 사회생활이 급속히 발전했음을 이해시킨다.

연도	교육목표 및 주요내용
1970	〈고등학교, 73년 시행〉 [일본사 목표] • 우리 역사에 볼 수 있는 국제 관계와 문화 교류의 개요를 납득시 키고 세계의 역사에서의 우리나라의 지위와 문화의 형성 과정을 고찰해, 국제 협조의 정신을 기름. • 문화의 창조, 발전 및 전파에 관한 조상의 노력과, 문화의 전통에 대한 이해를 깊게, 문화유산의 사랑을 이를 존중하는 태도를 키우 고, 새로운 문화를 창조하고 발전시키려는 의욕을 높임. [내용] 일본 문화의 여명, 민족의 기원, 농경문화의 발생 고대 문화의 형성과 전개, 국가의 통일과 대륙 문화의 섭취, 율령체제 의 성립과 고대 문화의 형성 → 대륙 문화의 섭취에 대해서 중국, 조선 등과의 협상, 귀화인이나 유학생의 활도에 주목.
1977	〈소학교 사회과〉 1980년(쇼와 55년) 시행 [제6학년 목표] • 국가 사회 발전에 기여한 선인의 업적이나 뛰어난 문화유산에 대 한 관심과 이해를 깊게, 우리나라의 역사와 전통을 소중히 여기겠 다는 태도를 기른다. • 우리 나라에서 어렵과 농경이 시작된 당시의 사람들의 생활 및 야 마토 정권의 국토 통일을 이해하는 동시에 국가의 형성에 관한 생 각 등을 나타내는 신화·전승에 관심을 가짐. • 대륙 문화의 섭취, 다이카 개신에 따른 정치 조직의 확립 및 나라 와 헤이안의 수도에서의 정치나 문화의 양상들에 대해 인물의 작 용이나 문화유산을 중심으로 이해. 〈중학교 사회과〉 1981년(쇼와 56) 시행 [역사적 분야 목표] • 우리 나라의 역사를, 세계의 역사를 배경으로 납득시키고 이를 통 해 우리나라의 전통과 문화의 특색을 생각하며, 국민으로서의 자 각을 키움. • 국가·사회 및 문화의 발전이나 사람들의 생활 향상에 힘쓴 선인 의 업적을 배우는 동시에, 현재 전하는 문화유산을 그 시대와 지

연도	교육목표 및 주요내용
	역과의 관련에 대해 납득시키고 그것을 애호하고 존중하는 태도를 기름.
	[내용]
	고분 문화를 중심으로 취급, 야마토 조정으로 나라가 통일되어 가는 것을 이해하는 동시에, 당시 사람들의 신앙에 주목. 또 당시 조선이나 중국의 정세를 간결하게 다루며, 대륙에서 이주해 온 사람들이 일본 사회의 발전에 한 역할에 주목.
1978	〈고등학교 사회과〉 1982년(쇼와 57년) 시행 [일본사 목표] 우리 나라 역사에서 문화의 형성과 전개를 넓은 관점에서 고찰함에 따라, 역사적 사고력을 기르고, 현대 일본의 형성의 역사적 과정과 자국 문화의 특색을 파악해, 국민으로서의 자각을 깊게 함. [내용] (1) 일본 문화의 여명 (2) 대륙 문화의 섭취와 문화의 국풍화 　동아시아 문화의 영향과 국가의 형성
1989	〈소학교〉 1992년 시행 [제6학년 목표] • 국가 사회 발전에 큰 역할을 한 선인의 업적이나 뛰어난 문화유산에 대한 관심과 이해를 높이도록 하고 우리나라의 역사와 전통을 소중히 하는 심정을 기름. [내용] • 우리 나라의 역사는 야마토 조정의 국토 통일이 이뤄지면서 정치의 중심지나 세상의 모습 등에 따라 여러 시기로 나뉨을 알고 각각 시대의 역사상 주요 사상에 대해 인물의 기능, 대표적인 문화유산을 중심으로 이해할 수 있게 하고, 우리나라의 역사와 선인의 기능에 대해 관심을 높이도록 함. • 대륙 문화의 섭취와 다이카 개신, 대불 건립 등의 모습에 대해서 알아보고, 천황을 중심으로 한 정치가 확립하고 있음을 이해. • 주요 인물 소개에서 고대 관련 인물은 卑弥呼, 聖徳太子 〈중학교〉 1993년 시행 [목표]

연도	교육목표 및 주요내용
	• 넓은 시야에 서서 우리나라의 국토와 역사에 대한 이해를 높이고 공민으로서의 기초적 교양을 길러, 국제 사회에 사는 민주적 평화적인 국가 사회의 형성자로서 필요한 공민적 자질의 기초를 기름. [내용] (1) 문명의 기원과 일본 (2) 고대 국가의 행보와 동아시아의 움직임 → 고분 문화와 야마토 조정에 의해 나라의 통일을 다루며 국가의 형성 과정을 이해하는 동시에 당시 사람들의 신앙, 중국과 조선의 정세, 대륙에서 이주해 온 사람들이 일본 사회의 발전에 한 역할에 주목한다. 〈고등학교〉 1994년 시행 [지리 역사 목표] • 우리 나라 및 세계의 형성의 역사적 과정과 생활·문화의 지역적 특색에 대한 이해와 인식을 증진시키고, 국제 사회에 주체적으로 사는, 민주적이고 평화적인 국가 사회의 일원으로서 필요한 자각과 자질을 기름. [일본사 A 목표] • 우리 나라의 역사와 전개를 세계사적 관점에서 이해, 특히 근대 사회의 성립과 발전 과정을 우리 나라를 둘러싼 국제 환경 등과 연관지어 고찰함에 따라 역사적 사고력을 길러, 국민으로서의 자각과 국제 사회에 사는 일본인으로서의 자질을 기름. [내용] (1) 고대 및 중세의 일본과 아시아 → 고대 국가의 형성과 대륙 문화의 섭취 일본의 원시 사회의 추이, 대륙 문화의 섭취와 그 영향, 율령체제의 추이, 고대 문화의 성립 등에 착안해 고대 국가 형성 과정을 이해. [일본사 B 목표] • 우리 나라의 역의 전개를 세계사적 관점에서 종합적으로 이해, 우리 나라의 문화와 전통의 특색에 대한 인식을 심화시킴으로써 역사적 사고력을 길러, 국민으로서의 자각과 국제 사회에 사는 일본인으로서의 자질을 기름. [내용]

연도	교육목표 및 주요내용
	(1) 일본 문화의 여명 농경의 시작과 사회 생활의 변화 대륙 문화의 영향을 받고 농경과 금속기의 사용이 개시되었다는 점 등에 주목하고 야요이 문화의 시대의 사회 생활의 변화를 이해시킨다. (2) 고대 국가와 고대 문화의 형성 • 국가의 형성과 대륙 문화의 섭취 →고분 문화의 특색과 대륙 문화의 섭취와 일본에 정착한 사람들이 이룩한 역할 등에 착안해 일본의 국가 형성 과정을 이해.
1998	〈소학교 제6학년 목표〉 • 국가 사회 발전에 큰 역할을 한 선인의 업적이나 뛰어난 문화 유산에 대한 흥미·관심과 이해를 높이도록 하는 동시에, 우리 나라의 역사와 전통을 소중히 하는, 나라를 사랑하는 심정을 키우도록 함. [내용] • 대륙 문화의 섭취, 다이카 개신, 대불 건립의 모습 귀족들의 생활에 대해 조사, 천황을 중심으로 한 정치가 확립된 것이나 일본식 문화가 일어난 일을 안다. 〈중학교 사회과〉 [역사적 분야 목표] • 역사적 사상에 관심을 높이는, 우리 나라의 역사의 큰 흐름과 각 시대의 특색을 세계의 역사를 배경으로 납득시키고 이를 통해 우리 나라의 문화와 전통의 특색을 넓은 시야에 서서 생각하는 동시에, 우리나라의 역사에 대한 애정을 깊게, 국민으로서의 자각을 키운다. • 역사에서 볼 수 있는 국제 관계와 문화 교류의 개요를 납득시키고 우리 나라와 외국의 역사와 문화가 서로 깊이 연루되어 있는 것을 생각하고, 타민족의 문화, 생활 등에 관심을 가지고, 국제 협조의 정신을 기름. [내용] • 고대까지의 일본 →국가가 형성되는 과정의 개요를, 동아시아와의 관계, 고분의 확산,

연도	교육목표 및 주요내용
	야마토 조정에 의한 통일을 통해 이해시킨다. 그때 당시 사람들의 신앙, 대륙에서 이주해 온 사람들의 우리 사회에 한 역할을 깨닫게 함. 대륙의 문물과 제도를 적극 도입하면서 국가의 구조가 마련되고 그후 천황, 귀족의 정치가 전개되었음을 이해. 〈고등학교〉 역사지리 우리 나라 및 세계의 형성의 역사적 과정과 생활·문화의 지역적 특색에 대한 이해와 인식을 강화, 국제 사회에서 주체적으로 살아가는 민주적이고 평화적인 국가 사회의 일원으로서 필요한 자각과 자질을 기름. [일본사 A 목표] 근현대사를 중심으로 우리 나라의 역사의 전개를 세계사적 관점에서 우리나라를 둘러싼 국제 환경 등과 연관 지어 고찰함에 따라, 역사적 사고력을 기르기, 국민으로서의 자각과 국제 사회에 주체적으로 사는 일본인으로서의 자질을 기름. [일본사 B의 목표] 우리 나라 역사의 전개를 세계사적 관점에서 종합적으로 고찰하고, 우리 나라의 문화와 전통의 특색에 대한 인식을 심화시킴으로써, 역사적 사고력을 기르고, 국민으로서의 자각과 국제 사회에 주체적으로 사는 일본인으로서의 자질을 기름. [내용] • 일본 문화의 여명 자연 환경과 대륙 문화의 영향에 의한 생활의 변화에 주목하고, 구석기 문화, 조몬 문화 및 야요이 문화의 시대의 사회에 대해 이해. • 고대 국가의 형성과 동아시아 우리 나라의 국가 형성과 율령 체제의 정립 과정, 수나라·당 등 동아시아 세계와의 교류에 주목하고, 고대 국가의 전개와 고분 문화, 덴표 문화 등의 문화의 특색에 대해 이해.
2003 부분 개정	〈소학교 사회과 제6학년 목표〉 • 국가 사회 발전에 큰 역할을 한 선인의 업적이나 뛰어난 문화 유산에 대한 흥미·관심과 이해를 높이도록 하는 동시에, 우리나라의 역사와 전통을 소중히 하는, 나라를 사랑하는 심정을 키우도록 한다.

연도	교육목표 및 주요내용
	[내용] • 대륙 문화의 섭취, 다이카 개신, 대불 건립의 모습 귀족들의 생활에 대한 조사, 천황을 중심으로 한 정치가 확립된 것이나 일본식 문화가 일어난 일을 안다. 〈중학교 사회과〉 [역사적 분야 목표] • 역사적 사상에 관심을 높이는, 우리 나라의 역사의 큰 흐름과 각 시대의 특색을 세계의 역사를 배경으로 납득시키고 이를 통해 우리나라의 문화와 전통의 특색을 넓은 시야에 서서 생각하는 동시에, 우리 나라의 역사에 대한 애정을 깊게, 국민으로서의 자각을 키운다. • 국가·사회 및 문화의 발전이나 사람들의 생활 향상에 힘쓴 역사상의 인물로 현재 전하는 문화 유산을. 그 시대와 지역과의 관련에 대해 납득시키고 존중하는 태도를 기른다. • 역사에서 볼 수 있는 국제 관계와 문화 교류의 개요를 납득시키고 우리 나라와 외국의 역사와 문화가 서로 깊이 연루되어 있는 것을 생각하고, 타민족의 문화, 생활 등에 관심을 가지고, 국제 협조의 정신을 기르다. • 가까운 지역의 역사와 구체적인 사상 학습을 통해 역사에 대한 흥미나 관심을 높이는, 다양한 자료를 활용해 역사적 현상을 다면적 다각적으로 고찰하는 공정으로 판단하는 동시에 적절하게 표현하는 능력과 태도를 기른다. [내용] • (2) 고대까지의 일본 • 인류가 출현하고, 이윽고 세계의 고대 문명이 태어난 것, 또 일본 열도에서 수렵·채집을 하던 사람들의 생활이 농경의 확산과 함께 변화하고 있음을 이해시킨다. 이 국가가 형성되는 과정의 개요를, 동아시와의 관계, 고분의 확산, 야마토 조정에 의한 통일을 통해 이해시킨다. 그때 당시 사람들의 신앙, 대륙에서 이주해 온 사람들의 우리 사회에 한 역할을 깨닫게 함.
2006	〈고등학교〉 2007년 3월 개정 [일본사 A]

연도	교육목표 및 주요내용
	• 근현대사를 중심으로 우리 나라의 역사의 전개를 세계사적 관점에서 우리 나라를 둘러싼 국제 환경 등과 연관 지어 고찰함에 따라, 역사적 사고력을 기르고, 국민으로서의 자각과 국제 사회에 주체적으로 사는 일본인으로서의 자질을 기름. [일본사 B의 목표] • 우리 나라 역사의 전개를 세계사적 관점에서 종합적으로 고찰하고, 우리 나라의 문화와 전통의 특색에 대한 인식을 심화시킴으로써, 역사적 사고력을 기르고, 국민으로서의 자각과 국제 사회에 주체적으로 사는 일본인으로서의 자질을 기름. [내용] • 고대 국가의 형성과 동아시아 →우리 나라의 국가 형성과 율령 체제의 정립 과정, 수나라·당 등 동아시아 세계와의 교류에 주목하고, 고대 국가의 전개와 고분 문화, 덴표 문화 등의 문화의 특색에 대해 이해. 다 고대 국가의 추이와 사회의 변화
2007 (2008년 3월 고시)	〈소학교 사회과 제6학년 목표〉 • 국가 사회 발전에 큰 역할을 한 선인의 업적이나 뛰어난 문화 유산에 대한 흥미 관심과 이해를 높이도록 하는 동시에, 우리나라의 역사와 전통을 소중히 하는, 나라를 사랑하는 심정을 키우도록 한다. [내용] • 우리 나라 역사상 주요 사상에 대해, 인물의 기능, 대표적인 문화 유산을 중심으로 유적과 문화재, 자료 등을 활용해 조사. 역사를배우는 의미를 생각하는 동시에 자신들의 생활의 역사적 배경, 우리 나라의 역사와 선인의 기능에 대해 이해와 관심을 높이도록 한다. • 대륙 문화의 섭취. 다이카 개신, 대불 건립의 모습 귀족들의 생활에 대해 조사. 천황을 중심으로 한 정치가 확립된 것이나 일본식 문화가 일어난 일을 안다. 〈중학교 사회과〉 [역사적 분야 목표] • 역사적 사상에 관심을 높이는, 우리 나라의 역사의 큰 흐름을, 세계 역사를 배경으로, 각 시대의 특색을 바탕으로 납득시키고 이를 통해 우리 나라의 전통과 문화의 특색을 넓은 시야에 서서 생각하

연도	교육목표 및 주요내용
	는 동시에, 우리나라의 역사에 대한 애정을 깊게, 국민으로서의 자각을 키운다. • 역사에서 볼 수 있는 국제 관계와 문화 교류의 개요를 납득시키고 우리 나라와 외국의 역사와 문화가 서로 깊이 연루되어 있는 것을 생각하고, 타민족의 문화, 생활 등에 관심을 가지고, 국제 협조의 정신을 기르다. [내용] • 율령국가의 확립에 이르기까지의 과정, 섭정과 관백 정치 등을 통하여 대륙의 문물과 제도를 적극 도입하면서 국가의 구조가 마련되고 그 후, 천황이나 귀족의 정치가 전개한 것을 이해. • 불교의 전래와 그 영향. 가나 문자의 성립 등을 통하여 국제적인 요소를 가진 문화가 번성하여 나중에 문화의 국풍화가 진행된 것을 이해.
2008 (2009년 고시)	〈고등학교〉 [일본사 B 목표] • 우리 나라 역사의 전개를 여러 자료를 근거로 지리적 조건이나 세계의 역사와 관련해 종합적으로 고찰하고, 우리나라의 전통과 문화의 특색에 대한 인식을 심화시킴으로써, 역사적 사고력을 기르기, 국제 사회에서 주체적으로 사는 일본 국민으로서의 자각과 자질을 기름. [내용] • 일본 문화의 여명과 고대 국가의 형성 →구석기 문화, 조몬 문화 및 야요이 문화의 시대를 거쳐, 우리 나라에서 국가가 형성된 율령체제가 확립하는 과정, 수나라·당 등 동아시아 세계와의 관계, 고분 문화, 덴표문화에 주목하고, 고대 국가 의 형성과 전개, 문화의 특성과 그 성립 배경에 대해 고찰.

이상 표로 정리한 내용을 제2장에서 살펴본 왕인박사 관련 서술과 연관 지어 생각해 보면, 시기별 특징을 도출할 수 있다. 우선 사회과와 역사과의 교육목표 서술 양상은 전후부터 현재에 이르기까지 큰 차이를 보이지 않는

다. 민주주의, 타국 문화의 존중, 그와 동시에 자국사에 대한 애정과 국민적 자각 등의 가치가 강조되고 있음을 쉽게 알 수 있다.

고대사와 관련해서 보자면, 1950년대 해외문화수용(소학교), 대륙문물의 전래, 대륙의 영향을 받으며 나라의 문화를 발전시켜 가는 것, 대륙 문화의 섭취에 대해서는 귀화인(중학교) 등의 표현이 등장하는데, 대륙으로부터 문물을 섭취하여 일본 문화가 발달하였다는 설명은 이후에도 바뀌지 않고 있다. 다만 그 표현을 보자면, 귀화인이라는 명칭은 1970년 학습지도요령까지만 찾아볼 수 있으며, 이후에는 "대륙에서 이주해온 사람들"(중학교)로 지칭하거나, 아예 "대륙문화의 섭취"(소학교)나 "대륙의 문물과 제도를 적극도입"(중학교), "일본에 정착한 사람들" 혹은 "고대 국가의 전개"(고등학교)와 같이 조금씩 차이가 나는 것을 알 수 있다.

따라서 앞장에서 살펴본 교과서에서 '귀화인'이란 표현이 어떤 맥락에서 사용되었는지는 '학습지도요령'을 통해서도 알 수 있으며, 점차 그런 표현이 사라진 것도 '학습지도요령'과 궤를 같이함을 알 수 있다. 그리고 '대륙문화의 섭취'라는 표현은 소학교의 '학습지도요령'에서는 그대로 유지가 되지만, 중학교나 고등학교의 그것에서는 시기가 뒤로 갈수록 '대륙의 문물 전래' 보다는 그것을 '적극적'으로 도입한 야마토 조정에 중점이 두워지는 것도 알 수 있다. 이런 관점에서 보자면 동원서점(桐原書店)에서 2001년 발행한 『改訂版 日本史 B ワイド 日本の歴史』의 본문에서 "우리 나라의 고대 문화는 조선반도의 문화에 힘입은 바가 크다."(19쪽)는 서술은 일본의 '학습지도요령'이나 다른 교과서에서 찾기 어려운 예라고 할 것이다. 동시에 부상사(扶桑社)나 육붕사(育鵬社)의 교과서에 '귀화인'이란 표현이 다시 등장하는 것도 시대를 거꾸로 거슬러 올라간, 목적의식적인 용어 사용이었다고 볼 수 있을 것이다.

4. 맺음말

이상에서 1800년대 말부터 현재에 이르기까지 일본의 초중고 교과서에 왕인박사가 어떻게 서술되고 있는지 살펴보았다. 시기별 특징을 정리하면 다음과 같다.

첫째, 메이지기 교과서에는 왕인박사는 수사(秀士) 또는 학자로 칭해지며, 『논어』『천자문』을 전한 사실과 천황이 불렀다거나, 황자의 스승이 되었다는 내용을 담고 있다.

둘째, 다이쇼기 교과서에는 한반도가 일본의 '속국'이었다는 표현이 등장하며 '백제로부터 온 왕인' 혹은 '왕인이라는 학자' 등으로 일컬어지거나, 왕인 관련 서술이 보이지 않는 교과서도 등장하고, 또 박사라는 호칭보다 학자라는 표현이 더 많이 쓰이고 있다. 한편, 이 시기 조선총독부가 발행한 교과서는 일본에서 사용 중인 『심상소학국사』 또는 『심상소학일본역사』를 가르치면서 참고용으로 사용할 것을 권장하고 있으며, 그런 만큼 '왕인이라는 학자'라는 표현이 동일하게 쓰이고 있다. 특히 총독부가 편찬한 교사용 지도서에는 관련 사료인 『고사기』, 『일본서기』, 『속일본기』의 서술을 그대로 싣고 있어 더욱 상세하다.

셋째, 쇼와기에는 크게 아시아 태평양 전쟁을 조심으로 전기와 후기로 나누어 살펴보았는데, 한반도가 '속국'이란 표현이 다시 등장하고 있다. 그리고 왕인을 학자로 칭하고 있다. 이전 시기와 비교해서 천황의 공적을 중심으로 하는 서술과 크게 달라진 점은 없다. 목차를 비교해 보면, 이전 시기의 교과서가 개개 천황이 한 장으로 구성된 데 비해 '황위(皇威)의 발양(發揚)'과 같이 좀 더 포괄적으로 바뀌었고, 또 교과서 첫머리에 '신칙(神勅)'을 포함시켜 놓아 일본의 독자성과 우월성을 강조하려는 의도를 엿볼 수 있다.

또 그러나 1943년경부터 발간된 교과서의 목차는 일본사 시대구분의 초기적 형태가 보이기 시작하며, 1946년도 교과서에는 지명을 중심으로 하는 시대구분이 확연히 드러난다. 왕인박사 관련 서술은 점차 왕인의 자손이 일본에 뿌리내리는 점이 강조되며, 왕인박사를 포함해 한반도에서 건너간 사람들을 '귀화인'으로 지칭하고 있어 일본에 귀속을 강조하고 있다.

넷째, 패전 후 1950년대 이후 쇼와기의 교과서 서술을 보면, 한학(漢學) 전래의 시초로서 '박사 왕인'이라 칭하는 교과서도 보인다. 그런데 1970년대 이후의 교과서에는, 왕인박사 관련 서술이 있는 응신천황 대의 기사의 진위가 불명하다고 기술하거나, 아예 서술이 생략된 것을 확인할 수 있었다. 그러나 '귀화인' 또는 '도래인'의 역할은 중요시되며, 이 같은 명칭은 점차 '도래인'으로 정착해 간다.

다섯째, 1990년대 이후의 교과서는 앞 시기와 마찬가지로 도래인의 역할은 교과서에서 설명되고 있지만, 왕인박사 관련 서술은 본문에서 다루지 않고 각주에서 짧은 설명이 되는 등, 소략해 가는 것이 뚜렷하게 나타난다. 다만 우익 교과서로 알려져 있는 출판사의 교과서에는 귀화인이란 표현이 다시 등장하는 가운데 '한자를 전한 왕인'이란 설명이 보인다. 이 외에 본문에서 왕인박사 관련 서술이 보이는 교과서는 동원서점(桐原書店)의 교과서가 유일한데, 박사나 학자 등의 호칭은 보이지 않지만, 서문씨의 시조로 여겨지며 『논어』와 『천자문』을 전했다고 전한다고 서술되어 있다. 산천출판사(山川出版社)의 교과서는 도래인 왕인이란 표현이 보이나, 한자나 서적을 전했다는 내용은 없고 이마저 2013년 가장 최근 발행된 교과서는 각주로 처리되어 있다. 각주에서라도 백제의 왕인이 『논어』와 『천자문』을 전했다는 서술을 싣고 있는 교과서는 명성사(明星社)의 교과서이다. 또 2000년대 초등학교 교과서에는 관련 기술이 없다.

이상과 같이 왕인박사 관련 서술이 전후에 점차 소략해 가는 경향이 뚜렷하게 나타나며, 고교 교과서의 경우 출판사에 따라 조금씩 서술의 차이를 확인할 수 있다. 중학교 교과서의 서술 경향의 특징은 청수서원(清水書院)에서 2006년 발행한 교사용 지도서 『新中學校 歷史 日本の歷史と世界 改訂版 指導と硏究』의 내용을 통해 엿볼 수 있는데, 역사교육의 목표가 "우리나라의 문화와 전통의 특색을 넓은 시야에서 생각하게 함과 동시에, 우리나라 역사에 대한 애정을 깊게 하고 국민으로서 자각을 기른다."고 되어 있으며, 이를 바탕으로 고대사와 관련해서는 "2. 국가 형성과정의 흐름을 동아시아와의 관계, 고분의 확대, 야마토 조정에 의한 통일 속에서 이해. 당시 사람들의 신앙, 대륙에서 이주해온 사람들이 우리나라 사회에 다한 역할을 느끼게 한다. 3. 대륙의 문물과 제도를 적극적으로 도입하면서 국가의 들이 정비되고…"라는 관점에서 교육할 것을 제시하고 있다. 여기에서 '도래인'의 역할이 강조되는 것이며, 왕인박사 역시 그런 문맥에서 서술되는 것임을 알 수 있다. 이것은 제3장에서 살펴보았듯이 문부성의 '학습지도요령'을 통해서도 마찬가지의 사실을 확인할 수 있다.

【참고문헌】

1. 자료(발행순)

『高等小學歷史』(神谷由道, 1891년)

『日本小歷史』(天野為之, 富山房, 1893년)

『尋常中學科講義錄 第9冊日本歷史』

『小學日本歷史 三』(文部省, 三省堂書店, 1903년)

『小學日本歷史 一』(文部省, 東京書籍株式會社, 1910년)

『高等小學日本歷史 卷一』(文部省, 1911년)

『兒童用 尋常小學日本歷史 卷一』(文部省, 1912년)

『尋常小學國史 上卷』(文部省, 1920년)

『尋常小學日本歷史補充教材教授參考書 卷一』(朝鮮總督府, 1920년)

『尋常小學國史補充教材 卷一 兒童用』(朝鮮總督府, 1921년)

『新體日本歷史 第五學年用』(八代國治, 富山房, 1922년)

『高等小學國史 上卷』(文部省, 日本書籍株式會社, 1924년)

『高等小學國史 上卷』(文部省, 日本書籍株式會社, 1927년)

『尋常小學國史 上卷』(文部省, 1934년)

『尋常小學國史附圖 第六學年用』(魚澄惣五郎 편저, 福田惠一 藤田哲 편화, 天弘
    文社, 1934년)

『小學國史教師用書 上卷』(文部省, 1934년)

『小學國史 尋常科用上卷』(文部省, 日本書籍株式會社, 1940년)

『高等小學國史 上卷』(文部省, 1940년)

『くにのあゆみ 上』(文部省, 1940년)

『初等國史 第五學年』(朝鮮總督府, 1940년)

『日本の歴史 上』(文部省, 中等學校教科書株式會社, 師範學校教科書株式會社, 1946년)

『日本歴史 上』(文部省, 1946년)

『日本の歴史』(文部省, 教育圖書株式會社, 1950년)

『高等小學國史 上卷』(文部省, 東京書籍株式會社, 1952년)

『日本史史料集』(松岡久人, 東京學習出版社, 1970년)

『高等學校 新日本史』(帝國書院, 1980년)

『中學校社會 歴史』(學校圖書株式會社, 1980년)

『新日本史』(家永三郎, 三省堂, 1983년)

『改訂 中學社會 歴史』(教育出版株式會社, 1989년)

『新訂 新しい社會 歴史』(東京書籍株式會社, 1991년)

『新編 新しい社會 歴史』(東京書籍株式會社, 1997년)

『高等學校 日本史 B』(第一學習社, 2001년)

『高等學校 改訂版 新日本史』(第一學習社, 2001년)

『日本史 A』(山川出版社, 2001년)

『改訂版 高等學校 新日本史 B』(桐原書店, 2001년)

『改訂版 日本史 B ワイド 日本の歴史』(桐原書店, 2001년)

『新中學校 歴史 日本の歴史と世界』(清水書院, 2002년)

『中學社會 新しい歴史教科書』(扶桑社, 2004년)

『高等學校 最新日本史』(明星社, 2005년)

『世界史 B』(東京書籍株式會社, 2006년)

『高等學校 日本史 B』(清水書院, 2006년)

『改訂版 日本史 B』(三省堂, 2008년)

『新しい社會 6』(東京書籍株式會社, 2008년)

『中學社會 歷史 未来をみつめて』(教育出版株式會社, 2010년)

『新日本史 B』(桐原書店, 2010년)

『改訂版 常說 日本史 B』(山川出版社, 2010년)

『改訂版 詳解日本史 B』(淸水書院, 2010년)

『中學社會 新しい日本の歷史』(育鴨社, 2012년)

『日本史 B』(東京書籍株式會社, 2012년)

『社會 6』(光村園書, 2012년)

『新中學校 歷史 日本の歷史と世界』(淸水書院, 2013년)

일본 國立敎育政策硏究所 홈페이지 學習指導要領 데이터베이스
(https://www.nier.go.jp./guideline)

2. 논저

구경남, 「1950~60년대 일본 역사교육현장의 군국주의 극복 운동」, 『역사
    와 담론』 제68집, 2013.

구경남, 「1970년대 일본의 국가주의 역사교육 강화 -1969~1977년 학습
    지도요령을 중심으로-」, 『역사교육』 제127집, 2013.

김 돈, 「일본의 자국사 교육과 교육목표」, 『역사교육』 제100집, 2006.

김선희, 「근대 왕인전승의 변용양상에 관한 고찰」, 『일본문화연구』 제41집,
    2012.

김선희, 「전근대 왕인전승의 형성과 수용」, 『일본문화연구』 제39집, 2011.

쓰지모토 마사시 외, 이기원·오성철 역, 『일본교육의 사회사』, 경인문화사,
    2011.

정재정, 「일본 역사교육의 현황과 전망 -신학습지도요령(1989년 교시)을

중심으로-」, 『역사화 현실』 제8집, 1992.

【참고 사진자료】

※ 이 논문은 『왕인박사에 대한 교육의 현황과 개선방향』(전라남도·사단법인 왕인박사현창협회, 2014년 12월)에 실린 글을 수정·보완한 것임.

IV.
왕인박사에 대한
추모와 상징의 역사

제1장

왕인박사 현창사업 성과와 과제

박광순 _ 前 대한민국 학술원 회원, 전남대학교 명예교수

1. 머리말 – 왕인박사현창협회의 설립 목적과 발족 –
2. 시기별 중요 사업과 성과
3. 맺음말 – 왕인박사현창협회의 과제 –

1. 머리말 – 왕인박사현창협회의 설립 목적과 발족 –

왕인박사가 우리문헌에 처음 등장하는 것이 언제부터인지는 명확하지 않다. 다만 1471년 신숙주(申叔舟)가 찬진한 『해동제국기(海東諸國記)』에 간접적으로 등장한 이후, 17세기에 들어 많은 통신사들이 일본에 다녀온 후 남긴 기록(남용익의 『부상록(扶桑錄)』, 신유한의 『해유록(海遊錄)』, 조업의 『해사일기(海槎日記)』 등)에서 왕인박사에 관한 언급이 보이나 체계적인 기술은 보이지 않고, 대체로 일본인들이 왕인박사를 대단히 숭앙하는 인물로 존대하고 있는 정황을 전하고 있는 정도였다. 그러다가 18~9세기에 들어오면 이덕무(『청장관전서(靑莊館全書)』), 이규경(『오주연문장전산고』), 한치윤(『해동역사』)등에 의해서 백과전서적이기는 하지만 더욱 상세한 기술을 남

긴다. 19세기에 들어서면 김정희 같은 이도 그의 『완당집』에서 "일본문자의 연기(緣起)는 백제의 왕인으로부터 시작되었으며, 금석학적 관점에서 일본 족리학교(足利學所)에 보존된 고경(古經)을 보았는데 그건 왕인(王仁) 때에 얻어간 것이 분명하다."고 말하고 있다. 그 밖에도 여러 사람들이 왕인을 언급하고 있으나 대체로 전세기의 「백과전서」적인 기술과 큰 차가 없었다.

1910년에 이르기까지 우리 쪽에서는 일본문화의 기원이 한반도에서 기원함을 역설하면서 왕인이 일본문학 내지 학문의 시조임을 강조하고 있는 반면, 일본 쪽에서는 대한제국과 일본 양 황실이 일가가 같으며, 뜰에서 본 매화가 옛날 왕인이 일본 황자를 가르치며 읊었던 꽃이라(1908년 4월 25일, 영친왕의 일본방문에 따른 「헌시」)추기면서 한일 양국의 강제 병합에 왕인을 이용하기 시작한다. 이러한 일본 측의 태도는 중일전쟁이 본격화되면서 내선일체론(內鮮一體論)으로 치달아 왕인을 내선일체의 표증으로 활용하기 시작한다. 그 선봉에 선 것이 영산포 동본원사 주지 아오키 게이쇼[青木惠昇]였다. 그는 영암분원의 신도들을 통해 전해들은 구림의 왕인박사 전승을 악용하려 든 것이다. 결국 그의 꿈은 중도에 스스로 사그라들었지만, 그 피해는 지금까지도 남아 왕인박사의 진실을 구명(究明)하는 데 커다란 장애물이 되어왔음은 왕인박사에 조금이라도 관심이 있는 분이라면 누구나 절감하고 있으리라 생각한다.

그러나 해방(독립) 후에는 그러한 정치적 목적에서 벗어나, 우리 민족, 우리 고장의 정체성을 밝히기 위하여 제 고장의 역사적인 인물 찾기, 다시 말하면 향토사 연구가들에 의하여 각 고장에 전해오는 유적이나 유물, 혹은 옛날부터 전승되어온 구비를 전거로 해서, 지금껏 묻혀 있던 자랑스런 인물들을 찾아 연구하는 기풍이 일기 시작하였는데, 왕인박사 연구도 그 일환이라 생각한다. 중앙의 학계에선 고대사의 복원 차원에서 고대사 연구가들에 의하여 왕인박사가 연구되기 시작하였다. 특히 해방과 독립, 그리고 한일 국교정상화 과정에선 일본의 고대 국가형성 과정에서 왕인박사를 비롯한 도왜인(渡倭人, 渡來人)들의 노고와 업적을 내세우기 위한 작업의 일환으로 왕인박사에 대한 진실의 구명과 그렇게 구명된 진실의 바탕 위에서 왕인박사를 추념하자는 뜻으로 「왕인박사현창협회」가 구성된 것으로 생각한다.

「(사)왕인박사현창협회」의 창립에는 두 단체가 산판역을 하였는데, 지방에서는 구림고적보존협회[鳩林古蹟保存協會, 대표: 박찬우(朴燦宇)],[1] 중앙에선 「한국문화재보호협회[韓國文化財保護協會, 회장 이선근(李瑄根)]」가 선도적인 역할을 한 것으로 듣고 있다. 이분들이 1973년 8월 5일, 각계의 전문가로 구성된 왕인유적조사단을 구성하여 영암군 군서면 구림리 일원을 조사한 뒤 「왕인박사현창협회」 설립 발기인회를 개최하게 되었는데, 이 모임이 왕인박사현창협회의 모태라 할 수 있다.

이들은 1973년 10월 3일, 광주에서 "왕인박사의 위업을 바르게 인식시켜 내외에 선양함과 동시에 올바른 한일관계의 확립과 한일 양국의 참된 우호증진에 도움이 될 기념사업에 일역을 담당할 것"을 목적으로 「왕인박사현창협회(王仁博士顯彰協會)」를 설립하고, 주요사업으로 ① 왕인박사유적에 관한 내외 자료수집, ② 왕인박사 유적의 조사보존을 위한 정화사업 및 묘역(廟域)의 정비와 사당 건립사업 등을 결정한 뒤, 고문으로 이은상(李殷

---

1) 구림고적보존회 박찬우 회장은 1973년 3월 18일, 왕인박사의 유적지로 전해오는 영암 구림의 왕인박사유적지를 정립하기 위하여, 필요한 문헌과 구비전승 등 학술 자료를 학계에 제공하고 아울러 유적의 고증과 영구보존책을 한국문화재보호협회(회장 이선근)에 의뢰하였다(전석홍, 『왕인박사유적지정화와 왕인박사현창협회』, 왕인박사현창협회, 2022, 14쪽 참조—편집자).

相), 박철웅(朴哲雄), 회장에 이선근(李瑄根), 이사장에 김신근(金信謹), 왕인 연구소장에 김창수[金昌洙, 1978.8 이을호(李乙浩) 박사로 교체], 전무이사에 박찬우(朴燦宇), 이사 유홍렬(柳洪烈), 류승국(柳承國), 박남순(朴南淳), 손성남(孫聖楠), 최영철(崔永哲), 임해림(林海琳), 감사 최종욱(崔鍾旭), 김영원(金永元) 등을 선출함으로써 현창협회가 정식으로 발족하게 된 것이다. 사무소는 서울특별시 중구 회현동 1가 303번지(제일빌딩 505호)에 개설하고 (그 후 을지로, 아현동 등으로 이전), 같은 달 25일에는 전남 영암군 군서면 동구림리 97번지에 지부를 개설, 업무를 개시한다.

2022년은 그로부터 49주년이 되는 해이다. 길다면 긴 시간이 흐른 셈이다. 다시 말하면 그간의 활동사항을 스스로 점검해 볼 필요가 절실한 시간이 흐른 셈이다. 이와 같은 생각으로 필자는 지난 세월을 각 회장의 재임 기간을 기준으로 5기로 나누어 그간의 중요사업과 성과를 회고한 다음, 이제부터 우리가 해야 할 과제가 무엇인지를 살펴보고자 한다.

2. 시기별 중요 사업과 성과

1) 제1기(1973~1985), 「협회」의 설립과 중요 사업

제1기는 위의 임원 구성에서 보는 바와 같이 이선근 박사를 비롯한 중앙의 학자들이 주도한 기간이다. 이 기간 중에 시행한 중요 사업으로는 성기동 왕인박사 탄생지의 정화와 「유허비」 건립을 비롯하여 진입로의 개설·확장·정비 및 유적지의 조사사업 등을 들 수 있다. 굳이 제일 중요한 사업을 든다면 왕인박사유적지 임야 2만 7천여 평을 매입하여 영암군에 기증함으로써(1974년 7월 5일), 그 후 묘역(廟域) 정비사업의 토대를 마련한 일과 조사연구사업을 적극적으로 전개하여 그 결과를 바탕으로 왕인박사 유적을 '전라남도 지방기념물(사적) 제20호'(1976년 9월 30일)로 지정받아[2] 그곳에 '왕인박사유허비'를 건립한 일이라 할 것이다(1976.11.11. 제막식).[3] 그 조사사업의 결과는 『왕인박사 유적지 종합조사보고서』(1974)로 간행되었다. 한편 같은 해 10월 5일에는 「왕인의 노래」(작사 이은상, 작곡 김동진)가 만들어졌다.[4]

2) 제2기(1985~1998)의 발족과 중요 사업

(1) 제2기 '현창협회'의 발족

1986년 7월 5일, 임원을 개편하여, 고문에 이숭녕(李崇寧, 백제문화연구소장), 이환의(李桓儀, 전 문화방송사장), 전석홍(全錫洪, 전라남도지사), 회장 민준식(閔俊植) 박사(前 전남대 총장), 이사장 신태호(申泰浩, 광주상공회의소 회장), 왕인문화연구소장 이을호(李乙浩) 박사, 이사 김신근(金信謹), 박찬우(朴燦宇), 임광행(林廣行), 김제권(金濟權), 최재율(崔在律), 박광순(朴光淳), 최승호(崔昇鎬), 감사 박찬일(朴燦一), 최재우(崔在于) 씨 등으로 구성된 제2기 사단법인 왕인박사현창협회가 발족한다. 임원 구성의 특징은 전남 지방

---

2) 왕인박사유적지가 전라남도 지방문화재(사적 제20호)로 지정받은 과정에 대해서는 전석홍, 『왕인박사유적지정화와 왕인박사현창협회』, 28~30쪽 참조(편집자).

3) '백제 왕인박사 유허비(百濟王仁博士遺墟碑)' 건립에 대해서는 전석홍, 『왕인박사유적지정화와 왕인박사현창협회』, 31~36쪽 참조(편집자).

4) '왕인의 노래' 제작에 대해서는 전석홍, 『왕인박사유적지정화와 왕인박사현창협회』, 37쪽 참조(편집자).

인사들로 구성되었다는 점을 들 수 있는 데, 이는 왕인박사유적지가 전라남도의 '지방기념물'로 지정된 사실과 무관하지 않다고 생각한다. 이러한 경향은 그 후에도 계속되어 오늘에 이르고 있다.

(2) 「왕인박사 도일 경로 릴레이」사업

이 기간 중에 시행된 중요 사업을 한마디로 줄이면 왕인묘(王仁廟, 사당)를 비롯한 묘역이 정비되고 거기에 사당을 비롯, 백제문(百濟門), 학이문(學而門), 강당(講堂) 등이 신축(준공식 1987. 9. 26.)되고, 문산재(文山齋), 양사재(養士齋) 및 성천(聖泉) 등이 복원됨으로써 비로소 월출산 문필봉 아래 성기동이 왕인박사의 유허지로서 영암군민의 아이덴티티를 확인하는 성역의 모습을 갖추었을 뿐 아니라, 한일교류의 교두보가 되었다.[5]

한일교류의 교두보가 되었음을 말해주는 사실 몇 가지만을 들어 보자. 첫째로는 「大阪興銀 王仁博士渡日經路 릴레이 팀」이 1985년 9월 11일, 이제 갓 공사를 시작한 성기동의 공사장에서 백제 의상으로 단장한 제1진 50여 명의 릴레이 팀과 구립고등학교 왕인클럽 학생 30여 명이 하얀 모시옷에 흰 모자를 쓰고 백의민족의 얼을 보여주는 한편, 1천여 명의 현지 주민들이 참가하여 성황리에 발대식을 가진 일이라 하겠다. 이 자리에서 김옥현(金沃炫) 영암군수는 붉은 보자기에 『논어(論語)』와 『천자문(千字文)』을 싸서, 왕인박사로 분장한 김중근(金重根, 교포, 67세, 최고령자) 씨에게 전하여 참관

---

5) 왕인박사현창협회는 자체 자금을 마련하여 1974년 7월 5일 왕인박사 유적지 임야 2만 7천 평을 매입하여 영암군에 기증하였다. 이것이 왕인묘역(王仁廟域) 정비사업을 추진하는 데 토대가 되었음은 더 말할 나위가 없다(전석홍, 『왕인박사유적지정화와 왕인박사현창협회』, 38쪽—편집자).

자들로 하여금 감회를 새롭게 하는 한편, 한일 간 우호증진의 필요성을 재인식하게 하였다.

다음에는 이 릴레이에 대해서 잠깐 부연해 보고자 한다. 우리 교포들이 다수 거주하는 오사카[大阪]에는 「오사카흥은[大阪興銀]」[이사장 이희건(李熙健), 신한은행의 모체]이 설립되어 교민들의 금융거래를 지원하고 있었는데, 그 해(1985)가 바로 창립 30주년이 되는 해였다. 30주년을 기념하여 무엇인가 뜻있는 행사를 거행해야 하지 않겠느냐는 생각으로 고안해 낸 사업이 바로 「王仁博士 渡日 經路 徒步 릴레이」였다. 다시 말하면 20명 내외가 한 팀을 이루어 박사의 탄생지로 추정되는 전라남도 영암군 성기동을 출발해서 박사의 묘가 있는 오사카[大阪] 히라카타시[枚方市]까지, 장장 1,000㎞(한국 400㎞, 일본 600㎞)를 54일 동안 몸소 걸으면서 자신의 정체성을 찾아보자는 것이 이 행사의 본래 취지였다. 「재일조선인(在日朝鮮人)」(줄여서 '在日'=자이니찌)은 일본인도 아니고, 그렇다고 외국인도 아닌 제3국인이라는 대단히 모호한 신분으로 살아가고 있는 게 현실이다. 따라서 그들에게는 자신들의 아이덴티티(정체성, 뿌리)를 찾는 일만큼 주요한 일은 없다. 이 행사에 참여하는 교포들은 그러한 크고 심각한 인생의 과제를 풀어주는 데는 1,600년 전 왕인박사가 걸었던 길을 몸소 걸으면서 스스로 찾아보자는 결의를 안고 온 분들이었다.

이 행사의 주역은 이정상[李政商, 「흥은」 전무이사, 완도(莞島) 출신], 이승재(李勝載, 「흥은(興銀)」 상무이사, 39세, 이희건 이사장의 장남) 등이었다. 그런데 이들은 부여(扶餘)를 왕인박사의 탄생지로 잘못 알고, 릴레이 팀의 출발지로 부여를 상정하고 있었던 모양이다. 그런데 세상사란 우연이 만들어주는 사례가 적지 않다. 이 경우도 그 사례의 하나라 할 것이다. 그 얘기를 잠깐 덧붙여보자.

그 무렵 필자는 도쿄[東京]에서 학회 관계 일을 마치고 귀로에 오사카[大阪]의 친지들을 잠시 만나고 귀국할 예정으로 오사카[大阪]에 들렀다가, 당시 「흥은(興銀)」의 이사(주주?)로 계시던 안덕태(安德太) 사장[현 오사카[大阪] 전라북도(全羅北道) 도민회장(道民會長)]으로부터 그 소식을 듣고 귀국 일정을 하루 늦추고 「흥은(興銀)」을 방문, "왕인박사의 탄생지는 영암이요, 현재 그곳에 성역화사업이 진행 중이다"고 말하면서, "만일 「흥은(興銀)」이 영암을 제쳐두고 부여를 출발지로 정한다면 웃음거리가 될 수 있다"는 점을 역설하여, 출발지를 영암으로 변경케 한 적이 있었다. 지금도 이따금 그때 내가 만일 오사카[大阪]에 들리지 않았더라면? 만일 안(安)사장을 만나지 않았더라면? 「흥은(興銀)」이나 영암의 입장이 어떻게 되었을까를 생각하며, '우연'이라는 단어가 괜히 생긴 것이 아니라고 생각하며 혼자서 웃음을 짓곤 한다.

1985년 9월 11일, 성기동에서 발대식을 갖고 출정하기에 앞서 전날(9월 10일) 저녁에는 전석홍(全錫洪) 전라남도지사가 초청한 300여 명의 내외 귀빈들이 광주의 신양파크 호텔 대연회장에 모여 왕인박사의 위업을 기리며, 이 행사가 성공리에 마치기를 기원하였다. 다음 날 아침 8시, 백제 의상으로 차려입은 참가자(제1진 외 87명)들이 전남도청 앞 광장으로부터 누문동 삼거리까지 퍼레이드를 벌렸는데 연도에는 많은 시민들이 나와 박수로 환영해주어 참으로 즐겁고 감격스러운 광경이었다.

당시만 하더라도 이와 같은 행사는 처음이라서 우리 도민들에게도 왕인박사를 인식케 하는 좋은 계기가 되었을 것으로 믿는다. 한편 일본 측에서도 이 행사를 취재키 위하여 일본의 NHK를 비롯한 20여 명의 취재진들이 동행하면서 계속 취재하여, 행사가 종료된 다음, 11월 14일에는 45분짜리 특집프로를 방영하기도 하였다. 그들의 노고로 교포들은 물론, 일본인들에게도 '일본(日本)'이라는 나라의 건국에 왕인박사를 비롯한 도래인들의 노고와 업적이 절대적이었음을 재인식하게 하여 올바른 도래인관(渡來人觀)의 확립과 한일 친선교류 증진에 도움이 되었으리라 믿는다.

여기에서 한 가지 사족을 붙인다면 당시 전라남도 지사로 재직하면서 우리 현창협회의 고문을 맡고 있던 전석홍(全錫洪) 지사의 물심양면에 걸친 전폭적인 지원이라 할 것이다. 필자가 1백여 명에 가까운 대부대를 광주로 초치(招致)할 수 있었던 것도 모두 그분의 지원을 믿고 있었기 때문이다. 2006년 이후 전(前) 전석홍(全錫洪) 지사(知事)는 (사)왕인박사현창협회 회장으로 취임하여 지금까지 고대 영산강유역의 문화유적발굴과 왕인박사탄생지의 고증사업 및 한일교류증진사업 등, 왕인박사의 현창사업에 시종여일 헌신적인 노력을 아끼지 않고 있다.

(3) 제2기에 이루어진 중요 사업

이 시기에 이루어진 가장 중요한 사업은 크게 네 가지를 들 수 있는데, 그 하나는 왕인묘(王仁廟, 사당)를 비롯한 삼문(三門), 그리고 그 주변을 정비함과 동시에 접근로를 확포장함으로써 누구나 사당에 쉽게 접근할 수 있게 되어, 비로소 왕인박사를 추모하고 경배할 수 있는 공간이 마련되었다는 점이라 할 것이다. 아울러 왕인박사의 수학 시절을 말해주는 문산재(文山齊)와 양사재(養士齊)를 재건하고, 책굴과 지점바위 등, 구림에 계승되어오는 오랜 학풍을 느낄 수 있게 하는 유적들을 정비·수축한 일도 이 기간에 이루어졌다. 한편 이 기간에 일본의 「왕인회(王仁會)」, 「왕인(王仁)로타리클럽」을 비롯한 여러 단체들이 왕인묘(王仁廟)의 환경정비에 물심양면의 지원을 아끼지 않음으로써 한일 간의 우호증진은 물론, 해방 후, 일본 측에서도 왕인연구에 관심을 보인 점은 주목할 만한 사실이라 할 것이다. 두 번째 중요 사업은 왕인박사의 영정이 제작되어 1987년 9월 20일, 위 패와 함께 사당에 모셔진 점이라 하겠다. 세 번째 중요 사업은 (사)왕인박사현창협회의 기관지라 할 수 있는 『성기동(聖基洞)』이 1986년 10월 10일에 창간되어, 협회의 활동 상황과 소식을 널리 알림과 동시에, 전라남도 및 영암군이 시행하고 있는 왕인축제 등 고향의 소식을 출향인사들에게 알림으로써, 영암사람이라는 정체성을 굳히고 고향사랑을 고취하는 데 크게 기여하고 있는 점이라 하겠다. 넷째로 왕인문화연구소와 전라남도 및 영암군의 협조를 얻어 영암지역에 남아 있는 왕인유적의 실태를 조사하여 『영암왕인유적(靈岩王仁遺跡)의 현황(現況)』으로 묶어 간행한 일도 중요 사업의 하나라 할 것이다.

3) 제3~4기의 발족과 중요 사업

(1) 제3~4기의 발족

제3기와 제4기를 함께 묶어 다루는 것은 제4기의 자료가 임원 명단 외에는 거의 없어 독립된 항으로 다루기 어려울 뿐 아니라, 사업의 대부분이 3~4기에 걸쳐 이루어졌기 때문이다. 제2기의 임원들이 와병으로 물러난 후 1998년 4월에 임원을 개편하여 회장에 정영호 박사, 이사장에 박찬우 전무이사가 선출되고 이사 8명이 선출되었다는 기록은 있으나, 그 후의 활동 상황에 관한 자료는 유감스럽게도 찾을 수 없다. 당시 수고하신 분들의 기억에 의존할 수밖에 없으나, 그분들도 현재로는 거의 고인이 되었기 때문이다. 그러다가 2002년 4월에 임원을 개편하여 회장에 박찬우, 이사장에 전석홍, 그 밖에 이사(7명) 및 감사(2명)가 선출되어 제4기 현창협회의 진용은 갖추어졌지만, 역시 활동 사항에 관한 자료는 찾기 힘들다. 박찬우 회장이 불의의 사고로 오래도록 와병 중에 계신 것이 중요한 이유가 아닌가 한다.

(2) 제3~4기에 이루어진 중요 사업

협창협회의 활동은 부진하였으나 행정당국이 주도하는 시설사업은 괄목한 사업들이 이루어졌다. 이 시기에 이루어진 중요 사업을 열거하면, 묘역(廟域)으로 올라가는 도로 우편(남쪽)에 「왕인공원」(2,274㎡ = 668평)을 조성하여 군민들의 휴식 공간과 축제 공간을 마련하는 한편, 영월관(靈月館), 왕인박사동상(王仁博士銅像), 천인천자문탑(千人千字文塔) 및 수석관, 연못과 분수대 등, 12동을 건립·조성한 일을 들 수 있을 것 같다. 영월관 (2004.3.31.준공)은 유적지 홍보관으로서 1층에 왕인박사의 도일에 관한 자료를 전시하고, 2층에는 소강당을 마련하여 학술발표회 등 집회 공간을 마련했다. 그러나 이 기간 중에 건조한 조형물 중에 사람들의 눈길을 모으는 조형물은 영원관 왼편(동북쪽)에 세워진 「천인천자문탑」(2008.4.5. 준공)이라 하겠다. 그런데 이 탑에 새겨진 「천자문」은 6세기 초에 주흥사(周興嗣)가 차운(次韻)한 '천지현황(天地玄黃)'으로 시작되는 천자문'이어서, 5세기 초(405년)에 왕인박사가 『논어』 10권과 함께 『천자문』 1권을 일본에 전수하였다는 일본 정사(正史)들의 기록과 시기적으로 맞지 않아, 그렇지 않아도 왕인박사의 실존 자체를 부인하는 일부의 논자들에게 좋은 빌미를 스스로 제공하는, 커다란 우(愚)를 범하고 만 것이다. 이 문제는 제5기에 들어 2016년 6월 7일, 저간의 사실을 구명(究明)하여 위(魏)나라의 태위(太衛)요 유명한 서예가였던 종요(鍾繇)가 찬(撰)한 천자문비(二儀日月로 시작)를 그 옆에 세우고, 거기에 저간의 사실을 설명함으로써 바로잡게 된 것은 다행이라 할 것이다.

또한 이 기간 중에 왕인공원 안에 두 가지의 조형물이 만들어졌는데, 그 하나는 「신선태극정원(神仙太極庭苑)」이요, 다른 하나는 「가교(架橋)」의 노래비이다. 전자는 하라타 에이신[原田榮進] 씨가 일본정원의 기원은 왕인박사로부터 시원(始原)한다고 해서 일본으로부터 그 원형의 미니어처를 가지고 와서 재현시켜 놓은 것이며, 후자는 일본 교토 출신의 작곡가요 작사자인 와타나베 케이스케[渡辺敬介] 씨가 그 무렵 월출산 산장에 머물면서 초봄의 구림 일대를 바라보면서 작사 작곡한 노래비를 자비를 들여 건립한 것이다. 와타나베 씨는 영암 출신인 교포 가수(김정미)로 하여금 노래를 부르게 일본의 가라오케 챠트에 올려 보급시킴은 물론, 왕인축제에도 두 차례나 참석, 스스로 노래를 부르며 자신이 한일교류의 가교가 되겠다는 의지를 보이기도 하였으나, 지금은 고인이 되어 불귀의 객이 되었으니 아쉬운 마음 그지없다. 그저 명복을 빌 따름이다.

이 기간 중에 이루어진 연구 활동으로는 「현창협회」와는 별도로 「왕인박사 탄생지 정립 추진위원회」를 구성하여 일본을 포함한 현지의 유적답사와 그 결과를 바탕으로 영암읍 체육관 안의 대강당에서 학술대회를 개최(1996.4)하였는데, 당시 기조 발표에 나선 황수영(黃壽永) 박사는 "고대 한국에서 있었던 어떤 사실에 관한 자료가 한국에 당장 없다고 해서 그 사실 자체가 없었던 일이라고 단정할 수는 없는 것이라며, 자신이 해방 직후 홍사준 부여박물관장과 함께 부소산 아래 돌무더기 속에서 사택지적(砂宅智積)에 관한 단비(斷碑, 깨어진 비석의 조각)를 찾았을 때의 사례를 들어, 왕인박사의 기록이 국내에 지금 당장 없다고 해서 일본의 정사에 나와 있는 사실을 없었던 허구로 단정해버려서는 아니 될 것임"을 자신의 경험담을 통해 경고와 함께 격려해주었다.

4) 제5기(2007~) 현창협회의 발족과 중요 사업

(1) 제5기 현창협회의 발족

왕인박사현창협회 창립 이래 전무이사, 이사장, 회장직 등을 두루 맡아 현창협회의 발전과 유적지의 국가사적지화에 혼신의 힘을 다해오던 박찬우 회장이 2006년 10월 21일 타계하자 「현창협회」는 한동안 휴면(?)상태에 놓이게 된다. 그러나 이와 같은 상황이 언제까지고 계속되어서는 아니 되겠다는 뜻이 모여, 2007년 3월 31일 총회를 개최하여 정관의 일부를 개정(중요 개정사항: 회장과 이사장으로 이원화되어 있던 지도부를 회장으로 일원화)함과 동시에 전석홍 前 고문을 회장으로 선출하고, 이사와 감사를 새로이 선출함으로써 제5기 현창협회(2007.3.31.~)가 발족하게 된다. 전(全) 회장(會長)은 (사)왕인박사현창협회를 실질적으로 창립했고 이끌어 왔기 때문에 기업에 비유한다면 창업주라고도 할 수 있다. 따라서 「현창협회」는 이제야 비로소 제 주인(?)을 만난 셈이다.

(2) 제5기의 중요 사업

제5기 현창협회가 발족한 지 2022년으로 만15년을 맞았다. 그간에 많은 사업이 이루어졌으나, 특히 시설사업보다는 연구사업이 활발하게 전개되어 많은 성과를 거두고 있는 중이다. 따라서 이 항에서는 위에서 간과해 온 연구사업을 중점적으로 살펴보고자 한다. 그러나 시설사업을 빠트릴 수는 없는 일이므로 그간에 이루어진 시설사업 중 두 가지만 든다면, 첫째는 상대포(上台浦)를 복원·확장하여 옛 포구의 모습을 재현코자 노력하면서 동시에 역사공원화(歷史公園化; 부지 면적=82500㎡=24,956평)를 실현하여 방문객들이 뱃놀이를 즐길 수 있게 되었다는 점이요, 다른 하나는 「종요

(鍾綵)의 천자문탑(千字文塔)」을 「영월관」 동편에 건립(2016)하여 천자문에 관한 시비(?)를 없앤 점이라 하겠다. 여기에 한 가지를 덧붙인다면, 그간 고증 문제로 시비가 많았던 「왕인박사동상」을 재건립토록 건의하여 현재 영암군에서는 각계의 전문가로 구성된 연구팀을 구성, 사실(史實)에 충실하면서도 누구에게나 친밀감을 주는 동상(좌상)을 만들기 위하여 협의 중에 있는 것으로 듣고 있다.

(3) 제5기에 이루어진 연구사업

가. 『성기동聖基洞』의 복간

1986년 10월 10일에 창간된 『성기동』은 창간호를 내놓은 뒤 13년 가까이 휴간 상태에 있었다. 그간의 「현창협회」의 관심이 우선 기본적인 시설의 조성에 기운 나머지 연구나 홍보에는 관심을 기울이지 못했던 결과가 아니었던가 생각한다. 그러나 10여 년의 긴 휴면 상태에서 깨어나 마침내 2009년 10월 5일, 『성기동』 제2호가 발행되었고, 그것이 이어져 금년에는 제10호가 발간되어 협회의 소식은 물론 연구 활동에서 이루어진 성과(논문, 조사자료 등)를 쌓아가고 있다.

새로이 발간된 『성기동』 제2호는 협회지로서의 구실은 물론, 「특집」으로 「영산강변의 포구에 관한 이야기」(집필자 8명), 「논단」으로는 박광순(「문답으로 풀어 본 왕인박사」), 임영진(「고고학으로 본 왕인박사문제」), 강봉룡(「영암 구림마을의 옛 국제포구 상대포」), 정성일(「표류사를 통해서 본 영암」) 교수의 논문을 실었고, 박창재(「아버지와 왕인박사현창사업」), 하정웅(「망향의 여행」), 최기욱(「왕인학당의 단상」), 강학용(「왕인박사유적지의 어제와 오늘」), 김희태(「왕인백제문 상량문」) 등, 고향을 그리는 망향의 글을 싣는 한편, 우리나라는 물론 일본에 남아 있는 왕인박사 관련 단행본과 논문 등을 모아 「왕인박사 관련 연구자료 목록」을 작성하여 후학들을 위한 연구자료집의 구실을 이어가도록 초석을 놓았다.

제3호(2010년), 제4호(2011년), 제5호(2012년), 제6호(2013년), 제7호(2014년), 제8호(2015년), 제9호(2016년), 제10호(2017년 예정)로, 매년 1회, 결본 없이 간행되고 있는 게 자랑이라 할 수 있을 것이다.[6]

나. 단행본 및 연구보고서의 발행

〈단행본〉

① 왕인문화연구소 편, 『왕인 그 자취와 업적』, (사)왕인박사현창협회·영암군, 2008.

② 王仁文化硏究所 編, 朴光淳·鄭成一 譯, 『王仁 そのなごりと業績』, ㈳ 王仁博士顯彰協會·靈巖郡, 2008.

③ 박광순·정성일, 『왕인과 천자문』, (사)왕인박사현창협회·영암군(日本語版 合本), 2008.

④ 박광순·임영진·정성일 편저, 『王仁博士 硏究』, 주류성, 2012.

⑤ 박광순 편저, 『聖基洞斷想』, (사)왕인박사현창협회, 2013.[7]

---

6) 『성기동(聖基洞)』은 2022년 현재 제15호까지 간행함(편집자).

7) 2022년에 전석홍, 『왕인박사유적지정화와 왕인박사현창협회』(왕인박사현창협회)와 『왕인박사연구』(주류성출판사)를 간행함(편집자).

〈연구보고서〉

① 임영진·武末純一·강봉룡·박광순·형광석·정성일, 『고대 영상강유역과 일본의 문물교류』, 전라남도·(사)왕인박사현창협회, 2008.

② 박광순·김정호·임영진·강봉룡·정성일·형광석, 『동아시아의 고대 포구와 상대포』, (사)왕인박사현창협회·영암군, 2009.

③ 박광순·김정호·임영진·형광석·정성일, 『고대 서남해안~일본 간의 항로와 왕인의 뱃길 연구』, 전라남도·(사)왕인박사현창협회, 2010.

④ 전라남도·(사)왕인박사현창협회 편, 『호남인이 일본 고대 국가 형성에 끼친 영향에 관한 연구』, 2014.

⑤ 박광순·박남수·나행주·김성희·임영진·정성일, 『왕인박사에 대한 교육의 현황과 개선방향』, (사)왕인박사현창협회, 2014.

⑥ 왕인문화연구소 편, 『고대 전남지역 토기제작 기술의 일본파급 연구』, (사)왕인박사현창협회, 2016.

⑦ 왕인문화연구소 편, 『4~5세기 동북아시아의 국제정세와 왕인박사』, (사)왕인박사현창협회, 2016.[8]

---

8) 그 뒤 2017년에 『왕인박사 현창사업의 현황과 과제』, 『월출산과 왕인박사』, 『문답으로 풀어 본 왕인박사』, 2018년 『고대 호남-규슈지역의 교류와 왕인박사』, 2019년 『조선환여승람과 왕인박사』, 2020년 『영암 마한고분의 조사성과와 활용방안』, 2021년 『왕인박사 영암 출생설의 배경』, 2022년 『삼한과 삼국의 문자 관련 고고 자료』(이상 왕인문화연구소 편)를 간행함(편집자).

(4) 제5기의 주요성과

이상의 연구 활동들을 통해 이룩한 성과는 크게 두 가지로 요약할 수 있다고 생각한다. 그 하나는 왕인박사를 리더로 하는 영상강유역의 도래인들이 일본의 고대 국가[가와치정권(河內政權)] 형성에 중요한 역할을 하였음을, 현지에 남아 있는 유적·유물(특히 토기)과 그러한 유물들을 전문적으로 다루어 온 고고학자(예컨대 近つ飛鳥博物館長을 역임한 白石太一郎)들은 물론, 문헌사학자(예를 들면 關東學院大學의 田中史生 교수 등)들도 명시적으로 말하고 있음을 밝혀낸 사실을 들 수 있는데, 그 요지는 그러한 역할을 한 도래인의 원 고향[本鄕]이 영산강유역, 현 전라남도라는 점을 명시적으로 밝힌 점이요, 다른 하나는 왕인박사의 도일 항로는 거제도(知世浦)-쓰시마[對馬島]-가라쓰[唐津]-하카다[博多]에 이르는 항로가 아니요, 여수열도의 동남단[연도(鳶島)·안도(安島)]-고토열도[五島列島]-아리아케해[有明海]-간자키[神埼市·요시노가리[吉野ケ里] 역사공원]에 이르는 항로였을 것이라는 우리의 추정이 틀리지 않았다는 사실이, 기착지로 추정하는 간자키시에서 2012년 11월 4일, '왕인박사 상륙 전승지'라 새긴 비(王仁博士上陸傳承之地碑)를 '왕인신사' 문주 앞에다 세움으로써 더욱 확실해지고 있는 점이라 하겠다.

3. 맺음말 - 왕인박사현창협회의 과제 -

1) 시설사업

① 왕인역사자료관(박물관)의 건립과 연구소의 상근 학예사(學藝士)를

배치하여 연구의 연속성과 자료의 체계적인 집적을 기할 것

② 자료관에는 왕인박사의 일생을 요약한 간단한(약 10분) 영상물을 상영할 수 있는 공간을 마련할 것

③ 왕인동상을 다시 건립하여 학생들은 물론, 내방객들이 더욱 친근감을 가지고 접근토록 유도할 것

2) 연구사업

첫째, 지금까지의 연구 활동을 기반으로 이제부터는 좀 더 집중적인 연구와 자료발굴에 총력을 기울이는 일이다. 이를 위해서 앞에서도 잠깐 얘기한 바 있는 황수영(黃壽永) 박사의 경험담을 다시 한번 인용하고 이 글을 마무리하고자 한다. "일본 정사(正史)인 『고사기(古事記)』와 『일본서기(日本書紀)』의 기록을 통해서 우리의 백제단비(百濟斷碑)에서 겨우 그 이름을 고국(故國)에 남길 수 있었던 사택지적(砂宅智積)이 결코 허구의 인물이 아니요, 일본의 사서에 두 차례나 등장하는, 의자왕대의 중요 인물이었을 것임을 확인할 수 있었듯이, 왕인(王仁)도 백제사에 그 이름이 마땅히 기록되고도 남음이 있었던 중요 인물이었을 것임을 깨달아야 할 것이다."(황수영, 「백제의 학술과 예술」, 靈巖郡·王仁博士誕生址定立推進委員會, 1996).

왕인박사가 영산강유역, 즉 전남 출신이라는 사실은 한일 양국에서 발굴된 자료와 연구자료에 의해 확인되었다고 생각한다. 이제부터는 영산강유역의 영암 출신이라는 사실을 고증하는 데 총력을 기울여야 할 것이다.

둘째, 본래 "역사연구(歷史硏究)는 노고(勞苦)는 많고 공(功)은 적은 학문"임을 왕인박사현창사업에 관계하는 이들은 물론, 우리 국민 모두가 깨달아, 왕인박사 현창사업이 끈질기게 계속되도록 성원이 있기를 바란다. 왕인박사연구는 이제부터 본격적으로 시작되었다고 해도 과언이 아니다. 그

러한 연구가 도로(徒勞)에 그치지 않기 위해서는 예산 제도 상의 어려움이 없지 않겠으나, 모든 연구 과제를 일률적으로 1년에 끝내버리는 일은 재고되어야 할 것이다. 그것은 스스로 예산의 낭비와 부실한 성과를 만들어내는 일이 되기 때문이다. 산(山)을 옮긴 우공(寓公)의 이야기는 바로 우리에게 남겨준 교훈이 아닐까?

【참고문헌】

柳承國, 「백제박사 왕인의 도동(渡東)에 관한 문헌적 고증과 그 의의」, 『대한
　　민국 학술원 논문집』(인문 사회과학편), 제50집 1호, 2011.

李丙燾, 『한국고대사연구』, 박영사, 1976.

박광순·임영진·정성일 편저, 『王仁博士 研究』, 주류성, 2012.

박광순·정성일, 『왕인과 천자문』, 영암군·왕인박사현창협회, 2012.

박남수, 「한국의 역사서와 연구물에 그려진 왕인박사」, 『왕인박사에 대한
　　교육의 현황과 개선방향』, 전라남도·왕인박사현창협회, 2014.

朴鍾鴻, 「朝鮮美術의 史的 考察」, 『개벽』 23, 1922.

徐賢珠, 『榮山江流域의 古墳土器研究』, 學研文化社, 2006.

왕인문화연구소 편, 『4~5세기 동북아시아의 국제전세와 왕인박사』, 왕인
　　박사현창협회, 2017.

왕인박사현창협회, 『聖基洞』 창간호~제10호.

千寬宇, 『인물로 본 한국고대사』, 정음문화사, 1982.

黃壽永, 「백제의 학술과 예술」, 영암군·왕인박사탄생지정립추진위원회,
　　1996.

田中史生, 『倭國と渡來人』, 吉川弘文館, 2005.

近つ飛鳥博物館, 『河內湖周辺에 定着한 渡來人-5世紀 渡來人의 足跡-』,
　　2006.

直木孝次郎, 『日本古代の氏族と國家』, 吉川弘文館, 2005.

※ 이 논문은 『왕인박사 현창사업의 현황과 과제』(왕인문화연구소 편, 사단법인
왕인박사현창협회, 2017년 12월)에 실린 글을 수정·보완한 것임—편집자.

제2장

일본 민간단체의 왕인박사 현창사업의 현황과 과제

김선희 _ 건국대학교 아시아콘텐츠연구소 선임연구원

1. 머리말
2. 영암군과 히라카타시의 교류 현황
3. 히라카타시 '왕인총 환경 수호회'의 활동
4. 히라카타시 스가하라히가시菅原東 소학교의 활동
5. 왕인박사를 매개로 한 한·일 교류를 바라보는 시선
6. 맺음말

1. 머리말

본고는 『고사기』와 『일본서기』에 기록된 한일 고대사 교류의 한 상징인 왕인박사를 매개로 하는 한일 양국의 교류 가운데, 전라남도 영암군과 일본 오사카부[大阪府] 히라카타시[枚方市] 사이의 교류를 소개하는 것을 목적으로 한다. 그중에서도 민간단체인 히라카타시의 '왕인총 환경 수호회[王仁塚の環境を守る會]'의 활동은 주목할 만하다. 이 모임의 조직 동기와 그간의 활동 양상을 살펴보면 거기에는 한일관계의 발전에 대한 바람과 환경을 보호하는 애향심 등 다양한 고민이 담겨있어 왕인박사 현창사업의 과거, 현재, 미래를 고민하는 한일 양국의 식자(識者)들에게 시사하는 바가 크기 때문이다. 이하 본문에서는 이번에 필자가 히라카타시 현지에 가서 조사한 것

을 토대로 하여, 영암군과 히라카타시의 교류에 관한 경위를 개괄하고, '왕인총 환경 수호회'의 활동을 소개함으로써, 현재 시점에서 왕인박사 현창에 관해 우리가 고민해야 할 것이 무엇인지를 다시 한번 되돌아보는 계기로 삼고자 한다.

2. 영암군과 히라카타시의 교류 현황

왕인박사 현창사업은 그 역사가 꽤 길다. 그런데 근대기에 들어서 추진된 현창사업은 그 성격이 당시 시대 상황 때문에 매우 정치적이었다(제4절 참조). 1938년도 오사카부가 '전왕인묘(傳王仁墓)'를 사적(史蹟)으로 지정한 것도 중일전쟁이 한창일 때 재일조선인의 '융화'가 그 한 목적이었음은 부정할 수 없다.[1] 이러한 이유로 아시아 태평양 전쟁이 끝나고 일본에서는 GHQ의 점령기에 '전전(戰前) 부정'의 풍조가 있었으며, 그래서 왕인박사 묘역 역시 오사카부 교육위원회가 관리 주체가 되었지만, 관리라고 할 만한 활동은 많지 않았고, 히라카타시에서는 전혀 관여하지 않았다고 한다.[2] 현대에 들어 히라카타시가 왕인박사의 묘에 다시 관심을 갖게 된 것은 1984년 오사카 일한친선협회가 주최하는 제1회 박사왕인축제가 '전왕인묘'에서 개최된 뒤의 일이다. 이를 계기로 앞에서 언급한 '왕인총 환경 수호회'도 마

---

1) 이러한 목적에 대해서는 히라카타시가 편찬위원회 『히라카타시사』 별권, 1995
   에도 서술되어 있다.
2) 히라카타시의 왕인묘역 관리에 대한 내용은 시의 마쓰미야 요시히사[松宮祥久]
   산업문화부장과의 인터뷰를 토대로 하였다.

을 사람들의 자발적 참여로 꾸려지게 되었다. 이 모임은 묘역 주변 환경 정화 활동에서 시작되었으나 점차 활동 영역이 확대되어, 왕인박사 묘를 방문하는 사람들의 안내, 무궁화 축제 개최, 영암군의 왕인문화 축제 참가 등, 한국과의 교류도 시작되었다(제2절 참조). 오시카부 교육위원회는 이 모임과 영암군의 요청을 받아들여 묘역 정비 작업의 일환으로 휴게소와 화장실, 기념비를 설치하였고, 1993년부터는 히라카타시가 주최가 되어 묘역 주변의 제초 작업을 연 2회 실시하고 있다. 현재 사적지정지의 토지는 오사카부의 소유이며, 그 관리 주최는 오사카부 교육청 문화재 보호과로 되어 있다.

히라카타시와 영암군의 우호도시 제휴는 2008년 3월, 히라카타시 시제 시행 60주년 기념을 계기로 이루어졌다. 그 배경에는 위에서 말한 민간의 교류가 20년 이상 지속되고 있다는 점, 이에 수반하여 행정과 의회 관계자 사이의 교류 역시 깊어졌다는 점, 매년 11월 3일 영암군의 방문단이 왕인박사축제에 참가하고 있다는 점이 주요한 사항이었다고 한다. 여기서 필자가 강조하고 싶은 것은 관→민의 방향이 아니라, 민→관의 방향으로 '교류'가 확대되었다는 점이다. 그리고 여기에서 다시 지역사회의 교류로 확대되는 사례를 찾아볼 수 있는데, 2004년에는 왕인박사 묘역 근처에 있는 시립(市立) 스가하라히가시[菅原東] 소학교와 영암군의 구림(鳩林)초등학교가 우호교류를 선언한 것이다(제3절 참조).

여기에서 '과거'와는 완전히 달라졌음을 알 수 있으며, 이 점을 높게 평가하고 싶다. 다음 절에서 이러한 교류의 주축이 된 지역 주민의 자원봉사 모임 '왕인총 환경 수호회'의 활동에 대해 알아보겠다.

3. 히라카타시 '왕인총 환경 수호회'의 활동

1) '왕인총 환경 수호회' 발족의 동기

일본은 각 지역의 지자체마다 각종 시민단체의 자원봉사 활동이 우리나라에 비해 상대적으로 활발하다고 할 수 있다. 문부성의 2000년 조사 『자원봉사 활동 연보 2000년』(사회복지법인 전국사회복지협의회 전국 자원봉사활동 진흥 센터)에 따르면, 자원봉사 활동에 참여하고 있는 사람이 700만 명이고, '사회에 도움이 되고 싶다'고 생각하는 인구의 비율은 전 세대 평균 80%에 육박하고 있다.

	미국('98)	영국('97)	일본('96)	네덜란드('98)	프랑스('96)	독일('96)	한국('99)
활동 참가율	55.5	48.0	25.3	24.0	23.4	16~18	13.0

자료: 일본 문부성 조사 『자원봉사 활동 연보 2000년』(사회복지법인 전국사회복지협의회 전국 자원봉사활동 진흥 센터)

또 일본 총무성 통계국이 1975년부터 5년마다 전국의 10세 이상 20만 명을 대상으로 실시하는 「사회생활 기본조사」에서 2016년도 조사 결과를 보면, 자원봉사 활동에 참여하는 비율은 전체 26%이며, 그 가운데서 가장 높은 비율을 차지하고 있는 활동이 '마을가꾸기'이다.[3] '왕인총 환경 수호회' 발족 역시 연도의 시간 차는 있지만, 그 비율에서 큰 차이가 없는 이러한 조사 결과와 연동하여 생각할 수 있을 것이다.

---

3) http://www.stat.go.jp/data/shakai/2016/pdf/youyaku.pdf

이 모임의 사무국장을 맡고 있는 요시토메 가즈오[吉留一夫] 씨에 따르면, 모임의 시작은 『산케이 신문』 1978년 8월 17일자 「정론」란에 도쿄대학 쓰지무라 아키라[辻村明] 교수[4]가 기고한 "망은의 무리가 되지 말아라-황폐한 왕인묘를 생각한다(忘恩の徒になるな—荒れ果てた王仁の墓に思う—)"라는 글을 읽은 것이 그 출발점이었다고 할 수 있다. 그 뒤 1979년 '푸르른 우리 마을'을 주제로 마을의 명소인 스가하라[管原] 신사, 쇼슌지[正俊寺], 그리고 사적으로 지정된 왕인묘의 사진을 찍으면서 생겨났다고 한다. 그것은 사적이라는 이름에 걸맞지 않게 왕인총은 아시아태평양전쟁 후 잡초와 주변에 들어선 신흥 주택의 폐자재로 쓰레기장이 되어 아무도 찾지 않을 뿐더러, 지역 주민의 도덕심 실종의 살아있는 증거의 현장으로서 존재하고 있었다. 요시토메 씨는 그 광경을 보고 고민한 끝에 마을의 한 상징으로 가꾸기 위한 방법을 고민하였다고 한다. 앞의 두 가지 사실에 대한 안타까움과 애향심의 발로였을 것이다. 그래서 예를 들면 가마쿠라[鎌倉]의 하세데라[長谷寺] 하면 모란, 나라[奈良]의 야타데라[矢田寺] 하면 수국을 떠올리듯이, '이곳에 꽃을 심어 명소로 만들면 어떨까?' 하는 생각을 하게 되었고, 그래서 그는 왕인박사와 관련 있는 꽃을 고심한 끝에 무궁화가 좋겠다

---

4) 도쿄대 사회학과 교수였던 쓰지무라 아키라 교수는 이전부터 왕인묘소 정화사업을 위한 예산을 일 정부에 요구하는 등의 활동을 해 왔는데, 그는 왕인박사의 묘역이 황폐화한 채로 방치된 원인을 "일본 정부의 섹셔널리즘"이라고 비판하면서, "한일 우호 관계의 비약적인" 발전을 위해 왕인묘역 정화사업을 필요성을 주장하였다. 『경향신문』 1979년 2월 1일자. 쓰지무라 교수의 이 같은 활동 뒤에는 영암 출신으로 전 경향신문 사장이자 당시 백제문화개발연구원 상임고문이었던 이환희(李桓儀) 씨의 깨침이 있었다. 『산케이 신문』 1978년 8월 17일자, 『요미우리 신문』 1984년 11월 12일자.

고 결정하였다고 한다.[5] 그러나 개인의 고민이 금세 해결될 수 있는 문제는 아니었다. 시에서도 '사적의 현상 변경 불가' 방침이 있어 좀처럼 마음먹은 대로 결과가 나오지 않은 채 세월이 흘렀다.

그러다가 1984년 봄 오사카 일한친선협회에서 '박사왕인제'를 기획하고 있다는 연락을 받은 터에, 동년 9월 24일 서울에서 개최된 스승 다나카 고타로[田中幸太郎] 선생의 사진전에 동행하였을 때, 한일친선협회 중앙회의 협력으로 한국무궁화식수운동본부 최승권(崔承權) 회장에게 무궁화 묘목 200주를 기증받았다고 한다.[6] 1984년 11월 3일 '문화의 날'[7]에 오사카 일한친선협회 주최의 '제1회 박사왕인제' 식전행사에서 위의 기증받은 무궁화 묘목 중 10주의 기념 식수가 행해졌다.[8] 이 행사는 당시 한일관계 개선이라는 양국의 정치적 상황과 맞물려서, 동시에 모두에서 언급한 '마을가

---

5) 물론 역사상 유래를 생각하여 왕인박사와 관련 있는 꽃이라면 매화가 더 어울렸을 것이다. 왜냐하면 "논어와 천자문을 전했다"고 하는 것을 유학의 전래라고 해석할 수 있기 때문이다. 실제로 에도시대 유학자들이 각종 서물을 통해서 왕인박사를 "유학의 시조"로 간주하였다. 무궁화를 심었다는 것은, 현대의 왕인박사 현창이 전근대와 달리 한일 우호의 상징으로서 이루어지고 있다는 하나의 상징으로 볼 수 있지만, 한국의 국화라는 이유가 가장 컸다는 점을 술회하였다.

6) 이와 관련된 사항은 『경향신문』 1984년 9월 28일자 「여적(餘滴)」에도 실려 있는데, 여기서는 요시토메 씨를 "보은을 아는 인사"로 소개하고 있다.

7) 문화의 날이란 일본 국민의 축일의 하나로 1948년 "국민의 축일에 관한 법률"에 의해 "자유와 평화를 사랑하고 문화를 권장하는 날"이라는 취지로 제정되었다. 11월 3일로 지정된 것은 일본국헌법이 공포된 날을 기념한 것이다. 메이지 현황 재위 시부터 1947년까지는 메이지 천황의 생일을 축하하는 날이었다.

8) 관련 기사 "왕인의 묘에 무궁화 피어라-일한 우호의 묘목 참도에 식수" 『요미우리 신문』 1984년 11월 3일자, "일본 땅에 무궁화 꽃동산 피었다" 『주간 경향』 1984년 12월호.

꾸기'의 일환으로서도 성공 사례로 꼽히게 되었다.

이 행사에 초대되었던 히라카타시 스가하라히가시[菅原東] 소학교 임원과 상의를 거듭한 결과, 1985년 3월 21일 당시 스가하라히가시교의 구역장 다마타 우메타로[玉田梅太郎] 씨를 초대 회장으로 선임하여 자원봉사자 모임인 '왕인총 환경 수호회'를 발족시켰다. 마을가꾸기와 한일교류에 대한 작은 소망으로 탄생한 이 모임은 결성 이후 30년 동안 꾸준히 활동을 해오고 있다. 이 모임의 살림꾼이라 할 수 있는 요시토메 가즈오[吉留一夫] 사무총장은 사진작가로도 열성적으로 활동하여, 2012년 4월 4일~10일까지 서울 관훈동 갤러리 이즈(is)에서 사진전 '무궁화 꽃이 피었습니다'를 열기도 하였다. 요시토메 씨의 활동은 1984년 9월 28일자 경향신문의 「여적(餘滴)」 등 한국의 신문지면을 통해서도 여러 번 소개되었다.

2) 왕인총 환경 수호회(이하 수호회)의 주요 활동

이 모임의 주요 활동은 아래와 같다.

- 매월 두 번째 일요일 묘역 청소 활동
- 매년 8월 하순 지장분(地藏盆) 전후의 토요일에 '납량무궁화축제' 거행, 천등회(千燈會)와 어린이모임의 야간 노점[夜店] 등
- 매년 11월 3일(문화의 날)에 거행되는 박사왕인축제의 협찬
- 매년 4월 전라남도 영암군이 주최하는 왕인박사 문화제 참가 및 교류
- 격년 9월 서울시 송파구의 한성백제문화제 참가 및 교류
- 이 밖에 한일관계 사적과 행사 참가, 견학 활동

수호회에서는 그간의 활동을 기록하여 세 권의 자료집을 출판하였다.

즉 『오사카부 사적 지정 50주년 기념 왕인총』(1989), 『오사카부 사적 지정 60주년 기념 속 왕인총』(1998), 『오사카부 사적 지정 70주년 기념 왕인총-백제문 건립』(2008)이 그것인데, 그간의 활동과 관련한 다양한 사진 자료와 '수호회'의 활동이 기록되어 있어, 왕인총과 관련한 근래 30년의 양상을 살피는 데 매우 귀중한 자료라 할 수 있다. 이상의 자료집을 토대로 수호회의 활동을 정리하면 아래와 같다.[9]

연도	월일	왕인총 환경 수호회의 활동 내용 및 왕인총 관련 주요 사항
1985년	3월 21일	수호회의 발족 기념식수, 보도고지 및 홍보 『히라카타』에 게재
	4월	국철 나가오역[長尾驛]과 후지사카역[藤阪驛]에서 왕인총으로 가는 길 안내판 설치
	5월	나가오역[長尾驛]과 후지사카역[藤阪驛]에 일러스트 지도 게시
	5월 26일	'히라카타 클린 작전일'에 어린이회와 공동으로 왕인총 청소
	7월 7일	한국인 가수 최수애(崔秀愛) 묘소 참배, MBS TV의 수호회 취재 및 방영
	8월 11일	'오봉[お盆]' 전 묘소 청소, 당일 밤 '천등회(千燈會)' 개최(TV 취재 및 방영)
	9월 1일	히라카타 소행회(素行會)가 '왕인총에서 논어를 읽는 모임'에 참가

---

9) 다만 2009년부터 2017년 현재까지의 자세한 활동 기록은, 2018년도 사적 지정 80주년 기념 자료집 발간 후라야 상세할 것으로 생각된다. 기본적인 활동 양상은 이전과 큰 차이는 없다.

연도	월일	왕인총 환경 수호회의 활동 내용 및 왕인총 관련 주요 사항
1985년		※ 필자 주―소행회는 일본 근현대기 보수 정치인 야스오카 마사히로[安岡正篤]의 가르침을 따르는 모임
	9월 10일	오사카부 교육위원회 문화재보호과, 왕인총 개수(改 修)를 위해 영혼빼기[魂拔き] 법요 실시, 오사카부 지 사에게 수도 설치 요청 ※ 필자 주―영혼빼기[魂拔き]란 묘소의 이장 또는 개수 시 무덤에서 유골을 꺼내거나 불단을 처분 할 때 행하는 의식
	9월 21일	수호회 총회, 회칙발표 및 임원선출. 매월 둘째 일요 일 월례회 실시 및 청소일 결정
	10월 13일	월례회 및 청소 활동
	10월 21일	오사카부 교육위원회에서 왕인총 개안(開眼) 법요 임 원 참렬
	10월 27일	다이코로[ダイコロ] KK로부터 왕인총의 안내서표 1000부 기증
	11월 1일	히카카타시내 삼지구(三地區)인 히라카타 라이온즈 클럽, 히라카타 중앙 라이온즈 클럽, 히라카타 로즈 라이온즈 클럽으로부터 안내판과 표식판 기증 왕인공원과 후지사카역 앞에 설치함
	11월 2일	왕인축제 준비로 청소와 텐트치기
	11월 3일	일한친선협회 주최 제2회 "박사왕인 축제"에 수호회 가 협찬, 당일 행사 뒷정리
	11월 6일	"왕인박사 릴레이" 썬팰리스히라카타[サンパレス 枚方] 도착, 수호회 마중
	11월 7일	"왕인박사 릴레이" 참가 멤버 왕인총 참배, 수호회 참례
	11월 10일	월례회, 청소 봉사
	12월 8일	월례회, 청소 봉사

연도	월일	왕인총 환경 수호회의 활동 내용 및 왕인총 관련 주요 사항
	12월 말	아사히 신문사 녹화기금 신청
1986년	1월 12일	월례회, 청소봉사
	1월	스가하라히가시 구에서 청소용구와 보관고 기증
	2월 9일	월례회, 청소 봉사
	2월 13일	라이온즈 클럽이 기증한 안내판을 왕인총 앞에 설치.
	3월 9일	월례회, 청소 봉사
	3월 27일	오사카부 문화재보호과에 수도설치 재요청
	4월 12일	수호회 총회
	4월 13일	월례회, 청소봉사
	5월 11일	월례회, 청소봉사
	6월 8일	월례회, 청소봉사
	6월 12일	썬팰리스 히라카타에서 오사카부와 수도설비 교섭, 묘역 내 쓰레기 수집 건을 히라카타시에 교섭
	7월 13일	월례회, 청소봉사
	7월 말	수도 공사 완료
	8월 10일	월례회, 청소봉사, '납량 축제' 준비 회의
	8월 15일	'납량 축제' 준비
	8월 16일	'납량 천등 축제'
	8월 17일	축제 뒷정리
	9월 14일	월례회, 청소 봉사
	10월 12일	월례회, 청소 봉사
	11월 3일	제3회 박사왕인 축제 개최. 오사카 일한친선협회 텐트 기증. 축제 전일 준비
	11월 9일	우천으로 월례회, 청소 봉사 중지
	12월 14일	우천으로 월례회, 청소 봉사 중지

연도	월일	왕인총 환경 수호회의 활동 내용 및 왕인총 관련 주요 사항
	12월 20일	아사히 녹화기금 신청
1987년	3월 15일	국철 주최 "이 마을을 걷다 보면"의 코스 지정. 다회 접대 및 감사장 수리
	4월 12일	무궁화 묘목 10주를 교토 다나베초[田辺町]에 거주하는 무라이[村井] 씨에게 기증받아 식수
	5월 20일	수호회 총회 개최
	6월 14일	월례회, 청소 봉사
	7월 12일	월례회, 청소 봉사
	8월 16일	제3회 '납량 무궁화 축제'개최, 당일 준비 및 뒷정리
	9월 13일	월례회, 청소 봉사
	9월 25~27일	영암 왕인묘 참배(야마다[山田] 회장, 오카자키[岡澤] 고문, 요시토메 사무국장)
	11월 2일	우천 중, 제4회 박사왕인 축제 준비(텐트 및 테이블 설치)
	11월 3일	우천 중 제4회 박사왕인 개최
	12월 13일	월례회, 청소 봉사
1988년	1월 17일	수호회 회원 7명 중의원 의원 사토 메구무[佐藤恵] 씨 회담(장소 왕인총)
	5월 8일	수호회, '전왕인묘(傳王仁墓)' 오사카부 사적 지정 50주년 경축 식전 및 정치총회 개최
	5월 11일	일한문화친선협회(회장 사토 메구무)가 기진한 제단석 설치 간담회. 50주년 경축식전 관계 사후 처리 임시 임원회 개최
	5월 27일	수호회 회원에게 총회 의사록 송부. 50주년 경축식전에 출석한 내빈에게 감사장 송부
	6월 20일	정례 시의회 문교위원 오카자키 시의회 의원 왕인총 관련 질의에 수호회 회원 방청

연도	월일	왕인총 환경 수호회의 활동 내용 및 왕인총 관련 주요 사항
	7월 10일	월례회, 청소 봉사
	7월 28일	썬팰리스 히라카타에서 오사카부에 교섭, 나카쓰카[中司] 부회 의원 동석, 묘역확장 정비 등을 요망
	8월 4일	무궁화 축제 준비 실행위원회를 왕인총에서 개최
	8월 10일	무궁화축제 준비로 텐트 설치 및 청소 활동
	8월 14일	월례회, 청소봉사. 납량 무궁화 축제 실시. 당일 뒷정리
	8월 30일	'오사카 녹음 백선' 후보지 공모에 왕인총 추천장 300통 제출
	8월 9일~12월 말	일본 중의 백제문화탐방단 왕인총 방문(한국에서 연 3천 명 방문)
	9월 11일	히라카타 로타리 클럽 RCA, 요네야마[米山] 장학회 유학생 200명 왕인총 방문. 청소봉사
	9월 25일	제1회 사적 탐방으로 하비키노시[羽曳野市] 사이린지[西淋寺], 곤다하치만구[譽田八萬宮] 탐방 ※ 필자 주―사이린지는 7세기 전반 왕인박사의 후예 가와치노후미[西文氏]가 창건했다고 하며, 곤다하치만구는 오진[應神]천황을 제신으로 한다.
	10월 9일	청소 봉사, 오사카 일한친선협회와 박사왕인축제 개최 상의
	10월 말	오사카부의 묘역정비 완료
	11월 2일	회장 설치 및 청소
	11월 3일	제5회 박사왕인축제 협찬 참가 및 뒷정리
	11월 13일	월례회, 청소 봉사
	11월 25일	오사카부와 히라카타시에 왕인총에 국제관광 루트로서 시설 정비 요망서 제출
	12월 4일	제2회 사적 탐방으로 '가와치 아스카[河內飛鳥]' 탐방 ※ 필자 주―이 지역은 고분시대~아스카 시대 여러

연도	월일	왕인총 환경 수호회의 활동 내용 및 왕인총 관련 주요 사항
		천황의 능으로 추정되는 능묘가 다수 남아 있어 "왕릉의 계곡"이라 불리는 곳임
	12월 11일	월례회, 청소 봉사
	12월 4일	오사카시 외인교육부회 재일한국인 소학생 120명 왕인총 방문
	12월 31일	왕인총 연말 대청소
1989년	2월 12일	월례회, 청소 봉사
	3월 12일	월례회, 청소 봉사, 정기총회 개최. 신입회원 및 신년도 행사계획 결정
	3월 19일	위원회 개최. 특별간사 외 결정
	4월 9일	월례회, 청소 봉사
	4월 26일	히라카타 구즈하[くずは] 로타리 클럽 일행 청소 봉사
	5월 14일	월례회, 청소 봉사
	5월 20일	50주년 기념지 편집위원회 발족(이하 9월까지 19회 개최)
	5월 21일	8월 무궁화 축제 등롱 제작
	6월 4일	제3회 사적 탐방으로 '야마베[山辺]의 길' 산책 ※ 필자 주—야마베의 길은 나라[奈良] 분지 동남부에 있는 야마토국 고대 도로의 하나임
	6월 11일	월례회, 청소 봉사, 등롱 그림을 스가하라히가시 초등학교에 작성 의뢰를 결정
	6월 16일	히라카타 구즈하[くずは] 로타리 클럽 한국 영암 왕인묘 방문 보고, 홍매 식수
	7월 9일	월례회, 청소봉사. 8월 등롱 만들기. (7월 15~16일에 숙년회(熟年會)의 응원 하 등롱 그림 400매 붙임)

연도	월일	왕인총 환경 수호회의 활동 내용 및 왕인총 관련 주요 사항
	7월 15일	한국 참배단 내방 3월 22일 63명, 7월 13일 80명, 8월 3일 500명(KBS취재), 8월 24일 80명, 8월 31일 400명 등 수차례 내방
	7월 30일	임시 청소 봉사.
	8월 13일	월례회, 청소 봉사. '무궁화 축제' 준비
	8월 13일	제5회 납량 무궁화축제 개최, 스가하라히가시 소학교 4학년 그림 등롱 진열
	9월 10일	월례회, 청소 봉사, 간사회 개최, 현급(縣急) 기념지 편집 경과와 자금 협력 요청
	9월 18일	기념지 원고 완성, ㈜다이고로에 인쇄 의뢰
	미상	오사카부 '녹음 백선·무궁화 명소' 지정 ※ 필자 주—위 지정 사업은 1990년 오사카 꽃 박람회를 기념하기 위해 1988년부터 주민들의 투표 결과를 토대로 지정
1990년	5월 13일	울타리[玉垣] 조영 50주년 기념회 개최, 왕인 인형극 상연, 정기총회 개최, 휴게소 외 건설 요청 긴급동의 가결
	5월 22일	꽃박람회 '한국의 날'에 이어령 문화부장관에게 왕인총 현황 보고
	7월 11일	오사카부 교육위원회에 왕인총 정비 요청서 제출
	7월 27일	간사이TV '무궁화 여름을 수놓다'라는 타이틀로 아침에 왕인총에서 생중계
	7월 27일	한국 참배단 40명 내방 8월 10일 120명, 8월 18일 5명, 8월 24일 25명, 12월 24일 10명, 1월 23일 120명 등
	8월 5일	'시텐노지[四天王寺] 왓소' 오사카항 상륙 마중, 수호회 휘장 현지게시

연도	월일	왕인총 환경 수호회의 활동 내용 및 왕인총 관련 주요 사항
	8월 12일	제6회 납량 무궁화 축제 개최. 스가하라히가시 소학교 학생들의 그림 등롱으로 성황
	8월 19일	'시텐노지 왓소' 페레이드 '이씨 조선 세종대왕'에 참가
	9월 25일	오사카부 교육위원회에 보낸 요망서에 대한 회답 설명회, '91년 휴게실 등 설치 외
	10월 28일	사적 탐방, '아메노모리 호슈[雨森芳洲] 마을' 탐방. 10명 참가
	11월 3일	제7회 박사왕인 축제 협찬 및 참가.
1991년	2월 1일	사적 탐방, 미야자키현[宮崎縣] 난고손[南鄕村]의 '백제 마을' 탐방 16명 참가 ※ 필자주―이곳은 백제와 전설에 기초한 관광사업을 전개하고 있음
	3월 16일	오사카부 교육위원회, 휴게소와 화장실 설치 설명회 개최
	5월 12일	오사카부 교육위원회에 왕인총 정비 요망서 재차 제출
	7월 6일	한국 전남JC 한일 간 백제문화 순례단 정창옥(鄭昌玉) 회장 외 50명 내방, 감사패 수리 8월 1일 150명, 8월 2일 180명, 8월 13일 전북교장회 26명 방문
	8월 24일	제7회 납량 무궁화 축제 개최, 스가하라히가시 소학교 학생들의 야간 노점으로 성황.
	9월 30일	오사카부 교육위원회로부터 왕인총 정비계획 내용 설명, 건축물 공사 기간 외
	10월 18일	'왕인' 출판 기념회에서 사무국장 출석(鄭昌玉)
	11월 3일	제8회 박사왕인 축제에 협찬. 제2회 '시텐노지 왓소' 이씨조선 세종대왕 퍼레이드 참가

연도	월일	왕인총 환경 수호회의 활동 내용 및 왕인총 관련 주요 사항
	11월 9일	오사카부 교육위원회로부터 왕인총 정비공사 설명회 개최, 중순부터 공사 착공
	11월 30일	한국 광주교육위원회로부터 문석비(門石碑) 건립 설명회 개최
1992년	5월 10일	정기총회 개최, 한국 무안 RC 외 전남의 묘참단 25명 내방
	5월 16일	오사카부 교육위원회, 히라카타시 교육위원회 주최 시설준공식 및 환담회에 참가. '전왕인묘' 한글 병기 팸플릿을 식장에서 배포
	7월 19일	논어보급회 회원 60명 왕인총 방문
	8월 7일	한국 롯데관광, 참배단 124명 내방
	8월 22일	제8회 납량 무궁화 축제 개최, 그림등롱, 다회, 어린이 야간노점으로 성황
	11월 3일	제9회 박사왕인축제에 협찬, 참가
	11월 8일	제3회 시텐노지 왓소 이씨조선 세종대왕 페레이드에 참가
	11월 15일	꽃박람회 한국정원 외 견학에 17명 참가
1993년	3월 6일	한국 충남도 부여군의회 의원 홍사민(洪思敏) 의장 외 22명 왕인총 방문
	3월 20일	논어보급회 후루카네[古金]씨가 기증한 해목(楷木)의 씨 뿌림. ※ 필자주―해목은 옻나무과의 낙엽고목으로 곡부 공자묘에 자공이 손수 심었다고 전함
	4월 11일	정기총회 개최
	5월 15일~16일	사적 탐방, '조선통신사의 기항마을' 탐방에 8명 참가
	5월 23일	오사카 한일친선협회 사적탐방 25명 왕인총 방문
	8월 3일	양순룡(梁順龍) 씨 외 사물놀이와 판소리 공연에 5명 출석

연도	월일	왕인총 환경 수호회의 활동 내용 및 왕인총 관련 주요 사항
	8월 29일	제9회 납량 무궁화 축제 개최. 다회, 그림등롱, 어린이 야간 노점으로 성황
	10월 10일	한국 MBC TV 왕인총 취재
	11월 3일	제10회 박사왕인 축제에 협찬, 제4회 시텐노지 왓소 행렬 견학
	11월 7일	한국 충남도교육 PTY 122명 왕인총 방문, 그 외 각종 한국 단체 왕인총 방문
1994년	1월 12일	한국 초당파 국회의원단 오세응(吳世應) 문화공보위원장 외 11명 방문
	4월 10일	정기총회 개최
	5월 4일	한국 서울시 송파구 문화공보실장 외 6명 한성백제 문화제의 초청 내방
	5월 29일~30일	제1회 한성백제문화제 5명 참가.
	7월 16일	마이라이프 히카카타신문사 주최 '왕인총'탐방 29명 내방.
	8월 2일	히라카타 구즈항 RC 논어기념비 공사착공.
	8월 8일	다카라즈카[寶塚] 왕인 및 도교 왕인 LC 무궁화기념식수 공사 착공
	8월 10일	한국 국회의원 김영배(金令培), 김옥두(金玉斗), 채영석(蔡映錫) 외 5명 왕인총 방문.
	8월 20일	제10회 납량 무궁화축제개최. 히라카타 구즈하RC '논어기념비' 제막식, 기념 그림엽서 수리, 다카라즈카 왕인 및 도교왕인LC 기념식수, 기념 그림엽서 배포
	10월 1일	한국 고교생 120명, 한국국제산업교류회 30명 내방. 한국에서 쵸참단 다수
	11월 3일	제10회 박사왕인축제에 협찬 및 참가
	11월 6일	사적 탐방으로 '햐쿠사이지[百濟寺], 에이겐지[永源

연도	월일	왕인총 환경 수호회의 활동 내용 및 왕인총 관련 주요 사항
		寺]와 고토산잔[湖東三山] 탐방'에 12명 참가
	12월 3일	한국 전남 무안군수 일행 15명 왕인총 방문
1995년	3월 12일	정기총회 개최.
	6월 12일	한신아와지[阪神淡路] 대지진으로 피해를 입은 왕인묘 휴게소, 돌기둥, 돌울타리 등 수리
	8월 26일	제11회 납량무궁화축제 개최, 오사카 대한민국 총영사관 외 참석 어린이회 야간 노점 등으로 성황
	9월 16일~17일	한국 서울시 송파구 주최 제2회 한성백제문화제에 4명 참가
	9월 29일	한국 대구 효성음악대학교 무용부원 30명 왕인총 방문
	11월 3일	제12회 박사왕인축제에 협찬 및 참가
1996년	2월 20일	오사카부 교육위원회 문화재보호과로부터 사적 관리에 대해 오사카부, 히라카타시의 연대 강화에 대해 히라카타시 교육위원회 앞으로 제의, 대응 협의
	4월 10일	기타가와치[北河内] 교직원조합임원 6명, 1인 연극 송부자(宋富子) 여사 내방 ※ 필자주—송부자 씨는 도쿄소재 '문화센터 아리랑'의 부이사장
	4월 14일	제12회 정기총회 개최
	7월 22일	한국 충남도 고교생 213명 왕인총 방문
	8월 24일	제12회 납량무궁화축제 개최, 어린이회 야간 노점, 그림 등롱으로 성황
	9월	한국 국악고 학생 150명 왕인총 방문
	11월 3일	제13회 박사왕인축제에 협찬 및 참가
	12월 4일	오사카 한일친선협회 아베카와[安部川] 신임회장 취임 파티에 2명 참석

연도	월일	왕인총 환경 수호회의 활동 내용 및 왕인총 관련 주요 사항
1997년	2월 2일	다카라즈카 왕인LC15 주년 기념식전에 2명 참석
	3월 30일	왕인묘 휴게소의 바닥 보수 공사
	4월 10일	한국 영암 왕인문화축제에 사무국 참석
	4월 13일	제12회 정기총회 개최, 1998년도 5월 사적 지정 60주년 기념식전과 기념지 발행 결의
	5월 11일	『속 왕인총』 기념지편집에 대한 제1회 협의회
	5월 18일	사적 탐방으로 '비와호 자료관, 조선인가도'에 7명 참가
	월 8일	『속 왕인총』 편집위원장 선임, 편집위원회(1998년 3월말까지 14회 개최)
	8월 23일	제13회 납량무궁화축제 개최, 다카라즈카 왕인LC, 오사카일한친선협회 등 참석. 어린이회 야간노점 등 성황
	9월 23~25일	한국 서울시 송파구 주최 제3회 한성백제문화제 영암 왕인묘 참배에 4명 참가
	10월 14일	일본 불교 성지 순례단 왕인총 방문
	11월 3일	제14회 박사왕인축제에서 협찬 및 참가. 월례청소봉사 매일 둘째 일요일 외 연간 15~16회 실시
1998년	1월 5일	『속 왕인총』 기념지 신년편집회의
	1월 21일	'천자문비' 건립회의 출석. 다카라즈아 왕인 LC
	2월 10일	'천자문비' 건립 최종회의 출석. 다카라즈아 왕인 LC
	3월 1일	사적 지정 60주년 기념식전 준비위원회 임원 소집
	3월 10일	사적 지정 60주년 기념식전 관계 단체에 후원 의뢰
	4월 9일	한국 전남 영암군 춘향대제 2명, 방한 참석
	4월 12일	제14회 정기총회개최. 매월 둘째 일요일 월례회와 청소봉사 실시
	5월 9일	'전왕인묘' 오사카부 사적지정 60주년기념식전 주

연도	월일	왕인총 환경 수호회의 활동 내용 및 왕인총 관련 주요 사항
		관. 다카라즈카 왕인 LC '천자문비' 제막식. 기념지 『속 왕인총』 출판
	7월 12일	월례회, 청소봉사 실시. '납량 무궁화 축제' 일정 및 내용 확인
	8월 22일	제14회 납량 무궁화 축제 개최, 야간 노점 출점, 히 카카타시장과 오사카 일한친선협회 외 출석
	10월 12일	오사카시 문화진흥과 이케다[池田] 과장 '나니와즈 [難波津]' 노래비 조사로 왕인총 방문
	11월 3일	제15회 박사왕인축제에 협찬 및 참가. 오사카부 교 육위원회로부터 사적지정 50주년을 기념하여 '사적 을 지키는 단체'로 표창
	11월 9일	중국 산둥성(山東省) 곡부(曲阜) 공자연구원 쿵샹린 [孔祥林] 원장 일행 왕인총방문. ※ 필자주—쿵샹린 씨는 공자의 75대손
	12월 30일	연말 특별청소와 신년 맞이 헌화
1999년	1월 5일	한국 총영사관 신년 명함 교환회 출석
	1월 17일	'사적보호단체'로서 히라카타시 자원봉사 표창
	1월 25일	일한친선협회 호례회(互例會)에 출석
	2월 22일	초대 회장 다마다[玉田] 씨 서거
	3월 14일	제15회 정기총회 개최, 매월 둘째 일요일 월례회와 청소봉사 실시
	4월 8일	한국 영암군 왕인묘 춘향대체 및 왕인문화제 참석
	4월 10일	고베[神戸]여자대학 학생 사적 내 탁본 채집
	5월 19일	히라카타시 전승문화 간담회 위원 왕인총 방문
	8월 21일	제15회 납량무궁화축제 개최. 어린이회 야간 노점 출점
	9월 5일	한국 김종필 총리 왕인총 방문 및 소귀나무 기념 식 수

연도	월일	왕인총 환경 수호회의 활동 내용 및 왕인총 관련 주요 사항
	9월 18일	한국 서울시 송파구 한성백제문화제 참석
	11월 3일	제16회 박사왕인축제에 협찬 및 참가, 제1회 히라카타 한자축제에 협찬
	12월 30일	연말 특별 대청소 실시, 신년 맞이 헌화
2000년	3월 19일	한국 전북 정읍 출신 유태평양(柳太平洋) 평화통일기원 민족예능 피로, 다카라즈카 왕인 LC 공동 주최
	3월 23일	한국 부여군수 및 군의원 7명 왕인총 방문
	4월 8일	한국 영암군 왕인묘 춘향대제 및 왕인문화제 참석
	4월 11일	제5대 회장 시마바야시[嶋林繁] 씨 서거
	5월 14일	제16회 정기총회개체. 매월 둘째 일요일 월례회와 청소봉사 실시
	5월 16일	한국 광주시 왕인박사 사적 탐방단 왕인총 방문
	7월 11일	한국 영암군 직원 20명 왕인총 방문(제1차)
	7월 25일	한국 영암군 직원 20명 왕인총 방문(제2차). 히라카타시 문화관광협회로부터 '관광지미화 봉사단체'로서 표창 한국 서울시 송파구 문화공보과 직원 15명 왕인총 방문
	8월 19일	제16회 납량무궁화축제 개최
	9월 8일	대만대학 황쥔제[黃俊傑] 교수 및 간사이대학 타오더민[陶德民] 교수 왕인총 방문
	9월 18일	히라카타시 문화관광협회 버스투어 40명 왕인총 방문
	9월 20일	히라카타시 문화관광협회 버스투어 50명 왕인총 방문
	10월 16알	묘역 내 고엽 벌체 및 식수(오사카부와 히라카타시)
	10월 19일	한국 서울 교육청 한일중학생 교류단 105명 왕인총 방문

연도	월일	왕인총 환경 수호회의 활동 내용 및 왕인총 관련 주요 사항
	11월 3일	제17회 박사왕인축제에 협찬 및 참가
	12월 30일	연말 특별 대청소 및 신년 맞이 헌화
2001년	3월 3일	히라카타 역사포럼 '고대의 가와치[河內]와 백제'에 참가
	3월 31일	제17회 정기총회개최. 매월 둘째 일요일 월례회와 청소봉사 실시
	4월 6일	한국 영암군 왕인묘 춘향대제 및 왕인문화제에 참석
	4월 17일	'벌주(筏舟)' 왕인호 문화기행, 영암부군수 및 선장 일행 왕인총 방문(논어 10권)
	5월 18일	민단중앙본부 강영우(姜永祐) 의장 및 교토[京都] 부인부 왕인총 방문
	6월 21일	ABC아사히[朝日]방송 '역사가도' TV취재 및 방영
	8월 25일	제17회 납량무궁화축제 개최
	9월 20일	국제교류기금 '풀뿌리 교류' 사업 조성금으로 왕인총 안내 팸플릿 작성
	9월 21일	한국 서울시 송파구 한성백제문화제 참석
	11월 3일	제19회 박사왕인축제에 협찬 및 참가
	11월 4일	왕인산장(썬팰리스 히라카타)에서 영암군 방문단 환영교류회
	11월 11일	히카카타시 '한자.천자문 축제'에 협찬
	11월 16일	한국 서울시 송파구의원단 왕인총 방문
	11월 17일	일한문화포럼에 출석
	12월 2일	다카라즈카 왕인 LC 결성 20주년 기념식전에 출석
	12월 30일	연말 특별 대청소 실시, 신년 맞이 헌화
2002년	2월 3일	한일문화친선협회 윤재명(尹在明) 회장 왕인총 방문
	3월 29일	히라카타 국제교류회 평의원회에 출석(매년 3회)
	4월 6일	한국 영암군 왕인묘 춘향대제 왕인문화재 참석

연도	월일	왕인총 환경 수호회의 활동 내용 및 왕인총 관련 주요 사항
	5월 12일	제18회 정기총회 개최. 매월 둘째 일요일 월례회와 청소봉사 실시
	6월 20일	한일문화친선협회 윤재명(尹在明) 회장 왕인총 방문
	8월 24일	제18회 납량무궁화축제 개최
	11월 1일	한국 KBS 광주문화방송 '일본 안의 왕인유적' TV 취재
	11월 3일	제19회 박사왕인축제에 협찬
	12월 8일	한일문화친선협회 『박사왕인과 일본문화』 출판기념회(장소 세종문화회관) 참석
	12월 30일	연말 특별 대청소 및 신년 맞이 헌화
2003년	2월 3일	연말 특별 대청소 공연에 참가.
	2월 17일	제4대 회장 야마시타[山田克知] 서거.
	3월 28일	한국 전통 타악기 연주가 김덕수 연주회(장소 메세나 히라카타) 감상
	4월 3일	한국 영암군 왕인묘 춘향대제 및 왕인문화에 참석
	5월 11일	제19회 정기총회 개최, 매월 둘째 일요일 월례회와 청소봉사 실시. 제7대 회장 이구치[井口悌二] 씨 취임
	8월 20일	제19회 납량무궁화축제 개최
	9월 18일	한국 서울시 송파구 한성백제문화제 참석
	10월 11일	히라카타시 주최 '히라카타 한자.천자문 축제'에 협찬(於 오사카국제대)
	10월 16일	KBS교토 취재('기라메키[きらめき] 스토리' 방영)
	11월 3일	제20회 박사왕인축제에 협찬
	12월 30일	연말 대청소 실시, 신년 맞이 헌화
2004년	4월 9일	한국 영암군 왕인묘 춘향대제 및 왕인문화제에 참서. 왕인총 건립 솟개기증받음. 현지에서 한일문화친선협회화 백제문 건립 준비위원회 결성

연도	월일	왕인총 환경 수호회의 활동 내용 및 왕인총 관련 주요 사항
	4월 29일	보이스카웃 히라카타 제9단 '녹색의 날' 기념 식수
	5월 9일	제20회 정기총회개최, 매월 둘째 일요일 월례회와 청소봉사 실시
	6월 26일	한국 유학생 왕인총 방문
	7월 12일	왕인총에서 '백제문 건립 결성총회' 개최
	8월 21일	제20회 납량 무궁화 축제 개최, 보이스카웃 히라카타 제9단의 야간 노점
	10월 12일	한국 문화관광부 70명 왕인총 방문
	10월 15일	오사카부 교육위원회에 백제문 건립 허가신청서 제출
	11월 3일	제20회 박사왕인축제에 협찬. 이전 기증받은 솟대 건립식
	11월 18일	회원 친목 하이킹(이총(耳塚)-도요쿠니[豊國]신사-국립교토박물관)
	12월 6일	백제문 건립 실행위원회 사적 실지 검증
	12월 30일	연말 대청소 실시, 신년 맞이 헌화
2005년	2월 14일	히라카타시가 왕인총 청소 후 쓰레기 수집 개시(수호회의 염원), 매월 둘째 일요일 청소봉사 다음 날
	3월 8일	이구치 회장 서거. 회장대행 쓰지 유키오[辻幸夫] 씨 결정
	3월 31일	오사카부 빗물 처리 공사 완료. 한국 영암군 왕인묘 춘향대제 및 왕인문화제에 참석
	4월 13일	일한 우정의 해 '난파진가, 쇼토쿠[聖德] 태자와 왕인박사' 감상(장소 시텐노지)
	4월 17일	보이스카웃 히라카타 제9단 '녹색의 날' 기념 식수
	5월 8일	제21회 정기총회 개최. 제8대 회장 요시토메 가즈오 씨 선출. 매월 둘째 일요일 월례회와 청소봉사 실시

연도	월일	왕인총 환경 수호회의 활동 내용 및 왕인총 관련 주요 사항
	5월 16일	임시임원회의, 임원인사, 묘역내외 정비
	6월 1일	백제문 건립 일한 합동 회의
	8월 20일	제21회 납량 무궁화 축제 개최
	8월 29일	한국 전남도지사 왕인총 방문
	10월 14일	박사왕인축제 기념식수 협의회(장소 스가하라히가시 소학교)
	10월 29일	백제문 건립 일한 합동 회의
	11월 3일	제20회 박사왕인축제 협찬, 스가하라히가시 소학교와 영암 구림초등학교 우호교류 제휴 기념식수
	11월 5일	'21세기 한일 어린이 통신사' 부산에서 왕인총 방문
	11월 10일	회원 친목 여행(유교[湯鄕]온천 및 시즈타니[閑谷] 학교)
	11월 19일	부산 지방세무사 회원 20명 왕인총 방문
	12월 19일	백제문 건립 회의
	12월 30일	연말 대청소 실시, 신년 맞이 헌화
2006년	1월 30일	백제문 건립 회의
	2월 1일	백제문 기공식 회의
	2월 2일	백제문 건립 위치 결정 회의
	2월 14일	백제문 건립 기공식 리허설
	3월 2일	백제문 기공식의 재주(齋主)인 스가하라[管原] 신사의 시게무라 야스지로[重村安二郎] 궁사(宮司)와 회의
	3월 5일	백제문 기공식 거행(출석자 약 80명)
	4월 9일	한국 영암군 왕인묘 춘향대제 및 왕인문화제에 참석
	5월 14일	제21회 정기총회 개최, 매월 둘째 일요일 월례회와 청소봉사 실시
	6월 8일	백제문 건립 준비 및 재료 통관 수속

연도	월일	왕인총 환경 수호회의 활동 내용 및 왕인총 관련 주요 사항
	8월 19일	제22회 납량무궁화축제 개최
	8월 28일	백제문 건설 서포트 개시(10월 1일까지 35일 간)
	9월 1일	백제문 건립공사 착공
	9월 4일	백제문 상량식
	9월 30일	백제문 준공
	10월 14일	백제문 준공식 거행
	11월 3일	제23회 박사왕인축제 협찬
	11월 4일~5일	한국 서울시 송파구 시텐노지 왓소 견학
	12월 30일	연말 대청소 실시. 신년 맞이 헌화
2007년	1월12일	민단 교토 신년회 참가
	3월 20일	한국 영암군 주최의 '한중일 천 명이 쓰는 천자문 서도 이벤트'에 참가
	3월 30일	한국 영암군 왕인묘 춘향대체 및 왕인문화제 참석
	4월 15일	보이스카웃 히라카타 제9단의 '녹색의 날'기념식수
	5월 12일	제23회 정기총회개최. 내빈한 나카쓰카[中司] 히라카타 시장. 영암군과 우호도시 제휴 발표. 매월 둘째 월례회와 청소 봉사 실시
	6월 8일	기념지 발간을 위한 임원회의
	6월 16일	기념지 편집회의 편집장 선임
	6월 20일	전석홍 전 전남도지사, 박광순 소장 일행 왕인총 방문 및 헌화
	7월 1일	한국 영암군 직원 7명 왕인총 방문
	7월 10일	한국 서울 송파구 문화체육과 이연주 과장 외 직원3인 왕인총 방문
	8월 23일	제24회 납량무궁화축제 개최. 한국총영사·히라카타 시장·오사카부의회 부의장·시의회의장 등 내빈

연도	월일	왕인총 환경 수호회의 활동 내용 및 왕인총 관련 주요 사항
	8월 29일	한국 순천대학교 박 교수 왕인취재를 위해 왕인총 방문
	9월 6일	하시모토 도루[橋下徹] 오사카부지사 왕인총 시찰, 오영환(吳榮煥) 주오사카대한민국총영사 동행. '오사카 뮤지엄 구상' 비디오 촬영 및 하시모토 지사에게 '기념지 축사' 수령
	11월 3일	제25회 박사왕인축제에 협찬. 주일대한민국특명전권대사, 주오사카대한민국총영사 등 출석. 하시모토 지사로부터 '수호회'에 감사장 수여
		※ 기념지 발간을 위해 임원회의 4회, 편집회의 11회 개최

수호회의 재정은 대체로 회원들의 개인 회비(개인회원 연 1천엔, 협찬회원 연 1만엔)로 충당되며, '전왕인묘(傳王仁墓)'가 오사카부의 사적(史蹟)인 관계로 부(府)에서 연 5만엔을 지원받고 있다. 이전에는 히라카타시 교육위원회에서도 얼마간의 지원이 있었으나, 시의 예산 문제로 현재는 그 지원이 끊어졌다고 한다.

당초 모임의 발족에는 약 100명의 회원이 참여하였다. 그 뒤에도 한동안 8~90명의 회원이 있었지만, 고령화가 진행되어 현재는 약 20명 가량만 활동하고 있다. 이번 행사에서 만나 인터뷰한 소와 구미코[岨久美子] 씨는, "매월 참가하는 청소 활동을 통해 상쾌한 마음을 갖게 되며 마을에 기여하고 있다"는 자부심을 가지고 있다고 한다. 또한 "매년 11월 거행되는 왕인 박사 묘전제를 보면서, 수호회의 활동이 너무 소박하여 미안한 마음이 들고 젊은 회원이 늘지 않은 것이 고민이다."고 했다. 특히 사무국장 요시토메 씨는 한국의 신문 및 방송을 통해서도 잘 알려진 자칭 열혈 '백제인'인데, 그 역시 84세라는 고령으로 언제까지 이러한 활동을 계속할 수 있을지 걱정이 된다. 고령화의 문제는 이러한 모임의 활동, 나아가 한일 양국의 교류에도 영향을 미칠 정도의 요인이 되고 있다고 할 수 있다.

4. 히라카타시 스가하라히가시菅原東 소학교의 활동

스가하라하가시 소학교는 히라카타시 후지사카히가시[藤阪東]에 위치하고 있으며, 2008년 현재 38년 역사를 지닌 초등학교이다.[10] 이 소학교가 박사왕인축제에 참가하기 시작한 것은 1986년부터로, 축제 전에 묘역 주변 청소를 하는 등 지역의 문화재 보호와 한일 양국 교류라는 교육적 효과를 누리고 있다.

그리고 '납량 무궁화 축제'에도 매년 참가하여 학생들이 직접 그림을 그

---

10) 히라카타시 동부의 스가하라 소학교와는 다른 학교이며, 이 학교는 110년의 역사를 가지고 있고, 스가하라히가시 소학교와 마찬가지로 교가에 '왕인박사'가 들어가 있다. 1절 왕인박사와 더욱 깊고, 빛깔도 연고 있는 후지사카[藤阪]여. 나가오[長尾] 마을은 오래도록 영원히 우리학교 피어나리라. 2절 가타노[交野] 고향의 스가하라여. 가르침의 정원에서 배우는 아이들. 좋은 사람이 되어라 그 옛날의 맑은 마음 거울로 삼아(1.王仁のはかせに いと深き 色もゆかり の藤阪や 長尾の里の末永く この学び舎は 栄ゆらん 2.交野の郷の菅原や 教 えの庭に 学ぶ子よ よき人となれ その昔の 清き心を 鏡にて). 이로 미루어 볼 때 히라카타시의 왕인박사 유적은 현재의 양국 교류가 시작되기 이전부터 지역민에게는 강하게 의식되어 왔다고 할 수 있을 것이다.

린 등롱을 전시하는 등, 지역문화축제에 적극적으로 참가하고 있다. 유서 깊은 전통적인 축제는 아닐지라도 지역 주민과 지역의 어린이들이 함께 만들어 나가는 문화행사로서 의미가 있을 뿐 아니라, 무궁화-한국의 꽃-한일 고대 교류의 상징 인물인 왕인박사 등 어린이들이 자연스레 한국의 역사와 문화에 관심을 갖게 하는 계기가 되고 있다고 생각된다.

또한 히라카타시와 영암군이 우호결연을 맺는 것을 계기로 하여, 2004년 11월 영암의 구림초등학교와 우호교류 관계를 맺고 이후 지속적인 교류를 하고 있다. 학년별로 모조지 1매에 각기 학년 소식을 그림 및 사진과 함께 적어 상대국 언어로 번역한 벽신문의 교환은 정례화된 행사의 하나이다. 이 행사를 통해 스가하라히가시[菅原東] 소학교 학생들은 "한글을 배우고 싶다" "한국 무용이 아름답다"[11]는 소감을 말하고 있다. 신문 기사의 제목대로 왕인박사를 매개로 하여 한일 양국의 미래세대인 어린이들의 새로운 교류가 실현된 것이다. 이 외에도 이 소학교의 교가에는 왕인박사에 관한 내용이 담겨있어 흥미를 끈다. 교가가 제정된 것은 1980년 9월 20일이며, 작사자는 아사다 마사미[浅田正己], 작곡은 스즈키 다카미치[鈴米孝道]이다. 교가의 내용을 해석하면 다음과 같다.

① 스가하라 공도 왕인박사도 함께 모시는 언덕. 아침 해가 비추고 바람은 동쪽에서. 옛날과 다름없는 소나무. 빛나는 명예 빛나는 명예. 스가하라히가시 소학교.

---

11) 『민단신문』 2006년 6월 22일자. 「벽신문으로 한국을 가까이-왕인박사 중개 역할」

② 일곱 빛깔 무지개 걸린 호타니가와[穗谷川]. 흐름은 끊임없고 젊은 매의 날갯짓 그림자 비치는 푸른 구름. 빛나는 명예 빛나는 명예. 스가하라히가시 소학교.

교가에 등장하는 스가하라 공은 헤이안[平安]시대 전기의 귀족이자 학자로 이름 높았던 스가와라 미치자네[菅原道眞]를 가리킨다. 학식이 뛰어나 '문장박사' 등을 역임하면서 천황을 보필하였는데, 901년 규슈[九州]의 다자이후[大宰府]로 유배를 갔다. 일본에서는 '학문의 신'으로 추앙받고 있다. 이 학교에서 멀리 떨어지지 않은 '왕인공원' 옆에는 스가하라신사[菅原神社]가 있다. 스가하라신사는 1643년 당시 영주였던 구가이 이나바노카메 마사토시[久貝因幡守正俊]가 가신인 호소야 젠베에[縄谷善兵衛]에게 명하여 신전을 개간하였는데, 그 지역은 1686년 나가오무라[長尾村]로 이름이 바뀌었다. 스가하라신사는 1650년 그의 아들인 마사요[正世]가 조영하였다. 제신은 바로 스가와라노 미치자네이며, 이 신사는 1807년 재건되었다고 한다.

왕인박사가 학문의 신으로 추앙받는 스가와라노 미치자네와 동일선상에서 언급되는 것은 에도시대부터 그 유래를 찾을 수 있다. 에도 중기의 걸출한 유학자인 오규 소라이[荻生徂徠]는 그의 저서 『조래집(徂徠集)』에서, "아득한 옛날에 우리 동방의 나라 사람들은 아무것도 모른 채 지각이 없었다. 그러다가 왕인씨가 있은 뒤에야 백성들이 비로소 글자를 알았고, 황비씨(黃備氏, 나라시대 학자 기비노 마키비[吉備眞備]를 가리킴)가 있은 뒤에야 경예(經藝)가 비로소 전해졌으며, 관원씨(管原氏)가 있은 뒤에야 문사(文史)에 말할 수 있었고, 성와씨(惺窩氏, 16세기 말 유학자인 후지와라 세이카를 가리킴)가 있은 뒤에야 사람마다 말을 할 때에 천(天)을 말하고 성(惺)을 말하게 되었다. 그러니 이 네 분의 군자는 비로 학궁(學宮)에서 대대로 제사

를 지내더라도 괜찮다."고
하였다.[12]

스가하라히가시 소학
교와 스가하라 소학교의
교가에 '왕인박사'와 '스가
와라노 미치자네'라는 이름
이 들어가 있는 것이나, 왕
인공원[13] 근처에 스가하라
신사가 있는 것 역시, 이 인
물들이 '학문의 시조'라는
상징으로서 사람들에게 인
식되어 왔다는 것을 알 수
있는 하나의 사례가 될 것
이다. 또 이러한 '과거'의 인

스가와하히가시 소학교 교가
(『왕인박사 현창사업의 현황과 과제』, 2017, 89쪽)

---

12) 昔在邃古 吾東方之國 泯泯乎罔之覺 在王仁氏以後 民始識字 有黃嘯氏以後 經藝始
傳 有菅原氏以後 文史可誦 有惺窩氏以後 人人言則稱天語聖 斯四君子者雖世尸配 乎
學宮可也「徂徠集」卷之二七, 八丁, 文金堂, 1791년 간행(1736년 서문). 아울러
이 부분은 1823년 간행된 한치윤의 『해동역사(海東繹史)』第六十七卷「人物考
一」의 왕인(王仁) 부분에도 인용되어 있다.

13) '전왕인묘' 인근에 있는 '왕인공원'은 히라카타시가 정비하는 종합공원으로,
1958년에 첫 계획이 수립되었으며, 1973년부터 확장 및 정비공사가 실시되었
다. 수영장 및 테니스 코트 등의 체육시설을 갖춘 93,000평방미터의 넓은 면적
의 공원으로 히라카타시에서는 세 번째로 큰 공원이다. 그 명칭은 인근의 '전왕
인묘'를 따서 붙여진 것으로 시민들에게 위의 사적과 연동하여 그 위치를 알기
쉽게 하기 위한 것이라고 한다.

식이 지역 주민과 어린 학생들에게 이어지고 있다고 평가할 수 있겠다.

5. 왕인박사를 매개로 한 한·일 교류를 바라보는 시선

한편 왕인박사 현창사업에 대해서는 두 가지 우려의 시선이 교차하는데, 하나는 역사적으로 고증이 어려운 인물을 실체화한다는 것이며, 다른하나는 근대기에 행해진 현창사업의 문제점, 즉 왕인박사 현창사업의 원인이 당시 '내선일체(內鮮一體)' 정책에서 비롯되었다는 점이다.[14] 여기에서는그러한 주장을 염두에 두면서 왕인박사 현창사업에 있어 우리가 고민해야할 무엇인가에 대해 생각해보고자 한다. 그 전에 왕인박사에 대한 전승의양상을 먼저 살펴보겠다. 왕인박사 현창이 구체적인 모습을 띠는 것은 18세기에 들어서이다. 아래의 표는 그 내용을 연도순으로 정리한 것이다.

근세~근대 일본 히라카타시 왕인박사 현창 관련 연도 및 내용	
1616년	원형 자연석의 전승	히라카타시 긴야[禁野]의 와다데라[和田寺][15]의 주승인이었던 니시무라 도슌[西村道俊][16]이

---

14) 특히 이 같은 문제 제기를 하는 논문으로는 김달수, 「僞史朝鮮, 王仁の墓地と誕生地-粒川誠所と金昌洙」, 『むくげ通信』 181호, 2000 ; 스나구찌 다이스케, 「확인되지 않은 현대인의 기억 만들기-한일 양국의 왕인현창 사례를 중심으로-」 연세대학교 석사학위 논문, 2008 ; 도진순 「왕인현창의 양면-민족주의와 식민주의, 연계와 변주-」, 『역사학보』 제226호, 2015를 들 수 있다.

15) 와다데라는 진언종 오무로파(御室派)의 닌나지[仁和寺]의 말사이다. 창건에 대한 상세한 내용은 알 수 없으나, 사전(寺傳)에 따르면 홍법대사(弘法大師, 헤이

	1616년에 쓴 「왕인 분묘래 조기(王仁墳廟來朝記)」를 보면, 도슌은 스스로 백제의 후손이라 일컬으며, 박사왕인을 "본조 유풍의 시조(本朝之儒風之始祖也)"라고 규정하고, 현재의 히라카타시 후지사카에서 박사왕인이 생애를 마쳤다고 하였다. 그리고 그 후예인 가와치노후미[河內文][17]가 이곳에 묘를 만들었다고 적고 있다. 또한 '오니바카[オに墓]'라는 것은 '와니[於爾]' 즉 왕인이 잘못 전와(轉訛)된 것이라고도 쓰고 있음.

안시대 승려 구카이[空海를 가리킴)가 사천왕사(四天王寺)에 안치되었던 약사여래입상을 옮겨와 본존으로 하여 개창하였다고 한다. 그 뒤로 황폐해졌으나, 남북조시대의 무장 와다 겐슈[和田賢秀]가 재흥하여 절 이름을 '와다데라'라고 고쳤다. 1874년(明治7)에 폐사되지만, 1890년(明治23)에 나기사노인[渚院]의 관음사(観音寺)를 옮겨 본당으로 하여 부활했다. 본존인 약사여래입상은 가마쿠라[鎌倉]시대(1185~1333) 작품으로서, 시의 유형문화재로 등록되었다.

16) 니시무라 가문의 선조는 박사왕인의 원손(遠孫)인 百濟廣國이라고 하는데, 원래 야마토국(大和國) 도이치군(十市郡) 구다라코[百濟鄕]에서 살다가, 하리마(播磨, 지금의 효고현 남서부)로 옮겼으며, 그 후 각기 분기하여 히가시무라 혹은 니시무라 라는 성을 가졌다고 한다. 무로마치 말기 니시무라 씨는 가와치에서 정주하게 되었다. 16세기 말 니시무라 도시아키[西村俊秋]는 도요토미 히데요시 가문의 가신이 되었으며, 본문의 도슌은 그의 차남이다.

17) 가와치노후미는 '西文'이라고도 쓰는데, 이러한 백제계 씨족의 고대 일본 내 세력범위 및 활약상에 대해서는 박재용, 「고대 일본 蘇我氏와 百濟系 씨족」, 『한국 고대사 학회 제150회 정기발표회』(2016) 참조. 박재용은 야마토 정권의 시작은 야마토 지방이었지만 가와치[河內] 지역의 백제계 씨족들을 통하여 고대 국가 완성의 제반요소를 완성하였다고 주장한다.

근세~근대 일본 히라카타시 왕인박사 현창 관련 연도 및 내용		
1731년	박사왕인지묘 (博士王仁之墓)의 건립	에도시대 교토의 유학자 나미카와 세이쇼[竝川誠所, 또는 竝川五一郎, 竝河五市郎]는 고학파 이토 진사이[伊藤仁齊]의 문인으로, 오사카 마치부교의 후원에 힘입어 1729년부터 6년 동안 각지를 답사하고 고서와 고지도를 고증한 후, 친구이자 지리학자인 세키 소고[關祖衡]의 유지를 이어 『여지통지오기지부(輿地通誌五畿之部)』[18]를 편찬하였다. 답사를 하던 중 나미카와는 와다데라의 기록을 보고, 마을 사람들이 제사를 지내던 자연석을 왕인박사의 묘라고 고증하고, 대관(大官)을 통해 이 사실을 영주 구가이 이나바노카미 마사유키[久貝因幡守正順]에게 진언하여 '박사왕인지묘'를 건립하게 하였음.
1827년	현창비 건립	쇼다이무라[招提村, 지금의 히라카타시]에 살던, 당시 교토의 아리스카와노미야[有栖川宮][19]를 모시던 이에무라 마고에몬[家村孫右衛門]은 『왕인구기(王仁舊記)』를 소장하고 있었는데, 같은 궁가의 유신(儒臣)이던 아야베 기미아키[漢部公明]가 그에게 왕인묘비 건립에 관하여 상의하고, 아리스카와노미야 다루히토[有栖川宮熾仁] 친왕에게 청하여 친필로 '박사왕인분(博士王仁墳)'이라고 쓴 비를 언덕에 건립하였다.

18) 본서는 총 61권인데 일반적으로 『五畿內誌』라고 불리는 까닭은, 기내부 편만이 남아있기 때문이다. 1735~6년에 오사카, 교토, 에도에서 출판되었다. 막부에 의한 최초의 막찬지지(幕撰地誌)라고 일컬어지며, 이후의 지지 편찬에 크게 영향을 끼친 것으로 평가된다.

19) 에도시대 당대 천황과의 혈통의 원근에 상관없이 친왕선하(直下)에 의해 친왕의 지위를 유지했던 4친왕가(親王家)의 하나이다.

근세~근대 일본 히라카타시 왕인박사 현창 관련 연도 및 내용		
		당시 아야베씨는 묘역 정비를 위해 기부금을 모집하러 단바[丹波, 지금의 효고현]로 갔다가 이후 소식이 끊겼다고 함.[20]
1892~ 1894년	왕인묘역 확장 사업	스가하라무라의 촌장이었던 야마나카 요사브로[山中與三郎] 및 데라지마 히코사브로[寺島彦三郎][21]를 중심으로 마을 부흥을 위해 유지들을 모아 묘역의 확장을 꾀하였다. 당시 오사카부의 지사 야마다 노부미치[山田信道]의 인가를 받아서, 기부금을 모집하여 묘역 주변의 사유지 1,523평을 사들여 분묘지로 기부하고, 묘역 주위에 돌담을 쌓았다. 왕인신사 건립을 계획하고 일본 전국에서 기부금을 모아 성대한 기공식을 가지려고 하였으나, 청일전쟁으로 인해 모두 중단됨.
1899년	왕인제전 계획	오사카 고쓰신사[高津神社]에서 거행된 닌토쿠[仁德] 천황 1500년제에 겸하여 제전을 계획하고 왕인박사 묘역 확장의 계속 사업을 꾀하여 전국에서 기부금을 모집하였다. 당시 이웃 마을[永室村]의 중의원 의원이었던 후카오 류조[深尾龍三]가 이러한 취지를 도쿄에서 선전하여 당시 중앙의 고관들도 크게 찬동하였다.[22] 중

---

20) 이러한 내용은 도가와[戶川教了] 소장 「河內國交野郡招提村家村犬次郎より聞書」에 들어 있다고 한다. 왕인박사 현창에 관하여 나미카와 세이쇼가 고증한 바는 많이 알려져 있지만, 1827년의 현창에 대한 상세 내용은 가타야마 조조[片山長三] 씨의 유고(1955)에 의하였다. 왕인총 환경 수호회 편, 『왕인총』, 1989, 19~21쪽 참조.

21) 데라지마는 『博士王仁』(特志發行事務所, 1908)의 저자이기도 하다.

22) 당시 찬동자들 가운데는 우리에게도 잘 알려진 이토 히로부미나 야마카타 아

근세~근대 일본 히라카타시 왕인박사 현창 관련 연도 및 내용		
		앙의 성원에 크게 놀란 마을 사람들은 민간금융 조합이라 할 수 있는 다노모시코[賴母子講]를 조직하여 기념비 건설 등 묘역 중수사업에 힘을 쏟기도 하였다. 그러나 이 역시 러일전쟁으로 중단됨.
1927~1930년	왕인신사 건립계획	내선융화를 꾀하여 야마다 시치헤이[山田七平]는 왕인신사 창립을 출원하고 신사봉찬회를 조직하여 당시 백작의 지위를 얻었던 오가사와라 나가요시[小笠原長幹]를 회장으로 삼았다. 1930년에는 봉고제(奉告祭)와 지진제(地鎭祭)를 성대하게 치렀다. 이후 만철(滿鐵) 등의 출자와 여러 유지들의 기부금을 얻어 묘비 주변에 돌기둥으로 된 울타리를 조영하고 석등을 세우기도 하였다. 이후 중일전쟁과 세계대전 발발로 계획은 중단됨.
1934년	사적 지정 청원	스가하라무라의 촌장인 다다 신지로[多田信次郎]가 오사카부에 '사적 보존 현창 조사보고서'인 「왕인묘」를 제출함.
1937년	오사카부 지사 회답	오사카부 사적명승천연기념물의 하나로 지정하도록 심의위원회에 의견 회부함.
1938년	사적 지정	'전왕인묘(傳王仁墓)'가 오사카부 사적 제13호로 지정됨.
1940년	묘역 울타리 조영	당시 간사이 지역 재계의 대표격이었던 스기 미치스케[杉道助]의 노력으로 묘역 주변에 울타리[玉垣]를 조영함.

리토모[山縣有朋] 등의 이름도 보인다.

위의 표에서도 알 수 있듯이, 왕인박사 현창사업에 있어서 근대기에 '내선일체'라는 목적이 분명해졌던 것은 알 수 있다. 특히 도진순의 논고에서도 상세히 밝히고 있듯이, 도쿄 우에노[上野] 공원의 왕인박사 동상은 명백히 그러한 목적의식에서 건립된 것이며, 지금 히라카타시 왕인박사 묘비 주변에 세워진 돌기둥에 새겨진 기부자 이름[23]을 보아도, 당시 정계와 재계 인물들의 이름을 확인할 수 있다.

그러나 이러한 사례를 들어 왕인박사 현창사업의 전체를 평가하는 것은, 일부로써 전체를 폄하하는 것이 될 수 있다. 필자는 이러한 현창사업의 성격이 민족주의와 식민주의만으로 설명되지 않는 '보편성'을 찾을 수 있다고 생각한다. 즉 왕인박사를 기리려는 구체적인 노력은, 현존하는 사료로 확인하는 한 내선일체를 표방하던 근대기보다 훨씬 이전인 에도시대 이래로 계속되어 왔다고 볼 수 있으며, 그 주체 또한 왕인박사의 후예인 도래인 집단이었다고 할 수 있다. 유학과 학문의 시조, 즉 '문명'의 전달자로서 왕인박사를 보려는 시좌(視座)에는, 그 문명이 갖는 '보편성'을 향한 의지가 담겨 있다고 생각한다.

6. 맺음말

본고에서는 히라카타시의 민간에서 행해지고 있는 왕인박사 현창사업

---

23) 이 돌기둥의 이름에는 야마다 시치헤이를 비롯하여, 남만주철도주식회사, 흑룡회 소속의 인물 이름까지 보인다.

의 양상에 대하여 살펴보았다. '왕인총 환경 수호회'라는 이름은 한글용 명함에 새겨진 이름이고, 원래대로라면 '왕인총의 환경을 지키는 모임'이다. 이 소박한 이름을 통해서도 알 수 있듯이, 현재 히라카타시의 왕인박사 현창의 중요한 주체인 '마을 사람들은' 그야말로 마을의 환경 가꾸기를 통해 마을의 역사를 배우고 더 나아가 한국과의 더 나은 관계를 위한 교류를 소망하는 평범한 사람들이다. 왕인박사 현창사업을 식민주의라고 비판하는 관점은 그 나름 논리와 의미를 갖지만, 그렇다고 해서 현재의 현창사업을 내선일체의 기억을 망각한 "무척이나 위험한 일"이라거나 "역사 기억의 전복(顚覆)"이라고 평가하는 시점에는 문제가 있다고 생각한다. 특히 왕인박사 현창과 관련하여 "역사적 사실에 기초해야" 함을 강조하면서, "절대적으로 자료가 빈약한" 왕인박사 전승을 "고대 한일 문화교류 전반에 대해 더욱 과학적이고 학문적인 연구가 선행되어야 한다"고 주장하지만,[24] 그 취지는 충분히 이해한다.

본문에서 고찰하였듯이 왕인의 전승과 현창은 근세기부터 시작되어 그 뒤로 이어졌다. 긴 역사 중에서 어느 일정 시기에 행해진 정치적 목적을 달성하려 했던(정치목적적인) 현창사업의 문제점을 지적하는 것과, 현창사업의 현재적 의의를 찾으려는 것은 별개로 봐야 하지 않을까? 그것은 마치 단군신화가 역사적 사실임을 증거할 수 없지만, 우리는 이를 역사성의 상징으로서 수용하고 있는 것과 마찬가지가 아닐까? 이미 대부분의 사람들이 그 신화가 상징하는 '실재'를 알고 있다는 점을 생각하면, 단군신화를 곰과 호랑이가 나오는 말도 안 되는 이야기로 폄하해야 할 필요성은 찾기 어렵다

---

24) 도진순, 앞의 논문, 217~218쪽.

고 여겨진다.

무엇보다 한가지 기억하고 싶은 것은, 히라카타시에 살면서 해마다 3월 3일에 왕인박사를 제사했다는 전금출(田金出) 씨의 사례이다. 전 씨는 1945년 봄에 지금의 묘역 인근의 육군병원 건설 현장에 인부로 동원된 조선인으로, 일본의 패전 후에도 고국으로 귀국하지 못하고 현지에 남게 되었다고 한다. 전전(戰前)에는 다수의 조선인이 이곳에 살고 있었으나 대부분 귀국하고, 1955년 무렵에는 열 가구 정도가 남게 되었다고 한다. 이들이 모여 묘전제를 실시해 왔다는 것이다.[25]

전 씨는 왕인을 추모하는 한시를 남기기도 하였다.

博士王仁夫子之墓奉仕拾周年追慕誌
(박사왕인 부자의 묘 봉사 10주년을 추모하며)

金剛山人(전 씨의 아호)

朝鮮千字入德門 조선에서 전해온 천자문 덕으로 들어가는 문이요

論語七篇入道誌 논어 7편 도에 들어가는 표지라네

文教始祖王仁師 문교의 시조 왕인선생

歸國何故今時運 귀국이 어찌하여 지금까지도 더딘가

使任身體百濟士 사명을 맡은 몸 백제의 선비로

死骨白骨日本地 죽어 백골이 된 곳은 일본 땅

---

25) 가타야마, 앞의 글, 22~23쪽. 이 마을에 살았던 조선인들이 묘전제를 거행해 왔다는 사실은, '왕인총 환경 수호회'의 제2대 회장을 역임한 야마다 고마키치[山田駒吉] 씨의 회고에서도 나타난다. 왕인총환경수호회 『왕인총』, 31~32쪽.

恩魂眞靈長不散 은혜롭고 신성한 영혼은 오래도록 흩어지지 않으니

億秋萬古藤坂地 억만년 긴 세월 후지사카 땅에 머무네

東洋琵瑟寺手謠 먼바다 바라보며 비슬을 타고 절에서 손수 불렀을 노래

分明順恨曲中志 바람과 한이 노래 속에 또렷이 담겨 있네

人生之事如流水 인생은 흐르는 물처럼 덧없이 지나갔지만

傳學學習永世知 전수한 학문 배우고 익혀 길이길이 알려졌네

一條一合誠心集 한 푼 한 푼에 정성스런 마음 모였으니

十年奉仕植物示 십년 봉사 저 나무가 보여주네

雙照尊香老古木 향을 올리는 두 그루 고목

靑節細葉和陽枝 푸른 마디마다 가느다란 이파리와 양기를 머금은 가지

圓形石前歲伏納 동그란 돌 앞에 해마다 엎드려 바치네

三月三辰春祭期 삼월 삼짓날 춘제에서

이 시에는 망향의 정과 타향살이의 설움, 그리고 고국에서 온 먼 선조라고도 할 수 있는 왕인박사에 대한 숭모의 정이 고스란히 드러난다. 선조(先祖)를 기리는 마음까지 '내선일체에 동원된 식민주의'라고 하기에, 현재를 살아가는 후손으로서 미안한 마음이 먼저 드는 것은 감상주의에 지나지 않는 것일까? 그리고 당시 조선인들의 이러한 활동이 현지 일본인들의 마음을 움직인 것이며, 그러한 움직임이 더 확대되어 지금의 왕인박사 현창사업을 통한 교류를 만들어 낸 것이라 판단된다. 근대기의 그러한 정치목적적인 현창 사업 역시 '역사적 사실'의 일부분으로 수용하고 그 오류를 기억하며 반성하는 것, 그리고 더 나은 미래를 위해 역사의 과오를 극복하는 것도 현재를 살아가는 우리들의 과제일 것이다.[26] 바로 이것이 과거의 '기억'을 잊지 않은 새로운 '기억 만들기'가 될 것이다.

마지막으로 영암군과 히라카타시의 우호 교류를 더욱 발전시키기 위한 제언으로 글을 마무리하고자 한다. 필자는 현재의 교류가 왕인박사의 업적을 확인하는 데서 그치지 않고, 그 업적이 문명사의 보편이었음을 인식하는 한편, 그 '보편성'을 토대로 다양한 분야에서 시민 간 교류가 더욱 활성화되어야 할 것이라고 생각한다. 그러기 위해서는 관(官)의 협력이 필수적일 것이다. 다양한 아이디어 공모 및 기획에 대하여 더 많은 고민을 기울여 줄 것을 영암군에 당부드린다. 그리고 항상 필자를 불편하게 하는 사실이 우리나라는 모든 것이 서울과 수도권을 중심으로 돌아간다는 것인데, 이번에 이 글을 준비하면서 여러 사람들을 만나게 되었는데, 영암군과 히라카타시는 교류를 위한 물리적 거리가 너무 먼 것 같다. 만약 '인천공항이 아닌 무안공항을 활용하여 오사카의 이타미[伊丹] 국제공항이나 간사이[関西] 국제공항이 바로 연결된다면…' 하는 바람이 있다. 왕인박사 현창을 통해 양국의 내실 있는 교류, 미래세대를 위한 다리 놓기가 멈추지 않기를 바라마지 않는다.

---

26) 근대기의 왕인박사 현창사업이 내선일체의 '미명' 하에 동원되었다는 사실과 이에 대한 반성은 가타시오 지로[片鹽二郎]의 「文字百景—文字渡来の碑に佇んでおもう」, 『續王仁塚』 1998, 18~22쪽, 그리고 요시토메 씨나 미야지마 씨의 인터뷰를 통해서도 드러나고 있다.

【참고문헌】

1. 자료

『海東繹史』(韓致奫)

『경향신문』 1979년 2일 1일

『경향신문』 1984년 9월 28일

『주간 경향』 1984년 12월호

『読売新聞』 1984년 11월 12일

『枚方市史』 別卷(枚方市史編纂委員會, 1995)

『民團新聞』 2006년 6월 22일

『博士王仁』(寺島彦三郎, 特志發行事務所, 1908)

『續王仁塚』(王仁塚環境守護會, 1998)

『王仁塚』(王仁塚環境守護會, 1989)

2. 논저

도진순 「왕인현창의 양면-민족주의와 식민주의, 연계와 변주-」, 『역사학
　　보』 제226호, 2015.

박재용, 「고대 일본 蘇我氏와 百濟系 씨족」, 『한국고대사 학회 제150회 정기
　　발표회 자료집』, 2016.

스나구찌 다이스케, 「확인되지 않은 현대인의 기억 만들기-한일 양국의 왕
　　인현창 사례를 중심으로-」, 연세대학교 석사학위 논문, 2008.

김달수, 「僞史朝鮮, 王仁の墓地と誕生地一竝川誠所と金昌洙」, 『むくげ通信』

181호, 2000.

片鹽二郎,「文字百景―文字渡来の碑に佇んでおもう」,『續王仁塚』, 1998.

※ 이 논문은 『왕인박사 현창사업의 현황과 과제』(왕인문화연구소 편, 사단법인 왕인박사현창협회, 2017년 12월)에 실린 글을 수정·보완한 것임―편집자.

제3장

日本地方自治団体の
王仁博士遺蹟地造成事業の現況と課題
- 王仁博士の功績と地域の活性化を求めて -

松本茂幸 _ 前 日本国佐賀県神埼市長

1. 領事館との出会い —王仁博士との出会い—
2. 歴史探求 —王仁天満宮祠い—
3. 歴史探求 —吉野ヶ里遺跡の発掘—
4. 霊岩郡の王仁博士公園と神埼町の関わり
5. 交流の再開
6. 王仁博士頭彰公園建設の夢実現
7. 神埼市の紹介・PR

　皆さん、今日は。只今、紹介いただきました日本国佐賀県神埼市、市長の松本茂幸と申します。本日は、『2017・王仁博士学術大会』にお招きを頂き、誠に光栄に存じております。私ごとき浅学菲才の者が、皆様を前にしてお話できるような者ではありませんが、失礼を承知の上、持てる力の全てをもって、課せられました時間を務めてまいりますので、内容拙いところはご容赦のほどをよろしくお願いします。

　私自身のことについて、ご紹介をしたいと思います。

　日本国佐賀県神埼市の神埼町で、農家の二男として、1950年8月2日に生まれ、地元の小桜保育園、神埼小学校、神埼中学校、神埼高等学校に学びました。ご覧のとおり神埼市は、北は1055mの背振山から、南は有明海に注ぐ筑後川の河口に連なる平坦な佐賀平野となっています。その平野の

中央部に私の家はあります。

　さらに、私は、高校を卒業後、地元の神埼町役場に勤めることになり、私は、1992年3月6日に初めて大韓民国霊岩郡を訪れる機会に巡り合うことができました。そのとき、日本国の私の地方の風景は、霊岩郡の地方の風景とよく似通っていると思いました。ちょっとオーバーな言い方でありますが、私は、「ふるさとに来たような感じがしますね。」とお話した事をはっきりと記憶しています。

　皆さん方も、日本国神埼市にお出でいただければ、似通った風景に、きっと、違和感なく、受け入れていただけるものと思います。

　是非、神埼市を訪れてください。心から歓迎いたします。

1. 領事館との出会い ―王仁博士との出会い―

　ところで、私が、大韓民国全羅南道霊岩郡を訪れることとなった事由は、今から28年前、1989年、佐賀県鳥栖市内において、「在日韓国人の集い?」だったと思いますが、これが開催されたのに、招待参加を致したとき、駐日福岡大韓民国総領事館の文化担当の韓萬春領事との出会いにありました。まさに、この出会いは奇遇な、大きく発展する契機でありました。互いの名刺の交換といった、この出会いの中で、韓(ハン)領事の発した言葉であります。「ワニという地域や建物、いわれなどありませんか？聞いたことがありませんか?」との問いかげでありました。私は、「'ワニ'とは何ですか」と問い返しました。すると、百済の国から日本に漢学・文字を伝えた王仁博士のことだとの説明を受けました。その時点では、神埼町内に

は、ワニと発音する'鰐神社'はありますが、文字が違います。「王仁」と「鰐」と違いますと指摘すると、韓領事は、「変化しているかもしれません」と言われ、是非とも一度、鰐神社を訪問して確かめてみたいとのことでした。後日の来訪を約束してお別れをしたしだいです。

そして、翌年、6月の雨の降る日に、韓領事が来訪されたので、鰐神社に案内すると、神社の境内をよくよく注視され、「王仁天満宮」の祠を見られ、強く、興奮気味に「これは何ですか」と言葉を大きく、強く、目を大きく見開き、私に発せられたことを鮮明に覚えています。私は、何も全く知らなかったので、けげんな表情をして、「わかりません」と答えました。このことで、私にとっての鰐天満宮と王仁博士との関わりが始まるわけです。

その後、駐福岡大韓民国総領事館及び韓国観光公社福岡支店の方々との訪問、面会、連絡と調整といった交流を数多く行うこととなりました。

駐福岡大韓民国総領事館で当時出会う人(名簿整理順)

役職	氏名	備考
副領事	朴(パク) 한(ハン)善(ソン)	
副領事	朴(パク) 奉洙(ポンス)	
総領事	崔 容燦	1990. 8. 26.
領事	姜(カン) 俊(シュン)馨(ヒョン)	1990. 8. 26.
領事	成(タン) 龍(ヨン)吉(キル)	1990. 8. 31.
領事	韓(ハン) 萬(マン)春(チュン)	1990. 8. 31.
総領事	金(キム) 権(コン)萬(マン)	1991. 5. 8.
領事	金(キム) 富永(ボコン)	1991. 5. 8.

国営　韓国観光公社 福岡支社で当時出会う人

役職	氏名	備考
支社長	金(キム) 載(ジェ)元(ウォン)	
支社長	閔(ミン) 炳(ビン)浩(ホ)	
次長	文(ムン) 相(サン)惠(エ)	
次長	金(キム) 榮(ヨウ)湖(ホ)	
	金(キム) 大(デ)□(ホ)	

2. 歴史探求 ―王仁天滿宮祠い―

　次に、まず、神埼市竹原にある『王仁天満宮』の祠がどうして存在しているのかを調べることにしました。

① 地域のご年配者に、「百済の国から日本に文学・漢学を伝えた王仁博士がこの地に来たのではないのかとのお尋ねがあったので、この祠について、話り継がれていること、知っていることがあれば、教えてほしい」と聞きまわったけれども、誰一人、知る人はいませんでした。

② しかし、竹原にある淨土宗淨円寺住職の藤野氏から、「あの祠は、1000年に、当時の浄円寺住職が、朽ちてるやのを改めて復元、造ったものだと聞き及んでいる」と聞くことができました。

③ ここで、私は、領事が言われる王仁博士が竹原の此処の地に来られた所、そうであろうと、否、きっとそうだと、私は、私の心に決定

しました。そこで、王仁博士が、日本に文字・漢字を伝えたという歴史的な資料、文献等があるのかを調べることにしました。

④『日本書紀』及び『古事記』に 文字・漢字の伝搬についての記述があることを知りました。歴史について調べると同時に、領事との交流を重ね、意見のやり取りとともに、ますます、王仁博士を介した相互のつながりを強くしていくことになりました。

3. 歴史探求 —吉野ヶ里遺跡の発掘—

一方、神埼市においては、工業団地60haの造成を図るための埋蔵文化財の調査が、1986年から竹原地区を合め、隣接地区に及ぶ広範囲の農業用地で調査が行われました。

① 調査が進められ、文化財担当職員には、この発掘調査現場が持つ価値、意義などは既に把握していたと思われます。ただし、その当時における埋蔵文化財の調査結果は、埋蔵文化財を残すことよりも、一般的に記録保存されるのが常識となっていました。当該土地の利活用目的に適う開発利用を進める前提に条件づけられた法律「文化財保護法」による埋蔵物調査を行うこととし、記録保存されるのが普通に行われていました。これは、文化財にかかわる職員、学者等にすれば、大変辛く、忍び難い事だったことでしょう。よって、吉野ヶ里地区の発堀調査担当者及びその関係者は、発掘内容が持つ価値、意義等について他に漏らすことなく、調査を進めて来ていたと思わ

れます。

② そこで、調査内容の遺跡の歴史的意義とその価値が、1989年2月23
日の朝日新聞朝刊一面に大々的に発表されることになりました。翌
日は、新聞各社、テレビ局各社が殺到しての発表となりました。翌
日は、全報道関係機関のトップ報道となり、その後は、毎日、現地
は人ばかり、交通整理を行わなければならない状況でした。余談で
ありますが、発掘遺跡の報道以来、毎日、来訪者が多いことから、
おのずと、売店や休憩所、案内所といったものが出来て、観光的な
行政窓口、担当が求められることとなり、役所内に商工観光係が同
年8月1日に設置されることになりました。私がその初代の係長とし
て配属されることになり、王仁博士とのかかわりから韓国との交流
関係を持つ契機になったわけです。

③ さらに、発無調合が進むにつれ、ますます『魏志倭人伝』の記述内容
と一致する現場が出現することとなり、邪馬台国ではないのかと
の、マスコミ及び日本国内で一大フィーパーが巻き起こりました。
今日でも、邪馬台国の位置については、近畿地方説、九州地方説、
及び、九州地方から近畿地方への移動説が話られていますが、私
は、九州地方から近畿地方へ移動したとされる移動説が無理なく理
解できることで支持しています。

④ 発掘調査される吉野ヶ里遺跡が、邪馬台国時代の有力な地域であっ
たことには違いない事で、地処が邪馬合国の本拠地でなくても、非
常に有力な役職人が居住していたことは容易に考えられます。

⑤ それでは、先の『王仁天満宮』の祠のあった竹原地区と吉野ヶ里適跡
との位置関係ですが、吉野ヶ里道跡のすぐ西隣り、200mぐらいの

位置に王仁天満宮祠は存在しています。また、当時の海岸線は吉野
ヶ里遺跡の1km程度の距離にあったと言われています。現に、有明海
の潮の干満差は5から6mあり、遺跡のすぐ近くまで、有明海の海岸
線は迫っていました。その当時は、海と川を利用した海運、水運が
活発に展開していたことが想像されます。

⑥ 以上のような位置関係と、当時の状況を考え合わせると、百済の国
から日本に文字・漢字を伝えたと言う王仁博士は、海路、水路を通
って、我が、神埼市 竹原の地に上陸したと考えることは、至極、妥
当な見方であると思います。

⑦ 私には、歴史的、史実がどうだと言ったことの証明はできません。
でも、私は、佐賀県神埼市々長の私は、はなはだ勝手と思います
が、王仁博士は有明海を通って我が神埼市竹原に渡日されたと決め
ました。これは、夢です。ロマンであります。

4. 霊岩郡の王仁博士公園と神埼町の関わり

駐福岡韓国総領事館の領事から知った、王仁博士と神埼市竹原の鰐神
社・王仁天満宮祠との関係をもっと良く知りたい、との思いから、全羅南
道霊岩郡を訪問することとしました。これには、旧神埼町時代の神埼町観
光協会の水田正文会長のご尽力によるたまもの以外には在り得なかったこ
とです。また、当時の領事館職員であった曺亮淳(チョウ ヤンスン)氏の同
様な理解と協力が在ってのことであり、お礼と感謝の念でいっぱいであり
ます。

① 当時、水田正文氏は、地元最大手の建設事業を営む経営者でありましたので、広く行政、まちの発展、振興に尽力いただいておりました。そこで、水田正文氏は、町観光協会会長就任の依頼を受け、1989年10月1日に、観光協会会長職を引き受けられました。就任以来、会長は韓国霊岩郡との連絡調整等に積極的に当たられ、1991年に初めて、水田正文氏と曺亮淳(チョウ ヤンスン)氏と私の3人で、霊岩郡の王仁博士公園を訪問いたしました。その当時は、まだまだ、建設途上でありました。現在においても建設途中であるのではないかと思っています。

② その当時のチラシでは、誕生地、祠堂、遺墟碑、それに、管理事務所などとトイレが表示されていました。今日に比べ、施設は僅かであったことを記憶しています。

③ それから、1992年8月25日～28日の2泊3日で、王仁博士生誕地探訪ツアーを募り、75名で霊岩郡を訪れました。

その後は、翌年の1993年に再度、霊岩郡王仁博士遺跡を訪れました。

しかし、その後は、しばらくの間、神場町の行政の力点が異なったことから、交流訪問が途絶えることになりました。

王仁博士生誕地探訪ツアー参加者(1992年8月25日～28日)

団長	水田正文	観光協会会長	駅通り	団員	武廣銀次郎	一般	佐賀市
副団長	井上寅夫	観光協会副会長	仁比山	同上	立山 卓	一般	久留米市
副団長	平 三代志	議會副議長	竹原	同上	田中隆子	一般	駅通り

団長	水田正文	観光協会長	駅通り	団員	武廣銀次郎	一般	佐賀市
団員	岡本益善	観光協会理事	駅通り	同上	田中辰之	一般	姉川西分
同上	小柳正信	同上	二子	同上	田中 宏	一般	姉川西分
同上	野口 守		丁目	同上	直塚 茂	一般	駅通り
同上	松本武之祐		上六丁	同上	中尾義之	一般	みやき町
同上	田中敬典	議会総務委員長	駅通り	同上	中島秀利	一般	崎村
同上	宮島 清	議会総務委員	本堀	同上	中尾義之	一般	駅通り
同上	小柳利文	議會文副委員長	二子	同上	長野正弘	一般	駅通り
同上	原 一元	議会産業委員	協和町	同上	成富 丞	一般	佐賀市
同上	古賀 卓	町教育委員	志波屋	同上	西久保健	一般	佐賀市
同上	田原良平	町社会教育係長	西小津	同上	野口富子	一般	西小津
同上	深川信義	町商工観光課長	協和町	同上	野崎俊夫	一般	江北町
同上	松本茂幸	町商工観光係長	荒堅目	同上	野田宣祐	一般	本堀
同上	糸山勲夫	町商工観光課員	野目ケ	同上	平方正隆	一般	岩田
同上	松本四朗	区長会代表	荒堅目	同上	舩津孝弘	一般	八子
同上	増田ヒデ	婦人会代表	小津ケ	同上	舩津武嗣	一般	本堀
同上	堤 紀代子	郷土研究会代表	駅ヶ里	同上	舩津敏男	一般	鶴田
同上	桑原 昇	佐賀新聞記者	佐賀市	同上	増田昭一	一般	三丁目
同上	安部源一郎	一般	佐賀市	同上	松江清太	一般	北方町
同上	大久保忠吾	一般	本堀	同上	松本賢治	一般	荒堅目
同上	大谷俊男	一般	駅通り	同上	松本佐太郎	一般	竹原
同上	大坪新三	一般	三根町	同上	松本玉樹	一般	竹原
同上	大坪昌生	一般	東背振	同上	松本ハヤノ	一般	荒堅目
同上	岡本敬子	一般	駅通り	同上	水田美代子	一般	駅通り
同上	小田律子	一般	駅通り	同上	宮口富久	一般	鶴
同上	嘉村次男	一般	大依	同上	宮島亜紀	一般	本堀
同上	川浪恒男	一般	川寄	同上	宮島亜弓	一般	本堀
同上	木下嘉弘	一般	佐賀市	同上	宮島多美子	一般	本堀
同上	倉冨登美榮	一般	小渕	同上	宮島友子	一般	本堀

団長	水田正文	観光協会長		駅通り	団員	武廣銀次郎	一般	佐賀市
同上	倉冨富男	一般		小渕	同上	宮島久子	一般	小渕
同上	桑原 健	一般		上峰町	同上	牟田喜則	一般	小城市
同上	古賀慶治	一般		大川市	同上	山口 久	一般	佐賀市
同上	古賀貞美	一般		下板	同上	山崎瑞男	一般	一丁目
同上	佐藤清美	一般		平ヶ里	同上	山崎安正	一般	姉川東
同上	園田弘報	一般		尾崎東	同上	吉村ツヤ子	一般	田道ケ里
同上	竹下治彦	一般		駅ヶ里	同上	吉村春代	一般	田道ケ里
同上	渡邊英幸	一般		小津ケ				

5. 交流の再開

　日本では、2000年前後において地方分権推進が叫ばれ、それぞれの市町村の責任において、地域の実情に応じたまちづくりが求められることとなりました。爾来、地方創生の名のもとに地域活性化が強く求められるようになっています。わが神埼町においても、まちの活性化に向けた取り組みが行われました。

　そのような中で、町の職員である私は、他の市町村にはないものといえば、どのまちにも等しく時(とき)、暦(れき)は流れていきますが、それぞれの地勢とそこに住む人々によって刻まれた歴史(れきし)は一つとして同一のものはあり得ないと思います。ですから、わが町の歴史には興味をもち、少しずつかかわりを持ってきていました。知識を蓄えておれば、何時か、町に役立つときがあれば … と思っていました。

　時に、2005年3月1日、神埼町長となった私は、町のトップとなったこ

とから、これからのまちづくりに直接、かかわり、全責任をもって臨むことができることとなりました。翌、2006年3月20日には神埼町、千代田駅、及び、背振料の3日町村が合併して、新しく神埼市が誕生しました。

　私は、幸運にも引き続さ、この神埼市市長に当選し、さらに広範囲にわたるトップとしてのまちづくりに携わることとなったわけです。新しく誕生をした神埼市の活性化を推進していかねばならない立場となった私は、町の活性化は職員の時期から考えていたように地域の歴史を生かしたまちづくりに勝るものなしとの信念から、当然のごとく、神埼市竹原にある「王仁天満宮」祠を生かすべき活性化を図る政策を進めることになるわけです。

① さっそく、神埼市観光協会の整備充実を行い、竹原地区の皆さんの理解と協力を得られる歴史的知識の寛容と自主性による地域活性化意識を誘発すべく啓発に努めました。今日の竹原地区民の心意気は、毎年訪れていただいている霊岩郡の皆さんには容易に納得いただけるところとなっています。

② 2007年8月に、神埼市観光協会主催の「王仁博士生誕地訪問団」を編成して、大韓民国全羅南道霊岩郡の王仁博士遺跡を訪ね、さらに、私は、市長となって初めて訪問団の団長として霊岩郡の郡庁と都議会を訪ねての郡守様及び郡議会議長様への表敬訪問を致しました。

③ それから後年は毎年、同様の訪問団を編成し、訪問をしてきております。近年は、春季大祭にお招きをもらい、盛大に行われる春季大祭に参加するとともに、賑わいを体感して素晴らしい思い出を持ち帰っております。参加した皆さんは、ますます身近に韓国を感じ、

交流の意識が高まり、深まっています。

④ また、今回の講話の機会のご縁をいただきました朴光淳(パク・クァンスン)先生は、王仁博士の研究をなされ、その第一人者であると確信しています。2012年8月26日に、我が神埼市において「王仁はなぜ神埼に寄ったか ―王仁博士の実在と神埼の地上陸に迫る―」と題して講演をしていただき、その講演の中で、我が神埼市が王仁博士の渡日の経路上にあることの確立は、極めて高い確信があることだと示していただきました。

⑤ 神埼市の竹原は、王仁博士が上陸し、訪れた場所であるとの確信が、私にはますます強くなり、決定的となりました。

⑥ このことから、霊岩郡との交流の中でも、ますます積極的に臨み、そのかかわりにも誠意と、熱意が高まってくるばかりでした。

年月		韓国霊岩郡へ訪韓		日本国神埼市へ訪日	
日本	西暦	(事項内容)	人員		人員
H・04	1992. 08.	王仁博士生誕地探訪	77名		
H・20	2008. 07.	霊岩郡守表敬訪問 (市長)	6名		
H・20	2008. 11.			神埼市表敬(金(キム)逸(イル)太(テ)郡守)	16名
H・21	2009. 04.			王仁博士渡日航路踏査団 (朴(パク)光 (クァン)淳(スン)団長)	9名
H・21	2009. 08.				4名
H・21	2009. 08.	王仁博士生誕地訪問 霊岩郡守表敬訪問	35名		
H・21	2009. 08.				5名
H・22	2010. 08.	王仁博士生誕地訪問 霊岩郡守表敬訪問	41名		

年月		韓国霊岩郡へ訪韓		日本国神埼市へ訪日	
日本	西暦	(事項内容)	人員		人員
H·23	2011. 07.	霊岩郡副郡守表敬訪問(田中副市長)	2名		
H·23	2011. 08.	王仁博士生誕地訪問 霊岩郡守表敬訪問	40名		
H·23	2011. 11.			神埼市表敬(金逸太郡守)	19名
H·24	2012. 04.	王仁博士生誕地訪問·春享大祭 参加霊岩都守表敬訪問	42名		
H·24	2012. 11.			神埼市表敬(鄭光(チョンクワン)徳(ドク)副郡守)	22名
H·25	2013. 04.	春享大祭参加·霊岩郡守表敬訪 問(田中副市長)	6名		
H·25	2013. 08.	王仁博士生誕地訪問 霊岩郡守表敬訪問	36名		
H·25	2013. 11.			神埼市表敬(高永(コウヨン)允(ユン)副郡守)	18名
H·26	2014. 04.		6名		
H·26	2014. 08.		22名		
H·26	2014. 11.			神埼市表敬(田(チョン) 東平(トンピョン)郡守)	25名
H·26	2014. 12.			神埼市表敬(李夏男(イハナム)議長)	17名
H·27	2015. 03.	霊岩郡守へ百済門建立要請	8名		
H·27	2015. 04.	王仁博士生誕地訪問·春享大祭参加霊岩都守表敬訪問	40名		
H·27	2015. 11.			神埼市表敬(田東平郡守)	28名
H·28	2016. 02.	王仁博士生誕地訪問 霊岩郡守表敬訪問(田中副市長)	14名		

年月		韓国霊岩郡へ訪韓		日本国神埼市へ訪日	
日本	西暦	(事項内容)	人員		人員
H·28	2016. 04.	王仁博士生誕地訪問·春享大祭参加(田中副市長)	11名		
H·28	2016. 09.	王仁博士生誕地訪問 霊岩郡副郡守表敬訪問	29名		
H·28	2016. 11.			神埼市表敬(田東平郡守)	30名
H·29	2017. 04.	王仁博士生誕地訪問·春享祭参加	27名		
H·29	2017. 10.			神埼市表敬(田東平郡守)	31名

6. 王仁博士顕彰公園建設の夢実現

2011年1月に、日本国佐賀県と大韓民国全羅南道との間で、友好姉妹協定書が締結され、神埼市と霊岩郡の交流も上部団体からの支援と協力が頂けることになるので、もっと積極的に交流が運べる環境状態となり、喜ばしく歓迎してところです。

私は、霊岩郡との交流を重ねるうちに、必ずや、いつの日か ···· 神埼市竹原の鰐神社境内に隣接して王仁博士顕彰公園を建設する夢を抱くようになりました。

① 私は、2015年3月に霊岩郡田(チョン)東平(トンピョン)郡守及び李夏男(イハナム)議長を訪問し、神埼市王仁博士顕彰公園建設の趣旨と整備計画の概要についてお話を行い、霊岩郡にある「百済門」と同じ百済門を神埼にも是非とも建設実現したい旨要請を行いました。郡

守様からは本市の意向を全面的に同意する旨の返答をいただき、天にも昇るような感激をしたことが先日のように鮮明に記憶しています。

② 交流を重ねる中で、2016年9月30日に、神埼市と靈岩郡の間で、百済門の建設にかかる合意がなり、「神埼市・靈岩郡相互支援に関する協約書」の締結ができました。最高の喜びを頂きました。

③ いよいよ建設に向けた意見交換を行い、2018年3月完成をめざして、既にその建設工事に現場取組みがなされています。ここで、王仁博士顕彰公園の整備概要については、お話をさせていただきたいと思います。

王仁博士顕彰公園整備は、「神埼の夢資源である王仁博士の功績を楽しく学び継承する公園づくり」をテーマとしており、日本に最初に漢字を伝えた王仁博士を顕彰し、韓国を通しての文化的な交流やさまざまな活動を創造するため特色のある空間づくりなどをコンセプトにしています。

先ほど申しましたように靈岩郡との合意による本物の百済門建設は、全国的に話題を呼び、友好交流のシンボルとして末永く後世へ継承されていくものと確信をしているところであり、日韓友好の懸け橋として貢献できるものと期待をしています。

現在、多目的交流館と情報交流館などの建物を建設中でありますが、多目的交流館は200名以上の収容が可能な面積を有し、修学旅行など団体客の利用をはじめ、地域住民による催事などの主たる会場として積極的な利活用を見込んでいます。情報交流館は、王仁博士の功績を学び、博士の生誕地である靈岩郡の魅力や韓国の文化を

紹介するなど、情報発信施設として整備を進め、一人でも多くの方に王仁博士の認識を深めていただきたいと考えています。

④ また、神埼市竹原の王仁博士顕彰公園内に、王仁博士が伝えたであろうと思われる鍾繇(しょうよう) (151年~230年) が作成した千字文碑を建立する計画であります。

⑤ 王仁博士は、応神天皇の招聘により来日し、皇太子や高官に文字を教えたとのことから、宮家に揮毫依頼をしましたが叶いませんでした。そこで日本政府の高官はじめ地域の方々、王仁博士顕彰に関わりのある方々、広く一般募集に応募してくれた人々に、一人一文字の揮毫をお願いしています。

⑥ 一方、韓国側におきましても、全羅南道職員はじめ霊岩郡の要職の皆様をはじめ全員で112名の方々に揮毫をお願いしています。朴光淳(パク・クァンスン)先生には、当然揮毫をお願いしています。

⑦ つきましては、2018年の 王仁博士頭彰公園の完成、竣工式を盛大に開催する計画であります。皆様、是非この機会に日本国佐賀県神埼市竹原においでいただきたくご案内申し上げます。

⑧ これからは、霊岩郡の整備に支援する番であります。皆さんに喜ばれる整備に協力ができればと思っています。

最後になりますが、両国の霊岩郡と神埼市が、また、全羅南道と佐賀県が、ますます交流が盛んに行われ、お互いの産物の交流も行い、ともに栄え、真の友好交流が末永く継続されるよう最大限に努めてまいります。相互に幸福が招致することを祈念します。

7. 神埼市の紹介・PR

　神埼市は、佐賀県の東部に位置し、福岡都市圏から1時間以内でアクセスできる交通の利便性に恵まれたところであります。市の人口は約32,000人、面積は125.01㎢を有しています。

　標高1,055mの脊振山に代表される緑豊かな自然景観と『魏志倭人伝』にも記され、「クニ」の存在を知ることが出来る「吉野ヶ里遺跡」や紅葉の名所「九年庵」、「長崎街道」、「環濠集落跡」などの歴史景観が共存し、自然と歴史・文化遺産にも恵まれたところであります。

　また、神埼市の産業として、米・麦・大豆やアスパラ・イチゴの園芸作物など農業も盛んな地域です。さらに、神埼市は、昔から多くの製麺業者が操業をされており、約380年の伝統を持つ神埼そうめんは全国的に知られています。

　最近は、市内で採れた菱の実を使用した菱焼酎(酒) や菱ぼうろ(菓子)といった神埼市ブランドの新商品開発にも取り組んでおり、神埼市を訪問された際にはぜひご賞味いただきたいと思います。

　来年は王仁博士顕彰公園も完成し、韓国からたくさんの方々に神埼市へお越しいただくことを願い、皆さんと再会できることを心から楽しみしています。

【참고 사진자료】

2009년 8월 21일
간자키시 시장 영암 방문

2009년 8월 21일
간자키시 시장 영암 방문

2009년 8월 22일
간자키시 시장 영암 방문

2009년 8월 22일
간자키시 시장 영암 방문

2009년 8월 22일
간자키시 시장 영암 방문

2009년 8월 22일
간자키시 시장 영암 방문

2009년 8월 22일
간자키시 시장 영암 방문

2009년 8월 22일
간자키시 시장 왕인묘 방명록

2009년 4월 28일
간자키 시청 방문

2009년 4월 28일
간자키 와니 대명신

2009년 4월 28일
간자키 와니 대명신 신사 도리이

2009년 4월 28일
간자키 와니 신사 방문

2009년 8월 18일
와니 신사 도리이

2009년 8월 18일
와니 신사 안내 표지판

2009년 8월 18일
와니 신사 왕인 천만궁 비

2009년 8월 18일
와니 신사 왕인 천만궁 비

※ 이 논문은 『왕인박사 현창사업의 현황과 과제』(왕인문화연구소 편, 사단법인
왕인박사현창협회, 2017년 12월)에 실린 글을 수정·보완한 것임.

일본 지방자치단체의 왕인박사 유적지 조성사업 현황과 과제

松本茂幸 _ 前 일본 사가현 간자키시 시장

1. 영사관과의 만남 – 왕인박사와의 만남 –
2. 역사 탐구 – 와니텐만구王仁天満宮 사당 –
3. 역사 탐구 – 요시노가리吉野ヶ里 유적의 발굴 –
4. 영암군 왕인박사 공원과 간자키시의 관계
5. 교류 재개
6. 왕인박사 현창공원 건설의 꿈을 실현
7. 간자키시 소개와 PR

여러분 안녕하세요. 방금 소개받은 일본국 사가현 간자키시의 시장 마쓰모토 시게유키입니다.

오늘은 『2017 왕인박사 학술대회』에 소개를 받아 참으로 영광으로 생각합니다. 저와 같이 천학 비재한 사람이 여러분 앞에 서서 말씀을 드리는 것이 송구하기 그지없습니다만, 실례를 무릅쓰고 있는 힘을 다해서 주어진 시간에 최선을 다하고자 합니다. 아무쪼록 내용이 부족하지만 널리 이해해 주시길 바랍니다.

저 자신을 간단히 소개해 드리도록 하겠습니다. 일본국 사가현 간자키시 간자키초[神埼町]에서 농가의 2남으로서 1950년 8월 2일에 태어나 이곳의 고사쿠라[小桜] 보육원, 간자키 초등학교, 간자키 중학교, 간자키 고등학교를 다녔습니다. 잘 아시는 바와 같이 간자키시는 북쪽은 1,055m의 세부리 야마[背振山]라고 하는 산에서 발원하여, 남쪽은 아리아케해[有明海]라고 하는 바다로 흐르는 치쿠고가와[筑後川] 강 하구로 이어지는 평탄한 사가[佐賀] 평야에 위치하고 있습니다. 그 평야의 중앙부에 저의 집이 있습니다.

나아가 저는 고등학교 졸업 후에 고향인 간자키초(구청—역자) 공무원으로 근무하게 되었고, 저는 1992년 3월 6일에 처음으로 대한민국 영암군을 방문할 기회를 맞이하게 되었습니다. 그때 일본의 우리 지방의 풍경은 영암군의 지방 풍경과 매우 비슷하다고 생각했습니다. 조금 과장된 표현이 될지 모르지만, 저는 "고향에 온 것 같은 느낌이 드네요."라고 말했던 것을 분명하게 기억하고 있습니다.

여러분들도 일본의 간자키시에 오셔서 보신다면 비슷한 풍경에 위화감 없이 받아들이시지 않을까 생각합니다. 부디 간자키시를 방문해 주세요. 마음으로부터 환영하겠습니다.

1. 영사관과의 만남 - 왕인박사와의 만남 -

제가 대한민국 전라남도 영암군을 방문하게 된 연유는 지금부터 28년 전인 1989년, 사가현[佐賀県] 도스[鳥栖] 시내에서 있었던 「재일한국인의 모임?」이었다고 생각합니다. 이 모임에 제가 초대받아 참가하게 되었을 때, 주일(駐日) 후쿠오카[福岡] 대한민국 총영사관의 문화 담당 한만춘(韓萬春) 영사와의 만남이 있었습니다. 실로 이 만남은 기묘한 인연으로 그 뒤 크게 발전하는 계기가 되었습니다. 서로의 명함을 주고받는 이 만남 속에서 한만춘 영사가 다음과 같은 말씀을 하였습니다. "혹시 '와니[ワ二]'라는 지역과 건물, 뭔가 연유가 있지 않습니까? 들으신 적 없으신가요?"라는 질문이었

습니다. 저는 "글쎄요. '와니[ワニ]'라니 무슨 말씀이시죠?"라고 오히려 되물었습니다. 그러자 백제국에서 일본에 한자(문자)를 전한 왕인박사를 말하는 것이라는 설명을 들었습니다. 그 시점에서는 "간자키초 안에 '와니'라고 발음하는 '와니진쟈[鰐神社]'는 있습니다만, 문자는 다릅니다. '와니[王仁]'와 '와니[鰐]'가 서로 한자가 다릅니다."라고 지적하자, 한 영사는 "(세월이 흐르면서-역자) 변화되었는지도 모르겠네요."라고 말하며, 꼭 한번 '와니진쟈'

후쿠오카 주재 대한민국영사관에서 당시 만난 사람(名簿整理順)

직위	성명	비고
부영사	박 한선(朴 ハン善)	
부영사	박 봉수(朴 奉洙)	
총영사	최 용찬(崔 容燦)	1990. 8. 26.
영사	강 준형(姜 俊馨)	1990. 8. 26.
영사	성 용길(成 龍吉)	1990. 8. 31.
영사	한 만춘(韓 萬春)	1990. 8. 31.
총영사	김 권만(金 權萬)	1991. 5. 8.
영사	김 부영(金 富永)	1991. 5. 8.

국영 한국관광공사 후쿠오카 지사에서 당시 만난 사람

직위	성명	비고
支社長	김 재원(金 載元)	
支社長	민 병호(閔 炳浩)	
次長	문 상혜(文 相惠)	
次長	김 영호(金 榮湖)	
	김 대호(金 大ホ)	

를 방문해서 확인해 보면 좋겠다는 것이었습니다. 훗날 방문할 것을 약속하고 서로 헤어졌습니다.

다음 해 6월 비가 내리는 어느 날에 한 영사가 찾아왔기 때문에 와니진쟈[鰐神社]에 안내하였습니다. 그런데 신사의 경내를 아주 자세히 살펴보시고, 특히 '와니 텐만구[王仁天滿宮]' 사당을 보고 강하게 흥분한 상태로 "이건 뭐죠?"라고 큰 목소리로 눈을 크게 뜨고서 나에게 물었던 일이 있었는데, 그때의 일을 지금도 선명하게 기억하고 있습니다. 저는 그때 아무것도 몰랐기 때문에 의아한 표정을 지으며, "모르겠습니다."라고 대답했습니다. 이 일로 인해 저에게 있어서 와니 텐만구[王仁天滿宮]와 왕인박사와의 관계가 시작된 셈입니다.

그 뒤 주(駐) 후쿠오카[福岡] 대한민국 총영사관 및 한국관광공사 후쿠오카지점의 여러분들과 방문, 면회, 연락과 조정과 같은 교류를 다수 이어가게 되었던 것입니다.

2. 역사 탐구 - 와니텐만구王仁天滿宮 사당 -

우선 간자키시 다케바루[竹原]에 있는 '와니텐만구[王仁天滿宮]'라는 사당이 왜 존재하는가를 조사해 보기로 했습니다.

① 지역의 연장자에게 "백제국에서 일본에 문자(文字)와 한자(漢字)를 전한 왕인박사가 이곳에 온 것은 아닌지 하는 문의가 있어서 이 사당에 대해 전해져 오고 있는 내용이나 알고 계시는 바가 있으면 가르쳐 주세요."라고 묻고 다녔습니다만, 어느 누구 한 사람도 알고 있는 사람

이 없었습니다.

② 그런데 다케바루[竹原]에 있는 정토종(淨土宗) 정원사(淨円寺)의 주지인 후지노[藤野] 씨로부터 "그 사당은 1000년에 당시 정원사의 주지가 노후된 것을 개수해 복원하여 세운 것이라고 전해 들었다."는 말을 듣게 되었습니다.

③ 여기에서 저는 영사가 말씀하신 "왕인박사가 다케바루[竹原]의 이 지역에 오신 곳, 그럴 것이다.", "아니 틀림없이 그렇다."고 저는 마음속으로 결정을 하였습니다. 그래서 왕인박사가 일본에 문자(한자)를 전했다고 하는 역사적인 자료와 문헌 등이 있는지를 조사해 보기로 하였습니다.

④ 『일본서기(日本書紀)』 및 『고사기(古事記)』에 문자(한자)의 전파에 관한 기술이 있다는 사실을 알았습니다. 역사에 대해 조사하는 작업을 하면서 한(韓) 영사와의 교류를 반복하였고, 그렇게 하는 과정에서 의견 교환도 해 나가면서 점점 왕인박사를 매개로 한 상호 간의 연결을 더욱 강하게 해나가게 되었습니다.

3. 역사탐구 - 요시노가리吉野ヶ里 유적의 발굴 -

한편 간자키시에서는 60㏊ 규모의 공업단지를 조성하고자 매장 문화재를 조사하다가, 1986년부터는 다케바루[竹原] 지구를 포함한 인접 지역을 대상으로 광범위한 농업용지 조사가 이루어졌습니다.

① 조사가 진행되면서 문화재 담당 직원들은 이 발굴 조사 현장이 지니

는 가치, 의의 등은 이미 파악하고 있었다고 생각합니다. 다만 그 당시에 있어서 매장문화재의 조사 결과는 매장문화재를 남기는 것보다는 일반적으로 기록 보존하는 것이 상식이 되어 있습니다. 즉 해당 토지의 이용, 활용 목적에 적합한 개발 이용을 추진한다는 것을 전제로 한 조건부 법률인 '문화재 보호법(文化財保護法)'에 의한 매장물 조사를 실시하고, 이를 기록으로 보존하는 것이 보통으로 행해지고 있었습니다. 이는 문화재에 관련되는 직원, 학자들에게 있어서는 매우 힘들고 견디기 어려운 일이었다고 생각이 됩니다. 따라서 요시노가리[吉野ヶ里] 지구의 발굴 조사 담당자 및 그 관계자는 발굴 내용이 지닌 가치, 의의 등에 대해 다른 곳에 누설하는 일 없이 조사를 진행하고 있었다고 생각됩니다.

② 그런 가운데 조사 내용 중에서 유적에 대한 역사적 의의와 그 가치가 1989년 2월 23일의 아사히[朝日] 신문 조간 일면에 대대적으로 발표되기에 이르렀습니다. 다음날에는 각 신문사, 텔레비전 방송국 각사가 쇄도하여 발표가 이루어지게 되었습니다. 다음날은 모든 보도 관계 기관의 톱뉴스가 되었고, 그 후에는 매일 현지에는 사람으로 인산인해를 이루어 교통정리를 하지 않으면 안 되었습니다. 여담입니다만 발굴 유적에 대한 보도 이후, 날마다 방문객이 많아서 자연히 매점이나 휴게소, 안내소와 같은 것들이 생겨나 관광 분야 행정 창구와 담당이 필요하게 되었고, 그래서 관청 내에 상공관광(商工観光) 업무를 맡는 담당자가 동년 8월 1일에 설치되게 되었습니다. 제가 그 초대 담당 계장으로 배속되었는데, 왕인박사와의 관련으로 한국과의 교류 관계를 갖게 되는 계기가 되었던 것입니다.

③ 나아가 발굴조사가 진행됨에 따라 더욱더 『위지왜인전(魏志倭人伝)』

의 기술 내용과 일치하는 현장이 출현하게 되었는데, "이곳이 야마타이국(邪馬台国)이 아닐까?" 하는 등의 매스컴 및 일본 국내에서 최대의 붐이 일기 시작했습니다. 오늘날에 있어서도 야마타이국의 위치에 대해서는 '긴키[近畿] 지방설', '규슈[九州] 지방설' 및 '규슈 지방에서 긴키 지방으로 이동설'이 주장되고 있습니다만, 저는 규슈 지역에서 긴키 지역으로의 이동설이 무리 없이 이해되기 때문에 지지하고 있습니다.

④ 발굴 조사된 요시노가리 유적이 야마타이국 시대의 유력한 지역이었다는 점은 틀림이 없는 사실이며, 이곳이 야마타이국의 본거지가 아니었다 하더라도 아주 유력한 관리가 거주하고 있었던 곳이라는 점은 쉽게 이해할 수 있습니다.

⑤ 그러면 앞서 언급한 '와니 텐만구[王仁天満宮]' 사당이 있었던 다케바루[竹原] 지구와 요시노가리[吉野ケ里] 유적과의 위치 관계가 어떤가하는 것인데, 요시노가리 유적의 바로 서쪽 옆 200m 정도의 가까운위치에 '와니 텐만구' 사당이 존재하고 있습니다. 또한 당시의 해안선은 요시노가리 유적과 1㎞ 정도 거리에 있었다고 이해되고 있습니다. 현재 아리아케해의 조수 간만의 차는 5~6m가 되며, 유적의 바로근처까지 아리아케해의 해안선이 다가와 있었습니다. 그 당시는 바다와 강을 이용한 해운과 수운이 활발하게 전개되고 있었다고 상상할 수 있습니다.

⑥ 이상과 같은 위치 관계와 당시의 상황을 종합해 보면, 백제국에서 일본에 문자(한자)를 전했다고 하는 왕인박사는 해로와 수로를 이용하여 우리 간자키시 다케바루의 땅에 상륙했다고 생각하는 것은 극히타당한 견해라고 생각합니다.

⑦ 저로서는 역사적 사실(史実)이 이렇다 저렇다고 말할 수 있는 증명을 하는 것은 불가능합니다. 그렇지만 사가현 간자키시의 시장(市長)인 저는 여러분들이 매우 제멋대로라고 여기실지 모르겠지만, 왕인박사가 아리아케해를 통해 우리 간자키시 다케바루[竹原]에 도일(渡日) 하셨다고 여기기로 마음먹었습니다. 이는 저의 꿈이자 로망입니다.

4. 영암군 왕인박사 공원과 간자키시의 관계

주후쿠오카 한국 총영사관의 영사로부터 들어서 알게 되었던 왕인박사와 간자키시 다케바루[竹原]의 와니진쟈[鰐神社]·와니텐만구 사당[王仁天満宮祠]의 관계를 더욱 알고 싶다는 생각에서 전라남도 영암군을 방문하게 되었습니다. 이때의 방문은 과거 간자키초 시기의 간자키초 관광협회 미즈타 마사후미[水田正文] 회장님의 노고와 호의가 없었다면 이루어질 수 없는 것이었습니다. 또한 마찬가지로 당시의 영사관 직원이었던 조양순(曺亮淳) 씨의 이해와 협조가 없었다면 불가능했습니다. 가슴 가득히 고마움과 감사의 마음을 간직하고 있습니다.

① 앞서 말한 미즈타[水田正文] 씨는 이 지역에서 가장 큰 건설 회사를 운영하는 경영자였기 때문에, 널리 행정과 지역의 발전·진흥에 진력하고 계셨습니다. 그래서 미즈타씨는 간자키초의 관광협회 회장 취임을 의뢰받고, 1989년 10월 1일에 관광협회 회장직을 맡게 되었습니다. 취임 이래 미즈타 회장은 한국 영암군과의 연락 조정 등의 일에 적극적으로 임하였고, 1991년에 처음으로 미즈타 씨와 조양순

씨, 그리고 저 3인이 영암군의 왕인박사공원을 방문하였습니다. 그 당시는 아직은 한창 건설 중이었습니다. 현재에 있어서도 여전히 건설 중이 아닐까 생각하고 있습니다.

② 그 당시의 안내장에는 탄생지, 사당, 유허비(遺墟碑), 거기에 관리사무소 등과 화장실이 표시되어 있었습니다. 오늘날과 비교하면 시설은 극히 일부에 지나지 않았다고 기억하고 있습니다.

③ 그 이후로 1992년 8월 25일부터 28일까지 2박 3일 동안 왕인박사 탄생지 탐방 여행자를 모집해 75명이 함께 영암군을 방문하였습니다.

그 후에도 이듬해인 1993년에 재차 영암군 왕인박사 유적지를 방문했습니다. 그러나 그 이후 잠시 동안 간자키시 행정의 역점이 달라졌기 때문에 교류 방문이 끊기게 되었습니다.

왕인박사 탄생지 탐방 여행 참가자 (1992년 8월 25일~28일)

団長	水田正文	観光協会長	駅通り	團員	武廣銀次郎	一般	佐賀市
副団長	井上寅夫	観光協会副会長	仁比山	同上	立山 卓	一般	久留米市
副団長	平 三代志	議會副議長	竹原	同上	田中隆子	一般	駅通り
團員	岡本益善	観光協会理事	駅通り	同上	田中辰之	一般	姉川西分
同上	小柳正信	同上	二子	同上	田中 宏	一般	姉川西分
同上	野口 守		丁目	同上	直塚 茂	一般	駅通り
同上	松本武之祐		上六丁	同上	中尾義之	一般	みやき町
同上	田中敬典	議会総務委員長	駅通り	同上	中島秀利	一般	崎村
同上	宮島 清	議会総務委員	本堀	同上	中尾義之	一般	駅通り
同上	小柳利文	議會文副委員長	二子	同上	長野正弘	一般	駅通り

団長	水田正文	観光協会長	駅通り	團員	武廣銀次郎	一般	佐賀市
同上	原 一元	議会産業委員	協和町	同上	成富 丞	一般	佐賀市
同上	古賀 卓	町教育委員	志波屋	同上	西久保健	一般	佐賀市
同上	田原良平	町社会教育係長	西小津	同上	野口富子	一般	西小津
同上	深川信義	町商工観光課長	協和町	同上	野崎俊夫	一般	江北町
同上	松本茂幸	町商工観光係長	荒堅目	同上	野田宣祐	一般	本堀
同上	糸山勲夫	町商工観光課員	野目ケ	同上	平方正隆	一般	岩田
同上	松本四朗	区長会代表	荒堅目	同上	舩津孝弘	一般	八子
同上	増田ヒデ	婦人会代表	小津ケ	同上	舩津武嗣	一般	本堀
同上	堤 紀代子	郷土研究会代表	駅ヶ里	同上	舩津敏男	一般	鶴田
同上	桑原 昇	佐賀新聞記者	佐賀市	同上	増田昭一	一般	三丁目
同上	安部源一郎	一般	佐賀市	同上	松江清太	一般	北方町
同上	大久保忠吾	一般	本堀	同上	松本賢洽	一般	荒堅目
同上	大谷俊男	一般	駅通り	同上	松本佐太郎	一般	竹原
同上	大坪新三	一般	三根町	同上	松本玉樹	一般	竹原
同上	大坪昌生	一般	東背振	同上	松本ハヤノ	一般	荒堅目
同上	岡本敬子	一般	駅通り	同上	水田美代子	一般	駅通り
同上	小田律子	一般	駅通り	同上	宮口富久	一般	鶴
同上	嘉村次男	一般	大依	同上	宮島亜紀	一般	本堀
同上	川浪恒男	一般	川寄	同上	宮島亜弓	一般	本堀
同上	木下嘉弘	一般	佐賀市	同上	宮島多美子	一般	本堀
同上	倉冨登美榮	一般	小渕	同上	宮島友子	一般	本堀
同上	倉冨富男	一般	小渕	同上	宮島久子	一般	小渕
同上	桑原 健	一般	上峰町	同上	牟田喜則	一般	小城市
同上	古賀慶治	一般	大川市	同上	山口 久	一般	佐賀市
同上	古賀貞美	一般	下板	同上	山崎瑞男	一般	一丁目
同上	佐藤清美	一般	平ヶ里	同上	山崎安正	一般	姉川東
同上	園田弘報	一般	尾崎東	同上	吉村ツヤ子	一般	田道ケ里

団長	水田正文	観光協会長	駅通り	團員	武廣銀次郎	一般	佐賀市
同上	竹下治彦	一般	駅ケ里	同上	吉村春代	一般	田道ケ里
同上	渡邊英幸	一般	小津ケ				

5. 교류 재개

일본에서는 2000년 전후로 지방분권화가 추진되어 각각의 (지방자치단체인) 시정촌(市町村, 시초손)의 책임 아래 지역의 실정에 맞는 '마을 만들기[마치즈쿠리 まちづくり]'가 요구되었습니다. 그때부터 지방을 살린다는 '지방창생'이라는 이름 아래 지역 활성화가 강하게 필요하게 되었던 것입니다. 우리 간자키시에서도 지역의 활성화를 위한 조치가 이루어졌습니다.

그러한 가운데 시의 직원인 나는 '다른 시초손에는 없는 것이 무엇일까?' 생각하게 되었습니다. 어떤 지역에도 시간, 달력은 동일하게 흘러가지만, 각각의 지세와 그곳에 사는 사람들에 의해 새겨진 역사는 그 어느 것도 같은 것은 있을 수 없다는 생각을 하였습니다. 따라서 우리 지역의 역사에 흥미를 지니면서, '지식을 조금씩 축적해 두면 언젠가는 지역에 도움이 될 때가 오겠지'라고 생각하고 있었습니다.

때는 2005년 3월 1일, 간자키시장이 된 나는 지역의 톱이 된 관계로 앞으로의 지역(마을)만들기에 직접 관계하면서 모든 책임을 안고 임할 수 있게 되었습니다. 다음해 2006년 3월 20일, 간자키초[神埼町], 치요다초[千代田町], 세후리촌[背振村]의 3개 정촌(町村)이 합병하여 새롭게 간자키시[神埼市]가 탄생하였습니다. 나는 다행스럽게도 계속해서 이 간자키시의 시장에 당선되어 더욱 광범위한 지역의 톱으로서의 지역활성화에 관련되게 되었습니다. 새롭게 탄생을 한 간자키시의 활성화를 추진해 나가지 않으면 안되는 입장이었던 저는 '지역의 활성화는 직원일 때부터 생각하고 있었던 것처럼 지역의 역사를 살린 지역활성화보다 더 좋은 것은 없다'는 신념에서, 당연한 일이지만 간자키시 다케바루[竹原]에 있는 '와니 텐만구[王仁天満宮] 사당'을 살릴 수 있는 방향으로 활성화를 꾀하는 정책을 추진하게 된 것입니다.

① 곧장 간자키관광협회의 정비를 충실히 추진하고, 다케바루[竹原] 지구의 여러 주민들의 이해와 협력을 얻을 수 있는 역사적 지식의 관용과 자주성에 의한 지역 활성화 의식을 유발시키기 위한 계발에 진력했습니다. 오늘의 다케바루 지역민들의 마음을 매년 찾아주시는 영암군의 여러분들은 충분히 이해해 주고 계시리라 믿습니다.

② 2007년 8월에 간자키시 관광협회 주최로 '왕인박사 탄생지 방문단(王仁博士生誕地訪問団)'을 편성해서 대한민국 전라남도 영암군의 왕인박사 유적을 탐방하고, 나아가 저는 시장이 되고 처음으로 방문단의 단장으로서 영암군의 군청과 군의회를 방문해 군수님 및 군의회 의장님을 찾아가 인사를 하는 예방[表敬訪問]을 하기에 이르렀습니다.

③ 그 이후로는 매년 같은 방문단을 편성해 방문을 해오고 있습니다. 근년에는 춘향대제(春享大祭)에 초대받아 성대하게 치러진 춘향대제에 참가함과 동시에 넘치는 활기를 체감하면서 멋진 추억을 간직하고 돌아오고 있습니다. 참가하신 여러분들은 더욱 더 가깝게 한국을 느끼고, 교류 의식이 더 높아지고 깊어지고 있습니다.

④ 또한 이번 강연 기회의 인연을 주신 박광순(朴光淳) 선생님께서는 왕

인박사에 대한 연구를 하신 분으로 그 제일인자라고 확신하고 있습니다. 2012년 8월 26일에 우리 간자키시에 '왕인(王仁)은 왜 간자키[神埼]에 왔는가-왕인박사(王仁博士)의 실재와 간자키 지역 상륙을 해명한다-'는 제목의 강연을 해주셨고, 그 강연 속에서 우리 간자키시가 왕인박사의 도일 경로상에 있다고 확신할 수 있다는 말씀을 해주셨습니다.

⑤ 간자키시 다케바루는 왕인박사가 상륙하여 방문한 장소라는 확신이 나에게는 더욱더 강하게 되었고, 결정적으로 되었습니다.

⑥ 이러한 사정으로 영암군과의 교류 속에서 더욱 더 적극적으로 임하게 되었고, 그러한 관계에도 성의와 열의가 더욱 고조되어 갈 뿐입니다.

한국 영암군 방문[訪韓]		연월		일본국 간자키시를 방문[訪日]	
(사항 내용)	인원(명)	일본	서력		인원(명)
왕인박사 탄생지 탐방	77	헤이세이[平成] 4	1992. 08.		
영암군수 예방(시장)	6	헤이세이[平成] 20	2008. 07.		
		헤이세이[平成] 20	2008. 11.		16
		헤이세이[平成] 21	2009. 04.	왕인박사 도일(渡日)항로 답사단(朴光淳 단장)	9
		헤이세이[平成] 21	2009. 08.		4
왕인박사 탄생지 방문 영암군수 예방	35	헤이세이[平成] 21	2009. 08.		
		헤이세이[平成] 21	2009. 08.	왕인박사 도일(渡日)항로 답사단(朴光淳 단장)	5
왕인박사 탄생지 방문 영암군수 예방	41	헤이세이[平成] 22	2010. 08.		
영암군 부군수 예방 (田中副 市長)	2	헤이세이[平成] 23	2011. 07.		

한국 영암군 방문[訪韓]		연월		일본국 간자키시를 방문[訪日]	
(사항 내용)	인원 (명)	일본	서력		인원 (명)
왕인박사 탄생지 방문 영암군수 예방	40	헤이세이[平成] 23	2011. 08.		
		헤이세이[平成] 23	2011. 11.	간자키시表敬(金逸太 군수)	19
왕인박사 탄생지 방문 영암군수 예방 춘향대제(春享大祭) 참가	42	헤이세이[平成] 24	2012. 04.		
		헤이세이[平成] 24	2012. 11.	간자키시 예방(鄭光德 부군수)	22
춘향대제(春享大祭) 참가·영암군수 예방 (田中 부시장)	6	헤이세이[平成] 25	2013. 04.		
왕인박사 탄생지 영암군수 예방	36	헤이세이[平成] 25	2013. 08.		
		헤이세이[平成] 25	2013. 11.	간자키시 예방(高永允 부군수)	18
춘향대제(春享大祭) 참가·영암군수 예방 (田中 부시장)	6	헤이세이[平成] 26	2014. 04.		
왕인박사 탄생지 영암군수 예방	22	헤이세이[平成] 26	2014. 08.		
		헤이세이[平成] 26	2014. 11.	간자키시 예방(田東平 군수)	25
		헤이세이[平成] 26	2014. 12.	간자키시 예방(季夏男 의장)	17
영암군수에게 백제문 (百濟門) 건립요청	8	헤이세이[平成] 27	2015. 03.		
왕인박사 탄생지 방문 춘향제(春享祭) 참가	40	헤이세이[平成] 27	2015. 04.		
		헤이세이[平成] 27	2015. 11.	긴자키시 예방(田東平 군수)	28

한국 영암군 방문[訪韓]		연월		일본국 간자키시를 방문[訪日]	
(사항 내용)	인원 (명)	일본	서력		인원 (명)
왕인박사 탄생지 방문 영암군수 예방(田中 부시장)	14	헤이세이[平成] 28	2016. 02.		
왕인박사 탄생지 방문 춘향제(春享祭) 참가 (田中 부시장)	11	헤이세이[平成] 28	2016. 04.		
왕인박사 탄생지 방문 영암군수 예방	29	헤이세이[平成] 28	2016. 09.		
		헤이세이[平成] 28	2016. 11.	간자키시 예방(田東平 군수)	30
왕인박사 탄생지 방문 춘향제(春享祭) 참가	27	헤이세이[平成] 29	2017. 04.		
		헤이세이[平成] 29	2017. 10.	간자키시 예방(田東平 군수)	31

6. 왕인박사 현창공원 건설의 꿈을 실현

2011년 1월 일본국 사가현과 대한민국 전라남도 사이에 우호 자매도시 협정서(友好姉妹協定書)가 체결되어, 간자키시와 영암군의 교류도 상부단체로부터 지원과 협력을 받게 되어 더욱 적극적으로 교류가 이루어질 수 있는 환경이 만들어진 점 기쁘게 생각하고 환영하는 바입니다.

저는 영암군과의 교류를 거듭해가는 사이에 이런 생각을 하게 되었습니다. 반드시 언젠가 간자키시 다케바루[竹原]의 와니신사[鰐神社] 경내에 인접한 곳에 왕인박사 현창 공원(王仁博士顯彰公園)을 건설하겠다는 꿈을 품게 되었습니다.

① 저는 2015년 3월 영암군 전동평(田東平) 군수님과 이하남(李夏男) 의장님을 방문하여 간자키시 왕인박사 현창 공원(王仁博士顕彰公園) 건설의 취지와 정비계획의 개요를 말씀드리고, 영암군에 있는 백제문(百濟門)과 똑같은 백제문을 간자키에도 꼭 세우고 싶다는 취지의 요청을 하였습니다. 군수님이 간자키시의 의향을 전면적으로 동의하신다는 취지의 답변을 해 주셨을 때, 마치 하늘로 올라가는 듯한 감격을 받았던 것이 선명하게 기억납니다.

② 교류를 거듭해가는 가운데 2016년 9월 30일 간자키시와 영암군 사이에 백제문(百濟門) 건설에 관한 합의가 이루어져 「간자키시·영암군 상호지원에 관한 협약서」를 체결할 수 있었습니다. 최고의 기쁨을 선사받은 것입니다.

③ 드디어 건설을 향한 의견 교환을 거쳐서 2018년 3월 완성을 목표로 삼고 이미 건설 공사에 착수하여 현장 조직이 만들어졌습니다. 이곳에서 왕인박사 현창 공원(王仁博士顕彰公園)의 정비 개요에 대하여 말씀을 드리고자 합니다.

왕인박사 현창 공원 정비는 「간자키의 꿈의 자원인 왕인박사의 공적을 기리고 배우며 계승하는 공원 만들기」를 테마로 하고 있으며, 일본에 최초로 한자(漢字)를 전해준 왕인박사를 현창하고, 한국을 통한 문화 교류라든가 여러 활동을 창조해 나가기 위한 특색 있는 공간으로 만드는 것을 기본개념으로 삼고 있습니다. 앞서 말씀드린 것처럼 영암군과 합의하여 진본의 백제문을 건설하기로 한 것이 일본 전국적으로도 화제가 되었으며, 우호교류의 상징으로서 오래도록 후세에 계승되어 갈 것으로 확신하고 있습니다. 일한 우호의 징검다리로서 공헌할 수 있기를 기대해 마지않습니다.

현재 다목적 교류관과 정보 교류관 등 건물을 건설 중입니다만, 다목적 교류관은 200명 이상을 수용할 수 있는 면적을 가지고 있으며, 수학여행 등 단체 이용객의 이용을 비롯하여, 지역 주민이 개최하는 행사의 주된 장소로서 적극적인 활용을 기대하고 있습니다. 정보 교류관은 왕인박사의 공적을 배우고, 왕인박사의 탄생지인 영암군의 매력과 한국 문화를 소개하는 등 정보 발신 시설로서 정비를 추진하고 있으며, 이를 통해 한 사람이라도 더 많은 사람에게 왕인박사에 대한 인식을 심화시켜 나갈 수 있을 것으로 생각하고 있습니다.

④ 또한 간자키시 다케바루[竹原]의 왕인박사 현창 공원 안에 왕인박사가 전했을 것으로 생각되는 종요(鍾繇 소요, 151~230년)가 작성한 천자문비(千字文碑)를 건립할 계획입니다.

⑤ 왕인박사는 오진텐노[応神天皇]의 초빙으로 일본을 방문하여 황태자(皇太子)라든가 고관(高官)에게 문자를 가르쳤다고 전해지고 있기 때문에, 궁가(宮家)에 휘호(揮毫)를 의뢰하였습니다만 실현되지는 못했습니다. 그래서 일본 정부의 고관을 비롯하여 지방의 여러 관계자와 왕인박사 현창에 관련된 사람들, 그리고 폭넓게 일반 모집에 응모하여 준 사람들에게 한 글자 한 글자 휘호를 부탁하였습니다.

⑥ 한편 한국 측에도 전라남도의 직원과 영암군의 요직에 계시는 여러분들을 비롯하여 총 112명에게 휘호를 부탁하였습니다. 박광순(朴光淳) 선생님에게도 당연히 휘호를 부탁하였습니다.

⑦ 이와 관련하여 2018년 왕인박사 현창 공원이 완성되어 준공식을 성대하게 개최할 계획입니다. 여러분께서 그때 일본국 사가현 간자키시 다케바루[竹原]에 오시면 잘 안내 해 드리겠습니다.

⑧ 이제부터는 영암군의 정비를 지원할 차례입니다. 여러분이 원하시는

정비를 하실 때 협력해 드릴 수 있기를 희망합니다.

마지막이 되었습니다만, 양국의 영암군과 간자키시가, 그리고 전라남도와 사가현이 앞으로 더욱 더 활발하게 교류를 하고 서로 특산물을 교환하여 함께 번영을 누리면서 진정한 우호교류가 오래도록 이어질 수 있도록 최대한 노력하겠습니다. 서로에게 행복이 함께 하기를 기원합니다.

7. 간자키시 소개와 PR

간자키시는 사가현 동부에 위치하고 있어서 후쿠오카[福岡] 도심권에서 1시간 이내로 접근할 수 있는 교통이 편리한 곳입니다. 시(市)의 인구는 약 32,000명이며 면적은 125.01㎢를 지니고 있습니다.

표고(標高) 1,055m인 세부리산(脊振山)으로 대표되는 녹음이 짙은 자연경관을 비롯하여, 『위지왜인전(魏志倭人伝)』에도 기록되어 국가[구니]의 존재를 알 수 있게 해주는 「요시노가리 유적(吉野ヶ里遺跡)」, 단풍[紅葉]의 명소인 「구년암(九年庵)」, 「나가사키 가도(長崎街道)」, 「환호 집락 유적(環濠集落跡)」 등 역사 경관이 공존하고 있어서, 자연과 역사·문화 유산이 풍부한 곳입니다. 또한 간자키시의 산업으로는 쌀과 보리, 콩, 아스파라가스, 딸기 같은 원예작물 등 농업도 활발한 지역입니다. 게다가 간자키시는 예부터 면을 만드는 제면업자(製麵業者)가 많이 조업을 하고 있는데, 약 380년의 전통을 가진 간자키 소면은 일본 전국에서도 유명합니다. 최근에는 시 안에서 수확한 보리를 사용하여 보리 소주[菱焼酎]라든가 과자[히시보로, 菱ぼうろ]와 같은 간자키시 브랜드 상품을 새로 개발하는 데도 힘을 쏟고 있으니,

간자키시를 방문하실 때는 꼭 한 번 맛보시기를 바랍니다.

　내년에는 왕인박사 현창 공원도 완성이 되어 한국에서 많은 분들이 간자키시로 오실 수 있기를 희망하며, 여러분과 다시 만날 수 있기를 진심으로 기대하고 있습니다.

　(번역 : 나행주 교수)

저자 소개

박광순(朴光淳, 1935~2021) 전남대학교 경제학박사
전남대학교 명예교수, 前 대한민국학술원 회원
일본 도교대학(東京大学) 객원교수, 사가대학과 구루메대학 교수 역임
『한국 어업경제사 연구』, 유풍출판사, 1981.

마쓰모토 시게유키(松本茂幸, 1950~) 일본 도요대학(東洋大学) 법학부
일본 사가현(佐賀縣) 간자키시(神埼市) 공무원(1969년~2004년)
일본 사가현 간자키쵸[神埼町] 町長(2005~2006년)
일본 사가현 간자키시 市長(2006~2022년)

허경진(許敬震, 1952~) 연세대학교 문학박사
연세대학교 연합신학대학원 객원교수
『허균 평전』, 돌베개, 2002. 『삼국유사』, 한길사, 2006. 『택리지』, 서해문집,
2007. 『해동제국기』, 보고사, 2017.

하우봉(河宇鳳, 1953~) 서강대학교 문학박사
전북대학교 명예교수, 한일관계사학회, 한국실학학회 회장 역임
『조선시대 해양국가와의 교류사』, 경인문화사, 2014. 『원중거, 조선의 일본학을
열다』, 경인문화사, 2020.

박남수(朴南守, 1957~) 동국대학교 문학박사
전 국사편찬위원회 연구편찬정보화실장
『신라수공업사』, 신서원, 1996. 『한국 고대의 동아시아 교역사』, 주류성, 2011.
『신라 화백제도와 화랑도』, 주류성, 2013.

박해현(朴海鉉, 1959~) 전남대학교 문학박사
초당대학교 교수, 전남대학교 강사
『영암 의병사 연구』(공저), 영암문화원, 2019. 『역사와 역사교육』(공저), 엔터,
2011. 『박해현의 새로 쓰는 마한사』, 국학자료원 새미, 2021.

김덕진(金德珍, 1960~) 전남대학교 문학박사
광주교육대학교 교수, 광주시문화재위원, 전남문화재전문위원
『전쟁과 전라도 지역사』, 선인, 2018. 『전라도의 탄생』, 선인, 2020.
『포구와 지역 경제사』, 선인, 2022.

정성일(鄭成一, 1961~) 전남대학교 경제학박사
광주여자대학교 교수, 한국경제사학회, 한일관계사학회 회장 역임
『조선후기 대일무역』, 신서원, 2000.
『전라도와 일본—조선시대 해난사고 분석』, 경인문화사, 2013.

오사와 겐이치(大沢研一, 1962~) 일본 오사카시립대학(大阪市立大学) 문학박사
오사카시립박물관(大阪市立博物館)·오사카역사박물관(大阪歴史博物館) 학예원
오사카역사박물관(大阪歴史博物館) 관장
『戦国織豊期大坂の都市史的研究』, 일본 思文閣出版, 2019.

나행주(羅幸柱, 1963~) 일본 와세다대학(早稲田大学) 문학박사(일본사)
건국대학교 강의교수, 한일관계사학회 회장
『왜 일본에 사무라이가 등장했을까』, 자음과 모음, 2012.
『일본 고중세사』(공저), 한국방송대학교출판문화원, 2018.

구지현(具智賢, 1970~) 연세대학교 문학박사
선문대학교 국어국문학과 교수
『통신사 필담창화집의 세계』, 보고사, 2011.
『조선통신사 사행록에 나타난 영천』, 보고사, 2015.

김선희(金仙熙, 1972~) 일본 히로시마대학(広島大学) 학술박사(일본사상사)
건국대학교 아시아콘텐츠연구소 선임연구원
『메이지유신의 침략성과 재인식의 문제』(공저), 동북아역사재단, 2019.
『일본 근세 유학과 지식의 활용』(공저), 보고사, 2021.

왕인박사

王仁博士

편저자 | 박광순 · 정성일
펴낸이 | 최병식
펴낸날 | 2022년 12월 28일
펴낸곳 | 주류성출판사 www.juluesung.co.kr
　　　　서울특별시 서초구 강남대로 435 주류성빌딩 15층
　　　　TEL | 02-3481-1024(대표전화) · FAX | 02-3482-0656
　　　　e-mail | juluesung@daum.net

값 40,000원
ISBN 978-89-6246-497-9 93910